萬卷精華樓藏書記

第五册

山右歷史文化研究院 編

上海古籍出版社

目　　録

萬卷精華樓藏書記卷一百十四

萬卷精華樓藏書記卷一百十五

萬卷精華樓藏書記卷一百十八

萬卷精華樓藏書記卷一百十九

萬卷精華樓藏書記卷一百二十三

萬卷精華樓藏書記卷一百二十八

萬卷精華樓藏書記卷一百二十九

萬卷精華樓藏書記卷一百三十

萬卷精華樓藏書記卷一百三十五

萬卷精華樓藏書記卷一百三十六

萬卷精華樓藏書記卷一百三十七

萬卷精華樓藏書記卷一百三十八

萬卷精華樓藏書記卷一百三十九

萬卷精華樓藏書記卷一百四十二

萬卷精華樓藏書記卷一百四十三

萬卷精華樓藏書記卷一百四十四

萬卷精華樓藏書記卷一百四十五

萬卷精華樓藏書記卷一百四十六

萬卷精華樓藏書記

（卷一百十三—卷一百四十六）

〔清〕耿文光　撰

潘慎　張梅秀　張志江　田同旭　薛蓮　點校

集部二
別集類十

《黃豫章集》十二卷

宋黃庭堅撰

汪氏嶻崏山房仿宋本。乾隆庚子年校刊。凡詩一卷、文十一卷，有跋。

陳氏曰："《山谷集》三十卷，《外集》十一卷，《別集》二卷。《解題》云：'江西所刻《詩派》，即《豫章前後集》中[一]詩也。《別集》者，慶元中莆田黃汝嘉增刻。'又《山谷編年詩集》三十卷、《年譜》二卷。《解題》云[二]：'山谷詩文，其甥洪氏兄弟所編，斷自進德堂以後。'今《外集》所載數卷，有晚年刪去者，故云任子淵所注亦惟取《前集》而已。監丞黃𥱧子耕者，其諸孫也，既會粹《別集》，復盡取其平生詩，以歲月次第編錄，且爲之譜。今刊板括蒼。青城史容儀甫近注《外集》。《外集》，謂山谷曾欲以'前'、'後'仿《莊子》爲內、外篇也。"錄於《直齋書錄》。

紀氏曰："涪翁五言古體，大抵有四病，曰腐，曰率，曰雜，曰澀。求其完篇，十不得一。要之力開奧窔，亦實有洞心而駴目者，別擇觀之，未嘗無益也。""七言古詩，大抵離奇孤矯，骨瘦而韻逸，格高而力壯，印以少陵家法，所謂'具體而微'者。至於苦澀鹵莽，則涪翁處處有此病，在善抉擇耳。但觀漁洋之所錄，而菁英亦略盡矣。""涪翁五言古律皆多不成語，殆長吉所謂'強回筆端作短調'耶？五六言絶，大抵皆粗莽不成詩。""涪翁七言絶佳者，往往斷絕孤迥，骨韻天拔，如側徑峭崖，風泉冷冷然。粗莽支離，十居七八。又作平調，率無味。人固有能有不能耳。""東坡評東野，比之於蟹螯。予謂山谷亦然。然於毛骨包裹中，剥得一臠，自足清味，未必遽屠門大嚼也。要在會心領略耳。"錄於《文達公集》。

　　文光案：山谷詩，在元祐戊辰後者曰《退聽堂錄》。初魯直爲葉縣尉、北京教授，知太和縣，監德平鎮，詩文無慮千數。《退聽》所錄，太和止數篇，德平十得四五，入館之後，不合者少，故詩斷自《退聽》始。然則未入館以前，爲進德堂詩矣。黃《譜》次詩不次文，今本十四卷。陳《錄》"二卷"，明本又云約三十卷。爲十四卷，非原本矣。山谷以合於周、孔者爲内篇，其外篇不知何意，或流於莊、老，未可知也。任氏注詩兼注意。又輯《山谷精華錄》八卷，其本未見。

《山谷内集注》二十卷　《外集注》十七卷 《别集注》二卷　《外集補》四卷　《别集補》 一卷　附《年譜》十四卷

　　《内集》，宋任淵注。《外集》，史容注。《别集》，容之孫季温注。

　　樹經堂本。乾隆己酉南康謝啓昆校刊，有序。序後列同校訂者十二人。面題"黃詩全集"。總五十八卷。《内集》，首翁方綱序；次《全集總目》并謝氏序；次像并自贊，覃溪所書；次《豫章後山詩解序》，紹興鄱陽許尹撰。按：黃、陳二集，皆任淵所注。既成，以授尹，故并序之。翁氏於宋本得此序，又得錢遵王本所缺之二葉，遂爲補足，記於序後。此數葉諸本俱缺。錢說見《敏求記》。次《內集》目録，此目爲任淵所編，以年爲次，考訂最精，序所謂“附《年譜》”是也。此譜與注相表裏，與十四卷之《年譜》不同。任注詩文皆簡略。《外集》，首嘉定元年晉陵錢文子序，次史容序，次目録。卷一，賦二首。詩自嘉祐六年辛丑起，至崇寧三年甲申止；《內集》自元豐元年戊午起，至崇寧四年乙酉止：則《外集》不盡爲少作。目録止於每年後注在某處，較《內集》目録爲略。末有季温跋。《內集》題“天社任淵”。天社，新津山名。《外集》題“青神史容”。《別集》題“青神史季温”。史，青衣人。《別集注》有目録，無序跋。案：黃瑩所編《別集》二十卷，有後跋一首。又述於《年譜序》內。博採散亡，諸體皆備，得八百八十一首，爲詩七十六，與季温注本不同。此注凡八十三首，當是史容所編。內有《牧童》詩，爲七歲所作。《送人赴舉》詩，爲八歲所作，一章三句。《外集補》有目録無序跋，不題編輯名氏。《別集補》目録後，謝氏跋云：“今以任、史注三集所無者二十八首抄爲一卷。”其題下注：“依分寧新刻本。”末附刻本內所載明人後序。《外集補》、《別集補》蓋謝氏刻書時所增也。《年譜》題“宋分寧雙井黃瑩子耕編”，前無序文，後有萬曆甲寅陳以志跋云[三]：“是譜直一編年詩文目。予約三十卷爲十四卷。傳、議、評、贊另集一卷，附之譜後。”據此，十四卷非瑩之舊帙。今本譜後附黃詩舊序五篇、跋一首。

翁氏序曰：“乾隆壬寅冬，方綱校黃詩三集注上之，詔刊入聚珍板。於是數百年未合之足本，廣布藝林矣。後四年，奉命視學江西，携其草稿於篋。而寧州新刻本《外集》之後八卷，即舊本《豫章先生外集》之四卷也。又其《別集》與史季温注者不同，而寧州新刻分體失其舊式。爰合寫爲一本，附以黃子耕《譜》，時時與學官、弟子論證其所以然。俟稍有解會處，當略疏數語。爲之序。"

翁氏《進書提要》曰："《黃集》分內、外集，別集者，合詩文言之也。此三集皆注本，則但注其詩耳。《內集》一稱'正集'，其又稱'前集'者，則編《外集》者之詞，蓋《內集》編次成書在《外集》之前，故注家相承謂《內集》爲'前集'耳。或遂因此而目《外集》爲後集，失其義矣。三集皆賴注本以傳，而注之精，尤在考核出處時事。任注、史注其大綱皆係於目錄各條之下。二注本藝林寶傳，無異辭焉。"

謝氏序曰："是集久無合刻。戊申十月，見吾師覃溪先生手抄草稿，蓋先生爲洗馬時校進之底本也。因與同志抄錄成帙，謀付之梓。其末載《提要》一篇，已刊入內府板中。吾師不敢以作序自居，因即寫其抄本卷端語以爲序，而倂錄原進書時所爲《提要》，以見其概云。"

許氏序曰："宋興二百年，以詩名世者黃魯直。其後學黃而不至者，陳無己。二公之詩，皆本於老杜而不爲者也。其用事深密，雜以儒、佛、《虞初》、稗官之說，《隽永》、《鴻寶》之書，牢籠漁獵，取諸左右。後生晚學，苦其難知。三江任君子淵，博極羣書，暇日以二家詩爲之注解，且爲原本意始末以曉學者。非若世之箋訓，但能標題出處已也。"

文光案：陳《錄》'《山谷詩注》二十卷'、'《後山詩注》六卷'，蓋當時合刻之本，故陳《錄》并解之，許氏并玩序之。非《山谷內外集》也。此本未見，不知尚有傳本否。

《目錄引》云："近世所編《豫章集》，詩凡七百餘篇，大抵山谷入館後所作。山谷嘗仿《莊子》，分其詩文爲內、外篇，此蓋內篇也。晚年精妙之極，具於此矣。然詮次不倫，離合失當。今以事繫年，校其篇目，各如本第。其不可考者，即從舊次，或以類相從。詩各有注，離爲二十卷云。"

　　文光案：山谷入館後所作爲《內集》，少時所作爲《外集》。公自編《退聽堂詩》，初無意盡去少作。其甥洪炎與朱敦儒、李彤重編《豫章集》，詩去少作而雜以他文，爲三十卷。建炎戊申，洪府連帥胡少汲刻板行世，所謂"蜀本"是也。任氏所依舊本即此。其二十卷，則任氏所分也。此注本每詩一二句爲一行，次行降一格爲注，大字書之。三注皆同。其爲宋本舊式與否，則未可知也。

　　錢氏序曰："山谷之詩，與蘇同律而語尤雅健。所援引者，乃多於蘇。其詩集已有任注。而公所自編謂之'外集'者，猶不易通。史公儀甫繼爲之注，上自六經、諸子、歷代之史，下及釋老之藏、稗官之錄，語所關涉，無不盡究。其於山谷之詩，既悉疏理，無復凝結，而古文舊事因注發明者多矣。公蜀人，號藥室居士。嘗爲《補韻》及《三國地名》，皆極精密。"

　　史氏序曰："山谷仿莊周，分詩文爲內、外篇，意自有在，非去彼取此。今《內集》詩有注而《外集》未也，疑若有所去取，豈山谷之意哉？此續注之所不得已也。《外集》有《弊帚》、《焦尾》兩編，高古絕妙，甚爲少游所推，因以秦語冠於篇首。其作詩歲月，別行詮次。有不可考者，悉皆附見。舊多舛誤，略加是正，餘存疑以俟博識。"

　　史氏跋曰："先大父所注《山谷外集》，永嘉白石錢先生爲之序引，鋟木於眉，蓋嘉定戊辰歲也。是書已行於世，大父復參諸書爲之增注，且細考山谷出處歲月，別行詮次，不復以舊集古、律詩爲拘。考訂之精，十已七八。其間不可盡知者，附之本年。蜀板已燬，遺稿幸存。今刻閩憲治，庶與學者共之，并以大父實錄、本傳附見。淳祐庚戌，孫福建路提點刑獄公事季溫謹跋。"

　　文光案：任注即洪炎編次之本。《外集》爲史容所更定，與《年譜》所記不符，非《外集》之元本，亦非山谷自刪之元本矣。

楊廉序曰：“此編有《内集》、《外集》、《别集》。《外集》即《焦尾》、《弊帚》兩編。或謂李彤再爲《外集》，而其詩益全。此莆田黄君仲昭藏本，寧邑校生陳氏沛、沾兄弟之所刻也。”

文光案：此序作於弘治己未，陳刻未見。

洪炎《退聽堂録序》曰：“雜以他文，得一千三百四十有三首，爲詩者七百。”

黄氏《年譜序》曰：“嶜生晚，距先太史之歿，今已百年。”
方綱案：“此序作於慶元五年，今分寧本誤爲‘咸淳己未’。咸淳無己未，且距山谷之卒一百六十餘年。”

張氏《别集跋》曰：“皆今‘豫章前後集’未載，嗣是有得，當附益之。”

徐岱序曰：“先生，寧人也。寧有《全書》，係以年譜、傳、議者，備考也；附以《伐檀集》，原所自也。刻久磨滅，購元本補之。”此序作於嘉靖丙戌。

蔣芝《黄詩内篇序》曰：“黄詩，傳其始集者，有任淵氏、洪炎氏、王子飛氏、黄嶜氏四家。親炙詩教，凡所編會，於是乎爲精爲要，用託之梓氏以傳。”

文光案：此明本也，凡十四卷。《内集》詩七百有十二首。

周季鳳序曰：“瓊山邱公藏《豫章集》三十六卷。潘南屏抄之内閣者，有《正集》、《外集》、《别集》、《詞簡》、《年譜》，凡九十七卷，乃宋蜀人所獻。《伐檀集》二卷，句甚奇[四]崛，世所謂‘山魈水怪着薜荔’之體，亦閣本附存。”此序作於嘉靖丁亥。

黄氏曰：“《類編增廣黄先生大全文集》五十卷，南宋刊本，凡十六冊。《山谷大全集》惟《絳云樓書目》有之，祇二十六卷。此全者，係沈苹園先生故物。每半葉五十行，行二十七字。目録後有碑版云：‘麻沙鎮水南劉仲吉宅。近求到《類編增廣黃先生大全文集》五十卷，比之先印行者增三分之一，不欲私藏，庸鏤木以廣其傳，幸學士詳鑒焉。乾道端午識。’目録卷後鈐方印，一文云‘文安開國’，又一文云‘累代仕宦清白傳家開封史氏’，皆朱文，似是元人圖記。又各冊有‘查昇之印’。仁和沈廷芳，字畹叔，一字荼園。‘沈廷芳印’，‘徐氏藏書’、‘西谿草堂’‘彥清’印。”録於《士禮居題跋記》。

《山谷內集》三十二卷　《外集》二十四卷《別集》十九卷　《伐檀集》二卷

宋黃庭堅撰

江右寧州緝香堂本。此本爲乾隆乙酉宋調元知寧州時所刊。緝香堂自陳豐以下共列十五人。首四卷，新、舊序，本傳，世系，遺像，年譜爲一卷；誥、敕、謚議、別傳、祠記爲一卷；《詩派圖》、評黃、詠黃、辨疑、凡例、注訂姓氏爲一卷；《正集》目録一卷。凡四集，共七十七卷。《外集》、《別集》詩多於史注者四百餘首。黃詩以此本爲全。

公歿後有文學之禁，士子不得挾蘇、黃稿。建炎戊申，胡直孺爲洪帥，因取公詩文編爲《豫章集》，而屬其事於公甥洪炎。炎嘗手抄公《退聽録》，後編公集，以《退聽録》爲斷，脫略過甚。李肜乃取散見於交游者編入《外集》，拾遺之力獨多。王子飛爲黃注四大家之一，公嘗與書云：“欲將所作詩文擇合於周、孔者爲《內編》，餘列爲《外編》。”分內、外，自王注始。朱敦儒與洪、李間，編《豫章集》。任淵注公蜀本詩集。黃㽦，字子耕，公諸孫，從朱子游。後公百年生，追撰《年譜》三十卷。又遍搜遺稿、石刻及各家所藏真蹟，編爲《別集》，注明時地，仿以編年之法。

元末兵燹，寧州慘於他邑。公集板毀，印本亦無完書。明周季麟始獲於内閣，其弟季鳳手抄原本，謀之州守刻之。時有潘南屏刻本九十七卷。徐岱按江西，知公全集剞劂未畢，檄有司竟其事。書成，名'山谷全書'。弘治中葉，天爵刻全書未竟。今所存嘉靖本爲喬遷所刊。方沆取山谷書重加校訂，即今行世之重刊《正集》。李友梅因方本遺《外集》、《別集》，重刊三集，今所存萬曆本也。

　　緝香堂例："宋、元刻本不可見。嘉靖刻多照宋板。萬曆刻編章錯雜，頭緒紛如。今重加核定，詩準《唐詩類選》，文如歐、曾集，各歸其類。洪炎所編三十卷，即公手定之内編。邱瓊山所藏三十卷，即李彤補刻之《豫章外集》。潘南屏抄之内閣者，即黄𥊝所輯之《別集》，合《正集》、《外集》爲三集也。但九十七卷内有《簡尺》二卷、《年譜》三十卷，嘉靖本仍之。萬曆刻擇《簡尺》之有關係者編入集中，又補入《刀筆集》。今除《簡尺》、《年譜》，總計八十一卷。舊刻《年譜》列詩目一千數百餘首。又疏詮交游、贈答、官爵、姓氏、里居，未免繁冗。今約爲一卷，詩目之下著明時地，仍不失編年之意。彙集蜀本集注及黄𥊝等注，獨有所見，加以'按'字。七絶内採入石刻《梨花詩》十三首，雜著内採入石刻《蓄狸説》一首。""《正集》，詩十一卷，賦一卷，詞二卷，文十八卷。《外集》，目録一卷；詩二十卷，内有楚詞八首；文四卷。《別集》，目録一卷；詩一卷；文十八卷，内有箋注《老子》并杜詩；後有黄𥊝跋。《伐檀集》爲公父所著，詩一卷，文一卷。自序云：'江夏黄庶，字亞夫。暇日發常所作稿草得數百篇，取其完者，以類相從而編焉，題之曰"伐檀集"。時皇祐五年十二月青社日。'序後有嘉定二年黄𥊝、黄𥊝二跋。又緝香堂胡憍德跋。周來軒評《山谷集》曰：'凡句法置字，新新不窮。'又評《伐檀集》曰：'句法奇崛，如"山魈鬼怪著薜荔"之體。'今讀其詩文，雄奇峭拔，令人意境一新。其書一刻於嘉靖乙酉，再刻於萬曆甲辰。兹照全書編訂，俾知淵源之有自云。”

武氏曰：“《唐嵂臺銘》山谷跋云‘崇寧三年三月己卯’，今本脱‘三月’字。又下列‘僧守能等衆’，刻本‘等衆’作‘崇廣’。‘不能爲文’，刻本作‘豈復能文’。‘偶强作數語，惜秦少游已下世’，刻本少‘偶’字及‘已’字。又附刻《谷磨崖碑》詩，‘鳥擇棲’，刻本‘鳥’作‘烏’。至‘臣結春秋二三策’句，刻本作‘春陵’。此其尤謬，不可不以石刻舉正者也。”録於《授堂金石跋》。

文光案：任注“烏”字或作“鳥”，非。古樂府有《烏棲曲》。《史記·世家》曰：“鳥能擇木，木豈能擇鳥乎？”春陵，任注引元結《春陵行序》，不作“春”。武云山谷隱寓貶例，此《春秋》之義也，與注異。

陸氏曰：“黄魯直有日記，謂之‘家乘’，至宜州猶不輟書。其間數言‘信中’者，蓋范寥也。高宗得此書真本，大愛之，日置御案。徐師川以魯直甥召用，至翰林學士。上從容問信中謂誰，師川對曰：‘嶺外荒陋無士人，不知何人，或恐是僧耳。’寥[五]時爲福建兵鈐，終不能自達而死。”録於《老學庵筆記》。

文光案：山谷至宜州，無民居可僦，居一城樓上，未幾而卒，惟范寥從之，故日記中屢言之。日記書法大佳，故高宗愛之。師川因日記召用，信中因無名困死，蓋亦有幸有不幸也。

《山谷黄先生大全詩注》二十卷

宋任淵撰

宋本。此即《山谷内集》。任注每葉二十行，每行十八字。首爲太常寺議謚并考功郎覆議。次目録，自元豐元年戊午起，是歲山谷在北京；至崇寧四年乙酉止，是歲山谷在宜州，九月三十日卒。初山谷在荆州作《承天院塔記》，轉運判官陳舉承、執政趙挺之風旨摘其間數語以爲幸災謗國，遂除名編管宜州。崇寧三年甲申五月間，至宜州貶所，其家寓於永州。在宜州有《和范信中遇雨》詩二首。案：此本題曰"大全"，而有《内集》無《外集》，詩祗題下有注，句中之注悉删。其詩目次序則任淵之原本，蓋坊賈作僞以欺人者也。

《跋周越書》："周子發下筆沉着，是古人法。"

《十七帖》必多臨本，永禪師及虞世南、褚廷誨臨寫皆不甚遠，故世有數本，皆不同。此帖全是廷誨筆意，如揚雄《蜀都》以下似拙工寫真，但神癡耳。

章草，言可以通章奏耳，《千文》乃周興嗣取右軍帖中所有字作韻語，章帝時那得有之？疑是蕭子雲書之最得意者。

蜀人不能書，東坡獨以翰墨妙天下，蓋其天資所發耳。

余嘗觀漢時石刻篆隸，頗得楷法。後生若以余説學《蘭亭》，當得之。

王著臨《蘭亭》、《樂毅》、《千文》，皆妙絶。若使胸中有書，則書不病韻。周越亦然。

《山谷刀筆》二十卷

宋黄庭堅撰

《紛欣閣》本。此書與《東坡尺牘》，皆宋時書市之本，原板最劣。

彭氏曰："《刀筆》與《文集》、《外集》中書簡微有異同，不可偏廢。以歷官編次，尤足考當時出處之迹，與黄𢐏編詩且入《年譜》同意。"録於《知聖道齋讀書跋尾》。

《山谷題跋》四卷

宋黄庭堅撰

《紛欣閣》本。不知何人從《全集》中録出，詩卷、書畫并雜題，不拘一格，因入別集類。毛氏《津逮祕書》刻《山谷題跋》九卷，而無《刀筆》。按《皕宋樓藏書志》，著《山谷黃先生大全詩注》二十卷。宋季閩中重刊紹興本，每葉二十二行，每行二十字。小字雙行，行二十四字。宋諱自"惇"、"廓"以上皆缺避，蓋宋寧宗時刊本。前有紹興鄱陽許尹序，爲《山谷後山詩注》而作。有紀元而無歲月，皆坊刻疏漏之證也。

《后山诗注》十二卷

宋陈师道撰，任渊注

聚珍本。前有政和五年门人彭城魏衍记、元城王云跋。目录按年编次，附《年谱》，前有任渊记。原本六卷，任渊作注时分为十二卷。

彭氏序曰："初先生学于曾公，誉望甚伟。及见豫章黄公庭坚诗，爱不捨手，卒从其学。黄亦不让。士或谓先生过之，先生惟自谓不及也。先生既殁，其子丰登以全稿授衍。衍从先生学者七年，所得为多；今又受其所遗甲、乙两稿，皆先生亲笔。合而校之，得古、律诗四百六十五篇、文一百四十篇。诗曰五、七，杂以古律；文曰千百，不分类。衍今离诗为六卷，类文为十四卷，次皆从旧，合二十卷，目录一卷。先生之文，简重典雅，法度谨严，诗语精妙，未尝无谓而作。其志意行事，班班见于其中。小不逮意，则弃去，故家之所留者止此。"〔六〕

文光案：后山诗猝不易解，任注多得诗意。

魏氏记曰："先生姓陈，讳师道，字履常，一字无己，彭城人。幼好学，不为进取。年十六，谒南丰曾公。曾大器之，遂业于门。曾典史事，荐为其属，朝廷以白衣难之。太学又荐其文行，乞为学录，不就。章惇高其義，冀來見，特薦於朝，終不一往。元祐初，蘇公軾與侍從列薦，乃官之。俾教授其鄉，未幾除太學博士，既而罷之。左右圖書，日以討論爲務，蓋其志專欲以文學名後世也。元符三年，除棣州教授，隨除秘書省正字，將用而歿，年四十九。初先生學於曾公，譽望甚偉。及見黃公庭堅詩，愛不捨手，卒從其學。或謂先生過之，惟自謂不及也。先生既歿，其子豐登以全稿授衍。衍既狀其行，錄藏於家；今又受其所遺甲、乙兩稿，皆先生親筆。合而校之，得古、律詩四百六十五篇，文一百四十篇。詩曰五、七，雜以古律；文曰千百，不分類。衍今離詩爲六卷，類文爲十四卷，次皆從舊，合二十卷，目錄一卷。又手書之。先生之文，簡重典雅，法度謹嚴，詩語精妙，蓋未嘗無謂而作。其志意行事，班班見於其中。小不逮意，則棄去，故家之所留者止此。”

王氏跋曰：“建中靖國辛巳之冬，雲別涪翁於荊州。翁曰：‘陳無己天下士也，其作文深知古人之關鍵，其作詩深得老杜之句法，今之詩人不能當也。子有意學問，不可不往掃其門。’雲受教明年，無己亡矣。雲因記涪翁之語以示昌世。自昔名世之士，著書立言，必賴其徒傳之。昌世，先生之高弟，操行文章，雅擅先生之風。雖隱約布韋而所立絕人，不苟徇合，故能蒐拾遺文，成一家之言。先生之道必傳於後世者，昌世之力也。千載之下，可以知其賢矣。”

任氏跋曰：“讀后山詩，大似參曹洞禪，不犯正位，切忌死語，非冥搜旁引，莫窺其用意深處。此詩注所以作也。近時刊本參錯謬誤。政和中，王雲子飛得后山門人魏衍親校本，編次有序，歲月可考。今悉據依略加諸正。詩止六卷，益以注，卷各釐爲上下。作之有謂，而存之可傳，無怪夫詩之少也。衍字昌世，作《后山集記》，頗能道其出處。今置之篇首，後有學者，得以觀覽焉。”

文光案：任序在目錄之前，《年譜》寓目錄之內，蓋編年詩也。淵字子淵，蜀之新津人。新津有天社山，故自署曰“天社”。后山詩猝不易明，任注多得詩意，與所注《山谷內集》同號精核，可并傳也。

《后山集鈔》三卷

國朝紀昀編

《鏡烟堂》本。前有紀氏序，詩一卷，文二卷，附詞八首。內有《茶經序》、《王平甫文集後序》。

紀氏序曰：“《后山集》二十卷，其門人魏衍所編也。近雲間趙氏刊行之。今本詩七百六十五篇，編八卷；文一百七十一篇，編九卷。又衍記《詩話》、《談叢》各自為集，而今本《談叢》四卷、《詩話》一卷，又《理究》一卷、《長短句》一卷，皆入集中，則此本非魏氏手錄之書矣。原本訛脫太甚，九卷以後，尤不勝乙。因雜取各書所錄后山作，鉤稽考證，粗正十之六七，乃略可讀，因得究其大意。考江西詩派以山谷、后山、簡齋配享工部，謂之一祖三宗。而左祖西崑者，則掊擊抉摘，身無完膚，至今呶呶相詬屬。平心而論，大抵絕不如古，古不如律，律又七言不如五言，棄短取長，要不失為巨手。向來循聲附和，譽者務掩其所短，毀者并沒其所長，不亦俱耶？其古文之在當日，殊不擅名。然簡嚴密栗，可參置於昌黎、半山之間，雖師子固，友子瞻，而面目精神迴不相襲，似較其詩為過之，顧世不甚傳，則為諸鉅公盛名所掩也。予惟愛其文，謂不在李翱、孫樵下。又念其詩珠礫混雜，徒為論者所藉口，因嚴為删削，錄成茲編。”

文光案：《後山先生集》二十四卷，內題“茶陵陳仁子同甫編校”。明弘治間刻本。何義門以嘉靖前舊抄本對校，補其脫者二十行。義門又得舊抄殘本，闕三、四、五、六四卷，改正脫誤，粗為可讀。知明人錯本誤人，有不如不刻之歎也。

《柯山集》五十卷

宋張耒撰

聚珍本，是集卷數不同，或百卷，或七十卷，或十三卷。謹案：《四庫全書》所著《宛丘集》即此。《提要》兩本相同而卷數不合，《柯山集》亦不別著。此本賦二卷，詩二十八卷，文二十卷，論最多。文中有原缺之葉，非足本也。文潛詩效白樂天，樂府效張文昌，故陸放翁云"文潛下世，樂府遂絕"。元祐間，蘇子瞻方爲翰林，豫章黃魯直、高郵秦少游、濟北晁无咎、譙郡張文潛，俱在館中，世號"蘇門四學士"，合彭城陳后山、濟南李方叔，爲"蘇門六君子"。一時文物之盛，漢、唐未有也。蘇長公嘗品第諸子云："晁无咎雄健俊拔，筆力欲挽千鈞；張文潛容衍靖深，若不得已於書者。"又云："秦得吾工，張得吾易。"而世謂工可致，易不可致，以文潛爲難云。《蘇門六君子集》有蜀本，見陳《錄》。其中《宛丘集》七十五卷。文潛，陳州人。生而有文在其手曰"耒"，故以名之。集中有《韓愈論》，又《韓愈本傳書後》，多不滿之意。

汪氏序曰："右文潛詩千一百六十有四，序、記、誌、文、贊等又百八十有四，第爲三十卷。余嘗患世傳文潛詩文人人殊，屏居毗陵，因得從士大夫借其所藏，聚而校之，去其複重，定爲此書，皆可繕寫。文潛名耒，譙郡人。仕至起居舍人。嘗爲宣、潤、汝、潁、兗五州太守，又嘗謫居黃州、復州，最後居陳以歿。其集以《鴻軒》、《柯山》爲名者，居復、黃時所作也。元祐中，兩蘇公以文倡天下，從之游者，公與黃魯直、秦少游、晁无咎，號'四學士'，而文潛之年爲最少。公於詩文兼長，雖當時鮮復公比。兩蘇公、諸學士相繼以歿，公巋然獨存，故詩文傳於世者尤多。若其體製敷映，音節疏亮，則後之學公者，皆莫能仿佛。公詩晚更效白樂天體，而世之淺易者往往以此亂真，皆棄而不取。其采獲之遺者，自如《別錄》云。"錄於《浮溪集》，本書不載。

陸游曰："文潛三子，一死於兵，二死於盜，遂無後。"

君謨書《荔枝譜》、《永城縣學記》，又其精者。

古之文章，雖制作之體不一端，大抵不過記事、辨理而已。記事而可以垂世，辨理而足以開物，皆詞達者也。詞生於理，理根於心。苟邪氣不入於心，僻學不接於耳目，中和正大之氣溢於中，發於文字，言語未有不明白條暢。

君歐陽氏諱發，字伯和，文忠公諱修之長子。師事胡瑗。君臣、世系、制度、文物、天文〔七〕、地理，無所不學。

《簡明目錄》曰："據周紫芝《書譙郡先生文集後》，知未集在南宋之初已有四本，一本十卷，一本三十卷，一本七十卷，一本一百卷。此本與所記四本俱不合，疑後人以殘本重編，然較胡應麟所見十三卷之本，則賅備多矣。"

> 文光案：顧千里所校抄本七十六卷。耒字文潛，楚州淮南人。事蹟具《宋史·文苑傳》。其文汪洋沖淡；晚歲詩務平淡，效樂天；樂府效張籍。

《淮海集》四十卷　《後集》六卷　《詩餘》三卷

宋秦觀撰

明本。此本有徐渭評語。首諸家序，次揚州郡志本傳，次附錄諸家啓、序，次目錄。賦一卷，詩十卷，進策七卷，進論四卷，論一卷，傳、說二卷，表二卷，啓二卷，簡一卷，文一卷，文、疏一卷，誌、銘一卷，贊、跋一卷，跋一卷，狀一卷，書一卷，記一卷，序一卷，挽詞一卷。《後集》詩四卷，雜文二卷。嘉靖乙巳江都盛儀序。《後集》有放翁跋。

盛氏序曰："《淮海集》三十卷，《淮海閒居集》十卷，《淮海詩餘》一卷。《宋史》謂《文集》四十卷，蓋合前二集而言也。《經籍考》歌詞有《淮海集》一卷，蓋《詩餘》也。板藏國子監，歲久漫漶。儀眞黃中丞瓚一刻於山東。高郵張世文州守綖參校監本、黃本，再刻於鄂州，爲《淮海集》四十卷，《後集》六卷，長短句分上、中、下，亦庶幾還其舊矣。未久，鄂板燬於火。高郵州守胡君民表乃求善本復刻以傳。工成，問序於儀。蘇長公謂李薦曰：‘少游之文如美玉無瑕，琢磨之功，殆未有出其右者。’張文潛謂少游平生爲文甚多，而一一精好可傳。呂居仁〔八〕謂少游雖從東坡游，而其文乃學西漢。邢和叔謂少游文如鐘鼎然，其體質重而簡易，其刻畫篆文，則後之鑄師竭力莫能彷彿。是非公文章之定品乎？長公初見公《黃樓賦》，以爲有屈、宋才。及居惠州，得公書詩讀之，歎曰：‘如在齊聞《韶》也。’王介甫則謂公詩清新婉麗，鮑、謝似之。呂氏則謂少游過嶺後詩嚴重高古，自成一家。朱子謂少游詩甚巧，亦謂之對客揮毫，想渠合下得句便巧。是非公詩賦之定品乎？史謂少游長於議論，文麗而思深。黃魯直亦謂議論文字，乃付之少游。是非公議論之定品乎？陳后山云：‘今之詞手，惟秦七、黃九。’朝溪子則謂少游歌詞，當在東坡上。是非公歌詞之定品乎？公與長公同放，而不坐其放言之失；雖爲介甫賞識，而不入於熙、豐之黨。文章華國，議論通達，而不爲詭遇少貶以徇人。此誦其詩讀其書者，尤貴知人論世也。”

陸氏曰：“《悼王子開》五詩，賀鑄方回作也。子開名遵，居江陰。既死，返葬趙州臨城，故有‘和氏’、‘干將’之句。方回詩今不多見於世，聊記之以示後人。”

文光案：此本爲武林段斐君所刊，蓋依胡民表本增文長評語。其徐氏評本爲會稽許吉人所藏。許序云：“予於遺篋中得徐文長手批《淮海集》，丹鉛錯落，其點評惟於句之極雋處論之，極微處始一爲拈出，似甚惜賞譽者。”斐君，博雅士也，篤好剞劂，遂以此本屬之。按：此第四刻也，可稱徐評本，亦可稱武林段氏本。第一刻黃本不全；第二刻爲鄂本，即諸本所祖；第三刻爲高郵本；徐所評者，即此本。又有萬曆戊午李之藻重刊本。《詩餘》有明錢塘鄧章漢輯本。見《草堂集》。

《淮海集》四十卷　《後集》六卷　《長短句》三卷

宋秦觀撰

高郵本。宋本監本流傳已罕，此爲明本第三刻，即胡民表重刊張本。前有盛儀、張綖序，及《宋史》本傳。詞後有張綖跋。末有張繪後序。繪爲綖之弟。徐評本無詞、跋及後序，餘悉同今高郵本，合併爲二十卷，附《年譜》。

《法帖通解序》曰："頃爲正字時，見諸帖墨蹟有藏於祕府者，字皆華潤有肉，神氣動人，非如刻本之枯稿也。蓋雖官帖，亦其糟粕耳。又當時奉詔集帖之人，苟於書成，不復更加研考，頗有以僞蹟濫厠其間。於標題次序，乖錯逾甚。投荒索居，輒以其灼然可考者疏記之，名曰'法帖通解'云。"

汲縣人盜發魏襄王冢，得簡書十餘萬言。其一卷論楚事者最爲工妙。齊文惠太子爲雍州時，盜發楚王冢，亦得竹簡、青絲綸。簡廣數分，長二尺，皮節如新。有得十餘簡者。王僧虔云是科斗書，記《周官》所闕文。以此論之，凡稱"古文"者，皆倉頡遺法也。此帖題曰"倉頡書"，乃近大、小二篆，蓋可疑也。

秦兼天下，丞相李斯乃奏罷不合秦文者。而斯作《倉頡篇》，車府令趙高作《爰歷篇》，太史令胡母敬作《博學篇》，皆取史籀大篆，或頗省改，是爲小篆。是時天下多事，篆字難成。長安下士人程邈得罪繫寧陽十年，從獄中增減大篆，去其繁複，奏之。

始皇以爲善，出邀爲御史，名其書曰"隸書"。凡奏事，令隸人書之，故又謂之"佐書"。自爾秦書有大篆、小篆、刻符、包蚫、隸書等，凡八體焉。《倉頡》、《爰歷》、《博學》三篇，至漢時，閭里之師并爲《倉頡篇》，而籀文至建武時已六篇矣。史籀、李斯之書，唐封演已疑非真。不知此二帖何從得之也。今漢碑在者皆隸字，而程邈乃是小楷，觀其氣象，豈敢遂信以爲秦人書？

鍾繇《賀捷表》。按：此捷在建安二十五年正月，安得於二十四年閏十月先賀捷也？疑此表非真。

《蘭亭》，用鼠繭紙、鼠鬚筆書，凡二十八行，三百二十四字。字有重者，皆構别體，而"之"字最多，至二十許字。他日更書數十本，終無及者。右軍亦自愛重，留付子孫。至七代孫智永，永卒，傳其書於弟子辨才。才俗姓袁氏，梁司空昂之玄孫。太宗未得《蘭亭》，三召辨才詰之，固稱薦經喪亂，亡失不知所在。後遣蕭翼詭辨才，始得之。命供奉拓書人趙模、韓道政、馮承素、葛貞等四人各拓數本。後《蘭亭》入昭陵，惟趙模等所拓者傳於世。事見何延之《蘭亭記》。

余閒居有所聞，輒書記之，次爲若干卷，題曰"逆旅集"。蓋以其智愚好醜無所不存，彼皆隨至隨往，適相遇於一時，竟亦不能久其留也。

王定國注《論語》十卷，以副本屬予爲序。

《齊史》孫搴答邢詞云："我精騎三千，足敵君羸卒數萬。"心善其説，因取經、傳、子、史可爲文用者，得若干條，題曰"精騎集"。

《蠶書》凡十事，有引。所書得自兗人，與吴中蠶家不同。

《淮海閒居集序》曰："古、律體詩百十有二，雜文四十有九，從遊之詩附見者五十有六，次十卷。"

觀少豪雋慷慨，溢於文詞。讀兵家書，與己意合。見蘇軾於徐，爲賦《黃樓》，軾以爲有屈、宋才。長於議論，文麗而思深。客死，先自作挽詞，其語哀甚。年五十三。弟覯字少儀，工於詩；覿字少章，亦能文。觀子湛字處度〔九〕，亦以文名，嘗注呂好問《回天錄》。

　　文光案：《郡志》傳與《宋史》本傳大半相同。《黃樓賦》、《自挽詞》具存本集中。

張氏跋曰：“陳后山云：‘今之詞手惟有秦七、黃九。’謂淮海、山谷也。然詞尚豐潤，山谷特瘦健，似非秦比。此在諸公非其至，多出一時之興，不自甚惜，故散落者多。其風懷綺麗者，流播人口，獨見傳錄，蓋亦泰山毫芒耳。字復訛誤，頗爲辨證。其有一二字不可校者，不欲以意見輒易，存闕文之意，更俟善本改正。”此跋作於嘉靖己亥。

張氏曰：“秦少游侍兒朝華，姓邊氏，京師人也。元祐癸酉歲納之，嘗爲詩云：‘天風吹月入欄干，烏鵲無聲子夜閒。織女明星來枕上，了知身不在人間。’時朝華年十九也。後三年，少游欲修真斷世緣，遂遣朝華歸父母，家貧，與以金帛而嫁之。朝華臨別，泣不已。少游作詩云：‘月霧茫茫曉析悲，玉人揮手斷腸時。不須重向燈前泣，百歲終當一別離。’朝華既去二十餘日，使其父來云不願嫁，卻乞歸。少游憐而復取歸。明年，少游出倅錢塘，至淮上，因與道友論議，歎光景之遄。歸謂華曰：‘汝不去，吾不得修真矣。’亟使人走京師呼其父來，遣朝華隨去。復作詩云：‘玉人前去卻重來，此度分攜更不回。腸斷龜山離別處，夕游〔一一〕孤塔自崔嵬。’時紹聖元年正月十一日，少游〔一〇〕嘗手書記此事。未幾，遂竄南荒去。”錄於《墨莊漫錄》三，詩集中不載。

王氏曰：“秦少游有姬邊朝華，極慧麗。恐妨其學道，賦詩遣之至再。後南遷過長沙，乃眷一妓，有‘郴江幸自遶郴山。爲誰流下瀟湘去’之句。何前後矛盾如此？”錄於《香祖筆記》。

陳氏曰："長沙義妓者，不知其姓氏。善謳，尤喜秦少游樂府，得一篇，輒于筆口哦不置。少游南遷，道經長沙，訪潭風俗、妓籍中可與言者。或舉妓，遂往訪。睹其姿容既美，而所居復瀟灑可人，咄咄稱異。几上文一編，目曰'秦學士詞'。因取閱，皆平日所作者，竊怪之，故問曰：'秦學士何人也?'妓不知即少游，具道其才品。少游曰：'彼秦學士亦嘗遇若乎?'曰：'妾僻陋至此，秦學士貴人，焉得至此? 即至，豈其顧妾哉?'少游乃戲曰：'若愛秦學士，徒悦其詞耳。使親見其貌，未必然也。'妓歎曰：'嗟乎! 使得見秦學士，雖爲妾御，死復何恨!'少游察其誠，因謂曰：'若果欲見之，即我是也，以貶黜道經於此。'妓大驚，色若不懌者，稍稍引退，入告母媼。媼出，坐少游於堂。妓冠帔立堂下，北面拜。少游起且避，媼掖之坐以受。拜已，乃張筵飲。母子左右侍觴，酒一行，率歌少游詞一闋以侑之。飲畢甚歡，止少游宿。夜分寢定，妓乃寢。平明捧沃匜，立帳外以俟。少游感其意，爲留數日。將別，妓囑曰：'妾不肖之身，幸侍左右。今學士以王命不可久留，妾懼貽累，又不敢從行，惟誓潔身以報。他日北歸，幸一過妾，妾願畢矣。'少游許之。一別數年，少游竟死於藤。妓自與少游別，閉門謝客。一日晝寢痞驚，曰：'吾與秦學士別，未嘗見夢。今夢來別，非吉兆也。'亟遣僕沿途覘之，數日得報，乃謂媼曰："吾昔以此身許秦學士，今不可以死故背之。'遂衰服以赴。行數百里，遇於旅館，入臨其喪，拊棺繞之三周，舉聲一號而絶。左右驚救之，已死矣。"錄於《藏一話腴》。

　　文光案：余初閱《墨莊漫錄》，見少游有出朝華事；繼閱《香祖筆記》，譏其前後矛盾；後閱《藏一話腴》，始明其矛盾之故，因并記之。義妓一則，不知何人傳述，而陳郁所紀如親寓目，何以失其名氏?《淮海詞》當時膾炙人口，尤爲藝林所推。其他歌行近體，句遒調逸，當時與蘇、黄、文、賈輩唱和之什，具在集中。文長評語於極雋極微處皆爲拈出，便於省覽。

葉氏曰：“陸游字務觀，山陰人。名游，字當從觀，原注：“平聲。”鮑本按：“此當注去聲。”至今謂觀，原注：“去聲。”鮑本案：“此當注平聲。”又此處似有脫文。蓋母氏夢秦少游而生公，故以秦名爲字，而字其名。或曰公慕少游者也。公紹興間已爲浙漕鎖廳第一，有司竟首秦熺，置公於末。及南宮一人，又以秦檜所諷見黜，蓋疾其喜論恢復。紹興末，始賜第。學詩於茶山曾文清公，其後冰寒於水。云嘗從紫巖張公游，具知西北事。天資慷慨，喜任俠。游宦劍南，作爲歌詩，皆寄意恢復。書肆流傳，或得之以御孝宗，上乙其處而韙之。旋除删定官。原注：“賜第時得簿。”或疑其交游非類，爲論者所斥。上憐其才，旋即復用。未內禪十日，上手批以出，陸游除禮部郎。上之除目，自公而止，其得上眷如此。公早求退，往來若耶、雲門，留賓款洽，以觴詠自娛。官已階中大夫，遂致其仕，誓不復出。韓侂胄固欲其出，落致仕，除次對，公勉爲之出。韓喜陸附己，至出所愛四夫人擘阮琴起舞，索公爲詞，有‘飛上錦裀紅縐’之語。”錄於《四朝聞見錄》。此錄所載《閱古》、《南園》二記，與《放翁集》本互異。

　　文光案：陸氏所藏明嘉靖本有盛儀序、張綖序、張繪跋。萬曆本有李之藻序、姚鏞序。

校勘記

〔一〕“中”，原作“云”，據宋陳振孫《直齋書錄解題》改。

〔二〕“云”，原作“中”，據上書改。

〔三〕“跋云”，原作“云跋”，據上下文乙止。

〔四〕“奇”，原作“著”，據《山谷集》改。

〔五〕“寮”，原作“察”，據宋陸游《老學庵筆記》改。

〔六〕自“彭氏序曰”至此，與下文“魏氏記”後半部分同。《後山詩注》無彭氏序，疑因"彭城魏衍記"誤衍。

〔七〕"文"後原衍一"明"字，據《柯山集》刪。

〔八〕"仁"，原作"體"，據明陶宗儀《説郛》改。

〔九〕"度"，據宋黄昇《唐宋諸賢絶妙詞選》補。

〔一〇〕"游"，原作"陽"，據宋張邦基《墨莊漫録》改。

集部二

別集類十一

《寶晉山林集拾遺》八卷

宋米芾撰

鈔本。前有墓誌銘，蔡肇撰。嘉泰改元，嗣孫米憲跋。《山林集》一百卷，亡於南渡。米憲所輯者，刻於筠陽郡齋。卷一，賦；卷二，詩；卷三，長短句；卷四，文；卷五，《寶章待訪錄》；卷六，《書史》；卷七，《畫史》；卷八，《硯史》。此影宋抄本，諸家書目罕見著錄。岳珂所輯《英光集》，似未見此本，誠罕覯之祕笈也。

米氏跋曰：「先祖南宮，以文章翰墨雄視一代。如《寶月觀賦》一出，巨儒若東坡最擊節賞音，他可知矣。按待制蔡公天啓誌墓文，有《山林集》百卷，若《宣已子》、《聖度錄》等文，又數十卷。適靖康變故，先君閣學僑寓溧陽，僅脫身於崎嶇兵火之中。異時寶晉所藏皆希代所見，靡有孑遺，故先集亦不復存在，以故尚未顯行於世。憲緬想祖烈，重以先君閣學治命，每歎遺稿未克廣傳，爲没齒深恨。憲欽承先訓，遠求博訪，迨今五十年矣。而六丁勅將，毫芒僅存，故梵筴雜疊，青氈并藏，自《書史》、《畫史》、《硯史》外，其他詩文纔百餘篇。乃即筠陽郡齋，命工鋟板，以遺世之欲見是書者。"

《寶晉英光集》八卷

宋岳珂輯〔一〕

鈔本。前有紹定壬辰鄂國岳珂序。

岳氏序曰："予仕居潤餘十年，會羽書交馳，凡訪古撝奇，皆日力所不暇，僅能考海岳一遺址。我宋人物如南宮，不可以不祠。既藏祠，則不可以不撝遺佚、考文翰以備一堂之缺。既竣摹瑑之事，而捃放失，恪編次，爲是集以傳，又次序之所當舉而必不可無者也。按《山林集》，舊一百卷，今所會粹附益未十之一。南渡而後，文獻不足，固無可議也。"

《畫墁集》八卷　《補遺》一卷

宋張舜民撰

《知不足齋》本。是集詩四卷；賦、跋、論一卷；記、表、劄子、墓誌一卷；《郴行錄》二卷，謫監郴州酒税時所著。山川古蹟，足資考證。此本從《永樂大典》錄出，鮑氏刻入叢書，依石本補《游公墓誌》一篇。又從諸書中錄詩六首。其原集百卷，奏議十卷，今已散亡。此集爲世所重，詳《周紫芝集》。

元祐九年，差充遼使，取耳目所得，排日紀錄，因著《甲戌使遼錄》。

晁氏曰："其文豪縱有理致，最刻意於詩。晚作樂府百餘篇，自序云：'年逾耳順，方敢言詩。百世之後，必有知音者。'其自矜重如此。"

《簡明目錄》曰："舜民集雖爲蔡京所禁，南渡後仍雕板印行。其詩詞每竄入《東坡集》中，殆由體格相近致誤收耳。"

《西塘集》十卷

宋鄭俠撰

明本。前有隆興二年菓山黃祖舜序、玄孫元清跋，次萬曆己酉葉向高、陳勳二序，次目錄。凡文八卷，詩一卷，附錄傳、誌、祠錄一卷。是集原本二十卷，初刻於隆興甲申，公之孫嘉正知建昌軍時刊置公府；再刻於乾道丁亥，侍郎林公鍥板九江郡齋；三刻於淳熙改元，太師史公題而刊之：皆以黃序冠首。四刻於嘉定庚午，公之玄孫元清補集中脫簡，板還旴江書庫。五刻於萬曆己酉，葉向高取於秘閣，即隆興本，與其鄉人刪正授梓，至今流傳，而二十卷之本不可見矣。西塘與濂、洛同時，其學多雜佛老。然嚴毅實踐，弗爲空言，其志亦大矣。

黃氏序曰："讀公《大慶居士自序》，知公平居克己，不愧屋漏，其學亦本於誠而已。著述類多散逸，公之孫嘉正僅得其十之三四。西塘，所居之地也。"

傳曰："公在金陵，以《詠雪》詩見賞於荊公，遂游其門。荊公屢誦其'漏隨書卷盡，春逐酒瓶開'之句。及言新法，終不肯詭隨，持論益堅，與王安國議論素洽。事詳志、傳。"

司馬氏曰："鄭俠，閩人，進士及第。熙寧七年春，上以旱災下詔，聽吏民直言得失。俠以選人監安上門，上言：'新制使選人監京城門，民所齎物無細大皆征之，使貧民愁怨。人主居深宮，或不知之。'畫圖并進之。朝廷以爲狂，笑而不問。會王介甫請罷相，上未之許。俠上言：'天旱安石所致，若罷安石，天必雨。'既而介甫出知江寧府，是日雨。俠自以爲所言中，於是屢上書論事，皆不省。是歲冬，俠上書幾五千言，極陳時政得失、民間疾苦。上言：'王安石作新法，爲民害；呂惠卿朋黨姦邪，壅蔽聰明；獨馮京時立異，與之較計。請黜惠卿，進用馮京。'呂吉甫大怒，白上，奪〔二〕俠官，汀洲編管。俠貧甚，士大夫及小民多憐之，或有遺之錢米者。上問馮當世：‘卿識鄭俠乎？’對曰：‘臣素不之識。’御史張琥聞之，陰訪求當世與俠交通狀，或語以當世嘗從俠借書畫，遺之錢米。琥即劾奏：‘京大臣，與俠交通有迹，而敢面謾，云不識。又俠所言朝廷機密事，俠選人，何從知之？必京教告，使之上言。’上以章示當世，對：‘實不識，乞下所司辨正。’惠卿乃使其黨知制誥鄧潤甫與御史臺同按問，遣選人舒亶乘驛追俠詣臺，索其篋笥中文書悉封上之。亶還，特除京官以賞之。臺中掠治俠，其疏所與交通者皆逮繫之。僧曉容善相，多出入當世家，亦收繫考驗。取當世門歷閱視，賓客無俠名。俠素師事王雱，而議論常與雱異。與王安國同非新法，安國親厚之。俠既上疏，安國索其草視之，俠不與。安國曰：‘家兄爲政，必使天下共怨怒，然後行之。子今言之甚善。然能言之者，子也；能揄揚流布於人者，我也。子必以其草視我。’俠曰：‘已焚之矣。’俠詣登聞檢院上書，集賢校理丁諷判檢院，延坐，與啜茶，詢其所言，稱獎之。諷又嘗見當世，語及俠。當世稱俠疏文辭甚佳，小臣不易敢爾。俠既竄逐，前三司副使王克臣與之舊，命其子駙馬都尉師約資送之。師約曰：‘師約姻通帝室，不敢與外人交。請具銀百兩，大人自遺之。’克臣從之。於是臺司收安國、諷等鞫。安國自陳無此語，臺司引俠使證之。俠見安國，笑曰：‘平甫居常自負剛直，議論何所不道？今乃更效小人，欲爲詆讕邪？’安國慚懼，即服罪。潤甫等深探俠獄，多所連引，久繫不決。上以其支蔓，令歲前必令獄具，臺官皆不得歸家。獄成，惠卿奏俠謗國，欲致之大辟。上曰：‘俠所言非爲身也，忠臣亦可念，豈宜深罪之？’但移英州編管而已。當世罷政事，以諫議大夫知亳州。王克臣奪一官。丁諷落職，監無爲軍酒税。王安國追出身以來敕告，放歸田里。曉容勒歸本貫。其餘吏民有與俠交游及饋送者，皆杖臀二十，遠州編管。仍賜詔介甫慰諭，又以安禮權都檢正以慰其心。"范堯夫、張次山、王孝先云。録於《涑水紀聞》。

　　文光案：鄭俠繪《流民圖》，人尚傳誦，其餘人鮮知之，因録之。《涑水紀聞》，温公之史稿也，每條後注某人所言以示有徵。其書有聚珍本，近有湖北崇文書局本，皆十六卷。予所據者，爲乾隆己酉知不足齋校定本，手抄完畢，未及刻入《叢書》。凡分上、下二卷，錯誤處皆以硃筆塗乙之。又各注别本爲第幾卷。鮑氏所據者不知何本，雖經勘正，不免訛舛，存之以備一本可也。

《樂圃餘稿》十卷

宋朱長文撰

鈔本。前無序，後有盧文弨跋。

盧氏跋曰："伯原有文三百卷，經兵燹亡失。其從孫恩輯成此本，不必文字之至者。伯原，吳人，舉乙科，以足疾不仕，世皆知其賢。教授國學，著《春秋通志》二十卷，今佚，惟《墨池編》二十卷尚存。其《圖經》、《琴史》，不知有無也。所居樂圃之坊名，至今未改。"

《學易集》八卷

宋劉跂撰

聚珍本。凡詩四卷、文四卷。晚築學易堂，人稱"學易先生"。古文簡勁有法度，詩無凡語。

《金石苑序》曰："東平劉繹如成叔哀次前代金石刻，以得之先後爲次第，凡四百哀，曰'金石苑'。予友人滎陽王怡彦適身爲縣令，而夫妻手裝碑本無虛日。浚儀董之明子年少，亦收藏古今刻，數遺予東漢以前墨本。趙明誠德甫，貴公子，仿《集古》爲一家言。如數公者，可謂無負前人哉！近有知名士文學著稱，問其所藏，叔然自失，徐曰：‘爲有力取去。’予每向人言數公，必舉此士爲對，蓋語勢當然，則今所書，亦不得而略也。”

《泰山秦篆譜序》曰：“今世傳泰山篆字，可讀者惟‘二世詔’五十許字，而始皇刻辭皆謂已亡，莫可復見。予以大觀二年春，從鄉人登泰山絕頂，首訪秦篆。其石埋植土中，不過四五尺，形制似方而非方，四面廣狹皆不等，因其自然，不加磨礱。所謂‘五十許字’者，在南面微平處，人常所摹拓，故士大夫多見之。其三面尤殘缺蔽闇，人不措意。予審之，隱隱有字，摹以紙、墨，漸若可辨。政和三年秋，復宿岳上，親以氈椎從事，校之他本，始爲完善。蓋四面周圍悉有刻字，總二十二行，行十二字。字從西南起，以北、東、南爲次。西面六行，北面三行，東面六行，南面七行。其末有‘制曰可’三字，復轉在西南棱上。每行字數同，而每面行數乃不同如此，廣狹不等，居然可見。其十二行是始皇辭，其十行是二世辭。以《史記》證之，文意皆具；計其缺處，字數適同。予既得墨本并玩碑之形象以歸，親舊多來訪問，倦於屢報，乃爲此譜。大凡篆字二百二十有二，其可讀者百四十有六，亦作篆字書；其毀缺及漫滅者七十有六，以《史記》文足之，注其下。史家差誤，皆當以碑爲正。”

文光案：此譜見今《泰山志》。王氏《萃編》未採。古人善於擇石，故書者因石之自然，不加磨礱。想石鼓亦是自然之形，故名爲鼓而非鼓，亦非碑式也。

《道鄉集》四十卷 《補遺》一卷 《附録》一卷

宋鄒浩撰

鄒氏留餘堂本。道光十一年二十六世裔孫鄒禾校刊。首提要，次紹興五年李綱序，次楊時序，次正德七年邵寶序，次嘉靖庚戌鄒益序，次目錄。凡詩十四卷，首賦二首。文二十六卷。《補遺》一卷。奏疏三十八首。附錄《宋史》本傳并墓誌銘、陳瓘撰。《年譜》。李兆洛按舊譜重編，有引。次道光十一年李兆洛序。接目錄。末有正德十年周忱《書傳後》、康熙庚午王士禎跋、裔孫禾跋。附考《道鄉集》歷次刊刻之本，本傳、奏議一卷，文集四十卷。

鄒氏跋曰："今年三月，奉遺集并《年譜》、《外紀》，詣申耆先生於暨陽書院，且達兩觀察書。李海帆、吳梅梁致書申耆，請校是集。先生許之，爲檢李燾《長編》，補集中奏疏之所未備，又删改《年譜》并《外紀》入之，使有條理。公十九世孫忠允別爲《外紀》一卷，申耆取其有資考證者并入《年譜》，《外紀》不復刻。以五月付梓，八月竣事。"李序云："今哲裔禾慨然購遺書刊之，以校讎之事屬兆洛。"

李氏序曰："南方之學開於子游，導於道鄉，而昌於涇陽，非吾常一郡之私言也。道鄉先生所著書有《易解》，有《繫辭纂義》，有《〈論語〉、〈孟子〉解義》。今所存者，獨有文集而已。"

徐氏曰："鄒志完以論立后事，世所傳疏，其辭詆訐，蓋小人僞爲之以激主怒者也。案：公之本章，紹聖間已焚其稿。徽宗初，蔡京重治公罪，使其黨僞作公疏，如"殺母取子"之類，加以不實之語，宣示中外。今集中具載，原書從《徽宗實錄》浩傳中採出。其子柄後因賜對，首辨此事，且繳原疏副本。詔付史館。予嘗見之，緩而不迫，薰然忠厚之言也。"錄於《卻掃編》。

公子柄字德久，莊重篤學，從龜山先生游，盡傳其業。靖康初，以李苪薦，布衣補承務郎，除編修，權給事，以剛鯁聞。輯《伊川語錄》一卷，著文集二十卷。終天台守，因家天台。栩字德廣，號存誠子，官處州太守。居晉陵之鄒，皆其裔也。《年譜》。

王氏跋曰："道鄉立朝大節：在諫立劉后、論章惇二事。其《立后疏》，古今仰之如泰山、北斗。至劾章惇三疏，劾惇凡四疏，本集三疏，附錄一疏。其二云'元祐之朋黨方絶，後來之黨朋又熾'，其三云'惇在元祐初詆斥先帝保甲之法以爲非是，其言甚力。自陛下躬攬以來，凡語及先帝者，概從竄逐，惟惇久置不問'云云，則是薰蕕不分，且儕惇於元祐諸君子之列，其言悖矣。無怪蔡京立黨人碑，而惇幸竄名其末也。先生受學程門而特嗜禪理，詩文多宗門語。居衡、昭時，古詩有似樂天處，格詩深穩，與葉石林工力相敵，北宋之雄也。"錄於《居易錄》。《提要》以葉石林爲劉夢得，誤。

《永州法華寺經藏記》云："《般若經》六百卷，《寶積經》一百二十卷，《華嚴經》八十卷，《涅槃經》四十卷，號四大部。"第二十六卷。

《書與墨工張處厚》云："予用張處厚墨久矣，而未之識。一旦處厚踵予門，問其家世，則谷之子、遇之孫也。昔奚氏以墨顯於江南，而遇妙得其法。至處厚，益恐墜其家聲，不汲汲於利售，尤爲可尚云。"第三十二卷。

文光案：《道鄉集》初鏤板於福唐。今福清縣。宋時刻書多在建安。宋紹興五年，公子柄、栩編次，李綱、楊時爲之序。此第一刻，其本久佚。明成化六年，十四世孫量重刊。此第二刻，其本今不可得。正德七年，公弟之裔翎刊本於無錫，邵寶爲之序。此第三刻，今亦失傳。嘉靖甲辰，十五世孫乾補刻成化本，有跋，此第四刻。萬曆戊午，十九世孫忠允重刊，有跋，此第五刻。補板已亡。今本爲第六刻，所據即萬曆本而板片亦亡。助刊今本者，爲李海帆、吳梅梁。海帆名宗傳，蕭山人。梅梁名傑，會稽人，官工部侍郎。杭州振綺堂有南宋刊本，振綺堂後人汪适孫，字又邨，能世守遺籍，爲杭州藏書第一家。見王端履《筆錄》。惜未能對勘，姑識於此。

李氏序曰："其子柄、栩集公平生所爲文，得古、律詩，賦，表，章，四六，雜著，傳，記，序，述及紫微制草，合爲四十卷，將鏤板以傳於世，求序於綱。其文章高朗閎達，溫厚深醇，追古作者。有黼黻之文，有金玉之聲，有菽粟布帛之用，信乎有德之必有言也。”

文光案：道鄉所撰《括蒼易序》，甚推荊公之學。又撰
《宗門語錄序》七篇，可知其學駁而不純。其文有云“無所往
而不寂者，道也”，又云“心冥則無所往而不冥”。志[三]完爲
伊川私淑弟子，而其言如此，不能自拔於異端矣。《學案》本
傳云：“先生淵源伊洛而特嗜禪理，又服膺荊舒之學，前後立
論，不無歧出。有請以王安石《三經義》發題試舉人者，先生論其不可而
止。然以大節觀之，要爲不負師承矣。文字小疵[四]，未足爲
累，蓋所學在此不在彼也。

元符二年九月，立賢妃劉氏爲皇后，右正言鄒浩上疏，乞追
停册禮。詔浩除名。《續通鑑長編》。

文光案：李氏謂《宋元通鑑》、畢沅《續通鑑》於《宋
史》及《名臣奏議》似全未檢會者。此語在序案内。觀此説可知
《續通鑑》，畢氏蒐採未遍。

《游廌山[五]先生集》四卷　《附録》一卷

宋游酢撰

游氏本。首乾隆丙寅左宰序，次文肅公像，次廌山書院圖，
次祠記，次古蹟，次目錄。裔孫文遠暨男端柏重刊。首卷，一、
傳略，謝枋得撰；二、墓誌銘，楊時撰；三、紀錄，不著撰人名
氏；四、《年譜》，裔孫撰。卷一，《中庸義》、《論孟雜解》；卷
二，《易説》、《二南義》；卷三，録二程語及雜錄、拾遺；卷四，
雜义。卷末附録贈詩、祭文、祠記之屬。

左氏序曰：“檄訪遺書，板燬無存。幸先生裔孫端柏家藏數
卷，參以家乘，彙成《年譜》。先生師友之淵源、出處之道義，與
夫德行、政事之不負師傳者，舉可見矣。”

宋仁宗皇祐五年，公生於建州建陽之長平。八歲號神童。六

十六歲赴濠州任，以疾致仕。七十一歲，卒於寢。與夫人吕氏合葬於含山縣昇城鄉。嘉熙戊戌賜謚曰文肅。録於本書。

文光案：謝良佐、楊時、游酢、吕大臨，在程門號"四先生"。

全氏曰："鷹山遺書不傳，其弟子亦不振。五峰有曰：'定夫爲程門罪人，何其晚謬一至斯歟？'"録於《學案》。

文光案：公性穎悟，有治劇才，與兄醇俱以文行知名於世。所交皆天下英豪，胡安國、陳瓘皆其講友。公雖少，當時老師、宿儒咸推先之。墓誌稱所著《易説》等書外，復有《鷹山集》十卷。考之《年譜》亦合。久無完本，今所行四卷之本，乃掇拾各書而成者。謝山搜得粹言一二，知必有《鷹山粹言》，而今亡矣。吕紫微曰："定夫後更學禪。"朱子曰："定夫記程先生語，有不親切處，緣他夾雜王氏學。當時王氏學盛行，薰炙得甚廣。"

《西臺集》二十卷

宋畢仲游撰

聚珍本。文十六卷，詩二卷。凡從《永樂大典》採出者，皆館臣重編之本，非其原書。仲游字公叔，鄭州[六]人。士安之曾孫。與兄仲衍同舉進士。《宋史》附載《士安傳》。《宋詩紀事》以爲士安子，誤。公叔文章雄偉博辨，近於東坡。《東坡集》有《舉仲游自代狀》，稱其學貫經史，才通世務，即其實録。

歐陽叔弼，文忠公之子。代文忠爲文，人莫能辨。

陳子思，名知默，蜀人，能詩。其家取其稿納諸棺。

《宋慶墓誌》："皋生綬，綬生敏求，敏求生慶。綬藏書萬餘卷，著述七百餘卷。敏求《平棘集》二十卷，《河南訪古録》一卷，《先公故事》一卷，《愚谷記》五卷，纂《楹中集碎金》

一卷。"

韓忠彥，魏公之子。文章集三十卷，奏議二卷，《魏公行事》一卷，《家傳》十卷，藏於家未出。

文人之文如繪形，史家之文如繪神。《史記》所記之人，在千百年外如親與之接，想見其爲人。史遷而下爲史辭者，皆不與所書之人相類，而近世尤甚。

　文光案：《史記》所記之人，雖能繪神，尚有迹象。若《左氏傳》，真能繪神矣。

《浮沚集》九卷

宋周行己撰

聚珍本。《通考》："十六卷，《後集》三卷，久已失傳。"此本録自《大典》。凡文七卷、詩二卷。其名"浮沚"者，以所居謝池坊有浮沚書院故也。行己字恭叔，永嘉人。早從伊川程子游，傳其緒論。

《論語序》曰："聖人達則化人以德，窮則教人以言。其窮也，其達也，皆天命之以成人而已。堯、舜、湯、文，化人以其德者也。孔子，教人以其言者也。由堯、舜至於湯，五百有餘歲，其化寖失，而湯救之。由湯至於文王，五百有餘歲，其化寖失，而孔子救之。由孔子至於唐，千有餘歲，其化寖失，而未嘗無救之者。蓋聖人之德不可以傳，而其言可以載也；德不可以傳，而其化行於五百餘載之間而已。言可以載，故雖無聖人出而中人行其言，亦可以救化於天下矣。由是觀之，則天之於聖人，或窮之，或達之，豈虛言哉！晚周之時，先王之教既以寖息，非特在上無其人，在下亦無其人矣。孔子不得見聖人，又不得見君子與善人，則在上可謂無其人矣；未見剛者，又未見自訟與好德者，則在下可謂無其人矣。上下無其人，則孰能知之耶？故其事君盡禮，非詔也，而或謂之詔；其稱君知禮，非黨也，而或謂之黨。固不可不疾也，而或以疾之爲佞；名不可不正也，而或以正之爲迂。於宋則集桓魋之患，於魯則不免叔孫之毁。或厄於陳，或屈於衛，可謂不見知於上下矣。當是時，内之人能淺知之者，子貢而已；能深知之者，顔子而已。外之人或小知之者，達巷黨人而已；能大知之者，儀封人而已。嗚呼！可謂窮矣。其窮如此，亦可以已矣。然猶與物紛紛役役，相應以言者，亦曰天命我以其言教人而已。或見其處己，或見其處人；或有以明其善惡之實，或有以辨其是非之似；或有以救其失，或有以長其善；或當其無事而言之，或因其有問而告之，或試其所爲而稱之。其言雖周旋曲折，千變萬化，無非爲中人而發爾。是故絶之者四，而衆人未能，不可不知也；道者三，以君子之德不可不循也。文之未喪將喪，則任於天而已，以非人力之所能爲也；道之將行將廢，則委之命而已，以非人力之所能致也。景公不用也，則其行也速，去他國之道也；桓子不朝也，則其行也遲，去父母國之道也。於陽貨則不見，而於南子則見焉，以勢有可有不可也；於孺悲而不見，於童子而見焉，以義有可有不可也；衆之拜上則不從，衆之純冕則俯身而從之，以禮不可無而儉亦不可舍也；使之媚己則不諾，使之從仕則遜言以諾之，以正不可忘而權亦不可廢也。凡此之類，皆可以見其處己也。所罕言者利，命、仁而已，以中人之所難言也；所雅言者《詩》、《書》，執禮而已，以中人之所可知也。教之者四，所以成君子之善也；惡之者三，所以黜小人之惡也。性與天道，則或不得而聞，以其未能盡性以至命也；死與鬼神，則或不得而問，以其未能保生而事人也。言其樂之所損益，以修諸内者，不可不慎也；言其友之所損益，以求諸人者，不可不擇也。凡此之類，皆所以見其處人也。世之治，在於得人而已；世之亂，在於失人而已。於舜則曰有五人焉，以其治在於得人也；商則曰有三仁焉，以其亡在於失人也。不累於高名也，篤於仁而已，此至德也；不累於厚利也，篤於義而已，此亦至德也。故泰伯以天下讓，民無得而稱焉，謂之至德者，以其篤於仁而不累於名也；文王三分天下有其二以服事殷，謂之至德者，以其篤於義而不累於利也。不上人也，下之而已；不抑人也，推之而已。好學不恥下問，而謂之文者，以其能下人也。文子薦其家臣，而謂之文者，以其能下人也。其志於學，無志於仕，不隱己之所短，不揜人之所長：是人所難爲也。而有以與曾晳與子貢者，以其能爲此也。交久而不狎，富有而不矜，是人所難行也；而有以善平仲與子荊者，以其能行此也。謂臧文仲爲竊位者，以其不仁而無下也；謂臧武仲爲要君者，以其不義而無上也。若此之類，皆所以明其善惡之實也。於管仲，則與之仁而不可相廢也。以申棖爲非剛，則剛之名不可盜而得之矣；以微生爲非直，則直之實不可以僞而爲矣。若此之類，皆所以辨其是非之似也。子路能勇而不能怯，則告之以臨事而懼，所以欲其怯也；子貢能辨而不能訥，則告之以予欲無言，所以欲其訥也；司馬牛多言而躁，則告之以其言也訒，所以欲其寡言也；冉有説中道而畫，則告之以聞斯行之，所以欲其無畫也。若此之類，皆所以救其失也。於其問也，或大之，或善之；於其答也，或然之，或悦而進之不已，或樂其才之可育。若此之類，皆所以長善也。以士進而爲君子，以君子進而爲賢人，中人之所可致也；以孝出而爲仁，以仁出而爲智，中人之所可能也。其所欲言，非教而出於六者，或當其無事而言之，或因其所問而告之，或試其所爲而稱之者，以教之莫先乎此也。蓋言賢、言君子、言士、言孝、言仁，所以使人之知學也；言政，所以使人之知仕也。知學則不失己，知仕則不失人。子游、仲弓之問孝、問仁，至於爲宰，然後問政，則見其急爲知學，亦緩於知政也。其言賢，則告之以賢，皆所以使人之爲士也。然弟子未嘗稱其士者，蓋以士兼君子與賢，則雖善爲士者，固不足道也。其言孝，則告之以孝，皆所以使人之爲孝也。至於弟子稱其孝者，閔子騫而已，孝可謂難得矣。其言仁，則告之以仁，皆所以使人之爲仁也。至於弟子稱其仁者，仲弓而已，仁可謂難得矣。其言政，則告之以政，皆所以使人之爲政也。然於弟子稱其政者，子游而已，蓋以政本於孝與仁，則雖爲善政者，固不足道也。其言賢則必繼之以不賢，言君子則必繼之以小人，言仁則必繼之以不仁，所以使人知仁之不可不爲也，而惡之不可不去也。至於稱子賤之所行以爲貴，而知樊遲之所志可以爲賤也；稱仲弓爲仁，而又稱宰我爲不仁，蓋欲人之知仲弓所行可以爲榮，而知宰我之志可以爲辱故也。嗚呼！其所言所稱之勸戒如此之詳，則其成德者亦宜衆矣。然其卒也，賢無若顏子，君子無若子賤，仁則無若仲弓，豈其命有所成形有所適而不可損益耶？亦在乎人加勉而已。揚子曰：'有學術業，無心顏淵。'又曰：'希顏之人，亦顏之徒。'顏子，賢者，猶可希也，又況仲弓、子賤乎？且顏子之所以賢者，不在乎他，亦在乎不改其樂也。世之學者不以富貴動其心，而窮亦樂，達亦樂，是亦顏子之徒而已。詩云：'今者不樂，逝者其耋。'學者之於學也，猶可以不勉乎？"

《易講義序》曰："《易》之爲書，伏羲始作八卦，文王因而重之，孔子繫之以辭。於是卦、爻、彖、象之義備而天地萬物之情見。"

　　　　文光案：此即朱子《易本義》前所刻之序。多"伏羲"至"於是"二十字，以下悉同。人鮮知爲周氏之作也。

校勘記

　〔一〕"宋岳珂輯"，據《四庫全書總目》補。

　〔二〕"奪"，據宋司馬光《涑水紀聞》補。

　〔三〕"志"，原作"道"，據《宋史》改。

〔四〕"疵"，原作"庛"，據明黄宗羲《宋元學案》改。

〔五〕"薦山"，原作"薦山"，據《四庫全書總目》改。下同改

〔六〕"鄭州"，《宋史》作"代州"。

集部二
別集類十二

《宗宗簡[一]集》八卷

宋宗澤撰

祠本。康熙三十年刊。前有王廷曾序、趙宏信《重修祠記》并序、嘉定辛巳樓昉序、方孝孺《宗簡公奏疏序》、萬曆乙巳張維樞序、崇禎庚辰熊人霖序并凡例，又十八世孫宗焕序。此本題"五世孫武昌尉如圭輯"。目録，曰劄子，曰狀，曰咨目，曰疏，共一卷；曰表，一卷；曰記，曰銘，一卷；曰書，一卷；曰賦，曰詩，一卷；曰雜文，一卷；曰遺事，一卷；曰附録，一卷，誥、勅、傳、贊、祠記之類。公墓在鎮江，而故里在義烏石板塘。子姓散居，南昌亦有宗姓者，相傳皆公裔云。

王氏序曰："公之集刻於宋嘉定辛巳十有二月。先是，四明有《遺事》之刊。樓昉得公遺文於其孫有德，因掇《遺事》中所載表疏，次第其日月并刻之。至明，寧海方公於公九世孫浚所藏《請帝都汴》之疏不盡載於史氏者，凡二十有四，序之以行。熊公人霖復刻之。兹於熊公所遺者編爲附録，而本傳在《宋史》可考，不入也。予少嘗得南中所刻公疏表一册，前有公像，又有世系圖。今冠其像於集首，世系俟訂補焉。"

《建炎進退志》云："予薦宗澤於上，以爲留守非澤不可。澤，浙東人。自爲小官，即卓犖有氣節，敢爲，不詭隨於世。"此李忠定品題宗簡之語，見於本集。忠定集抄本在祕府，近建寧尹左公始刻之。《哭宗簡詩》一章，僅有其目。人霖。

《楊龜山先生集》四十二卷

宋楊時撰

祠本。康熙丁亥裔孫楊繩祖刊。首爲《宋史》本傳、墓誌銘、行狀略、年譜，不入卷內。按目錄，上書一卷，奏狀一卷，表一卷，剳子一卷，經筵講義一卷，辨二卷，經解一卷，史論一卷，語錄四卷，答問一卷，書七卷，啓一卷，記一卷，序一卷，題跋一卷，雜著一卷，哀辭、祭文一卷，狀、述一卷，志、銘七卷，銘、表、碣一卷，詩五卷。原板散佚，不傳於世，迨明，程敏政得館閣本三十五卷，力不能盡抄，抄其有得於心者，次爲十六卷。弘治壬戌，將樂縣令李熙得程本於京師，翰林靳氏重刊行世，亦十六卷。後常州東林書院刊本分爲三十六卷，宜興刊本又併爲三十五卷。萬曆辛卯，將樂縣令林熙春重刊定爲四十二卷，蓋取常州沈暉抄本，分彙增補以成是本。至此始有全書。順治庚寅，裔孫令聞所刊與繩祖所刊，皆祖林本之舊，同爲四十二卷。此其可考者也。程、李、林三家皆有序。餘序甚雜，不及遍錄。集中《神宗日錄》一卷、《王氏字說》一卷，皆辨安石之誤。《字說》原書未見，辨中所列二十八條語錄，各記所聞，如荊州所聞、餘杭所聞。開首冠以"先生曰"，大抵門人所錄，而不知出於誰手，蓋當時原序無一存者矣。

《辨》曰："荊公行一事，立一法，朝廷必從乃肯已。於君臣之際，殆不可磯也。至或比神考爲元帝，爲桓、靈，其言之悖，雖敵己以下有不能堪者。猶以爲未敢自竭，不知何如乃可以自竭也？"

《語録》曰："爲文要有温柔敦厚之氣，對人主語言及章疏，文字温柔敦厚，尤不可無。如子瞻詩多於讒玩，殊無惻怛愛君之意。荊公在朝論事，多不循理，惟是爭氣而已，何以事君？"

荊公在上前争論，或爲上所疑，則曰："臣之素行，似不至無廉恥，如何不足信？"且論事當問事之是非利害如何，豈可以素有廉恥劫人使信己也？夫廉恥在常人足道，若君子更自矜，其廉恥亦淺矣。

《論蘇明允權書衡論》曰："觀其著書之名已非，豈有山林逸民立言垂世，乃汲汲於用兵？如此所見，安得不爲荊公所薄？孟子在戰國時，所論全不以兵爲先，豈以崇虚而受實弊乎？亦必有道矣。"

詩須要人體會，且如《關雎》之詩，詩人以興后妃之德，蓋如此也。須當想象雎鳩爲何物；知雎鳩爲摯而有別之禽，則又想象關關爲何聲；知關關之聲爲和而適，則又想象在河之洲爲何所在；知河之洲爲幽閑遠人之地，則知如是之禽，其鳴聲如是，而又居幽閑遠人之地，則后妃之德可以意曉矣。是之謂體會。體會得，則看詩有味。至於有味，則詩之用在我矣。淵明詩所不可及者，冲澹深粹出於自然。若曾用力學，然後知淵明詩非着力之所能成。以上《語録》。

《與游定夫書》曰："伊川先生在時，世人迂怪之論皆歸之，以爲訕笑；今往矣，士大夫尊信其學者漸衆：殊不可曉也。先生《語録》傳之浸廣，其間記録頗有失真者。某欲收聚，删去重複與其可疑者。公幸閒居無事，可更博爲尋訪，恐有遺失，異時更相校對，稍加潤色，共成一書，以傳後學，不爲無補。先生之門所存者，惟吾二人耳，不得不任其責也。"

右《春秋公子血脉譜》，得之於南康王巖先生楊孝本，其傳本曰荀卿撰。考荀卿當在周、秦之間，而是書秦譜乃下及項滅子嬰之際，非荀卿作明矣。然自古帝王世系，與夫列國之君得姓受氏，諸牒散亡，而史傳無所考據，於《春秋》之學尤闕然也。而是書旁穿曲貫，枝分派別，皎然指諸掌，非殫見洽聞者不能爲也。

《復古編後序》，今本失載。

先生之學爲程氏正宗，與胡安國往來講論尤多。陳瓘、鄒浩皆以師禮事之。闢王氏經學，排靖康和議，尤切於世道之大者。朱子、張子之學，皆出於先生。

《李忠定公選集》四十七卷

宋李綱撰

李氏本。康熙四十四年李榮芳校刊。此本首爲本傳、行狀三卷，次奏議十五卷、詩文二十二卷、《靖康傳信録》三卷、《建炎進退志》四卷。前明李暐如從中祕抄出，其子嗣元鏤板行世。原板殘失，此刻爲同志伙助補綴而成。前有朱子序。忠定有《梁谿集》百餘卷。此本爲抄時所選，或爲舊抄本，皆不可知。今選集亦漸少，因亟爲著之。

《李忠定公選集》四十卷

宋李綱撰

明本。《梁谿集》一百三十餘卷，《建炎進退志》及《時政記》附焉。此舊傳之本，閩中改刻四十卷，前後互易，古人之面目失矣。

《簡明目録》曰：“綱人品經濟，炳然史間。即以文章而論，亦雄深雅健，非株守章句者所能。集中徒以喜談佛理，故南宋諸儒不肯稱之。然顏真卿孤忠勁節，與日月爭光，終不以書西京《多寶塔碑》，作撫州《麻姑壇記》，遂減其文章之價也。”

　　文光案：《簡明目録》“《梁谿集》一百十卷，附録六卷”，當是宋本。有邵武令重刊本，潘耒爲之序，未見。近聞有新翻本百餘卷，亦未見。

《毗陵集》十六卷

宋張守撰

　　聚珍本。劄子四卷，奏狀一卷，表二卷，外制一卷，内制一卷，雜文四卷，詩二卷，附録謚議二首。

　　《跋唐誥》曰：“唐太宗收右軍蹟至三千六百紙，當時士庶家藏固亦不少，故唐人多能書，雖小夫賤隸，下筆皆有可觀。豈非去魏、晉不遠，鍾、王遺蹟流傳尚多，人人得所師承？抑風俗慕尚，莫敢苟作也耶？武德告身，殆非近世士大夫所能跋〔二〕及，況刀筆吏乎？爲之一歎。”

　　《秦楚材易書序》曰：“皇帝以天縱之聖，游意翰墨，非前代帝王所能及也。敷文閣直學士秦公梓，頃以布衣遊太學，嘗集朝士大夫共寫《易》書，或以字畫之工，或以名德之重，或以位著之崇，凡一百十八家。自大觀迄於宣和，幾二十年而書僅成。然獨乾卦不輕以屬人，而士大夫亦顧避莫敢下筆者。紹興十三年，公以儒學詞藻被上眷，知視草禁林，勸講幄幄。一日造膝有請，上欣然從之。於是雲章奎畫，鳳翥鸞回，赫赫巍巍，冠於篇首。羣臣拭目傳玩，歎公與此書皆千載之遇也。公欲鑱之金石，以侈上賜而傳不朽，屬爲序引。某竊歎自魯壁、汲冢之藏一出，而漆書、竹簡不復見於後世。去古益遠，而聖人之經僅出於鬻書之肆，刊印射利，乃與傳記、小説、巫醫、卜祝、下里淫邪之詞并壽於塵間。大抵捐數千錢，則巾箱五經可以立辦。故士子於經亦褻慢不虔，苟取名第，則委棄藉蹋，粘牖覆瓿，炷燈拭案，不復顧惜。蓋得之易，則用之也輕，而傳之也不久，凡以志於利而已矣。公乃於窮陋未遇之時辦此奇事，更靖康之變不至失墜，卒遇宸翰之寵，則得之固非易矣。啓沃贊襄，措諸事業，則用之不輕矣。勒之貞珉，什襲寶藏，以爲子孫無窮之玩，則傳之之久，又不問可知也。"

《浮溪集》三十二卷

宋汪藻撰

聚珍本。前有晉陵孫覿序、目録、提要。奏疏二卷，表四卷，外制四卷，内制六卷，謚議、策問、序、跋一卷，記二卷，碑、傳一卷，銘、贊、祭文、書、劄一卷，啓二卷，神道碑、行狀一卷，誌、銘四卷，詩四卷。詞三首。是集晁《志》"十卷"，陳《録》"六十卷"，《宋志》"一百二十卷"。明初已非完帙。嘉靖中胡堯臣刻《浮溪文粹》，文六十五篇、詩二十七首、詞三首，合爲十五卷。此本文五百五十二篇、詩詞二百八十五首，得其十之六七矣。彦章工於儷語，爲南宋詞臣冠冕。餘詳孫氏序及《宋史》本傳。

孫氏序曰："公平生無所嗜好，至讀古聖賢書，屬爲詞章，心慕手追，貫穿百氏，伎與道俱，習與空會，文從字順，體質渾然，不見刻畫。如金鐘大鏞，叩之輒應，愈叩而愈無窮，何其盛也！公在館閣時，方以文章爲公卿大臣所推重。每一篇出，余獨指其妙處，公亦喜爲余出也。後十五年，公以儒先宿學當大典册，秉太史筆，爲天子視草，始大發於文，深醇雅健，追配古作。學士大夫傳誦，自海隅萬里之遠，莫不家有其書，所謂富、楊、燕、許諸人皆莫及也。公詩自少作已有能名，及是與年俱老，興微託遠，得詩人之本意，覽者當自知之。公鄱陽人，諱藻，字彦章云。"

李綱落職，鄂州居住。制曰："朋奸罔上，有虞必去於驩兜；

欺世盜名，孔子首誅於正卯。”又曰：“漢棄京房，罪本由於不道；唐誅元載，惡蓋在於罔悛。”元案：李心傳《繫年要録》建炎元年八月，張浚論綱擅易詔令、竊庇姻親等十數事，上召朱勝非草制。時浚章不下，所坐皆宰相，黄潛善密以傳勝非。鄧〔三〕肅疏辨綱實無罪，不知遺詞者何所據而言。十月，以浚論綱罪不已，落綱職。十一月，浚復論綱素有狂愎無上之心，復懷怏怏不平之氣，當置之嶺海。乃命鄂州居住，汪藻草制云云，即此篇也。因是爲清議所譏。

《栟櫚集》二十五卷

宋鄧肅撰

萬竹園本。道光癸未年，二十一世孫廷楨校刊，秣陵陶士立寫。前有嘉慶十九年嘉興錢儀吉序、正德十四年林孜序，又胡瓊序，又南海羅珊跋。凡詩十一卷，奏、劄子一卷，文一卷，書、序、記、題、跋、啓、簡、祭文、疏語、誌、銘、詩、誄、論、書十二卷。後有道光三年鄧廷楨跋。廷楨號嶰筠。末附校勘記，鮑桂星撰。

林〔四〕氏序曰：“江寧鄧氏，其先宋南渡初自南劍遷洞庭者，曰栟櫚先生。考史，先生嘗事高宗。李忠定之出也，以奏争罷歸，蓋歸而隱於洞庭西山。其十五世壽陽太史元昭《林屋集》有云‘吾祖扈南渡，抽身老會稽’者是也。王仲言稱先生集三十卷，託克託等志藝文多脱略，而諸家著録亦未及。國初，吴時舉輯宋人詩，其目録有《栟櫚集》，獨闕其詩。乾隆間，求遺書於天下，福建巡撫某公始得之以進於朝。詩、詞各一卷，文十四卷，裁十六卷，而世間傳本益鮮。儀吉會試，房師爲太史六世孫嶰筠太守，嘗求之十餘年矣。官編修，奉勑修《全唐文》，請觀《永樂大典》於翰林院署，而得先生詞。又於嘉善曹氏《宋百家詩存》得詩一卷，而曹氏記先生集則二十五卷。太史讀而慕思，求之益力。久之，守寧波，乃於蕭山汪氏得正德十四年刻本，雖不及正言所云，而視宋選本增多詩八卷，凡二十五卷，乃與曹記合。靖康、建炎間，一時文字傳於今者，若曹洪、丁傅之記錄，沈龜溪、高東溪及陳、歐陽二生之遺文，足補前史之缺，茲亦其儔與？先生嘗游楊文靖之門，又與朱子之父韋齋善。太守既得斯集，將重刊之，又以《林屋集》僅家藏本，亦無板，遂并鐫焉，而屬儀吉[五]爲之序。”

林氏序曰：“先生詩文，辭嚴意正，類其爲人，至今讀之，毛髮森竦。舊板刊刻沙陽，兵火之後，久已泯逸。孜訪諸士大夫家，或得其前帙，或得其後帙，又字多磨滅，近方搜求全備。遂命書人繕寫，親自校正，分例定式，庶幾足爲善本。適縣尹南海羅侯廷佩蒞任敝邑，索其文集，命工刊之。”

胡氏序曰：“先生諱蕭，字志宏，柟櫚乃其別號。歷官高宗朝左正言，既以祠禄卒於紹興間。而乾道、淳祐中斯集已一再刻矣，顧其板世遠無存。鄉進士永安林君思順得其册於故老家，既爲定次，而邑大夫羅君廷佩請續梓之，思順且來徵序。予惟昔宋中葉吾南劍號稱多賢，而沙陽尤多節慨之士。今之永安割沙龍[六]之半置邑，其名賢故里、丘壟、游息之所，多入永安，柟櫚乃其一也，故思順爲先生鄉後進焉。”

《豫章文集》十二卷

宋羅從彦撰

羅氏本。乾隆辛未留保補訂，有序；裔孫羅蒼校刊，有後跋。首留序，次像，次祠圖并記，次故里圖并題詩，次年譜、謚誥。以上爲首卷，不在卷内。次目録；次宋馮夢得序、元卓説序、明張泰序、國朝張伯行序；次羅先生傳，沈涵撰；次《遵堯録》：七卷。前有劉允濟《進録狀》，有自序。別録一卷，爲司馬光論王安石、陳瓘論蔡京。陳瓘別著《四明尊堯録》。次《二程語録問答》一卷，雜著二卷，詩一卷。共十二卷。附錄諡議、從祀疏、祭文、題跋爲末卷，有羅蒼跋，又至正三年曹道振跋，又羅綽跋。先生受業於龜山，上承伊川，傳授延平，下啓紫陽。按《年譜》，宋神宗熙寧五年生，高宗紹興五年歿，享年六十四。淳祐五年，序作七年十月。贈太師鄒國公，諡文質。是集初刻於宋。馮序云："咸淳庚午，先生之從孫泰孫出此編示予，且求序。"次刻於元，曹道振編次，五世孫天澤鏤板以傳。三刻於明，知沙縣事張泰重鋟。康熙四十五年，福建學臣沈涵考《宋史》及《通志·郡邑志》，改正本傳。四十八年，福建巡撫張伯行刻入《正誼堂叢書》，此第四刻也，并此本爲五刻。宋刻、明刻俱未見。舊序云郡人許源刻遺稿五卷。

　　張氏序曰："先生姓羅氏，諱從彥，字仲素。其先世自豫章避寇來劍浦，復遷於沙，是爲沙縣人。幼穎悟，不爲語言文字之學，師龜山先生二十餘年，然得不傳之祕。郡中李侗、新安朱松、同邑鄧迪，皆先生高弟。著《遵堯錄》四萬餘言。紹興二年，先生六十一，以特科授惠州博羅縣主簿。六十四，自廣回，卒於汀洲武平縣。學者稱爲'豫章先生'。其遺書又有《詩解》、《春秋指歸》、《語孟師説》、《中庸説》、《台衡錄》、《二程語錄》、《龜山語錄》、《議論要語》、詩文集等編。先生歿時，子敦、叙早歿，喪不得歸。後數年，門人李侗始爲歸葬於郡之羅源里祖墓側，故書皆散佚無存。寧宗嘉定六年，郡守劉允濟搜得《遵堯錄》上之。理宗淳祐七年，從閩刑憲楊棟之請，賜諡文質。明神宗萬曆四十二年，從閩學臣熊尚文之請，從祀孔子廟廷。"

　　羅氏自序曰："'遵堯錄'者，遵祖法也。是書專爲安石變亂舊章而作，其言曰：'管心鞅術，甲倡乙和，功利之説，雜然并陳。宣和之末，遂召金人犯闕之變，蓋其源流非一日也。今皇帝下詔，悉剗熙豐敝法，一以遵祖宗故事爲言。昔唐吳兢作《貞觀政要》，本朝石介亦有《聖政錄》，因採太祖、太宗、真宗、仁宗四聖所行可以楷今傳後者，以事相比，類纂錄之。歷三季而成書，名曰《聖宋遵堯錄》。其事之當而理之可久者，則衍而新之；善在可久而意或未明者，則釋以發之。以今準古，有少不合者，作《辨微》以著其事。又自章聖以來，得宰相及先儒十人，_{李沆，寇準，}王旦、王曾、杜衍、韓琦、范仲淹、富弼、司馬光、程顥。擇其言行之可考者附於後，分七卷，添《別錄》一卷，欲進之，力未暇及。"

劉氏《進狀》曰："羅先生爲閩名士，制行甚高。有《聖宋遵堯錄》八卷，親書楷筆，自爲序文。大抵以我國家一祖開基，列聖繼統，無漢、唐雜霸之未醇，若舜、禹遵堯而不變。末陳元豐間改制之非，皆自王安石作俑之過。痛心疾首，杜門著書，在靖康丙午而已成，值金寇邊塵而莫上。臣謹錄成書，繳進黼座。"_{寧宗嘉定六年上，時知南劍州事。}

文光案：奏狀爲臣對君之詞，開首稱"羅先生"，非體。不知爲原文，爲後人所改。

卓氏序曰："《遵堯錄》一書，一祖三宗之謨烈，名臣十賢之公忠，《衍釋》之所發，《辨微》之所明，誠一代之大法。先生五世孫天澤建書院既得，請前進士曹道振纂次先生文集，鋟以行世。天澤子庭堅求序其端。"

曹氏跋曰："先生著述最多，存什之一。郡人許源所刊僅五卷。_{見揭祐民跋，元人。}道振搜訪文集，年月可考，繫爲《年譜》，久之弗就。邑人吳紹宗得其稿，乃加叙次，釐爲十三卷，附錄三卷，《外集》一卷，《年譜》一卷，凡十八卷。先生五世孫天澤鋟梓。時至正三年也。"

文光案：《四庫》所錄即曹本。《簡明目錄》"十七卷"，不計《年譜》。《經解》一卷，有錄無書，今本刪去。《語錄》採自二程子。《外集》非羅氏之原書。《正誼堂叢書》，理學家集無不刻入，雖未必皆爲足本，搜採獨富。又全氏《宋元儒學案》各家皆有小傳，并録其要語。觀此二書及《宋史・道學傳》，理學崖岸大略具矣。

羅氏跋曰："自元時裔孫元澤訂梓，歷明，有曹伯大、張西溪、許源諸公刻本。我朝大中丞儀封張公、太史心齋沈公二本，繕鋟精詳。惜板藏官署，莫獲廣布。庚午春，因攜舊本請序於松心留師相，細爲校讎，增訂補遺，合爲全書。"

"與子游聞之"，當作"於子游聞之"。若兩人同聞，安得一個知，一個不知？

善學者，要不爲文字所梏。故文義雖解錯，而道理可行者，不害也。

"蔡"與"采"同，大夫有采地而爲山節藻梲之事，不知也。山節藻梲，諸侯之事也。伊川語。

博學於文而不約之以禮，必至於汗漫。所謂約之以禮者，能守禮而由於規矩者也。未及知之也，止可以不畔道而已。多聞擇其善者而從之，多見而識之，知之次也，與此相近。顏淵曰："博我以文，約我以禮，欲罷不能。"是已知之而進不止者也。

凡人有所計較者，皆私意也。孟子曰："唯仁者爲能以大事小。"仁者欲人之善而矜人之惡，不計較小大強弱而事之，故能保天下。犯而不較，亦樂天順理者也。

師、商之過、不及，其弊爲楊、墨。楊出於義，墨出於仁。仁義雖天下之美，然如此者，失之毫釐，謬之千里。

《誨子姪文》曰："東鄰有千條家，子孫不肖，博弈飲酒，馳馬試劍，挾彈持弩，與羣小爲伍，見士人則逃遁。西鄰有百貫家，子孫不羞里巷，不顧父母，日復如是。諸子前行，路人肉杖之曰："爲人子孫固如是乎？"二家之長，一日聚議，曰：'吾二家子孫不肖如是之，深治之，恐傷骨肉之情；不治之，則恐敗先君之業，若之何而可乎？'旁有客曰：'此乃至賤之徒，終遭刑責而後已。

吾將拉汝二人訪諸南鄰萬斛之丈人，請問訓子之術矣。'南鄰萬斛之家數十人，入孝出悌，文行忠信；口不絶吟於六藝之文，手不停披於百家之篇。閨門之内，肅肅如也；閨門之外，雍雍如也。'君之子孫若是，夫何爲而至是也？'南鄰萬斛丈人曰：'吾之誨子孫也，非鞭，非詬，非罵，但寫唐文人杜牧示小姪阿宜二句，又寫本朝宰執諸公仿杜牧示姪聯句，又寫范文公家訓，題東軒壁句，時人謂之"東壁句"。吾將示之仿傚，寫於東壁，示子孫尤佳。'東、西二丈曰：'敬聞命矣，願得本以寫於壁焉。'"

杜牧曰："願汝出門去，取官如驅羊。"富鄭公曰："願汝出門去，錦衣歸故鄉。"韓魏公曰："願汝出門去，早早拜員郎。"范文正公曰："願汝出門去，翰林著文章。"曾[七]公亮曰："願汝出門去，錦綉爲肝腸。"陳了齋曰："願汝出門去，柱石領巖廊。"真德秀曰："願汝出門去，德行重八方。"其後東坡打諢，示子邁曰："願汝出門去，毋玷辱爺娘。"

文光案：羅綽跋云："羅古人，即仲素先生也。族有不肖子數人，撰此以勉之，況其親子孫乎！故曰仁人之言，其利溥哉"云云。余此中取二言焉，曰"德行重八方"，曰"毋玷辱爺娘"。

當安石未用之時，知其不可用者，三人而已，韓琦、吳長文、呂誨是已，而司馬光不與焉。此三人者，以經術文章較之，皆出安石之下；以政事言之，則此三人者決不爲安石所爲。然則安石之經術、文章祇以爲不祥之具而已。故相繼論列者多矣，惟誨與光之言，其理昭然，不可謂不至也，然帝不能用。見第八卷。

《尹和靖集》十卷

宋尹焞撰

明本。首嘉靖九年白鹿山人蔡宗兗序，次目録、《進論語狀》、

《論語解》、《序易傳》，後題“蜀本《周易跋》”。凡年譜一卷，奏劄二卷，詩、雜文、書一卷，壁帖一卷，《師說》三卷。附録薦劄、告詞一卷，銘記、挽章一卷。末有嘉靖庚寅洪珠跋。

蔡氏序曰：“和靖先生旅卒於越，迄今無祠之者。莆田西淙洪公出牧兹土，改廢寺爲新祠，復梓其文集，以著終始。”

《年譜》：“神宗熙寧四年，先生生於河南府河南縣嘉善坊。祖諱源；叔祖諱洙，字師魯：皆有集。考諱林，年十七從伊川先生。欽宗靖康二年，金人陷洛陽，闔門遇害，僅存三人。先生傷重不能行，匿山谷間。高宗八年，諫和議，又以書切責秦檜。檜大怒。書、疏并見文集。年七十三，卒於會稽旅舍。”

文光案：壁帖一卷，張栻曰：“先生所居之齋，多以片紙書格言至論，置於窗壁間。今藏於家，如此所刻是也。”朱子云陽夏趙侯刻置臨川郡齋。《師說》三卷，紹興十三年門人王時敏編。墓誌云：“嘗奉詔撰《論語解》，今行於世。”韓元吉曰：“《孟子解》與《論語解》，趙使君并刻於郡齋，因書其後。”洪跋云：“先生祠成，裒其文集，梓之祠中。”

《文定集》二十四卷

宋汪應辰撰

聚珍本。一名“玉山集”。《宋志》“五十卷”。明初流傳已罕，程敏政得内閣本，摘抄其要爲二十一卷。夏浚刻之，附以《遺事》、志、傳，凡二卷。今世所行皆非完帙。此本從《大典》録出，前後無序跋。凡奏議五卷，狀、劄、表一卷，策論一卷，制一卷，序、記、說、銘一卷，題、跋三卷，書四卷，啓三卷，祝文、祭文、誌銘四卷，詩一卷。雖非原編，較程本爲多。應辰字聖錫，信州玉山人。明有夏浚刊本。

《跋石洞霄傳》曰：“劉歆叙《七略》，以道家爲諸子，神仙爲方技。至道家者流，有所謂《黃帝》、《力牧》之書，蓋非特不以道家爲神仙，亦不以黃帝爲道家也。自崔浩請頒寇謙之説於天下，是後道家、方技遂合爲一。以黃帝爲道家，且不可，況又變而爲方技乎？人情喜異而疑似，投其所喜，乘其方疑而遂入之，又借重於崔浩，故黃帝之説其訛謬至此，又安知後之好事者不以吾徽宗藉口？此《石洞霄傳》所爲作也。”

節孝徐先生嘗語蘇子瞻曰：“有功者多矣，而獨稱大禹者，以其不矜不伐也；有才者多矣，而獨稱周公者，以其不驕不吝也。”蘇公受而書之策。又嘗語黃魯直曰：“爲政之道，慮不厭熟則寡過，睦寮佐則事舉。”魯直謝之曰：“立參於前，坐倚於衡，何日忘之？”先生之言精確簡直，二公蓋世之才，信受欽服如此，是皆可爲學者法。

陳無己《談叢》六卷，記李昉知開封府，會太祖還師，獨不朝，貶道州司馬。三年，徙延州別駕。五年，詔判兵部。與國史所載絶異。因記之，俟他日詳考。

士之言行，必於其私見之，蓋無所潤飾也。韓退之一時儒宗，及其《示符詩》，乃誇詡居處服用之盛，勸之以學，與其他言行絶不相似，識者疑焉。羅公作《試晬録》，所望於子孫者，在於聞道而不爲章句之學。自非真知天爵之貴，則閨門之言豈能出於此哉？

畢漸當章惇用事，嘗建請元祐黨人所立碑碣宜一切毀壞。今觀《續池陽集》，二蘇、二孔、魯直之詩皆載，而漸實序之，向所建白乃自犯之，何耶？張丞相天覺在言路，尊王介甫而指司馬溫公爲姦邪者也。及觀其作《唐質肅公墓誌》，言溫公則曰“司馬公光”，謂介甫則直曰“王安石”而已。由是觀世之議論謬於是非邪正之實者，未必心以爲是。使士大夫心口如一，豈復有紛紛之患哉？

荆公贈太傅，其制云：“少學孔孟，晚師瞿聃。”世或以爲有所譏。然公自謂"予幼習孔子，長聞佛老之風而悦之"，則制詞蓋公志也。公所書彌勒偈，此特其一耳。可見於異學篤好如此。

《戒石銘》，蜀主孟昶之文也。太宗皇帝摘其中數語曰："爾俸爾禄，民膏民脂。下民易虐，上天難欺。"聖意至深遠也。紹興五年詔曰："近得黄庭堅所書《太宗皇帝御製戒石銘》，可令頒示天下。"

《具茨先生詩集》十五卷

宋晁冲之撰

梁溪三槐堂本。前有紹興十一年俞汝礪序，目錄分古詩、近體。後有無名氏序："冲之字用道，一字叔用。公武之父。宋咸平、景德中，儒學文章之盛，平棘宋氏、澶淵晁氏，天下甲門也。而晁氏藏書尤富，故其子孫皆以文學顯名當世。叔用於朝章國典，靡不貫洽。其詩淵雅疏亮，容闊寬餘，非深於道者不能也。"

無名氏跋曰："右宋晁具茨先生古、今詩一百六十七首。涪陵孫君壽諸梓，迄今六百年矣。先生生於南北治亂之交，而羣從復離元祐黨禍，故其發於詩歌者，類多憂讒畏譏，以至疾革時取所著書聚而焚之，曰：'是不足以成吾名。'嗚呼！豈真謂不足以成名哉？余有繕本，愛其取材宏博，而字多魚豕，猝難解會。因別購善本，與西亭先生讎校數過而加箋焉。讀者庶可藉以尋其義之所在乎？"注中有原注，亦不知爲何人所注。

文光案：《天一閣書目》："《具茨集》六卷，晁氏文寶堂本。"《孳經室外集》云晁氏著述最盛。

《岳忠武王遺集》八卷　《附錄》一卷

宋岳飛撰

黄氏本。乾隆三十四年黄邦寧編定，依嘉靖浙中本。前有序例、遺像、年譜、本傳。凡奏疏五卷，公牘二卷，詩、文、詞、遺翰一卷。附錄，遺事并家集三序及謚議、碑、跋。案：《珠塵》本衹一卷，明革恂編，崇禎十一年序，附本傳。

《蓉塘紀聞》：“岳武穆王忠勇蓋世，死非其罪，千載下人皆哀之。秦檜既死，其孫岳珂爲王集《金陀粹編》、《續編》、《籲天辯誣錄》等書上之朝，以明王之冤抑。其書今南京國子監有板。又有《中興四將傳》、《中興十將傳》、《岳武穆王傳》，皆載王事，有印本。惜乎歲久板毀，罕有知者。王墓上舊有褒忠寺，在杭城西棲霞嶺側。自宋以來，詞人墨客過其地者必軾焉。元末，守塋僧可觀集史傳、碑記并士夫哀弔之作爲《精忠錄》。後人因增續之，與《粹編》等書各自爲集。若《桯史》、《愧郯錄》諸書，自是其孫珂紀載本朝朝野故事，與王事不相涉也。今新刊《桯史》，後添寫王傳，於《粹編》、《精忠錄》內纂取數篇載之。又新集《褒忠錄》，亦抄《粹編》中御札入焉。但求哀多，大爲失體，不免貽識者之笑。”

《玉楮詩稿》八卷

宋岳珂撰

明本。嘉靖間裔孫岳尚書元聲所刻。傳本甚少，抄本多訛。集中記爲韓正倫因詩致怨，欲陷倦翁於死，賴廟堂覺之，事得白。其詩刊除浮艷，風格峭異，咀嚼既久，自得味於無味之中，甚可貴也。因附著於王集之後。曹侍郎溶之圃名曰“倦圃”，即宋岳倦翁金陀園之故址。倦翁《金陀粹編》猶傳於世。

《茶山集》八卷

宋曾幾撰

浙江重刊聚珍本。是本古、今體詩五百六十一首。吉甫忤秦檜，去位，寓上饒茶山寺，自號"茶山居士"。茶山詩學出於韓駒而傳於陸游。游作墓誌，稱有文集三十卷。其本久佚，文不可見。

《知稼翁集》二卷

宋黄公度撰

明本。天啓乙丑黄氏重刊。前有陳俊卿序、洪邁序；後有公之子沃二跋，集即沃所編。《興化府志》并《通考》俱云十二卷。沃跋云十一卷，已刊於家，復刊邵陽郡齋。此本上、下二卷，詩居其半，賦三首，文四十七篇，詞十五首。附録《漢書鐫譔》一段、行狀、墓誌、壙銘。公度字師憲，莆田人。唐御史滔八世孫。紹興八年進士第一人。福建黄氏最盛。

世孫崇翰跋曰："更宋、元之變，集無存者。嘉靖丙午，陝中選人持是集贄，有前朝秘府御印。乙卯，先考刻於衡州。壬戌倭變，板復燬。乃就榕城索回一部，崇翰等謄校付梓。"

黄希尹曰："考功紹興大魁，坐與范忠簡往來，忤秦檜，竟不復大用。有《知稼翁集》行世。"

《夾漈遺稿》三卷

宋鄭樵撰

《珠塵》本。凡詩一卷，文二卷。

《獻皇帝書》曰："念臣困窮之極，而寸陰未嘗虚度。風塵雪夜，持筆不休，厨無烟火而誦記不絶。積日積月，一簣不虧。十年爲經旨之學，以其所得者作《書考》，作《書辨訛》，作《詩傳》，作《詩辨妄》，作《春秋傳》，作《春秋考》，作《諸經序》，作《刊謬正俗跋》。三年爲禮樂之學，以其所得者作《謚法》，作《運祀儀》，作《鄉飲禮》，作《鄉飲駁議》，作《系聲樂府》。三年爲文字之學，以其所得者作《象類書》，作《字始連環》，作

《續汗簡》，作《石鼓文考》，作《梵書編》，作《分音》之類。五六年爲天文地理之學，爲蟲魚草木之學。以天文地理之所得者作《春秋地名》，作《百川源委圖》，作《春秋列傳圖》，作《分野記》，作《大象略》；以蟲魚草木之所得者作《爾雅注》，作《詩名物誌》，作《本草成書》，作《草木外類》；以方書之所得者作《鶴頂方》，作《食鑑》，作《採治録》，作《畏惡録》。八九年爲討論之學，爲圖譜之學，爲六書之學。以討論之所得者作《羣書會紀》，作《校讎備論》，作《書目正訛》；以圖譜之所得者作《圖書誌》，作《圖書譜有無記》，作《氏族源》；以六書之所得者作《求書圖記》，作《求書外記》，作《集古系時録》，作《集古系地録》。此幸皆已成之書也。其未成之書，在禮樂則有《器服圖》；在文字則有《字書》，有《音讀》之書；在天文則有《天文志》；在地理則有《郡縣遷革誌》；在蟲魚草木則有《動植志》；在圖譜則有《氏族志》；在六書則有《六書備載》，二三年間可以就緒。如詞章之文，論説之集，雖多而不與焉。謹繕寫十八韻，百四十卷，恭詣檢院投進。其餘卷帙稍多，恐煩聖覽。萬一臣之書有可採，許臣料理，餘書續當上進。”

自古箋解家，惟杜預一人爲實當者，以其明於天文地理耳。惜乎不備者謂其不識名物也。

曆官能識星而不能爲志，史官能有志而不識星。

李氏跋曰：“漁仲爲宋名儒，其著作與程、朱諸人相輝映。予得其詩、文遺稿各一卷，發抒性靈，素位自樂，藹然吾道之言。及其獻書陳詞，綳中肆外，慨然以文章經濟爲己任，讀之令茅增長氣色，所謂‘言大而非夸者’歟？陳《録》云樵自著《書目》一卷、《圖書志》一卷。其子歸翁述樵遺事并著書目録爲《夾漈家傳》一卷。予恨未盡讀之，然其略已見於此，當窺其全也。”

《朱子大全集》一百卷　《續集》五卷　《別集》七卷

宋朱子撰

平江蔡氏本。首朱子像，慶元庚申自題，繡水王槩摹；次康熙戊辰臧眉錫序、蔡方炳序；次嘉靖壬辰蘇信序、潘潢書後；次成化元年黃仲昭書；次咸淳九年迪功郎、建寧府建安書院山長黃鏞序；次目錄，分上，下。凡詩十卷，首賦三首，末詩餘十六首。封事、奏狀、申請十三卷。此目錄之上卷也。書四十一卷，前注時事出處，後注問答。次雜著十卷，序二卷，記四卷，跋四卷，銘、箴、贊、表、疏、啓、婚書、上梁文一卷，祝文一卷，祭文一卷，碑一卷，墓誌銘二卷，行狀三卷，行狀、事實、年譜傳一卷，公移二卷。內惟第九十五卷分上、下。此目錄之下卷也。第六十九卷《滄州精舍釋菜儀》，“菜”誤作“萊”。第七十卷《讀呂氏詩記桑中篇》，“記”誤作“託”。此本面題“朱子大全集”，有“悉依元本較正重刊”篆印。內題“晦庵先生朱文公文集”。每葉二十四行，行二十四字。《四庫》所收即此本。惟蔡序云“《原集》、《續集》十卷，《別集》十一卷”，與今刻不同，或有所佚歟？考黃鏞序稱“又得十卷，以爲《別集》”，與蔡氏所序又不同，不知何故。其《續集》、《別集》俱無序跋，所收多書啓、奏狀。別有《朱子文集大全類編》一百十一卷。《四庫》附存板亦不如蔡本工整。坊間每以此本亂《大全集》，宜細辨之。

蔡氏序曰：“朱子故有《大全文集》，其書不概見於世。適予友臧子喟亭具有同心，相與竭蹶從事，始丁卯秋，迄己巳春告竣。原集有《續》有《別》者，蓋集既成，復搜採得之，故另附於後，初無所分別於其間。予慨是集不出朱子手定，又不由入室弟子所編輯，惟片言必存，而統以類，又未嘗就類而編之以年，致使學者莫尋其言之先後，而有多歧所眩。定爲晚年者，未必盡出於晚年。然多聞記誦，大都是少壯精力有餘時工夫。若晚年進境，未有不去泛濫而歸緊要，去安排而歸灑落者也。即以吾輩讀書行己處驗之自知，乃故反之而指爲初年未定之論，似亦失之矯誣。此刻悉依原本，即《續》、《別》二集，亦未依類附入。惟字畫魯魚之訛則正之，苟屬疑似，寧仍其舊，聊存吾兩人慎重不苟之意云爾。"

文光案：序中所云，似爲朱子晚年定論而發。

蘇氏序曰："朱子所著文若詩彙之，總百有二十卷。前巡按虞侍御守愚、蔣侍御重刻，潘憲副潢佐之。"

潘氏跋曰："右《晦庵文公文集》百卷，又《續集》五卷、《別集》七卷。巡按御史虞惟明守愚、蘇宗玉信、蔣伯宣詔縮費重雕，藏諸閩臬。公老慶元間，學禁方屬，片詞隻字，所在毀棄。淳祐以來，區區掇拾，已非復公季子在初類次本。而王會之、祁伯和、虞伯生家藏《與陸王帖》、《梅花賦》諸篇，往往尚逸弗錄。集中記載牴牾可疑，苟非居敬窮理，政恐其幸傳者未易遽知，況其不可傳者不言而得之哉？"

文光案：潘氏所跋，即閩本也，非公季子所編，且與蘇序百二十卷之數不符。

黃氏跋曰："《晦庵先生文集》一百卷，閩、浙舊有刻本。浙本，洪武初取置南雍，不知輯於何人。今閩藩本，則先生季子在所編也。其後又有《續集》、《別集》二本，亦併刻之。歲久刓缺，讀者痛焉。成化戊子，仲昭偶得閩本，公暇取浙本校之，其間詳略微有不同。如《劾唐仲友》數章，閩本俱不載其所劾事狀，近之鄙儒多以是疑先生，異論紛起，故悉增入，使讀者知仲友蠹政害民，無惑於異論。其他無大關緊要者，則仍其舊，惟正其亥豕而已。"

文光案：此言閩本爲公季子在所編，與潘説不同。嘉靖時所刻，即祖此本。

黄鏞序《別集》云：“余君師魯訪先生遺集，又得十卷，以爲《別集》。每篇之下，必書其所從得。”

文光案：《續集》不知誰編，無言及者。朱子有單行詩集，其裔孫殿玉所刻，共八百餘首。紀相國督學閩省時，爲之序。

癸未春，余在京師，得谷西河氏所輯《大儒詩鈔》。其書於先賢先儒諸集考訂最詳，且所見者皆内府藏本。歸而讀之，因録《韓文考異》、《周子全書》、《張子全書》、《二程子全書》、《延平問答》諸説於《藏書記》，以次及《朱子大全集》。其正集百卷，據黄仲昭序，知爲朱子季子在所編。《別集》七卷，據黄鏞序，知爲余師魯所編。惟《續集》五卷，不知出於誰手。《四庫提要》亦云不得主名。今夏讀《黄氏日抄》，於晦庵先生《續集》後題曰：“玉山人浦城劉尉觀光出先世所得帖，淳祐庚戌附刻建安。”若是，則《續集》爲劉觀光所輯。其云附刻建安者，因建安有朱子集板，故附刻於後也。又考今本所刻《續集》，凡書五十四通、跋三首，餘不之及，與劉氏所云先世所得帖者正合，而朱子之三集皆有主名矣。又考黄東發跋，《朱子續集》爲咸淳八年，黄鏞跋《別集》爲咸淳九年，則《別集》爲後出，故《日抄》不及《別集》。又黄鏞序《別集》於建安書院，則《續集》、《別集》，其初刻皆在建安明矣。又案：《黄氏日抄》所讀《朱子文集》，其次序與今本悉同，則首賦、詩，終移文，實爲朱在所編之次。其後或散佚，或增補，皆所不免。但散者不知何篇，補則依類增入，非竟改其次第也。潘氏跋謂淳祐間所掇拾，則《續集》、《別集》正是。但此二集皆附刻於後，均未纂入正集，猶見慎重之意。潘序所云大都意度，未能細考也。凡此所考，皆閩本。若浙本，則未之見。蔡氏所刻，板尚工整，惟訛字不一而足，暇日當一一正之。乙酉四月初八日文光記。

陳氏曰：“《晦庵集》一百卷，《紫陽年譜》三卷。《年譜》，昭武李方子公晦所述，其門人也。”録於《書録解題》。

虞氏曰：“平章迁軒，趙公之幼子，得《白鹿洞賦》草稿本。觀其草具之謹、改定之精，尤足想見其意度。他日請使善工模之，而勒諸石，以補洞中之闕，庶後之覽者有所觀感，豈私玩云乎哉？”録於《道園類稿》。

校勘記

〔一〕“宗簡”，據《四庫全書總目》，當作“忠簡”。下同

〔二〕“跋”，原作“跋”，據《毘陵集》改。

〔三〕“鄧”，原作“謝”，據宋李燾《建炎以來繫年要録》改。

〔四〕下復引有林孜序，據文意，此處“林”當作“錢”。

〔五〕“儀吉”，原作“林吉”，據《枏橺集》改。

〔六〕“沙龍”，據上文，似當作“沙陽”。

〔七〕“曾”，原作“東”，據《豫章文集》改。

集部二
別集類十三

《雪山集》十六卷

宋王質撰

聚珍本。前有慶元四年敷淺原王阮南卿序。奏議三卷，表、論一卷，序、跋一卷，記二卷，書一卷，啓一卷，銘、贊、傳一卷，雜著一卷，詩四卷，詩餘一卷。原本四十卷，久佚。此從《永樂大典》錄出。第六卷《雲韜堂楚詞後序》，前半言陸氏《埤雅》，後半引《論語》、《孟子》，無一語及楚詞者，不知何故。《朴論》五十篇，論歷代君臣，今存四篇。史稱質博通經史，與九江王阮齊名。

王氏序曰："紹興中，阮游成均，與東平王君景文同隸時中齋，聽其論古，如讀酈道元《水經》，名川支川，貫穿周匝，無有間斷。間語世務，計後成否，又如《孟子》，言歷千載，日至毫釐無差。咳唾隨風，皆成珠璣。其施之場屋，如拾芥，如破竹，爲世所重者，不足以論景文也。"

《呂東萊先生遺集》二十卷

宋呂祖謙撰

《敬修堂》本。雍正辛丑東陽王崇炳虎文編次重刊，有序。嘉泰四年從子吕喬年記，知婺州事晴川張坦讓序。表、劄、策、問、啓、書五卷，記、序、銘、贊、題、跋，墓誌三卷，家傳、祭文一卷，官箴、宗法、學規一卷，詩一卷，經説七卷，史説一卷，雜説一卷。

王氏記[一]曰："先生所著《讀詩記》、《大事記》，俱未成。《考定古周易》、《書説》、《閨範》、《官箴》、《辨志録》并行於世。文公曰：'《大事記》精密，未有此書。'《儒林宗派》。《書牘》可以觀先生之學，并可觀所與交者之學。《讀書記》三十卷，今此本所載甚少。《易説》、《壙記》不言，而此編獨備。惟下經自兑卦以後皆缺。""先生《大事記》，蘭溪先輩曾爲鏤板而工未竣，今在嘉興陳紫馭先生家。其古本，予見之於蘭溪唐家，惜無人爲之刊布。"

文光案：本傳云修《讀詩記》、《大事記》，皆未成書。今二書皆行於世。《詩記》自《篤公劉》以下，門人續成。《事記》至漢武而止。

吕氏記曰："右《太史文集》十五卷，先君所編。喬年聞之先君曰：'太史公殁，不知何人刻所謂《東萊集》者，真贗錯糅，又假託門人姓氏以實其傳。'先君病之，與二三友收拾整比，以易舊本之失。會言事貶不果。喬年因刊補是正，以定此本。凡家範、尺牘、讀書雜記之類皆總之《别集》，策問、宏詞之類爲世所傳者皆總之《外集》，《年譜》、遺事與凡可參考者皆總之附録，大凡四十卷。"

張氏序曰："宋吕祖謙，字伯恭，婺州人。其先河東人，六世祖申國公公著自壽春徙開封，右丞尚書右丞，好問公之曾祖。始居婺。學本家庭，有中原文獻之傳。少從林公之奇、汪公應辰、胡公憲遊，既又友朱晦庵、張南軒，講學益精。除官不受，年四十五卒於家。賜謚曰成，配食孔子廟。載萬季野《儒林宗派》。吕氏三朝宰軸，文獻名家。庚子夏，予守是邦，合麗澤、崇正二書院而一之。麗澤，實先生講學會友之所。又明年，院長王君虎文以先生《遺集》見貽，乃蘭邑唐生名恩臣。購於葉老人名自合，手抄書數十卷，與虎文友善。之子，而陳子允玓謀於其季父陳子宸若，而付之剞劂者也。"

蘇伯衡曰："乾道、淳熙間，東萊吕公與仲友唐公皆以儒術爲寰婺冠，而仲友所著過於東萊。見有《六經解》、《九經發微》、《十七史廣義》、《帝王經世圖譜》，天官、地理、禮樂、刑法、陰陽、王霸諸考辨以及《乾道祕府羣書新録》，合之不下八百餘卷。爲門户所抑，至今子姓無一板存者。陳亮，傑士也，亦以門户而遺集佚。"不記録於何書。

谷氏曰："際歧謹案《東萊集》，惟翰院藏本有之，其四十卷皆全。首列詩、表、奏、劄、啓、策、策問、記、序、銘、贊、辭、題、跋、祭文、行狀、墓誌、傳、紀事。内《入越録》、《入閩録》、《庚子辛丑日記》，共名曰'太史文集'，十五卷，有嘉泰四年弟祖儉之子喬年記。其《外集》五卷，則策問及宏詞、進卷、内制、誥、詔、表、露布、檄、箴、銘、記、贊、頌、序，末卷則詩文拾遺。《别集》十六卷，則家範、官箴、尺牘、雜記、《師友問答》，而以年譜、壙記、祭文、像贊、哀詩爲附録三卷以終焉。"録於《大儒詩鈔》。

文光案：《四庫全書》載東萊所著書共七百餘卷，而《宋史》本傳所載《辨志録》、《歐陽公本末》，尚未著録。又案：本傳不言文集。《四庫全書》所載《東萊集》有《拾遺》一卷，餘與谷氏所案同。又案：吕喬年以舊本真僞雜糅，乃刊補是正。而《朱子語類》所記僞作二書，未知爲舊本爲新本。惜谷氏未之詳考。谷氏又云《東萊吕太史文集》、《外集》、《别集》、附録共三十九卷，其《正集》卷一、《外集》卷五内載詩。

《止齋集》二十四卷　《附録》一卷

宋陳傅良撰

詁經精舍本。南宋嘉定本五十一卷，門人曹叔達編。明弘治間王瓚重校刊，增附録一卷，爲五十二卷。是爲弘治本。我朝乾隆丙寅，海昌陳世修與林上梓復校刊，并其卷爲詩五卷、文十九卷、附録一卷，共二十五卷。是爲乾隆本。今所據即乾隆本。中丞學使命陸上雲及詁經精舍諸門人分任編校，時道光十四年也。止齋有《左氏章旨》，見於《永樂大典》者，已殘缺不能成帙。南宋經濟之學，推陳止齋、葉水心、陳同甫，而止齋之學較同甫爲純篤，集文亦較水心爲高峻。永嘉自周行己傳程子之學，至南渡，陳傅良、葉適爲巨擘。陳《録》"《止齋集》五十三卷。又三山本五十卷。"

劉知幾《史通》，上下數千載間掊擊略盡，蓋割然似庖丁解牛，手觸足履，動中節會矣。至不見全牛一節，未識知幾尚費若干年耶？此事殆非強博能到。

孔子作《春秋》，一字無間，然非獨用功深也，易其心而後語，而後權衡自平耳。後之秉筆者宜書輒不書，不宜書輒書，其咎安在？班《史》視子長加精察，而竟不能過，往往有愧色，亦豈力不足歟？

余苦不學書，自兒時及今，所課書未嘗手抄一卷。往時從常州先生薛士龍學，每見抄書動十百卷，竟帙無一字行草，心歎服之，以爲視司馬文正何如耳，他人無及也。今見蔡同年之母徐夫人，手寫佛經九十五卷，往往得唐人筆法，則又愧焉。字畫亦細楷，以余之不能手抄一卷書，至愧於徐夫人，而或者輒意輕天下士，余不敢也。

《爾雅》，郡有刊疏并音釋若干卷，以久不就，字畫多殘闕。金華趙君子良來爲推官，繕補之，始頗可讀。子良學於東萊呂伯恭氏，於余爲同年進士，名善珍。

蘇魏公自叙百詠，非獨人品殊絕，并見師友淵源。

《簡明目録》曰：“傅良傳永嘉學派，以通知古今、講求實用爲本，故集中多經世之文，不空談心性以博名高。而曹叔遠所編，斷自乾道丁亥，凡少作皆剝棄不存，去取亦爲精審。”

《王文忠公集》五十卷

宋王十朋撰

梅溪書院本。雍正六年知樂清縣事唐傳鉎重編。前有原序，朱子代劉共父撰；次正統五年黃淮序、何文淵序；次雍正六年分巡浙東使者琅邪王斂福序、温州守古泉州芮復傳序、唐傳鉎序并《梅溪書院記》；次王公墓誌，汪應辰撰；次《宋史》本傳；次《年譜》，雍正六年徐炯文編；次刊書凡例六條。目録一卷，末有公子聞禮跋、王鶴齡跋、徐炯文跋、林培跋。原序云遺文三十二卷。原跋云《文集》合《前》、《後》并奏議五十四卷。《年譜》云試策、奏議五卷，《前集》二十卷，《後集》二十九卷。

黃氏序曰：“前太守何公文淵訪於其家，得録本十帙，殘缺錯亂，不可輯理。未幾，劉公謙繼守是郡，乃得刻本於蔡元丌家，重加訂正，刊板以傳。”

王氏序曰：“梅溪王文忠公，乃朱子所稱光明正大、磊落君子人也。余奉命觀察是邦，訪其子孫，寥落罕有聞者。購求遺書，久之，始得舊本，第字多漫滅，幾不可讀。邑宰唐君人岸始至，即衰新其書院，以教其鄉人。兹復得徐公貽以文集一本，因悉心勘訂，付之剞人。予嘉斯集之成，叙數語於簡末以告來者。”

芮氏序曰："公之雜文、詩歌舊有刊本，與歐、蘇、楊、陸先後行世。其全書不可得見，明之中葉雖經重刊，今已散佚。唐子人岸訂正而刊行之，又建梅溪書院，延公神主於其中而歲祀之，其意甚善。因其請序於予，爲弁數言，冀讀是書者知所勉勵云。"

唐氏序曰："梅溪公第爲一地一時之人傑乎哉？朱子比之諸葛武侯、顏真卿、杜少陵、韓昌黎、范文正五君子者，不誣也。公歿時，已有刊本。明正統間所纂篇章倒置，字句錯誤，今亦無多存者。徐公鼎來得一本，慨然付余。悉心校訂，其刻資約費三百金，半出拙吏，半爲同邑諸生助之。閱十月而書告成。"

公之學以忠孝爲主，凡家居立朝，往來酬應，觸處皆是。治郡尤以人心、風俗爲先務。詩文具在，真立身行道之模楷也。舊刻渙散錯雜，今編爲五十卷。廷試策、奏議，係公書思對命之章，仍爲前列。次以表、狀、論、說、策問，皆學識、經濟之大者。又次以序、記、誌、銘文，又次以書、啓、題、跋、雜著，然後次以詩及賦。大旨先朝廷而後家邦，先聖賢而後碩彥。錯綜斟酌，年月不拘，句櫛字比，細加磨勘。間有錯簡衍文，亦爲訂正。其闕落疑義，概不臆填擅易，存之以俟識者。

林氏跋曰："先生世居左原，培家鴈蕩花村，相隔二十里許。培受業於先生裔孫諱源者，源兄諱兆經，字以長女，因肄業於甥館七載。唐侯刊集既成，以板授培，將與天下共守之。"

文光案：本集末卷爲《會稽三賦》，一《會稽風俗賦》，門人周世則注；一《民事堂賦》；一《蓬萊閣賦》：皆有自序。三賦有明刻單行本。李氏又刻入《惜陰軒叢書》。郡人史鑄病周注不詳，乃爲增注，併二賦亦注之。

賈誼《過秦論》、班固《公孫弘贊》、韓退之《進學解》，真文中之傑也。賈誼賦過相如，揚子雲不知也。柳子厚《平淮西》，雅過韓退之，子厚自能知之。子厚之文溫雅過班固，退之之文雅健過司馬子長，歐公得退之之純粹而乏子厚之奇。東坡馳騁過諸公，簡嚴不及也。

《進學解》，蓋揚子雲《解嘲》、班孟堅《賓戲》之流也；然文詞雄偉，過班、揚遠矣。

唐、宋之文可法者四：法古於韓，法奇於柳，法純粹於歐陽，法汗漫於東坡。餘可以博觀而無事乎取法也。

韓、歐之文，粹然一出於正；柳與蘇，好奇而失之偏。至論其文之工、才之美，是宜韓公欲推遜子厚，歐陽子欲避路放子瞻出一頭地也。

大舜善與人同，非與人同爲善也，蓋能與人同而不立異耳。古之獨行之士皆好立異而不與人同，如於陵仲子之廉、屈原之清，皆能爲人所不能爲。然非可傳可繼之法，君子不取焉。

《真西山集》：“慶元中楊君明遠出一編曰《南游集》，永嘉詹事王公之所作也。某時尚少，未悉公行事本末，然謂晦庵先生《梅溪集序》，已知公爲一代正人矣。及得此編，率以自隨，若《宴邑宰》與《中和靜安堂》等詩，口之熟焉。嘉定丁丑，蒙恩假守，獲繼公躅於四十七年之後。邦人父老語及公者，必感激涕零。蕘夫牧兒，亦知有所謂王侍郎也。公何以獲此於人哉？蔽之以一言曰，誠而已矣。至於爲詩與文，絕去雕琢，渾然天質，一登臨，一燕賞，以至賦一卉木，題一巖石，惓惓忠篤之意，亦隨寓焉。嗚呼！賢哉，宜泉人之詠歎而不忘也。集板藏之郡齋，歲久刓缺。屬刊整，而郡士林君彬之爲某言，公勸農、戒訟等文猶有未見於集者；而公之孫夔通守莆中，亦出公書問三十餘通，皆在泉時作，藹然仁義之言，有補世教。因併刻之，命曰‘梅溪續集’，使來者得以覽觀焉。己卯九月己亥建安真某記。”

文光案：《續集》未見，西山所記之本，今亦無傳。

《攻媿集》一百十二卷

宋樓鑰撰

聚珍本。前有真西山序。凡詩十四卷，内有琴操二首、楚詞一首；表、箋五卷；奏議十一卷；狀、劄三卷；外制八卷；内制七卷；謚議一卷；進故事一卷；序三卷；記七卷，末有碑二首；啓五卷；書三卷，末爲禮書十五首；題、跋十卷；雜著一卷；賦一卷；銘、贊、偈、頌一卷；祝文一卷；祭文二卷；事略、行狀八卷；神道碑六卷；誌、銘十一卷；塔銘一卷；《北行日録》上、下二卷。原本有缺卷，無從校補。此爲《四庫》館重編之本。

袁氏撰《行狀》曰："公平生靜專，惟酷嗜書，潛心經學，旁貫史傳，以及諸子百家之書。前言往行，博采兼取，森如武庫。曾侍郎逮嘗問'雨必以夜所出'，公曰："此《鹽鐵論》中語。"曾喜，報其兄大理卿逢曰："吾兄弟往來於懷者，今豁然矣。"崔府君廟食甚盛，而逸名氏，多以爲漢之子玉，或曰北魏之伯深爾。及公奉詔作《顯應觀碑》，推尋其實，始知爲唐之賢令。山經、地志、星緯、律曆之學，皆欲得其門户。研精字書，偏旁點畫，纖悉無差，世所承用而於義未安者，亦必辨正之。謂字者，朋友所以表其德，不當自言；姪者，對姑之稱，不當以爲兄弟之子；甲子，所以繫日，非紀年也，不若直書其年；正寢，爲今聽事，非寢室也，不當於此書卒。及其他，精審皆如是。屬辭叙事，以意爲主，不事雕鐫，自然工緻。舊有詩聲，晚造平淡，而中有山高水深之趣。以銘墓爲請者，與之不靳。英辭妙語，散落人間，殆如唐人所謂'碑版照四裔'者。而屬槁之初，後生小子輒指其瑕，欣然改定，曾不自知其名位之重、德齒之尊也。藏書既富，欲别儲之。執政之明年，東樓始成，有登臨之快，叢古今羣書其上，而累奇石於前，巉然有二十四峰之狀。又取楚公登封令時所藏

《嵩岳圖》石刻，列屏其下，仍以‘仰嵩’舊名名之。雅好琴，亦達其妙趣。得閒之後，方將極燕衍之適，以遂其初志，而病尼之矣，得正而終，怡然不亂。遺稿皆藏於家，方將編次成集。葬有期，諸孤以當世知公莫詳於某，屬狀其行。我高祖光禄公實師事正議先生，源流相續，以至於今。公又不以衆人遇我。一日語及‘吾道一以貫之’，某叩其旨，見告以‘會歸於一’之說。某曰：‘此乃吾以一道貫之，非吾道一以貫之也。夫道未嘗不貫。’公聞之矍然，已而稱善再三。契合如此，何敢忘諸？庸敬述其梗概，庶幾乎古良史不虛美之意云。”録於《絜齋集》。

　　文光案：絜齋所述《行狀》甚詳，凡一卷。此本未録，因著之。本傳稱鑰代言得制誥體，又稱其工於啓、劄。葉紹翁《四朝聞見録》言其工於内、外制。王應麟《困學紀聞》取其詩入詩評類，言其工於聲偶也。袁桷《延祐四明志》稱其中原師友傳授，悉窮淵奧，經訓小學，精據可傳信。此四條皆《提要》所引，而獨不及《行狀》，偶未見歟？《行狀》所述，尤得其實。《顯應觀碑》在本集五十四卷内，實記之第一首也。崔真君，史佚其名。正議先生，攻媿之高大父也，名郁。楚公，攻媿之祖，名異，追封楚國公。按狀，曾祖名常；“父”字下“原闕，名無考”。公薨於嘉定六年，年七十七，葬於鄞縣。積階至金紫光禄大夫，爵至奉化郡公，贈少師。本傳多依狀爲之，故多狀中語。狀又云龔頤正著《續稽古録》，公毁其板，所以昭雪故相之辜也。故相謂趙汝愚。

　　真氏序曰：“公博極羣書，識古文奇字，文備衆禮，而又發之以忠孝，本之以仁義。其大典册、大議論，則世道之消長、學術之興廢、善類之離合繫焉。嗚呼！所謂有本者如是非者耶？公退居十四年，嘉定初起爲内相，俄輔大政，儔輩凋散，遂爲一代文宗。嘗論南渡以來詞人固多，其力量氣魄可與全盛時先賢并驅，惟鉅野李公漢老、龍溪汪公彥章及公三人而已。公季子治以集序見命，德秀何敢辭?"

《雙溪集》十二卷

宋王炎撰

王氏本。首延祐丙辰胡炳文序；次康熙戊戌族孫廷瑜序；次族孫祺序；次像；次傳略，廷瑚述；次惟恒附識；次目錄。凡文二百九十一首、詩八百有十二首、賦九首、詩餘五十二首。《簡明目錄》"二十七卷"，即《雙溪類稿》之一種，與此本不同。雙溪讀中祕書，精於考證，惜其書散亡。其家集當明之季，皆亡於火。公之子曰恕，曰慤。武水王氏，自宋迄元，有五賢人：王汝舟、王愈、王炎皆仕於宋，王埜、王俌皆元之處士。公集爲胡雲峰所編，初刻於六世孫俌，再刻於十一世孫文魁。其後屢經刊刻，不無訛謬。此本刪複補遺，各以類從。各類中又按所作之時爲先後，已非原編。而論議之後爲詩，詩餘之後爲表、牋、啓、狀，則創見之例也。雙溪與朱子同里，兩家議論，時相糾切。王氏有《尚書小傳》五十八卷，稿脫於開禧末，板行於嘉定初。大德三年，戴表元序，已四世矣。其書多訓詁家所未及。又有《易上下經解》六卷、《繫辭總説》若干卷。《宋史》乾道朝有與公同名者，其始代虞允文撫蜀，其後與王之奇同罷，亦端人也。視公羽翼經傳、俎豆學校，則未逮矣。公字晦叔，時又有吳晦叔名翌、李晦叔名煇，皆與朱子同時，故朱子集中稱晦叔者三人。吳爲胡五峰高弟，朱子亟稱之；然其論説不概見，豈以其早卒，故未有成書歟？

傳曰："公諱炎，字晦叔，新安婺源人。箋、表爲中朝所稱。編北宋六十八年事，爲《東都紀年》，書成進之。終軍器大監，封婺源縣開國男。年八十二，卒於家。所著《雙溪類稿》若干卷，全書已亡，諸經解猶見於傳注性理中。公於《易》尤精，與朱子講《易》於東山九曲亭。及著《易解》，多與《集傳》合。未竟病革，夜分祝天，願須臾無死以成書。卒如其言。”

西漢以文名世者，自賈誼始。《政事》一書、《過秦》一論、《鵬鳥》一賦，筆力頓挫卓詭，此天下之傑作也。誼之後，文章支而爲三：晁錯之文出於雜學，主父偃、徐樂、嚴安似之，而宏博不及；董仲舒之文出於經術，公孫弘、劉向似之，而純正不及；枚乘、司馬相如之文出於楚騷，王褒、揚雄似之，而妙麗不及。是三者，如淄、澠合流而異味，非易牙莫能辨也。

東坡斂波瀾而爲簡嚴，金陵去繩削而爲閎雅，豫章罷追琢而爲高古，皆其老筆如此。

《東都紀年序》曰：“《東都紀年》三十卷，述九朝歷年行事成書也。於三朝本紀其辭頗有所損，於兩朝、四朝本紀其事或有所增。視李燾《長編》、熊克《通略》，炎不如其博；王稱《事略本紀》，炎竊病其簡。豐約中度，私有志焉。又隨所紀，附以提要，凡爲三十卷。提要之目有二：曰注，則有所辨；曰證，則旁叙其事也。伏念神宗皇帝嘗詔曾鞏以三朝、兩朝國史合爲一書。鞏雖承命而書未成。愚欲採九朝故實合三爲一，然所述止於本紀，不及志傳。畢力編摩，今方脫稿，故序所以記述之意如右。”

《讀易筆記序》曰：“炎讀《易》三十年，不得其門而入。歲辛亥，尋繹舊學久之，若有所悟。譬猶往來習熟於山海之間，雖未能手探寶貝，而寶氣所在，我望而見之，因釋然笑曰：‘觀六畫之象而未合於爻象之辭，是未得其象也；玩爻象之辭而未合於六畫之象，是未得其辭也。象與辭未能融會而曰得聖人之意，其中否特未定也。本之於畫，驗之於辭，對觀互考，如合符節，則筆記之。其未達者，闕焉。以爲聖經不可易知，固不可强通也。’”

文光案：《讀易筆記》未見，諸家亦未著録，想已久亡。

觀象玩辭，合而爲一，誠讀《易》之要旨也。其於《易》用功甚深，定有心得，惜乎其不傳也。

《簡明目録》曰：“炎詩歌高雅，文章援引、考證尤有根柢。其與朱子争寧宗諒闇開講事，依據古義，而朱子箝口不能答，則所持之正可知矣。”

《止堂集》十八卷

宋彭龜年撰

聚珍本。前有目録、提要。奏疏六卷，狀一卷，《經解講義》進故事附。一卷，策問一卷，序、跋、論、記一卷，書二卷，啓二卷，牋、頌、銘、箴、冠辭、祭神文、祭文一卷，詩三卷。原集四十七卷，世久失傳。此本録自《大典》，益以《歷代名臣奏議》，共得文二百二十三首、詩二百二十二首。

《解需有孚》曰：“孚者，實也。謂實有諸己，而後可待諸彼也。猶之萬物必有根本，而後可需雨露之發生。使無其本焉，何需之云？故泛而言之，必有德然後可需時之用，必用其人然後可需世之治，必事其事然後可需功之成。蔑無一焉，而曰吾有所需，非有孚之義也。惟其有孚，故光明而亨〔二〕，得正而吉，雖天下之大難，亦可以濟矣。惟有此才而時不可，乃能需以待之，則其光亨貞吉宜也。大川之險，非有才而能需者，孰利涉乎？”物之需於外者，莫急於飲食，故序卦曰：“需者，飲食之道也。”

《尊德性齋集》三卷　《補遺》一卷

宋程洵撰

《知不足齋》本。前有周必大序、王炎序、二十一世孫程均跋、裔孫程資序。允夫之學，合程子、蘇氏爲一家。其師爲李燾，淵源有自。所著有《三蘇紀年》十卷。

周氏序曰：“允夫小集一編，今、古律詩百餘篇，記、序、書、銘各二，跋四，説一，誌、表、行狀、祭文八，叙事、劄子五，啓五十一。大抵議論平正，辭氣和粹。」

王氏序曰：「吾與允夫居同邑，學同術。允夫捐館舍，其壻黄君昭遠集所著詩文，屬予序。大抵理勝而詞彩附之，陶煉櫽括，俱不苟作。」

程氏跋曰：「宋録參府君爲朱子内弟，坐僞學廢職。有《尊德性齋集》十卷。周益公爲之序。弘治中，族祖東軒公校刊於淮，約爲三卷。梓本又復不傳。嘉慶戊辰冬，得文模公手抄此集，遂重刻之。又補記二篇，及朱子祭文與詩并本傳，例得附載。」

程氏序曰：「鳧山梅君補其脱者八，訂其訛者十，約而爲卷者三。鳧山梅[三]鷔，字幼和，與予同舉正德丁丑舒芬榜進士。」

《陸象山先生全集》三十六卷

宋陸九淵撰

金谿槐堂書屋本。道光三年裔孫重刊，臨川後學李紱點次。前有宋嘉定五年門人袁燮序、開禧九年門人楊簡序、寶祐丙辰包恢序、元至治甲寅吳澄序、明正德辛巳王守仁序、國朝汪廷珍序。凡書十七卷，奏、表一卷，記一卷，序、贈一卷，雜著四卷，詩一卷，文一卷，行狀一卷，誌、銘一卷，程文三卷。又拾遺一卷，謚議、行狀一卷，語録二卷，年譜一卷。附《學則辨》，徐階所撰；《辨朱陸之學同歸一致》。目録後有遺像并贊。此本應題「三十二卷，附録四卷」。雜著内有《易説》、《論語孟子説》、《史評》、《論語春秋皇極講義》。行狀爲楊簡所撰。年譜後有《祠堂記》并跋，皆包恢所撰。又雍正壬子穆堂《重刊年譜序》。此本闌上有穆堂評語，刻法頗近於俗，不如《朱子大全集》之有體式也。惟序差備，可考舊本，因次第録之。

袁氏序曰：「先生之殁餘二十年，遺言炳炳，臨汝嘗刊行矣，尚多缺略。先生之子持之伯微衰而益之，合三十三卷，爲刊於倉司，流布寖廣。先生，撫州金谿青田里人，嘗講學於貴溪南岸之象山，學者尊稱爲‘象山先生’云。”

楊氏序曰：“先生冢嗣持之，字伯微，集先生遺言爲二十八卷，又《外集》六卷，命簡爲之序。”

包氏序曰：“先生遺文，大略可觀矣。不有年譜，非缺典乎？金谿李君子願輯而成編，未有鋟木以傳者。今年謝使君奕茂刻於郡，與文集并行。又衡山令黃君應龍得邑士劉君林復刊行之，其間稍有增損，而不約而同，豈曰小補之哉？”

吳氏序曰：“旴江舊有先生語録一峽，所録不無淺深之異。此篇之首，乃其高第弟子傅季魯、嚴松年所録者。楊敬仲門人陳塤嘗録板貴溪象山書院。至治癸丑金谿學洪琳重刻文集於青田書院，樂順携至京師，請識其成。”

王氏序曰：“撫守李茂元將重刻象山之文集，請予一言爲之序。”

汪氏序曰：“陸集出自門人，自宋迄今，頗多散失。臨川李穆堂先生得王文成公校本若干卷，爲之評點，并詳注門人姓字里居。庚辰秋，先生之嗣孫邦瑞携其稿入都門，復而新之。”

《陸子年譜》始創稿於弟子袁正獻燮、傅琴山子雲，而彙編於李恭伯子願。寶祐四年，劉應之林刻於衡陽。其後陸氏家祠附刻於全集之末。凡集中所已見者輒加删汰，止云見前某卷。以此施之著述文字可也，乃楊文元所撰行狀，亦不備載，則事實爲不全矣。至先生諸兄爲淵源所自，自復齋并稱“二陸”，合梭山爲“三陸”，其行實殆未可略。今悉爲補入，而文字有當載者，亦附見焉。

　　文光案：是集開禧元年乙丑楊簡所序之本，至三年丁卯，撫州守括蒼高商老刊於撫州，是爲初本。又嘉定五年壬申八月張衍編遺文成，傅子雲序之，未言刊板與否，是爲第二本。
是年九月，江西提舉袁燮刊文集於倉司，是爲第三本。紹興
四年辛卯，燮之子甫文重刊之，是爲第四本。元本無聞。明
本可考者，一爲正德辛巳撫州守李茂元所刊，王守仁序；一
爲嘉靖甲午知荆門州桂林楊充甫所刻，有全椒戚賢二序。國
朝雍正壬子，李穆堂點定之後，陸子後裔屢有翻刻者，即此
本。高商老所刻撫州本爲二十八卷，《外集》四卷。袁燮所刻
江西倉司本爲三十二卷，則合《外集》爲一，《語録》四卷，
集外別行。李茂元所刻則并《語録》爲二卷，附以謚議、行
狀一卷，年譜一卷，爲《陸子全書》，共三十六卷。今所行
本，即明本之舊。谷西河所見明本即此云。較翰院藏本皆毫
無異漏，只後八卷分合有殊。謹案：《四庫全書目録》載《象
山文集》二十八卷，《外集》四卷，《語録》四卷，即翰院所
藏之本也。谷氏又云明本無李茂元重刊之據，惟首載王守仁
序。按文成之序，即李茂元所請。序中明言撫守李茂元重刊
象山集云云，豈谷氏未之見耶？明本余未之見。今本則近於
坊間俗刻，苟有志於陸學者，删其評點以存其真，則此集之
幸也。國初人刻文集，尚沿明之陋習，以評點爲佳。於是施
之《曾南豐集》、《陸象山集》，多見其累也。至於朱、陸之辨
連篇累牘，或云異，或云同。異者固不免門户，同者亦未免
强合，於朱、陸毫無所加損也。其學既與朱、陸差之太遠，
則其辨豈能折衷於一是？况學聖賢之學者，亦不必以辨朱、
陸爲能事也。余但明集本之流傳、卷數之分合，方將一字一
句體而玩之，求此心之所以爲心者，或稍有所開悟，而他無
及焉。案《年譜》，先生生於紹興九年己未，卒於紹熙三年壬
子，年五十四歲。五年，楊簡撰《行實》。開禧元年夏六月，
持之編遺文爲二十八卷，《外集》六卷。按："六"字當是

"四"字之訛。今本程文四卷,即《外集》也。三年,高商老刊文集於郡庠。跋云:"商老嘗從先生游,因刻之。"嘉定五年,張衍、李悦編文集成,傅子雲序之。按:此編成於八月,序中不言卷數,亦未知其刊否。是年九月,袁燮刻文集。按:此刻與傅序者爲二本,故此本無傅序。紹定四年夏六月,江東提刑袁甫廣微奏建象山書院於貴溪之徐巖。是年十月,袁甫刻《文集》,序云:"《象山集》,先君子嘗刊於江右。甫將指[四]江左新建象山書院,復摹舊本,以惠後學。"嘉熙元年秋七月,臬使陳塤刻《語錄》,序云:"塤不逮事先生而登慈湖之門,見同門所錄《訓語編》未入梓,乃授工鋟勒焉。"按:《年譜》於集本列之最詳,因備錄之。

陸九韶,字子美,與學者講學於梭山。梭山在金谿陸氏義門之東,號曰"梭山居士"。有文集曰"梭山日記",傳於世。陸九齡,字子壽,爲時儒宗,名齋曰"復",學者稱"復齋先生"。高商老刻文集行世,文安公狀其行,吕成公銘其墓,朱文公書其碑。象山先生與復齋先生齊名,稱爲"江西二陸",以比河南二程云。

文光案:《復齋集》世無傳本,其大略見於《黄氏日鈔》。黄東發確守朱子之學,故於《象山文集》多所駁辨,然亦不能無門户之見也。余讀《象山集》,至《荆公祠堂記》,初疑此記最難下筆。祠之義,其大者,爲有益於民;記之義,稱美而不稱惡;而出於大儒之手,又當定天下之公是公非。荆公害國病民,當如何稱之?而先生之文,滔滔二千餘言,抑揚其辭,使讀之者不知爲褒爲貶。然吾觀諸家之論荆公者,稱惡如《尊堯錄》之類,言詞切直,讀之而快;稱美如《荆公年譜》之類,心知其惡而意主於美,則不免多所回護,閱之使人不快。余讀斯記亦不快,但爲陸子之文,本集又多自稱贊,亦不敢決其非是。後讀《日鈔》,黄氏以斯記爲莫曉,質諸其友唐景實，亦云未安，譬猶《告子》之言仁義。夫是非有直道之公，美惡無中立之理。惟荊公則美惡隨愛憎之口，是非多顛倒之論。好其學者，遂尊其人，將并其不可揵者而亦欲揵之，則誠一人之私意矣。吾故於陸子之所記不能無疑也。

徵君山麓有寺曰“資國”，猶藏其立寺時帖，乃《雄石鎮帖》也。字體結密，行筆有法，非今時吏書所及。年曰“龍紀元年”，仍書“歲次己酉”，亦不類今時文移。官曰“鎮遏使”、“侍御史”，簽書者“押衙兼副將”。印曰“信州雄石鎮”。木朱[五]記文，乃正篆，不繆疊。今其地屬貴溪。自永泰二年建縣之後，至今不復知有雄石鎮。施其地者曰“周丞鄴”，丞鄴之官曰“押衙兼都監”，似亦鎮官。寺僧海瓊，乃周氏子，丞鄴之後也。好文學詩，懼此帖之磨滅，將刻諸石，求予爲跋。是帖之傳，亦足爲考古之監，故備論而書之。

　　文光案：徵君山與象山相連。龍紀，唐昭宗年號。永泰，唐代宗年號。鎮官，詳《唐六典》。

宋元豐中，封程嬰、杵臼、韓厥爲公，後人祠之，謂之祚德廟。《山西志》所載最詳，并當時詔牒皆存。陸子《記祚德廟始末》，謂元豐中因皇嗣未育故祠之。推祠之意，以二人能全趙孤也，韓厥則以功祠之。今《太平縣志》失載此祠，宜補入。當時陸子爲初獻官，故記其始末於祠下，宜與《山西志・祠宇門》參看。

《慈湖遺書》二十卷

宋楊簡撰

明本。秦鉞校刊。前有嘉靖四年江西巡撫武林陳洪謨宗禹序、太倉周廣後序。案陳序云：“侍御秦君出舊所藏，手自勘讎，得十有八。"此本二十卷，無考。《象山先生行狀》、《吳學講義》爲第五卷，歷代詩爲第六卷，家記三卷，論經、子，論學，論字義、治道，今分爲十卷。其曾汲古所編，附録《行狀》、《孔子閒居解》。簡字敬仲，慈谿人，受業於象山之門。乾道五年進士，以寶謨閣學士、太中大夫致仕。後咸淳間，劉黻即其居爲慈湖書院。餘詳《宋史》本傳及《宋元儒學案》。

貪則有害於子孫，人且以是爲子孫計，不勝其誤矣。此條在十七卷內。

按《溫彥博墓誌》，撰者不出名。孔安國作《尚書序》，不出名里。王肅作《家語序》，不出名里。某鄉亦不出名銜。此條在十九卷內。

勿信非聖之書。某少不明於是非，爲非聖之言所誤惑，不知其幾年。又曰：學者當先讀孔子之書，俟心通德純而後可以觀子、史。道心未明而溺心於似是而非之言，終其身汩汩，良可念也。今孔子之書出於學者之所記録，猶或失真，況於非聖之書，其害道者多與！此條在二十卷內，前後錯出。

司馬文正公平生未嘗草書，雖造次顛沛間，一點一畫，必如法度。觀其書者，即知公之爲人。慈湖先生楊公，道德學問，追媲前修，而於翰墨尤極嚴謹。嘉定初，獲侍公於著廷，見其酬答四方書問，無一字作行狎體，蓋其齋莊中正，表裏惟一，故形於心，書亦絶類文正公而清勁過之。傅君伋所藏孔壁《孝經》，又其得意書也。嗚呼！先生不可作矣。學者即此而觀之，猶足以窺大賢氣象，而知立德之本云。

文光案：此真文定公跋楊慈湖手書《孝經》，録於《西山集》，可補《遺書》之未備。又"慈湖先生行述書後"一則、"跋慈湖訓語"一則，俱見《西山集》。

校勘記

〔一〕“記”，據上文，似當作“序”。

〔二〕“亨”，原作“享”，據《止堂集》改。

〔三〕“梅”，原作“韓”，據上文改。

〔四〕“指”，據理似當作“詣”。

〔五〕“木朱”，原作“本末”，據《象山集》改。

集部二
別集類十四

《絜齋集》二十四卷

宋袁燮撰

浙江重刊聚珍本。原集二十六卷，《後集》十二卷，見馬《考》，久佚。兹從《永樂大典》採出，凡奏疏四卷，奏狀一卷，策問一卷，論及雜著一卷，序、跋一卷，記二卷，行狀六卷，墓表、誌、銘五卷，廟碑、祭文一卷，詩二卷，共文二百三十九首、詩一百七十首。附《絜齋集書後》一首。

渾然天成者，有道有德之言也。道德不足，言辭雖工，所爲天者，已不全矣，君子奚取焉？我先君子之屬辭也，吐自胸中，若不雕鐫而明潔如星河、粹潤如金玉，真所謂渾然天成者乎！先君子自言兒時讀書，一再過即成誦，精神純固，無寒暑晝夜之隔。及壯，寢多不寐，凡所著述，率成枕上。至暮年亦然。記覽甚博，渟蓄日富，然未嘗襲人畦徑，尤不喜用難字。每誦先聖之言，曰辭達而已矣。立朝抗疏，懇惻忠愛，不爲矯激。至其指事力陳，略無回撓。入侍經幄，講讀從容，每援古誼以證時務，啓沃之功良多。訓誘後進，開明本心，一言一字，的切昭白，聞者感動。其他論著多有補於世教。凡矜夸粉飾、峭刻奇險之語，一無有焉。

非全於天而能若是乎？遺編猶在，散落人間，兄弟相與裒輯，尚多闕略。姑取其已彙次者刻梓，以惠後學，俾知有道有德之言，渾然天成蓋若此。紹定初元八月既望，男，朝奉郎、權知衢州軍州、兼管內勸農事甫拜手謹書。

《贈傅正夫書》曰："學以自得爲貴。學不自得，猶不學也。今觀《論語》一書，多六經之所未嘗言；而《孟子》一書，又多《論語》之所未嘗言。大聖大賢，豈故求異於人哉？得於心，發於言，亦不自知其爲異也，夫是之謂自得之學。嗚呼！此理微矣。自象山既歿之後，而自得之學始大興於慈湖。其初雖有得於象山，而超然獨見，開明人心，大有功於後學，可不謂自得乎？雖然，慈湖之學，慈湖所自有也。學於慈湖者，當如之何？蚤夜以思，求所以心通默識者，改過遷善，日進不止，必將大有所發揮，豈必一一躡其迹哉！如是，則可謂善學矣。正夫固有志於斯者，某故因以告之。"

　　文光案：和叔師事象山，學有本源，觀於書中所言，知其所得者深矣。蓋必學有所得而後能發揮其所學，粹然成一家之言。若學陸似陸，學朱似朱，是謂形似，不可謂之善學也。

《策問》："漢東、西再有天下，經生、學士班班見於史册，亦可謂盛矣。然其列於儒林者，大抵專門名家，黨同伐異，豈有得於學問之大原哉？今取而細觀之，乃有戒公孫以務正學、無阿世者；有以爲治不在多言，箴武帝之失者；有爲人精悍，處事分明，董仲舒不能難者；有謂當修行先王之道，不可委曲從俗者；有父子稱盲，不仕莽朝者；有施諸政事，能使反風滅火、虎北渡河者：皆聞於當時，表於後世，此豈可以專門少之哉？以專門之學真有得於聖人之精微歟？發揮隱奧，宜可行遠，然存於今者幾何人哉？《書》惟孔安國，《詩》惟毛、鄭，《禮》惟戴氏而已，餘皆散亡磨滅，百不二三存焉。專門之不足貴蓋如此，而當西漢時，大師傳授，多至千人；中興以後，著録者數千人，有至萬人者。何其生徒若是之多也？唐史之傳，儒學猶漢儒林耳，三百年之久，以儒稱者甚衆而不聞專門名家。講經授業如漢儒之盛，其博通古今、著聞於世者類多有之。問其師承果何所自，而恥學於師，乃有如韓退之之説，不知當時學問淵源果何自而來也，其併陳之。”

《題王逸少帖》：“鐘鼎古篆，莊重有典，則如正人端士，對之令人起敬。篆變而隸，猶曰近古。自東晉以來，推王逸少爲第一，不知篆、隸之遺法歟？抑逸少自出新意爲之歟？深曉書者，當能辨之。”

　　　　文光案：此與阮太傅所論頗合，詳《揅經室集》。

　　盧氏跋曰：“陳《録》‘《絜齋集》二十六卷，《後集》十三卷’。今聚珍本二十四卷，不分前、後集，題曰‘絜齋集’。古‘潔’字雖作‘絜’，今宜分別。和叔齋名取潔清之義，其詩云：‘斗大書齋以潔名，冰壺表裏要清明。如今塵土填胸臆，幸挽滄浪爲濯纓。’若作古字，恐不知者疑其取‘絜矩’爲義，則失之矣。其詩不甚經意，而文則條鬯明粹，能達其意之所欲言。其子甫作後序，謂其行文不喜用難字。夫好用難字，此剽竊塗澤者之所爲，文之古不在此。第六卷《策問》云：‘雲臺二十八將以鄧禹元功爲首，自是而下亦宜以功之大小爲序。弇之平齊，恂之守河内，彭之克延岑，異之破赤眉，皆其時卓然之可稱者，而序之於王梁、杜茂、傅俊、堅鐔之下。彼數子者，功何有焉？是何先後之失當耶？’案：此但據俗本《後漢書》耳，乃後人改寫致誤，非本來之失也。此載《馬武傳》後，本作上、下兩列，先序上列竟而後及於下列之首，此古法也。如《史記正義》所載《謚法解》，亦是如此。後人改兩列爲一列，而以一上一下排寫，其次序遂致舛互。獨不觀論中所言乎？云其外又有王常、李通、竇融、卓茂，合三十二人。今此四人者，亦皆雜厠於二十八將之中，非其誤之灼然易見者乎？以和叔之學而尚失於考，何况後人？"録於《抱經堂集》。

　　文光案：袁集有《象山先生文集序》、《樓鑰行狀》、《黄度行狀》。

《石湖詩集》三十四卷

宋范成大撰

　　顧氏依園本。康熙戊辰吴郡顧嗣皐、嗣協、嗣立重訂付梓，有跋。首紹熙五年楊萬里序，次淳熙三年陸游序，次《宋史》本傳，次目録。凡詩三十三卷，三十四爲賦六首、楚詞四首。三十五爲詞，有目無書，注"續出"。目後爲顧跋。末有嘉泰三年范莘跋。誠齋云："公之别墅曰石湖，山水之勝，東南絶境也。壽皇爲書兩大字以揭之，故號石潮居士。"

　　楊氏序曰："甚矣！文之難也。長於臺閣之體者，或短於山林之味；諧於時世之嗜者，或漓於古雅之風。牋奏與記序異曲，五七與千百不同調。非文之難，兼之者難也。至於公，訓誥具西漢之爾雅，賦篇有杜牧之刻深，騷詞得楚人之幽婉；序山水則柳子厚，傳任俠則太史遷。至於詩，大篇決流，短章斂芒；縟而不釀，縮而不窮；清新嫵麗，奄有鮑、謝；奔逸雋偉，窮追太白。求其隻字之陳陳、一倡之嗚嗚，而不可得也。"

　　陸氏序曰："公素以詩名一代，故落紙墨未及燥，士女萬人，已更傳誦，被之樂府弦歌，或題寫素屏團扇，更相贈遺，蓋自蜀置帥守以來未有也。或曰公之自桂林入蜀也，有詩百餘篇，號《西征小集》，尤雋偉。蜀人未有見者，盍請於公以傳？彌年乃得之，於是相與刻之，而屬游爲序。"

　　文光案：放翁所序，爲《西征小集》。此本未見。

　　顧氏跋曰："《石湖詩集》凡古、今各體詩一千九百一十六首，文穆公手自編定，其子華等刻以行世，合詩、文凡百有三十卷。明時重刻，而流傳頗少。又有活字本，殘闕甚多。藏書家多抄本，魯魚錯出。吾友金子亦陶所藏從宋板抄得，更廣集諸家，校勘精密，可稱善本。茲先刻其詩集，其間訛字略爲改正。”

彭氏跋曰：“標目文集以賦騷爲首卷，接詩三十三卷，而無文。此猶舊抄。有李太僕名印。太僕名甡，以字行，景泰時人。今現行秀野草堂本少贊一首，以賦騷爲末卷，冠以楊序、陸序，餘俱同。”錄於《知聖道齋讀書跋尾》。

文光案：秀野草堂本即顧氏本。彭氏所跋別一抄本，其與顧本異者，惟首尾不同。顧云附賦於詩後者，集以詩名，從其類也。是宋本賦在前，顧氏移之於後也。據彭氏跋，知見石湖全書，而余則未見其文，文蓋後刻者也。

《范石湖詩集注》三卷，國朝沈欽韓撰。前後無序跋。摘句加注，不錄全詩，有題。潘伯寅刻入《功訓堂叢書》。欽韓，吳人，字文起。

《四時田園雜興詩》一卷

宋范成大撰

石湖書院本。明正德十六年都穆序，又王鏊序。凡詩六十首，見本集。此則公之手蹟，爲御史盧君師邵所得，手摹是詩，刊寘書院。

《誠齋集》八十四卷　《附錄》一卷　《錦綉策》二卷

宋楊萬里撰

吉水忠節祠本。首乾隆六十年宗裔雲彩序，次邵洪序，次楊文節公詩集總目錄。《江湖集》八卷，《荆溪集》五卷，《西歸集》

二卷，《南海集》五卷，《朝天集》六卷，《江西道院集》二卷，《朝天續集》四卷，《江東集》四卷，《退休集》六卷，共四十二卷，二十二世孫振鱗跋。次宋朝散大夫、知吉州軍州事劉燁叔序。次乾隆六十年錢灃序。次校修銜名二十二人。次《宋史》本傳，有振鱗跋；附傳二首，楊芾、楊長孺撰。次首卷，歷官、告詞、賜勅、謚狀、謚議、像贊、諸家跋、《探梅圖》、題贈詩。次文集總目，奏、疏、劄子、表、箋四卷；《東宮勸讀錄》一卷；《淳熙薦士錄》一卷；《千慮策》五卷；《六經論》一卷；《聖徒論》一卷；《程試論》一卷；《庸言》三卷；雜文二十二卷，內有詩話：通共文三十九卷。附錄《誠齋遺事》、墓誌銘。末有振鱗《跋錦綉策》，有天順三年南京國子祭酒安成吳節與儉序。原策二十五篇，康熙二年陳維楨刪去三篇，梓以行世。讀此策曲開心路，因別錄之爲讀本。公集創修於劉燁叔，校正則公之門人羅茂良，編次則公之冡嗣文惠公長孺也。當時劉氏手爲定正，以卷計一百三十有三，以字計八十萬七千有八。《簡明目錄》猶著一百三十卷之本，的是宋刻。其家所藏爲鈔本，散佚之餘，止得八十四卷，而錯訛不少。萬里字廷秀，吉水人。張魏公勉以正心誠意之學，服其教終身，乃名讀書之室曰"誠齋"。王淮爲相，問宰相先務何事，曰："人才。"又問孰爲才，即疏朱子以下六十人以獻。淮次第擢用之。韓侂胄築南園，屬先生爲記，許以披垣。先生曰："官可棄，記不可作也。"侂胄恚，改命他人。放翁爲之，由此損名。侂胄專僭日甚，先生臥家十五年，憂憤成疾，書十四言別妻子，筆落而逝。光宗嘗爲書"誠齋"二字，學者稱"誠齋先生"。詳《宋元儒學案》。原刻爲帶經軒本，集中有《帶經軒記》，誠齋自撰。原本失載，今本從《合璧事類》補入。

　　楊氏序曰："先是，鋟木於宋端平初元，歷世既久，漸就湮沒。家藏惟抄本，共附於編校之末。閱歲而文集工竣，不數月而詩集亦成。公詩始而清新，中而奇邁，終而平淡，有深造逢源之致。”

文光案：詩集九種，各有自序。一官一集，仿南齊王儉之例。其詩雖沿江西末派，而包孕宏富，南渡以來，與尤、蕭、范、陸并稱五家。

楊氏跋曰：“詩集自序云：‘少作千餘篇，悉焚之，今所存者，自紹興壬午始。其後或官於外，或仕於朝，或退處於家，隨所履之地而取以名集，就所詠之題而詳以記年。’公詩可作年譜觀也。公之著作，本乎道德，發爲文章，同時如朱晦庵、張南軒、周平園諸公莫不推服。其文集散逸者，姑闕之；校對未詳者，姑置之。惟詩集全刊無遺。”

楊氏跋曰：“淳熙乙巳，誠齋爲吏部郎中。時王季海爲丞相，疏六十人以獻，隨所記憶，各述其長。此卷是也。稿藏於家，雜然而書，皆無優劣之意。男長孺謹識。”《跋薦士錄》，朱子第一。

吳氏序曰：“先生忠義之心，老而彌篤。一聞奸臣誤國，即切齒唾罵，七日不食，憤怏而死。常著策文廿五篇，所言皆稽古道，酌時宜，正人心，息邪説，與夫選將用兵、御敵之謀，歷金、元百年，無有能尚之者。好事者取而加之論斷，號曰‘錦繡策’。麻城勞君壽諸梓。”

《彭文蔚補注韓文序》曰：“上自先秦之古書，下逮漢、晉之文史，近至故老之口傳，旁羅遠摭，幽討明抉，殆數十萬言。難語奇字，發摘呈露，無餘祕矣。如援《順宗實錄》而知《上李實書》之有旨，據《唐書》本傳而知《送鄭權序》之有自。至於《城南聯句》‘採月’、‘坳[一]泓’等語，不可理曉者，援證益白，是有補於後學也。”

文光案：彭注未見，據誠齋序，亦未知其刻否。

唐律七言八句，一篇之中，句句皆奇；一句之中，字字皆奇。

古今作者皆難之。如杜《九日》詩"老去悲秋强自寬，興來今日盡君歡"，不徒入口便字字對屬，又第一句頃刻變化，才說悲秋，忽又自寬。以"自"對"君"，自者，我也。"羞將短髮還吹帽，笑倩旁人爲正冠"，將一事翻騰作一聯。又孟嘉以落帽爲風流，少陵以不落帽爲風流，翻盡古人公案，最爲妙法。"藍水遠從千澗落，玉山高并兩峰寒"，詩人至此，筆力多衰。今方且雄傑挺拔，喚起一篇精神，非筆力拔山，不至於此。"明年此會知誰健，醉把茱萸仔細看"，則意味深長，悠然無窮矣。東坡《煎茶》詩云："活水還將活水烹，自臨釣石取深清。"第二句七字而具五意：水清一也；深處清者二也；石下之水非有泥土三也；石乃釣石，非尋常之石四也；東坡自汲，非委卒奴五也。"大瓢貯月歸春甕，小杓分江入夜瓶"，其狀水之清美極矣。"分江"二字，此尤難下。"雪乳幾翻煎處脚，淑按："施注本是'茶雨已翻煎處脚'。"松風仍作瀉時聲"，此倒語也，尤爲詩家妙法，即少陵"紅稻啄餘鸚鵡粒，碧梧棲老鳳凰枝"也。"枯腸未易禁三椀，臥聽山城長短更"，又翻卻盧仝公案。仝吃到七椀，坡不禁三椀。山城更漏無定，"長短"二字，有無窮之味。《詩話》。

神宗徽猷閣成，告廟祝文，東坡當筆。時黃魯直、張文潛、晁無咎、陳無己畢集，觀坡落筆云："惟我神考，如日在天。"忽外有白事者，坡放筆而出。諸人擬續下句，皆莫測其意所向。頃之，坡入，再落筆云："雖光輝無所不充，而躔次必有所舍。"諸人大服。○本朝制、誥、表、啓用四六，自熙、豐至今，此文愈盛。有一聯用兩處古人全語，而雅馴妥帖如己出者。介甫《賀册后妃表》云："關雎之求淑女，無險陂私謁之心；雞鳴之思賢妃，有警戒相成之道。"有客在張欽夫座上，舉此以爲四六之妙者。欽夫因舉東坡《賀册后表》云"上符天造，日月爲之光明；下逮海隅，夫婦無有愁歎"，笑曰："此不用古人一字，而氣象塞乎天地矣。”

《渭南文集》五十卷

宋陸游撰

汲古閣本。首本傳，次目錄。雜文四十一卷，《天彭牡丹譜》一卷，《入蜀記》六卷，詞二卷。嘉定十三年子遹跋。又毛晉刊書跋。集中題跋甚多，共六卷。近翻刻《放翁全集》本不佳。

陸氏跋曰：“《劍南詩稿》，世多傳寫。惟遺文自先太史未病時，故已編輯而名以‘渭南’矣，第學者多未之見。今別爲五十卷，凡命名及次第之旨，皆出遺意，今不敢紊，乃鋟梓溧陽學宫。渭南者，晚封渭南伯，乃自號爲‘陸渭南’。嘗謂子遹曰：‘《劍南》乃詩家事，不可施於文，故别名“渭南”。如《入蜀記》、《牡丹譜》、《樂府詞》，本當别行，而異時或至散失，宜用廬陵所刻《歐陽公集》例，附於集後。’此皆子遹嘗有疑而請問者，故備著於此。”

毛氏跋曰：“放翁富於文詞，諸體具備，惜其集罕見於世。馬氏《通考》載《渭南集》三十卷，今不傳。邇來吳中士夫有抄本，而祕其本者，亦頗無詮次。紹興郡有刻本，去《入蜀記》，濫增詩九卷。既得華君活字印本，乃翁幼子遹編輯也。活板多謬多遺，因嚴加讎訂，六閲月而書成。”

文光案：子遹爲放翁之幼子。跋後上題“幼子”，下題“子遹”，可知“子遹”其名也。毛跋云“翁幼子遹”，是以“遹”爲單名，非是。當云“翁幼子子遹”。集中有“爲子遹書詩卷後”一則，可知子遹爲雙字名。又案：放翁云：“我字務觀，非務觀，觀讀去聲，乃臺觀之觀。”又案本傳云：“晚年再出，爲韓侂冑撰《南園》、《閲古泉記》，見譏清議。朱子嘗云恐不得全其晚節，蓋有先見之明。”今《南園記》、《閲古

萬卷精華樓藏書記·卷一百十七

八九

泉記》皆在集中。毛子晉刻之，以爲文實可傳，然不如不作之爲愈也。

周氏曰："韓平原南園既成，遂以記屬之陸務觀。辭不獲，遂以其'歸耕'、'退休'二亭名以警其滿溢，勇退之意甚婉。韓不能用其語，遂致於敗。務觀亦以此得罪，遂落次對、太中大夫致仕。外祖章文莊兼外制，行詞云：'山林之興方適，已遂挂冠；子孫之累未忘，胡爲改節？雖文人不顧於細行，而賢者責備於《春秋》。某官早著英猷，寖躋膴仕。功名已老，蕭然鑑曲之酒船；文采不衰，貴甚長安之紙價。豈謂宜休之晚節，蔽於不義之浮云。深刻大書，固可追於前輩；高風勁節，得無愧於古人？時以是而深譏，朕亦甚爲慨歎。二疏即遠，汝其深知足之思；大老來歸，朕豈忘善養之道？勉圖終去，服我寬恩。'此文已載於《嘉林外制集》。或以爲蔡幼學，或謂出於馮端方，皆非也。"錄於《浩然齋雅談》。

文光案：南園既成，佇胄以記屬誠齋，且許以詞垣，誠齋不作，退休終老。其視放翁爲何如乎？兩兩相形，優劣自見。是其高風勁節且有愧於今人矣。洪曰："馬融《十四第頌》、陸游《南園記》，事甚相類。"又案：弁陽老人周密，平生好臧否人物，宋儒自朱子而外，鮮有不被其譏議者。錄放翁制詞，亦以著其不滿之意。然身爲賈似道門客，不知恥也。

陳氏曰："陸務觀以《南園記》損名，高季迪以《上梁文》隕命。韓公《送俱監軍序》，李漢列之外編。朱子爲張魏公碑，狥友誼而違公論。求如蘇子瞻生平未嘗誌墓，獨錄名人，皆當世盛德，卓乎不易及矣。"錄於《司業集》。

世傳中山古本《蘭亭》"之"、"流"、"帶"、"右"、"天"五字有殘闕處，於是士大夫所藏《蘭亭》悉損五字。又謂《樂毅論》古本至一"海"字止，於是凡《樂毅論》亦至"海"字而亡。其餘僞妄亂真，大抵如此。

李氏曰："放翁詞稿，行草爛漫，如黃如米。細玩之，則顏魯公、楊少師精髓皆在。詞乃《大聖樂》，稼軒之流也。"録於《竹嬾題跋》。

《劍南詩稿》八十五卷　《逸稿》二卷

宋陸游撰

汲古閣本。毛氏此刻，《文集》、《詩稿》、《南唐書》合爲一部，附以《齋居紀事》一卷、《家世舊聞》一卷。《詩稿》無序，後有嘉定十三年放翁之子子虡跋，又毛晉跋。

陸氏跋曰："先君嘗言蜀風俗厚，古今類多名人。苟居之，後世子孫，宜有興者。宿留殆十載。戊申春正月，孝宗念其久外，趣召東下，然心固未嘗忘蜀也。是以題其平生所爲詩卷曰'劍南詩稿'，以見其志焉。後守新定，門人請以鋟梓，遂行於世。其戊申、己酉後詩，自大蓬謝事，歸山陰故廬，命子虡編次爲四十卷，復題其籤曰'劍南詩續稿'，而親加校定，自此至捐館舍。通《前稿》，凡爲詩八十五卷。子虡守九江，刊之郡齋，遂名曰'劍南詩稿'，所以述先志也。"

毛氏跋曰："孝宗一日御華文閣，問周益公曰：'今代詩人亦有如唐李太白者乎？'益公以放翁對。由是人競呼爲小太白。篇什富以萬計，今古無雙。或評如怒猊抉石，渴驥奔泉；或評如翠嶺明霞，碧溪初月，何足盡其勝概耶？近來坊刻寡陋不成帙，劉須溪本子亦十僅二三。甲子秋，得翁子子虡編輯《劍南詩稿》，又吳錢雨先生嚴訂者，真祕本也，亟梓行之。"又跋云："梓行久矣，牧齋師復出賦七篇相示，皆其中所未載。又《閱古》、《南園》二記，無諛詞，無侈言，放翁未嘗爲韓辱也，因并鐫之。"

文光案：毛子晉刻《閱古》、《南園》二記於《逸稿》，恐非陸氏之意。其言放翁未嘗爲韓辱者，亦非公論。

劉氏曰：“陸放翁，文士也。高宗紹興末，已爲樞密院編修官。孝宗初立，召對，與尹穡同時賜進士出身，恩遇甚渥。俄以不謹交游，罷通判鎮江府。上不樂，由是屢薦不官。久之，乃從范致能成大入蜀。既而補郡，稍遷部使者，又以言廢。淳熙末，起守嚴陵，入見，上勞勉之。既到官，以表謝曰：‘明主恩深，書生命薄。唐帝之知李白，一官不及於生前；漢皇之慕相如，遺稿徒求於身後。’上頗憐之，内禪前十日，命以軍器少監權禮部郎中。孝皇愛惜人才，不終棄如此。晚年高卧笠澤，學士大夫尊慕之。會韓侂胄顓政，方修南園，欲得務觀爲之記，峻擢史職，趣召赴闕。務觀恥於附韓，初不欲出。一日，有妾抱其子來前，曰：‘獨不爲此小官人地耶？’務觀爲之動，竟爲侂胄作記。由是失節，清議非之。有四六前、後、續三集。其文初不累疊，全句專尚風骨，雄渾沉着，自成一家，真駢儷之標準也。因摘其妙語，皆以議論爲文章，以學識發議論，非胸中有千百卷書，筆下能挽萬鈞重者，不能及。後來惟劉潛夫尚書極力追摹，得其旨趣，壯年所作，絶似之；晚年稍變槎牙蒼鬱之態，然覺枯槁矣。”錄於《隱居通議》。

文光案：據《通議》所載，制詞所謂“子孫之累未忘”者，亦是實錄，非泛語也。放翁爲一代文宗，人所共仰。身苟無瑕，何恤乎無家？可已而不已，遂爲終身之辱。古人云蓋棺論定，斯言誠不誣矣。然放翁文士也，似不必以大義責之。如薛濤雖汙辱，亦不失爲名流。可惜者，一行之失，百行莫贖。且能以退休勉韓，而不能以歸耕終老，其亦明於責人而昧於自治矣。愛其文，思欲完其人，則千載下之致慨者多矣。康海失身於劉瑾，猶能救得李夢陽，然文章之身價自此減色矣。放翁雖出，不久即罷，恐亦無益於子孫也，徒敗其名者，可知所警矣。茅鹿門，亦文士也，高風勁節，超超絕倫，視放翁爲遠矣。出處者，人之大節。君子去仁，惡乎成名？富貴貧賤之間，學者宜精心加察也。宋初承唐習，多儷偶，謂之“崑體”。

王氏曰：“‘玉堦蟋蟀鬧〔二〕清夜，金井梧桐辭故枝。一枕凄凉眠不得，呼燈起作感秋詩。’小說載此爲蜀中某驛卒女詩，放翁見之，納以爲妾，爲夫人所逐。又有《卜算子》詞‘不合畫春山，依舊留愁住’云云。按《劍南集》，此詩乃放翁在蜀時所作。後人去其前四句，又竄易數字，輒傅會，或收入閨秀詩，可笑也。”錄於《池北偶談》。

洪氏曰：“陸放翁六十年中萬首詩，可云多矣。然萬首實不始於此，前蜀王仁裕生平作詩滿萬首，蜀人呼曰‘詩窖子’。見《蜀檮杌》及《十國春秋》。”又曰：“詩可以作，可以不作。《劍南》萬首詩，以爲貽誤後人不少。”又曰：“七律之多，無有過於放翁者。次則本朝查慎行。陸詩善寫景，查詩善言情，而七律之能事畢矣。”錄於《北江詩話》。

《水心集》二十九卷

宋葉適撰

葉氏本。乾隆乙亥年刊。首兩浙督學使者雷鋐序，次朱椿序，次俞文漪跋，次景泰二年王直序，次校對姓氏十九人，次本傳，次目錄。奏劄一卷，表狀一卷，奏議三卷，詩三卷，記三卷，序一卷，墓誌銘十三卷，行狀、謚議、銘、青詞、疏文一卷，書一卷，祭文一卷，雜著一卷。

雷氏序曰：“先生文集峻潔醇雅，足爲學者程式。惜缺十之二三，從武林藏書家覓全本以補綴之。”

朱氏序曰：“《水心集》，趙氏《郡齋讀書附志》‘二十八卷’，馬《考》‘二十八卷’，外有《拾遺》一卷、《別集》十六卷。今所存二十九卷，則明正統間章貢黎氏另爲蒐輯編次以傳之者。其《拾遺》、《別集》是否彙而爲一，舊本失傳，無從考正。先生裔孫賓正肄業東山書院，守其先集，黎氏二十九卷，又復佚去二三。乾隆甲戌，雷公按部至甌，謀重梓焉。郡之俊髦及葉氏後人，歡然出貲竣工，板藏東山書院。”

王氏序曰：“黎諒字公允，爲處州府推官，乃先生鄉郡，訪得奏議、記、序等作八百餘篇，手自讎校，分爲二十九卷，鋟梓以傳。”

齊氏序曰：“東甌當浙、閩之會，山川奇秀，蔚爲人文。自周、許、劉、戴，北得伊洛之傳，薛、鄭二公，大振經學，與梅溪鼎立。傳之陳止齋，以文章名天下。葉文定公得止齋之傳，而學問過之。今《水心集》具在，奏對、論策，昌明駿偉，有賈、晁餘風。諸體根本經術，指陳利弊。碑誌峻潔，不爲浮夸。能於氣運就衰時，卓然樹立，可稱廬陵、臨川、南豐、眉山後一人。其傳世久遠，宜也。著作之精者，若《周易述釋》、《春秋通說》、《習學記言》、《荀楊問答》、《名臣事纂》，其書既皆不傳；粗者若制科、進卷，外稿、別集，亦不得片紙隻字：則此集幸存，亦千百中之十一耳。因公支孫某請，遂跋其後。”録於《寶綸堂文鈔》。

文光案：齊氏所序，別爲一本。其本未見，因録此序。雷序本無策論、碑，恐亦未爲完書。其師友淵源，王、陳二公外，如鄭景望、薛士龍諸公，皆學醇道粹，而著述寥落，甚可惜也。葉文定爲溫州府永嘉縣人，集中論林栗一書，有功於斯道甚大。其奏辨姦邪之誣，朱子尤稱之。

《陰陽精義序》曰：“朱伯起從鄭公景望學，而與景元爲友。酷嗜地理，説山如啖禽[三]浮海葬妻大[四]芙蓉，云後百年當驗。著書二十篇，論原起乘止尤詳。二鄭因是喜陰陽家。予嘗怪蘇[五]公子瞻居陽羨而葬嵩山。近時朱公元晦，聽蔡季通預卜藏穴，門人裹糧行紼，六日始至。乃知好奇者，固通人大儒之常患也。嗚呼！伯起不惡仗，俯欲以此書自名，誠知之審歟？”

《粹裘集》十卷，金華杜旃爲此。此文自經、史、子皆有論辨，是非必折之於正。旃以此未取信於今人，而不知此旃之所以有得於古人也。

《巽巖集序》曰：“李氏編《通鑑》，《春秋》之後才有此書。凡實録、正史、官文書，無不是正，就一律也。而又家録、野記，旁互參審，毫髮不使遁逸。邪正心迹，隨卷皎然，信之所聚也。公大篇詳而正，短語簡而法，初未嘗藻繢琢鏤以媚俗爲意。蜀自三蘇死，公父子兄弟後起，兼方合流以就家學，綜練古今名實之際，有補於世，天下傳以繼蘇氏。公諱燾，字仁甫。立朝有大節，屢進輒自引去。晚爲雜學士，專史事。天子方倚以政，不幸卒矣。”

文光案：李二曲謂巽巖《長編》不足觀，蓋不知史學者也。理學家專守《通鑑綱目》，不知《綱目》採於《通鑑》，非《通鑑》不能詳明。《長編》爲續《通鑑》，尤不可不看。《綱目》爲朱子未成之書，學者所當細考也。讀書宜自求道路，切忌耳食。吾恐信二曲之言者，遂置《長編》於不問，則有害於史學不淺也。

昔人謂蘇明允不工於詩，歐陽永叔不工於賦；曾子固短於韻語，黄山谷短於散句；蘇子瞻詞如詩，秦少游詩如詞。此數公者，皆以文字顯名於世，而人猶得以非之，信矣！作文之難也。於是取近世各公之文，擇其意趣之高遠、詞藻之住麗者而集之，名之曰“播芳”，命工刊墨，以廣其傳。

《題桑世昌蘭亭博議後》曰：“字書自《蘭亭》出，上下數千載，無復倫擬，而定武石遂爲今世大議論。桑君此書，信足以垂名矣。君事事精習，詩尤工，其《即事》云'翠添鄰壍竹，紅照屋山花'，蓋著色畫也。"

《題姚令威西溪集》曰："公著書二百卷，古今同異，無不該括。惜其盛壯不預采錄，晚始召對殿中，忽感風眩而死。悲夫！予不及識公，而與其子僅、從、偓同僚。從孫鎔以公《西溪集叢話》遺予。其古樂府流麗哀思，頗雜近體詩，長短皆絶去尖巧，乃全造古律，蓋加於作者一等矣。至以《易》'肥遯'爲'飛遁'，引注《説文》'不若是忿'以辨《孟子》'不若是恝'，尤非予寡見淺聞所能到也。"

讀書不知接統緒，雖多無益也；爲文不能關教事，雖工無益也；篤行而不合於大義，雖高無益也；立志不存於憂世，雖仁無益也。

劉氏曰："昔嘗取水心文之絶出者，手鈔成帙，以備觀覽。雲畬趙史君，亦喜讀水心文者，當劇談快意時，輒索予同聲背誦《晉元帝廟記》，《司馬温公祠堂記》，陳同甫、王道甫、周子及徐靈淵等諸誌銘，《抱膝齋》詩，《朱娘曲》諸篇以爲樂。噫！久無是契，今之友朋會是意者寡矣。"錄於《隱居通議》。

《南湖集》十卷　《附錄》三卷

宋張鎡撰

《知不足齋》本。首淳熙己酉楊萬里序，鮑氏從《誠齋錄》補；次刻集緣起；次方回題詞。凡詩九卷、詞一卷。附錄遺文一卷，碑刻一卷，逸事一卷。乾隆辛丑仁和朱文藻跋。

楊氏序曰："循王之曾孫約齋子有能詩聲，大抵祖黄、陳，自徐、蘇而下，不論也。予出守高安，約齋子寄其詩十餘篇，曰'南湖集'，且謫予序之。"

鮑氏跋曰："《南湖集》成於嘉定庚午，故不見收於晁《志》，而陳《録》、《宋志》亦不詳其目。惟文淵閣及《菉竹堂書目》并載五册，其藏書家罕有著録者。散見於《永樂大典》各韻者，諸體具備，以類相從，釐爲十卷，計詩一千十七首、詞七十八闋。集中諸作，大半皆紀所居南湖桂隱、玉取諸勝，及與同時士夫游宴酬答之篇。公捨宅所建之慧雲寺，其淡忘榮寺[六]，具詳寺碑。是集湮没者六百餘載，謹依館閣原編校寫，既畢，偶檢志乘，補其漏佚。至於遺文逸事，與夫後人景仰題詠之作，亦輯而附焉。"

方氏跋曰："乾、淳以來，稱尤、楊、范、陸，而蕭千巖東夫、姜梅山邦傑、張南湖功父亦相伯仲。梁溪之嬌淡細潤，誠齋之飛動馳擲，石湖之典雅標致，放翁之豪蕩豐腴，各擅一長。千巖格高而意苦，梅山律熟而語新。南湖生於紹興癸酉，近得其《前集》二十五卷，三千餘首。嘉定庚午自序，蓋所謂得活法於誠齋者。生長於富貴之門、輦轂之下，而詩不尚麗，亦不務工。洪景盧謂功父深目，予謂其詩亦猶爲人也。功父預謀誅韓而史忌之，韓既誅，即有桐川之謫。後得歸，坐前憾謫死象臺，天下冤之。言官程松嘗論功父，謂將家子強吟小詩，此乃刻薄無忌憚之言，不足與較。其詩活法妙處，予未能盡舉，當續書之。"又曰："南渡以來，精於四六而顯者，詩輒凝滯，駢語橫於胸中，無活法故也。紹聖詞科誤天下士多矣。"

《簡明目録》曰："原本久佚，今從《永樂大典》録出。《永樂大典》題曰'湖南集'，蓋繕寫誤倒其文也。鉉初附韓侂胄，後與史彌遠計去侂胄，而又欲以計去彌遠，蓋反覆傾危之士。其詩詞吐言秀拔，乃綽有晚唐風調。"

《南澗甲乙稿》二十二卷

宋韓元吉撰

聚珍本。原本七十卷，久佚。此從《永樂大典》録出。元吉字无咎，開封人。文獻世家。其親串交游，皆一時耆宿，與朱子最善，故學問具有淵源。《宋史》不載。

校勘記

〔一〕"坳"，原作"拘"，據《誠齋集》改。

〔二〕"鬧"，原作"閑"，據清王士禎《池北偶談》改。

〔三〕"山如啖禽"，據《水心集》補。

〔四〕"大"，原作"火"，據上書改。

〔五〕"蘇"，原作"藏"，據上書改。

〔六〕"寺"，據理似當作"辱"。

萬卷精華樓藏書記卷一百十八

集部二
別集類十五

《江湖長翁文集》四十卷

宋陳造撰

　　明本。萬曆戊午仁和李之藻校刊，有序。次太原姚鑛序；次嘉定二年陸游序；次陳造自序；次墓誌，元申屠駧撰，萬曆戊午十九世孫陳吾道録；次郡志本傳；次校刊姓氏二十人；次目録。辭、賦、詩二十卷，雜文二十卷。《簡明目録》盛稱其文。《誌》云：“公先世家益都莒州，轉徙高郵。考宗美贈朝奉郎。公諱造，字唐卿。力穡多艱，年二十五歲，始知爲儒，貧不能以自振。配張氏，富室也，捐所有以佐所無，從游千里。年四十三，登乙未科，官平江府教授。公之德量則純粹恢弘，才學則優長該洽，詞章則温腴藻縟，議論則精確周詳；身篤操修而道兼體用，謀猷匡濟而策擬《治安》：斯庠序之所以推尊爲淮南夫子。公生於紹興三年，卒於嘉泰三年，壽七十有一。《文集》四十卷，陸渭南游序之。《芹宮講古》三卷，長短句一卷。范成人曰：‘唐卿使遇歐、蘇，名不在少游下。’尤延之得公雜著，曰：‘是可爲師，而豈敢爲友？’調知靜海縣。秩滿，詣闕，張參政孝伯舉以自代。終參議官。居鄉病卒，贈朝議大夫。”

姚氏序曰:"宋臣唐卿先生,與秦太虛同爲揚之高郵人,聲稱後先。然世知有太虛,鮮知唐卿也。先生在南渡時爲通儒,所爲古文詞與韻言,范石湖諸公嘗識之。上執政書,皆國家至計。水部李公治河廣陵,搜括先生遺言,與《淮海集》并付之梓。予行部其地,令弁其首。"姚鏞時爲巡按直隸御史。

李氏序曰:"唐卿先生狎主齊盟於淳熙、嘉泰間,學瞻而筆勁,人稱'淮南夫子'。所著詩文四十卷,詩則宋詩,文則陟漢軼唐,然罕睹其全集。予治水江淮,訪求再歲,乃得前貢士王應元所手錄者,遂與《秦太虛集》并壽之梓。陳集遭元兵燹,雲孫婦孫避亂姑蘇,獨携一子及版負斯籍以行,曰:'此先世之寶也。'艱關九死,卒傳茲業。此媼自佳,乃唐卿博綜學問,經濟才華,生前既鬱,死後必存,鬼神呵護,令傳至今,豈偶然哉!"

陳氏自序曰:"長翁,陳子自謂也。陳子家高郵,自以無補於世,置江湖乃宜,故曰'江湖長翁'。物無用曰'長物',言無當曰'長語',翁亦然。翁以不賤爲貴,以不貧爲富,以未死爲壽。碁甚拙,藉以適意,勝負初不計。好吟詩爲文,詩寓興,文寫所欲言,不古不工,人議之不痛也。外此無嗜好。有子孫皆中材,可迪以善,進以學,甚以田事。人議其長若無如之何,而吾安而玩之不厭,又奚歉?使知歉則失長之真矣。"

《題家語》曰:"此蜀本。紙佳字大,制置袁公所賜。"

《題國語》曰:"吾家藏是書,乃監本也,句而音之。字尤大,紙不惡,尤可寶惜。"

《題孔叢子》曰:"是本字大而楷,少差誤,可寶藏者。"

《題長慶集》曰:"此本板在四明,予印得之,其間差誤亦改定一二。"

文光案:此集所題有《變離騷》、《東堂詞》、《宣公集》、《活人書》、《養老書》、《本草單方》、《百一方》、《衛生家寶

方》、《易傳》、《隋書》、《春秋名臣傳》、《易小傳》、《孫公談
圃》、《南華方舟集》、《燒尾集》、《西山集》、《大易粹言》、
《七書》、《文莊集》、《浩然集》、《册府元龜》、《宋百家詩》，
皆宋本之佳者。凡《易説》十四則，題跋五十七首。集外有
《芹宮講古》三卷，未見。《罪言》一篇，在二十四卷末。
《宜看》二十二卷。《記病》一則，有益於醫。《記黃倡事》，
可爲蕩子之戒。《記岳侯事》，有益於兵家。《記王尚書事》，
有益於法家。此本刻於高郵州，今刻未見。

《南軒集》四十四卷

宋張栻撰

綿邑祠堂本。咸豐甲寅年邑人校刊。是集自朱子論定，刊行
於世，板久漶漫。康熙丙戌華希閔重刊。道光己酉，陳鍾祥以華
本重加校正，與《論孟解》合爲一書。板存綿邑城南宣公洗墨池
祠內。今重校刊，移板於南軒故里新祠內。

陳氏曰：“《南軒集》三十卷，侍講廣漢張栻敬夫撰。”錄於《直
齋書錄解題》。

文光案：此恐是朱子未定之本。《四庫全書目錄》載《南
軒集》四十四卷。《提要》云：“栻殁後，弟杓哀其故稿四巨
編，屬朱子論定。朱子又訪得四方學者所傳數十篇，益以平
日往還書疏，編次繕寫，未及蕆事，而已有刻其別本流傳者。
朱子以所刻之本多早年未定之論，而末年談經論事、發明道
要之語，反多佚遺，乃取前所搜輯，參互相較，斷以栻晚歲
之意，定爲四十四卷，併詳述所以改編之故，弁於書首。即
今所傳淳熙甲辰本也。”

谷氏曰：“際泰謹案：今本仍四十四卷，自詞、賦、詩、表、
啓、記、序、史論、説書、答問、題、跋、銘、箴、贊、墓誌銘、

祝文、祭文均備，而所與朱子之書七十七篇皆載焉，乃康熙丁丑古燕張純修所輯。首載其序，而較諸院藏淳熙甲辰本無不合者。南軒與朱子交最善，集中與朱子書七十三首，又答問四篇，其中論辨，不相假借。"録於《大儒詩鈔》。

黄氏曰："先生講學，專主涵養持敬；謀國，專主致君讎敵；居官，專主恤民練軍。乾淳諸儒議論與晦翁相表裏者，先生一人而已。晦翁之言，精到開拓，足集諸儒之大成。先生之文，和平含蓄，庶幾程氏之遺風。二儒并出，更相切磨，友誼卓然，千載興起。嗚呼！此其所以爲咸淳之盛歟？"録於《日鈔》。

《跋孫子》："《漢志》載武所著兵法八十二篇、圖九卷。杜牧謂武書數十萬言，曹操削之爲十三篇。"

黄鶴樓以山得名，而唐圖經爲怪説，謂費文禕仙去，駕鶴憩此。閻伯程記乃實其事。

《北溪先生全集》五十卷　附《北溪字義》二卷　《外集》一卷

宋陳淳撰

東齋本。乾隆癸卯宗裔文芳重刊。首蔡新序，次官獻瑤序，次文芳序，次舊序三首、《字義》序跋五首，次刊集姓氏，次目録。凡分五門，第一，講義四卷；第二，書問四卷；第三，答問八卷；第四，各體文三十卷；第五，各體詩四卷。附銘、箴、贊、疏。目録後有官氏跋。次《字義》目録，分二十六類，有文芳跋。次《外集》目録，有文芳跋。《字義》，門人王雋編。《外集》，先生之子槼編，紹定壬辰陳沂跋，乾隆丁未連臚聲跋。是集初刻於淳祐戊申，再刻於至元乙亥，三刻於弘治庚戌，四刻於萬曆乙酉，此第五刻。《字義》初刻於宋，再刻於明，國朝有施刻、戴刻本，李氏又刻入《惜陰軒叢書》。《全集》爲先生之子所編，今本爲官氏所編。陳沂輯一時問答之言，爲《筠谷瑣聞》二卷。朱子門人最知名者，黃幹、李燔、張洽、陳淳、李方子、黃灝、蔡沈，輔廣，凡八人。

《克齋集》十七卷

宋陳文蔚撰

竹林書室本。前有崇禎癸未侯峒曾序、康熙四十四年武清趙璘序；次《紀述》，張時雨撰；次贊；次目錄。凡書五卷，皆往來問學之語；雜著二卷，中多講義；餘五卷爲雜文，詩惟備數。文蔚字才卿，信州之上饒人。少事朱子，隱居不仕，自號克齋。《全集》，張時泰刻之於鄉，板歸陳氏。

張氏《紀述》曰："先生之學，以求誠爲本，以躬行實踐爲從事。著書立言，俱得朱子旨趣。聚徒講學，以斯文自任，鄉邦仰之。所著多見於諸學講義。其見許於朱子者，詳《朱子大全》。門人徐元傑嘗往來問答，書啓蠹蝕，難以刻紀，姑掇拾所見聞於此。《全集》若干卷，放軼幾半。雨與其嗣孫良鑑及吾弟時泰，捃摭於蠹蝕之餘，僅得文十二卷、賦一卷、詩四卷，刻成而紀其概。"

《龍川文集》二十卷

宋陳亮撰

嶺南壽經堂本。首嘉定十三年葉適序，次目錄。第十三卷爲《三國紀年》。同甫，豪於文者。

葉氏序曰："同甫文字行於世者，《酌古論》、《陳子課稿》、《上皇帝三書》，最著者也。子沆聚他作若干卷以授予。初，天子得同甫所上書，驚異累日，以爲絕出，使執政召問，當從何處下手，將由布衣徑唯諾殿上，以定大事，何其盛也！然而詆訕交起，竟用空言羅織成罪，再入大理獄，幾死，又何酷也！使同甫晚不登進士第，則世終以爲狂疾人矣。嗚呼！悲夫。同甫既修皇帝王霸之學，上下二千餘年，考其合散，發其祕藏，見聖賢之精微，常流行於事物，儒者失其指，故不足以開物成務。其説皆今人所未講，朱公元晦意有不與而不能奪也。吕公伯共退居金華，同甫間往視之，極論至夜分，吕公歎曰：‘未可以世爲不用，“虎帥以聽，誰敢犯子？”’同甫亦頗慰意焉。今其遺文，大抵班班具焉，覽者詳之而已。”

葉氏跋曰：“予既爲同甫序《龍川文》，而太守邱侯眞長刻於州學，教授侯君敵、推官趙君崇峃皆佐其役費。同甫集有《春秋屬辭》三卷，放今世經義破題，乃昔人連珠、急就之比，而寄意尤深遠。又有長短句四卷，每一章就，輒自歎曰：‘平生經濟之懷，略已陳矣。’予所謂‘微言’，多此類也。若其他文，海涵澤聚，天霽風止，無狂浪暴流，而回漩起伏，縈映妙巧，極天下之奇險，固人所共知，不待予言也。”

　　　文光案：前序云“同甫微言，十不能解一二”，故跋中有
　　“予所謂微言”之語。序跋，余録自《水心集》。今嶺南本無
　　此跋。

楊氏曰：“同甫與朱子書，略云‘因吾眼之偶開，便以爲得不傳之絶學。三三兩兩，附耳而語，有同告密；畫界而立，一似結壇，盡絶一世之人於門外。而謂二千年之君子皆盲眼不可點洗[一]，二千年之天地日月若有若無，世界皆是利欲’，亦過矣。劉安世云‘願士夫有此名節，不願士夫立此門户’，此元祐之士病；黄履翁云‘願士夫立道學之實，不願士夫立道學之名’，則淳熙以後士病也。黨籍、僞學之禁，雖小人無忌憚，亦君子有以招之歟！”録於《升菴集》。

《龍洲集》十卷

宋劉過撰

明本。前後無序跋。有詩無文。首歌行，終五言絶句。此即

僞《斜川集》也。内題叔黨名，實則劉詩，蓋坊賈僞造宋刻以欺人者。紙老，板亦工，有“天籟閣”印，當時價甚重。自《斜川集》出，而此本不行矣。天一閣有《龍洲道人集》十五卷。

韋氏曰：“劉改之有《代歐陽丞上平章》兩絶，云‘當年歐富與韓范，戮力同心佐漢庭。今日故家渾似舊，醉翁之後獨凋零’、‘玉立堂堂社稷臣，人言忠獻是前身。三生畫錦堂前夢，莫忘當年作記人’，大爲韓侂胄稱賞。《龍洲集》中不載。曹倅待聘爲通州静法宰，與郡博士施其姓者，皆好吟。改之有詩與二公。改之詩多豪放，此篇必晚年所作，其氣索甚，集中亦不載。”錄於《梅磵詩話》。

文光案：據韋氏所記，《龍洲集》所佚多矣。

邵氏曰：“坊本《龍洲集》與《曝書亭書目》卷數符合，當是足本。書賈患龍洲之名不足取重於人也，託之於蘇叔黨，蓋龍洲身後猶不爲人知如此。南渡自和議既成，士大夫皆厭厭無氣。獨龍洲以布衣慨慷，敭歷兵間，不忘恢復之志；伏闕上書，指陳無顧忌，有國士之風。生平爲朱子、南軒所許，遊辛稼軒、陳同甫之間，而終於潦倒。同甫之晚遇，龍洲之不第，殆南宋氣數爲之也。讀其集，感時撫事，血淚迸流，如秋笳之凄烈，如雄劍之戞鳴，精悍之氣，非同時江湖諸子所及，所謂‘言與行符’者歟？第二卷缺二字，第三卷缺七字，第五卷缺一字，第七卷有誤字，第十卷缺詩一首，惜未得善本校之。又《清波雜志》載龍洲二絶句，今集中無之，或原本所無，或書賈妄有删竄，未可臆斷也。”錄於《南江札記》。

《龍洲道人詩集》十四卷　《附録》一卷

宋劉過撰

明本。前有端平元年劉瀚序。

劉氏序曰：“古人以詩名家者衆矣。予兄改之晚出，每有作輒伸尺[二]紙以爲稿，筆法遒縱，隨爲好事者所拾，故無鈔集，詩章散漫人間，無從會稡[三]。嘗游江浙，涉淮甸，得詩、詞、表、啓、序於所交游中，纔成帙，多爲同儕取去。歲月久，無應酬，幾不能給，或以是而獲謗。吁！上而李、杜、韓、柳，近而歐、蘇、陳、黃，大篇巨帙，爛如日星，絢如綺組，膏澤流於無窮，於此何足祕哉？用是鋟木以廣其傳。每得名賢序跋，詩文亦多嘗陸續以刻。少有舛闕，不敢輕易竄易。或收善本能一賜參對，至願。"

《簡明目録》曰："過亦陳亮之流，而躁妄彌甚。稱其氣節者，曰伏闕請過宫；然廷臣業已交章，過特從而附和。稱其才略者，曰議北伐；然開禧之役，事竟何如？過亦徒爲夸誕。其詩文亦較亮爲粗率，特才氣縱横，勝於齷齪耳。"

《重校鶴山先生大全文集》一百九卷

宋魏了翁撰

明安國活字本。前有淳祐己酉宛陵吴淵序、淳祐辛亥吴潛後序；又開慶元年序，缺名；嘉靖壬午邵寶序，嘉靖癸未暢華跋。

吴氏序曰："端平二年冬，潛以右文殿修撰知太平州。時文靖魏公由樞筦督視江淮京湖軍事，暇日尊俎笑談，獲見公高文大册，及聞公崇論宏議，日充然有所得也。嘗曰：'學必本六經之謂正學，道必本堯、舜、禹、湯、文、武、周公、孔、孟之謂正道。彼邪説詖行，是乃荆榛，闢而通之，則理到文醇矣。'至於天文、地理、禮樂、律曆、官制、兵法、典章、文物，莫不究極，纏纏如辨白黑而數一二。潛益信公根柢學問，枝葉文章，落陳啓新，翼華抵實，天出神入，不可羈控，此豈偶然之故哉？後二年，公殁。又十五年，公之子近思、克愚相與蒐遺罔[四]軼，有《正集》、《外集》、《奏議》，凡一百卷，將鋟梓行於世。既屬叔氏序其首，又俾潛曰：'子爲我申言之。'潛竊謂渡江以來，人文大興，上足以接慶曆、元祐之盛。至乾、淳間，大儒輩出，朱文公倡於建，張宣公倡於潭，呂成公倡於婺，皆著書立言，自爲一家。寥寥四五十載，我公嗣之，識照古今而不自以爲高，忠貫日月而不自以爲異。物望在生民，名望在異域，文章之望在天下。後世蓋所謂兼精粗，一本末，集乾、淳之大成者也。公諱了翁，字華父，邛之鶴山人。天下士師尊之曰‘鶴山先生’云。”

《西山先生真文忠公文集》五十一卷

宋真德秀撰

明本。前有正德庚辰莆陽後峰黃鞏序。

黃氏序曰：“先生爲朱子同郡而生差晚，弗獲及門受業，獨嘗私淑而有得焉。其言曰：‘學者讀文公之書，未能究竟底蘊，已先疑其説之未盡。故嘗勸朋友間且將文公《四書》涵泳既深，達其旨矣，然後以次及於《太極》、《西銘解》、《近思録》諸書。如此數年，則於義理之精微，不患其無所見矣。又必合知行爲一致，講貫乎此，則必踐履乎此，而不墮於空談無實之病，庶乎其可耳。’於乎！先生之言如此，故曰先生之學，朱子之學也。《文集》分爲五十一卷者，世罕得見。予同年建寧太守常熟張君公瑞近訪得之，而予友太倉姜君夢賓謫貳是郡，將刻之梓，遂爲序而歸之。”

《跋坐位帖》：“此帖與郭英乂者。觀公秉禮陳義，以斥英乂之驚，而折朝恩之驕，論正氣嚴，凛凛冰雪，真可畏而仰[五]也。或曰：‘英乂小人，公顧期之以直諒，毋乃失言也乎？’是不然。君子未嘗絶人，特人自絶於君子爾。英乂始結朝恩，後附元載，自謂富貴終身可保，迄不免成都之禍。世之依憑城社而視清議爲不足卹者，可以鑒矣。”

天台真人張平叔作《悟真》詩百餘首行於世，識者謂《參同》

之後纔有此書。雲峰夏宗禹示予所爲《悟真講義》，章剖句析，讀之使人渙然無疑。君又有《陰符講義》諸書，留茂潛、樓湯叔爲之序。

朱文公以陸探微所畫師子像遺其外孫黃輅。輅字子木，勉齋長子也。

文公刊定四經於臨潭。其後龍圖詹公又刻之三山。《易》本古經，《書》、《詩》出小序眞卷末，《春秋》不附傳，俾識經文之舊。至音訓，亦必反復訂正而後已。

《西山文集》五十五卷

宋眞德秀撰

全集本。此本爲眞氏所刊，合《讀書記》、《心經》、《政經》、《文章正宗》共五種爲一部。《大學衍義》有別行之本，不在《全集》內。案：本傳所著有《西山甲乙稿》、《對越甲乙集》、《經筵講義》、《端平廟議》、《翰林詞草〔六〕》四六、《獻忠集》、《江東救荒錄》、《清源雜志》、《星沙集志》，今亦不能全見。又西山有《四書集編》二十六卷，亦未見。

谷氏曰："《西山集》世傳絶少，今幸得之。其五十五卷，總數全同。首載萬曆二十六年福建巡撫錢塘金學曾及崇禎戊寅浦城知縣蘭陵丁辛二序。卷一爲詩、賦。卷二至十二爲《對越甲稿》，十三至十七爲《對越乙稿》，十八爲《經筵講義》，十九至二十三爲《翰林詞草》。此四者，皆係總名。自二十四至五十五爲記、序、問答、講義、策及策問、說、箴、頌、銘、贊、題跋、書、啓、文、辭、神道碑、墓表、墓銘、行狀、青詞、疏語、祝文、祭文二十二種，不立總名，蓋即《西山甲乙稿》也。而較諸翰院所藏底本皆同，則無二本矣。"錄於《大儒詩鈔》。

《白石道人詩集》二卷　《附録》一卷　《歌曲》四卷　《歌曲別集》一卷

宋姜夔撰

水雲漁屋本。乾隆癸亥江都陸鍾輝校刊。首陸序，次諸家評論，次逸事，次白石自序二首，次目録、集外詩十一首并句。附録贈詩，又《白石道人詩説》并序。《歌曲》後題"嘉泰壬辰至日刻於東巌之讀書堂。雲間錢希武。"白石圖書、翰墨，汗牛充棟。詞極妙，按以律呂，無不協者。"蟋蟀"《齊天樂》最勝。《暗香》、《疏影》二曲，真爲絶唱。黄巌老亦號白石，故當時有雙白石。

陸氏序曰："南宋番陽姜堯章，以布衣擅能詩聲，所爲樂章更妙絶一世。今所傳《白石道人詩聲》一卷，蓋本臨安陳起所刻《羣賢小集》，更竄入麗水姜特立《梅山稿》中詩，幾於邾婁之無辨。樂章自黄叔暘《花菴詞選》外流傳者寡，雖以竹垞之搜討，亦未見其全。疑《歌[七]曲》六卷著於馬《考》者，久爲《廣陵散》矣。近雲間樓廉使敬思購得元陶南村手抄，則六卷完好。予友符户部藥林從都下寄示，因并詩集亟爲開雕。詩集稍分各體釐定，去竄入之作。歌曲第二卷、第六卷爲數寥寥，因合爲四卷。其中自製曲俱有譜旁注，雖未析其節奏，悉依元本鈎摹，以俟知音識曲者論定云。"

陳藏一曰："白石道人氣貌若不勝衣，而筆力足以扛百斛之鼎。家無立錐，而一飯未嘗無食客。襟期灑落，如晉、宋間人。意到語工，不期高遠而自高遠。"

王阮亭曰："白石詞家大宗，而於詩亦能深造自得。自序同時詩人以温潤推范石湖，痛快推楊誠齋，高古推蕭千巌，俊逸推陸放翁。白石游於諸公間，故其言如此。"

文光案：此本所採評語爲《藏一詩話》、《齊東野語》、《硯北雜志》、《絕妙詞選》、《樂府指迷》、《書史會要》、《曝書亭集》、《帶經堂集》、《香祖筆記》，共九種。

《會要》："慶元三年，姜夔上書論雅樂事，并進《大樂議》一卷、《琴瑟考古圖》一卷。詔付奉常。有司以其用功頗精，留書以備採擇。"

小紅，范石湖青衣也。堯章歸吳興，石湖以小紅贈之。堯章每喜自度曲，小紅輒歌而和之。

《鶴林玉露》："堯章學詩於蕭千巖，琢句精工。"以上皆錄自本書。

《姜堯章先生集》十卷

宋姜夔撰

祠本。道光癸卯華亭裔孫姜熙校刊。首熙序，次白石自序，次像并贊，次目錄。卷一爲歌曲，較陸本多《古今譜法》、《折字法》、《調弦法》。二卷并三卷爲諸體詩。四卷爲《詩說》，附酬唱詩。五、六、七卷爲詞，曰令，曰慢，曰自製曲，各一卷。與陸本同，惟詞旁不著譜。八卷爲詞別集。九卷爲徵事。十卷爲評、跋，所引較陸本多數條。陸本寫、刻俱工，兼仿宋式，每葉二十二行，行十九字。祠本雖不及陸本，而板亦清整。趙子固目堯章爲書家申、韓。

姜氏序曰："堯章公全集僅存古、近體及《詩說》數番。六世祖宏璧府君繕補成帙。先大父次謀府君復取詩餘及遺事與夫酬唱之作，彙列附編，蓋乾隆之丁卯歲也。懸購古文及駢體二種，冀還舊觀，而東南藏書家悉辭無有，遂書數語誌憾。"

趙菊坡跋曰："白石留心學古，有志雅樂。如《會要》所載、奉常所錄，未能盡見也。聲文之美，概具此編。嘉泰壬戌刻於雲間之東巖。其家轉徙自隨，珍藏者五十載。淳祐辛亥復歸嘉禾郡齋，千載令威，夫豈偶然？"

　　文光案：陸本作"壬辰"，此作"壬戌"，恐誤。陸本有
集外詩，此本無之。此本附酬唱詞，陸本未采。白石有《絳
帖平》、《續書譜》、《大樂議》、《張循王遺事》、《集古印譜》，
見《絕妙詞箋》。

《曝書亭集》："《絳帖平》二十卷，予搜訪四十年始抄得六
卷。堯章於法書最稱精鑒，其言曰：'小學既廢，流爲法書。法書
又廢，惟存法帖。帖雖小技，上下千載，關涉史傳爲多。'故於是
編條疏而考證之，一一別其僞真，察及苗髮。其餘若《續書譜》、
《禊帖偏旁考》、《保母磚》，皆能伐其皮毛，啜其精髓，比諸黃長
睿、王順伯爲優。"

《詩說》："不知詩病，何由能詩？不觀詩法，何由知病？又說
理要簡切，說事要圓活，說景要微妙。多看自知，多作自好矣。"

《文溪集》二十卷

宋李昴英撰〔八〕

南海伍氏本。至元甲午門人李春叟序，次諸家序，次目錄。
記二卷，序一卷，題跋二卷，奏議四卷，書、狀一卷，判、行狀
一卷，祭文、墓誌、雜著一卷，詩五卷，詩餘二卷，家書一卷。
首卷傳四篇、行狀一篇，末有伍元薇跋。昴英字俊明，別號文溪，
廣之番禺人。大星降庭而生，詳本傳。

伍氏跋曰："先生事蹟，附見《宋史・黃師雍傳》。《弘簡錄》
暨各《通志》、《府志》、《縣志》均有傳。是集經其後人屢刻，舛
誤不一而足。附錄《事文考》、《異同考》各一帙，微引太繁，且
雅俗并陳，茲刻概從芟薙。先生家文溪之上，因以自號。按《廣
東新語》，文溪當在白雲山之麓。阮《通志》以長塘街北口小橋爲
文溪橋，恐誤。《升菴詞品》：'李公昴，名昴英。'《詞律》遂以

'公昂'爲名，更訛'昂'爲'昂'。朱竹垞《詞綜》注云：'一作昂英，一云字公昂。一云資州人。'是集亦通行本。奏議尤剴切詳盡，不獨以填詞擅場。奏議每則後，其後人多所發明，似可不必。今仍之。"

李氏序曰："勉收燼餘，僅得奏稿、雜文一百二十二篇，詩詞一百二十五首。編次成集，命之曰'文溪存稿'。"

《恥堂存稿》八卷

宋高斯得撰

聚珍本。首提要，次目錄。文五卷，詩三卷。

《書咸淳五年事》："賈似道抗章請去，上於集宴之日慟哭，羣臣疏留。斯得以爲此漢廷羣臣頌莽功德之氣象也，雜諸《莽傳》，誰能辨之？似道每二三歲必一求去，内以要君，外邀名譽。每謂人曰'己未之冬，事已去矣，至於今日，皆我力也'，故跋扈恣睢，無所不至。"己未之事，蜀將王堅之功，似道适會成功。

賈似道既竄嶺表，有司簿録其家。紹興守臣索得四時御衣、玉璽、玉帶，即與叛臣陳亦、吕文煥、劉整交通蠟書凡百餘項，具以聞。給事中黃鏞等奏似道大逆不道，乞命有司明正典刑。留夢炎擬旨，取問具奏。斯得謂夢炎不恤物議，不顧國法，見賊不討，是謂賊黨。

《秋崖小稿》八十三卷

宋方岳撰

明本。九世孫顯用重編，十世孫玠、瑠、琅、璞校正。首嘉靖六年李中序，次族裔孫方謙序。凡詩三十八卷；表、奏、制、誥六卷，啓十一卷，書一卷，簡十三卷，樂語一卷，上梁文一卷，雜文一卷，榜一卷，祝文一卷，賦一卷，記二卷，序一卷，銘、贊一卷，箴一卷，題跋一卷，祭文一卷，墓誌銘一卷，共文四十五卷。末有嘉靖二十一年莆田吳焕跋。案：方謙序有耐軒馬世和本，未見。《簡明目録》："《秋崖集》四十卷。注云：二本互異，合爲一本。"

李氏序曰："是集一刻於開化，再刻於建陽。迨先生之後，咸淳進士曰貢孫、寶祐進士曰石者，又翻刻於竹溪書院，行世久矣。元季板逸於兵。高廟之初，詔求遺書。有司窮搜以進，此稿遂泯。弘治中，篁墩先生自中祕録出十二卷，手授先生九世孫國子博士舜舉。嗣是困之知蘄州，得五卷；舜明訓導江右，得十卷；舜中教授江浙，得十卷；舜文家藏三十一卷；舜玉客吳下，得十五卷：蓋異數也。嘉靖乙酉，先生十世孫廷孚等參考互訂，而成是編。"

文光案：是集分卷太碎，有二篇爲一卷者。其曰榜者，告諭之詞；曰樂語者，用"伏以"起下，爲四六對語，如小序，末如七言律一章，每章有題。

《菊山清雋集》一卷　附《題畫詩》一卷　《錦錢集》一卷　《雜文》一卷

《清雋集》，宋鄭起撰，元仇遠編。《題畫詩》、《錦錢集》及《雜文》，皆其子思肖撰

《知不足齋》本。《清雋集》，前有大德五年鄱陽柴志道序，後有《菊山翁家傳》。菊山初名震，後改名起，字叔起。福州連江透鄉人。慶元己未生，景定壬戌卒。《一百二十圖詩集》，前有所南翁自序；後有《鄭所南小傳》，盧熊撰，録自《蘇州府志》。次爲諸家題識并詠詩。《所南文集》前後無序跋，末題"平江路天心橋南劉氏梅谿書院印行"。《題畫詩》後附《錦錢餘笑》二十四首。錦錢者，以錦爲錢，雖美無用。詩末題"大德辛丑吳中義梓"。又一行題"所南翁文附後"。

　　柴氏序曰："菊山先生早年遊京師，即有聲。晚年嘗主安定、和静二書院，講明道學，學者益尊敬。後注《易》，將脱稿而逝。頗多雜著、文章，有詩曰《倦游稿》。今山村仇君摭四十首曰《清雋集》，冠於所南翁《一百二十圖詩》之首。"

　　《一百二十圖詩集自序》曰："或遇圖而作，或遇事而作，而或者又欲俱圖之，胡爲乎？"

　　鄭思肖，字憶翁，號所南。思肖，即思趙；憶翁，與"所南"皆寓意也。素不娶，孑然一身，念念不忘君，形言於詩文中。趙子昂才名重當世，公惡其宗室受元聘，遂與之絶。子昂數往候之，終不得見，歎息而去。宋社既墟，適意緇黄，自稱"三外野人"。嘗著《大無工十空經》一卷。"空"字去"工"而加"十"，"宋"字也，寓爲"大宋經"。造語奇澀，莫可曉。自題其後云："臣思肖嘔血三斗，方能書此，後當有具眼識之。"

《心史》二卷

宋鄭思肖撰

　　凝碧堂本。此明刻也。書藏吳中承天寺井鐵函中，崇禎戊寅始出。有茂苑陳宗之記、崇禎十二年古婺張國維序。目録，卷上，曰《咸淳集》，前有德祐五年思肖自記；曰《大義集》，有五年自記；曰《中興集》，有六年自記并後序。此三集皆詩。曰《久久書》、《臣子盟檄》，二篇并跋并詩，留傳可以久久，故曰"久久書"。卷下，曰雜文，曰《大義略序》，記宋之亡。附《姑蘇志·鄭所南傳》。末有崇禎己卯張世偉跋。

　　王氏曰："《心史》以鐵函藏之井中。其元本在陸孝廉履長處，予曾親見之。所言皆宋末元初事。詩文硃筆圈點。崇禎己卯已有刻本行世。所南善寫蘭，别號三外老夫。又嘗作《太極鍊法》。蓋元時高士，多寓迹二氏，如黄子久、吳仲圭皆是也。"録於《山志》。

文光案：是書甚偽，其文之寒澀有似所南，而所記事迹與史不合。徐健菴《通鑑續編》以爲海鹽姚士粦所託，當必有據。顧亭林有《詠心史詩》在集中，亦誤以爲真。暇日當細考也。

《林霽山集》五卷

宋林景熙撰

《知不足齋》本。首明天順七年呂洪序，次方逢辰序，次章祖程題，次至元元年鄭僖書。凡詩三卷，題“白石樵唱”，有章注；文二卷，題“白石稿”。鮑氏補詩二首、文二首。末有嘉慶十五年鮑正言跋。正言，以文之孫也。又蘇璠跋。霽山，咸淳辛未進士。授泉州教官，歷禮部架閣，轉從政郎。宋亡不仕，居州治後白石巷，故以名詩。元兵破杭，楊總統發宋諸陵。霽山以計易真骨，葬之越山，植冬青樹以志之，而哭之以詩，忠義動世。白石詩祖陶宗杜，熟味可見。章注辭義兼得，而其學識之正，尤有可觀。

呂氏序曰：“先生所著文十卷，曰《白石稿》；詩六卷，曰《白石樵唱》：歲久散亡。乃者葉公衛出示《白石樵唱》，始末具全。予於《元音》中得先生《讀文山集》一詩，仍檢家藏舊書，僅得稿，中記、序、賦、銘而下凡若干篇。其他製作，迄無尋究。正其亥豕，釐爲五卷，題曰‘霽山先生文集’，鋟梓以傳。”

章氏序曰：“先生諱景熙，字德暘，溫之平陽人也。少工舉業，有場屋聲。時文既廢，倡爲古文，發爲騷章，往往尤臻其奧。晚年所著雜文十卷，外有詩六卷，題曰‘白石樵唱’，行於世。其詩大抵皆託物比興，而所以明出處，繫人倫，感世變，而懷舊俗者至矣。卷首數篇，尤爲親切。其他題詠酬唱，是意未嘗不行乎其間。至於造語之妙、用字之精、法度之整而嚴、格力之清而健，又未易以名言，今輒爲之注釋云。”

鮑氏跋曰："章祖程評注頗得用意所在，惜嘉靖中遼藩光澤王重刊，刪除章注殆盡。同時馮彬亦有刻本，則又任意割裂，失其本真，幸章注賴以獲全。汪士鈜復據遼藩本開雕，而世漸不知有章注矣。予祖盡出藏本，命正言參校刻入叢書。崑陽之注，由此不泯。"

《勿軒集》四卷　《附録》一卷

宋熊禾撰

明本。後裔熊之璋校刊。前有熊人霖序。《簡明目録》載天順本八卷。禾初名鈇，字去非，號勿軒，又號退齋。武夷人。閩之鎮爲武夷。博極羣書，師事朱文公門人輔廣。青出於藍。登咸淳甲戌進士，授寧武州司户參軍。入元不仕，家居。創洪源書院，講道授徒，卒老於家。著述甚富，有《四書標題》、《三禮考異》、《易講義》、《詩選正義》、《春秋五論》、《大學廣義》、《小學孝經句解》及《勿軒文集》等書。晚年著《禮記集注》，以補朱、蔡、胡三家所未備，而成其爲五經之全書。一生曾三易稿，已將刊行，未幾而殁，稿毁於火，以致無傳。熊氏中原文獻之家，唐季提兵入閩，而卜居於義寧山。子孫世業儒，代有著述。此本前刻《著書録》。《儀禮經傳通解》，未成而卒。

《魯齋遺書》十二卷　《補遺》一卷

宋王柏撰

馮氏刊本。順治甲午古晉馮如京序，崇禎壬申阮元聲序，萬曆辛卯十三世孫三賜題後。次《宋史》本傳，次目録。魯齋最工詩，而集中不載，所佚已多。遺文惟説、考原、論辨、序、跋、記、書、傳、祭文、贊、雜著之類。第十卷爲《研幾圖》，十一卷附壙記、祭文之類，十二卷附《鳳林亭記》、《王氏四人傳》、《貞烈二傳》，而二十卷之本不可得見矣。《天地造化論》有周顯注。

馮氏序曰："魯齋師事北山何氏,授以朱子正脉。繼先生之傳者,則仁山金氏、白雲許氏,所謂'金華四先生'云。著述不下八百餘卷,《文集》七十五卷,今僅存十三卷。先生裔孫王統以《遺集》示予,亟謀捐梓,以永其傳。別有《石筍清風錄》十卷,有裨世教,將嗣刻之。"

《家語考》曰："《論語》者,古《家語》之精語也。《禮記》者,後《家語》之精語也。今之《家語》,意王肅雜取《左》、《國》、《荀》、《孟》、二戴之緒餘,割裂前後,織而成之,託以安國之名。安國不應如是之疏也。朱子謂《家語》爲先秦古書,意是初年之論,未暇深考,故注於《中庸》,謂《家語》爲王肅書,此必晚年之論無疑也。"

歐公《集古錄》,往往史傳之外,證明僞謬。南渡後,昭武李丙亦集錄千卷。其它如《復齋碑錄》、《東觀餘論》、《夾漈金石》之類,紀述不一。予非有此癖好也,亦非有力可以訪求也。類秦、漢之名碑,慕其古也;列晉、唐之精刻,善其字也。分爲六門,便於討論也。名曰"墨林類考",總二十卷,亦未備也。

《跋繹山碑》曰："此碑徒以其篆之古也。然登繹山者,不見其石。著《史記》者,又無其詞。踪迹茫昧,不可致詰。自唐已有[九]棗木本。徐騎省模唐刻於石,今不可見矣。徐文寶刻於長安者,亦不易得。宋公本今刻於墨妙堂者,正與此本同。自騎省以下,又三撫矣。所謂'雙鈎'者,亦隱然可見。趙東邨謂此雖摹傳之餘,然亦自可貴。此言爲不誣云。"

　　文光案:諸本皆作"嶧山",從"絲"似誤。此條可補王氏《金石萃編》之闕。

《歐曾文粹》合上、下兩集,六卷,凡四十有二篇。得於考亭門人,謂朱子之所選。觀其擇之之精,信非他人目力所能到。抑又嘗聞朱子取文字之法,文勝而義理乖僻者,不取;贊邪害正者,文辭雖工，不取。釋[一〇]老文字，須如歐陽公《登真觀記》，曾南豐《仙都觀記》、《萊園記》之屬，乃可入此，可以知其取舍之意矣。又曰："歐陽公文字敷腴温潤，曾南豐文字又更峻緊。"又曰："南豐文字說通透，如人會相論底，一齊指摘，說盡了。歐公不盡說，含蓄無盡，意又好。曾所以不及歐，是紆徐曲折處。"又曰："文字好處，只是平易說道理，初不曾使差異底字換尋常字。自蘇東坡文出，便傷於巧。議論有不正處，只就小處起議論。"此皆朱子論文之法，學者不可不知，因併識之云。

《文義字原序》曰："書之六義雖晦，而六書之名幸未湮没，後人猶得以有所考。古人自小學則已識其大要，今之老師宿儒，猶未能究其彷彿。蓋高者留心於道德性命而不屑爲，下者役志於功利進取而不暇爲，故字學終無時而復明也。古今字學之書亦不爲少，惟《說文》簡古詳備，亦坐六義之未精，而子母混雜，識者未深許之。後又有《古文尚書》行於世，名固可尊也，而字實非也。漢儒不識古文，猶能曰獨體爲文，合體爲字。文固母也，字則子也。一字之中，既合二體，或三、四體，必有一體爲母。子承母，天下之大義也。今觀其所以取爲母，又多其子焉。夫六義者，惟象形、指事當然爲母。蓋制字之義，始於象形；形而不可盡象，而後屬之事；事不可盡指，而後屬之意；意不可盡會，而後屬之聲。曰意，曰聲，固非一體，則不可得而母也明矣。曰轉注，曰假借，尚有屬之母者。然母有不生，而子或生生不窮者，不謂之母，又不可也。有能定其生生之本於每部之中，字字訂核，別爲何義，其俗書亂政者，悉從而明辨之，豈不爲字學之大幸！倪孟德留意於此，書未脱稿。"

山前牧羊兒，羣羊化爲石。山後謙牧翁，雙牛挂虚壁。仙佛道不同，妙處各自得。我來牧坡上，牧翁已牧出。風行麥浪高，日暖柳陰直。沙平草正軟，隔林數聲笛。試問牧翁意，著鞭還用力。牽起鼻撩天，蹋地四蹄實。渴飲菩提泉，饑來嚼芻苾。步行顛倒騎，神光背上射。因悟角前後，通身白的皪。勿〔一一〕使蹂人田，毋乃失其職。舍策脫蓑歸，人牛兩無迹。《牧歌寄謙牧翁》。

跂蹷廢人事，來投大士家。清談半窗月，淡坐一甌茶。燕豆來霜果，罏瓶浸蠟花。葭浮纔一日，芳思已無涯。《冬至日和適莊即事韻》。

五雲縹渺護天關，轝金輦寶來如山。上有封題三道印，多是中朝清要官。一膏一縷盡民命，荆篁新痕蝕舊瘢。東麾西節步霄漢，公私赤立生意慳。年穀豐時無盡藏，那禁水旱相摧殘。黄馘稿項臥滿壑，玃子狼奴生狂貪。輟耕太息鴻鵠志，乘牛讀史需時艱。忽如妖禽嘯清曉，泥丸初不勞驚彈。何人把玩張聲勢，直令聚蚋奔醯酸。竹兵烏合本兒戲，伍籍久蠹心先寒。吁嗟身世狹於掌，病入心膂何時安？堂堂正氣不久熄，自古東南多造端。誰出華山拍手笑，袖中三尺山河寬。《拍手行》。

點檢春光綠打圍，未應造化委蕪藜。雖無紅紫呈新面，尚有瓊瑶戀故枝。后土歸根辭帝寵，番陽名圃少人知。長篇寡和憑花報，豈料因花又得詩。《奉和楊石溪橘花》詩。

昨夜西風作意凉，吹開粟粟繞枝黄。有時月窟閑來往，天上人間一樣香。　對花只是月宮游，挹彼黄流注玉舟。莫被清光虛度了，此生更有幾中〔一二〕秋。《奉和易嵒木犀》詩。

　　文光案：魯齋詩最不易得。西阿谷氏從翰院藏本抄出，人間始得見之。兹從《大儒詩鈔》中録得數首，略見一斑。集中古風最佳，律非所長。其《壽賈秋壑》詩，真偽無考，故不録。然氣體甚相近，咄咄怪事。

《覆瓿〔一二〕集》四卷　《附録》二卷

·宋趙必瓛撰

詩雪軒本。南海伍元薇校刊，有跋。首諸家序，次目録。律詩一卷，古風〔一四〕、長短句一卷，雜文一卷。附錄家傳、墓表、行狀一卷，諸家祭文、挽詩一卷。必璙字玉淵，自號秋曉。太宗十世孫，居於東莞。與父崇詡同登咸淳元年進士。宋亡，隱居不仕。

伍氏跋曰：“先生風節，自加人一等。詩未算名家，然筆殊清挺。文亦直抒胸臆，間作儷體，則居官時往來文字。宋人結習，大都如是。詞獨清婉可誦，哀然成集者，《文溪》而外，便推此集。《粵東詩海》謂是集久已淪亡，黃石溪手寫成，爰校勘而重梓之。”

文光案：劉壎《水雲村泯稿》有是集跋，未錄。

《九峰先生集》三卷　　《附錄》一卷

宋區仕衡撰

詩雪軒本。南海伍氏校刊。明萬曆乙酉九代孫區大任序。首卷傳四首、《九峰講院記》一首、墓表一首，不在卷內。凡詩二卷、文一卷。附錄區子美《素馨花賦》一首、區子復《述懷》一首。仕衡字邦銓，陳村人，助教泰亨之子。生而穎異，強記博聞。以先世多在史局，得縱觀中祕書。應淳祐鄉貢，入太學，爲上舍生。以天下爲己任，嘗上書論賈似道誤國，不報。後陳恢復策，亦不見用。歸，講學九峰書院，從游甚衆。景炎元年，病即不食，曰：“得爲宋室完人，幸也。”自書其碣，命二子勿起墳，勿表墓。二子一爲子美，一爲子復。卒葬大崙山甲向之原，人稱“九峰先生”。詩文典雅。有《理學簡言》行世。

區氏跋曰：“公卒於景炎丁丑。不二年，宋祚終矣。遭世亂亡，郡志闕載。當是時，文丞相幕客泯滅，何限死於戰者？藍通判且佚其名，趙安且沒其節，璚之義勇，謝明、謝富、冉安國、黃之傑死無所聞。遠士孤臣，惟不負宋而已，公何憾哉？公集久失，七卷元本亦亡。今幸存此，殆吾家之天球、河圖也。”

伍氏跋曰："吾粵宋人文集流傳絶少，屈翁山《廣東文選》不録其一字，豈未見此書耶？《南海新志》有傳。《藝文略》亦已著録。明嘉靖中分南海置順德縣，故《順德志》亦有傳。是書爲黃明經石溪藏本，爰借校而重刊之。"

《伯牙琴》一卷

宋鄧牧撰

《知不足齋》本。前有牧自序并後序，後有鮑廷博跋。

鄧氏自序曰："余集詩文若干，名'伯牙琴'。伯牙雖善琴者，鍾子期死，終身不復鼓，知琴難也。今世無知音，余獨鼓而不已，亦愚哉！然伯牙破琴絶弦，以子期死耳。余未嘗遇子期，惡知其死不死也？故復存此。"

鄧氏後序曰："右余集詩文六十餘篇。平日所作不止是，然於是見大凡矣。有若禮法士嚴毅端重者，有若逸民恬淡閒曠者，有若健將忠壯激烈者，有若仙人綽約靖深者，有若神人變化不可測者。余自知如此，未知或者知我如何也。噫！三千年後必有揚子雲。"

鮑氏跋曰："牧心先生工古文詞，以作者自命。元大德間遯迹餘杭大滌山，手定詩文六十餘首。迄明亡佚過半，都少卿本已有文無詩。予綴緝文二十四篇，外增文五篇，補詩十三章，刻入《洞霄詩集》，又別梓此本以傳。"

《仁山集》四卷

宋金履祥撰

《春暉堂》本。金氏校刊，寫、刻精工。前有雍正乙巳金弘勳序、萬曆戊戌徐用檢序、己亥趙崇善序。次像，次《元史》本傳，次目録。附録祝枝山《金氏譜引》暨其裔孫元裕所述《文安公纂略》。履祥字吉甫，婺之蘭溪人。其先本劉氏，後避吳越錢武肅王嫌名，更爲金氏。居仁山之下，學者因稱爲“仁山先生”。至正中賜謚文安。何、王、金，許，婺之四大族也。集中《廣箕子操》，吳師道稱其詞旨悲慨，音節高古，真奇作也。漁洋亦極賞此篇。《簡明目録》曰“不工”。

金氏序曰：“勉齋黃公以朱子之學授之何、王、金、許四先生，史稱爲朱子世適。顧何、王早逝，白雲晚出，其不至中斷者，以仁山先生也。仁山先生事魯齋，因魯齋以事北山，當時有謂北山似尹和靖，魯齋似謝上蔡，仁山親得而并充之，亦善論人者矣。仁山遺集散佚已多，則以嫡嗣無存之故。所藏有《非非存稿》、《仁山新稿》、《亂稿》、《噫稿》，皆出自吳正傳家。董遵道增入多篇，彙以成集。一刻於正德朝，再刻於萬曆中。弘勳得正德寫本，又得萬曆刻本，因合校付梓。按徐序有章仲甫所編《仁山年譜》，今亦不見。先生以宋室遺氏歸隱華山，著作止書甲子，不及年號。自署‘前聘士’。文與詩皆布帛菽粟云。”

金氏《纂略》曰：“先文安公以宋理宗紹定五年三月丁酉生。始，散翁有夢虎之祥，因以祥名。既長，師更今諱。强仕之歲，至京師，進奇策，不果用。乃設釣臺書院，專意著述。題其集曰‘仁山新稿’。既而元兵入臨安，以帝北去，公屏居金華山中，時年四十六矣。後三載而宋亡，以後所著以‘仁山亂稿’名焉。公娶徐氏，生三子，季有雋才而早卒，公甚悼之。是後詩文名‘噫稿’，題其端曰：‘自丙子之難，而生前之望觖；自壬辰之戚，而身後之望孤。曰亂，曰噫，所以志也。’晚年館於唐氏之齊芳書院，成《通鑑前編》及《濂洛風雅》。七十二歲，《大學指義》成。是歲三月壬辰，以疾終，蓋元成宗大德七年也。易簀時謂二子曰：‘《前編》一書，吾用心三十餘年，平生精力盡於此，所得之學亦略見於此。吾爲是書，固欲以開來學，不可不傳，亦不可泛傳也。吾且歿，宜命許謙録成定本。此子他日必能爲我傳。'於是以此書授之白雲。二十四世孫謹述。"

文光案：陸氏《皕宋樓藏書志》舊抄本《仁山集》四卷，後學俞良能香山校，門人汪夢升、陳淳、林景熙、方逢辰、熊鈜、熊瑞、鄧虎、張巖、許裴、羅願刊，正德戊辰潘府序。

《紫巖詩選》三卷

宋于石撰，門人吳師道選

鈔本。前有金履祥序。石字介翁，婺之蘭溪人。貌古氣剛，從王宗崒業詞賦。年二十而宋亡，遂高隱不出，以詩自豪，蓋宋逸民也。所居山名"紫巖"，因以爲號。

校勘記

〔一〕"洗，據楊慎《升菴集》補。

〔二〕"尺"，原作"大"，據《龍洲集》改。

〔三〕"稡"，原作"秌"，據上書改。

〔四〕"罔"，原作"亡"，據宋吳潛《履齋遺稿》改。

〔五〕"仰"，原作"抑"，據《西山文集》改。

〔六〕"翰林詞草"，原作"翰林詞章"，據《西山文集》改。下同改。

〔七〕"歌"，原作"歐"，據《白石道人歌曲》改。

〔八〕"撰"，原作"宋"，據理改。

〔九〕"有"，原作"於"，據《魯齋集》改。

〔一〇〕"釋"，據上書補。

〔一一〕"勿"，原作"忽"，據上書改。

〔一二〕"中"，原作"春"，據上書改。

〔一三〕"甌"，據《四庫全書》，當作"瓿"。

〔一四〕據《覆瓿集》，"古風"後當脱"一卷"二字。

集部二
別集十六

《滏水集》二十卷

金趙秉文撰

抄本。是集流傳甚罕。此爲書肆所抄，字迹更劣，訛舛不可卒讀。余欲棄之久矣，姑存其目以俟佳本。凡抄本字工者錯少，字拙者誤多，至於草率，更不可問矣。

何氏跋曰："按元遺山爲公墓誌及《中州集》序傳，皆言《滏水集》前、後三十卷，則公尚有《後集》十卷，不知藏書家猶有存焉者耶？""《歸潛志》云：'趙閑閑本喜佛學，然方之屏山，顧畏士論，又欲得扶教傳道之名，晚年自擇其文，凡主張佛、老二家者皆削去。《滏水集》，首以中、和、誠諸説冠之，以擬退之《原道、性》；然其爲二家所求文，并其'葛藤'詩句，另作一編，號'閑閑外集'。以書與少林寺，英粹中使刻之，故二集皆行於世。《外集》豈即《後集》耶？漫記於此。""興化李映碧家蓄舊抄本，自云得之吾吳市中。石門吕氏傳之，復鈔以出鬻，與此本間有多一二句處。知李所得者，趙公之本；然此本則後人病其繁冗，而有所删削也。壬辰秋冬之交，積雨無事，費數日校之。"錄於《義門集》。

錢氏曰："《滏水集》二十卷，元光二年翰林學士楊雲翼序之。

閑閑卒於壬辰歲，而序成於癸未，疑即遺山所稱《前集》，其《後集》十卷，則世失其傳矣。予家收藏石刻，有《伏乞村唐帝廟記》、《鄧州宣聖廟碑》、《蓋公和尚狀銘》，皆不見於此集。據遺山云，公晚年錄生平詩文，凡涉於二氏者不在也，則蓋公之銘例當刊落，其餘二篇，或在《後集》十卷之內乎?"錄於《潛研堂集》。

文光案：元有兩閑閑，吳閑閑名全節，係羽流；趙閑閑名秉文，官禁近。俱善書法，有辭藻，而趙尤橫溢。見《六研齋筆記》。

《元遺山集》四十卷　《附錄》一卷

金元好問撰

華氏本。康熙四十六年華希閔校刊。凡詩十四卷、文二十六篇。元詩一千二百八十首，續採八十一首。郝銘所紀一千五百餘首，合諸失載篇什，約有其數。今華本所刻郝銘於"一千五百"之"一"字訛作"五"字。雲松趙氏遂疑真有此數，有"更求全集"之語，殆未詳考。元刻有嚴忠傑中統壬戌本，張德輝類次。明刻爲李瀚弘治戊午本。此本爲第三刻。附錄爲明儲氏從《中州》等集採入者，明本即有之。別有元刻曹益甫至元庚午本，前有段成己序，止詩二十卷，無文。天一閣所藏，即此本。有續採八十一首，張氏類次所遺者，嚴、李、華三刻皆無。又有黃公紹至順庚午抄本，詩七百餘首，傳是樓所藏。查初白所評、趙蓉江所易、趙雲松所説，皆是華本。眠琴山館所藏爲元刻本。余家所藏有《遺山詩集》八卷，萬廷蘭校刊本，亦從全集錄出。潛研堂有跋。彭曰："遺山於樂府全無解處。"

《遺山詩集》二十卷

金元好問撰

汲古閣本。前有稷亭段成己序，後有毛晉跋。毛晉從全集錄出，刻入《元十家集》，單行已久。卷前題"遺山先生詩集"，板心刻"遺山詩集"，下刻"汲古閣"。

段氏序曰："余亡友曹君益甫嘗謂予曰：'昔與元遺山爲東曹同舍郎，雖在艱危警急之際，未嘗一日不言詩。世雖宗之，其妙處未必盡知也。'僑居平陽，遺人即其家得遺稿若干，將刻梓而益甫殁。後四年，子輗繼成父志，同門下客楊天翼命工卒其事。"

元遺山《論詩絶句》，效少陵"庾信文章老更成"諸篇而作也。王貽上仿其體，一時争效之。厥後宋牧仲、朱竹垞論畫，屬太鴻論詞、論印，七絶中又別啓一户牖矣。

文光案：劉喜海有《論泉絶句》。

《元遺山詩集箋注》十四卷　《附録》一卷

金元好問撰，元張德輝類次，國朝施國祁注

南潯瑞松堂本。道光二十年烏程蔣炳枕校刊。是集元刻爲嚴忠傑中統壬戌本，張德輝類次，詩、文共四十卷。前有李冶、徐世隆二序，後有杜仁傑、王鶚二引，書佚不得見。考徐序有評樂府語，則《新樂府》五卷當併入刻，或別自爲卷，至明刻乃削去。明刻爲李叔淵弘治戊午本，詩、文仍四十卷。有儲巏、李叔淵二序。集中二十二卷元缺兩頁。外附一卷，乃儲氏從《中州》等集採諸贈言訂入者。《四庫》所著即此本，今刻於河南者亦此本也。此本祇録其詩，詳爲之注，訂訛補闕，其功不少。前有總目、本傳、世系、年譜。讀遺山詩者，以此本爲最佳。

《遺山文選》七卷

國朝李祖陶編

泰和孫氏本。道光乙巳年孫明校刊。前有李鎔經序、《金史》本傳、郝文忠所撰《遺山墓銘》，末有李祖陶跋。

李氏跋曰：“右録元遺山先生文七十八首，依本集原第釐爲碑誌、墓表四卷，記、序、引二卷，雜文暨小傳一卷。先生以著作自命，所選《中州集》詩，既非江湖末派所能及，而所著文集，則憲章北宋，直接歐、蘇正統，屹然爲一大宗。集中碑誌最多，直書所見所聞，可與歐史并觀。他文亦格老氣蒼，有例有法。”

《陵川集》三十九卷　《附録》一卷

元郝經撰

高都王氏本。乾隆戊午王鏐校刊。前有延祐丁巳李之紹序、刊書札、咨文、碑狀、墓誌、目録。凡賦一卷、詩十四卷、文二十四卷。校勘姓氏三十人。附録題贈詩文。是集初刻於元，其本難得；再刻於明，沁水李叔淵官鄂州時所刊。今所傳者即翻刻鄂本也。初名“陵川集”。此本題“郝文忠公集”。文忠之先，潞州人，徙澤州之陵川，故以名集。所著甚富，今皆散佚。《續後漢書》諸序，今刻入《宜稼堂叢書》，後有朱樟、朱鏐、張大紱、陳鳳梧四序，馮良佐後序，乾隆戊午王鏐跋。

朱氏序曰：“余於陵川諸生武氏得其殘本，隨閱隨録，始得全書。松坪王少司空有志重刊，會督餉秦川，未竟其志。今其令嗣涵紫承先人志，付諸梨棗。其集一刻於元，迄明再刻於楚，即今得武氏本也。重加讎校，得成完書。”

朱氏序曰：“先曾祖鹿田公守澤時，會涵紫王公重梓《文忠集》。是板先曾祖幾費心血，罷官後鐫以俱南，板藏諸家，今幾六十載矣。鏐宦游四方，船載以北。張公梅南造鏐構觀焉，因解篋遺之。”

張氏序曰：“鹿田太守裔孫鏐市板漳南，余捆載以歸。板計四百餘片，今藏余家之我書樓。”

陳氏序曰：“板行於元者，久而散佚，見者鮮焉。”

馮氏序曰："遺稿迄今五十年，延祐戊午春，陳太學士上聞，遂繡梓行世。臣良佐職領江廣儒學，且董役竣事，率儒人胡元昌等詳正其字，庶無訛矣。敬述梗概。"

王氏跋曰："是集，明正德間沁水李叔淵宦鄂州，一刻於鄂。澤之有是集，亦鄂本也。漫漫殘蝕，非重梓不可。先大夫松坪府君已鳩工，其事中輟。今歲太守朱鹿田先生復言是集，余何敢辭退？延郡中宿學，重加校勘，閱三月告竣。呈諸太守公，請弁其端。"

文光案：《陵川集》宜細讀，文章、學問，具有本原。

郝經，字伯常。其先潞州人，徙澤州之陵川。今陵川縣。祖天挺，案：金、元間有兩郝天挺，一爲遺山之師，字晉卿；一爲遺山弟子，字繼先，爲皇慶名臣。繼先注《唐人鼓吹集》十卷。元裕之嘗從之學。案：遺山又爲伯常之師。金亡，徙順天，爲守帥張柔、賈輔所知，延爲上客。二家藏書皆萬卷，案：集中有《萬卷樓記》，爲賈輔作。又案：《行狀》云"蔡國張公復有書萬卷，恣其搜覽。"厥後張、賈子孫皆爲將相名臣。經博覽無不通。撰《續後漢書》、案：此書有《四庫》本，今刻入《宜稼堂叢書》。《易春秋外傳》、《太極演》、《原古錄》、《通鑑書法》、《玉衡貞觀》等書案：《行狀》有《刪注三子》、《一王雅》、《行人志》。集中有《春秋制作本原序》、《春秋三傳折衷序》、《甲子集序》。惟《通鑑書法》、《刪注三子》、《行人志》三書集中無序。朱樟曰："諸書俱不傳。"及文集，凡數百卷。其文豐蔚豪宕，善議論，詩多奇崛。拘宋十六年，從者皆通於學。《元史》本傳。案：文忠爲元行人，通使於宋。賈似道拘之，館於真州。驛吏棘垣鑰戶，晝夜守邏。凡所著述，多在拘留之日。送歸即卒。集末爲《使宋文移》三卷。

右《焦山瘞鶴銘》，磨崖元本如此大小。凡五段，共一百十三字，自左方書起而斜正不相屬云。《瘞鶴銘》，正書中大字，古今推爲第一。中統元年，持節使宋，館留儀真，伴使潘居之以此銘見貽，漫不可別。既而提舉路鈐王順送焦山寺僧所寄一本，及《辨證》一卷，即此本也，方之他本最爲完具。嚮在河朔時，所見數本皆摹搨失真。近歲，鄧州石刻傳本雖多，而枯硬剗截，絕無韻勝。及見此本，氣韻具足，矯矯飛動，乃知書家亦自有真耳。節録《瘞鶴銘辨》。案：此辨以爲作文者必道家者流，而書之者右軍也。不知勒石之歲，復在何年，則瘞鶴、作文、書字，必不能爲一時之事。

道學之名立，禍天下後世深矣。豈伊洛諸先生之罪哉？僞妄小人私立名字之罪也。其學始盛，禍宋氏者百有餘年。今其書自江漢至中國，學者往往以道學自名，異日禍天下必有甚於宋氏者。《論道學書》。集中論文、論詩、論書法諸篇皆可誦。

令宗道案：苟宗道爲使宋之佐，見本傳。整頓綴輯其《詩傳》、案：志傳中皆不著《詩傳》。《春秋集傳、外傳》、《原古録》、《通鑑書法》、《三國條例》志傳不云《三國條例》等，各自爲一書。其諸史雜著，則類別爲編。爲詩賦、論說、案：今本第十六卷爲《太極先天一貫圖說》，第十七卷爲《道》、《命》諸論八首，第十八卷爲《五經論》、《思治論》，第十九卷爲《辨微論》，辨異端、禮樂，辨學并《經史》、《屬志》、《時務》。辨解、書傳、志、箋、銘、贊、頌、序、記、碑誌、行狀、哀辭、祭文、雜著、録、宏辭、表奏、使宋文移案：今本有文二首。《圖說》之外，復有《文說》、《養說》、《讓說》三首，在二十二卷內。有《述擬》十四篇，擬古制、詔、露布，都爲一卷，今之三十一卷是也。所謂"宏辭"，或即指此。其餘次第微有不同，如雜著在後，今在前，辨即在雜著中。等類，總爲一集。以其集於是年，故以其年數命之，曰"甲子集"云。集序。

原古，所以正今也。於是斷自先秦，以及於今。六經之本真，子史之幾衡，諸家之要删，衆賢之傑作，原於道德，傳於義理，合於典則，可以爲法於後世者，則并録之。其所作則各附於其人，其人則各附於其代，其叙則各以其代爲先後，其體則各附於其類。以其皆本於經，故各附於經。如原、序、論、評、辨、說、解、問、對、難、讀、言、語、命，十有四類，皆義理之文，《易》之餘也，故爲《易》部。案：此部未允。序、論、說、解，本與《易》之體不類。如遇《詩序》、《書論》、《春秋解》，棄之則可惜，取之則不倫，置之他部亦不合。國書、詔、敕、册文、制、制策、令、教、下記、檄、書、疏、表、封事、奏、奏議、牋、啓、狀、奏記、彈章、露布、牒，二十有三類，皆辭命之文，《書》之餘也，故爲《書》部。騷、賦、詩、聯句、樂府、歌行、吟、謠、篇、引、詞、曲、長句、雜言、律詩，十有五類，皆篇什之文，《詩》之餘也，故爲《詩》部。碑銘、符命、頌、箴、贊、記、紀、傳、志、錄、墓表、墓銘、墓碣、墓誌、誄、述、行狀、哀辭、雜文、雜著，二十類，皆紀事之文，《春秋》之餘也，故爲《春秋》部。凡四部，七十有二類。部爲統論，類爲序論，目爲斷論。凡立説之異同，命意之得失，造道之淺深，致理之純疵，遣辭之工拙，用字之當否，制作之規模，祖述之宗趣，機杼之疏密，關鍵之開闔，音韻之疾徐，氣格之高下，章句之聲病，粗鑒鉅細，遠近鄙雅，皆爲論次。本之大經，以求其原，遂古無上之面目。太極造始之樞紐，鴻荒冲漠之兆朕，渾淪灝渺之津涯，死生終始之橐籥，陰陽鬼神之情狀，穹象厚坤之端倪，倫類事物之條貫，命性心迹之位置，政典維綱之軌度，治亂安危之運世；山岳丘陵根柢之所繫，江河湖海之所托，雷霆風雨變化之所起，蟲魚草木生植之所因，雲烟花鳥月露態度之所極，金璧珠貝錦綺光采之所發，琴瑟鐘鼓磬管音節之所契；天球河圖大玉琬玉之秘藏，布帛菽粟果菜水火之日用，衆人之所未睹，天下之所共見，搜抉振暴，羅列而進，盡在目前。非特以正今，亦所以正昔。庶幾先賢之用心，不爲後世所誣。《原古錄序》。

案：是書成於中統七年，在宋儀真館。惜其書不傳。據序可知大略。

聞之師，讀《易》者，當先讀《繫辭》，其次《説卦》、《序卦》、《雜卦》，其次讀乾、坤二卦。既精且熟，然後讀屯、蒙諸卦。此學《易》之序也。故取《太極》一章，以爲學《易》之標準。類《繫辭》、《文言》、《説卦》、《彖》、《象》之名義，探諸太極之前，而演其隱；徵諸太極之後，而演其顯。問津洙泗，以及河洛，遍參諸儒，庶幾數年之後可以學《易》。凡十類六十篇，總謂之《太極演》云。節錄《太極演序》。

《陰符》三百餘言，如執左契，如持權衡，無往而不合，無往而不中，無往而不應，無往而不時。其體則静，其用則無。《爾雅》三百言，而天下之理無不備。三代而下傳注者，不啻數十百家，各據其所見而各著其所傳，莫有爲貫而一之者。心菴先生《集注》三十卷，天真皇人而下，會義三十餘家，末以己意爲之結斷，汪洋炳烺，周悉備至，上下數十載，始爲完書，且命經叙其意。先是，常識先生於常山皇極道院而爲之記。今其可辭，遂書其端。先生姓趙氏，名素，字才卿。嘗被徵，賜號虛白處士云。《陰符解序》。

《歸田類稿》二十卷　《附錄》一卷

元張養浩撰

毛氏本。首乾隆庚戌周永年序，次自序，次元統三年字术魯翀序，次吳師道序，次目錄。文十一卷，賦、《擬雅》、《詩操》一卷，詩八卷。文首爲《經筵餘旨》五篇，詩末爲《詠史詩》四十四首。附錄《歷城縣新志》、本傳。其餘諸條多出縣志并《山東通志》及石刻。卷内題“永年毛堃校刊”。文忠公所著《類稿》，一名“雲莊類稿”。自序四十卷，明本二十七卷，周氏定爲二十卷。

周氏序曰：“余幼嗜藏書，於同鄉前輩撰著尋求更亟。天一閣范氏、二老閣鄭氏之書，《雲莊集》尚存未亡也。余與邵二雲同校《四庫》書，二雲以艱歸。丙申夏，始從振綺堂汪氏鈔一本。余得之狂喜，繕一副本送館。其後原本又爲借去，不肯還。戊申冬，復來京師供事。張某錄《四庫》書副本二本，吾友毛載之孝廉付梓。吾鄉山水，李文叔有《歷下水記》，其書不存。公家於雲莊，於環城之溪光山色，刻畫清新，爲諸家所未及，而各體之文，往往神施鬼設，自闢門庭。葉文莊謂《蘇氏文類》僅載一二首，非其至者。王文簡偶得王友開墓誌，以爲奇詭。今雖不能復四十卷之舊，而已得其大半矣。其《三事忠告》，益都李南澗別有刻本。"

李氏序曰："吳肅彦輯《歸田類稿》三十八卷。其文淵奧昭明，排宕妥帖。吳序云‘和平沖淡之中錯以奇崛藻麗，要以依據義理而切於日用之實，流布自然而無綴緝辛苦之態’，所養蓋可知矣。"

蘇天爵《七聘堂記》："公起諸生，致位至中執法。其牧民則爲賢令尹，入館閣則曰名流，司臺諫則稱骨鯁，歷省曹則稱能臣，是誠一代之偉人歟！"

公以親老謝政，屏居八年，益肆力於文詞。朝廷重其名，七聘不起。及聞西土凶荒，一命即起。張公名其堂曰"七聘之堂"。公之子引求蘇爲記。

雲莊即致政所居之處，有雲錦池、雪香林諸景。見《歷城志》。

《雲莊樂府》一卷。艾俊序曰："文忠歸隱雲莊，凡接於目而得於心者，製小令六十三首，題曰‘雲莊休居自適小樂府’，歌之使人名利之心都盡。歷下有梓本，日久漫滅。今重梓以傳。"文光案：本集不載。

《桐江集》二十卷　《補遺》一卷　《續集》四十八卷

元方回撰

知不足齋校本。首戴表元序，次目錄。《前集》一名"虛谷集"，見黃虞稷《千頃堂書目》；《續集》，《四庫全書》已著錄：皆元時罷官後所作。末有鮑廷博跋。

戴氏序曰："放翁晚起家，得嚴州，爲詩幾千首。翁去而州人

愛其詩，板傳之。於今使君垂老，亦守嚴，多爲詩，州人爲刻其
《桐江集》者六十五卷。錦峰繡壑，淋漓翰墨，前後照映於百年
間，良堪畫繪。”

鮑氏跋曰：“嘉慶己丑閏六月，借維揚秦氏石研齋所藏弘治十
四年范文恭手録本重校。凡改正數百字，補落者數千字，始爲善
本。去乾隆庚寅借振綺堂本抄録時，忽忽三十六年矣，掩卷爲之
憮然。”

　　　　文光案：虛谷，元初一作家。《續集》自序見本集。

《剡源集》三十卷　附《札記》一卷

元戴表元撰

《宜稼堂》本。首《四庫全書提要》，次萬曆辛巳四明剡溪後
裔戴洵序、東吳周汝礪序、洪武四年宋濂序，次《元史》本傳，
次自序，次嘉慶丁丑趙懷玉跋，次萬曆元年華東周儀羽可序，次
目録。凡文二十四卷，內有《史論》一卷，《講義》二卷，記、
序、題、跋最多。詩四卷。《札記》有郁松年自序。表元字帥初，
一字曾伯。其先居慶元奉化縣，後徙剡源之榆林，故以“剡源”
名集。

戴氏序曰：“《剡源集》，宋景濂爲司業時刻之太學，無從得
之。友人周羽可極力訪緝，頗得其全，而多所訛脫。余借得，手
抄之。邇以承乏，來典南太學事，因求宋公所刻遺板，而無有矣。
乃稍加校訂，命工鋟梓，以完太學之舊。”

周氏序曰：“宋潛溪氏得先生文於斷殘之中，序次而表章之。
愚齋公擢司城，礪爲之屬，命引其端云。今世所行，即重編再刻
之本，而最爲難覯。鮑以文得竹垞秋岳藏本，亦嘗校之，今所刻
者是也。此爲第三刻。”

宋氏序曰：“辭章至於宋季，其敝甚矣。公卿大夫視應用爲

急，俳諧以爲體，偶儷以爲奇，覥然自負其名高。稍上之，則穿鑿經義，隱括聲律，孳孳爲華世取寵之具。又稍上之，剽掠前修語録，佐以方言，累十百而弗休，且曰：我將以明道，奚文之爲？又稍上之，騁宏博則精粗雜揉而略繩墨，慕古奥則删去語助之辭而不可以句，顧欲矯敝而其敝尤滋。先生憫宋季詞章之陋，即濯然自異。久之，四方人士争相師法，東南文章大家皆歸先生無異詞。先生之殁，僅六十年，已罕有知其名若字者，殊可哀也。上遣使入鄞求之，以二十八卷來上。夏君閱與先生之孫資謀刻於梓。"

周氏序曰："先生之文，采入史館，布之未廣，而家謄人録，不得全文。余得全目閱之，乃持是博訪，苟有所得，即手抄之，積至十五六年，而先生之文始全。獨詩集僅備諸體，散落尚繁。隆慶壬申，余承乏西蜀，遂携之官，躬自校閲，區分類聚，勒成三十卷，命吏繕寫，獲成全集。"

郁氏序曰："書中回易删加，朱墨爛然，皆無主名。其明確者，胥從之；意有未安，亦弗敢徇。至原本字畫音義顯謬脱者，輒以己意參考補正，疑者闕之，而余所更定者，則隨文條列。凡三閱月，始少完具，可繕寫付剞劂。"

《唐畫西域圖》一卷，凡四則。每則各先書其國號，風土不同而同爲羌種，畫者又特舉其概。每國畫一王，而一二奴前後挾持之。王皆藉皮坐於地，侍者皆立，人物觀之如生。餘器藻鏤精潤，功參神鬼，不可探度。余考《唐史》諸國名，俱不經見，當由史官追書，不能譜知當時事。而當時來朝，此嵬瑣者，混居羌中，亦無特出名字，故若是淺淺[一]不著。此可以見唐治之盛。吾國名爲有異於彼，何嘗能百年不悖亂？西漢以來，夸君倖將，貪空名而醞酷禍，以至於唐人之事如此，蓋可悲而不可羨也。然余見儒者談職方，抱傳紀，尤不信世外無窮極之辭，以爲與幅員常數不合。姑幸茲圖出於唐人目睹手寫，其國名因土音載之，不皆有義而當於實，可以補軼，間有《番爾雅》之餘意。畫復精絕，非後世可及。欣玩之不釋，遂爲采記彷彿，與好事者共之。

漢以後始有《易》師，今諸家法度髣髴具存，往往用之占步、測算，非若後世之言《易》者，以爲必能通聖人之言，而續爲之說也。余之少時不免斯累，近乃稍自悔艾。嘗與爲雜學者往還，若丹經之鉛汞，曆書之紀朔，醫家之運氣，兵家之機勢，大略反與《易》合。而支離泛濫不切者，莫如書生、舉子之說。此無他，彼釋氏者，猶托於象數爲可準，而書生、舉子專以空言談理故也。

《左氏》者，豈曰真足以蔽《春秋》哉？緣其文勝，學者有求於《左氏》，無求於《春秋》故耳。余於近世得折衷《左氏》之書二編，曰晁吏部《雜論》，曰呂著作《後說》。晁約而通，呂博而覈。嘗欲依仿其法，删繁去滯，定爲一書，而力未克也。

未冠時，朱氏書猶未盛行浙中，時從人傳抄之。甲辰、乙巳間，有用其說取甲科者，四方翕然爭售朱學。文公所著書惟《易本義》、《四書注》、《小學書》最爲完備，其餘或未經脫稿，或雜出他手，非全書也。今三書者，惟《四書》家有人誦之；《易本義》真知者絕少；而《小學書》最益於人，無讀者，良可憫痛。

《汴略序》曰："汴梁立國百六十八年，渡江而南，又百五十年。其間設施沿革，本末條貫，學者不能盡睹。天台潘可大生網羅舊聞，自建隆庚申迄靖康丁未，詳其記事之體，附以辨論，若范淳夫之《唐鑑》、胡明仲之《管見》，名爲'汴略'者三十卷。又自建炎丁未迄德祐甲子、金天輔戊戌迄天興甲午，提撮綱要，名爲'南北紀年'者若干卷。嗟夫！如可大之講學，豈非靈龜神屋潛藏巖澤，而光彩氛祲自見於外也哉！"

余五六歲時，聞有中童子科者，心慕之。其法以通念九經而復試中文爲出身。夫以江南東、西，閩、浙、淮、湘、廣、蜀之大，試者歲不過一二十，而中者不過一二人，亦可謂難矣。景定、咸淳中，試員稍衆。有司厭之，廢其科不用。因念取士之法敝矣。進士科最貴，最敝；三舍宏辭次貴，然亦皆編析成言以待問，諧比虛詞以眩舉，幸而得之，則冀不次之擢。非若童子真能淹誦羣經，試所能而後授一下士之秩而已。自餘任子、軍功、吏員、納粟之類，歲以累百計，而獨靳於童子一二人，何邪？童子科既廢三十年，人諱之不習，而風俗愈不加厚。

吳興故家張生燁，於廢書中得《奇童烈女寶鑑》，哀廣鼇葺，板行以示人，而徵言於余，殊非小補。

《周公謹弁陽詩序》曰："公盛年藏書萬卷，居饒館樹，游足僚友。其所居弁陽在吳興，山水清峭，有足樂者。"

　　文光案：集内有《齊東野語序》。

袁季源命其子曰"楩"，復取義於《殷頌》，字曰"伯長"。余愛之，欲有以助其養也，爲説以廣之。

袁正肅公於余爲鄉先生，先伯大父同甲戌進士，爲通家尊行，餘言緒論，講問爲多。蓋正肅公之父正獻公叔和學於象山，家庭承襲，深有源委。自洛學東行，諸大儒各以所聞分門授徒。晦庵朱文公在閩，東萊呂成公在浙，南軒張宣公在湘，象山文安公在江西。其徒又皆各有所授，往往散布遠近，殊途同歸。而象山之傳獨盛於四明。正肅公既貴，嘗持江東憲節，數數爲士大夫講象山之説，故江東之人尊象山之道益嚴。

　　文光案：袁正獻公名燮，終龍圖閣學士。正肅公名甫，終兵部尚書。錄此可知學問之原。按《宋史》陸子本傳云："門人楊簡、袁燮、舒璘、沈煥能世其學。"又《象山集》三十二卷，門人袁燮刊於江西提舉倉司，有嘉定五年袁序。此初刻本也。袁氏之學，由來甚遠，而伯長墓誌詳於越公，戴序則推原於正獻矣。余於師門授受、學問淵源最好詳錄，此其一端也。

王希聖著《續漢春秋》。

《題茅生刻字後》曰：“古之書家，無不能刻其字，謂之書刀。後乃用以書丹入石，則愈勞矣。予嘗行金、焦間，見米南宮題詩崖壁間，鋒勢飛動。遺老云皆其所自鑿。今人名能書，以刻字爲恥，殆非公論。”

《題趙子昂琴原律略後》曰：“趙子昂好音，凡古之言音者靡不知也，知之靡不能爲也。”

楊鵬舉編《太學登科題名》示余。自余以上數世，皆在太學。聞父兄議，恥於不入學，不恥不仕。時三舍法嚴，又不易出仕。雖當仕之人，俊才高等，亦須盤薄掩抑，待年久之而後解褐。以陳同父、劉潛夫聲望，卒不敢假借它途以出，餘人從可知矣。故當是時，宿儒老生既無利祿得喪於心，國有大事，則不顧鈇鉞，羣起是非之。其理明，其言重，往往使人悚息畏聽。自後一相進，一法改，恩數益寬，禄仕益易，而太學不得如前日之重矣。

文光案：本集第二十四卷有《代太學同舍謝賈平章啓》。

太史公不爲孫臏特立傳，而附於孫武，蓋其事微耳，而世人稱賞過實。馬陵之役，恥幸僅伸，而終臏之身不聞他業可紀。就言兵者窺之，尤淺之爲丈夫哉！

文光案：是集第二十三卷爲雜著，一、《讀國語》，二、《讀孔叢子》，三、《讀蔡氏獨斷》，四、《辨孔壁傳》，五、《佩韋辨》。自記云：“自《袁氏字說》至《佩韋辨》五篇，刪去不存稿久矣。三衢王秀才從何處傳寫，以訛缺見問，遂取而存之。”按：《袁氏字說》在十一卷內，此五篇中無《字說》。可知重編之本易其次第矣。然如《字說》，如《辨孔壁傳》，如《佩韋辨》，三篇皆可刪也。集中序跋，大抵議論多而辨證少，辨固非其所長，不能如伯長之精覈也。

何氏曰："始予病此集訛謬不可讀。康熙庚寅，從隱湖毛十丈借得嘉靖以前舊抄一册，爲文祇六十五篇，分甲、乙、丙、丁四卷，以校新刊，則《唐畫西域圖記》一篇後半幅脱去二百六十餘字，其他賴以改正處甚多。集中文爲新刻所逸者，凡十二篇，復補録焉。毛又有《剡源詩》，亦舊抄本，將併以借我，乃書以志喜。""帥初爲學，自六經百氏，無不貫穿，而得之莊、騷者爲深，文格尤近子厚。其間似蘇門者，所從出均也，能從容於窘步，萌苗於枯條。若高山大川之觀、桑麻菽粟之用，乃其所少，則賦才者殊，而亦遭遇變故無自發耶？然彩筆妙吻，宋季以來，莫有匹敵。宜乎伯長所專師、晉卿所深推矣。"録於《義門集》。

文光案：嘉慶舊抄四卷，黃黎川[二]所選亦四卷，兩本不同而俱非完書。其所謂"新刊"，不知何本，然非萬曆本也。《西域圖記》今本不脱。《札記》云："或識題下：'此篇缺後半段，雖黎川先生選刻，亦未見也。頃從鮑從善鈔本校補，惜世無知之者。嘉慶壬申五月補寫，改正六字，删二字。介叟，時年八十有五。'"按：郁氏所記與何氏所見，脱佚正同。"介叟"爲以文之號，此半段當是鮑氏所補。不知黃氏所選，何以與嘉靖舊抄卷數相同，而脱佚亦等耶？剡源爲袁桷之師。桷之曾祖越公，與剡源皆游於王應麟、舒岳祥之門，故學問具有淵源。趙文敏稱剡源爲江南夫子。黃文獻於宋季詞章之士樂道之而不已者，惟剡源先生。宋景濂稱其作新而不刊，清而不露。顧氏《元詩選》稱其慨然以振起斯文爲己任。其學博而肆，其文清深雅潔，化腐朽爲神奇，間事摹畫而隅角不露，尤自祕重，不輕許與。至元、大德間，東南之士以文章大家名重一時，帥初一人而已。郁泰峰稱其文章淳博奇雅，義法整贍，爲一大家。諸家所論，惟義門有微詞，餘則推許倍至。而顧氏《元詩選》小傳中，全取《元史》本傳，《提要》以爲嗣立所論不誣，偶未檢《元史》與？

《水雲村泯稿》二十卷　《附録》二卷

元劉壎撰

劉氏本，道光丁酉年刊。内題“十三世孫冠環尚之編輯，二十世孫斯嵋生校刊。首提要，次諸序，次傳，次總目。賦一卷，文十九篇，附劉冠環《恕庵文稿》一卷、劉凝《爾齋文集》一卷，并《南豐劉氏世譜》。末有道光戊戌馮雲鵷跋。按：南豐令張鱐鑑序云“先生詩在陶、白間”，而此本無詩；又云“觀其《朱陸同異》諸論，其於道之大原灼然洞徹”，而此本無論：則其散佚者多矣。吳草廬序云“使水村生慶曆、嘉祐間，安知不參子固而二乎？”此本亦無吳序；傳云“吳草廬表其墓”，此本亦無墓表：則搜採未盡也。其講學語，具載《隱居通議》。年三十七而宋亡，故以“隱居”爲名。七十後爲延平路教授，不免爲世所譏，蓋南宋遺老而食元禄者，與初志終不相應也。

馮氏跋曰：“按《江西通志》并《建昌府志》、《南豐縣志》，具載元劉水村所著書一百三十五卷。今存者四種，曰《水雲村吟稿》，曰《水雲村泯稿》，曰《隱居通議》，曰《南豐州志》。他若《經説講義》、《思華録》、《中華鱐藻集》、《哀鑑》之類，久佚不存。壬辰，在曲阜任内，奉眉生方伯之命校刊《吟稿》十二卷，嘗取微波榭所藏書，與原刻《隱居通議》稽核異同，每卷各附考證於後。方伯又以《泯稿》見授。考《四庫全書》止十五卷，方伯藏本則二十卷，初未嘗闕也。惟舊刻漶漫殊甚，乃爲之重寫另鐫，并以傳抄文瀾閣本互相校正，未周歲而告成。”

《跋覆瓿集》曰：“其文如廣長舌談微妙法，横説豎説，奔霆卷海，而理趣特深。其詩如老將持重之師，營壘部伍，各按節度，而時出奇兵，邀截取勝。執此以往，纚藉圭璧，薦之清廟宜矣。

顧曰‘覆瓿’，竊所未喻。”

　　《詩説》：“前輩作詩，俱有節度。如今人率爾五七字湊砌成章，宜其不足傳矣。”

　　詩貴平易自然，最要血脉貫通，有倫有序。

校勘記

　　〔一〕“淺淺”，原作“泯泯”，據《剡源文集》改。

　　〔二〕據《四庫全書總目》，《剡源集》四卷乃黄宗羲所選録。黄宗羲別號梨洲老人，則“黎川”當作“梨洲”。下同。

集部二
別集類十七

《松雪齋集》十卷　《外集》一卷　《附錄》一卷

元趙孟頫撰

元本。前有大德戊戌戴表元序。《外集》前有至元後己卯花谿沈璜伯玉跋。此本每葉二十行，每行十九字，寫、刻甚佳。行狀爲至治二年楊載所撰。謚文後著"至順三年三月"，二篇，皆在目錄前。十卷後又有行狀，則訂書時所重出也。謹按：《四庫》所著即此本，而《提要》不及。沈璜跋或偶佚，或未檢及，皆不可知。今按：《外集》詩一，序四，記四，碑銘四，疏四，題跋二，總十九，與《提要》所記同。此本流傳絕少，最爲難得，因詳著之。又按：文敏子男三人，長亮早卒，次雍，次奕，皆以書畫知名。沈跋所云公子仲穆，即雍也。

戴氏序曰："吳興趙子昂與余交十五年，凡五見，每見必以詩文相振激。子昂才極高，氣極爽，余跂之不能及。最後見於杭，始大出其平生之作，曰'松雪齋詩文集'者若干卷，屬余評之。子昂未弱冠時，出語已驚其里中儒先。稍長大而四方萬里重購以求其文，車馬所至，填門傾郭，得片紙隻字，人人心愜意滿而去。此非可以聲色致也。余評子昂古賦凌屬頓迅，在楚、漢之間；古詩沉涵鮑、謝；自餘諸作，猶傲睨高適、李翱云。"

　　文光案：此序又見於《剡源集》，與此悉同。惟《松雪齋詩文集》，集本無"詩文"二字。又按戴叙與沈跋所云，則此集爲文敏所手編，凡詩五卷、文五卷。大出平生之作，不應止此，亦未始有所散佚。文敏久爲詞臣，當時朝廷制作出其手，而集中寥寥，豈其自悔仕元而多所删削與？按狀，子昂姓趙氏，宋太祖子秦王德芳之後。又對世祖云："臣趙太祖十一世孫，曾祖考師垂，宋累贈太師，追封新興郡王。祖考希永，宋累贈通議大夫。考與訔，宋正議大夫、尚書户部侍郎兼知臨安府、浙西安撫使、歸安縣開國子，累贈銀青光禄大夫。"故傳云三世仕宋，皆至大官。文敏用父蔭補官，試中吏部銓法，調真州司户參軍。宋亡，家居。文敏以宗室仕元，封魏國公，人多議之，而知其世者甚鮮，故録於此。

　沈氏跋曰："松雪翁詞翰妙天下，片言隻字，人輒傳玩。公薨幾二十年矣，而平生所爲詩文猶未鏤板。今從公子仲穆求假全集，與友原誠鄭君再加校正。凡得賦五，古詩一百八十四，律詩一百五十，絶句一百四十，雜著五，序二十，記二十，碑誌二十六，制誥、策題、批答二十五，贊十，銘一，題跋五，樂府二十，總五百三十四，并公行狀、謚文一卷，目録一卷，合爲十二卷。亟鋟諸梓，識者得共觀焉。"

　　文光案：此跋在正集之後、《外集》之前。今考此本與所跋悉同，惟跋中不言《外集》，《外集》亦無序跋可考。然此本戴序以外無别序，則猶是原本也。

　狀曰："公湖州人，性通敏，書一目輒成誦。從先儒敖繼公質問疑義，經明行修。至元丙戌，侍御史程公鉅夫奉詔搜訪江南遺賢，得廿餘人，公居首選。世祖一見，稱之，以爲神仙中人。仁宗聖眷更隆，字而不名。間與左右論公，人所不及者數事：帝王苗裔一也；狀貌昳麗二也；博學多聞知三也；操履純正四也；文詞高古五也；書畫絕倫六也；旁通佛老之旨，造詣玄微七也。公治《尚書》，嘗爲之注。律吕之學尤精深，得古人不傳之妙，著《琴原》、《樂原》各一篇。性善書，篆法石鼓、《詛楚》，隸法梁鵠、鍾繇，行草法逸少、獻之，不雜以近體。他人畫山水竹石、人馬花鳥，優於此或劣於彼，公悉造其微，不減古人。事有難明，情有難見，能於手書數行之内盡其曲折。尤善鑒定古器物、法書、名畫，年祀之久、誰某之所作與其真僞，皆望而知之，不待諦玩也。詩賦文辭，清邃高古，殆非食煙火人語，讀之使人飄飄然，若出塵世外。手寫道書，藏之名山甚衆。天竺國在西檄數萬里外，其高僧亦知公爲中國賢者，且寶其書。然公才名頗爲書畫所掩，人知其書畫，而不知其文章；知其文章而不知其經濟之學也。素鄙塵事，家務一委之夫人，專意詩書。夫人有才略，聰明過人。公薨於延祐己未六月辛巳，是日猶觀書作字，談笑如常，至暮而逝，年六十有九。魏國夫人先四年薨。戴受業於公之門，幾二十年。嘗次第公語爲《松雪齋談録》四卷。復採其行事以爲行狀，且移國史院請立傳，移太常請謚。謹狀。”

文光案：《元史》本傳即採此狀而成，而行狀差詳。凡史傳與志狀互觀，可以知其去取之法。予嘗抄各傳，以志狀注之，殊覺明白詳盡。苟有志於史學，此亦讀傳之一助也。

《書今古文集注序》曰：“《詩》、《書》、《禮》、《樂》、《春秋》，皆經孔子删定筆削，後世尊之以爲經。秦火之後，《樂》無復存，《詩》、《書》、《禮》、《春秋》，由漢以來諸儒殷勤收拾，而作僞者出焉。學者不察，尊僞爲真，俾得并行以售其欺，《書》之古文是已。余故分今文、古文而爲之集注焉。”

《印史序》曰：“近世圖書印章，壹是以新奇相矜，鼎彝壺爵之制，遷就對偶之文，水月木石花鳥之象，蓋不遺餘巧也。其異於流俗以求合乎古者，百無二三焉。程儀父示余《寶章》、《集古》二編，則古印文也，皆以印印紙，可信不誣。因採其尤雅者，模得三百四十枚，且修其考證之文，集爲《印史》。漢、魏而下，典刑質樸之意，可髣髴而見之矣。”

宋末文體大壞，治經者不以背於經旨爲非，而以説奇險爲工；作賦者不以破碎纖靡爲異，而以綴緝新巧爲得。有司以是取，士以是應，程文之變，至此盡矣！

《皇朝字語觀瀾綱目序》曰：“余讀《北史》，見當時巨族貴種，皆以工譯語相高，其間雖時見一二語，恨無文字相傳，不知作如何云云也。蓋譯語皆有聲而無文，雖欲傳，其可得乎？聖朝始造爲一代之書，以文寄聲，以聲成字，於以道達譯語，無所不通，蓋前代之所未有也。古吳王伯達深解其義，編集是書，曲盡微妙，其亦善言語之良師也。”

大凡讀書，不能無疑。讀書而無所疑，是蓋於心無所得故也。無所得則無所思，不思矣，何疑之有？此讀書之大患也。善讀書者，必極其心思，一字不通，弗舍之，而求一句；一句弗通，弗舍之，而求一章；一章不通，弗舍之，而求一篇。夫如是，則思之深；思之深，則必有疑；因其疑而極其心思，則其有得也。凡書皆然，經爲甚。

《閣帖題》曰：“上石，其實木也。黄太史曰：‘禁中板刻古帖皆用歙州貢墨。墨本賜羣臣，今都下用錢萬二千便可購得。元祐中，親賢宅借板墨百本，用潘谷墨，光輝有餘而不甚黝黑，又多木橫裂紋，士大夫或不能盡別。’余書鋪中得古帖三卷，又七卷，雖墨有燥濕輕重，造有工苦，皆爲淳化舊刻無疑，是可寶也。”

《洛神賦》十三行，二百五十字。人間止有此本，是晉麻牋，字畫神逸，墨彩飛動。紹興間，思陵極力搜訪，僅獲九行，一百七十六字。所以米友仁跋作九行，定爲真迹。賈似道後得四行，七十四字。以紹興所得九行裝於前，仍依紹興以小璽款之；卻以續得四行裝於後，以"悅生"胡盧印及長字印款之。數年前在都下見此神物，託陳公灝委曲購得之。陳公意甚勤勤也。又一本是《宣和書譜》中所收，七璽，宛然是唐人硬黃紙所書。紙略高一分半，亦同十三行，二百五十字。筆畫沉着，大乏韻勝。余嘗細視，當是唐人所臨。後卻有柳公權跋兩行，三十二字，云："子敬好寫《洛神賦》，人間合有數本，此其一焉。寶曆元年正月廿四日，起居郎柳公權記。"所以吾不敢以爲真迹者，蓋晉、唐紙異，亦不可不知也。

《御集百本經序》曰："萬幾之暇，深參内典，乃取諸經共成百卷，釐爲十帙，歸於一乘。至大四年十月。"

夫人諱道昇，姓管氏，字仲姬，吳興人也。其先管仲之子孫，自齊避難於吳興，人皆賢之，故其地至今名"樓賢"。考諱伸，字直夫。妣周氏。夫人生而聰明過人，公甚奇之，必欲得佳婿。予於公同里閈，公又奇余，以爲必貴，故夫人歸於我。夫人以管氏無丈夫子，欲命繼，又無其人，乃即故居作管公樓孝思道院，俾道士奉其考妣祭祀。事見《道院記》。夫人天姿開朗，翰墨詞章，不學而能。心信佛法，手書《金剛經》至數十卷，以施名山名僧。天子命夫人書《千文》，敕玉工磨玉軸送祕書監裝池收藏。因又命余書六體爲六卷，雍亦書一卷，且曰："令後世知我朝有善書婦人，且一家皆能書，亦奇事也。"又嘗畫墨竹及飾色竹圖以進，亦蒙聖獎賜内府上尊酒。嘗謁興聖宮，皇太后命坐賜食。受知兩宮，可謂榮矣。

文光案：此《魏國夫人管氏墓誌銘》，《外集》之第十三篇。夫人卒年五十八。《管公樓孝思堂記》，在第七卷內。

《松雪齋集》二卷

元趙孟頫撰

明本。萬曆甲寅年江元禧校刊，有跋。此本首爲戴序，其編次悉如沈本，惟篇數甚少，總二百五十九，較之原本，未及其半。詩內《秋日即事》一首、《金山》一首、《蘇州》一首，文內《呂梁廟碑》一首、尺牘十二首、詩餘《巫山一段雲》十二闋、《慶新居》一闋，則原本所無。跋云"益以耳目所睹記者"，此也。此為大本，板亦不惡，因并著之。

江氏跋曰："是集湮没無傳，即時有鏤板，又一行輒止。因檢枕祕所藏，益以耳目所睹記，碎金段錦流通之，而以本傳冠於首。"

《墨林快事》："松雪之字，多為釋道二教者，大抵一奉勅所撰也。其有扶植正義者為上；其闡揚各宗者次之；若鋪張寵遇以惑盲俗者，斯下矣。"

文光案：是跋録於《觀妙齋金石記》，《墨林快事》未見。記中所載《大通閣記》、《張真人上卿碑銘并序》、《圓通寺記》、《廣福寺重建觀音殿記》，皆子昂為文并書，有石刻本。而集中不載，大約皆編集時所棄，似亦不必復拾之矣。

子昂布衣時，扃燕處曰"松雪齋"，自號"松雪道人"，所著詞章曰"松雪齋文集"。狀云。

甲申夏，余購得趙文敏書上、下二册，題曰"樂善堂帖"，顧善夫所刻也。此帖諸家未見著録，然精神亦亦，絕非贗作。惟邊眶皆爛，悉成散葉，無以知其前後。謹就所曉者録之：畫蘭一幅，題曰："顧善夫以公事至都，將南還，用此紙求畫，乃為作此圖。子昂。"《蘭亭叙》，臨"定武本"，後有跋云："《蘭亭》真迹隱，臨本行於世；臨本少，石本行於世。唐末盜發昭陵，其所藏書皆剔取裝軸金玉而棄之，於是魏、晉以來諸賢墨蹟遂復流落人間，然獨《蘭亭》亡矣。"《樂善堂帖》第二，次行上為"趙"字印，中為"顧氏藏書"印，下為"爾雅"印。第三行《歸去來辭并序》至"自酌"

畢，文不全。《樂志論》，文全。《樂善堂帖》第三，《送李愿歸盤谷序》，文全，末題"子昂書與顧善夫"。《樂善堂帖》第四，行書《千文》。子昂與善夫四札，末題"善夫顧信摹勒上石，姑蘇吳世昌鐫。延祐戊午十一月也"。《太上老君説常清凈經》，前有老子像，末題"集賢直學士、朝列大夫吳興趙孟頫書"，又一行題"弟子樂善處士顧信摹勒上石，四明茅紹之鐫"。《心經》，文全，行書。按："多"字屬上，世題"多心經"者誤也。《淮雲通上人化緣序》，至大庚戌正月既望，錢塘白珽述，吳興趙孟頫書。《西銘》，首末皆不全。《淮雲詩》，全。"顏太師長於楷法，張長史工於草書，王右軍特妙諸體。今子昂趙學士書法不減右軍，及戲寫山水草木，爲得摩詰入神之趣，可謂書畫中集大成者也。崑山顧善夫得其墨迹頗多，珍玩慮失，摹刻於石，與同志共之。"至此以下缺，不知何人所題。墨題云："松雪書法勒石者多矣，唯顧善夫樂善堂之刻號甲、乙品云。吾姻友陶氏鑿池淞南別墅，深數尺許，得之，不啻隋珠趙璧。先是，聞之鄰翁，夜現光怪，信有靈物訶護之者，其神乎！小齋日臨一過，信可寶也。寰識。"寰，不知爲何人。或是趙維寰。題字蒼老，禿筆所書。此帖錯亂無次，姑俟暇日考之。文光記。

《吳文正公集》五十卷　　《外集》三卷

元吳澄撰

崇仁本。乾隆二十一年萬璜校刊。首撫江使者胡寶琭序，次撫州郡守朱宸序，次從祠疏議五篇。嘉靖九年，張璁爲政，率意妄行。吳澄一登俎豆，旋遭擯斥。次成化甲辰臨川伍福序；次萬曆壬子蘇宇庶序；次《元史》列傳；次碑，揭傒斯撰；次年譜，門人危素撰，有序；次行狀，虞集撰。以上爲首卷。次目。雜著一卷，答問二卷，説四卷，書一卷，啓、疏一卷，序十卷，記八卷，碑銘一卷，題跋五卷，墓誌銘十一卷，祭文、制誥、表牋一卷，詩五卷。此本至四十九卷而畢，不知何故。以下學基板口題"卷之一"，私録一卷，雜識一卷，雜著一卷，皆理學語，是爲《外集》。據譚觀跋云"手自編次，定爲四卷。今悉不敢亂其次而爲《外集》"云。末有萬璜跋。

胡氏序曰："草廬先生，六經四子各有銓注，其雜著文集五十餘卷，多體道之言，足以羽翼經傳。前明成化、宣德間，兩經刊刻，板已無存。謙堂萬君爲其邑司訓，謀之藏書家，得舊本，乃繕書重梓。"

程子《易傳》未成之時，令學者觀三家《易》，一曰王輔嗣，二曰胡翼之，三曰王介甫。

《顏子序》曰："河北文安李蕭，江南高安李純仁，各仿《曾子》、《子思》二書例而爲《顏子書》，先之以《論語》、《中庸》、《大傳》，附之以諸子傳記、雜語。二人編纂小有不同，其用意則一也。"

吾鄉姜曼卿仕於閩，編《州縣提綱》一書，章貢黎志遠鋟木以傳。

《古今通紀序》曰："舊日紀歷代傳系之書，皆始伏羲而訖宋。今清江何君增益其舊，纂記靡遺，至國朝，古今之大概一覽而知。其子璋孫以刻本示余，余甚珍之。"

《唐詩三體家法序》曰："今所編摭閱誦數百家，擇取三體之精者，有詩法焉，有句法焉，有字法焉。大抵皆規矩準繩之要言，其略而不及其詳者，欲夫子體驗自得以言而玩也。"

謫仙號爲雄拔，而法度最爲森嚴。

黃澤《六經補注》，灼有真見，德化令王君鋟梓以傳。

《大元通制綱目條例後序》。

金谿余國輔輯《經傳考異》，以予之亦嘗用力於斯也，俾序其首。

《題李伯時九歌圖》："伯時畫妙一世。或傳此畫若有神助，蓋其尤得意者。予既爲作解題，而後隱括九篇歌辭，成詩一篇，附於後。"

　　文光案：此篇解題宜録於楚詞《九歌》目下。

毛宗文《梅花二百詠》，其開也，曰："客折一枝頭上插，我繞花邊行百匝。忽然客問花何如，看得入神渾忘答。"其落也，曰："海風捲水攢飛箭，戰退花神人不見。芒鞋破曉出門看，萬玉枝頭無一片。"昔之詩人，一句亦可傳名。今於二百之中得其二焉，多矣乎！

《題梁湘東王繹貢職圖》："繹於君臣父子之道俱失，而文藝精麗。能畫，人寶此圖，則以其畫之工也。"

顏魯公《麻姑壇碑》在吾鄉，爲雷所破，重刻至再，浸失其真。今觀趙子昂所書，妙筆也。顏字、趙字并出於王，二者各臻其極。然顏學王書而字與王異，趙書顏記而字與顏異，非深造閫域，不能知也。

《跋張丞相護佛論》："宋東都之季、南渡之初，儒而深通佛法者二張焉：丞相商英、侍郎九成也。今觀侍郎之言，精神飛動，不作佛説，而能使人恬不自覺以入於佛。若丞相此論，則屬聲色與人爭辯矣。不知二張於佛所得孰深，住師其以告我。噫！人苟知佛法如天，又何以護爲哉？"

廬陵婁天章，藏其八世祖奉議公勑黄一通。今日六品以下所授勑牒，與前代勑牒其文同，其用黄紙書亦同。然昔也有勑而又有誥，今則無誥而但有勑。存之，可以考古今沿革之殊，可以表子孫保守之謹。

往年予考鄉試程文，備見羣士之作。初場在通經而明理，次場在通古而善辭，三場在通今而知務，兼全而俱優者不多見也。金谿吳氏，家世以儒科顯，君正示程文一編，無施不宜，可謂兼全者矣。君正名應子。

《金淵集》六卷

元仇遠撰

浙江重刊聚珍本。遠字仁近，一曰仁甫。錢塘人。因居餘杭溪上之仇山，自號曰“山村民”。世所傳《興觀集》、《山村遺稿》并項夢昶所刻《山村遺集》一卷，皆非完書。茲從《永樂大典》採出，凡詩四百九十六首。

乾隆壬辰、癸巳之歲，上命館臣纂輯《四庫全書》，采自內府儲藏《永樂大典》及各直省進獻，詳加甄別，薈萃成編，其有裨實用者，用武英殿聚珍板刊印流傳。丁酉九月，復命頒發諸書於東南五省，勅所在翻刻通行，用廣祕籍。臣等請於大吏，就所已發者凡三單，計書三十九種，敬仿內府袖珍板式，釀資校刊。庚子之春，工竣，欣遇翠華五巡浙省，陳設行在，恭呈乙覽，流布書林。臣等悉心校對，例得挂名簡末，謹拜首稽首恭紀。後列汪庚四人銜名。

文光案：戴表元《剡源集》有《仇仁近詩序》，稱其鋟成一巨編，叩其藏未鋟者，尚什百於此。

《許文正公遺書》十二卷　《附錄》二卷

元許衡撰

本家藏本。乾隆五十五年刊。首一卷，像、贊、元詔誥、《續考歲略》；次《語錄》二卷；次《小學大義》、《大學要略》、《論大小學》一卷，《大學直解》一卷，《中庸直解》一卷，《讀易私言》、《陰陽消長論》、《揲蓍説》一卷，奏疏一卷，雜著一卷，

書、狀一卷，《稽古千文編年歌括》一卷，詩一卷，《授時歷經》
一卷。附錄碑、傳、事蹟之屬。

西阿谷氏曰："今《魯齋全書》七卷，首載正德戊寅修撰講官
懷慶何瑭序，稱先生'遺書散落，久未萃其全。正德丙子，巡撫
河南西蜀梧山李公檄下有司，表章先賢。至戊寅，總制少保關中
幸菴彭公過河南，以蒐輯《魯齋全書》相託。巡撫公乃命河內縣
尹平涼高傑屬魯齋七世孫壻四川按察副使郝先生亞[一]卿，未竟而
卒，乃屬縣儒學教諭宰先生廷俊。既成書，屬瑭校正，爲序云
云'。其書首標'郝縉玉卿編集，何瑭粹夫校正，高傑冠英刊行'，
是此編乃正德原刻，尚名'全書'，而《四庫》所收則嘉靖間增編
更名重刻者也。"

文光謹案：嘉靖本爲應辰所重編，增入《大學中庸直
解》。山陰蕭鳴鳳校刊於汴，改名"魯齋遺書"，凡八卷，又
附錄二卷。謂先生之書尚多散遺，未敢謂之全也。

《靜修文集》十二卷

元劉因撰

《畿輔叢書》本。前後無序跋。文五卷，曰雜著，曰說，曰
序，曰記，曰書後、題跋，曰書，曰疏，曰記事，曰碑銘、誌表，
曰辭，曰弔、祭文，曰銘、贊，曰賦，共一百十五篇。詩七卷，
曰五言古；曰七言古；曰雜言；曰五言律；曰七言律；曰五言絕
句，六言附；曰七言絕句；曰《和陶》：共八百六十五首。謹案：
《簡明目錄》"《靜修集》三十卷"。此本題文集而有詩，祇十二
卷，豈有遺佚歟？

《簡明目錄》曰："惟詩集五卷，爲因所自定，餘皆門人故友
所掇拾也。其文遒健排奡，迥在許衡、吳澄上，而醇正不減於二
人。其詩風格高邁而比興深微，尤闖然入作者之室。北宋以來，

講學而兼擅文章者，因一人而已。"

世人往往以《語》、《孟》爲問學之始，而不知《語》、《孟》，聖賢之成終者，所謂"博學而詳説之，將以反説約"者也。聖賢以是爲終，學者以是爲始，未説聖賢之詳，遽説聖賢之約，不亦背馳矣乎？所謂"顏狀未離於嬰孩，高談已及於性命"者也。雖然，句讀訓詁不可不通。惟當熟讀，不可强解，優游諷誦，涵泳胸中，雖不明了，以爲先入之主可也。必欲明之，不鑿則惑耳。六經既畢，反而求之，自得之矣。治六經，必自《詩》始。古之人十三誦詩，蓋詩吟詠情性，感發志意，中和之音在焉。人之不明，血氣蔽之耳。《詩》能導情性而開血氣，使幼而常聞歌誦之聲，長而不失刺美之意，雖有血氣，焉得而蔽也？《詩》而後《書》。《書》，所謂"聖人之情見乎辭"者也。即辭以求情，情可得矣。血氣既開，情性既得，大本立矣。本立則可以徵夫用，用莫大於《禮》。三代之《禮》廢矣，見於今者，漢儒所集之《禮記》、周公所著之《周禮》也。二書既治，非《春秋》無以斷也。《春秋》，以天道、王法斷天下之事業也。《春秋》既治，則聖人之用見。本諸《詩》以求其情，本諸《書》以求其辭，本諸《禮》以求其節，本諸《春秋》以求其斷。然後以《詩》、《書》，《禮》爲學之體，《春秋》爲學之用，一貫本末具舉，天下之理窮，理窮而性盡矣。窮理盡性以至於命，而後學夫《易》。《易》也者，聖人所以成終而成始也，學者於是用心焉。

顏魯公自其九世祖騰之至公，以能書名天下者，凡十人，而頵、頫不與焉。

魯公於其父之廟碑，自叙距師古爲四世，與忠節爲同祖。而新史乃以公爲師古五世從孫，與忠節爲同五世祖。舊史自以之推爲公與忠節之五代祖，以忠節爲公之從父兄矣。不知新史何所據而改之。

劉因字夢吉，保定容城人。初從國子司業硯彌堅，視訓詁疏釋之說，輒歎曰："聖人精義殆不止此。"後於趙江漢復得周、程、張、邵、朱、呂之書，始曰："我固謂當有是也。"至元十九年，詔徵爲承德郎、右贊善大夫，教近侍子弟。未幾，以母疾辭歸。二十八年，以集賢學士、嘉議大夫召，固辭不就。帝曰："古所謂不召之臣者，其斯人之徒與？"三十年，卒，年四十五。贈翰林學士、資德大夫、上護軍，追封容城郡公，諡文靖。學者稱爲"靜修先生"。元之學者，魯齋、靜修、草廬三人耳。草廬後至，魯齋、靜修，元之所藉以立國者也。魯齋之功甚大，數十年號稱名卿材者，皆其門人。於是國人始知有聖賢之學。靜修享年不永，所及不遠。然魯齋所見只具粗迹，故一世靡然從之。若靜修者，天分儘高，居然曾點氣象，固未可以功效優劣也。文正仕元，文靖則否。仕元固無害，然不仕者遠矣。文正從祀，文靖則否，誠不可謂非屈也。右二條錄於《宋元儒學案》。

《清容居士集》五十卷　附《札記》一卷

元袁桷撰

《宜稼堂》本。道光二十年上海郁氏校刊。首《四庫全書提要》，次郁松年序，次目錄上，賦一卷，騷辭一卷，古、今體詩十二卷，《開平四集》二卷。目錄下，贊、箴、銘一卷，記三卷，序四卷，碑一卷，神道碑銘二卷，墓誌銘、墓表、葬記、塔銘四卷，行狀一卷，表誌一卷，傳一卷，内制一卷，外制二卷，表牋一卷，啓、疏二卷，議、狀一卷，策問、問答一卷，祭文、祝文一卷，雜文一卷，題跋六卷。附《袁文清諡議》，太常博士干璣撰；墓誌，蘇天爵撰。末有永樂内申畏齋王肆跋。《札記》，郁松年撰，前有記。

郁氏序曰："元代著作家雄偉浩博，閎雅疏整，自姚牧庵、黃晉卿、柳道傳、虞道園外，則有四明袁清容先生。才智亮特，學問綜覈，承絜齋之舊聞，資深寧之淵博，故其詩文氣體明質，義法宏贍；經術淹通，詞旨雅麗；又悉兩宋文獻，深達史學：洵爲元代著作之鉅者。惟其書刻於先生歿後，原本僅存，明時已間殘闕。往年余購得之，幸尚完具。又寶山毛君生甫先有寫本，足資校勘。其有改易及所疑義，别存《札記》。記云：‘原本每葉二十行，每行十六字。無序文，不知刻於何年。字仿趙文敏體，秀整雅潤，如出一手，亦不知其寫者何人。明本已殘闕，王君肆爲釐正之。卷末附《謚議》及墓誌銘，已是寫本。卷帙如故，殘闕弗增，甚可寶貴。鈔本爲毛生甫從錢宫詹精抄校本傳寫出，偶與原本違異。余幸其可據，率條列之，間附臆見，庶爲博考者一助云。’”

錢氏跋曰：“伯長以史學自負，其上修三史事狀，勤勤以搜訪遺書爲先，可謂知本務矣。顧其所覼列者，皆東都九朝之遺事，至於南渡七朝之紀載，略不齒及，豈有所忌諱而不欲盡言與？厥後三史刊修，伯長已不及見，而其孫曠以家藏書數千卷上之史局，裒集之功，爲不虚矣。伯長於史、鄭諸族皆密戚，故所作詩文從未一寓刺譏之意，使居總裁之任，亦恐未能直〔二〕筆也。”

《郊祀十議》有進狀，有大德五年自序。因鄭注淆雜，不得其當，於是質五經之本文，較羣説之同異，以補缺佚，最稱精博。其十議，一曰昊天五帝，二曰祭天名數，三曰圜丘〔三〕，四曰后土即社，五曰祭天無間歲，六曰燔柴泰壇，七曰郊不當立從祀，八曰明堂與郊天禮儀異制，九曰郊非辛日，十曰北郊。

占法，惟程沙隨得之。以《左氏》考之，古必有占書。今既散佚，但當以變者爲主，然一爻變猶可究索，至二三爻，則茫不可通。唐正卿深於筮，若二爻變者，便不敢臆斷。今人心念駁雜，無感而遂通之理。縱有所感，其感不一，當從何處下手？康節推象變之説，亦不外此，有至静工夫斯得。

《太極圖》的確自陳希夷傳。上一空圈，下二空圈，乃成人、成仙之説。

司馬編年之法，當時較量極費力。然既謂之編年，不得不爾。終建安而始魏，亦自有深意，但不合謂諸葛公入寇耳。朱文公帝蜀自正，但後連書晉事，又不可曉。若書"莽大夫揚雄卒"，大與《春秋》書法不同。莽爲亂臣賊子，《春秋》未有書家臣之理。僕謂"正統"二字於經無所見，《尚書》止有"大統"二字，漢曆法有"三統"二字。後人泥正統之説，故皆不通，前後遮護不得。律以大義，則漢以後皆當缺書。若用編年備事，溫公之法盡矣。邵氏《經世》以不書事，故可模糊無罅漏。然此老少年先從《春秋》下工夫，終占得道理端正。

邵子謂數起於午，微妙不可言。已生之數皆順天而行，復至於乾也；未生之數，皆逆天而行，姤至於坤也。非午不能起，陽盡於午，由静而動，此知來之妙。邵子之祕，先儒未嘗言之。邵子聲音之學，出於其父，名古，號伊川丈人，有《圖譜》行於世。溫公《切韻》，皆由於此。然此學從西域來，先儒言中聲合於天籟。若如近世祝泌《觀物解》中韻譜，卻又入樂工清濁之拘。莊子謂"樂出虛"，乃邵子心法，但得伊川丈人圖子一觀，亦得髣髴。後漢風角鳥占，亦不出此。然非至静工夫，未易得通也。

日曆、起居注、時政記條目，歐陽公言之詳矣。實録乃加諡以後書，必有臣傳，亦有字數限式。宋元豐以後，日曆壞於王安石；建炎以後，日曆壞於秦檜；至咸淳之謬，尤不足據。然遺書舊聞，皆足考證。

牋表之説，大要寡學而才氣差敏捷者，直師東坡。南渡以後，皆宗之。金源諸賢，只此一法。惟荆公一派，以經爲主。獨趙南塘單傳，莫有繼者。汪彥章則游乎蘇、王之間。

賦有三變，自後漢之變爲初，柳子厚之賦爲第二，蘇、黃第三。今欲稍近古體，屈原《橘賦》、賈生《鵩鳥賦》爲正體。又如《訓象》、《鸚鵡》諸賦，猶不失古。曹植諸小賦尤雅潤，但差萎弱耳。

《開平第一集引》曰：“延祐改元五月三日分院，十五日始達開平，得詩數篇，録示兒曹。”第二集無序。第三集序曰：“延祐元年四月甲子，扈蹕開平，留一百有五日，得詩六十二首。”第四集序曰：“至治二年四月乙丑，出健德門，買小車，臥行八日至開平。車駕五月中旬始至。率意爲題，得一百篇。”

《易三圖序》曰：“上饒謝先生邂於建安，番陽吳生蟾往受《易》焉。後出其圖曰：‘建安之學爲彭翁，彭翁之傳爲武夷君，而莫知所授。’或曰託以隱秘，故謂之武夷君焉。晁以道紀傳《易》統緒，截立疆理，俾後無以僞。至荆州袁溉道絜，始受於薛翁，而《易》復傳。袁乃以授永嘉薛季宣士龍。始薛授袁時，嘗言河[四]洛遺學多在蜀漢間，故士大夫聞是説者，争陰購之。後有二張，曰行成，精象數；曰繽，通於玄。最後朱文公屬其友蔡季通如荆州，復入陝，始得其三圖焉。或言《洛書》之傳，文公不得而見。今蔡氏所傳書，訖不著圖，藏其孫抗，祕不復出。臨邛魏了翁氏嘗疑之，欲經緯而卒不可得。季通家武夷，今彭翁所圖，疑出蔡氏，惜彭不具本始。謝先生名字今不著，其終也世能道之。”

《輔漢卿語孟注序》曰：“自漢傳注之學興，蔓辭衍説，浸淫乎萬言。魏、晉一切掃削，明理之説歸乎空玄。二者之弊，遂淪於偏滯，學者昧昧無憑依焉。至宋，舂陵碩儒開伊、洛之緒，正説至道，粲於簡册。至後朱文公出，既詳且盡，不復可加矣。書大行於天下，而後之師慕者，類天台釋氏之教，文旁行側注，累綱立目，茫乎皓首，不足以窺其藩籬。卒至於聖人經旨，莫之有解，日從事於口耳[五]。孩提之童，齊襟拱手，相與言道德性命者，皆是也。槁幼承父師，獨取黃、輔二先生之書而讀之。黃公之書，嘗輔翼其所未備。至於輔公，則直彰其義，衍者隱之，幽者暢之。二公所爲，是誠有益於後世。而今世補文公之遺書，夸多務博，雜然前陳，莫知揀擇，余獨病之。合黃、輔以傳，則文公授受之旨益得以遠。輔公書舊刻散佚，今其從孫刻於家塾，俾序其事，予獨連言於黃公者，使後人知二公爲文公親授。黃公之澤已斬，輔氏爲未墜，是可哀也已，是可嘉也已？"

《袁氏舊書目序》曰："《袁氏舊書目》者，目袁氏舊書之存於今者也。始曾大父越公書多手抄，後官中都，乃務置書以償宿志。其世所未有，則從中秘書及故家傳錄以歸。於是，書始備矣。於時國家承平，多用文儒爲牧守，公私閒暇，以校讎刻書爲美績。至於細民，亦皆轉相模鋟，以取衣食。而閩之建、蜀之益，其最著者也。舊書之傳，距於今四世矣。公有手校《九經旁說疑義》，皆附諸左右，最爲精善。槁欲合諸父之藏，分第爲目錄，不果，遂悉藏於山中。己丑之災，家人渡江以逃，袁氏之書一夕而盡。其幸而獲存者，謹次其本始，書以爲《舊書目序》。"

《袁氏新書目序》曰："余少讀書，有五失焉：雅觀而無擇，濫閱而少思，其失也，博而寡要；考古人之言行，意常退縮不敢望，其失也，懦而無立；纂錄史籍之故實，一未終而屢更端，其失也，勞而無成；聞人之長惟恐不及，將疾趨從之，而輒出其後，其失也，多欲速而過高；好學爲文，未能蓄其本，經術隱奧，茫乎其無所適從，泛然而無所關決，是又失之甚者也。夫爲學之道，用志不能不一，用力不能不專。農夫莽而廣種，不如狹墾之爲實也。工人泛而雜學，不如一藝之爲精也。往者書未模印時，傳寫授讀，較余所藏之書，不能十一。而士以三年通一經，其自得之實，皆足以傳世垂後。其視余之書多無成者，豈古人所謂'沃土無善民'之説與？往年春，書燬於火，不能忘懷。已乃思前之五失，一旦而悟，將從事於內以求自得之實。其年夏，大人過故都，復購遺闕，篋載以歸。意者斯文之富，將過乎昔，而余又思旁搜遠錄，俾夫昔日之藏矣。噫！年未至於壯，其五失可以亟改也；而古人之志，余亦竊有慕焉。用志吾過，以爲《袁氏新書目》序首。"

　　至治三年三月甲寅，魯國大長公主集中書議事執政官，翰林、集賢、成均之在位者，悉會於南城之天慶寺。酒闌，出圖畫若干卷，命隨其所能，俾識於後。禮成，復命能文詞者叙其歲月[六]，以昭示來世。

　　　　文光案：袁氏所題者，詩文不等，凡四十一圖爲一卷，末有泰定元年袁桷記。

　　晉帖見於淳化，多不成文，蓋唐文皇去其斷爛以成卷軸。今《十七帖》號可讀，餘則不然矣。姜堯章作《絳帖釋文》，旁證曲引，有功於金石。缺亦疑之。

　　定武不損本：趙明誠本，前有李龍眠蜀紙畫右軍像，後明誠親跋。李易安避難，寓吾里之奉化。其書畫散落，往往故家多得之。後有"紹勳"小印，蓋史中令所用印圖畫者。今在燕山張氏家。王順伯本：第一跋是王崛順伯，名厚之，號復齋，有《金石錄》。家藏石刻、鍾鼎、篆籀、鑑銘、泉譜俾內府，其家兵後不廢。近歲丁未饑，越新昌尤慘，遂悉散落，始歸於龍翔道士黃石翁。黃祕不示人。後有順伯爲浙西提舉時携入祕省，諸賢題名皆有。今亦歸張氏。趙子俊孟籲得於閩中，有樓宣獻跋。剪碎作册葉，與前二本無異。今歸子昂承旨家。損本：劉克莊本，細書滿紙。後有賈相跋，亦滿紙。括蒼鄭陶孫爲翰林應奉，貧，質於瓷器劉氏，屢入子錢，卒以逋重爲劉氏所得。有"叔信父"印。損本多有"叔信父"篆印，蓋宣和曲水亭既成，亟以御筆由京兆薛嗣昌家宣取，急驛以進。內璫梁師成暮夜亟以蟬翼三紙連覆百餘本，故上本差瘦，中本肥瘦得宜，下本與不損肥本無異。子昂得於都城，裝成冊葉。甆器劉生守之不置，以銀壺杯盂易之。趙子昂本：得於陳振孫。其家藏書冠東南，今盡散落，余家亦得其數十種。此本亦有"叔信父"印。長安薛道祖，與米元章、劉巨濟爲三友，朝夕議論晉、唐雜蹟、圖畫。然其作字，則各自成一家。紹興中，購薛、米書最急，率以小璽印縫後。御府刻米帖十卷，而道祖[七]書不得入石。子昂曰："薛書誠美，微有按模脫墼之嫌。"

《坐位帖》真蹟，在京兆安氏家，嘗刻以傳世。吳中復守永興，謂安氏石未盡筆法，因再模刻。此二本余家咸有之。安氏子孫分析，此剖爲二。此帖至"行香寺僕射指"後不復有，蓋吳、安石刻本卓頭高，"指"後別爲一行，遂由是平分爲兩，是安氏兄弟不學之謬。東坡見安師文時，帖尚全，嘗手拓數十本。余得之，無纖毫失[八]真。旁用"眉郡蘇氏"及"趙郡蘇軾"印記。米元章少年嘗臨之，邵伯溫亦云安氏析後不復見全本，此卷爲米老所臨無疑。

米襄陽學段季展，得其刷掠奮迅，故作大字悉祖之。考諸右軍《筆陣》，實未有是體。蕭齋丈二，蓋其鼻祖，季展之變由是始。沈傳師實爲雲仍，米良有所本矣。黃花老人有一帖，評品悉祖寶章，故其大字超軼抗衡。舊閱《金帝實錄》，老人爲修撰時，坐擅議朝政受杖。噫！使在慶曆、元祐，寧有是耶？此跋黃花老人帖。老人名庭筠。

永興公守智永舊法，右軍譜系猶在。唐人惟魏華得正傳。孔穎達碑與虞相似。或云孔卒時，永興下世已久。此書《夫子廟堂碑》。

歐書，《化度》第一，《皇甫碑》與溫恭公伯仲。臨池積年，必領其妙。余幼不學書，酷喜藏歷代金石，覽此益重自棄之歎。此書《皇甫君碑》。

陶寂[九]本唐彦謙後，石晉時避帝諱，改曰陶。後納唐氏爲壻，可怪。米元章書。潞公之先本敬氏，易而爲“文”，失製字之體。今陶氏爲婚於唐，虧人倫之義。米老能書此，知前輩非苟於一藝者。

《唐玉真公主靈飛六甲經》一卷，審定爲紹京書無疑。開元間，獨鍾紹京守鍾、王舊法。余嘗見《愛州刺史碑》、《黃庭經》，無毫髮違越。至開元間，從貶所入朝，一時字畫皆出其手。此卷沈著遒正，知非經生輩可到。昌隆公主，睿宗第九女，景雲元年入道，改封玉真，因以名觀。唐世諸主多强入道，以爲報本冥福，否則和戎以弭國難，爲女子者不亦難矣？

蕭子良書不傳於世，獨《述書賦》，其書有力而無體。此卷蓋五十六體之十一，是唐響拓粉蠟本，筆力遒勁，有智永舊法。蕭叙云：“象形、鳥迹，總成一卷。”　韋續纂書體，中有張芝一筆書、鍾繇行狎書、曹喜懸鍼篆書、杜伯度章草書。

索靖《急就》，王廙所藏，僅存於衣摺，是渡江時已不完。章法微茫，轉摺之分，少失之則訛謬矣。自唐以後，遂不敢以是擅名。《跋急就篇》。

朱文公作《張忠獻行狀》，一出南軒之筆，不過題官位姓名而已。後考三敗事迹，始悔昔年不加審覈，歸咎南軒，然亦無及矣。

左丞蒲公傳正，文學、政事，熙寧、元豐之時號爲名流。宋世仁、英正史，皆公纂修。今藏史院，可考。

韓氏閲古堂柳書《清净經》，乃越石氏家藏舊物。石居新昌，慶曆時刻此帖，後入《復古》。方韓貴盛時，遂得此帖，悉有紹興圖璽。此籤標光皇手題。石氏墨本失之拘，紹興本失之瘠，韓本失之弱。今觀真蹟，硬黃古紙，松煤老色，無纖粟謬妄。視昔三本，真砥砆也。

　　李巽伯小楷《夢歸賦》，趙子固有跋。洛陽李巽伯，建炎初同朱希真避難南來，名望、文學，與希真相上下，而作字體制亦復相似。希真書《相鶴經》，朱文公評之矣。余嘗聞先生長者言，黃長睿崇寧間游洛陽作《九詠》，楷書深刻，故一時洛人皆師慕之。希真、巽伯又其似之者。字學廢已久，宣和立書學，主上所好，乃薛稷《禁經》，所謂"字則長而逾制"者也，則朱、李二公寧得爲博士耶？今觀趙子固評書，力宗元常，而宋朝習鍾書惟黃、朱、李三人，暨姜堯章、子固耳。余嘗見《丙舍帖》徐浩模本，出尤端明家。又見褚河南摹《力命表》，唐本皆纖濃逎潤。至比〔一〇〕《閣》、《絳》、《宣示表》如出二手，則學鍾者猶置論。

　　翰林承旨黨公，篆法妙一時。所書"杏壇"二字，刻於曲阜。

　　唐世《陰符》始大行，原於李筌，成於李靖。貞觀皇帝始酷好之，命褚河南凡書一百九十本。貞觀之意，蓋廣用兵之說耳。李筌妄增六注，以惑後人，然終不可悉解。而吾子行復書之，何耶？嘗聞善書者，大篆不得入小篆，隸書最懼入八分，使子行在，吾願相與評焉。

　　余幼好讀《黃庭》、《真誥》二書，私謂學古調詩當準其音節程度。後讀陳子昂、李太白諸賢詩，飄飄然清逸沖遠，纖言腐詩，刊落俱盡，則知二書要其標準矣。渡江諸賢，明切理性，間爲禪人偈語，謂與風雩川上相表裏。詩道浸廢，而道家者流方自治其學，不復寄適於吟詠之末。噫！實吾黨有以使之然也。

　　文光案：袁氏固世家，自越公至公四世藏蓄，等於唐之張彥遠。文清長於考證，故品題書畫，一一精到。惟爲詩文所掩，故鑒別一節，人鮮稱之。越公名韶，韶生似道，似道生洪，洪生桷。

　　誌曰："公在詞林幾三十年，扈從於上京凡五，朝廷制册、勛臣碑板，多出公手。嘗奉詔修成宗、武宗、仁宗三朝大典。至治中，郢王柏柱獨秉國鈞，作新憲度，號令宣布，公有力焉。王尤重公學識，銳意撰述宋、遼、金史，責成於公。公亦奮然自任，條具凡例及所當用典冊陳之。是皆本諸故家之所聞見，習於師友之所討論。未幾，國有大故，事不果行。公歿二十餘年，三史書成，蓋有所助。孫曦以公蔭入官，既進遺書於朝，遂擢祕書監著作郎。公於近代禮樂之因革，官閫之遷次，朝士大夫之族系，九流諸子之略錄，悉能推本源委而言其歸趣。袁氏自越公喜藏書，至公收覽益富。嘗言讀書五失，深中學者貪多苟且之弊。公爲文詞，典奧奇麗，日與虞公集、馬公祖常、王公士熙作爲古文論議，迭相師友。間爲詩歌唱酬，遂以文章名海內。士咸以爲師法，文體爲之一變。公有《易説》、《春秋説》、《清容居士集》。"

文光案：越公從王伯厚講求典故制度之學。

《靜春堂詩集》四卷　《附錄》一卷

元袁易撰

《知不足齋》本。首龔璛、錢重鼎、郭麟孫、楊載、虞集、湯彌昌序。附錄墓誌并諸家贈詩、記、跋。末有吳寬、陳繹曾後序。

吳氏序曰："詩板燼於兵火，此卷爲當時諸公手書。黃晉卿爲作墓誌，亦在卷中，通甫之學行可以考見。靜春與子敬、祥卿尤善，趙文敏稱爲吳中三君子。又嘗圖袁安臥雪事遺之，以擬其高節。其見重如此。"

文光案：龔璛字子敬，郭麟孫字祥卿。

吳之隱君子曰："袁君家於汴，不樂仕進。即所居西偏爲堂，曰'靜春'。有書萬卷，手所校定。其詩閑遠清麗，一時名人推之。

校勘記

〔一〕“亞”，明何瑭《柏齋集·魯齋全集序》作“玉”。

〔二〕“直”，原作“真”，據清錢大昕《潛研堂集》改。

〔三〕“圜丘”後，據《清容居士集》，當補“非郊”二字。

〔四〕“河”，據清胡渭《易圖明辨》補。

〔五〕“口耳”，原作“耳目”，據《清容居士集》改。

〔六〕“月”，據上書補。

〔七〕“祖”，原作“石”，據上書改。

〔八〕“失”，據上書補。

〔九〕“寂”，據宋宋祁《宋景文筆記》，當作“穀”。

〔一〇〕“比”，原作“此”，據《清容居士集》改。

集部二
別集類十八

《道園學古錄》五十卷

元虞集撰

　　賜書堂本。乾隆丙申崇仁陳兆崙校刊。是書初刻於至正六年，門人劉基官江西肅政使時所梓，有歐陽玄序。其本已佚。康熙庚寅，崇仁知縣河間左印哲訪於虞賢家，得手錄數冊，又得吳中葛氏選本，所得《道園集》僅二百三十一首，《類稿》僅五十一首。此左刻本也。雍正甲辰，崇仁教諭新建裘思通又因康熙本增入七十一首，皆古文也，詩則遺焉。今本什倍裘本，合詩文幾數千首。曰《在朝稿》二十卷，曰《應制稿》六卷，曰《歸田稿》十八卷，曰《方外稿》六卷。四稿書名、卷數，原本如是，而編輯已非一手。詩文之數，亦未知原編何如，俟得元本而再詳焉。首乾隆戊戌蔣士銓序，次歐陽玄序，次目。各稿內詩文具備，而記、序、題、跋、碑、誌極多。又烘樵[一]詞一卷，在《應制集》內，蓋元代所尚也。末有門人李本跋。

　　李氏跋曰："至正元年十有一月，閩縣幹公使文公之五世孫炘來求記。屏山書院并徵先生文稿，以刻諸梓本。與先生之幼子翁歸及同門之友編輯之。先生在朝時爲文多不卷，稿固已十遺六七；

歸田之稿，間亦放軼。今特就其所有者而録之。先生之學，庶或於此而可見與！"

《道園類稿》五十卷

元虞集撰

元本。此至正五年所刻之本。前有憲司牒文一通，後列八銜，或姓或名不等。牒後有識語。此本刊於臨川郡學。按牒，前福建閩海道廉訪副使幹王倫等嘗命有司鋟梓，字畫差小，遺逸尚多。撫州路乃本官寓閒之地，因移文本路，詳加編録，大字刊行，選委名儒子細校讐無差云云，則此本尚是原刻，較之《學古録》之編輯非一手、《道園集》之翻刻已數次者，特爲精審。雖所遺尚多，而大體已具，勝於諸本遠矣。凡詩十一卷，首賦六首、操一首；册文、制誥、策問一卷；祝文、青詞一卷；謚議、奏疏、表、箋、銘一卷；頌、贊一卷；序六卷，後有書六通；記八卷；説二卷，後有傳六首；題跋四卷；碑四卷；神道碑四卷；墓碑一卷；先塋碑一卷；墓誌銘四卷，末有墓表三首；行狀、誄、祭文一卷。每葉十八行，行二十字。内題"雍虞先生道園類稿"。稿中應制諸作，題中皆有"應制"字，蓋即應制稿也。此本前有歐陽玄序。但歐陽所序者爲劉伯温編刊之本，與此本不合，惟序虞文則得其實。讀是集者，以是本爲最古最備。

《皇圖大訓》者，許師敬因其先臣衡以修德爲治之事嘗進説於世祖而申衍之。纂言輯行，會類可觀，文字爾雅，譯説詳明，便於國人，故命刻之，乃勑臣集爲之序。

《飲膳正要》，醫臣忽思慧所撰，刻梓摹印，遍賜臣下。皇上至德無外，視民如傷，乃命隆祥使司作承天仁惠藥局，俾太醫院使臣耿某取《和劑局方》、《御藥院方》、長沙《傷寒》、《宣明論》、《端孝方》、朱氏《活人書》、嚴氏《濟生方》、《楊氏方》、

《錢氏小兒方》，擇其藥之適用者分二十六門，凡二百七十五方，勑諸臣詳定，命刻其書。而出大承天護法寺庫金製藥開局，以施萬民之疾苦。命臣集序之。《承天仁惠局藥方序》。

參酌唐、宋《會要》之體，會萃國朝故實之文，作《皇朝經世大典》。凡十篇：帝號一，帝訓二，帝制三，帝系四，皆君事也；治典五，賦典六，禮典七，政典八，憲典九，工典十，皆臣事也。以至順二年繕寫呈上。

《金史提要編》者，夏公希賢之所作也，成於貞元甲午。自序曰：“取諸史，去繁舉要，治道之得失，人物之臧否，欲觀其詳於某朝某事者，即此而知其所在。”

吴陸友仁所模金石款識，既博又古。

《書王氏草韻後》曰：“六書之學，許以文字類，徐以音聲從，後出者益趨利如此。草書之録，如《急就章》，以物類相從，志在於簡約，易求之耳。今又分其字而屬諸韻，豈非簡約之尤者乎？至順辛未，詔修《宋史》，其行事固可考見。祕閣宋諸陵畫象具存，猶足以得其彷彿，執筆者尚想像而求之乎？”

右謝太傅書一十六字，申屠子迪家藏也。子迪言，宋亡時，府庫盡爲兵士剔取，犀玉標軸文字委藉泥土間。其先君得之棄遺中。昔王子敬每作佳書以遺太傅，太傅輒題其後還之。敬甚懊恨，蓋太傅是右軍輩行也。米襄陽所謂“寶晉齋”者，政爲謝公書在也。集獲觀中祕甚多，乃不曾見太傅書，當是遺軼如此者尚多也。紹興中，中原舊收法書名畫，往往復購之，精鑒允[二]當，紙墨、印識，一一可據。

顏子之約禮，謂其所知既博，其要在於復禮。是約也，猶云要也。

上海縣尹李君璋訪集於臨川山中，而相告曰：“世家濟寧之鉅野，去夫子闕里二百里而近。先大父出游孔林而學。是時干戈未静，六經板本，中原絕少，學者皆自抄寫以成書。其後朱子四書傳至北方，學者傳授，板本至者尚寡，猶不能無事手錄。及至元混一東南，書頗易致，而闕里無專本，欲刻梓焉。璋也從事江右，頗成大父之志，《易》、《詩》、《書》、《禮》先就。既以北還，而《春秋左氏傳》及朱子四書，重至江右而後克成。四書板加厚，字加大，命子某謹繕寫，不敢忽。猶慮北方風高木善裂，取生漆加布其四端，歸諸孔廟之下，俾久於摸印而無壞。願書其事。"

清江劉氏墨莊之說，具在方冊。朱子爲靜春氏作《墨莊記》，予爲公非之八世孫作《墨莊後記》。

古者有賜姓其子孫，各分以爲氏者。如魯本姬姓，而桓公之子孫分三族：孟孫氏、叔孫氏、季孫氏是也。仲由，仲氏也。孟子，則孟孫之後孟氏也。氏雖異而姓則同也。史傳及誌墓者多書姓某氏者，蓋氏存而姓亡，故闕姓而書氏也。後世雖達官貴人，姓多不可知，所執而宗之者，氏而已矣。范文正公，大賢也，不幸有非常之變，母抱以適朱，嘗冒朱氏矣。後卒自歸於范，是天理之不可掩者也。後之人幼或不幸，喪所天而以恩改從所適，其能自歸者，君子美之。如郭仁傑二子歸宗是已。

朱子謂陶淵明見趣皆是老子意，讀之慨然傷懷。六朝士大夫之高者，學識至此已爲極致，故《蘭亭記》、《歸去來辭》皆一時之盛作。

江鄉之間，傳寫陶公像最多，往往翰墨纖弱，不足以得其高風之萬一。子昂所寫陶淵明像，筆力足以達其精蘊，是以使人見之，可敬可慕而不忍忘也。

《跋荔枝石刻碑譜》："宋人書，雅正莫如忠惠公。臨池者學之，不失嚴重矣。"

《道園集》十六卷　《補遺》一卷　《類稿選》一卷

元虞集撰

西昌裘氏本。前有雍正甲辰裘思通序。是本有增刻目錄，凡序二十九首、記二十六首、說頌二首、銘八首、贊十首，共增七十六首，別爲一卷；《類稿選》爲葛蕭、葛霻所輯，序、記、說、跋，共五十一首：皆有文無詩。

裘氏序曰：“邇來司鐸寶塘，購求先生遺集，遂捐俸而爲之。工將興，復來手錄二種。其一得自裔孫賢，與前刻盡同，而訛闕處有間；其一得自黃氏，半皆前刻所未有。用是訛者正之，闕者益之，未有者增入之。凡八閱月，乃克成書。”

《六書存古録辨誤韻譜序》曰：“永嘉戴氏父子三世所著《六書故》，近世書之要論也。至元中〔三〕，楊桓武子善大、小篆，所著《六書統》，以詔書刻之尚方。多出己意，篇帙浩穰。刻梓在尚方，學者莫之能究觀焉。獨徐氏常以爲古法背〔四〕俗，偏旁奧祕不可究知，乃命楚金取叔重所記以《切韻》次之，其爲後學計可謂詳盡。今瑞陽學宮亦刊《五音韻譜》，然聲韻所協，乃偏旁之本文，學者檢尋未爲省力，則未知何爲而作也。鄱陽吳正道深好篆法，既著《六書淵源》、《字旁辨誤》，又著《存古辨誤韻譜》，其字旁辨誤之說，既考之諸家而舉其要，用工固已深久。而《韻譜》之書，徐氏載其字而已，不更加辨誤；而張有、鄭樵、戴侗之辨，又不得以《切韻》尋檢。是以正道有辨古，有存古，具見於《切韻》相從之下，視徐氏爲後出而益詳矣。”

鄧君文彪考古醫經，彙而別之，三十有餘卷，命之曰“醫書集成”，數十年而後成。摭拾離合，該博參互，其用心亦勤矣。鄧君字謙伯，號無予。書成化去。

《道園集》五十卷

元虞集撰

祠本。是本序四十四，記三十三，説八，傳一，書啓十三，贊二十，銘三，題跋七十一，表箋十七，奏疏一，制誥十三，册文四，謚議三，策問二，碑文五，碑銘四十一，行狀三，祭文四，與裘氏刊本皆不佳。案：《道園類稿》、《道園學古録》、《道園集》，名異而文則同。其文或多或寡，或增或佚，或有詩或無詩，則諸本各不同也。《道園集》中内標"學古録"，而實非其書。余所藏者，終以《類稿》爲完善。别有《遺稿》十六卷，未見。汲古閣所刻四元人集，有《虞伯生詩》八卷、《補遺》一卷。詳總集類。

錢氏跋曰："虞伯生撰鮑君實墓誌，云從其家得宋藝祖賜其先世忠壯公君福鐵券文，則因錢元瓘之所請而賜也。又云君福從元瓘歸宋，自以其國貢賦無藝，盡焚其籍，令有司别其中法以進。按：吳越納土者，忠懿王俶[五]，非文穆王元瓘也。文穆薨於後晉天福中，與宋遐不相及。鐵券之説，亦不足信矣。又撰《張宣敏公神道碑》，云歲戊戌，因河南忠武王阿术以歸國朝。考阿术卒於至元二十四年，則太宗戊戌之歲，阿术僅五歲耳，何不考至此？讀《察罕傳》，云歲戊戌，授馬步軍都元帥。乃悟張子良本因察罕以降，罕亦封河南王，謚忠宣，後人誤以爲阿术。伯生不察而書之，《元史·子良傳》又因伯生文而書之，殊憒憒矣。道園能古文而未究心史學，故有此失。"録於《潛研堂集》。

文光案：《吳越備史》有鐵券考，未可云不信。文穆没於天福六年，《吳越備史》所記甚詳。惜虞、錢二公俱未見此書。

《虞文靖公詩集》十卷　《年譜》一卷　附録一卷

元虞集撰

賞雨茆屋本。嘉慶丙寅年刊。首門人李本序。次歐陽玄序，附札記，云：「伯温仁契知刻虞先生文，刻成見惠一本。」次成化新正葉盛跋。次至正十五年黄溍序。次景泰七年崑山知縣蘄陽鄭達序。次乾隆己酉翁方綱序。次嘉慶十一年南城曾燠序。次《年譜》，前有雍虞氏世系，據圭齋所撰神道碑爲圖；後附顧嗣立《元百家詩選注》六條、《輟耕録》一條、《珊瑚木難》五條、各家題詩七條。附録本傳、神道碑二篇。

葉氏跋曰：「《道園集》，往時劉伯温所刻大字本有圭齋序，今板已亡。近見崑山新刻幹克莊建本，遂於先生裔虞湜家模得此序并書一通，冠諸首。」

黄氏序曰：「公之詩文散落者不可勝計，其從孫堪訪得古律詩七百三十七篇，而吳郡金君伯祥爲録諸梓。是編之傳，其殆所謂拾遺者乎？」方綱按：「黄氏謂《學古録》爲公所手編，則失其實。」

鄭氏序曰：「予得太倉興福寺所藏建本諸稿，凡五十卷，乃與同寅捐俸録板以傳。」

翁氏序曰：「方綱幼嗜先生之詩，嘗手自抄撮，合爲十卷。其前八卷則《道園學古録》并遺稿，後二卷則方綱所補入者，凡千一百二十餘篇。爲先生略次年譜，遂摭金石碑板之文以補文後者，尚未悉著於録也。及來江西，既刻《山谷詩注》，而道園此録久闕録板，且韓、蘇既皆以詩專行，則先生之詩若必俟文全刻，恐益難之。是以就此十卷寫出，以識區區〔六〕嚮慕之私云爾。」

曾氏序曰：「燠始輯《江西詩徵》行世，大興翁自京師寄所編虞文靖公詩，以謂燠既有志仰溯鄉先生流風，宜爲刊布以廣其傳。

竊以公嘗欲取江西人詩仿遺山《中州》例作《南州集》未成，《江西詩徵》之刻猶承公志也，其於公詩校刊之勞，曷敢辭焉？《道園類稿》、《學古錄》有至正五年本、成化撫州本，又崑山重繙建本。今翁前輩增著頗多，移其卷次，并加年譜，與舊略殊，故題爲‘虞文靖公詩集’，以別於諸本云。”

文光案：《道園詩集》得此本足以愜心，惟文集無佳本。翁、曾二公皆嘗致力而未克就，蓋文集訛舛愈甚，卒不易理故也。本傳云：“平生爲文萬篇，稿存者十之二三。”今則所佚更多。此本第十卷有《天冠山題詠》二十八首，翁覃溪從墨蹟補入。人但知子昂《天冠山》詩，以有俗間石刻故也。虞詩人皆不知，墨蹟更難見矣。

先生詩亦曰“芝亭永言”。好事者別集公詩，曰“翰林珠玉”。其從孫堪所輯曰“道園遺稿”，以補前稿之未備。田汝成《西湖志餘》云：“虞伯生際遇文宗，置奎章閣爲學士。順帝爲明宗子，文宗忌之，遠竄海南。詔書有曰‘明宗在北之時，自以爲非其子’，伯生筆也。文宗晏駕，寧宗立，八月崩，國人迎順帝立之。伯生時在江西，詔以皮繩縛腰，馬尾縫眼，夾兩馬間，逮捕至大都。嫉之者爲十七字詩曰：‘自謂非其子，如今作天子，傳語老蠻子請死。’至則以文宗親改詔稿呈。順帝覽之，曰：‘此我家事，豈由爾書生耶？’遂得釋，兩目由是喪明。”按《元史》，伯生在文宗朝，中丞趙世安嘗以集病目就醫爲請。幼君殂，大臣用至大故事，召諸老臣赴上都議政，集在召列。馬祖使人告之曰：“御史有言。”乃謝病歸。無馬尾縫眼事。稗史流傳，恐未足以徵信也。以上《元百家詩選注》。

碑云：“至大、延祐以來，詔誥冊文、四方碑板，多出其手。其撰次論建，與其陶冶性情、黼藻庶品之作，雜之古名賢之編，卓然自成一家言。客未嘗見其學書，篆、隸、行、楷，題榜下筆，便覺超詣，以書名於世者憚之。少讀邵子書，領悟其妙，題其室曰‘邵庵’，學者號之曰‘邵庵先生’。存稿自題曰‘道園學古録’。門人彙而録之，得《應制》十二卷、《在朝》二十四卷、《歸田》三十六卷，《方外》八卷，散佚尚多。”

文光案：四稿較今本多三十卷。

《淵穎詩注》十二卷

元吴萊撰，國朝王邦采、王繩、曾全注

原本。至正十二年門人胡翰序，承事郎、太常博士致仕東陽胡助序，康熙辛丑王邦采序。

胡氏序曰：“先生當延祐[七]、天曆間，有志當世。其《擬諭日本書》，蓋十八時所作，處山林未嘗忘天下。宋儒方韶父爲學者所宗，黄公、柳公皆出其門；晚得先生，尤奇其才。先生貌寢陋而敏悟過人，博聞强識，皆以爲不及。門人宋濂次其詩文，俾翰爲序。”

胡氏序曰：“方公以孫女妻之，盡傳其學。早世，未見於時。”

宋濂撰碑文曰：“父直方夢西域神人飛空而來，先生遂生，因名曰‘萊’。郭茂倩但取標題，無時世先後。就其所次，辨其時代，使各成家，名‘樂府類編’。古之賦學專尚音，必使宫商相宜，徵羽迭變。自宋玉而下，惟司馬相如、揚雄、柳宗元能調協之。因集四家所著，名‘楚漢正聲’。年四十四，卒於家。私謚曰‘淵穎先生’，祠於學宫。所著有《尚書標説》六卷、《春秋世變圖》二卷、《春秋傳授譜》一卷、《古職方録》八卷、《孟子弟子列傳》二卷、《楚漢正聲》二卷、《樂府類編》若干卷、《唐律删要》若干卷、文稿六十卷。”

《黄文獻公集》十卷　《筆記》一卷　《補遺》一卷

元黄溍撰

義烏黄氏本。咸豐元年重刊，陳坡校訂。首像，次本傳，次提要，次門人宋濂序，次康熙三十年王廷曾序，次雍正戊申吳炯序，次雍正己酉韓慧基序，次李鶴鳴後序，次嘉靖辛卯張儉序，次錢大昕跋，次王紳跋，次目。本傳、提要、序、跋，爲首卷。詩二卷，文八卷，《日損齋筆記》一卷，《補遺》一卷，附録同。卷内題"門人宋濂、王禕輯"。末有雍正六年十世孫之琦跋、陳坡跋。傳云："《日損齋稿》三十三卷，《義烏志》七卷，《筆記》一卷。"

宋氏序曰："《日損齋稿》共二十五卷，縣大夫胡君惟信鋟梓以傳。"

王氏序曰："胡公刻於薨後之五年，當是至正壬寅、癸卯。歷二百三十八年，張侯維樞選而布之。今又九十二年矣，稍爲補訂，附録碑、狀，增鋟其後。"

韓氏序曰："景韓以稿多漶漫，因其舊而訂訛補缺，求序於予。"

李氏跋曰："公集兩刻，一公無恙時刻之閩，卷帙頗多；一公既歿，刻之吾婺，字畫較精細。歲遠，兩刻俱亡，購之不易。嘉靖十年，虞子實以新刻來趣叙，老、釋碑板，盡以刊去。余欲以刊去者別爲一卷附集後，且將增刻一卷。後得書，曰如數增刻矣。"

張氏序口："舊本泛載偶應、異端之作，恐非公意。余得善本及筆記，稍加删定付梓。"

錢氏跋曰："張儉病其去取失當，而附筆、誌、狀於第七卷末，尤乖剌不倫。兹於吳門見元槧《金華黄先生集》不全本，排次自卷一至三十一，初稿三卷，完；續稿三十卷，缺十卷。雖無'日損齋'之名，其爲一書無疑。貢師秦序稱初稿危素編，續稿門人王生、宋生編，而每卷首但列素名，蓋太樸負重名，王、宋不敢與抗行故也。貢序，續稿作廿八卷，蓋作僞者洗改，痕迹宛然，'廿八'必'三十'之訛，并初、續稿爲三十三卷爾。"

陳氏跋曰："乾隆間，浙江採集遺書，得元刻本，只二十三卷。張儉訂本分爲十卷。李公增刻之二卷，久無傳焉。張所分十卷本，尚有存者，雖經修補，至今又缺。因釐正篇次，補對訛漏。刻將成，陳君西橋出其所藏佚篇，及他人題跋，爲附録一卷。又曾於《筆記》細爲考證，別作一卷附後。雖不能完文獻公自訂全稿之舊，而根本六藝、羽翼聖教之大凡，略具於此。"

舊跋云："別録者何？宋學士所校、張僉憲所删也。中若制詞，當列首簡。其釋氏語，乃時之所尚，有受命作者。無別録則不見全書，無全書則不見全人。"

邑人葉觀書張大輪跋別刻後曰："余手次二卷，付興化葉守國光刻之。國光，公邑人也。歷觀諸序跋，此本猶是張本之舊，惟略改其篇第。既無別本之可校，亦非危、宋之原編。板雖清整，不免訛字。其元刻本則訪之不得。"

《跋蘭亭五字損本》："宋景定、咸淳間，賈氏枋國，定武舊刻流落人間者，鮮不以資其清玩。嘗俾其客廖寺丞參校諸本異同，擇其字之尤精善者，輯成一帖。命婺之良工王用和刻之，經年乃就，補用和勇爵以酬其勞。其石後歸京師，今在故執政吳公家。此本有'悦生'印，必嘗備選擇者，可寶也。"

文光案：此即悦生堂本也。

《陸君實傳後序》注曰："僕爲此叙時，固已不敢悉以客語爲信。及來京師，將取正於太史氏，而新史所紀二王事實，乃與《皇朝經世大典》自有不盡合者。史既成，而鄧氏光薦家始以其

《填海録》等書上進。又不能無所見所聞之異辭，謹摭其一二附注舊聞之下，以訂其訛舛，補其闕逸。"

陸秀夫抱宋王赴水死，龔開爲立傳。秀夫在海上有手書日記，藏鄧禮部光薦家，取之不得，故傳弗能詳。

文光案：宋廣王死，衛王襲位，即宋之二王。衛王死而宋亡，實至元之十六年也。又案：《宋季三朝政要》："景炎帝既崩，官將欲散，獨尚書陸秀夫不可。乃相與奉衛王即位於柩前，改元祥興。以陸秀夫爲丞相。六月，祥興遷於崖山。十月，文天祥引兵至潮陽。十一月，文天祥兵潰被執。留燕經年，至至元壬午，元主賜死。己卯正月，元兵攻崖山。二月癸未，我師敗績，丞相陸秀夫抱宋衛王赴海死。陸秀夫字君實，文筆英妙。自維揚幕入朝京師，永嘉推戴有力。及駐崖山，凡朝廷事皆秀夫潤色紀綱之"云云。所記較此注加詳，蓋陳仲微從二王入廣，逐日抄録者，因與黃公之傳聞異矣。

《嶧山碑》，新齋李公嘗以模本刻於金陵郡學，其石今亦弗存。此是徐鼎臣模刻舊本，可寶也。

文光案：元時重玄教，輕儒術。雖以文獻公之大儒，亦不能不熟於釋典。觀於外刻，可以知竹懶之言爲不誣。《筆記》"辨經"六則，"辨史"十六則，"雜辨"十三則，至正甲午宋濂序，陳熙晉考證。宋祁著《筆記》一編，以釋俗、考古、雜説析爲三門，李術指其瑕疵七條。方回著筆記一百六十餘條，張恒時斥其非。是書有重出處，如《跋宋諸公遺墨》，第四卷中兩見。

《圭齋集》十六卷

元歐陽玄撰

清瀏紹文堂本。乾隆十三年後裔啓遠校刊，有跋。是本首舊序十二首；次目錄，五世孫啓遠重編。凡賦、頌一卷，詩三卷，記二卷，序二卷，碑二卷，阡表、哀詞、傳一卷，《經疑》、《書義》、策一卷，詔、表、册文、銘、説一卷，題、跋、贊、疏、書、啓、祝告文一卷，附錄《歐陽公神道碑》、行狀、傳一卷。《神道碑》，學士張起巖奉勑撰。行狀，危素撰。傳，不署名，蓋家傳也。

歐陽氏跋曰："舊傳文集百有余册，藏瀏南山故居。雖元兵燹屢經，而當時揭公傒斯所序者猶四十四卷。洪武時，宋公景濂所序者僅二十四卷。未百年，止存抄本十六卷。成化間，劉公絍校正本，宗孫銘及錄鋟板行世，至今三百年，板亦無存。因取篋中之十六卷，力肆校讎，疑者闕之，以俟參考焉。"

宋氏序曰："公潭之，瀏陽人。其先家廬陵，與文忠公修同出於安福令萬之後。公弱冠，經史百家靡不精究，伊、洛諸儒源委，尤爲淹貫。纂修《實錄》、《大典》、三史，皆大制作。"

傳曰："楚文公諱玄，字原功，號圭齋。世爲瀏陽人。歷官四十年，在朝之日居四之三。考其三任成均，兩爲祭酒，六入翰林，三拜承旨，兩知貢舉，凡大制作、大修撰，多出公筆。海內名士以得公文詞爲榮，道德文章，卓然冠世。經濟之學，文武之才，光昭史册。此特傳其概耳。"

《進遼史表》，代右丞相脱脱撰。《進金史表》、《進宋史表》，代丞相阿魯圖撰。《進經世大典表》，至順三年三月。《大典》八百八十卷，目錄十二卷，公牘一卷，《纂修通議》一卷。

經筵檢討鄭君濤，以金華宋濂先生所著《潛溪後集》徵予序。宋君嘗著《人物記》二卷，余爲序之。鄭君謂其可擬《五代史記》，亦公論云。

袁君懋昭作《風雅類編》，求序。其凡例強人意甚多，以世代次序，此得《詩譜》遺法。起四言至樂府止。五言、七言、絶句，論建精詳，去取簡當。

《至正條格序》：“故府所藏新舊條格，參酌比校，增損去存，務當其可。書成，爲制詔百有五十、條格千有七百、斷例千五十有九。至正五年冬十一月奏。”

歐陽玄翁作《忠史》，十餘年成書。

目錄後有遺像，自贊云：“不古不怪，不清不奇。置之竹籬茅舍，似無不可；貢之玉堂金馬，亦無不宜。噫！百年三萬六千日，與吾相對，吾亦不知其爲誰。”

京中士大夫有藏先生遺像，云是趙松雪筆。予屬儒士陳啓陽臨得之，并題其上。彭時識。

《柳待制文集》二十卷　《附録》一卷

元柳貫撰

馮氏本。順治癸巳馮如京刊於婺郡，有序。康熙辛卯傅旭元補板，有查遴序。是集初刻於元至正間，余文宣公過其家，得遺文若干首，命監縣廉侯刻置浦江學宮。再刻於明天順間，督學張公命教諭歐陽溥刻之。此爲第三刻，前有余闕、危素、蘇天爵序，宋濂後記。凡詩六卷、文十四卷。《附録》諸家序、贊、祭文、墓表、記、跋。

蘇氏序曰：“今刻《文集》二十卷，《別集》又二十卷，皆公門生宋濂、戴良所彙次云。”

宋氏記曰：“卷中所録古、今詩五百六十有七首，雜文二百九十有四首。初，先生爲文多不存稿，年四十餘始集爲書。今所存惟七稿。濂與同門友戴君良定其尤可傳者，序次如右。以先生官至翰林待制也，通名之曰‘柳待制文集’云。尚餘古、今詩九百有七首，雜文二百四十有八首，未加銓次分類，謄爲二十卷，題曰“別集”，授先生之子卣藏之，俾世世謹其傳焉。”

張以邁序曰："予邑柳文肅公，人皆知爲宋景濂、戴九靈之師，文章冠天下，與揭傒斯、虞集，黃溍稱'儒林四傑'，而不知其理學淵源師仁山而友白雲，實接考亭之統。文肅之文章，所以載性道者也。"

張燧跋曰："宋承旨《人物記》，嘗稱公善楷法，工篆籀，妙處不讓李陽冰。"胡元瑞《詩藪》曰："虞、楊、范、揭，書掩於詩；道傳與鮮于、趙、鄧，皆以書知名，詩爲書掩。"

黃侍講《表墓》云："老不廢詩，視少作尤古碩奇逸而意味淵永。"《詩藪》云："黃文獻、柳文肅皆以文名，而詩亦華整。"

張燧《書蜀山遺稿後》曰："邑志載柳待制手書《蜀山稿》，綿紙繕書，不分卷數，凡四大册，每長闊各尺二寸，厚寸餘。書體仿鍾繇。余借觀，正如志所稱，但書似魯公。册首一幅，有'柳氏道傳'印章。又朱印一百九面，今所存止五十九面。厚亦不及寸，其爲殘闕幾半然也。柳子自泰又出静儉翁自贊小像，字畫與此稿本無二。自泰又言文肅尚有手評下〔八〕《論語》及蒙古書誥勅，皆從兄自幾所藏。大抵文肅文氣龐渾，筆畫嚴正，無一縱放畸佹處，皆類有道所爲，令人起敬，不待拜其遺像而然矣。"

　　文光案：張氏所題即宋序所云七稿之一。其六稿曰"游稿"，曰"西雍稿"，曰"容臺稿"，曰"鍾陵稿"，曰"静儉齋稿"，曰"西遊稿"。宋序以《蜀山稿》爲第七，張跋以爲第四册，未知何故。

《集古録》，必經劉原父反復論辨而後定。原父之學，不可及矣；而其翰墨，世少見之。今觀鄉相魯公所藏原父手書《莊子·秋水篇》，大約字盈千餘，筆墨鮮潤，楷法豐美，出入蔡、薛間，信一時書苑之珍哉！原父初以蜀烏絲闌作書，魯公所得，特臨本耳。

畢少董家聚古法書《蘭亭》本，多至三百。賈魏公亦數十本，如《玉枕》，則以燈影縮而小之者耳。世之考論《蘭亭》以“生注蟹眼，懸鍼金龜”八字，細疊杵痕，決其真贋，是未必然。臨書如傳神寫照，區區求之形似，抑已末矣。

《跋趙文敏行書千文》曰：“吳興公少時喜臨智永《千文》，故能與之俱化。自登顯仕，負書名，頗厭人求索，有出縑楮袖間，輒盛氣變色，深閉固拒之乃已。然名士大夫相知之厚，與挾貴而來者，間亦欣然行筆。好事之友，又或鼓勇旁噪。至其得意，自謂追迹古人，亦近世書家之一奇哉。此卷用蜀中粉箋作書，而正、草雜出，不區區泥古，而無一毫窘束之態。今人欲以摹印脫墼之工而望闖其藩，難矣。”

《跋舊本瘞鶴銘》：“董逌書跋，謂弘景著書[九]不稱建元，直以甲子紀歲。今曰壬辰、曰甲午，則壬辰，梁天[一〇]監十一年；甲午，十三年也。弘景以天監七年游海岳，住會稽，來永嘉，至十年還茅山。十二年，弟子周子良化去，弘景爲作傳，即十一年在華陽可知也。又謂文闕四十二字，而六字不完，又有六字不知其次。按：此闕三十四字，而八字不完，又當考求，庶得其真耳。”

《雁門集》十四卷　附《唱和錄》一卷　《別錄》一卷

元薩都拉撰

祠本。嘉慶十二年後裔編注重刊。原本二十卷，刻於元至正末年，爲直齋所手定者，今不復見。再刻於明成化乙巳，沈氏藏本，趙蘭刻於郡齋。三刻於弘治癸亥，李翬題曰“薩天錫詩集”。或云即趙本，或云與趙本互有異同。四刻於汲古閣《元詩十家選》，題曰“天錫集”，三卷，字句多同李本。又刻《集外詩》一卷。五刻於顧嗣立《元詩選》。趙、李二本，互注異同。別有葉石君校本、葉盛藏本。其本家藏本，初刻於明天順己卯，彙輯遺稿，合舊刻二十卷爲六卷。再刻於康熙庚申，亦六卷。此本合李、毛、顧三家之本，離爲十四卷，增多舊刻者三十一篇；并考證舊聞，各詳注其本末，列異同於字句之下。

干氏序曰：“《詩》原於西北。周人以《生民》‘瓜瓞’等什，備述姜源、后稷首生力穡之詳，于焉頌之《清廟》，以爲受釐獲福之典。所謂‘美盛德之形容，以其成功告之於神明’者，皆由邠鎬西北之境也。元有天下，拓基啓祚，皆始於西北。是以人生其間，多質直端重，才豐而氣昌。吾友薩君天錫，亦國之西北人也。自其祖思蘭不花、父阿魯赤，世以膂力起家，累著勳伐，受知於世祖、英宗，命仗節鉞，留鎮雲代。生君於雁門，故以爲雁門人。君幼岐嶷不羣，稍長，愈穎敏。遍接俊傑，獲聆緒論，乃深有益，遂爲文詞，雄健倜儻，迥邁乎人。年逾弱冠，登丁卯進士第，應奉翰林文字。久之，除燕南經歷，升侍御史於南臺。凡所巡覽，悉形諸詠歌，傳頌士林，殊膾炙人口。以彈劾權貴之不法，左遷鎮江録事宣差。後陟官閩憲幕，由是往還吳中。嘗出其所作之詩曰‘雁門集’者見示，予得以盡觀。其豪放有詩人直陳之事，有援彼狀此、託物興詞之義，可以頌美德而盡夫羣情，可以感人心而裨乎時政。周人忠厚之意具在，乃以一掃往宋委靡之弊矣。君姓薩，名都剌。薩都剌云者，即華人所謂濟善也。天錫其字，別號直齋。以生居雁門，遂取名集。又有《巧題》百首，皆七言律，別爲一集云。”

　　文光案：明本有至正丁丑吳郡干文傳序，因録之。其結銜爲嘉議大夫、禮部尚書兼集賢待制、史局總裁官。

《滋溪文稿》三十卷

元蘇天爵撰。

鈔本。前有至正十一年諸生新安趙汸序。此集最難得，刻本未見。

　　趙氏序曰："《滋溪文稿》三十卷，江浙行中書省參知政事趙郡蘇公之文，前進士永嘉高明、臨川葛元哲爲屬掾時所類次也。初，國家既收中原，許文正公首得宋大儒子朱子之書而尊信之。及事世祖皇帝，遂以其説教胄子，而后王降德之道復明。容城劉公又得以上求周、邵、程、張所嘗論著，始超然有見於義理之當然，發於人心而不容已者，故其辨異端，闢邪説，皆真有所據，而非掇拾於前聞。出處進退之間，高風振於天下，而未嘗決意於長往，則得之朱子者深矣。當是時，海内儒者各以所學教授鄉里，而臨川吳公、雍郡虞公、大名齊公，相繼入教成均。然後六經聖賢下學上達之旨，縷析毫分之義，禮儀樂節名物之數，修辭游藝之方，本末精粗，粲然大備。蓋一代文獻，莫盛於斯，而俊選并興，殆無以異於先王之世矣。若夫得之有宗，操之有要，行乎家鄉邦國而無間言，發於政事文章而無異本者，抑亦存諸其人乎！公世儒家，自其早歲，即從同郡安敬仲先生受劉公之學。既入胄監，又得吳公、虞公、齊公先後爲之師。故其清修篤志，足以潛修大業而不惑於他歧；深識博聞，足以折衷百氏而非同於玩物。至於德已盛而閑之愈嚴，行已尊而節之愈密。出入中外三十餘年，嘉謨偉績，著於天下，而一誠對越，中立無朋，屹然頹波之砥柱矣。其文明潔而粹温，謹嚴而敷暢，若珠璧之爲輝、菽粟之爲味。自國朝治化之原，名公卿、賢大夫士德言功烈，與儒先述作闃奧，莫不在焉，而浩然刪修之志，未有止也。初官朝著，即爲四明袁公伯長、浚都馬公伯庸、中山王公儀伯所深知。袁公歸老，猶手疏薦公館閣。馬公謂公當擅文章之柄於十年後，而王公遂相與爲忘年友，夫豈一日之積哉？公平居教人，必以程子爲模範，而力求在己，不務空言，則從事於聖賢之道，而審夫得失之機也明矣。故汸以謂讀公之文，則當求公所學；而善論學者，又必自其師友淵源而推之可也。"

《青陽先生文集》六卷　附録一卷

元余闕撰

明本。門人淮西郭奎編。前有傳，宋濂撰。番陽程國儒序，雲陽李祁序，正德辛巳劉瑞序，正統十年高穀序。

程氏序曰："至正之亂，天下騷然，名都大邑，所在爲墟。文武之臣，鮮克勤事。而先生以孤軍守皖城，持必死之志，處就危之地，岌乎江上，與天爲謀，使國勢既衰而復振，民心已離而復合者，蓋五年城陷，先生與其夫人若子俱死於難。平生所爲文，悉爲煨燼。中原士大夫所嘗傳誦者，南北析離，不可復得。得諸其門人郭奎，僅數十篇而已。先生當大變而不失其常，是以身爲訓者也。然則植世教、勵名節以與詩書并傳者，將不在其文也。夫先生名闕，字廷心，武威人。至順癸酉進士，官至淮南行省左丞，命下而先生已死，增謚文忠，進封夏國公。嘗讀書青陽山中，學者稱之曰'青陽先生'，故用以名其集云。"

文光案：明嘉靖本《余忠宣集》六卷，前有嘉靖三十三年羅洪先序、陳嘉謨跋、雷逵跋，與此本同，蓋翻刻也。程序稱謚文忠，此本名"忠宣集"，不知何故。

《句曲外史集》三卷

元張雨撰

汲古閣本。此正集三卷，明陳應符編。《簡明目録》有《補遺》三卷，閔元衢編。又《集外詩》一卷，毛晉與馮武所編。此刻在元人十集中。黃蕘圃所藏抄本五卷，題"浙江鄉貢進士、姪誼編類"，爲文瑞樓之舊藏，與此本不同。屬樊榭所藏抄本有吳郡徐達左序。雖是七卷之本，而屬徵君手補最多，大約出自《珊瑚

網》及《鐵網珊瑚》、《書畫正續題跋記》三書。錢夢廬天樹曾見
外史手書詩稿兩冊，與傳本大有異同，惜夢廬當日未及録出副
本也。

《丁孝子詩集》三卷

元丁鶴年撰

《珠塵》本。末有傳，四明烏斯道撰。至正甲午秋九靈山人金
華戴良序。

戴氏序曰：“我朝以詩名世，則貫公雲石、馬公伯庸、薩公天
錫、余公廷心其人也。論者以馬公之詩似商隱，貫公、薩公之詩
似長吉，而余公之詩則與陰鏗、何遜齊驅而并駕。他如高公彥敬、
巙[一]公子山、達公兼善、雅公正卿、聶公古柏、斡[一二]公克莊、
魯公至道、王公廷圭輩，亦皆清新俊拔，成一家言。此數公者，
皆居西北之遠國，而其爲詩，乃有中國古作者之遺風。鶴年亦西
北人，其視數公差後起。家世以勳業著，而鶴年兄弟俱業儒，伯
氏之登進士第者三人，鶴年乃泊然無意於仕。遭時兵亂，逃隱海
上，邈不與世接。凡幽憂憤悶、悲哀痛苦之情，一於詩焉發之。
其古體歌行諸作，要皆清麗可喜，而注意之深、用功之至，尤在
於五、七言律。蓋其措詞命意，多出杜子美；而音節格調，又兼
諸閣老之所長。故其入人之深、感人之妙，有非他詩人之所可及。
故取其吟稿若干卷，序而傳之。鶴年之清節峻行，已別有傳，兹
不著。”

《鶴年詩集》三卷

元丁鶴年撰

元本。門人四明戴稷、戴習，修江向誠、向信道，方外曇鍠
編次。此元刊本，每葉二十行，行二十字。末有萬曆丁未徐興

公跋。

　　徐氏跋曰："予嚮家藏丁鶴年詩三卷，乃永樂間刻板，有廬陵楊文貞士奇跋語。紙、墨古潔，予珍惜之。斯本爲元板，亦分三卷。簡首有高惟一印章。惟一，國初人，有孝行。事詳郡志。二本俱善，因合藏之。"

　　　　文光案：永樂本未見。朱竹垞所藏有正統刊本，其本亦未見。傳抄者，爲宋賓王校本。又太學生戴習録其師鶴年先生詩，曰"海巢集"者，未知與此本同否，恐不能考也。

校勘記

　　〔一〕"烘樵"，據《道園學古録》，當作"供醮"。

　　〔二〕"允"，原作"尤"，據上書改。

　　〔三〕"中"後原有一"元"字，據上書删。

　　〔四〕"背"，原作"皆"，據上書改。

　　〔五〕"傚"，原作"叔"，據清錢大昕《潛研堂集》改。

　　〔六〕"區"，原作"别"，據清翁方綱《復初齋外集》改。

　　〔七〕"延祐"，原作"元祐"，據《淵穎集》改。

　　〔八〕"下"，據上下文似衍。

　　〔九〕"書"，據《待制集》補。

　　〔一〇〕"天"，據上書補。

　　〔一一〕"嶸"，原作"獲"，據《鶴年詩集》改。

　　〔一二〕"幹"，原作"幹"，據上書改。

集部二
別集類十九

《梧溪集》七卷

元王逢撰

元本。此元刻明印本，每葉二十六行，每行二十二字。卷中有"元本"朱文腰形印、"甲子"朱文方印、"毛晉之印"朱文方印、"文瑞樓"白文方印、"秋夏讀書冬春射獵"白文方印、"太原叔子藏書記"白文長印。前有至正丙戌新安汪澤民序、會稽楊維禎序，嘉慶丁丑顧千里跋。原吉本山澤之士，淡泊閑静是其本狀。其詩遭喪亂之所作，而有《春秋》屬比之教，故可傳也。

汪氏序曰："太平王先生光大以《澄江棹歌》詩求予序其端，且曰：'是詩江陰王原吉作也。原吉與予同姓同業，學詩於延陵陳漢卿。陳與柯敬仲俱事邵庵虞公，得其傳。邵庵蔚然儒宗，爲時名臣。柯參書奎章閣卒。陳今爲東流尹，亦躋顯仕。原吉窮而在下，能自以詩鳴，家居澄江，志樂漁隱，因以目其詩。初，光大得之永嘉陳昌道氏，併日夜讀，一再過，竊中於心。光大事先生久，與原吉姓同業同而其志又同，願受一言以爲評。'噫！詩言志，無間於古今，無分於隱顯也。當堯舜時，朝廷有賡歌之美，康衢有《擊壤》之謠。古詩三百篇，《國風》、《雅》、《頌》皆然。

漢、魏而下，舍其心志，工其文辭，迄於宋季滋甚。我朝疏齋子昂能五言，曼碩善歌行，邵庵長於律，三四公繼作，一洒宋季之陋，并驅晉、唐，駸駸乎漢、魏而逮於古矣。雖然，學古有道，生歸持其志，養其氣，使德存於心而言出諸口。志之大者，其氣淳以清，其辭婉而直，其聲舒遲而旨意無窮。誠如是，不期古而古，何待有爲哉？且予聞文章與風俗相推移，觀《澂江棹歌》，則盧、趙、虞、揭三四公之力昭昭矣。原吉守漢卿之學，宗邵庵之傳，博以‘三百篇’之趣，聽其言而知其德，觀其志而審其有爲。古之人皆云：‘曾謂我媚夫人乎哉？’生請書其言，遂爲序。”

顧氏跋曰：“鮑丈淥飲向欲刊行《梧溪集》，知毛子晉所藏在先從兄抱沖小讀書堆，屬予勘定而未果也。今丈已下世，令嗣規續成先志，以作知不足齋之[一]廿九集。深嘉厥意，從望山姪借出，竭三旬力，補改傳鈔闕誤。惟是六、七兩卷板心有粉墨塗改痕迹，於次第頗舛錯，蓋景泰板模糊斷爛，致有此失。又悉爲之推求訂正，庶幾稱善矣。然終少七卷第四葉，故其三葉末《節石銘》題下梧溪自注云‘有後序’，而今俄空焉。此集在毛氏時已難得，錢曾《敏求記》具言之。予并見汲古別本鈔刻各半者，此兩卷尤舛錯脫落，相較殊遜。不知世間尚存洪武印本，可足是一葉以成完璧否也。校既畢，遂誌於尾而歸之。”

文光案：池北書庫所藏爲鈔本，有阮亭跋。

《梧溪集》七卷

元王逢撰

《知不足齋》本。前有道光三年顧千里序、至正十九年楊維禎序、正統間陳敏政序。是本有葉廷珪補遺五首。別有周榮起本。

顧氏序曰：“《梧溪詩集》前六卷，原吉未殁已梓行；末一卷，其子掖所刊：皆在洪武時。迨正統間，板有缺壞，南康守陳敏政修補，有序。下至明季，傳者絕少。鮑丈屬勘訂，適汲古閣所藏景泰刻本歸余從兄之小讀書堆，爰諾之。逾二十載，而鮑丈作道山游矣。嘉慶丙子，令子志祖復謀於余，一一補正，唯第七卷失去第四葉。遵王抄本亦未有，末由補全，校畢還之。又七年始告刊成。”

楊氏序曰：“其詩悼家難，憫國難，採摭貞操，訪求死節，網羅俗謠與民謳，皆爲他日國史起本，亦杜史之流與？”

文光案：詩中多詠事詠人，各有小序。

陳氏序曰：“原吉幼從陳漢卿學詩。漢卿與柯敬仲同事虞伯生，得其傳。”

《九靈山房集》二十九卷　《外集》一卷　《補編》二卷

元戴良撰

戴氏重刊本。乾隆壬辰戴殿江校刊。前有乾隆三十六年杭世駿、鮑廷博二序；次揭汯、宋濂、王褘、桂彥良四序；次《明史·文苑傳》，附朱彝尊擬傳；次年譜；次目錄。《山居稿》七卷，《吳游稿》七卷，《鄞游稿》九卷，《越游稿》六卷，凡三[二]稿，共二十九卷。《外集》爲像贊、祭文、墓誌。《補編》爲集中所遺，與載於他書而小異者，有殿泗補跋。末有十四世從孫殿江跋、正統十年從曾孫統跋。

《簡明目錄》曰：“良爲余闕之弟子，元亡後，追念故君，不食明禄，幽囚以死，終不易心。可謂下不負師，上不負國。其詩神姿竦秀，亦高出一時。”

戴統跋曰：“集外有《和陶集》一卷，刊板翰林。行世惟《春秋經傳考》三十二卷，景濂公爲序，惜未暇刊耳。”

戴[三]江跋曰：“是集編於先生之子禮暨從孫侗，刻於從曾孫統。未幾，板燼於火。康熙間重刻，僅十之三四。秀水曾繪關稍爲勘補。曾嘗得別本，未梓。乾隆庚寅間，戴氏兄弟游武林，得鈔本於鮑以文家，以爲手爲參校。又爲借得汪氏抄本及黄梨洲手抄選本，暨又得原本於曹仲梅，復是正於杭董浦太史。庀工於辛卯之春，閱一年而工竣。篇第悉依其舊，目録與題文有少異者，編於先生殁後之故。"

杭氏序曰："浦江戴叔能先得柳、黄、吴三先生之傳，推求性命之旨，約六經以爲文。甫弱冠，起爲月泉書院山長，終身儒官。明太祖定鼎金陵，召授以官，以老病固辭。忤旨，或云自裁於寓舍，或云瘐死於囹圄。本傳曰自裁，朱傳曰卒於獄，年譜云卒於寓舍，蓋自裁也。或曰卒於獄，年六十七歲，子禮奉骨歸葬浦江縣。此公成仁取義之實事也。宋濂亦出柳、黄、吴之門，與公最密。濂修《元史》，宜入《忠義》與《儒學》兩傳，而史無之，蓋《元史》先成，公卒在洪武十六年，無從追録，非史之疏也。"

文光案：《年譜》云："生於元仁宗延祐四年。"本傳云："學古文於柳貫、黄溍、吴萊。"朱傳云："又學詩於余闕，旁及天文、地理、醫卜、佛老之書。"王禕序云："九靈之詩質而敷，簡而密，優游而不迫，冲澹而不携，上追漢、魏，成一家言。"桂彦良序曰："天地、日月、寒暑、山川、草木奇異之觀，羈人狷士之遺迹隱行，皆紀而載之。因以寫其無聊不暢之思，發其瑰傑磊落之氣，清深雅潔，往往無媿於古之能言者。"

翁自幼好學，日記千言。後棄舉子業，致力於醫，避武林。其郡人羅知悌，字子敬，世稱"太無先生"，宋理宗朝寺人。學精於醫，得金劉完素之再傳，而旁通張從正、李杲二家之説。然性褊甚，恃能厭事，難得意。翁數往，始得見，授以劉、張、李諸書，爲之敷揚三家之旨，而一斷於經，且曰："盡去而所學，非是也。”居無何，盡得其學以歸。《丹溪翁傳》。

永嘉項君彥昌作《脾胃後論》若干言，凡内外傷之有關於脾胃而爲病者，莫不條舉而縷述之，仍以對病之方與夫臨時加減之法系於後，信有以補東垣之未備，而衛生家可一覽而見矣。《脾胃後論序》：“項彥昌師事陳白雲最久。彥昌名昕，甚博學。”

滄洲翁者，姓吕氏，名復，字元膺，晚號滄洲翁。其先，河東人也，東萊先生成公與其季忠公自河東徙婺。吏部郎知台州事諱寶之者，復自婺徙鄞，家焉。翁幼孤，甚貧，因母病喜攻岐扁術。遇三衢鄭禮之逆旅中，每謹事之。鄭語翁曰：“我有《古先禁方》及《色脉藥論》諸書，知人生死，定可治，甚精。”翁讀其書，試之有驗。鄭復教以日記診藉，考方藥驗否，悉爲訂正。又若干年，效無不神。浙省平章左答納失理在帥閫時，病無睡。翁切其脉，左關之陽浮而虛；察其色，少陽之支外溢於目眦。即告之曰：“此得之膽虛而風。諸公獨治其心，而不袪其膽之風，非法也。”因投禁方烏梅湯、抱膽丸，遂熟睡，病如脱。童芳仲幼女病嗜臥，頰赤而身不熱。因告童曰：“女無病。乳母必嗜酒，酒後輒乳，故令女醉。非驚風也。”飲以葛花，女如常。趙氏子病傷寒，翁診之三部，舉按皆無，因告之曰：“此子必大發赤斑，斑消則脉出矣。”即用白虎加人參湯化其斑，脉乃復。繼投，承氣下之，愈。臨川蕭雲泉，羽客也，視物皆倒置，因醉吐所致。即告之曰：“大吐時上焦反覆，致倒其膽，法當復吐。”遂授藜蘆瓜蒂，使平旦涌之，涌畢如初。御史王彥芳内子病飧泄，衆醫皆謂休息痢。翁診其脉，當秋半雙弦而浮，即告之曰：“夫人病驚風，以肝主驚虛，風乘脾而成泄。法當平木太過，扶土之不及，其泄自止。”乃用黄犉牛肝，和以攻風健脾之劑，逾月泄止。郡守李孝文妻母病，小腹痛。翁循其少陰脉，如刀刃之切手，胞門苑而數，知其陰中痛，癰結小[四]腸也，遂用國老、將軍爲向導，挾麒麟竭、虎魄之類以攻之。膿自小便潰，應手愈。翁治病若不構思，然其鈎取古法，動中肯綮多類此。其於醫門羣經及古今方論，無不考索其要歸。他若諸醫爲術之精粗，施治之工拙，亦皆品彙區別，無一義之或遺。所考羣經及古方論，語多不録。有曰："《内經素問》，觀其旨意，殆非一時之言，其所撰述亦非一人之手。劉向指爲諸韓公子所著，程子謂出於戰國之末，大略正如《禮記》之萃於漢儒。蓋《靈蘭祕典》、《五常政》、《六元正紀》等篇，無非闡明陰陽五行生制之理，配象合德，實切於人身。其諸色脉病名，鍼刺治要，皆推是理以廣。而皇甫謐之《甲乙》、楊上善之《太》、《素》，亦皆本之於此而微有異同。醫家之大綱要法，無越是書矣。唐王冰以《九靈》九卷牽合《漢志》之數而爲之注，惜乎朱墨混淆，玉石相亂，訓詁失之於迁疏，引援或至於未切。至宋，林億等正其誤文而增其缺義，頗於冰爲有功。隋有《鍼經》九卷，唐有靈寶注，乃扁鵲太玄君所箋，世所罕傳。宋有《靈樞略》一卷，今亦湮没。史崧并是書爲十二卷，較他本頗善，學者當與《素問》并觀。《難經》所引經言多非《靈》、《素》本文，蓋古有其書而今亡之，隋時吕博望注本不傳。宋王惟一集五家之説，而純疵或相亂。惟虞氏粗爲可觀，紀齊卿注稍密，乃附辨楊玄操、吕廣、王宗正三子之非。周仲立頗加訂易而考證未明，李子埜亦爲句解而無所啓發。近代張潔古注後附藥，殊非經意。王少卿演繹其説，目曰'重元'，亦未足以發人之蘊。予嘗輯諸家之長，先訓詁而後辭意，竊附鄙説以便後學，未敢以爲是也。《傷寒論》十卷，一證一藥，萬選萬中，千載之下，如合符節。所可憾者，審脉時泪王氏之言，三陰率多斷簡，況張經、王傳亦往往反覆後先，亥豕相雜，自非字字句句熟玩而精思之，未有能造其閫奥者。近人徐正善作《傷寒補亡》，恐與先哲之意不合。余因竊舉大要以補成氏之未備，知醫君子或有所取也。《脉經》十卷，王叔和本諸《内經素問》、《九靈》及扁鵲、仲景、元化之説衷次而成，實醫門之龜鏡、診切之指的，自與近代仿託鈐訣者不同。歷歲既深，傳授不一，各秘所藏，互有得失。林億等考證謬妄，頗加考易，意其新譔《四時經》之類，皆林氏所增入。陳孔碩、何大任、毛叔、王宗卿輩皆嘗審定刊傳，今不多見。近人謝堅白以其所藏舊本刻於豫章，傳者始廣。余嘗摭其精語，并引《内經》之辭，作《診切樞要》二卷。非敢翦其冗複，間亦補其缺漏，且附私説各條之下，以與同志研究耳，《脉訣》一卷，六朝高陽生僞撰以惑學者，通真子劉元賓爲之注，删其舊辭，益以新語，亦不出其畦徑。餘如清溪徐裔、甄權、李上交輩，皆自撰著，凡十餘家，亦每蹈襲前説，在叔和之所不取。讀者止記《入式歌》以馴，至乎《脉經》可也。《巢氏病源論》五十卷，集諸病候，附以養生、導引諸法，衷成一家之書，純疵相混。宋之監署，乃用爲課試。元復循習，列醫門之七經。然附會雜糅，非復當時之舊，具眼者當自見之。吳景賢亦作《病源》一書，近代不傳。《太始天元玉册元誥》十卷，不知何人所作，歷漢至唐，諸志俱不載錄。其文自與《内經》不類，非戰國時書。其間有天真皇人，昔書其文，若'道正無爲，先天有之。太易無名，先於道生'等語，皆老氏遺意，意必老氏之徒所著。大要推原五運六氣，上下臨御，主客勝復，政化淫正，及三元、九宫、太乙、司政之類，殊爲詳明，深足以羽翼《内經》、《六微旨》、《五常政》等篇。太玄君扁鵲爲之注，猶郭象之於《南華》，非新學之所易曉。觀其經注一律，似出一人之手。謂扁鵲爲黃帝時人，則其書不古；謂扁鵲爲秦越人，則傳中無太玄君之號。醫門仿託，率多類此。《玄珠密語》十卷，乃啓玄子所述。其自序謂'得遇玄珠子而師事之，與我啓蒙'，故自號'啓玄子'，蓋啓問於玄珠也。目曰'玄珠密語'，乃玄珠子密而口授之言也。及考王氏《素問序》，乃云辭理祕密，難粗論述者，别撰《玄珠》

以陳其道。二序政自相戾。意者'玄珠'之名，取諸蒙莊子所謂'黃帝遺玄珠，使罔象得之'之語，則師事玄珠子而號啓玄者，皆妄也。宋高保衡等校正《內經》，乃云詳王氏《玄珠》。世無傳者，今之《玄珠》，乃後人附託之文耳。雖非王氏之書，亦於《素問》十九卷、《靈樞》二十四卷頗有發明。余嘗合《素問》觀之，而《密語》所述，乃六氣之説，與高氏所指諸卷全不侔，疑必刊傳者所誤也。原其所從，蓋攘摭《內經》《六微旨》及《至真要》等五篇，洎《天元玉册要言》，而附會雜説。其諸紀運休祥之應，未必可徵，實僞書也。苟啓玄別撰果見於世，又豈止述氣運一端而已？覽者取其長而去其短可也。《中藏經》八卷，鄧序荒誕不足信。案《唐志》，有吳普集《華氏藥方》，別無'中藏'之名。普其弟子宜有所集，竊意諸論非普不能作，鄧氏特附別方而更今名耳。蓋其方有用太平錢并山藥者，太平乃宋熙陵初年號，薯蕷以避厚陵偏諱而始名山藥。其餘可以類推。然脉要及察聲色形證等説，必出元化遺意。覽者細爲審諦，當自知之。《聖濟經》十卷，宋徽宗所作，大要祖述《內素》而引援六經，旁及老氏之言，以闡軒岐微旨。政和間，班是經於兩學，辟雍生吳禔爲之解義。若《達道》、《正紀》等篇，皆足以裨益治道，啓迪衆工。餘如《孕元》、《立本》、《制字》、《命物》二三章，釋諸字義，失於穿鑿，良由不考六書之過。瑕瑜具存，固無害於美玉也。"其論諸醫有曰："扁鵲如秦鑑燭物，妍蚩不隱；又如弈秋遇敵，着着可法，觀者不能察其神機。倉公如輪扁斲輪，得心應手，自不能以巧思語人。張長沙如湯武之師，無非王道，其攻守奇正，不以敵之大小，皆可制勝。華元化如庖丁解牛，揮刃而肯綮無礙，其造詣自當有神，雖欲師之而不可得。孫思邈如康成注書，詳於制度、訓詁，其自得之妙，未易以示人，味其膏腴，可以無饑矣。龐安常能啓扁鵲之所祕，法元化之可法，使天假其年，其所就不在古人下。

錢仲陽如李靖用兵，度越縱舍，卒與法會。其始以《顱顖方》著
名於時，蓋猶扁鵲之因時所重，而爲之變耳。陳無擇如老吏斷案，
深[五]於鞫讞，未免移情就法，自當其任則有餘，使之代治則繁劇。
許叔微如顧愷寫神，神氣有餘，特不出形似之外，可模而不可及。
張易水如濂溪之圖太極，分陰分陽而包括理氣，其要以古方今病
自爲家法，或者失察，剛欲指圖爲極，則近乎畫蛇添足矣。劉河
間如橐駝種樹，所在全活，但假冰雪以爲春，利於松柏而不利於
蒲柳。張子和如老將對敵，或陳兵背水，或濟河焚舟，置之死地
而後生，不善效之，非潰則北矣。其六門三法，蓋長沙之緒餘也。
李東垣如獅弦新緪，一鼓而竽籟并熄，膠柱和之，七均由是而不
諧矣。無他，希聲之妙，非開指所能知也。嚴子禮如歐陽詢寫字，
善守法度而不尚飄逸。學者易於摹仿，終乏漢、晉風度。張公度
專法仲景，如簡齋賦詩，每有少陵氣韻。王德膚如虞人張羅，廣
絡原野而脫兔殊多，詭遇獲禽，無足算矣。"翁之學問該博，非獨
醫門爲然，他如經史、傳記、諸子、雜家，以及天文、地志、歷
算、兵刑、食貨、卜筮、釋老之書，亦靡不精求熟玩，故其見之
言語文字，皆有考據可徵，不爲浮葩以炫世。至於爲詩，尤雄健
蒼古，有古作者之遺風。嘗以晦迹丘園薦爲台州仙居縣儒學教諭，
後調臨海，及升本郡教授，俱不上。善著書，有《内經或問》、
《靈樞經脉箋》、《五色診奇賅》、《切脉樞要》、《運氣圖説》、《養
生雜言》、《脉緒》、《脉系圖》、《難經附説》、《四時變理方》、《長
沙論傷寒十釋》、《運氣常變釋》、《松風齋雜著稿》各若干卷傳學
者。爲人恭勤詳緩，與人交，款款常若不自足。狀貌不逾中人，
語言如不出諸口，卒然遇之，不知其學之富也。年老無了，而有
女四人。生女不生男，人以太滄公方之。《滄洲翁傳》。

　　文光案：翁所著書，今無傳者，因錄傳中要語，以爲考
　　證醫書之資。是傳首言翁之姓系及醫學之所自出，末言翁之

學問、著述并詳其爲人。中分三節，前一節爲醫案，其治法以脉爲主，故其言脉也獨詳，據脉知病，因病製方，其權衡於古方今病者，獨有妙悟，非按圖索驥者所可比；中一節爲醫書考證，所讀皆古書而校勘尤詳，如按《素問》知《玄珠》之僞，據史傳駮《中藏》之誕，豈近代醫家所可及？後一節爲論醫，有似於《書品》之論書家，所言皆確當不易。翁之淹通，非一端所能盡。即以醫論，已實有大過人者，然非九靈山人本傳云良世居九靈山下，自號九靈山人。《年譜》云居浦江九靈山下。之筆，不足以達之。非山人之深於醫，本集《贈醫師朱碧山序》云："予蚤歲好讀古書，而於醫家，自《素問》、《難經》、《靈樞》、《甲乙》之外，得《長沙傷寒論》，愛其文奧意古，讀之窮日，夕不能休。"亦不足以知之也。余嘗怪世之淹博者多不和平，如翁之精詳周至，常若不足，實足深人愛慕之思，蓋有漢學之精賅，而又得宋學之篤實者也。乃其書其人，僅詳於斯傳，世之隱君子湮没而不彰者，豈少也哉？

右《定武禊飲帖》，今爲大慈寺主僧南宗禪師定公所藏。竊考此帖真迹及石刻，俱以殉葬昭陵。唐末溫韜發其所藏，但取金玉，而帖與石悉棄墓隧中。宋初，耕民入隧，見帖紙已腐，獨負其石歸以搗帛。定州一遊士見而奇之，即以百金市去，世謂之"古定本"。王君貺守長安，取留公庫，庫焚而石毁。《定武》乃其別刻，歷代藏之御府。石晉之末，契丹自中原輦載貨寶圖記，北至真定，德光死，漢兵繼至，此石棄之中山。慶曆中，爲李學究者所有。其後宋景文公守定武，乃取其石匣置郡齋。熙寧間，薛師正出牧，其子紹彭好書，因別刻一石易之，世謂之"薛氏本"。大觀中，紹彭之弟嗣昌以所易本獻諸朝，徽宗命龕貯宣和殿。靖康之亂，遂不知所在矣。其所模拓，古定本差肥，薛氏本稍瘦。王順伯主肥者，尤延之則以瘦者爲真。二公皆好古博雅，其論此帖不同如是，要必互有所見。是本乃類瘦者，其爲薛氏本無疑，蓋定武初刻，世之奇寶也。舊藏曹南吳志淳家，禪師爲買冢旁良田若干畝，貿而有之。余一日謁禪師慈云山中，禪師出以相示，而俾識諸後。嘗觀張彥遠《法書要錄》，謂右軍平生所書，以《禊飲帖》最得意，故留付子孫。傳七世至僧永，乃付弟子辨才。唐太宗遣蕭翼詭辨才以得帖。既傳之於僧，而第五行"僧"字者，蓋是時拓本已多，惟僧永所藏爲真，故於行間以"僧"字押縫耳。嗟乎！僧永不可作矣，去之六七百年而此帖復爲僧家所蓄，則禪師者，豈永之後身耶？且其石刻一則曰"古定"，一則曰"定武"，皆因定之人士及定牧守所藏而得名。今禪師名定，而實有乎此帖，百世之下，庸詎知不稱爲僧定所藏本耶？夙有緣契，於斯見之矣。然付之弟子，頗難其人，使能知所寶愛如辨才者，猶不保其不失，況下此者乎？禪師後人，尚加慎矣哉！

　　右《跋定武帖》，錄於二十九卷《越游藁》。余於法書、名畫之題跋，必詳錄之，以爲考古之資。倘數百年之後，此書既亡，而遺留於是編者，尚得窺見其一斑，則抄書之功有益於古人者，正復不少。書隱耿文光識。

《蘭亭叙》出定武者，凡三本：其一宋景文帥是邦，實慶曆之歲，得於李學究，所謂"玉石本"。傳爲陳僧法極字，智永所撫。逮薛師正來牧，其子紹彭刊本易去。宣和中，紹彭之弟嗣昌帥長安，有旨取石，置睿思殿。嘗以墨本分賜近臣，即此本也。其二紹彭所撫，有鋒鍔，字差大，亦亂真，往往目爲舊本也。其三修城得於役夫。自"崇山"字中上下斷，頗瘦勁。後歸章伯可之尊[六]。伯可嘗題後云："岐陽石鼓，俱載以北。宋元功頃從使虜，聞在所謂中京者，因併記之。"今觀右文所藏，真第一本，宜保持。淳熙十三年六月八日，右北平榮芑跋。

桑世昌澤卿《蘭亭考·定武禊序》："李學究歿於妓家，時定

帥宋景文以入官庫。此真本也，名‘玉石本’。薛師正帥定武，其
子紹彭別刻置公寢。師正數日乃悟，曰：‘頗瘦，此瘦本也。’紹
彭又刻肥本，遂缺真本‘湍’、‘流’、‘帶’、‘映’、‘天’五字，
易之以歸，謂之‘公庫本’。真本則名‘五字損本’。公庫本宣和
中入内府。”繹曾見定武多矣，唯鮮于伯機郎中、趙子昂學士二家
本“叙”字波脚作螳螂肚形。趙本墨色頗晦；鮮于本膠礬得所，
最爲精妙，“欣”字脚作九轉折。餘所見皆肥、瘦本耳。侍御王公
得此真玉石本，有“紹興希世”印，淳化榮芑跋，右丞東平性齋
馬公喬、饒州仲山校書并西王公之子慶，皆今代絶識，印志唯謹。
此本由會稽王修竹監簿所入東平王朋益廉訪家，今歸侍御王公矣。
《禊序》百世奇寶，凡歸三王，皆鉅人青氈所還，豈偶然哉？“叙”
字波脚與鮮于、趙氏本正同，而五字未缺，尤爲可貴。至元六年
後庚辰陳繹曾書。

　　右録於《六研齋筆記》。陳氏所題者爲五字不損之本，此
本爲李竹嬾所藏，故載其跋於筆記。竹嬾每得法書、名畫，
必詳記其題跋。此跋考定武帖尤詳，余故備録之，而附於
《九靈山房集》目録之後，蓋此集有《禊帖》一跋也。桑氏
《蘭亭考》著録於《四庫書目》。昔年余藏其書，今急覓不得。
凡觀書必互相對勘，校其異同，而後筆之於書，可傳於後。
若信手抄録，無所是正，此胥徒事也。戒之！戒之！癸未六
月十九日，耿文光記。

《雲陽集》四卷

元李祁撰

校書堂本。嘉慶十九年劉之屏刊，有跋。前有劉權之序、舊
序七首、内有危素序。哀詞一首。按目：詩一卷，内有《黄河賦》一首。
序、記二卷，雜著一卷。祁字一初，世居茶陵。元統元年進士第

二人。元取士有左、右榜，右榜第二爲余闕，最相友善。元亡，以江浙提舉丁艱家居。明初，力辭徵聘，避居禾水，自號危行翁，又號不二心老人。平生長於詩文，雄豪偉麗，自成一家。尤工書。卒年七十三。避地吉安之永新，因以葬焉。

劉相國序曰：“《雲陽集》，懋齋俞公初刊於洪武辛酉，西涯李公續刊於弘治庚戌。余纂修《四庫》，得及見之。里人族子之屏_劉之屏先刻李西涯《懷麓堂集》。重鋟諸梓。”

張叙〔七〕端《清明上河圖》，筆意精妙，宜入神品，宣政間名筆也。　王君子讓取當時朝野之詩，萃爲一編，名曰“長留天地間集”。　《劉申齋文集》，獨步一時。

《清閟閣集》十二卷

元倪瓚撰

城書室本。海上曹培廉校刊。原本十五卷，今改十二卷。首天順四年錢溥序，次萬曆辛卯王穉登序，次萬曆庚子顧憲成序，次同邑高攀龍序，次陳繼儒序，次康熙五十二年曹培廉序，次凡例，次目録。詩八卷，文二卷，《外紀》二卷。倪瓚字元鎮，梁溪人，號雲林。築清閟閣，藏古書畫。《外紀》記清閟閣、雲林堂甚詳。

王氏序曰：“先生詩有二刻，一爲江陰孫大雅序，一爲華亭錢學士序，皆歲久剥裂，不堪吟諷。其八世孫珵捐鏹授鋟。先生世家梁溪之祇陀村，子孫迄今不徙，號爲名宗。”

雲林家江南常州無錫，署名曰“東海倪瓚”，或曰“懶瓚”。變姓名，曰奚元朗，字曰元鎮，或曰元瑛。別號五，曰“荆蠻民”，曰“净民居十”，曰“朱陽館主”，曰“蕭閒卿”，曰“雲林子”。“雲林”多用以題詩、畫，故尤著。

趙松雪孟頫、梅道人吳鎮仲圭、大癡老人黃公望子久、黃鶴山〔八〕樵王蒙叔明，元四大家也。高彦敬、倪元鎮、方方壺，品之逸者也。盛懋、錢選，其次也。雲林簡雅，似嫩而蒼。

元張士誠據有江東，先生不受其聘。士誠弟士德邂逅先生，不勝憤，榜笞之。先生不吐一辭。此其節類龔勝。會元社將易，先生恐懷璧爲罪，盡散家財避之，不及於難，此其高又類鴟夷子皮。今世最重先生畫，次重其詩，又次乃重其人，是人以詩掩，詩以畫掩。其詩風調閒逸，才情秀朗，若秋河曳天，春霞染岫，不可求之於聲色景象之間，宜乎家披而户覽也。

《倪雲林詩集》四卷　《附録》一卷

元倪瓚撰

明本。首萬曆辛卯王穉登序，次天順四年錢溥序，次附録雜著十三首，贊、序、記、跋之類，樂府二十五首。自記云：“壬子九月廿五日，訪照菴高士，留飲。因書近詞，求是正之。”益諸家題語三首；旅葬志銘一首，長樂王賓撰；墓誌一首，拙逸老人周南老撰。二誌皆題“故元處士雲林先生”。按：誌所著稿，句曲張天雨、錢塘愈和愛之，爲書成帙，藏於家。其本難見。明有潘氏刊本，詩六卷，無附録，著於《四庫存目》。此本寫、刻亦佳，有序無目，前後多藏書印記，内題“荆溪蹇曦朝陽編集，八世孫理重刊”，蓋雖倪氏刊本，而出於蹇曦之手。内多題畫詩，恐是掇拾而成，非倪集之原本也。

錢氏跋曰：“雲林家饒於資，至先生始輕財好學。嘗築清閟閣，蓄古書畫於中，人罕迹其所。愛寫溪山竹石，攻詞翰，皆極古意。性甚狷介好潔，絶類海岳翁。其詩清新典雅，無塵俗氣，類其爲人。然置陶、韋、岑、劉間，又孰古而孰今也耶？”

王氏序曰：“雲林故爲無錫富家。至正初，鬻其田産，人笑其戇。兵動，富家剽剥，廢田産，人始賞其有見。性好潔，盥頸，易水數十次。冠服着時，數十次拂振。齋閣前後樹石嘗洗拭。見俗士避去，如恐浼。盛年清名在館閣。晚喜作詩，信口率與唐人合。年七十四，旅葬江陰。” 誌云：“洪武甲寅年卒，某年歸葬於無錫芙蓉山下，刻石誌歲月。” “清閟閣幽迴絕塵，中有書數千卷，悉手所校定經史、諸子、釋老、岐黃、紀勝之書，盡日成誦。古鼎名琴，陳列左右，松、桂、蘭、竹、香菊之屬，敷紆繚繞。而其外則喬木修篁，蔚然深秀，故自號‘雲林’。每雨止風收，杖履自隨，逍遥容與，歌詠以娛，望之者識其爲世外人。晚務恬退，棄散無所積。黃冠野服，浮游湖山間，以遂肥遁，氣采愈高。年既老，氣貌充然，其所養可知矣。”

予曾大父西溪翁，至正間與彝齋王先生、鶴溪張先生齊稱於時。雲林恒往來荆溪，交誼既洽，題詠最多。彝齋之季文静，號梅西，舊藏《雲林集》。其孫景昇近出而輯之，予得覽焉。慮繕久愈訛，因命工鳩梓，用壽其傳。且求詞林宿學、詩壇宗盟序其首而贊其末，庶乎先生之名於是益著云。樂正老人蹇曦識。

蹇君朝陽以雲林詩繡梓，間以示余，因綴數韻以贊之。天順四年同郡卞榮識。

《玉山璞稿》一卷

元顧阿瑛撰

《知不足齋》本。此本題曰“顧瑛橋李項藥師藏本”，有印。至正甲午、乙未二年之作，有自跋二稿，皆詩。仲瑛生於元末，金石、文史之富，園亭聲伎之盛，甲於東南，而其才情之妙麗、襟度之蕭閑，足以副之。

《玉山逸稿》四卷

元顧阿瑛撰

《讀畫齋》本。前有刊書跋。乾隆壬寅，鮑廷博取汲古閣《玉山草堂集》本，考其自來，補所未備，節去已載於《璞稿》者，是爲此編。末附墓誌。

《環谷集》八卷　《附録》一卷

元汪克寬撰

汪氏本。裔孫宗豫校梓。首孫枝蔚序；次康熙十八年徐乾學序；次像、贊，有序，程敏政撰；次行狀，吳國英撰；次年譜，亦吳氏撰，以下《請祀疏》、《書院記》、墓表凡四篇；次目録。賦一卷，辭、詩一卷，文六卷。附録諸家序。集内題"同族後學懋麟選輯"，似非全書。高應經撰墓表，亦曰詩文不盡傳於世。《霸論》八則，論五霸。年譜云："所居山谷環繞，學者尊之曰'環谷先生'。洪武五年卒於家，年六十九歲。弘治元年，王珣請從祀文廟。疏上，報聞。"

孫氏序曰："虞山所選者七言古詩三首，向余偶見之，在長吉、東坡之間。今乃見其全集，文多於詩，要皆原本經史，而賦體亦不作晉、魏以後語。"

程氏序曰："先生諱克寬，字德輔，一字仲裕。世居祁門桃墅。朱子一傳於勉齋，再傳於雙蜂，三傳於東山。東山即先生仲大父，而先生實嗣其傳。元泰定丙寅，舉於鄉。已而棄之，畢志聖賢之學。高廟詔修《元史》，爲儒生首。書成不仕。所著惟《春秋胡傳纂疏》傳，餘多散佚。"

元汪克寬，字德輔，一字仲裕。大德八年，生於祁門縣桃墅。勇於爲學，穎異絶倫。爲文略不經意，而渾融典雅。所居山谷環繞，稱曰"環谷"。洪武二年，聘修《元史》，不仕。洪武五年，卒，六十九歲。所著有《春秋經傳附録纂疏》、《程朱傳義音考》、《集傳音義會通》、《經禮補逸》，《綱目》有《凡例考異》。

朱氏曰："汪克寬，徽州人，從胡文炳、吳仲迪學。泰定三年，舉江浙鄉試，出鄧文原之門。與金華許謙、鄱陽朱公遷、建康彭炳講論道學。邃於經學，有《周官類要》、《春秋提要》、《左傳分紀》，惟《春秋禮》刊行。其後胡廣等奉敕編纂《大全》，攘《纂疏》以爲官書。"錄於《曝書亭集》。

　　文光案：《簡明目録》著《春秋胡傳附録纂疏》三十卷。自序謂以諸家之説裨胡氏之闕，大旨以胡氏爲宗，而傳本甚少。餘書俱未見。

《楊鐵崖文集》五卷　附《史義拾遺》二卷 《西湖竹枝詞》一卷

元楊維楨撰

明本。弘治十四年馮允中校刊，有序，後有朱昱跋。《史義拾遺》，評史之作也。弘治壬戌陸淞序，末附《香奩八詠》。鐵崖以風水之術遊湖海者數十年，著述甚富。其藏於鐵崖山者，今多未見，不知其本尚在否。本集有《春秋定是録自序》。

　　馮氏序曰："海陵同年出是集，舊友朱懋易又以先世所藏者助予，遂析爲五卷，捐廩餼付運司刻焉。"

　　朱氏跋曰："侍御馮君得其稿於静夫，分爲三卷。余出先君子所藏者，合爲五卷，通刻焉。"

　　　　文光案：據此，則馮刻非原本。

　　陸氏序曰："《綱目》揭其大，或遺其細，先生是以有拾遺之作。先生少時築萬卷樓，去梯藏修，卓然成一名家。所著有《春秋大意》、《東維子集》、《君子議》若干卷，《麗則遺音》、《古樂府》、《瓊臺曲》、《洞庭吟》七十卷，藏於鐵崖山云。"

　　《鹿皮子文集序》曰："陳樵字君采，金華人。常衣鹿皮，著書二百餘卷，自號'鹿皮子'云。"

　　《鐵笛道人自傳》："其文有《三史統論》五千言、《太平綱目》二十策、《歷代史鉞》二百卷，詩有《瓊臺曲》、《洞庭雜吟》五十卷，藏於鐵崖山云。”

《鐵崖古樂府》十卷

元楊維楨撰

汲古閣本。門人富春吳復類編。每卷目録後有吳復識語。第十卷爲《竹枝》、口號、雜詞等作，無復識。

張天雨序曰：“三百篇而下，不失比興之旨，惟古樂府爲近。今代善用吳才老韻書，以古語駕御之，李季和、楊廉夫又縱橫其間。上法漢、魏，而出入於少陵、二李之間，故其所作古樂府詞，隱然有曠世金石聲，人之望而畏者。又時出龍鬼蛇神，以眩蕩一世之耳目，斯亦奇矣。廉夫遭盛時，揚言於大廷者也。樂府遺音，豈宜在野？要使大雅扶世，變正聲，調元氣，斯爲至也。予不敢不以此望於廉夫，餘子不足語此。”

《庸菴集》十四卷

元宋禧撰

餘姚宋氏本。前有邵瑛序、提要、目録。詩十卷，序三卷，記、碣記、哀詞一卷。末有嘉慶十三年同里吳大本跋。禧字無逸，庸菴，其號也。至正中爲繁昌教諭，入明不仕。洪武初，徵修《元史》，《外國傳》自高麗而下，悉出其手。《明史》附見《文苑》。文集三十卷，從未刊行。此本爲其族人所刊，釐爲文四卷、詩十卷。乾隆甲辰張羅山名廷枚。從二雲太史處借得全集録畢，即此本也。浙江採進遺書録《庸菴詩集》十卷，亦是寫本。《永樂大典》所收，亦在散佚之餘。而黃虞稷《千頃堂書目》所著三十卷之本，不可見矣。黃遺獻云“無逸集久湮，從其後人鈔之以傳”，則此本爲初刻，甚可寶也。張羅山曰：“庸菴先生受學於楊鐵崖，而詩獨以自然爲宗，深入香山之室。”吳序云：“鐵崖詩詰屈奧衍，號爲‘鐵崖[九]體’。先生盡得其傳，而適其清醇冲澹之懷，可謂善變所學矣。”

《玉笥集》九卷

元鄧雅撰

鈔本。前有洪武乙卯臨川老友蠖闇道人何淑序，洪武乙丑蒙陽梁寅序，洪武丙辰前承事郎、監察御史丁節序，洪武二十二年會稽山人戴正心序。

何氏序曰：“伯言行純而學優，才美而志遠。少力於學，壯而未行，老於風騷，乃有所得。其爲詩歌，每出人意表，簡而不疏，直而不俚。其間道氣運之盛衰，論人事之得失，往往從容不迫，而意已獨至。使接踵陶、韋間，未見其大相遠也。視所謂山林枯槁之士，蓋不侔矣。是固氣之使然與？抑情乎哉？”

梁氏序曰：“予老處巖谷，諸賢以詩貺予者亦多矣。及觀鄧伯言之《玉笥集》，爲之竦然，知其得之天趣，異於强作之者也。伯言之所造蓋已深，故冲淡自然，華不爲媚，奇不近怪，雄不至放。求合典則，故宜然者哉！”

文光案：伯言從梁寅講學，此集即寅所勘定。寅研究經史，長於考證。所著有《石門集》七卷，未見。

戴氏序曰：“古今論詩，以平淡爲貴。然欲造平淡者，非工夫深至不能也。晉陶淵明，唐韋應物、柳子厚三家，世所謂詩之平淡者也。以今觀之，狀難寫之景於目前，含不盡之意於言外，其風調[一〇]高古而辭旨簡遠，有非區區模擬所易，誠可謂深造自得者與！新淦鄧伯言氏工於詩，而未之見也。其友徐伯澄來，示其所著《玉笥集》，且曰同里黎季敏氏將率同志哀其所著，命工鋟梓，以傳於永久，蘄一言以爲引。余讀其詩，大抵清遠條達，不爲險艱藻繪之語；淡泊和平，而無忿懥哀怨之意。蓋其性情然也，抑亦工夫深至，造於平淡之域。嗚呼！其亦有得於三家之風調者乎？余愛伯言用心之勤，而喜季敏能成人之美也，故爲書於篇首，而授伯澄使歸之。”

　　文光案：《簡明目録》著《玉笥集》十卷，此本九卷。或有所佚歟？然不能考矣。據戴序，應有黎氏刊本，而諸家未見著録，豈未通行歟？

校勘記

〔一〕“之”後原復有一“之”字，據趙詒琛《顧千里先生年譜》删。

〔二〕“三”，據上文當作“四”。

〔三〕“戴”，據上文後當有一“殿”字。

〔四〕“小”，原作“之”，據《九靈山房集》改。

〔五〕“深”，原作“減”，據上書改。

〔六〕“尊”，明李日華《六研齋筆記》作“家”。

〔七〕“叙”，據明張丑《清河書畫舫》，似當作“擇”。

〔八〕“山”後原有一“樞”字，據《清閟閣集》删。

〔九〕“崖”，據《明史》補。

〔一〇〕“調”，原作“諷”，據《玉笥集》改。

萬卷精華樓藏書記卷一百二十三

集部二
別集類二十

《明太祖集》二十卷

清太祖高皇帝撰

明本。此姚士光、沈鈇重訂之本，萬曆十年校刊。前有目録并姚跋，後有洪武七年劉基、郭傳、宋濂序，沈鈇跋。凡文十八卷、詩二卷。按：《明太祖文集》凡四本。宋濂等所編録者，論、記、詔、序、詩文，共五卷。此本又增以制、勅、策問、樂章、雜著諸篇。《四庫》所著，即此本也。

趙氏曰："明祖以游丐起事，目不知書，然其後文學明達，博通古今。所傳御製集，雖不無詞臣潤色，然英偉之氣，自不可掩。至如《鳳陽皇陵碑》，粗枝大葉，通篇用韻，必非臣下所代言也。此固其聰明天宣，然亦勤於學問所致。下金華後，聘劉基、宋濂在軍中，朝夕討論，此固人所共知。而其初取滁州，范常謁見，即留置幕下，有疑即問。渡江取太平，即召陶安參幕府。克集慶，即辟孫炎等十餘人。取鎮江，聞秦從龍宿學，即令從子文正、甥李文忠以金弊聘致，常書漆簡，問答甚密。又以從龍薦，聘陳遇，侍帷幄，呼爲先生而不名。取婺州，即聘范祖幹、戴良等十三人，會食省中，分直講經史。起兵數年，已留意文事，故文義已早通貫。帝嘗言：'文章宜明白顯易，通道術，達時務。'閱曾魯文大悦，曰：'頃陶凱文已啓人意，魯又如此，文運其昌乎！'以劉三吾主會試，疑其有弊，親撰策問覆試。召宋濂講《左氏傳》，陳南賓講《洪範》九疇，則帝并留意於經學矣。"錄於《劄記》。

《誠意伯集》二十卷

明劉基撰

永嘉泒蘭橋露香園本。雍正八年裔孫宗燁重編，青田縣知縣萬里爲之序。首卷爲像、贊、行狀、祠記、碑銘之屬。第一卷爲詔、誥、謝表之屬。次《郁離子》二卷；雜文四卷，内有《擬連珠》六十八首；賦、騷一卷；古、近體詩九卷；詩餘一卷；《春秋明經》二卷，《春秋明經》者，《春秋》題文也。前有隆慶壬申重刊序。次《寫情集序》，凡詩四卷，洪武庚申年刊。次《郁離子序》，郁離者，文明之謂也。先生之子仲璟與其兄之子薦重刊以傳。次《翊運録序》，薦等集御書、詔誥、行狀、事實等文，刊於永樂二年，今編於卷首者是也。次《覆瓿集序》，次《犁眉公集序》，二書重刊於宣德五年，皆詩文集也。序者，皆不言其卷數。次正德己卯富謹《重刊文集序》，訂訛重編，不言所以。次嘉靖丙辰樊獻科重編《誠意伯文集》，李本爲之序。舊刻《翊運録》一卷，《覆瓿集》十四卷，《郁離子》四卷，《寫情集》二卷，《犁眉公集》二卷，《春秋明經》二卷，或分或合，雜陳無統。至是，樊文叔始次爲十八卷，刻於真定，即今本之所祖也。次隆慶六年重刊二序，所依即真定本，板存公祠。是集初刻於洪武間者，板行四出。再刻於正德中者，置公里。第三刻於真定。四刻於青田。此第五刻也。板尚完整，而屢經翻刻，編次不一，魚魯亥豕，自所不免，闕其所疑可也。

《集韻序》曰："昔邵子以音聲窮天地事物之變，莫能逃其情焉。邵子歿，有書不得其傳。竹川上人集，凡天下之音聲，比其開發收閉之類，而各使相從；凡有聲無字者，咸切而注之。審音以知字，因母以識子，師其精於邵子之術乎！”

文光案：本集第四卷有《靈棋經解序》，今本《靈棋經》亦有此序，而《解》之真本未見。其他術數之書，公歿後皆收入內，外間不傳。凡坊本刻劉伯溫先生者，皆偽託也，不可不知。

《雲林集》二卷

明危素撰

鈔本。此迺賢易之所編之本。前有虞集《送行序》，末有查慎行跋二則。

查氏跋曰：“案黃文獻公溍所作《太常博士危府君墓誌》，府君諱永吉，字德祥，徙居雲林三十六峰之陽，即太樸之父也。詩名《雲林集》，當以此。”

查氏又跋曰：“按焦氏《經籍志》，《危太樸集》五十卷，今不可得矣。世所傳之抄本凡二，其一曰《太樸文集》，皆賦、頌、記、序，有目錄而不分卷；其一曰《說學齋稿》，碑板之文居多，而不編目，即開林顧氏跋所云歸太樸亦未見者。此外又有古、今體詩二卷：要之皆非全書。予借閱數本，隨錄隨校，采得題跋、墓銘五首，補錄於後，差少紕謬云。”

文光案：危太樸遺文，藏書家絕少。琴川錢氏有抄本，不過五十卷中之一二。曾子白誌後，稱其淳健有法。查初白所藏爲《說學齋稿》四卷。惠定宇所藏亦此稿，不分卷。玉峰徐氏、梅里朱氏、花山馬氏皆有此書，初白所借校者是也。查本較諸家所藏差少紕謬。朱竹垞所藏，亦抄本《雲林集》。

《王忠文公集》二十五卷

明王褘撰

鳳林祠本。首嘉慶十四年石韞玉序，次蔣舒惠序，次舊序十篇、邱克承跋後，次目録。詩三卷，文二十一卷，附録一卷。次訂言，王廷曾識。題跋一卷，《述説苑》十二首并序，《續志林》一篇并序。公三十時，文已成集，胡行簡序之。《華川集》前、後各十卷。《前集》成於初被徵之後，胡翰序之；《後集》成於四十後，宋濂序首，蘇伯衡序後。《華川集》又有方孝孺後序。劉本有楊士奇序，重刊劉本有祝鑾序。今諸序俱在集中。

是集有鄱陽本，劉傑所刻，間有遺佚；有温陵本，張維樞所刻，删削更甚。王廷曾因此兩本互相訂正，補所未備，而删其評語。今所刻者，即此本也。已更數手，編纂不一，惟王廷曾序例最詳。餘序不明板本。正統辛酉，邑丞劉公傑乃輯公文，刻梓以傳，至公歿已六十九年矣。嘉靖壬午，郡丞張齊取劉本重刊，編輯仍之。萬曆甲辰，邑令張維樞復梓之。按序，公有《玉堂雜著》二十四卷，略見集中；《續大事記》七十九卷，此青巖山所著，未有傳本，其凡略見集中；有《七略序》一篇，《叢録》一篇，於書籍之源流悉爲貫穿，非專攻語録者可比。朱子之徒得其宗者，惟黄榦氏。榦傳何基氏，基傳王柏氏。柏之傳爲履祥，爲謙。宋景濂游柳、黄二公之門，又因許氏以究道學之旨。劉子宗周作《道統録》，首以景濂而繼以公，其學之淵源可知矣。

《中庸》古有二篇，見《漢志》。在《禮記》中者，一篇而已。朱子因一篇分爲三十三章。其一篇不可見矣。

七經之緯，凡三十六篇。

佛法離爲異宗，曰教，曰禪，曰律，支離乖雜，論説紛紜，不能悉數也。各建户庭，互相矛盾，一彼一此，不相出入。

《老子》五千言，大旨不越是矣。一變而爲神仙方技之術，再變而爲米巫祭酒之教，遂流爲異端。神仙方技又有二，曰鍊養，曰服食，今傳真之教是矣。米巫祭酒亦有二，曰符籙，曰科教，今正一之教是矣。鍊養之事，赤松子、魏伯陽始爲之宗。至盧生、李少君、欒夫之徒，又變鍊養爲服食，其爲術愈偏矣。符籙之事，張道陵、寇謙之等實創其法。及杜光庭與靈素輩，又變符籙爲經典科教，其爲事益陋矣。道家之説，雜而多端，其信然矣。鍊養之説，可以全生；科教之説，庸黄冠資爲逐食之具。惟服食、符籙二説，凡惑之者，無不罹禍。

《五牙元精經》，宋景濂撰。用老氏法爲此書，語韻似《黄庭》，詞采似《真誥》，而要旨本於《道德》。

《黄庭經》刻本出於秦州者，傷於骨勝；出越州者，病於肉多。此本乃北方古刻，肥瘦適均而神意俱全，信爲佳本。

《蘭亭》自唐以後分二派：出於褚河南者，爲唐臨本；出於歐陽率更者，爲“定武本”。“玉枕本”，河南縮爲小體，或云率更亦爲之。此本後有右軍小像，且題“秋壑珍玩”，其賈氏所重刻者耶？

《七略》有《輯略》，有《六藝略》，有《諸子略》，有《詩賦略》，有《兵書略》，有《數術略》，有《方技略》。班固因之爲《藝文志》，而其間頗出入不同。其存者蓋六略，而《輯略》不復可考。“輯略”者，會粹衆説，掇拾經義，以究大道之變者也。類例之分，較著畫一，使凡學者一開卷而門離户别，條同貫共。稽其本旨，明著於篇，俾不勝異之説莫能相亂，而古人學術之所存如指諸掌。厥後王儉之《七志》、阮孝緒之《七録》，皆《七略》之遺。大凡序六藝爲九種，諸子十種，詩賦五種，數術六種，兵書、方技皆四種，而《藝文志》所存六略三十八種。

《河朔訪古記》二卷，合魯君易之所纂。合魯，本葛邏禄，西域之名國。易之之先由南陽遷浙東，已三世。易之名酒賢，其北遊歲月，具見於篇。凡河山、城郭、宮室、塔廟，所至必低徊訪問，考其盛衰之故。既而衰其所紀及歌詠之什，以成此書。

《大全集》十八卷

明高啓撰

明景泰本。季迪自訂者爲《缶鳴集》，凡十二卷，有永樂年刊本。此本爲徐庸所輯。前有謝徽、胡翰、王褘三序，又景泰元年劉昌序。高詩初有五集，凡二千餘首，自訂者九百餘首。此則收其散逸者也。

楊循吉曰：“蘇州郡衙，自來本在城之中心。僭周稱國，遂以爲宮，頗爲壯麗。元有都水行司在胥門內，乃遷衙居焉。及士誠被俘，悉縱煨焰，爲瓦礫荒墟。方版圖始收茲地，高皇擇一守未愜。蒲坼魏公觀方以國子祭酒致仕，將歸，上親宴餞於便殿。得平蘇之報，因酌酒留之，曰：‘蘇州新定，煩卿往治。’蒲坼遂領蘇州。時高太史季迪以侍郎引歸，夜宿龍灣，夢其父來，書其掌作一‘魏’字，云：‘此人慎勿與相見。’太史由是避匿甫里，絕不入城。然蒲坼愛被殷勤，竟遂棄疢告，爲忘形之交，然未有驗。蒲坼碩學宿充，性尤仁厚，蒞臨之久，大得民和。因郡衙之隘，乃按舊地而徙之，正當僞宮之基。初，城中有一港曰錦帆涇，云闔閭所鑿以游賞者，久已堙塞，蒲坼亦通之。時右列方張，乃爲飛言上聞云：‘蒲坼復宮開涇，心有異圖也。’時四海初定，不能不關聖慮，乃使一御史張度覘焉。御史至郡，則僞爲役人，執搬運之勞，雜事其中。斧斤工畢，擇吉構架，蒲坼以酒親勞其下，人予一杯。御史獨謝不飲。是日，高太史爲《上梁文》。御史還奏，蒲坼與太史并死都市，前工遂輟。至今郡治猶仍都水之舊，僻在西隅，堂宇偪側不稱。前代儀門下一碑，猶是都水司記，可徵也。而僞吳故基，獨爲耕牧之場，雖小民之家，無敢築室其上者。惟宮門巍然尚存，蒿艾滿目，一望平原而已。然數年之前，猶有拾得箭鏃與金物者，近亦無矣。”

　　文光案：陳氏云高季迪以《上梁文》殞命，前此不明其事。今得《吳中故語》，所記較他書爲詳，因備錄之。季迪文名《鳧藻集》，予尚藏之。今又有《青丘詩注》。

《金川集》二卷　附《遺事錄》一卷　《雜錄》一卷

明練子寧撰

浩然堂本。乾隆壬午年重刊。前有乾隆二十七年壬午周徨序、弘治辛亥王佐序、又序，嘉靖癸卯陸時雍《重刻金川玉屑序》，康熙癸卯高薲序、施閏章序，目錄。上卷舊序、祭文、挽詩、本傳、賦、詩，下卷策、序、記、墓銘、表、書、跋。

是集始自弘治辛亥，同知王佐摭公遺文，名其集曰“金川玉屑”。正德中，提學副使李夢陽始梓而行之。自正德壬申迄萬曆戊戌，凡三泐三鐫：鐫於嘉靖癸卯者，則提學陸時雍、知府王養正；鐫於萬曆戊戌者，則知府高從禮、知縣王文爀也。當時革除未復，忠魂尚黯，不稱官稱姓稱字，而曰“金川玉屑”，時有所諱焉耳。今直稱官稱地，名之曰“練中丞金川集”云。_{錄於《雜錄》。}

《解文毅公集》十六卷　《附錄》一卷

明解縉撰

解祠本。乾隆丁亥十一世孫解韜校刊。首沈德潛序，次黃諫、任亨泰、羅洪先原序三篇，次康熙己亥張尚瑗序，次像、贊并序，次本傳，次目錄。疏表一卷，頌言一卷，詩四卷，序二卷，記二卷，傳、行狀一卷，墓表一卷，墓誌銘一卷，碑、贊、銘、書、說一卷，題跋一卷。附録《春雨解先生行狀》、墓碣、祠記、《明閣學記》，末有康熙戊戌十世孫悦跋，又韜跋。公著作甚富，有《白雲稿》、《東山集》、《太平奏疏》若干卷，不盡收拾，愈多散亡。此集一輯於天順間内翰黄公，再輯於嘉靖念菴羅公。明末，原刻業經灰燼。我朝康熙戊戌，公之嫡裔悦重編付梓。未及五十年，字畫脱落。悦之從子韜重刊，即是本也。《論韓國公冤事狀》，代王國用作。

《説詩》云："漢、魏質厚於文，六朝華浮於實。具文質之中，得華實之宜，惟唐人爲然，故後之論詩以唐爲尚。宋人以議論爲詩。元人粗豪，不脱氈裘童[一]酪之氣，雖欲追唐邁宋，去詩益遠矣。"又曰："學詩先除'五俗'，後極'三來'。'五俗'，一曰俗體，二曰俗意，三曰俗句，四曰俗字，五曰俗韻。此幼學入門事。'三來'者，神來、氣來、情來是也。蓋神不來則濁，氣不來則弱，情不來則泛。苟不關於神，不屬於氣，不由於情，此外道也，非得心得髓之妙也。"又云："劉基極力師古，煅煉其詞旨，向選其集，首推樂府古調，較之近體尤勝。江右則劉崧擅場。彭鏞、劉永之相望，并稱作者。"

羲之帖在《淳化》第六卷，宋太祖時，王著定審真迹，摩勒上石。乃相傳云木板，豈固有兩本耶？王著所摹，今世無傳者，雖佳，亦是翻刻耳。《絳帖》差瘦，大體與《大觀》同。今世所傳，當以絳本爲上。

李邕墨迹，米芾家故物也。子友仁進之祕府。今卷首"唐李邕永康帖"六字，高宗御書也。國初流落於某家，余兄得之，以爲解氏之寶。

《薛文清公文集》二十四卷

明薛瑄撰

原本。弘治已酉，門人關西張鼎編，有序。目録，曰賦，曰詩，凡十卷；曰雜著，曰書，曰序，曰記，曰哀辭、祭文，曰碑誌，曰箴，曰銘，曰贊，曰章奏，凡十四卷。

張氏序曰："先生名瑄，字德溫，別號敬軒。世爲山西河津人。自幼篤信好古，博學善記。所著有《讀書録》、《續讀書録》、《河汾詩集》行於世。惟文集，則先生孫、前刑部員外郎禩曾託前常州同知謝庭桂板刊，未就。今年夏四月，前監察御史暢亨先生同鄉，謫官陝右道，過鎮陽，予因訪前集，暢曰：'某於毘陵朱氏得之矣。'予喜而閲之，但舛譌，非原本矣。因仿唐《昌黎集》校正編輯，總千七百篇，分爲二十四卷。凡三易稿，始克成編。"

《書絳守居園池記後》曰："近得樊紹述《絳守居園池記》石本於今太守臨川王公汝績。《記》前後刻孫冲、何亮序、書，多論樊記之失。偶記舊收元人文集中有是記句解，檢得之，則灤陽趙仁舉《辨疑》附其後，復深辨孫、何之説非是。余既未得親考絳之遺迹與樊記合否，但以趙説觀之，恐今石本中尚有舛誤。賢太守更能絫互考證，并句解刻之，則千載奇文晦而復顯，亦可備絳郡遺事之一端。他亦不足深辨云。"

《白沙集》六卷

明陳獻章撰

通行本。康熙庚寅顧嗣協校刊，有序。何九疇重編。首刻行狀、《應詔録》。第六卷爲附録。《簡明目録》曰："獻章學本於禪，其詩文似高僧偈，不可法，亦不可竟廢。"谷際岐《歷代大儒詩鈔》所採白沙詩最多，其詩有令人不可思議處。

顧氏序曰："余欲悉依宋刻，重壽棗梨。"

文光案：白沙，明人，焉有宋刻？且別無宋氏刊本。嗣協，長洲人，新會知縣，何至荒謬若是？宋或爲明字之誤歟？弘治丁酉新會令羅僑所刻，爲初刻。又有蕭世延刊本、林刻湛甘泉校本、何泰宇重刊羅本。此本蒐輯遺佚，增於諸本。

《瓊臺會稿》十二卷

明邱浚撰

藍絲欄本。前有萬曆庚辰趙志皋序、嘉靖壬子黃佐序。凡文十卷、詩二卷。末有嘉靖癸丑鄭廷鵠跋。

鄭氏跋曰："《會稿》者何？鵠所會也。先生存時，門人刻其詩，曰《吟稿》；又刻其記、序、表、奏，曰《類稿》：行世已七紀。鵠見先生手蹟，或門人所代錄者，與前二刻迥異，嘗有志正之。又讀《石室藏書目》，見庠中寫本，疑公所自定者，較二刻篇章簡而且要。當時手自抄錄，爲入梓計久矣。邇者視學之暇，取《類稿》藩本重加增定，得記、序諸體二百又二篇，詩、賦諸體二百六十有四篇，會前二稿，合爲十二卷，刻之洪都。非有所擇，因先生所自定爲附益之故，自鵠會也。

文光案：本集第二卷有《石室藏書記》，蓋於學宮鑿石爲室，藏書其中，而記其好書之癖、得書之難、積書之心，所以期後賢者甚遠。書目具於碑陰。

《懷麓堂集》一百卷　《續集》十卷

明李東陽撰

茶鐸本。首康熙二十年韓世琦序，次蔣永修序，次目錄。《詩稿》二十卷，《文稿》三十卷，《詩後稿》二十卷，《文後稿》三十卷，《詩文續稿》十卷。次凡例十一則，次弘治甲子自序，次正德丙子石淙楊一清序。此本爲蔣永修所校，未見精審。原本久佚，廖方達重刊時，搜訪甚勤，然屬雜碎購本，未免先後失序，多與年譜不合。《詩話》嗣出，樂府內小批"潘云"、"謝云"，不知爲誰。題畫詩最多，詞六首。

楊氏序曰："先生自輯詩文九十卷。詩、文《稿》，在翰林時作。《後稿》，在內閣時作。《南行稿》、《北上錄》以及《經筵講讀》、《東祀》、《集句》、《哭子》、《求退》諸錄，則附於全稿之末，不入卷中。熊君桂得副本，刻之徽州郡齋。"

廖氏跋曰："奏疏有整本，久無存者。《密勿疏》留中未發。《新續詩話》論詩最悉，酷似于鱗。"

韓氏序曰："署廣文廖子方達搜求李西涯全集，彙爲百卷，重梓以行。其文法度森嚴，思味雋永，天趣溢發，脫盡凡近。"

蔣氏序曰："幼學神童，已結主眷。少成進士，壯歷首輔。嘉靖末，猶賴西涯之門生、故吏以治天下，其教可知也。牧齋《列朝詩集》條其門生爲一卷，以證人物。有明三百年，獨推西涯一人，至今論定。其詩文深厚渾雄，獨存古意。《羣書集事淵海》，國初人輯，不著姓名。凡四十七卷，自君臣而下至外國，爲門十，爲目五百七十二，其條以數千計，皆集諸書事略，各注所出。內官監得之，刊板以傳。"

吾友篁墩，淹貫羣籍，訂疑伐舛，厥功惟多。而於朱子之説，尤深考核其文，有《前稿》、《後稿》、《三稿》、《續稿》百二十卷。殁之年，爲正德丙寅。其門人摘而刻於徽州，名曰"篁墩文粹"。明年丁卯，知府何君歆得全稿，將錄諸梓。篁墩之子塤請序於予。先生有《道一編》、《心經附注》、《程氏統宗譜》、《貽範集》共百餘卷，別行於世；《皇明文衡》、《瀛賢奏對錄》、《宋逸民錄》又百餘卷藏於家。

予見顏稿真蹟，石刻去墨迹遠甚。

太常少卿兼翰林侍讀費君了充，得晦庵先生《易繫本義》稿本數紙，皆烏絲欄，大、小字分經注書，間有竄易。即所竄易，與世所傳定本亦或不同。其意同而辭異者，不敢悉舉。如"游魂爲變"，注曰："魂既游，則魄降而爲變。"定本乃曰："魂游魄降，散而爲變。"蓋其初説似微有次第之可議，而定説則見魂魄相離，無分先後之意，方爲精當。"五位相得，而各有合一"，注曰："一與六相得，合而爲水。二與七相得，合而爲火。"定本乃曰："一與二、三與四，各以奇耦爲類而自相得。一與六、二與七，皆兩相合。"而《語録》亦曰："相得如兄弟，取其奇耦之相爲次第。有合如夫婦，取其奇耦之相爲生成。"又曰："甲乙木、丙丁火相得，甲與己、乙與庚相合。"蓋初説止一義，定説則於經文而字，各字皆有着落，而義益完足矣。先生明聖學、傳道統之功固無俟論，至於訓釋經傳，剖析義理，繭絲牛毛，各極其至，而明暢安帖，無復遺憾，天下莫加焉。先生嘗自謂字字從分金等子上稱來。今觀命意造語，累易而後定，然後知其用心之密也。《書文公先生繫辭本義手稿後》。

　　文光案：集内書畫題跋甚夥，題畫詩亦多。文中有《讀唐史》三十二首。《求退録》有自序。《續稿》後有正德戊寅門生靳貴後序。卷末有廖方達、劉温良、陶汝鼐三跋，皆湖南茶陵州人。惜乎《詩話》、年譜至今未見。

《莊文節公集》十卷　《附録》一卷

明莊㫤撰

莊氏本。六世孫莊琮校刊。此爲第二刻，舊板在定山書院。定山先生少與陳白沙、羅一峰遊，草書自成一家。白沙、定山開陽明龍谿之宗。《簡明目録》："《莊定山集》十卷，文衍《太極》，詩似《擊壤》。"

《醫閭集》九卷　《附録》二卷

明賀欽撰

明本。内題"唐順之重校"。首嘉靖己丑嘉魚李承勛序，次目録。《言行録》三卷，存稿四卷，奏稿一卷，詩稿一卷。附録墓誌，末題“翰林潘承撰。嘉靖九年，山陰成文書後”。

李氏序曰：“先生之學出於白沙。謝病歸，杜門不出者十餘年。城中亂卒爇劫，不入其坊，城賴以全。先生世爲定海人，以戎籍隸遼之義州衛。登成化丙戌進士，任户科給事中。養疾回，隱閭山下。克恭，其字，而遼人無老少，稱‘醫閭先生’云。”

文光案：《墓誌》：“自號醫閭山人。羅倫榜進士。葬於閭山之光明谷。”

成氏跋曰：“予撫遼之明年，取《遼志》觀之，知義州賀公欽爲一方人物。適大司馬遜菴李公以存稿示及，遂命工重梓之。敢僭言於後者，又重違賀公之子、舉人士諤之請也。”

《言行録》：“黄東發謂臯陶以司刑而子孫無聞，不得以禹、稷、契比；韓信以司兵而宗族夷滅，不得與蕭、曹、張良比：真淺陋謬言也。臯陶得道統之正，傳者尚謂其以司刑禍其子孫，不知何等人可司刑而福其後也？韓信以謀反誅，乃以之比臯陶，何其謬耶？至蕭、曹、張三子之後，爲異端之徒、篡弑之賊，皆爲其祖宗之榮，又何卑耶？”

于少保有取死之理，但殺之非其罪。英廟被留虜廷，郕王監國，少保相之，自當卧薪嘗膽，期復不共戴天之讎以歸英廟。乃不久而郕王遂天子之位，無復討賊之心，且廢太子而立己子。虜送英廟歸，景泰但一見，遂幽之南内。此皆少保當國時事也，豈不有死之理？然謂其迎立外藩以樹私恩，則實無是也。又曰，于公大才，有安社稷功，人鮮及之。但大義不明，遂至於此。或曰：“郕王欲踐位，少保何以處之？”曰：當時英廟被虜，人心搖杌，雖郕王監國，亦自恐懼不暇，豈有他意？當此時，少保處之有道，使郕王大誥天下以監國復讎大義，敢有上言欲王即真者，即是奸黨，身家重罪。如此，則後來郕王雖有邪心，何由能動？當時既無處置，後來節節俱不能死諫；又不引去，而主張國事，權勢自如，乃使英廟禁錮南內，此心何忍耶？又曰，于公清白，抄沒時，其家實無所有。

人言唐太宗諫行言聽，誠可事之君。然考其大倫之虧，真夷狄禽獸耳。使於此諫之，彼豈肯聽從之如他事乎？

草廬只是聰明博學，躬行切實意思少，故其出處、著述，皆有可議。又曰，稱許魯齋，便有躬行實踐意思，今其文字皆可見。

《禮記》有可疑者，有聖賢之言當記而誤遺之者，有不得聖賢之意而妄爲增添者，有他人之言適其意而取之者，有相傳之謬誤不抉擇而遂書之者。

白沙《讀秦誓》，其論未免過高。 吳草廬《道統圖説》，恐非有道者氣象。 草廬《謝僉幕》等書，甚非聖門氣象。 後世著書之人，不爲名者甚少。 孔門自顏、曾而下，諸子之言，鮮有無病者。 陳文耀刻《朱子語類》。 世衡射法。 漫記羊山之戰二十餘條。 种世衡射法行之青澗數年，人皆勁兵，虜不能入。世衡，宋名將，以銀的誘射，中者與之。

《虛齋集》五卷

明蔡清撰

抄本。首正德辛巳林俊序，次目録。詩、雜著一卷，書一卷，序一卷，《字説》、《雜説》、記一卷，哀詞、祭文、墓誌銘、傳、贊一卷。五卷之本難得。

林氏序曰："温陵蔡介夫飭躬砥行，動準古人。其學以六經爲正宗，《四書》爲嫡傳，四儒爲真派。其精力盡用之《易》、《四書蒙引》之間，梓學宮而行天下。四方宗之，曰'虛齋説'也，守無變。介夫歿，姚英之諸君子爲立祠萬石崖，志貞爲輯遺文梓之，予爲之序。"

《蔡文莊公集》七卷　《附錄》一卷

明蔡清撰

蔡氏本。乾隆壬戌徐居敬重編，宗裔廷魁校刊。

《古文苑後序》：「侍御寶應張公世用得抄本，按節吾閩，刻梓以傳。」

《歐陽行周集》十卷，近世無傳。冢宰福郡林先生自內閣錄出，吾師信豐尹莊世平先生刻之於梓。

《洪武正韻》得於《中州音韻》者最多。元周德清此書未行於世，吳興王文璧先生乃取家藏故本大加訂正，益精且詳。龍溪尹姚君爲梓行之，俾清識一言於端。

《胡文敬公集》三卷　附《居業錄》十二卷

明胡居仁撰

梅溪刊本。乾隆丁丑同邑後學公梓。前有弘治甲子門人余鄱陽祜序。《居業錄》，余祜編。初刻於弘治甲子，正德中兩刻。張古城摘者，名曰「要語」。吳廷舉所撮，名曰「粹言」。萬曆兩刻，皆全書。李禎梓於楚，李及泉梓於三輔。崇禎時，王、嚴二人分門別類，呈之學使，刻於饒郡。國朝本邑本，至此已三刻。又有《正誼堂叢書》本。

余氏序曰：「此集皆祜於先生既歿之後，收之散亡間，多少時之作，亦不忍刪。」

《枝山集》三十卷

明祝允明撰

明本。前後無序跋。天一閣有《祝氏集略》三十卷，分十二類，自編定。

寧獻王《漢唐秘史》二卷，凡二代雜怪詭事，徵采甚繁，多不自正史出。特承宸旨，敢以無稽者勦淆之？若徒出不經之策，外人亦能之，更不敢爾。

杜㦃《古易序》，以晁氏、呂氏、朱子所定古《易》未合孔氏之舊，乃出己意爲此書，具有叙例。又作《辨注圖説》，以成一家言。入山三十年，方得之。其勤苦如此。

《西清朝貢録序》。《甘泉陸氏藏書目録序》。浙江參政陸文量藏書甚富。震澤《紀善録序》，宋王信伯撰。淳熙間，施氏與文集同刊之蘄郡。十一世孫觀重刊。《龍筋鳳髓判序》，元人録本，明沈津重刊。《中原音韻序》，明王廷端刊本。

王氏曰：“祝枝山，狂士也。著《祝子罪知録》，其舉刺予奪，直抒胸臆，言人之所不敢言，亦間有可取者。而刺湯武，刺伊尹、孟子及程、朱特甚。刻而戾，僻而肆，蓋學禪之弊也。乃知屠隆、李贄議論有自。”_{録於《山志》。}

《浮湘集》四卷　《緩慟集》一卷　《憑几集》五卷　《續集》二卷　《山中集》四卷　《息園存稿》十四卷　《文》九卷

明顧璘撰

吳郡沈氏繁露堂本。嘉靖戊戌陳大壯校，門人刊。《浮湘詩》，林屋山人濟陽蔡羽序，鄉進士、門生江左金大車序，末附詞五首。《緩慟集》，傷亡女也。嘉靖庚子自序，墓誌一首，遺思十一則，琴操四曲。《憑几集》，嘉靖庚子郡中後學皇甫汸序，凡詩三卷、詞一卷、雜文一卷。《續集》，自序，詩一卷，文一卷。《山中集》，歸休山中之作，有序，失名。凡詩四百二十一首、詞六首。《息園存稿》，嘉靖戊戌湖廣漢陽府同知洛陽陳大壯序，賦一卷，詩十三卷。《息園文》九卷，嘉靖十七年戊戌湖廣寶慶府知府資中鄧繼曾序。

吾師東橋顧公，以直道忤權奸，自開封尹謫刺全州。感時觸興，一寓於詩。題曰“浮湘稿”，紀其地也。公今歷官御史中丞，階則崇矣，而卒不獲大伸其志。諸門下士乃請是集梓行之，其有感焉乎哉！《浮湘集》金氏序。

大司空東橋顧公眎余《憑几集》，皆楚辭也。公自弱冠發科，解褐談藝，獨步江左，此固上德之餘事也。《憑几集》皇甫序。

東橋子築園居室之後，名曰“息園”。息也者，寶神養形之道也。造化遺我以年，先人遺我以地，鄰里助我以勝。我不知形神之爲貴，殆莊生所謂“倒置之民”乎？《息園記》。

　　文光案：《緩慟集》遺詩後，有詩十三首，名曰“哀曲”。

《近言》一卷，顧璘撰。慨道紀之久湮，哀王政之弗續，乃作《近言》十三篇。末篇爲叙志，如《太史公自叙》。前有王廷相序。又黃巖、黃綰、宗賢同序，顧達跋。《四庫》儒家類存目，附本集後。

《國寶新編》一卷，顧璘撰。亡友十三人傳，各附以贊。嘉靖丙申姑蘇袁袠校序，自序。李夢陽、何景明、祝允明、徐禎卿、朱應登、趙鶴、鄭善夫、都穆、景暘、王韋、唐寅、孫一元、王寵，共十三人。又繼亡二人，田汝耔、周廷用。末有袁袠跋、陳束跋。《四庫》傳記類存目，附本集後。

《王文恪公集》三十六卷

明王鏊撰

明本。玄孫某刊。此板不知何人所寫，甚工。前有元宰序，猶是董書。初印之本，更爲精妙。

讀《曾子》、《孔叢子》、《晏子春秋》，題《古本九經》、《列子》、《蘭亭》。《孫可之集序》，《古單方序》，《小學集注大全序》，

《重刊左傳詳節序》，《唐六典序》，《春秋詞命引》，《重刊王逸注楚詞序》，《申鑒注序》，《皇甫持正集序》。

《王文成公全書》二十二卷

明王守仁撰

姚江俞氏本。康熙癸丑，從化令姚江俞鱗嵩菴重刊，有序。卷首爲遺像、誥命、年譜。卷一、二、三、四爲書，卷五爲序，卷六爲記，卷七爲說、雜著，卷八、九爲賦、騷、詩，卷十爲墓銘、墓表、墓碑、傳、碑、贊、箴、祭文，卷十一、二、三、四、五、六、七爲奏疏，卷十八、九、二十爲公移，卷二十一爲《傳習錄》，卷二十二爲《語錄》，而以嵩庵之叔父俞長民之跋終焉。是集，錢緒山首刻於姑蘇，嗣後，閩、越、河東、關中皆有刻本，板多殘失。舊本以講學明道爲正，錄詞章應酬爲《外集》，奏疏、公移爲《別集》。此本彙爲全書，不分三編。

《王氏家藏集》六十五卷

明王廷相撰

明本。前有嘉靖十五年唐龍、杜柟、栗應宏三序。凡詩二十卷、雜文十三卷、雜著八卷，内有《喪禮論》、《夏小正集解》、《深衣論》、《律吕論》。《答天問》九十五首，自序云："取屈子所問者，每一事相屬作一首，未必無指迷辨惑之助。"《慎言》十三卷，前有三序，後有二跋，皆過夸之詞。是書自言其所得，取慎言其餘之意。觀其自序，衛道尤篤。而集中有《鈐山堂集序》，殊不可解也。《雅述》二卷，自序曰："老、佛之論出世，乃大惑，百家九流，各競所長，而六經中正之道荒矣。雖宋儒極力抵辨，而才性有限，不能拔出流俗。沾帶泥苴，使人不得澄清宣朗以睹孔門之景，良可恨矣。予於天道、人事變化有不符於聖者，時置一論，以求合道，名曰'雅述'，謂述其中正經常，足以治世者云爾。"《内臺集》七卷，此門人所刊詩詞、雜文。張鵬序云："家藏集已先刻之，此特緒餘，非浚川公意也。"《喪禮備纂》二卷，張鹵序曰："其説本《大明集禮》，根極《三禮》，是正諸家。未經脱稿，其門人敷陳其大略。"謹案：《四庫附存書目》作六十八卷。此本止於六十五卷，或有所佚歟？

予讀大宗伯介谿嚴先生之集，見其詩思冲邃閑遠，在孟襄陽伯仲之間；文致明潤宛潔，揆之歐陽子，稍益之奇，未嘗不歎其體格古雅，而卒澤於道德之會也。又曰，於道於治，其庶幾矣。夫安得而不傳？世之君子，當有契於予言。

　　文光案：此《鈐山堂集序》，較渭南之記韓，推尊尤至誠，可怪也。

上古惟有九韻：東、冬，一也；江、陽，二也；支、微、齊、魚、灰、佳，三也；真、文、侵，四也；寒、先、元、删、覃、咸、鹽，五也；郊、豪、蕭，六也；歌、麻，七也；庚、青、蒸，八也；尤，九也。其間庚叶陽、東叶陽之類甚多，可見古人取韻甚寬。自沈約《四聲韻》出，唐人用以校士，而聲韻遂拘。後學守之不疑，殊可鄙歎。

校勘記

〔一〕"童"，據理似當作"渾"。

集部二
别集類二十一

《儼山集》一百卷

明陸深撰

明本。首費寀序。凡賦一卷、詩二十二卷、詞一卷、詩話一卷、文七十五卷。

費張[一]序曰："陸文裕公集凡百卷，其文剔奥闡幽，根極理道，可見諸行事。充經筵日講官，慨然以講章自[二]。宰臣更定非是，面陳其闕，竟坐落職，可謂戇直不諛矣。"

右《詩大序》，或以爲孔子作，或以爲子夏，或以爲國史，或以爲衛宏，皆無定據。考其文，蓋先秦古書云。顧有錯簡，而窮經之士未之或知，不免傅會牽合，以成破碎決裂之弊。竊校正之如左，亦思以還之於舊也：

"詩者，志之所之也。在心爲志，發言爲詩。先王以是經夫婦，成孝敬，厚人倫，美教化，移風俗，故正得失，動天地，感鬼神，莫近乎詩。故詩有六義焉，一曰風，二曰賦，三曰比，四曰興，五曰雅，六曰頌。是以一國之事繋一人之本，謂之風。風也，教也。風以動之，教以化之。以上十三字舊誤入《小序》。言天下之事，形四方之風，謂之雅。雅者，正也，言王政之所由廢興也。

政有小、大，故有小雅焉，有大雅焉。頌者，美盛德之形容，以其成功告於神明者也。是謂四始，詩之至也。情動於中，而形於言；言之不足，故嗟歎之；嗟歎之不足，故永歌之；永歌之不足，不知手之舞之，足之蹈之也。情發於聲，聲成文，謂之音。治世之音安以樂，其政和；亂世之音怨以怒，其政乖；亡國之音哀以思，其民困。上以風化下，下以風刺上。主文而譎諫，言之者無罪，聞之者足以戒，故曰變^{疑闕一字}風。故變風發乎情，止乎禮義。發乎情，民之性也；止乎禮義，先王之澤也。至於王道衰，禮義〔三〕廢；國異政，家殊俗，而變風、^{疑衍二字}變雅作矣。國史明乎得失之迹，傷人倫之變，哀刑政之苛，吟詠性情以風其上，達於事變而懷其舊俗者也。"今校定《大序》。原案："古文皆漆書竹簡而韋編之，韋易絶而竹易紊，是故古文傳世，錯謬實多。如此序者，窺豹一斑爾，安敢自信？間有闕疑，亦複擬而存之，以備一說。"

《詩微後跋》云："先生《詩微》成，携入京師，爲朝士借錄亡去，僅存《二南》、《邶風》，餘俟訪獲別梓。"

《周大記》，自后稷至秦莊襄王滅東、西周，周亡，因舊文略討論之。

《吳記》，自太伯至越破吳、誅太宰嚭而歸。

《季札傳》："年九十餘卒。"

《重修伍子胥傳》："吳人立祠於江上，因命曰'胥山'。"

《重修蘇軾傳》："與王介甫議論始終不合。復與程正叔語難禮文，至分黨相攻。"

《蓉塘詩話引》，姜南撰，頗有詮擇。張國鎮刻之縣齋。

《重刻百官箴序》，宋許月卿撰。宋亡時，南士有卧一車中，五年不言者，即山屋也。講學於鶴山，得朱了之傳。山屋固朱了鄉人，著述甚多。此箴或其集中之一類，潘方塘重鋟。

《重刻杜詩序》："《千家注》，汪諒刊。"

《重刻唐音》，汪諒既刻杜詩，又刻此書。

《海潮集序》："檢古今論潮者爲集。"

《道南三書序》："楊氏時、羅氏從彦、李氏侗，皆延産也，因次其文。"

《詩準序》："蠶叢國詩，石鼓詩全文。"

《重刻家語序》："代郭允禮作《續刻家禮》。"

《詩微序》："折衷傳序，兼采衆長，附以鄙説。"

《李世卿文集序》："國初，文未脱元人之習。渡江以來，朴厚典易，蓋有欲工而未能之意。化、治間，宣朗發舒，盛極矣。然以雕刻鍛煉爲能者，乏雄深雅健之氣；以道意成章爲快者，無修辭頓挫之功。世卿，嘉魚人，名承箕。與其兄承芳嘗游白沙陳公甫之門，而肆力於古文章。"

《家禮序》："書凡十五卷，今書四卷。"

《重刊千金寶要方序》："張西野撫蜀，刻之。"

《書輯序》："予輯前代書家之論既久，恍有以見其旨意之所在。戊寅再加删次。"

《江東藏書目録序》："殘本不售者，往往廉取之，故余書多斷闕。"

《理學括要序》："元詹道存著，其從曾孫東魯君編次，刻之松郡。"

《題海叟集》："舊有刻，又別有選行。《在野集》者，又删次之，爲今集。其詩雅重悲壯，渾雄沈鬱不可測。"

《題蜀本史通》："蜀本未盡善，予因舊刻校之，補殘刓謬，凡若干言。乃又訂其錯簡，還其闕文，題《史通》後。知幾高自標致，自子長而上，皆涉評彈。然此書之冗長，亦不少矣。笑前人之未工，忘己事之已拙，修辭之難也如此。"

《七賢過關圖》："事無所考。王公進德所藏，余題數字。"

《題蘿山集》："宋景濂《蘿山吟稿》五卷，鍛煉之精工，體裁之辨治，氣韻之偉麗，詞兼百家，亦國朝詩人所未有也。"

《書戰國策後》："鮑氏嘗詆高誘爲陋儒，然鮑之高論自專，動以聖賢律游談之士，是其所短。而吳氏主於攻擊鮑氏，持論失之太過，反不若鮑之得其平者。諸序猥雜，今定以劉序、曾序爲冠。其餘別爲一卷，以附其末。"

《題所書後赤壁賦》："二沈先生以毫翰際遇文皇，入宮禁，近吾鄉有大學士、小學士之名。文皇不喜歐書，以爲織竹編葦，有衰颯氣象。予家二沈手筆，以民則《赤壁賦》小楷爲第一，惜乎止[四]得前篇。爲寫後賦，以具蘇文之全。"

《書學古編後》："今京師《學古編》非善本，校正數字，重次第之。"

《跋劉都司家藏卷》："劉公諱紀之，手筆禁廷祕事，可備史乘。"

《跋義獻六十帖》："黃廷臣名諫，蘭州人。究心字學，有《從古正文》行世。帖中釋文、跋語，蓋手筆也。此帖模勒皆工，近時佳刻。此帖釋文，草書亦時誤讀，間爲校定數字。"

《跋郭熙長江萬里圖》："宋室倚長江爲湯池，故當時畫手多喜爲之，卒不守而鐵騎飛渡矣。此卷爲張夏山所藏，筆力奇怪，有意外象。"

《跋宋刻絲作樓閣》："製作甚工，世所罕見。"

趙子昂臨張長史《京中帖》，筆法操縱，骨氣深穩，爲真迹無疑。且不用本家一筆，故可寶也。

張翰宸書右小楷《宋清傳》一通、行草《玉連環歌》一首，姚文光炤所藏。二文皆醫家言。翰宸嘗署嘉定校官，國初以能書名，在宋仲溫、陳文東之間。行筆用鋒，楚楚有法。

《跋十七帖》："帖首填損三行，每行舊有藤黃，旁注細字。拓手甚高，真所謂薄雲過青天也。"　"余諸帖惟此最古最佳。"　"右《十七帖》不全，石刻在關中。近時蔣侍御伯宣亦刻石於吳下，不若此刻猶存拙意。黃伯思亟稱此帖爲書中龍，蓋在行款耳。此本行款當爲模勒者，展促亦失之矣。昔唐太宗購二王書，右軍書三千餘紙，以類相從，率一丈二尺爲卷。此帖亦一丈二尺，凡百七行，九百二十三字。余收有淳熙修內司帖一卷，行款正同。後復得趙松雪對臨墨蹟，皆神采焕然，可寶也。往時周府東書堂、晉府寶賢堂，各用入刻，皆不復知此矣。"此《十七帖》，行款模勒皆有古意。但中作《蘭亭》圈塗，又是一刻。"

《跋東書堂帖》："予聞《東書堂帖》舊爲石刻，據此跋，則木帖矣。王槩借拓時重修之，已非初帖矣。""此成化辛丑重翻本，每翻每下。有宗室號'西亭'者爲予言：'定王初刻帖久亡。憲王別鑄銅作帖，爲定王埋蝕，世復鮮傳。'""東書堂所刻二王帖，往往有姿韻，因剪裝。"

《跋師山集》："國初有大字本，新安再縮小刻之。此刻頗精，師山後人鄭宜簡廉所爲也。"

《唐人雙鈎大令帖》："雙鈎惟唐人最工，嘗見歐、虞、褚、薛皆爲之。此卷獻之諸帖是白麻紙，紙盡處有御府法書印，蓋宋思陵時物也，其爲唐人手筆無疑。舊藏王寧駙馬家，識以'承恩堂'、'駙馬都尉永春侯圖書'二印。予在長安，愛其舊也，收得之。庚子九日題。"

《師子林圖》，徐幼文作，凡十二段。段有題名，以古篆隸寫之。

《跋蘭亭》："近世《蘭亭》翻刻，稱汴中絕佳。金陵購得此本，紙、墨又佳也。"

《聖哲圖》、《宣聖十哲像》，今太宰水村公所藏。考《史記》德行首科，特少伯牛、仲弓二傳，而一時紀載，多非實錄。浙刻宋高宗《七十二賢贊》，墨本，因爲列寫。按：高宗所書謚贈，皆仍唐舊。又爲附録開元褒表之制於後，以備一家顛末。復以《孔子世家》一論冠於首。此圖乃宋人之筆，當是重和元年寫真。

《陽關圖》："唐右丞詩，世所稱'陽關三疊詞'也。調存而疊法廢。往在京師日，與王陽明、都南豪論此，或以每句作三疊歌，或以爲止歌落句三疊。今無所考。或以爲每句一歌，每歌一疊，輒減二字至三疊，則歌三言矣。言皆成文，殊爲有理。此圖，余所藏李嵩舊本，思齋子命工模之。"

《忠賢遺墨卷》："遺令一首，凡八十六言。按《元史》，師山名玉，字子美，歙人。與余公闕交好，其死節亦同時。"

《跋墨竹》："墨竹起於李夫人，其法具於與可《答東坡書》。世稱與可爲竹聖，豈虛語哉！國朝最擅名者，王孟端中書、夏仲昭太常。瀟灑絶俗，中書爲多；精神氣力，太常至到。"

《書輯跋》："至正間，將改奎章閣爲宣文閣。先時，子山每令伯琦日篆宣文閣榜數十，伯琦殊不省識。一日有旨，命子山書宣文閣榜。子山上言：'臣能真書，宣文閣宜用篆書。伯琦篆書，今世無過之者。'順帝如其言，下筆稱旨，由是伯琦益見柄用。古人於一事之微，其委曲成就，有大體如此。"

文光案：明人書畫題跋，雅致可觀，因節録陸氏跋如右。其跋書畫最富者，莫如王元美之《四部稿》。張溥所刻最佳。鍾伯敬《書畫跋跋》，即跋王氏之書。其他如文衡山、唐六如、祝枝山諸集，皆以書畫家跋書畫，最爲精審。余欲集諸家之書跋爲一書、畫跋爲一書，略仿《珊瑚木難》之例。古畫雖不可見，猶得於此想像其萬一。顧力有未暇，抄寫不易，徒抱羣書長歎而已。倪濤撰《六藝之一録》，書學之源流正變，莫備於此，凡四百六卷。余在京廠曾見抄本，索五百金，價重難得。其書採摭甚富，世無副本。倘有力者訪而刻之，亦藝林之盛事也。

　　袁御史海叟能詩，國朝以來，未見其比。有《海叟集》。李獻吉謂海叟諸詩《白燕》最下最傳，故新集遂删之。其詩云："故國飄零事已非，舊時王謝見應稀。月明漢水初無影，雪滿梁園尚未歸。柳絮池塘香入夢，梨花庭院冷侵衣。趙家姊妹多相忌，莫向昭陽殿裏飛。"廉夫擊節歎賞，遂廢已作，手書數紙，盡散座客。一時聲名振起，人稱爲"袁白燕"。《海叟集》，陸深、李夢陽、何景明校選，孫繼芳刊。

　　晉人工造語，如潘安仁詩叙表兄弟云"子親伊姑，我父惟舅"，直是雅暢。若在唐以下諸公口，須"汝親我姑，我父汝舅"成文耳。○《陳思王集》惟《洛神賦》爲最，《陸士衡集》亦惟《文賦》爲最，他皆不及。○《漢書·蒯通贊》自"春秋以來禍敗多矣"而下减去一"昔"字、兩"而"字，皆七字成文，分明是一篇詩，特少叶韻耳。其簡質若此。贊東方朔，則有韻矣。"首陽爲拙，柱下爲工。飽食安步，以仕易農。依隱玩世，詭時不逢。"此與銘詩何異？○退之詩於叙事處特有筆力，如"兒童見稱説，祝身得如斯。儕輩妬且慚，喘如竹筒吹。老婦願嫁女，約不論材資。老翁不量力，累月笞其兒。攬攬不附託，無人角雄雌"數句，曲盡登科人情物態，千載如新。但此格本自《木蘭》、《焦仲卿》來，下此則俚俗。元、白之流派，有韻之文章是已。○《贈張籍詠雪》一篇，歐陽公不以"隨車翻縞帶，逐馬撒銀杯"爲工，而以"坳中初蓋底，垤處遂成堆"爲勝，但此亦未盡體物之妙。蓋雪之初下，必雜霰而輕細，是凹處易於攢聚，高處正難粘綴耳。至於"松篁遭挫抑，糞壤獲饒培"，有激昂憤屬之氣。若"隱匿瑕疵盡，包羅委瑣該"，則感者深矣。○謝靈運《七里瀨》詩，其格律與唐人何辨？○詩句有相似而非相襲者，亦各有工拙。○《折楊柳》，古曲名，多用以詠笛。○東坡嘗欲删去柳子厚《漁父詞》後兩句，予亦欲節卻太白《關山月》後四句，不知古今人所見同耶？○《文選》所載蘇、李詩，非真當時詩。杜子美云“李陵蘇武是吾師”，世必有真蘇、李詩。○圍棋世稱爲“手談”，又曰“坐隱”。二字蓋晉人語也，可入詩。○一字至七字詩，唐有此體。張南史《詠草》即是。○霍渭涯謂三字亦可成體，是在《詩經》與《琴操》、《古樂府》已具。《天馬歌》通篇用三字。深謂語既短，聲易澀，貴在和婉有餘韻。○宋朱翌有《詠摺疊扇》詩，是北宋時已有之。

《苑洛集》二十二卷

明韓邦奇撰

朝邑西河書院本。道光八年李元春重刊。

《簡明目録》曰：“凡雜文九卷、詩二卷、詞一卷、奏議五卷、《見聞考隨録》五卷。邦奇學問淹博，凡天文、地理、兵法、樂律、術數之屬，無不究覽，故其文具有依據，不同勦説。其《見聞考隨録》，尤多資考證，蓋有本之學，雖雜記亦具有條理也。”

《升菴全集》八十卷

明楊慎撰

養拙山房本。乾隆乙卯年周參元校刊，有序。前有明陳大科序、年譜、目録。凡文十一卷、詩二十九卷、雜著四十卷。升菴博極羣書，凡所徵引，最爲繁富。惟所記不確，誤處甚多，宜覆檢原書互證之。予甚愛升菴之説，後稍稍知其違舛，遂不敢據依。或有欺人之處，是其一病也。此本爲廣九官貴州吏目時所刻，大字悦目。其後四十卷爲外集，蓋即張士佩所編。此本題“成都楊慎著，從子有仁録，維揚陳大科校，新都周參元重刊”，而不著編者姓名。參元[五]，蜀人，生於升菴之鄉。明刻有蜀本、陳本，今俱未見。升菴所著凡四百餘種，散佚已多。李氏《函海》所收，尚可見其大略。惟隨手抄撮，不足成書者甚多。讀其全集，斯可矣。詩爲上，文次之，考證又次之。

《泰泉集》六十卷

明黃佐撰

明本。前有萬曆七年陳紹儒序、嘉靖二十一年張璧序。次制誥二通，諭祭文一通；行狀一首，門人黎民表撰。目錄，賦三卷，騷辭、樂章、琴操、樂府一卷，詩十卷，對策一卷，符命、頌、叙錄一卷，箴上一卷，箴下、贊、銘、誦、謠、祝辭、字辭一卷，奏疏二卷，書上一卷，書下、啓一卷，問對、設論一卷，策問一卷，論上、中二卷，論下、議一卷，説一卷，記四卷，序甲至癸十卷，題跋一卷，《廣東圖經》二卷，碑一卷，神道碑一卷，墓表三卷，墓誌四卷，附誄傳二卷，行狀一卷，祭文二卷，共六十卷。《簡明目錄》著十卷，不知何本，恐誤。佐字才伯，號泰泉。李文康疏稱程、朱之學，張文毅亟歎《樂曲》一書。所著書二十二種，散佚已多。文裕見聞最博，粤東風雅，自"南園五子"之後至公而一振。天文、輿地、兵陣、陰陽諸雜家，皆有論辨，見諸書中。

《甫田集》三十六卷

明文徵明撰

文氏本。六世孫然重刊。面題"文翰林甫田集"，有"德馨堂珍賞"印。首《文先生傳》，王世貞撰，曾孫震孟謹錄；次目。凡詩十五卷、文二十卷。內有《晦庵詩話叙》，練川沈氏、韜氏取朱子論詩之語，萃而爲書；《重刊舊唐書叙》，今岑建功重刊，聞人本有此序；《何氏語林叙》，見本書《備遺錄》，叙錄建文死事諸臣。附《行略》一卷。

宋諸賢論《黃庭》衆矣，卒未定爲何人書。予按陶隱君案：當是"居"字。與梁武啓已有"逸少名蹟,《黃庭》、《勸進》"等語。隱居去晉未遠,當時已誤有此目,其爲晉、宋間名人書無疑。而趙魏公獨以爲楊、許舊迹,豈別有所見乎?唐石刻數種并佳,近益失真。此本紙、墨、刻、拓皆近古,中"元"字并缺末筆,固是宋本。自"還坐陰陽門下"皆無之,校他刻才得其半。字勢長而瘦勁,涪翁所謂"徐浩摹本"爲是。都元敬不知何緣得之,今轉付某,自可寶也。《跋黃庭不全本》。

右楊少師《神仙起居法》八行,《南宮書史》、《東觀餘論》、《宣和書譜》皆不載。余驗有紹興小璽及"内殿秘書"諸印,蓋思陵故物。後有米友仁審定跋尾及譯文四行。按:紹興内府書畫,并令曹勛、龍大淵等鑒定,其上等真蹟降付米友仁跋。而曹、龍諸人目力苦短,往往剪去前人題識。此帖縫印十餘,皆不全,是曾經剪拆者。其源委受授,莫可得而考也。標綾上有曲脚封,并"閱生"葫蘆印,是常入賈氏。蓋似道枋國,御府珍祕多歸私家。最後有商左山參政、留中齋丞相跋。留稱野齋者,元翰林學士承旨李謙受益,號野齋居士,博雅好古,虞文靖詩所謂"五朝文物至於今"者。又有廣東宣慰使郭昂彦高,亦號野齋,而其出差後。李在世祖時,爲應奉文字,正與商、留同時,商又同郡人,此帖必李氏物也。《跋楊凝式草書》。

黃伯思好古博雅,喜神仙家。所著文集一百卷,然世未見,所見惟《法帖刊誤》,即此耳。別有《博古圖說》十一卷,王楚《宣和博古圖》實基於此。然楚書頗涉牽合,《容齋隨筆》嘗論之;而陳振孫《書錄解題》謂《圖說》有牽合處,亦因宣和時有所删改,非盡出於長睿也。今觀此書,亦有瞿父之說,豈亦曾經删改邪?中多書帖跋語,考論頗精。鄭杓著《衍極》,謂其自有劉盛注而《衍極》多出於元章,而實不然。按《通考》,書凡三卷,今惟上、下兩卷。前有刊誤標目,而文不載,蓋亦一卷也。《書東觀餘論後》。

公諱璧，字徵明，後以字行，更字徵仲。以世衡山人，號衡山居士。時與楊公循吉、祝公允明上下其議論。案：楊慎、黃佐、薛蕙皆同時與游者。林俊尤重之。吳公寬以古文法授之，李公應禎授以筆法。集內跋李少卿帖云："公潛心古法，當爲國朝第一。其尤妙能三指尖搦筆，虛腕疾書。今人莫可爲也。都公穆、唐君寅，共耽古學，游從甚密。與徐迪功禎卿。唱和，有《太湖新録》、《落花》等詩傳於世。溫州没，屬縣賻遺千金，公悉卻之，溫人構亭以致美云。巡撫李公薦於朝，授翰林院待詔。王府以幣交，絶不與通。年九十而卒。方爲人書志石，未竟，置筆端坐而逝。行略："長子彭、仲子嘉臺早卒。""文氏子孫世稱盛。"

《玉枕蘭亭》，相傳褚河南、歐率更縮而入石者。按：《蘭亭考》所疏不下百本，畢少董所藏至三百本，并不言《玉枕》，疑是近世所爲。柳文蕭云："賈魏公家數本，如《玉枕》，則是以燈影縮而小之。"豈此刻即始於秋壑邪？又秋壑使其客廖瑩中參校諸本，擇其精者，命婺工王用和刻於悦生堂，經年乃就，特補男爵酬之，所謂《悦生蘭亭》也。今世亦罕得其本，余僅一見於沈石田家，精妙不減《定武》。此《玉枕》本有"秋壑"印及右軍象，而刻拓亦精，豈亦出用和之手耶？余嘗收得一本，與此稍異，蓋又別刻也。楊文貞云："《玉枕蘭亭》有二，一在南京火藥劉家，一在紹興府。二石今皆不存。"不知與此本及余所藏本同異，要皆不易得矣。《題玉枕蘭亭》。

右小字石經殘本百葉，宋思陵書也。此本雖殘闕，要不易得。況紙、墨佳好，猶是當時拓本。唐君伯虎寶藏此帖，余借留齋中累月，因疏其本末，定爲思陵書無疑。正德十二年，歲在丁丑，夏端陽日跋。《宋高宗石經殘本》。

文光案：《甫田集》傳布甚罕，此本尚見工整。應有明刻，未之見也。《悦生蘭亭》，當時已重之。見宋人說部。

《李駕部前集》四卷　《後集》二卷　《青霞漫稿》一卷

明李時行撰

南海伍氏詩雪軒本。前有嘉靖辛酉田汝成序、文徵明序，乾隆癸未車騰芳序。少偕嘗讀書羅浮青霞谷，因自號“青霞子”。

田氏序曰：“李子少負儁譽，以茂才異等舉進士。令嘉興，稍遷駕部郎。仇室厚誣，躓於一試，人咸缺望焉。”

文氏序曰：“君與吳中諸名士結爲方外之交，凡諸佳勝，覽題殆遍。觀其廬山東山之作，激烈雄奇，高朗闓暢，有橫騖九州之氣、俯視八方之懷。其他詩文亦多稱是。予嘗評之，文章法漢、魏，古詩法顏、謝，歌行法李、杜，絕、律則又取材於沈、宋、王、孟諸大家，咸超詣入品，信得江山之助矣。”

車氏序曰：“先生諱時行，少偕其字，別號青霞山人，乃前明南園後五先生之一。生平著述甚夥，有《駕部集》、《青霞漫稿》、《雲巢子》、《天求子》、《癯愈子》諸書，今皆散失。族人訪求遺佚，僅得是集，已無完本，輯爲三卷。按：先生授兵部車駕司主事，而忌才者蜚語中之，先生遂拂衣去。是時湛甘泉、黃泰泉兩先生倡道東南，先生後先從游，日以著述爲事，其視名利淡如也。時乾隆癸未，其族人鋟板而新之，屬余爲序。”

《石蓮洞集》三十卷

明羅洪先撰

明本。羅大德選編，陳于廷校刊，有序。又萬曆丁巳鄒元標序。石蓮洞，爲舊隱地。《羅念菴集》十三卷，明嘉靖本俞憲序。目仍其舊。《簡明目》“二十二卷”。徐云：“學似白沙，與姚江異。”

鄒氏序曰：“初安吉吴公巡豫章，刻公《文要》風世。”

陳氏序曰：“曩有集若干卷，編次不精。《文要》纂自王太常之手，所存者理學諸文，詩不具載。余按：虔吉搜先生遺集，屬給諫羅公重加詮次，蓋至是而備具。”

《徐文長集》三十卷

明徐渭撰

明本。萬曆甲寅年刊。天池山人所著《文長集》、《闕篇》并《櫻[六]桃館集》，今合刊之。首萬曆甲寅虞淳熙序；次黄汝亭序；次參閲姓氏；次傳二首，一爲陶望齡所撰，一爲袁宏道所撰；次目録。賦一卷，樂府一卷，詩十卷，詞一卷，文十六卷，雜著一卷。附《四聲猿》，鍾人傑序首。此集爲袁中郎所評，又爲文長作傳。文長注《莊子》内篇、《參同契》、《素問》、《葬書》、《楞嚴經解》若干卷。嘗刻一印曰“秦田水月”，蓋“徐渭”二字也。

黎遂球刻徐文長《闕篇》，序曰：“《闕篇》一種，皆文長所注《道德》，《陰符》，《莊》、《列》諸子，末附《四書解》數十葉。當時文長并其詩文刻之，皆名‘闕篇’，觀其自序可見。此一種乃文長自點記校刻，中間分爲陰、陽文，或標或摘，皆有義理。今文長詩文盡出，雖酒令、燈謎，無有遺者，獨不見此種。袁吏部序所稱《闕篇》，不過詩文。近人學文長者，頹然自放。請觀文長當日讀書，具何如苦心。”

《徐文長逸稿》二十四卷

明徐渭撰

明本。此稿爲張維誠所輯。矼園居士張汝霖序曰：“余孫維誠蒐其佚書十數種刻之，余弁其端并蒐佚事與之。”王思任序曰：“是集也，經予讎閲，録存其要，而宗子不遺皮毛，謀不同而道合。"案：是集所收，如榜聯、燈謎之類，徒爲一書之疵，嚴加刪汰，正所以愛文長也。宗子存之，識亦淺矣。序後爲章重記夢遇文長也。次青藤山人小像。次自著年譜，正德十六年一歲，紀至七十三歲，後爲紀師、紀恩、紀知。次總目。凡詩八卷、賦一卷、樂府一卷、表啓一卷、詩餘一卷、雜文十二卷。

《注參同契序》曰："後儒於書句句而訓之，章章而貼之，故經自爲經體，而注自爲注體。古人則不然，其注經也，取於明經而已。注之之體，或不章貼而句訓，編而次之，人亦無從章析而句分。兼之作述之手，韻調不遠，古今相隔，考問無由，指存爲亡，轉傳轉信矣。景休之注之湮也，坐於是。景休之注湮，而魏公之經亦泯，拔景休所以起魏公也。諸家言經者，欲拔景休而不得，甚至欲分四言爲經，五言爲注，是止憑字數以別唱隨，遂起吳儈妄裂亞掇，如萬手繅絲，不勝其亂。好占者尚譎，又從而謬序以信之，注未及還，經且盡矣。予覺其然，乃取盧陵陳氏所注，分章上下。久之，一日試挈某篇與某篇相印，一經一注，母子粲然。以逐他篇，莫不畢爾。故分經分注，援筆於既悟之後則可，牽文於未悟之前則不可。"

文光案：是集可錄者甚少，大抵才人之文，不可深窺。明人序跋更無可取，評點尤是惡習。

《海隅集》八十一卷

明徐學謨撰

原本。萬曆丁丑自序曰："集裒爲三編，一曰詩編，樂府古詞一卷，五言古體三卷，七言古體一卷，五、七言近體各六卷，五、七言排律各一卷，五、六、七言絕句各一卷，凡二十二卷；二曰文編，頌、表各一卷，序六卷，記三卷，事記三卷，傳二卷，墓誌二卷，墓表、行狀、辨策各一卷，雜著二卷，啓一卷，書八卷，祭文二卷，《湖省志》九卷，凡四十四卷；三曰外編，經説六卷，奏疏五卷，續一卷，公牘三卷，凡十五卷：總之爲八十一卷。經説爲《春秋億》，已别著録。”此集序跋俱無可觀，不足存也。

《刻薛文清公讀書全録序》。《宋布衣集序》曰：“爲捐一月之俸，刻置鄖陽郡齋。”《重刻岳陽風土記序》。

錢氏曰：“明三百年，吾鄉先達官至二品者，惟龔、徐兩尚書。龔以侍郎致仕加銜，初未履任。名列七卿表者，獨徐公一人爾。自成化周洪謨後，宗伯一席，非翰林不得預。公獨起家郎署，不由詞林，尤爲希曠之遇。世俗訾公更名、結婚兩事。更名本末，公集中自記甚詳。若申文定公與公同郡，閣部相去一間，門户相當，豈有繫援之嫌？文定既登首揆，公即致仕里居，終文定秉樞之日，公未嘗再起。揆之形迹，亦無可議。明季愛憎之口，大率如此，不足信也。因讀公集，輒爲辨之。”録於《潛研堂集》。

《歸有園稿》二十二卷

明徐學謨撰

明本。此歸田後所作。萬曆癸巳門人張汝濟校刊，有序。目録前有自序，後有孫男元暇跋。凡序三卷，記、傳、碑二卷，墓誌、墓表三卷，祭文二卷，雜著四卷，書八卷。雜著内有《遼廢王事紀》。大半應酬之作，集外别行。

《茅鹿門文集》三十六卷

明茅坤撰

明本。首龍陽山人王宗沐序，次萬曆戊子五岳山人陳文燭玉叔序，次象并贊，次目。文三十四卷，末二卷附誌、狀、墓表、傳、祠記、行實、公移。按《四庫附存書目》，《白華樓藏稿》十一卷，《續稿》十五卷，《吟稿》八卷，《玉芝山房稿》二十二卷，《耄年録》七卷，共六十三卷，與此本不同。二十九卷爲《家乘

録》，凡三篇，曰《丹徒紀事》，附録姜寶《丹徒縣荒政記》；曰
《府江紀事》，附録王宗沐《陽朔紀事碑》；曰《三黜紀事》。按：
此類著述，書賈每於不全書中抽出，另爲標目欺人。未見明代彙
刻書，此類多矣。鹿門治丹徒縣，有惠政，救荒全活甚衆。官粵
西，平府江夷有功。

　　《日本圖纂》者，予友崑山鄭君手圖日本諸島所錯海而峙，與
纂其州郡、土貢、道路、形勝、語言、什器、戰鬭之習者也。大
略按《日本考略》，次及《海上鍼經》，而合之以諜者、酋來歸者、
航海者之説，互歸於一，信焉而後書之。

　　《古今人考》，謬取訛□殘簡，百家所混載之名氏，而一一妄
第之，瀆亂不經之甚。

　　予覽制義諸家，大較有三言：始之認題，欲其透以解；次之
鑄辭，欲其博以雄；又次之鼓調，欲其宕以雅。

　　王氏曰："茅坤時文、古文皆不逮歸、唐兩家，其所評次諸
書，亦疏淺無足觀者。而其立朝頗有本末，絶不草草。初舉進士
時，世宗惑方士之言，日事禱祠。執政蒐少年有文名者，以備祝
釐，雅屬意坤。坤峻卻之，曰：'吾豈能辱三寸管爲宰相奴耶？'
又爲書以詆執政壻吳春。吳春者，薦紳於執政者也。於是執政大
怒，屬吏部選坤邊檄邑令。賴一郎中力救，得選青陽。甫二年，
即丁艱。服闋赴部時，嚴嵩當國，慕坤才名，屬吏部選坤分宜令。
坤力辭不就，願就教職，嵩亦深致憾焉。夫以齋詞得館選，結歡
君相，與爲權相邑令，徐通津要，皆人所願望而不可得者。坤獨
毅然自持如此，其前遠勝袁元峰，其後亦賢於唐應德。鹿門有此
二事，可以傳矣。"録於《後村雜著》。

《緱山集》二十七卷

明王衡撰

　　明本。前有馮時可、陳繼儒二序。凡詩五卷、文十六卷、尺

牘六卷，衡字辰玉，太倉人。

馮氏序曰：“嘉、隆、萬曆之際，人文獨盛於婁江。時有五王，文肅與弇州最著；而麟洲、和石爲之羽翼；辰玉最後出，然文肅之箕裘，賴以不墜。”

《岳武穆王全書序》曰：“余友沈湛園氏所手輯也。”

《列國史補序》曰：“豫章魏華容氏，既以全力爲全史，又爲是書。”

《建文朝野彙編序》，代陳仲醇作。

松上人向書藏經。

《孔文谷集》十六卷　《續集》四卷

明孔天允撰

吳門張氏本。前有隆慶五年門人趙訥序。此文集也。詩集曰“漁嬉”，先刊別行。尚有《文録》、《語録》，未見。集中有重刊《文章正宗》、《武經七書》、《唐詩紀事》、《山西通志》、《介休縣志》諸序，俱不足録。《四庫》有詩集廿四卷，《千頃堂》有詩集十四卷，蓋別行者。

《瑶石山人詩稿》十六卷

明黎民表撰

南海伍氏本。前有萬曆戊子五岳山人陳文燭序，後有伍元薇跋。

陳氏序曰：“嘉、隆之際，惟敬在祕書，以著作供奉，稱上意。公卿憐才者，往往推轂惟敬。”

伍氏跋曰：“先生‘南園後五子’之一，王弇州列之‘續五子’中。朱竹垞謂無愧大、小雅材者，惟先生一人而已。陳卧子謂先生詩清華切秀，竹垞謂似質悶而實沈著堅鞠[七]。先生能書，兼工篆隸，嘗重刻張有《復古編》，世鮮傳本。是集粵中不數覯。是書爲劉三山藏本，舛誤不一而足，且多缺頁。爰悉心讎校，以付梓人。其缺者，仍俟覓原書補刻耳。

《楊忠愍公集》四卷

明楊繼盛撰

楊氏本。前有《楊椒山先生傳》，魏裔介撰。奏疏一卷，附張宜人《請代夫死書》；雜文一卷；詩一卷，附自著年譜并遺囑；第四卷，附録行狀、墓誌、碑記、後序之屬。

《史竊》："楊公繼盛獄具，詔杖一百。或以蚺蛇膽遺之，謂服之可以禦杖。繼盛曰：'椒山自有膽，何必蚺蛇哉？'"《查浦輯聞》："午門廷杖，司禮監、錦衣衛使分坐左右。列校行杖之重輕，非獨察二人之語言，辨其顏色也。點者每視其足，足如箕張，則囚可生；靴尖一斂，則囚無生理矣。聞諸惡少年習行杖時，縛草爲二人，一置磚於中，一紙裹其外，俱以衣覆之。杖置磚者，視之若輕，徐解而觀，則磚都裂；杖紙裹者，視之極重，而紙無傷。能如是，則入選。以朝臣之死生，恣閹豎、武人之喜怒，真可歎惜痛恨也！"

廷杖詳《明刑法志》，東、西廠，鎮撫司，錦衣衛，羅織慘酷爲尤甚。朱彝尊《日下舊聞》備録其事。明之政刑失當，閹寺專權，其底於滅亡，宜也。

《弇州山人四部稿》一百七十五卷

明王世貞撰

明本。萬曆五年，世經堂校刊四部者，賦部、詩部、文部、說部也。賦部三卷。詩部五十卷，附詞一卷。文部八十四卷，書畫跋最富。說部三十六卷，爲《札記》內、外篇，《左逸》，《短長》。附録《藝苑巵言》、《宛委餘編》。

《震川集》三十卷 《別集》十卷 附録一卷

明歸有光撰

歸氏本。康熙十四年同人助刻。木記云："先太僕集昔年屢刻，皆非全本，兼多訛謬。兹集搜羅宏博，校勘精詳，觀者無忽焉。曾孫莊、玄孫玠、五世孫顧廬謹識。"前有王崇簡、徐乾學、董正位三序，凡例五則。歸莊撰。目録後有新刊序、跋、校勘姓氏。凡經解一卷，序一卷，論、議、説一卷，雜文一卷，題跋一卷，書三卷，贈送序三卷，壽序三卷，記三卷，墓誌銘四卷，《權厝誌》、《生誌》、《壙誌》一卷，墓表一卷，碑、碣一卷，行狀一卷，傳二卷，譜、世家一卷，銘、頌、贊一卷，祭文、哀、誄一卷，《補編序》一首，文二首。《別集》，應制論一卷，應制策一卷，制誥、奏疏、策問一卷，《志馬政》一卷，《宋史論贊》一卷，紀行一卷，小簡二卷，公移一卷，附讞詞。古、今詩一卷。附録《明史》本傳并贊、墓誌銘、後跋。是集初刻於閩中，文既不多，流傳亦少。再刻於崑山，其人不知文，妄自去取。三刻於虞山，頗多錯誤。此第四刻也。《四庫》所收，即此本。墓誌爲嘉定唐瑀所撰，王世貞作贊，推之甚至。初熙甫詆元美爲庸妄。後元美漸悟所學之非，故贊云："予豈異趨，久而始傷。"所附小傳，不知誰作。

昔王荆公、曾文定公皆有《洪範傳》，其論精美，遠出二劉、三孔之上。然予以爲先儒之説亦時有不可廢者，因頗折衷之，復爲此傳。若《皇極》言"'予攸好德'，即'五福'之'攸好德'，而所謂'錫福'者，錫此而已。"箕子丁寧反履之意，最爲深切。古今注家，未之及也。

先生覃精經學，不傍宋人門户，如《易圖論》、《洪範傳》是也。爲舉子，即以論策擅場。今所存者，場屋帖括及科舉程式之文。然其議論忼爽，行文曲折，蓋二蘇、秦、晁降格而爲之也。

傳曰："熙甫歿，其子子寧輯其遺文，妄加改竄。賈人翁氏夢熙甫趣之曰：'亟成之，少稽緩，塗乙盡矣。'刻既成，賈人爲文祭熙甫，具言所夢。季子子慕、孫昌世，與予共定全集者也。徐文長稱熙甫爲今之歐陽子。"

姜宸英曰："歸太僕集一刻於昆山門人，一刻於常熟蔣氏。近錢宗伯手抄本最善。"

《顧端文遺書》三十七卷　附《年譜》四卷

明顧憲成撰

顧氏本。首康熙甲戌王騭序，次張純修序，次《儒學宗傳》。《小心齋劄記》十八卷，有高攀龍序；《證性編》六卷；《東林會約》一卷；《東林商語》二卷；《虞山商語》三卷；《經正堂商語》一卷；《志矩堂商語》一卷；《仁文商語》一卷；《南岳商語》一卷；《當下繹》一卷；《還經錄》一卷；《自反錄》一卷：凡十二種。

涇陽先生晚年有十書之刻，其板已失。此本爲其曾孫貞觀所刊，增《證性》、《還經》、《自反》三種。因有嗣刻，錯互不同。

孫夏蜂著《理學宗傳》，首周元公至顧端文公，凡十一人。"是禮也"、"是知也"，兩"是"字當下即是。作如是觀，"是丘也"，更爲親切。　季時曰："今人講學，在縉紳只是'明哲保身'一句，在布衣只是'傅食諸侯'一句。"余爲俯其首。　朱子有功於萬世者三：表章《太極圖》，作《通鑑綱目》，作《小學》。

《劉子全書》四十卷

明劉宗周撰

原本。此忠介高第弟子董元休編次之本，道光二年同人校刊以行。凡語類十三卷、文編十四卷、經術十一卷，附以行狀、年譜各一卷。前有姚江門人黃宗羲序、會稽吳傑序、王宗炎刻書啓并校刻姓氏、忠介公遺象并贊。次目錄；行狀，黃宗羲著；年譜，男汋記。次《劉子討》。次《羣書》；《蕺山弟子籍》；《全書抄述》，董瑒撰。初名瑞生。自黃序至《抄述》，爲首卷。"抄述"者，述編次之意也。

《全書》稿，初止一本，多用故紙背寫成册。昔溫公日記八九紙，草稿間用故牘，又十數行別書牘背，往往剪開粘綴。横浦筆用秃，紙用故紙。《全書》稿頗似之，中間多子親稿，有改抹重複，字幾不可認。此底本也。後有兩本，一即底本，子之孫子本名茂林，授瑞生輯錄者；一爲錄本，名《文錄》、《廣錄》。傳屬子嗣君伯繩氏汋編訂，孫子志名士林藏之。底本、錄本互有缺佚。又《文抄》九卷，即從錄本摘出者。

《劉子全書遺編》二十四卷

明劉宗周撰，沈復粲編

原本。道光戊戌年刊。首朱蘭序，次校刊姓氏二十一人，次像并贊，次凡例，次目錄。語類二卷，文編八卷，《陽明先生傳信錄》三卷，《人譜雜記》二卷，《中興金鑑錄》七卷，附錄《明史》列傳并行實二卷。

朱氏序曰："山陰沈君既校定先生全書，且補其遺而屬爲之序。先生學有淵源，始得力於吾姚王子，終爲朱子功臣。其揭慎獨誠意之旨，實與先儒相發明，已備詳董君之《抄述》。先生一生，真知力行，終不外此。"

杜春生曰："《劉子全書》四十卷，門人董瑒編定，前有《抄述》一卷，備詳輯錄之旨。嘉慶中，吾邑陳默齋刻於福建者是也。其書流傳未廣，因啓告鄉先達暨諸同志，復以董本刊行。沈霞西志圖續輯，相約共事，凡遇零簡殘編以及法帖、墨蹟之屬，積久共得二十四卷，索序其端。春生略仿董氏《抄述》數則以附贅之，題曰‘劉子全書遺編’云。劉子纂水澄劉氏家譜，爲表，爲志，爲傳，凡七卷。此書定列傳一卷、内傳一卷，其小序諸説，分入各類。《人譜雜記》，屢經刊布，惟董稿爲最後定本，與行世諸本大異，兹定爲二卷。《金鑑録》，命門人纂輯，原本首尾略有殘闕，無別本可補，兹仍其舊。附録爲子之次孫士林所編。”

　　文光案：《抄述》十六條，山陰杜春生撰，即編書之例也。

《證人社語録》：“或問：‘學果不廢聞見否？’先生曰：‘從古學統，唐、虞而上不可考。然特取虞舜與孔子爲宗的何也？虞舜不自用而用人，好問好察，皆就聞見處得來。孔子一生好古敏求，問官問禮亦然。但古人多聞多見，原爲反約，地不似後儒專務耳目。看來亦緣古人心虛，奪得有我自是之見，所以學有進步。吾輩專談本心，以聞見爲第二義，多屬私心，自是邊伎倆，此又是因藥發病了。學者不可不知。’”

　　陽明子曰：“理一而已矣，心一而已矣，故聖人無二教，而學者無二學者，博文以約禮，格物致其良知，一也。先後之説，後儒支繆之見也。夫禮也者，天理也。天命之性，具於吾心，其渾然全體之中，而條理節目，森然畢具，是故謂之天理。天理之條理，謂之禮。是禮也，其發見於外，則有五常百行，酬酢變化，語默動靜，升降周旋，隆殺厚薄之屬。宣之於言而成章，措之於爲而成行，書之於册而成訓，炳然蔚然。其條理節目之繁，至於不可窮詰，皆所謂文也。是文也者，禮之見於外者也；禮也者，文之存於中者也。文，顯而可見之禮也；禮，微而難見之文也：是所謂體用一源而顯微無間者也。是故君子之學也，於酬酢變化、語默動靜之間，而求盡其條理節目焉，博文也；求盡吾心之天理焉，約禮也。文散於事而萬殊者也，故曰博；禮根於心而一本者也，故曰約。博文而非約之以禮，則其文爲虛文，而後世辭章之學矣；約禮而非博學於文，則其禮爲虛禮，而佛、老空寂之學矣。"

文光案：此博約説也。初言格物爲博文，致良知爲約禮；中言文見於外，禮存於中；末言文爲萬殊，禮爲一本。陽明之旨，謂此心純是天理，須就理之發見處用功。如發見於事親，就在孝上用功。明其節目，即是博文；存其天理，即是約禮。文與禮爲一致，博與約非兩事，無先無後，無彼無此。其分博、約爲二説者，乃功利、異端之亂説也，故以惟精貼博文，以惟一貼約禮。竊嘗疑之。如其説固是本末兼該，内外一貫；然細思之，格物致知，誠意正心，可以一齊下手，似太直捷。至於約禮，原根博文，博而不約者有矣。約而不博，直是孤陋，不可謂之約禮。歷觀諸家博約之説，心終歉然。右説乃王氏一家之學。

《學古緒言》二十五卷

明婁堅撰

明本。嘉定陸廷燦重校，前後無序跋。凡序二卷，贈行序一卷，碑記、傳一卷，壽序四卷，墓誌三卷，墓表、行狀一卷，祭文、哀詞七卷，雜著一卷，書牘二卷，銘、贊、跋三卷。

世之留意於篆刻者不少，獨新安何氏長卿，上窺漢氏，下逮勝國，靡所不考。溯其師法，得於吾吳文壽承先生，而精詣過之矣。所未及於漢者，於古澹簡遠猶有間耳。今年春始識汪君杲叔，家本富人，愛奇成癖，盡耗其資，獨以此道自喜。高處殆不減漢，而間亦雜出於時之所尚。《汪杲叔篆刻題詞》。

新安胡禹聲工於篆刻，而爲賈人游，數東至海濱。嘗爲余言，何翁長卿，其所從受學也。自頃年好事，多收漢人印，意至摹刻而傳之，視勝國吾子衍諸人所見，不啻數倍矣。長卿晚年益精其法，殆無遺憾。其始蓋得於文助教壽承。文之篆刻學漢，淳古而自出新意，盡掃國初以來師承模範。長卿學之，凡刻白文，一本於漢；而朱文則間用近代所尚，務爲奇詭。然余嘗聞何非獨刀法精詣，於繆篆尤不苟也。每遇其難，至累日參考，加以覃思，必無一畫不出於中所獨知，然後刻之。蓋雖一藝之工，其用心勤力，必非人所及，知類如此。《胡禹聲篆刻題詞》。

序者，叙所作之旨也，蓋始於子夏之序《詩》。其後劉向以校書爲職，每一編成，即爲之序，文極雅馴矣。左思既賦《三都》，自以名不甚著，求序於皇甫謐。皇甫謐之名，又以序賦而傳。自是綴文之士，多有託於人以傳者，皆汲汲於名而唯恐人之不吾知也。至於其傳既久，刻本之存者或漫漶不可讀，有繕寫而重刻之，則又復序之。是宜叙所以刻之意可也。而今之述者，非追論昔賢，妄爲優劣之辨；即過稱好事，多設游揚之辭：皆吾所不取也。《長慶集序》。

文光案：《重刻長慶序》，阮亭以此爲眞古文。他如崑山王淑士《讀史商語序》、許伯倫《麗句集》、沈公路《小字録補序》、《重刻元鄭子經衍極序》、論書法。《四書駁異序》、《重校四書集注序》，皆有可觀，悉宜録之。又題跋可録者，亦多。

《陶菴全集》十六卷

明黄淳耀撰

張氏刊本。首陸隴其序，次錢謙益原序，次吳偉業原序，次康熙丙辰蘇淵序，次門人侯汸、張懿實跋，又侯榮跋、先生之子望識，次目録。凡文七卷，附録《吾師録》一卷；詩八卷，有目無序。卷末有補遺，附黃淵耀《谷簾學吟》一卷，侯開國跋。

錢氏序曰："侯泓作行狀，文直事核，無愧良史。陸元輔、張懿實、侯汸、張珵排纂遺文，録爲全集。"

> 文光案：錢序後懿實識云："兹集鋟工，始於己丑後。張珵取先生詩，同其先世《公路集》別爲小板，校讎頗精，乞序於牧翁。牧翁遂舉此序以應，先已行世。"

吳氏序曰："陶菴爲諸生二十年，與其弟偉恭、其徒侯幾道雲俱、其友夏啓霖輩講性命之學。晚而後遇，不肯就官。城破之日，師友兄弟同日併命。翼王以五年之力，掇輯散亡，其功不細。吾故表而出之。"

> 文光案：偉恭即淵耀，陶菴之嫡弟。翼王，即陸元輔也。

蘇氏序曰："陶菴之文，一序於婁東，再序於虞山。其學原本經術，貫穿史學，可與景濂相匹。其學問、詩文在潛溪、白沙之間。研德爲陶菴入室弟子，故能表裏綜括。遺文之輯，始於翼王，而研德實贊之。顧初刻未竟，又二十年而張子德符復貿産以竣之。若其始終維護，卒成於及門之手，則侯子記原之心爲獨苦矣。"

> 文光案：侯泓字研德。侯汸字記原。侯榮，汸之猶子。德符，張懿實也。

侯汸跋曰："先生不立專稿，詩文散見於日記中。乙酉夏，手選文一卷、詩一卷，其删去者十之八。此本今不可問。先生言：'史論差近古，詩則《詠史》、樂府及《和陶》諸什，吾稍寓意耳。'"

> 文光案：本集第四卷爲《史記論》，詩集有樂府一卷、《和陶》一卷、《詠史》二十四首。

張氏跋曰："翼王徧搜遺集，剞劂未成。余姑就翼王所輯，以卒其業。鬻産鳩工，三月竣事。"

張伯常著道書數萬言，名曰"玄津總持"。其孫宏經刻而傳之。

潘麟長著《康濟譜》。其書條分件繫，旁行敷落，自古人牧民、應變之方，至近代兵制、屯田、魚鹽、茶馬、漕運諸法皆具。通人奇士，爭爲哀金刻之。

太白才高氣雄，故精意深識，反爲所掩。近世詩人，學少陵而得其皮毛者有矣，學太白而得其天機者絶少。蓋學可漸進，才不可强爲也。

漢人得一經，必聚五經諸儒共話之。余以此意讀《易》，求之於《詩》、《書》、《春秋》乃至全史之記載，莊、列諸子之微言，屈、宋以下之詞賦，一卷一篇，所見無非《易》者。

"梃擊"一案，實有主使。以爲風癲者，小人；以爲非風癲者，君子也。

《吾師録》，取古人言行之可法者，牽連比附，各以類從。始於攝心，終於養生，凡三十二條。因繕書二册，一以自證，一勗偉恭。

人能於病中移其心，如對君父，慎之静之自愈。

微子去商，皆謂與太師、少師謀。太師名疵，少師名彊，見於《周紀》。世以比干爲少師者，誤也。

　　文光案：疵與彊，殷之樂官也。與箕子、比干自是兩事，不可混同。

世以秦爲伯益之後，以伯益、柏翳爲一人。按《杞世家》云："柏翳之後，至周平王封爲秦。項羽滅之。垂、益、夔、龍，其後不知所封，不見也。"是則益、翳爲兩人，而秦非伯益之後明矣。世儒讀史沿誤，此其一端。

　　文光案：明人疏於考證，陶菴亦然。一條謂少師非比干，不知微子與謀之少師自是比干，史公所稱之太師、少師自是樂官，兩不相涉。一條謂益與翳爲二人，不知析益、翳爲二人，本屬史公之謬。劉歆校《山海經》已仍其說，《路史》亦誤。《史記志疑》辨之甚詳，宜從其說，以一人爲是。

《陳忠裕公集》三十卷　《年譜》三卷　附錄一卷

明陳子龍撰

簳山草堂本。嘉慶癸亥青浦王昶輯，有序。次莊師洛、何其偉跋，次凡例十則，次目錄。卷首《欽定勝朝殉節諸臣錄》、謚文、本傳、祠墓原序、全集序跋、凡例、像。《年譜》，上、中二卷，自撰；下卷王澐撰。附《三世苦節傳》、《越遊記》、《軼事》。賦、騷二卷，詩十七卷，詩餘一卷，附詞餘、文十卷。卷末諸家評論、投贈詩、哀弔詩、顧元龍跋。每卷前題編訂四人，顧跋後題參校四人。

王氏序曰："公詩文有六種，餘見《壬申文選》，未嘗有全集也。乾隆間，吳君光裕掇拾多篇，未幾板失。《四庫全書》館之開，有司訪求甚殷，而莫得其全。嗣王君希伊、莊君師洛、趙君汝霖、吾宗鴻逵蒐羅采訪，互相討論。先鋟《自述》、《年譜》行世，又於公詩輯而注之。今又二十年，莊君及何子其偉搜得遺文，并公弟子王澐所續《年譜》亟爲補入，重加考訂，復博采羣書，彙而增注，而公集遂粲然可觀。於時何子取以付梓，乞予文爲序。"

公《安雅堂文集》，書已失傳。《岳起堂》僅得樂府七十餘首，《采山堂》僅得古文三十餘首，俱非全本。公有《史拾載補》八卷，亦無從訪覓。

宋徵璧《抱真堂詩話》："大樽嚴於論詩，獻詩者，傲岸若不足當一顧者。嘗向余道：'律詩如"春城月出人皆醉"及"羅綺晴嬌綠水洲"之句，詩餘如"無處說相思，背面鞦韆下"一詞，生平極力摹擬，竟不能到。'有味乎其言也。"

《申節愍公傳》：“公名佳允，字孔嘉。其先上黨人，後徙永年。性耿介，嗜讀書。子三人，涵光才尤高，工文章。”

吾家象先精岐黃之術，能決死生於未病之先，窺吉凶於無疾之日。其殆醫中之聖、隱中之仙乎？

吳人袁褧作《七稱辭》，太僕龔子龍爰作《吳問》。

《路史·論三易跋》：“伏羲之《易》，小成爲先天；神農之《易》，中成爲中天；黃帝之《易》，大成爲後天。”按：邵子之《易》先天、後天，源出於此。今之讀《易》者，知有先天而不知有中天；讀《尚書》者，知有古文、今文而不知有中文：可乎？”

朱雲子曰：“臥子五古，初尚漢、魏，中學三謝，近相見輒諷太白諸篇，其才性固與相近。七古直兼高、岑、李頎之風軌，視《長安》、《帝京》，更進一格；五律清婉；七律格清氣老，秀亮澹逸；絶句雄麗。由其才大，靡所不有，寬然有餘。”

錢瞻百曰：“大樽當詩學榛蕪之餘，力闢正始，一時宗尚，遂使羣才蔚起，與弘、正比隆。摧廓振興之功，斯爲極矣。”又曰：“雲間七律，多從豔入。大樽味特深厚，而詞更娟秀。”

臥子定幾社六子之作，曰《壬申文選》。艾千子誚之。蓋學前、後七子之詩并學其文，千子非之是也。

　文光案：《岳起堂稿》三序；《壬申文選》五序；《陳李倡和集》四序；《屬玉堂集序》、《平露堂集序》、《白雲草》三序；《丙戌遺草序》，即《焚餘草》；《湘真閣稿序》：皆可錄。又集中古樂府三百三十二首，詞七十九首，雜著內有《農政全書凡例》。

《區太史詩集》二十七卷

明區大相撰

南海伍氏本。前有伍元薇跋。

伍氏跋曰："先生有《前使集》、《後使集》、《海目詩選》行世。此其彙刻之本，故陳文忠一序外，《前使》、《後使》二序附焉。朱竹垞《静志居詩話》謂'持律既嚴，鑄詞必鍊。嶺南山川之秀，鍾此國琛'，又謂'如純鈎初出，拂鐘無聲，切玉如泥。又如鐃吹平江，秋空清響'，其推挹至矣。翁山屈氏則謂：'嶺南自張曲江倡正始之音，明三百年詩之美，海目爲最，在泰泉、蘭汀、崙山之上，而錢氏《歷朝詩集》置而不録。'先生一門，父子昆弟，俱以文章、道德、著作流傳，而諸集多佚。此亦通行本，校付梓人。"

《陳文忠公遺集》十一卷

明陳子壯撰

南海伍氏本。前有陸夢龍序、伍元薇跋。自一卷至六卷題曰"練要堂集"，自七卷至十一卷題曰"秋痕院通志"，以爲前集、後集者也，但不知"秋痕"何義。賦一卷，止二篇。詩七卷，内有小賦二首、誄一首。文三卷，凡記三首，内有《罪言》，記在獄諸臣，言外淒然欲淚；餘爲尺牘，末一卷爲家書。先生在禮部時，見朝廷大小政事，隨書之以遺子弟，凡十九首，足與史傳相發者。其餘散佚多矣。

伍氏跋曰："先生大節在天壤，迄今婦人孺子聞説陳探花殉難時事，無不欷歔憑弔，而專集希傳。其詩輪囷兀臬，古色蒼然，望而知爲端人正士。文更清剛儁上，有曹公莽莽古直悲凉之概，洵當寶貴也。"

《中洲草堂遺集》二十六卷　《附録》一卷

明陳子升撰

南海伍氏本。前有伍元薇跋，次目録。賦一卷，詩十七卷，詞一卷，曲一卷，琴操一卷，雜文一卷，硯書一卷，《疏草焚餘》一卷，《四子義》、《易義》一卷。《中洲説詩》一卷，附録《羣言》。第十八卷爲砫經體，僅一章。自二十四卷以下，皆嗣刻，蓋散佚不完之書。目後有梁佩蘭編集序。諸序并傳爲首卷。

伍氏跋曰：“先生，文忠公弟。鼎革後，目睹滄桑，寄迹菰蘆，以寓其麥秀、黍離之感，其人品自不可及。王阮亭謂先生頗用楊用修調格；朱竹垞謂古詩愛仿《玉臺》、《金縷》，五律規摹太白、浩然，然心摹手追者，區海目也：似未盡先生所長。先生詩無所不仿，亦無所不合。各志俱無傳。新修《南海志》列傳，亦據薛剛生所撰傳爲之。雅善鼓琴，故集中有《嶺猷琴操》。是書爲黄石溪影抄本，借抄重梓。”

文光案：羅浮道士薛始亨撰《陳喬生傳》，又撰《草堂詩刻序》。是集爲詩完備，《琴撰》[八]凡八段。《硯書》，一論質，二論琢，三論用，四論藏。

《瑶光閣集》十二卷　《外集》二卷

明黄端伯撰

寒碧草堂本。乾隆己未黄佐編次。附《明夷集》。謹案：《四庫附存目》作十三卷。

王氏曰：“黄先生端伯，江西人，精禪理。少時見其《瑶光閣集》一卷，皆宗門語。乙酉，以給事中殉節金陵。將授命，有報恩寺僧一輪趨過，黄呼令代書一絶云：‘對面絶思量，獨露金剛王。若問安身處，刀兵是道場。’書畢，從容就義。此詩載《甲乙事案》。”録於《池北偶談》。

《蓮鬚閣集》二十六卷

明黎遂球撰

南海伍氏本。前有崇禎丁丑徐世溥序，又伍元薇跋。卷首爲誥命、傳、誌、祠記、像贊。

徐氏序曰："黎子美周《迦陵集》詩二百四十二首，《明月集》四百二十九首，《丙子長安往還道中詩》一百二十五首。余共刪訂之，爲詩七卷，賦二十六篇，總名之曰'蓮鬚閣集'。"

伍氏跋曰："先生詩哀感頑艷，痛快淋漓，洄才人之極筆。文亦倜儻自異，略具辛稼軒、陳龍川風節。先生以《黃牡丹》詩得名，刻有《南園花信集》。牡丹狀元，艷説千古，然詩非集中奇作，固不若屈翁山所稱《古俠士磨劍歌》、《結客少年場》、《虔州絶命詩》、《花下口號》諸篇，均不失英雄本色。集中梵語已汰弗存。《明志》作十卷，阮《通志》因之。然原書實二十六卷，梁子春藏本，借抄重梓。"

黎遂球字美周，番禺人，博學能文。揚州進士鄭元勳集四方才人於影園，賦黃牡丹詩，推宗伯錢謙益爲之品題。遂球南還過焉，即席立成十首，竟冠諸賢，一時籍甚，共呼"牡丹狀元"。甲申，北都陷，決意致身。乙酉始出，授官兵部職方司主事，提督廣東兵赴贛州。城破巷戰，與弟副將遂琪同日殉難。

予家板橋對岸北亭，當五羊城之東，疑即昌華苑地，先人有田在焉。崇禎丙子秋，田間有雷出，奮而成穴。耕者梁父見之，率子弟發之。有金人如翁仲者，凡數十，各重十五六斤。其正處二金像冕而坐，若王者與后之儀，各重五六十斤。地皆金鹽、珠貝築之。有鏡一，自發光焰，暗中如白日。寶硯一，硯池中有玉魚，能游動。其他異物尚多，不可指識。但先携鏡歸家，光動鄰舍，亟碎之。鄰人覺而争往，遂白官，公私籍没無餘。其中一棺爲掘者所麇，骨齒有存者。今其穴故在，碑文隱隱可讀，蓋南漢劉氏冢也。聞素馨冢在花田間，去此不遠，今不知何者爲是，必尚在也。

　　文光案：素馨，官人名。素馨花，以人得名。賦此花者甚多。

《三十二篆金剛經》，宋僧道肯所集。神廟時，汪黃蓮居士刊行。某上人閉關摹寫一卷。

《李氏藏書序》曰："卓吾可謂諸子中能成一家言者，其學流爲申、韓刑名。當神宗四十餘年，使爲相者能參而用之，以稽責名實，起懦振俗，天下可久安無事。唯其不然，而上黜之也益嚴，則下驚而奇之益甚。以近事按之，李氏之所恨恨以爲可殺者，今皆殺矣。講學之儒，以邪説沮李氏，以爲假道學者，今并無其人也。以至急武緩文，情面必破，立談授爵，格外收人，李氏所燕居深念而託之空言者，今皆不得已而見之實事也。他如寇氛狂逞，慷慨感激，要盟結友，岡上行俠，如此者，謂非習聞李氏之説而成之不可。凡天下之勢，流則必傾，極則必反。儒者適當其會，既有深心，宜不忘遠慮，積漸而成，豈無故歟？使得其大意而苛於治己，薄於責人，濟以溫文，歸之風雅，天下事何以不可爲？孔子曰'義以爲質'，李氏可謂有質矣。會武林鄒公沛氏鋟遷《史》善本成，又訂正《續藏書》以授梓，因遂舉而論之。"

文光案：李贄不足道，《藏書》可焚。惟黎氏之言有關世道，故録之。

《寶綸堂集》十卷

明陳洪綬撰

陳氏本。首康熙己酉胡其毅序；次羅坤序；次傳，會稽孟遠撰；次程象復跋。凡文三卷、詩七卷，無目録。洪綬字章侯。其爲僧也，名悔遲，或稱老遲。越之諸暨人也。其父于朝，牛綏時，有一道人授一蓮子，曰："食此得佳兒。"故綏幼名蓮子。及其老也，名老蓮。甲申之難，專攻西竺教。雖改名易服，一時公卿紳士得一見顏色爲重。年五十四，趺坐而逝。明末之遺老，國初之畫家也。見《畫徵録》。然自披剃後，不甚書畫。不得已，畫大士、諸佛像應之。《西河集》有《老蓮題畫詩跋》，蓋毛氏所輯，别爲一卷。其詩未見集。又有《老蓮别傳》。集中《丁亥見安道兄識懷》詩曰："剃落亦無顏，偷生事未了。幸吾五十人，急景可送老。"自記云："丙戌夏，逃命山谷，薙髮披緇，豈能爲僧？借僧活命而已。"按：丙戌爲僧，至壬辰而歿，凡七年，時順治九年。《花蕊夫人宮詞》有刊本序，見此集。

胡氏序曰："諸暨陳章侯先生，古之狂士也。歿後三十餘年，嗣君無名翁搜輯詩文共十卷，鏤板行世。"

文光案：章侯子六人，無名翁爲儒楨。

《買書記》曰："綬，秀才也。敢讀中祕書乎？即黄金散盡，禮不當僭收皇帝所藏之書。辛巳上元之燈市，見《吴草廬先生外集》一本，上有文淵閣圖書，爲小兒所售，愛之而不敢市。謀之張弘之，張曰：'此書，魏璫時所盗出者千萬本，市之不爲罪。'乃市之。況此書綬不收，當今之世鮮有秀才能收之者。嗟夫！"

文光案：《墨林藏書》有《吴草廬集》五十卷，乃黄籤校正本。卷數未足，得於小兒。事有相同，因并記之。

《畫論》曰："今人作家學宋者，失之匠，何也？不帶唐流也；學元者，失之野，不逆宋源也。如以唐之韻運宋之板，宋之理行元之格，則大成矣。作家果深心此道，得其正脉，將諸大家辨其此筆出某人，此意出某人，高曾不亂，貫串如列，然後落筆便能横行天下也。"

文光案：凡學皆宜如此，不獨畫也。

校勘記

〔一〕"張"，據理似當作"氏"。

〔二〕"慨然以講章自"，後似有脱字。

〔三〕"禮義"，原作"義禮"，據《儼山集》乙正。

〔四〕“乎止”，據《儼山集》補。

〔五〕“元”，據上文補。

〔六〕“櫻”，原作“橫”，據《四庫全書總目》改。

〔七〕“鞠”，《四庫全書總目》引清朱彝尊《靜志居詩話》作“靭”。

〔八〕“撰”，據上文當作“操”。

集部二
別集類二十二

《吳詩集覽》二十卷

國朝吳偉業撰，靳榮藩輯注

凌雲亭本。前有靳榮藩序、王鳴盛序、凡例、目録。後有道光七年西韓梅圃胡柏齡跋。

靳氏序曰：“吳詩於少陵爲近，時出入於退之、香山。予字櫛句比，取備遺忘。蓋觀他書，即採録以備此書之用；此書之未解者，又檢他書以收一經一緯之故。”

王氏序曰：“梅村祭酒詩，衣被海内百餘年矣，而未有注。山右靳介人先生，深於詩學，遂爲注之。覈其典故，稽其出處，參伍其平生行事、師友淵源，州次部居，年經月緯，久之成帙，目曰‘集覽’，屬予爲序。予論詩，以多讀書爲勝。本朝詩人，讀書博、隸事多者三家，梅村、阮亭、竹垞是也。惠定宇注阮亭詩，久已膾炙人口。今予門人范生洪鑄注竹垞詩成，亦稱淹雅。正相於商榷開雕，而介人之書適至。從此三注并行，嘉惠藝林，詎淺尠哉！”

例曰：“《梅村集》以詩餘附之，今仍其舊，惟每卷分爲上、下集，於分體中自爲編年。梅村早年名重復社，中年以後，爲藝林宿老。集中所存，大抵多中年以後之作。篇目雖顧伊人等所編，然必經梅村手定，故詩有目不載者。兹依原目序次，其不載者另爲標識。古詩、排律分段處，及律詩、絶句篇尾，略以鄙意疏通詩義。注列於圈外，評跋附於詩後。集中累句爲指摘者，亦復不少。余於諸評，毁譽兩存之。至原板鏤校甚工，或漶漫及訛寫者，亦附識焉。是書同人所訂正者爲多，凡十年而書成。另有《吳詩闕疑》若干卷問世。"

胡氏跋曰："是書成於乾隆四十年，古黎靳介人先生所刊也。先生以名進士出宰河南新蔡，遷至直隸大名郡守。公餘之暇，手注此書，成《序目》一卷、《集覽》二十卷、《談藪》一卷，考据詳明，誠善本也。先生亡後，板藏於古黎之凌雲亭。今秋予爲檢閲，而《談藪》數十片已軼，餘尚未亡，遂詳爲校對，藏於長治之遇園，以俟士君子拓印焉。"

洪氏曰："吳詩熟精諸史，是以引用確切，裁對精工。然殊昧平仄，如以'長史'之'長'爲平聲，'韋杜'之'韋'爲仄聲，實非小失。"錄於《北江詩話》。

《吳梅村詩集箋注》十八卷

國朝吳翌鳳撰

滄浪吟榭本。嘉慶甲戌嚴榮校刊，有序。首參校姓氏六十九人，皆知名士；次墓表，陳廷敬撰；次行狀，門人顧湄撰；次總目；次提要；次凡例。各卷有目，凡古詩七卷、律詩九卷、絶句二卷，歌行尤所擅長。古人詩集，或分體，或編年。是集於分體之中仍寓編年之意，蓋出於門弟子之手，師承有自，當不誣也。

嚴氏序曰："《梅村詩集》向無注本，自黎城靳氏《集覽》出，風行於世。然瑣碎蕪雜，詳略失宜，且多穿鑿附會之處，未爲善本。吾友吳枚庵氏，少歲即爲是書作注。及出游楚、豫，舟車所至，携以自隨，考訂精密，繁簡得當。余嘗讀而善之。比年游倦歸里，而是書尚塵筥篋。余惜其五十年之精力而未獲行於世也，爲捐俸刻之。蓋此書出，而《集覽》可廢矣。至梅村之詩，指事類情，無愧詩史，世固有能論之者，兹不更贅云。"

例曰："原刻四十卷，今但箋釋其詩。靳氏《集覽》有可採者，摘附數十條。余家略有藏書，兼復通假於人，凡與本書有涉者，隨時纂入，頗有外間稀見之本。創始於乾隆甲申、乙酉，至今閱五十年矣。同時朋好互相參閱，具列於篇，另標姓氏於卷首。案：最著者如盧文弨、王鳴盛、鮑廷博、吳騫、洪亮吉、石韞玉，皆精讎校。開雕於嘉慶甲戌二月，至歲暮畢工，校讎再四。"

狀云："《梅村集》四十卷，《春秋地里志》十六卷，《春秋氏族志》二十四卷，《綏寇紀略》十二卷。又樂府、雜劇三卷。"

《秀巖集》三十一卷　附《衍嚘語》四卷　《絲系衍紀》二卷

國朝胡世安撰

原本。前有順治丙戌朱之俊、錢謙益、劉宗正、薛所蘊、曹勳、方拱乾、柳寅東、穆貞允八序，又胡世安自序。次逸目，凡十六種；存目，凡十九種。此本賦、詩二十二卷，文九卷。末有康熙乙亥孫男蔚先跋。自蜀罹寇燹，集之僅存者百中一二。原板久爲司閽盜典，公之孫以重價購得，力爲刷印，布之於世。其名"秀巖"者，故廬所依止，不忘本也。《衍嚘語》，皆紀夢詩。前有劉養貞、柳宣二序，門人曹溶跋，菊潭自跋。《絲系衍紀》，記琵琶制度、聲調，雜述故事及詩賦。次箏，次箜篌。無序跋。

錢氏序曰："余觀《全蜀藝文志》，自漢之長卿、淵、雲以迄宋之眉山，古今文章之變，備於蜀矣。昭代正、嘉以來，蜀之文人有三，楊用脩之淵博，熊叔仁之奧古，趙孟静之閎肆，掉鞅詞場，三分鼎立，蓋又百餘年，而菊潭先生始出。遠則規摹漢代，近則包舉三氏，汪洋浩瀚。其書滿家，全集俱在，可覆視也。而余竊窺其指意，則在乎子瞻、孟静之間，何也？古今不相及久矣，其所以俯仰謦咳，千古一室者，有神以行乎其間，而非其駢枝儷葉之謂也。《子虛》、《上林》之恢奇，兩《赤壁》之平易，文從字順，易地皆然。世之論者，或尊古而卑今，或捨艱而趨易，皆目論也。子瞻之文，小言、長語，游戲翰墨。子雲之《逐貧》，子淵之《僮約》，嬉笑怒罵，無所不有。論世務，則發揮賈、陸之體要；譚道理，則傾倒孔、釋之祕藏。縱橫下上，橫豎鈎貫，則亦風會使然，而非其有意爲之也。唯孟静能師法子瞻，唯菊潭能步武孟静，其詩與文，結構不同，意匠各別，閉門造車，不出於眉山之轍迹一也。若夫援据百家，極命庶物，《禊帖考訂》，南邨讓其精；《異魚圖贊》，景純遜其博。此則兼楊、熊二氏之長，孟静或未免左次者也。先生全集，久閟篋衍，松陵雷令君得其副，墨梓以行世。以余爲知文者也，俾爲其序。"

《湯子遺書》十卷　附錄一卷

國朝湯斌撰

樹德堂本。乾隆癸未門人王廷燦校刊。首御祭文、湯子遺像，并贊、本傳，又《文正公傳》，閻興邦序，彭定求《節要序》，徐釚、毛奇齡、宋犖序，鄒升恒跋。目錄爲王廷燦所編，有序。湯公諱斌，字孔伯，一字荆峴，河南睢州人。順治九年進士，官至工部尚書。薨於位，年六十一。乾隆元年，賜謚文正。道光三年，詔從祀孔子廟庭。公與陸清獻公，俱號醇儒。清獻之學，篤守程、朱，攻陸、王不遺余力。公之學，源出夏峰，而能持新安、金谿之平。大旨主於刻勵實行，以講求實用，無王學杳冥放蕩之弊，故爲異趣而同歸。所著《洛學編》、《睢州志》、《潛庵語錄》、《明史稿》、詩文集。公在林下時，或勸之著書，曰："學貴日新，今之所是，異日未必不以爲非，何敢妄爲?"康熙己未博學鴻詞科，公以詩賦入高等，亦講學家所希有矣。

毛氏序曰："似齋輯其書，復爲編類，曰碑版文，曰雜文，曰告諭，曰詩詞，而總附年譜、誌、狀於其末。"

王氏序曰："丁卯冬，先生薨於位。友人田葚山評其遺稿，刻於中州。彭少司成又刻《節要》於吳門。門人蔡彬與其宗人九霞謀刻全集，惜未梓完。燦搜輯遺文，益所未備，編爲十卷。顏曰'湯子遺書'，從九霞之舊也。"

傳曰："公所著文集五卷，奏疏二卷，《明史稿》二十卷，《洛學編》二卷，陝西公移三卷，江西公移二卷，蘇、松示諭三卷，行於世。"

　　文光案：《湯文正公全集》三十七卷，近有通行之本，凡四函，與此本不同。田本、彭本，俱未之見。國初詩文集刊本，猶沿明人之習，多加評語，殊屬不雅。想田本亦然。而此本獨否，莊重多矣。

聖賢義理，載於五經四書，而其要在於吾身。若舍目前各人進修之實，不以改過遷善爲務，縱將注疏大全辨析毫釐，與己終無干涉。

少年宜使苦，苦則志定，將來不失〔一〕足也。

《范忠貞公集》十卷

國朝范承謨撰

范氏家藏本。公弟承勳等、男時崇校刊。前有康熙丁巳清苑郭棻序，次苕水費之逴序、弟承勳跋。第一卷與八、九、十卷爲外著，傳記、挽詩、祭文之類。自著六卷，凡奏議二卷；《吾廬存稿》一卷；《百苦吟》一卷；《畫壁遺稿》一卷；雜著一卷，內有詞六首。清苑劉可書彙編《畫壁詩》，吳震方刻入《說鈴》，尤爲人所傳誦。

《忠貞傳》云：“公字覲公，號螺山，文肅公仲子也。年十七，充侍衛。順治八年辛卯，應制科，登賢書。明年成進士，改庶吉士。康熙六年，巡撫浙江。壬子，總督福建軍務。閩藩耿精忠陰同三桂逆謀，公抗節不屈。賊拘之隘室，防卒百十，禁家人不得相通問。幽繫七百餘日，罵詈之餘，間作詩文。左右不敢具筆硯，乃燒桴存炭，畫壁上，得詩若干首。復爲文，自叙其生平大概云。丙辰九月十六夜遇害，一時同死者五十三人。有泰寧人許鼎，義公，陰左右之，片紙隻字，悉爲收藏。賊焚公屍，棄之山野。鼎覓燼骸，明年負至京師。精忠伏誅，公子時崇寸磔其肉，取心告公。”

《兼濟堂集》二十四卷

國朝魏裔介撰

原本。前有吳偉業、陳玉璂、曹禾序；次《崑林小品》嚴正矩序，又曹禾序；次門人柳自植序、陳爌序；次《林下集》自序；次二刻自序、胡在洛序。文内奏疏三卷、《聖學知統錄》二卷、《鑑語經世編》三卷。選集刻於江南，《崑林小品》刻於京師，皆友人所刻。自刻《林下集》并雜著諸書。集本互有不同。詩八卷，未見。吳序云：“其學以性善爲本，以致知爲要。”所著詩文甚多。彭子士報擇其尤要者，錄諸梓。此本有評點，不善。公字石生，號貞庵，一號崑林，直隷柏鄉人，謚文毅。所著書甚多，刻本集前。又詳見《先正事略》。公與敏果公同姓，同順治三年進士，同選庶吉士，同七十一歲，同理學名臣。

《寒松堂集》十二卷

國朝魏象樞撰

選本。康熙戊午年校刊。全集近百卷，刻時未及剪裁。公字環溪，一字庸齋，山西蔚州人。官至刑部尚書。著有《儒宗録》、《知言録》、《寒松堂集》。爲本朝直臣之冠。其講學篤實醇正，與孫夏峰、李二曲及湯、陸諸公遺書往復。文章樸直，如其爲人。

《尋孔顏樂處解》曰："孔之樂處不能得，得二語，曰：'不怨天，不尤人。'從何尋？曰：'下學。'顏之樂處不能得，得二語，曰：'不遷怒，不貳過。'從何尋？曰：'克己。'思之樂處不能得，得二語，曰：'不援上，不陵下。'從何尋？曰：'居易。'孟之樂處不能得，得二語，曰：'仰不愧，俯不怍。'從何尋？曰：'集義。'尋孔、顏樂處一語，先儒言之，後學聞之，其深造而自得者多矣。予淺學也，竊謂舍功而問效，如舍舟而渡水，舍梯而登屋，終日尋之不能得；否則講説高妙，動涉禪機，茫無把捉也。不若溯流窮源，直從切實下手處尋去，水到渠成，自有樂地。由孔、顏而推及思、孟，大抵同然。由思、孟而推及此心，豈有異乎？請質之高明。"

文光案：此解以樂爲效驗，以下學、克己、居易、集義爲尋樂之門徑。下手之工夫如此，是樂不必尋，且學聖賢，學成聖賢，自有樂地，門面語也。凡説理之書，宜四面八方無所礙滯，否則未能純粹也。環溪先生學最篤實，此解亦人所共誦，然細爲尋繹，語病甚多。此"樂"字原無二義，尋得孔之樂，即可知顏之樂；尋得顏之樂，亦可知孔之樂：境相同、樂相同也。此語出自夫子，因疏水曲肱、簞瓢陋巷，乃人所甚不樂者，從不樂中説出"樂"字，一自道，一贊顏，非教人以學此樂也。今尋孔樂曰"下學"，尋顏樂曰"克己"，豈下學不能尋顏之樂，克己不能尋孔之樂乎？固不然矣。忽於題外添出思、孟二樂，配合成文，節外生枝，且從來無是説也。若謂孟子之樂是集義所生，然則其爲樂也，至大至剛乎，是又不然矣。合四項而論聖賢，各有其樂，本源不相貫通；就一項而論，樂既各有本源，説來仍不切當。不怨不尤，與“樂”字近，與下學是兩事，非因不怨不尤而下學，亦非因下學而不怨不尤也。況夫子之所以爲聖，無一不本之下學，則下學非獨爲樂之本源也。不遷不貳，與克己近，與“樂”字遠。惟不陵不援與居易是一事，然上不怨天，下不尤人，亦子思之樂也。“吾於子思又得二語：‘不愧不怍。’”的確是樂，然未必爲集義所生。所謂八面不能靈通透闢而處處不免於礙滯者，此也。其文亦甚拙，既曰“樂處不能得”，又曰“得二語”；既得矣，可以不尋，又曰“從何尋”。其意在既得，其效又當尋其本源，然所得二語，非效非本；所謂本者，皆不切當。下學爲作聖之本，克己爲復禮之本，集義爲養氣之本，是誠允當矣。以爲樂之本，恐不然也。其章法二句是效，二字是本，然不陵不援與居易難分功效，其粗疏有如此者。末云：“由孔、顏而推之思、孟，大抵同然。”既然相同，何以工夫又異？其矛盾有如此者。又云：“由思、孟而推及此心，豈有異乎？”所謂無異者，亦是同然。同然者不知所謂，其費解有如此者。下學當從何處入？否則走錯路頭。克己亦有下手工夫，居易亦當尋其本源，集義尤宜明白“義”字，否則恐以不義爲義。尋樂尋出此四項工夫，而四項又各有下手工夫，則尋樂又尋到別處矣，其支離有如此者。樂者，情也，情不可學，周子所云，尋樂意不在於學樂也。今溯流窮源，樂出下手工夫，與夫子之意不合，與蓮溪之言亦不合，其誤解有如此者。愚非好與先儒爲難者，惟心有所疑，未能釋然，因誌之以質高明。

“先天下之憂而憂，後天下之樂而樂者，非聖賢乎？”曰：“聖賢也。”“然則聖賢有憂而無樂矣，何以有尋孔、顏樂處之説？”解者曰：“先憂後樂者，行義以達其道也；有樂無憂者，隱居以求其志也。""夫志曰其志,道曰其道,則有其志有其道者,自有其樂矣。然不曰尋孔、顏之志,尋孔、顏之道,而必曰尋孔、顏之樂者,何也?"曰:"處順境者易於樂,處困境者難於樂。貧而樂,夫子之言也。因夫子有是言,故使學者尋是樂,謂之樂志不可,謂之樂道不可,謂之樂貧更不可。求其說而不得,遂有索之高遠者,豈高遠可樂,非高遠不樂乎?又有探之幽渺者,豈幽渺有樂,非幽渺無樂乎?是大不然矣。於是有反其說者,尋孔樂曰下學,尋顏樂曰克己,以此爲至近至切,返諸本原之地而得之矣。然其說亦未安。夫樂者,情也,情可學乎?夫子之爲是言也,一自道,一贊顏,豈教人以學此樂乎?前人舍功而言效,後人舍效而言功,似乎樂可不必尋,而所尋者非所樂矣。必聖之至,然後可知孔之樂;必賢之至,然後可知顏之樂。""然則孔、顏之樂終不可尋乎?"曰:"非也。見淺者言淺,見深者言深,莫不有孔、顏之道焉。然入理深者能言淺,入理淺者好言深。深不可測,試言其淺。由淺而深,是之謂尋。人身有何不快?其不快者,疾病纏之也。人心有何不快?其不快者,嗜欲擾之也。誠意者求自慊慊,快也足也。快足則樂,其不樂者,不快足也。故孟子曰:'反身而誠,樂莫大焉。'今人之憂貧也,甚於憂病,病可治而貧不可醫也。使其疾貧之心轉而爲疾惡之心,其寡過矣乎?然而不能也,此私之第一難克者。故尋孔、顏之樂,宜於苦境中求之;而舍境以言樂者,泛矣。"難者曰:"安貧樂道,史不絕書,高隱之士無不能之,此豈獨絕之詣乎?"曰:"安貧者無能聖,故多能不知其貧也。守道者不化,聖大而化,無所謂道也。彼逸民者,高則高矣,非日月也;潛則潛矣,非龍德也。初九曰:'潛龍勿用。'何謂也?子曰:'龍,德而隱者也,遁世無悶,不見是而無悶。確乎其不可拔，潛龍也。'此夫子之自言也。'君子依乎中庸，遁世不見知而不悔'，此亦夫子之自言也。夫不悶則樂，悶則不樂；不悔則樂，悔則不樂。非盛德之至，豈能免於悶、悔乎？故曰唯聖者能之。夫情之生也，根於性。'君子所性，雖大行不加焉，雖窮居不損焉，分定故也。'舍性以言情，未許尋孔、顏之樂也。然索之幽渺者，近於禪之定；求之高遠者，亦不知聖之神。貧一境也，樂亦一境也。貧而好樂，小成也。安於小成者，類能之。樂而忘貧，大成也。'集大成也者，金聲而玉振之也。'故惟聖人能之。顏子幾於聖人，亦能之。子貢不能矣。知子貢之不能樂，然後可以尋孔、顏之樂。"問者曰："子貢之所不能，下於子貢者反能之，豈高隱之流果賢於子貢乎？"曰："子貢之才足以有爲，使其困厄則不樂矣。其異於隱逸者，體用兼備，非有體而無用者也。其不及孔、顏者，用之則行，舍之不能藏也。知子貢之不能藏，然後可以尋孔、顏之樂。"難者曰："尋孔、顏樂處，二程子無說，朱子亦未暢發其說。餘論紛紛，幾成疑案。思之既久，百無一當。言孔、顏是矣，與樂不合。言樂是矣，與貧不合；言貧而樂是矣，又與孔、顏不合，果何如而確當乎？"曰："尋孔、顏樂處，'處'字當玩味。夫樂者，衆人之所同也；處者，聖人之所異也。登峰造極之處，有樂境焉。得其樂者，固不乏人。然天縱之聖困於疏水，王佐之才終於陋巷，皆千古一人也。人爲千古獨絶之人，樂亦爲千古獨絶之樂。貧固無關於樂，樂亦何妨於貧？無是貧，無是樂也。接輿有狂歌之樂，沮、溺有耦耕之樂，樂則樂矣，未必知孔、顏之樂也。朋來有教育之樂，樂之實有手舞足蹈之樂，樂亦樂矣，未必盡孔、顏之樂也。惟天下至誠爲能盡其性。盡己性以盡人性，盡人性以盡物性，至於參天地，贊化育，爲舒爲暢，與時偕行。其樂也，固至中之性發而爲至和之情也。此謂誠於中，形於外，蓋有不知其所以然而然者，無以名之，曰樂而已矣。禹、湯、文、武之功烈，臯、夔、稷、契之勳猷，舍則藏之，聖人之能事也；而發散在外，有不能藏者，樂是也。此豈貧之所能累哉？然不貧可以驗行之樂，惟貧可以得藏之樂。藏之樂，羣聖人之所不能有者也。大矣哉！孔、顏之樂乎？此有樂無憂，樂在於一己者也。《堯典》曰‘光被四表’，曰‘九族既睦’，曰‘協和萬邦’何？一非中和之氣所蘊釀而成者，此先憂後樂，樂著於天下者也。”

春風中坐了一日，其和可知，其樂可知。記曰：“心中斯須不和不樂，則鄙詐之心入之矣。”周子於“欲盡理純”之候有此樂境，故示人以尋樂。然此可以語上智，未可以語下學。下學只可格物致知。幼讀“賢哉”章朱注，其字當玩味。玩之十年，茫然不解所樂何事。後遍觀諸儒尋樂之說，雖略有所會，終不快意。因作是解，暢所欲言，當與否，不能自知也。

《馮氏小集》三卷 《鈍吟集》三卷 《別集》一卷 《餘集》一卷 《游仙詩》一卷 《集外詩》一卷 《樂府》一卷 《文稿》一卷

國朝馮班撰

原本。此本爲牧齋所編，同人所刻。前有錢氏序。《紛欣閣叢書》刻《游仙詩》二卷，無序跋。

杭氏曰：“戚進士煐言德清人每爲二馮左袒。予跋其《才調集》點本後云：‘固哉！馮叟之言詩也。承轉開合，提唱不已，乃村夫子長技。緣情綺靡，寧或在斯？古人容有細心，通才必不爲此迂，右西崑而黜西江。夫西崑沿於晚唐，西江盛於南宋。今將禁晉、魏之不爲齊、梁，禁齊、梁之不爲開元、大曆，此必不得之數。風會流轉，人聲因之，合三千年之人爲一朝之詩，有是乎？二馮可謂能持詩之正，未可謂遂盡其變者也。益都趙秋谷、吳門何屺嶦，皆崇尚其説而并好其詩。《鈍吟小集》諸刻，庶幾冬郎語乎？李、杜之光焰，韓、孟之崛奇，概乎未有聞焉。秋谷《談龍》敢於集矢新城，至《鈍吟》，竟欲範金事之，豈昌歜、羊棗，性各有所偏嗜耶？"録於《榕城詩話》。

文光案：《才調集》十卷，唐韋縠[二]所編，有汲古閣本。漁陽《才調集選》二卷，見王氏《合集》，紀氏删正。二馮評點《才調集》二卷，有鏡烟堂本。二馮評點《才調集》原本，未見。

《亭林文集》六卷　《詩集》五卷

國朝顧炎武撰

遂初堂本。詩、文有目録，無序跋。首一篇爲《北岳辨》。此辨《恒山志》所載甚詳，當時或未之見，遂有是作，竟如蛇足。

正德之末，惟王府官司及建寧書坊乃有刻本，流布於人間者，不過四書、五經、《通鑑》、《性理》諸書。他書雖有刻者，非好古家不蓄。寒家有書六七千卷，倭入江東，焚無孑遺。先曾祖歷官侍郎，晚年所得之書過於其舊，以至炎武，復有五六千卷，變後散亡什之六七。以游四方，又別有所得，合先世所藏，尚不下二三千卷。以選擇之精，較舊日雖少其半，猶爲過之。又抄寫之本，別貯二簏。先祖曰："著書不如抄書。今人之學，必不及古人；今人所見之博，必不及古人也：惟讀書而已。"少時日課鈔古書數紙，今散亡之餘，猶數十帙也。世人多習《綱目》，余所不取。凡作書者，莫病乎以前人之書改爲自作。班孟堅之改《史記》，必不如《史記》。宋景文之改《舊唐書》，必不如《舊唐書》。朱子之改《通鑑》，必不如《通鑑》。故得明人書百卷，不若得宋人書一卷也。

　　文光案：著書不知體要，不能成書。鈔書無學問，則重見疊出，顧此失彼。寧人學博而能貫，故《日知錄》所記，每事必核其始末，考其同異，且屢經改定而後成書，所以精當確切，難與比倫。錢竹汀《養新錄》已不及矣。若王棠之《知新錄》，本欲上擬《日知》，然無寧人之學，亦不能解寧人之意，不足觀已。凡鈔古書，宜求實用，或有關經術，或足補史逸，修己利物之方，經世治人之法，以及典章制度，皆在所要。其次古音古字，罕見罕聞，詩文之訣，聲韻之門，條分縷析，加以考辨，互相鈎稽，使之證佐分明，方爲精確。若徒事漁獵，依樣抄撮，此胥徒事也，豈能成一家言哉？《綱目》爲朱子未成之書，理學家所重，全在書法。若事迹，仍宜讀《通鑑》也。

　　西安府學，聖廟之後爲亭者五，環之以廊，而列古今碑板於中，俗謂之“碑洞”。自嘉靖末地震而記志有名之碑多毁裂不存，其現在者，猶足以甲天下。余因得考而序之。

　　《廣宋遺民錄序》曰：“朱君明德得程克勤所爲《宋遺民錄》而廣之，至四百餘人，而問序於余。”

　　呂裁之《千字文》，明代二百七十年之事略具，其首尾之言，亦史游意也。《三蒼》、《急就篇》，南北朝以前童子無不習之。今苦其難而便《千文》之易，遂爲小學家恒用之書。

　　士不先言恥，則爲無本之人。非好古而多學，則爲空虛之學。以無本之人而講空虛之學，吾見其日從事於聖人而去之益遠也。

　　排斥衆說以伸一家之說，而通經之路狹矣；以大全爲業，而通經之路又狹矣。注疏刊於萬曆中年，頒行天下，藏之學宮，未嘗勸人誦習也。試問百年來能通《十三經注疏》者，幾人哉？

《太祖實錄》凡三修。一修於建文之時，其書已焚。再修於永樂之初，西亭曾有其書，而洪水滔天之後，遂不可問。今史戚所存及士夫家改《實錄》爲《聖政記》者，皆三修之本也。然再修、三修所不同者，"靖難"一事。至於穎、宋二公，若果不以令終，則初修必已諱之矣。聞之先人曰："《實錄》中附傳於卒之下者，正也；不係卒而別見者，變也：當日史臣之微意也。"自萬曆以還，是非殽亂。刻本如《辛亥京察記事》、《遼事實錄》、《清流摘鏡》、《傔菴野鈔》、《同時尚論錄》、《愨書》，抄本如《酌中志》、《慟餘雜記》之類，皆不可闕。裁斷之精，是在君子。

邸報，至崇禎十一年方有活板，自此以前俱是寫本。

萬曆以前，八股之文無一字無來歷。吳化"事君數"一節，文中有"謇謞"二字。《楚辭》："余固知謇謇之爲患兮，忍而不能舍也。"此"謇"字之所出也。《史記・商君傳》："千人之諾諾，不如一士之謞謞[三]。"此"謞"字之所出也。陸機《辨亡論》"左丞相陸凱以謇謞盡規"、韓文公《郾城聯句》"九邊彌謇謞"，則古人已用之矣。

改經之病，始自唐明皇改《尚書》，而後人效之。然猶曰"舊爲某，今改爲某"，本文猶在。近日錄本不復言"舊爲某"，則古人之音亡而文亦亡。"上六，弗遇，過之，飛鳥離之"，古讀"離"爲"羅"，與"過"爲韻。"晉，晝也。明夷，誅也"，古讀"晝"爲"注"，與"誅"爲韻。《招魂》："魂兮歸來，北方不可以止些。增冰峨峨，飛雪千里些。歸來歸來，北方不可以久些。"五臣本作"不可以久止"，不知古人讀"久"爲"几"，正與"止"爲韻。《龜策傳》"雷電將之，風雨迎之"，後人改"迎"爲送，不知古人讀"迎"爲"昂"，與"將"爲韻。凡若此者，遽數之不能終也。其爲古人之本音而非叶韻，則陳第已辨之矣。若夫近日之錄本，又有甚焉。阮瑀《七哀詩》："冥冥九泉室，漫漫長夜臺。

身盡氣力索，精魂靡所能。"今本改"能"爲"迴"，不知《廣韻》十六咍部元有"能"字。李白詩："素心自此得，真趣非外借"，今本改"借"爲"惜"，以叶上文"客"、"夕"諸字，不知《廣韻》二十二昔部元有"借"字。凡若此者，亦遽數之不能終也。聞之先人，自嘉靖以前，鋟本雖不精工，而其所不能通之處，注之曰"疑"。今之鋟本加精，而疑者不復注，且徑改之矣。

經學自有源流，自漢而六朝，而唐，而宋，必一一考究，而後及於近儒之所著，然後可以知其異同、離合之指。如論字必本於《說文》，未有據隸、楷而論古文者也。

《公冶長》一篇，多論古今人物，終之以"已矣乎"二章。是則論人物者，所以爲內自訟之地，而非好學之深，則不能見己之過，雖欲遷善，無從也。

詩病在於有杜君，文病在於有韓、歐。有此蹊徑於胸中，便終不脫"依傍"二字，斷不能登峰造極。

文無關經術、政理之大，則不作。韓文公但作《原道》諸篇，一切銘、狀爲謝絕，誠近代之泰山、北斗矣。今猶未敢許也，劉又已譏之。

鄭康成以七十有四之年，爲袁本初強之到元城，卒於軍中。而曹孟德遂有"鄭康成行酒，伏地氣絕"之語，以爲本初罪狀。後之爲處士者，幸無若康成；其待處士者，幸無若本初。

異姓爲後，見於史者，魏陳矯本劉氏子，出嗣舅氏；吳朱然本姓施，以姊子爲朱後：惟此二人爲賢。吳朝周逸，博達古今。逸本左氏之子，爲周氏所養。周氏自有子，時人有譏逸者。逸敷陳古事，卒不復本姓，學者咸謂當然。亦未可引以爲據，以經典別無可證也。

炎武年五十九，未有繼嗣。在太原遇傅青主，浼之診脉，云尚可得子，勸令置妾，遂於靜樂買之。不一二年而衆疾交侵，始思董子之言而瞿然自悔，立姪議定，即出而嫁之。嘗與張稷若言：
"青主之爲人，大雅君子也。"稷若曰："豈有勸六十老人娶妾，而
可以爲君子者乎？"愚無以應也。

楊子常逾六十，素有目眚。買妾二人，三五年間，目遂不能
見物。

> 文光案：此二條深足爲老者戒，故録之。人過六十，雖
> 壯亦衰。欲心微動，精即離宮，不必交合而身已疲矣。戒之！
> 戒之！壽之休短，固自有命，惟年老藏精不固，有無窮之冤
> 苦，未許强學少年也。其或得天獨厚，或服食導引，彼自有
> 術，不以常論。青主先生精於醫理，惜乎勸老人納妾，未曾
> 告以善後之方也。

《二曲集》二十六卷　《司牧寶鑑》一卷　《歷年紀録》一卷

國朝李顒撰

原本。門人編次，未盡所長。集爲侍郎鄭所刻。《寶鑑》，錫
山倪氏刻。《紀録》，程氏刻，板本不佳。全謝山作《二曲先生窆
石文》云："自經史子集以至二氏之書，無不徧觀。然非以資博
覽，其所自得，不滯於訓詁之義，曠然見其會通。"秦氏瀛曰：
"二曲交於亭林。亭林謂明之亡，亡於心學，言殊乖舛。而議二曲
學術，歸於姚江，亦不爲無見。"

《二曲集》有《讀書次第》，題曰："口授其書，爲《小學》、
《近思録》、《四書蒙引》、《疑思録》。因問《三禮注疏》、《五經大
全》、《家禮》、《四禮翼》、《詩經注疏》、《春秋三傳》、胡《傳》、
唊《傳》、《周易古今文全書》、程《傳》、《本義》、《五經繹》、
《九經解》、《通鑑》、《宋元通鑑》、《函史上編》、《八家文鈔》。"
李士璸序曰："自《小學》漸入《大學》，自經理徐及文史，步步

有正鵠書，真入聖之正門、爲學之上路也。此等書程，自童蒙以至大人，皆不外此。"

文光案：《五經大全》、《五經繹》、《宋元通鑑》、《函史》數書，皆無足觀。二曲取之，未敢以爲定論。《五經繹》注曰："思深識正，粹然自成一家。"又謂《易經繹》"宏暢精深，發前人所未發"。案：鄧元錫詮釋經文，多屬空談，《易》頗更其次第，且有憑臆杜撰之説。以爲粹然，以爲精深，實未允當。鄧書近尚流行，而觀者鮮矣。《宋元通鑑》注曰："此外如李燾《長編》、《紀事本末》，不閲可也。"案：薛應旂《宋元通鑑》，朱竹垞譏其孤陋寡聞。惟道學宗派採摭特詳，多出于正史之外。其他多不諳史法，且所見史書甚少。自畢氏《續通鑑》出而此書廢矣，豈無故哉？《長編》爲薛氏未見之書，今與"紀事七種書"盛行于時，二曲以爲不閲可者，其説誤矣。《函史》注曰："提綱挈微，誠史學之要領也。"案：鄧元錫《函史》仿鄭樵《通志》，上編八十一卷，即鄭之紀傳；下編二十一卷，即鄭之二十一略也。其上編雜糅顛倒，舛謬難數；下編亦蕪雜可厭，等于類書：與所著之《五經繹》均無可取。二曲以爲提綱挈微，蓋亦不識史學矣。謝山謂二曲徧觀羣書，然不能決其是非，則亦未可依據。此數書余皆有之，然于《藏書記》盡削其目，蓋不欲珠玉與瓦礫并陳也。大抵理學家守《性理》一部、經學數種即足矣，史書間一及之，微煩者恐分精力。當時黄學盛于南，孫學盛于北，李學盛于西，陸清獻皆以爲不然。觀二曲口授之書，其學可知。清獻之書最爲純粹，稍涉姚江者必力辨之，故可爲理學正宗，此余所心服者也。《王豐川集》示人以所讀之書，亦甚簡略，與二曲同。夫《大學》之要，首在致知。致知之要，舍書何以哉？若守書程數部書而欲明天下之理，難矣，恐本經亦不能解也。昔朱子無書不讀，既能身體，又能力行；既能貫通，又能融化。吾故謂化漢學于宋學之中者，惟朱子一人而已。學者可不思朱子所以爲朱子哉？

《題馮少墟集》曰："言言醇正，字字切實，與薛文清《讀書録》相表裏。"

少墟先生與曹真予、鄒南皋、焦弱侯、高景逸、楊復所同時，開堂會講，領袖詩文。然諸老醇厚者乏通慧，穎悟者雜佛氏，惟先生嚴毅中正，一遵程、朱家法。集凡二十二卷，如《辯學録》明儒、佛之分；《疑思録》剖析四書之蘊；《講學説》、《做人説》、序記、書牘，咸足以堅學人之志，定末流之趨：皆發昔儒所未發。

文光案：《少墟集》初刻未見，二十二卷之本，乃其次子嘉年所重刻者。自卷一至卷十二，皆語録；卷十三至卷十八，皆詩文；卷十九至卷二十，爲族譜、家乘；卷二十一至卷二十二，爲《關學編》。生平著作彙于此集，言皆篤實，不以辭采爲工。雖字句間涉俚俗，不以弇陋譏也。若文清則文章雅正，具有典型。詩更沖澹高秀，非少墟之所可及矣。

《讀易樓合刻》有《二曲集録要》四卷，倪元坦自序曰："在亭族弟處得《二曲遺集》，録其要爲四卷。"案：卷首撰《事略》一篇，末有附録五篇。倪氏既作《事略》，又作傳，前后複出。倪刻《讀易樓》本，大率如此。

《何義門集》十二卷　《附録》一卷

國朝何焯撰

姑蘇本。道光庚戌年吳雲、韓崇、翁大年同編校刊。是集或取諸手蹟，或取自傳鈔，皆搜採彙集而成，非原有是集也。首小像并贊，次目録。凡序一卷，記、傳、雜文一卷，書五卷，跋二卷，雜著一卷，詩二卷。附録行狀，沈彤撰；墓誌銘，方苞如撰；

墓碑，全祖望撰；祭文，儲大文撰；并義門弟子姓氏，録爲一卷。弟子四百人，知名者三之一，超卓者十餘人。末有吳雲跋。《弟子録》有翁大年跋。

吳氏跋曰："門人張位輯詩文一册，翁覃溪輯小集一册，屠伯洪輯雜著一册，徐問渠傳鈔題跋一卷，蔣生沐傳鈔文集一卷，相助采録者又數百篇。詩文散佚已久，吾友翁叔均搜羅二十年，始得是集。余與韓丈任剖厥之事，并爲去其重複，校其同異，釐爲十二卷。詩亦繫年月者居多，恐有舛誤，尚須訂正。續有所得，亦即補入。"

文光案：是本紙、墨皆佳，校正頗審。

行狀曰："先生諱焯，字屺瞻。蘇之長洲人。其先元元統間以義行旌門，先生取其事名書塾，學者因稱'義門先生'。康熙二十四年，先生年二十五，由崇明縣學拔貢國子監，遊徐學士乾學、翁祭酒叔元之門。其後交絶於翁，復干徐之怒，至辯訟於大府，故屢躓京闈而名益重。四十一年冬，以直隷巡撫李公薦，召直南書房。明年，賜舉人。下第，復賜進士，改庶吉士。尋命侍讀皇八子貝勒府，兼武英殿纂修。明年，丁外、内艱。五十三年，再以安溪相國薦召赴闕，仍直武英殿。明年，授編修。又明年秋，駕在熱河，有構飛語以聞者。上還京，先生迎道旁，即命收繫，并悉簿録其舍中書，付學士蔣廷錫等，視有無狂誕語。檢五日，無有。間有譏笑士大夫著作，訐近科文者，粘籤以進，而書中所厮辭吳縣令饋金札稿并進焉。上閱畢，怒漸解，且嘉其有守，僅坐免官。還其書，命仍直武英毁。感恩，修纂益力，歷五六年，遂致疾，以六十一年六月九日卒，年六十二。先生蓄書數萬卷，多參稽互證，以得指歸。於其真僞、是非、密疏、隱顯、工拙、源流，皆各有題識，如別黑白。及刊本之訛闕同異、字體之正俗，亦分辨而補正之。其校定兩《漢書》、《三國志》最有名。乾隆五年，從禮部侍郎方苞請，令寫其本付國子監，爲新刊本所取正。而凡題識中有論人者，必迹其世，徹其表裏；論事者，必通其首尾，盡其變；論經時大略者，必本其國事民俗，以悉其利病，尤超軼數百年評者之林。暇時喜臨摹晉、唐法帖，真、行書并入能品。”

　　文光案：義門評本，不脫批時文氣習。所藏宋、元本最多，歿後散佚，人以兼金購之。吴下賈人冒迹求售，於是有何氏僞書。所著《道古録》，略如《困學紀聞》，爲門下背師者竊去，因乾没焉，今遂不傳。《語古齋識小録》十數卷，多刪取題識爲之。繫獄時，門人某恐有根觸語，悉投諸火。或傳藏於其家。所校《漢書》、《三國志》，載於《義門讀書記》。所校汲古閣本《中州集》，余家有藏本。其他評本尚多，不及細數，大半出於傳鈔，非其手迹。余亦不甚愛重。所注《困學紀聞》，向有傳本，注甚簡略。自翁注出，而此本遂微。義門謂王伯厚不脫詞章氣，考之《玉海》，此語誠然。義門有《通志堂經解評語》，見於《彙刻書目》，而集中不載，所佚已多。至於蜚語之由，多緣平日積學自恃，負氣陵人，形諸筆墨，有不能堪，故忌之者深，而陷之者衆也。義門之學，專攻時文。集中雜著，皆論制義，與人書亦然。其他所評，制義甚多。生平右牧齋之文，故與望溪論文不合。望溪最惡牧齋之文；而義門少學於邵僧彌，僧彌出自牧齋也。義門讀中祕書，所見古本甚多，又嘗與吴門書賈詳論槧本；而集中所跋之書，僅三十二種，搜羅未備，深可惜也。凡此三十餘跋，余皆録其精要於各目之下。其金石諸跋，則擇其尤者録於左，而義門讀書之法可見其概。其他詳於《漢名臣傳》，并《先正事略》第三十二卷。《事略》即采狀、表、誌爲之，固無所增益也。

誌云："先生以疾卒於京。上聞其卒，爲不怡者良久，且曰：'何焯勤學問，祗事有年。方欲拂拭用之，而忽焉以没，深可憫傷。'還其前官，贈侍讀學士。先生書不去前，大抵經史爲主盟，其讀經必得經所以云之意而不取。輔漢卿曰：'此盎脱郎也。'讀史必熟其事，變之血脉而不取。胡致堂曰：'此堂客也。'書法精妙，嘗奉聖祖命寫《朱子四書注》，鋟板貯禁中俟頒也。初字潤千，哭其母，更字屺瞻。"

碑云："公訪購宋、元舊槧及故家鈔本，細讎正之，一卷或積十過，丹黄稠疊。而後知近世之書脱漏訛謬，讀者沉迷於其中，而終身未曉也。公出獄後，仍參書局。是時諸王皆右文，朱邸册府多資公校也。"

亭林先生老而好學，遇事之有關於學術、治道者，皆細書剳記，述往俟來。遺書悉歸於東海相國，然不知愛惜，或爲人取去。此《菰中隨筆》一册，予於友人案間得之，未嘗不自隨也。《區言》五十卷，皆述治天下之要。予在相國處見一帙，亦細書者。

嘉慶間，七子作詩，何嘗不套寫漢、魏、盛唐，而中乃枵然？

《禮記》、《春秋》，胡、陳之書可不看。《春秋》，則安溪取陸淳。

經解中，惟王次默《周禮訂義》所採宋儒説多前儒所未備，衛正叔《禮記集説》亦備參考，餘乃無謂。《春秋》，趙東山備一家，然予不能識其高下。

景州見傅青主臨王大令一手卷，又楷書杜詩一册頁。王帖極熟，乃是其皮毛工夫。楷字不及慈溪遠甚。楷書專使退筆求古，而適得風沙氣。詩下必記數語，發口鄙穢，爛詆宋賢，可惜讀書萬卷，轉增魔焰。二十年轟雷灌耳，一見盡興矣。寧人字迹乃學王，多一聞見耳。

商丘有張旭《郎官石記》，乃王敬美所藏宋拓本，今世所無也。

元微之稱昌黎近體云："玉磬聲聲徹，金鈴個個圓。"其爲律詩，何嘗專事倔強？

足下從《五代史記》汪本校出《張彥澤傳》中不與出帝酒事，爲李筠而非李崧。《通鑑》正作"李崧"。不知蜀本是"李崧"否，千萬一查見示。

《寄弟書》："竹垞肯將萬卷堂書目抄本圈出，甚感。"

當年我於西溟輩，明知其陋，執禮甚恭。諸葛公見許靖而拜，不爲枉屈。

近看《周禮注》葛板，破句極多，非看疏，則句讀難辨。

聞吾弟收得不全宋板《三國志》數卷，果否？《蜀志》末《楊戲傳》後王嗣、常播、衛繼三人皆是裴松之注文，而監本毛板皆誤作陳壽語。未知宋板能刊正否。

《墨池堂帖》，章家刻手笨甚。又存李衛公《告西岳文》，尤爲無識。然勝《快雪》，貪得幾個字樣也。

龔家刻《春秋三書》，其實但有纂例，板亦燬矣。

《春秋微旨》，經學之寶也。

《絳帖》乃明初本，中有顏魯公字。金衛紹王崇慶、高汝勵所增修也。《格古要論》多憒憒，惟此帖考證多明白。

唐人硬黃紙，去宋箋不遠。

經紙，即唐人硬黃也。其色太深者，恐是宋箋。

藝五穀者，每種必盡其力。方其盡力與此，不知有彼也。此須立程課爲之，每藝一經，必盡自家分量，務令徹底方休。藝之之法，一曰熟誦經文也；二曰盡參衆說，而別其同異，較其短長也；二曰精思以釋所疑，而猶未敢自信也；四曰明辨以棄所非，而猶未敢自是也。能於一經上得其門而入，則諸書皆同室而異戶者，可以斯推而通。古之成業以名世者，其必由此矣。

宋石邦哲字熙明，有博古堂，藏書尤多。世傳《越州石氏歷代名帖》，其所開也。帖凡二十七種，目詳《寶刻叢編》。孫北海得其全者，并有虞仲房集漢字《千文》一册。帖以《吉日癸巳》首，石經數行在第二，樂天詩則二十七也。好奇者指石經爲鴻都刻，不知石氏刻已罕。樂天書，宋以後無能過者。魯公《鹿脯帖》、《寒食帖》，皆石氏重模，無復此沉着痛快矣。清遠道士詩，出《忠義堂帖》，疑公有是詩而僞爲之，結字局束。小楷六種。《度人經》後有范正思記《破邪序》，他刻莫及。

晉人小楷五種，皆出石氏。《黃庭》所存止此。《樂毅論》爲海字本，象贊飄飄凌雲，文氏重摹，無神明。《十三行》肥瘠得中，勝周膳部模本。《曹娥碑》，刻手精絶，他本莫能望。帖目列《十三行》之後，但題晉賢，不云是右軍。褚公《中禁書目》右軍書五卷，無《曹娥》。陶貞白論書，無一語及之。青箱堂藏石氏帖十八種，惜背手惡劣。

宋拓《十三行》，多用顏法，開坡、谷門徑。或即周子發所模以入石者，不如石氏本纖穠得中也。

停雲《十三行》，別是一肥本。

右軍《七十大慶帖》，王侍書摹本精力圓固，奕奕有神。

《夏承碑跋》："鄭杓《衍極》云：'漢碑三百，今銷蝕無幾。《何君閣道》、《夏淳于碑》可以全見古人面貌。'蓋一出於宋元祐間，一出於紹興間，故獨能完好。《夏承碑》，近代翻刻再三，字形皆非。訛'勤約'爲'勤紹'，尤著者也。都太僕僅得徐充子擴雙鈎本。真賞齋所藏，不知何本。康熙戊子，予購得此本，旁有丹陽孫楨仲墻印記，用筆淳古，與三代同風。太僕記闕字四十五，此止闕十餘字，其摹拓當去初出未遠也。《閣道碑》，《隸釋》載其文，最不易致。"

《吳天璽紀功碑》，結字俱作篆體，用筆時似鐘鼎古文，殆漢人八分，去古未遠，往往相入。今乃湮沒，不可得見。姜白石謂是符書，恐未必然。梅宛陵詩："年算赤烏近，書疑皇象多。"或緣未見拓本。方虛谷遂於題下注"有吳大帝字"，且"皇怨"作"黃"，其寡陋可知。唯竹垞據《吳志》考證其文非華覈所作，并文中"七月""七"字爲"柒"，斯實好古之一助云。

《瘞鶴銘》，宋人所得不過六十餘字，至明止二十餘字。萬曆以來，重摹者并失其字形，如"爰集""爰"字拓而大之，"丹"字下加一點，"蕩"字草頭去其左半，使其人駭歎也。

《聖教碑》未斷之本，不多得。

褚河南書，今存者獨《三龕碑》、《房梁公碑》并《聖教序》而三。

內府本《道因碑》，肩吻太露，橫畫往往當收處反飛，蓋唐碑而參北朝字體者。亦用其父分書《房彥謙碑》法，然無一筆不鋒在畫中。率更佳帖不易致，由蘭臺以入門，亦庶乎其不遠矣。

內府《多寶塔碑》，結字之血脉，用筆之收放，纖毫不失。

魯公用筆最與晉近，結字別耳。此碑能專精，學之得其神，便足爲二王繼。別得見真官帖，乃徵吾言也。

《蘭亭》舊刻，今存者僅"潁上"、"東陽"二本。"國學本"即趙文敏所臨"潁上"，與"定武"絕遠。又拓者益多，轉失之瘦。"東陽本"初出即多剝落，況復三百年，風神彌減矣；然較近日所摸，規矩猶在。

《東里集》題云："揚州僧舍發地得二石，皆《蘭亭》舊刻，一缺其前，一缺其後。鹽運使何士英裁齊，合之爲一。前所存者，十八行止'猶'、'不'二字；後存者，十行起'能'、'不'二字。兩本肥瘠相近，清韻可愛，當在福州鄭清摸本之次。當年既合二石爲一，自非建炎所失之本。後人因其斷裂附會爲説，尤可笑也。楊文貞所云鄭本已不知所在矣。亭林《金石文字記》漫以此本爲宣文閣所移，誤矣。"

《黄庭》，近代傳摸失真，一例平順，無復向背往來之勢。獨"穎上本"橫畫處仰勒平收，有如大字。唐臨宋鎸，故自別也。

《集古録目》言《黄庭》二本出於越州，然非石氏刻也。石氏乃《黄庭》殘字。

陶隱居謂《黄庭》、《勸進像贊》、《洛神》，逸少有名之迹。褚公《逸少正書目》共十四帖，《洛神》不録，蓋誤以爲子敬書。余謂《洛神》自有右軍書，殆未可知。今所存《十三行》，與大王不類。此本無筆不收，多帶顔法，遂開蘇、黄風氣。然其雙鈎入石，纖細畢備，可謂至工。此跋宋拓《十三行》。

萬曆中，上海顧舍人重摸官法帖，有馮定遠旁注釋文，即大以爲佳。後得蕭府初拓，私計晉、唐諸賢去人亦邈。及得宋時傳本，乃知明代刻工甚陋，不惟盡失其精神，點畫癡鈍，非復中鋒，并一字之脉絡，亦都不相貫注也。文待詔題華氏所藏祖帖云："當時傳摸即有三十二本。此册不能定其出自何所，而用筆與其意思尚可窺尋，即褚墨後來亦不能及也。"予借閱經年，竟無所得，乃題其後，敬還主守。此跋顧氏所藏《閣帖》。

思翁行押，尤得力《爭坐帖》，故用筆圓勁，視元人幾欲上之。此跋其加意所書，精采溢發，直與魯公相質，不惟可津逮來學也。

　　文光案：董跋《坐位帖》在《戲鴻帖》中。

香泉雄長一時，蒐輯金石文字，視都、趙諸編，不啻過焉。當其下筆，上下千古，舉篆、籀、分隸、章草、行押之妙，無所不有。予彌服先生之廣大。此跋《予寧堂帖》。

《大金集禮》，乃錢遵王故物，從文淵閣抄出者。

《困學紀聞》，條理秩然，爲閻氏校勘訛字。其中徵引之書，未能盡悉。

《新安十志》，簡嚴有法，同時諸公郡邑志皆所不及。余得之故家，猶是宋雕原本。

《酌中志》，本二十四篇，今《黑頭爰立》一篇缺者，乃故輔删去，鈔謄百餘本，流布南北以滅其迹者也。然今鬻書者非有是篇不售，人爭喜談以資拊掌，竟何益哉？

古人碑刻，多爲大、小二本。

蘇、黃書宋代入石者，遭黨禁，多磨毀。南渡後重刻，非復初本之遒媚。近時雜帖中所見，并非真迹，刻工更劣。

校勘記

〔一〕"失"，據《湯子遺書》補。

〔二〕"縠"，原作"穀"，據《才調集》改。

〔三〕"千人之諾諾，不如一士之諤諤"，原作"千人之諤諤，不如一士之諾諾"，據《史記·商君傳》及清顧炎武《蔣山傭殘稿》改。

集部二
別集類二十三

《學餘堂集》七十八卷　《別集》四卷　《外集》二卷

國朝施閏章撰

棟亭曹氏刊本。首年譜序，杭世駿撰；次校閱姓名四十三人，皆名臣碩儒；次小像，有贊；次年譜，曾孫念曾編。次詩集序，汪琬撰；次詩集五十卷，有總目。次文集序，魏禧撰；次文集二十八卷，有總目，內有遊記二卷。次《別集》，《蠖齋詩話》二卷，《矩齋雜記》二卷，附《摘句圖》。王阮亭曰："愚山詩，清詞麗句，層見疊出。予仿《主客圖》之例，摘其尤者列爲圖。"次《外集》，《硯林拾遺》一卷，《試院冰淵》一卷。次《施氏家風述略》一卷，施閏章撰；《續編》一卷，施彥恪撰。末附《愚山墓誌》一篇，湯斌撰；書後一首；《隨村先生詩集》六卷。

杭氏序曰："年譜起於宋世，即世家之體，較之遺事、行狀尤嚴。必其德業文章足以當此，而後可施以編年紀月之法也。先生自編年譜已散佚。其曾孫得仍州守，因其尊甫隨村先生所編詩文目錄，益以誌狀，釐爲四卷。"

《譜》曰："先生字尚白，一字屺雲。號愚山，一號媿蘿居士，又號蠖齋，晚號矩齋。江南寧國府宣城縣雙溪里人。生於萬曆四十六年。順治元年，二十七歲。康熙二十二年卒，年六十六歲。官至翰林院侍讀。有集八十卷，詩話、雜著二卷，皆未成。」

泰和縣舊志稱山谷作令時，往往窮搜巖壑，賦詩題壁。今按《快閣詩》外殊寥寥，官亦能累山谷耶？

注杜詩者謂杜語必有出處，然添卻故事，減卻詩好處。

元末高明編《琵琶記》，以雪伯喈之恥。按今《琵琶記》，仍是痛詆伯喈舜悖不倫，不審何云雪恥。

金龍四大王姓謝名緒，憤宋祚移，沉淵而死。上帝憐其忠，命爲河伯，助明太祖破元。封爲金龍四大王，以嘗居金龍山，又葬其地；兄弟四人，皆處士。

陳璲曰：「永樂修《大典》，諸書間有不暇精擇，未免牴牾。虛心觀理，當自得之。」先生纂修官，其言如此。

洪武中有隨母改嫁者，繼父病，割股愈之。有司以孝聞，上曰：「繼父是伊父仇人，割父遺體以愈仇父，是不孝也。」乃置之法。

詩用「而」字，「結廬在人境，而無車馬喧」，陶公偶然入妙；「孰是都不營，而以求自安」，便下一格。　「焉」字用作押韻最難穩。劉楨「我獨抱深感，不得與比焉」，用法清健。其次則元結「豈不如賊焉」。杜甫「古人歌已矣，吾道卜終焉」，在排律百韻中間用飄逸。杜必簡「作頌有人焉」、杜甫「柴荆即有焉」，俱不佳。

用「哉」字，潘尼「協心毗聖世，畢力讚康哉」、陳子昂「五陵盡喬木，昭王安在哉」、杜甫「疏鑿功雖美，陶鈞力壯哉」，略可。至於鱗「登高作賦大人哉」，殆不成語。　用「之」字，阮籍「千秋萬歲後，榮名安所之」、老杜「客愁全爲減，捨此欲何之」，差可。「干戈猶未已，弟妹各何之」，稍弱。至杜荀鶴「千人不得已，非我欲爲之」、「白髮多生矣，青山可住乎」，五言律長城壞矣。

《精華録訓纂》二十卷 《年譜》三卷 附録 《金氏精華録箋注辨訛》一卷

國朝王士禎撰，惠棟注

紅豆齋本。首錢氏序，次牧齋詩一首，皆有注。次凡例，次詩目。《漁洋山人全集》本有詩無注。

例曰："所見山人集共八十餘種，《帶經堂集》最後刻。余家四代藏書，所採書目四百餘種。初撰山人年譜一卷，次得山人自撰年譜一卷，遂補余撰年譜於下，分爲上、下三卷。次目録二卷；次採山人書目；次山人選各種詩；次山人著述未見書；次王氏家集；次惠氏家集；次棟撰書，曰《九經會最》，曰《諸史會最》，曰《周易本義辨證》，曰《古文尚書考》，曰《左傳補注》，曰《後漢書訓纂》，曰《續漢制考》，曰《九曜齋筆記》，曰《竹南漫録》。"

《辨訛序》曰："余撰《訓纂》既脱稿，崑山金君某爲箋注一書，合古、近體爲一，取余注參差注之，間有增益，皆淺近習見之語，又多謬誤，因著《辨訛》一卷。"

文光案：金注例云："雍正乙卯，得惠定宇注本，喜其該洽，亟録之以補余所未逮。"

《精華録箋注》十二卷

國朝金榮撰

鳳翩堂本。林佶手書。首錢序并詩；次附漁洋諸説；次符氏序；次例；次像；次誌，宋犖撰；次碑，王掞撰；次目録；次年譜。金注盛行，惠注未快人意。

金氏曰："是集編年不分體，自注見於原集者，間亦補入。箋注起於康熙庚寅《讀詠史》、《小樂府》，尋繹《三國志》，標行間。自是殫力搜討，歷二十餘年，注稿初定。近體注兼采之徐龍友，鄙見別以'案'字。開雕後，時有弋獲惠注，復不能損愛，補注總附於十二卷之後。"

《午亭文編》五十卷

國朝陳廷敬撰

原本。此侯官林氏編次之本。前有總目、康熙戊子門人林佶後序、相國自序、徐昆跋。凡樂府二卷，古體詩五卷，今體十三卷，雜著四卷，賦、解、說、辨、論、《困學緒言》。經解四卷，《易》三卷，《書》、《詩》、《禮》一卷。奏對、錄一卷，疏二卷，表、論、對一卷，史評二卷，序、引、疏三卷，記一卷，書一卷，頌、箴、銘、贊一卷，傳二卷，《于清端公傳》一卷。阡表一卷，墓誌銘三卷，神道碑、墓碑、墓表、祭文一卷，題跋、雜文一卷，《杜律詩話》上、下二卷。林吉人受業於汪鈍翁、王漁洋、陳午亭之門，三公集皆其所手寫付梓者，亦一時佳話也。

《百鶴阡記》曰："廷敬為先太夫人卜兆於樊山上，有鶴來萃，不可殫數，翔於雲際，自西而東。見者聞者，莫不驚喜詫異。余生長於晉，不見有鶴。今如此其多，而盤旋鳴哀於新阡之上，久而後去，則誠非偶然者矣。"第四十三卷為《百鶴阡表》。陶侃居母憂於墓下，二客來弔，化雙鶴飛去。

《松桂堂全集》三十七卷　《南淮集》三卷 《延露詞》三卷

國朝彭孫遹撰

原本。《全集》有乾隆八年錢陳羣序。《南淮集》為甲辰、乙巳詩，有《丹霞今釋序》，《詞》有尤侗序并諸家評語。是集古、今詩四十三卷，前有賦及樂章，後二卷皆詠花詩，表、奏、頌、序凡三卷，是爲全集。三十三卷後有徐景穆跋。景穆，羨門之壻也。

陳[一]氏序曰："康熙己未，御試博學鴻詞，先生戞然舉首。夙有撰著、樂章，繕録進呈，屢邀獎賞。嗣是眷注日隆，洊歷少宰。又數年，移疾歸里，手訂《松桂堂全集》，授令子承祚，思鋟木以傳。無何，家益貧。後承祚出宰三晉，謀付剞劂。忽遭師門波累，幾瀕於危。夷然去官，獨抱遺集詣京師，已而事白。余與承祚本中表兄弟，生同里，長同仕，又先後同事畿輔者六年。刻遺集既竣，索余弁言。先生學問該洽，於書無不讀。所著詩賦莊雅典麗，又復春容流宕，而於館閣諸體，尤爲瓌瑋絶特，一時奉爲圭臬。在唐則如張燕公、蘇許公，在宋則如晏元獻、周必大、樓攻媿諸公。先生歿後五十年，是集始出。嚮使稍弛寶護，世又烏知所謂珍貴者耶?"

陳恭尹《題南淮集後》曰："世恒言濟南典麗而微拘，竟陵靈秀而傷薄，能舍二短、集二長，微先生，吾誰與歸也?"

程村云："羨門賦才俊逸，敷腴葱蒨，無一字補湊。如以青蓮視玉溪，不無天人之别。"

尤氏序曰："羨門與阮亭無題唱和，歎其淫思古意，兩玉一時。"

徐氏跋曰："公少時喜爲艷情之什，興會所之，跌宕風月，描摹閨閣，盡態極妍，當使温、李失聲，和、韓卻步。登第日，與新城無題唱和，傳誦都門，真一時風流絶唱也。所著有《金粟闈詞》及《才情别集》兩卷。凡雜於調笑者，皆附之於集中。"

文光案：《金粟闈詞》百首，《無題同賦上作》十二首，爲三十一卷。《才情别集》爲三十二卷。此兩卷皆少作，宜集外别行。自訂全集時，不忍割愛，遂編入集中，究屬未允。昔厲太鴻作《游仙詩》三百首，不入《樊榭山房集》，甚爲有見。樊榭差弱，羨門則大手筆也，豈見不及此？總不若韓偓《香奩集》別行爲得也。沈歸愚選古詩，悉刪《子夜歌》之類，其用意甚正。後生小子，蕩情逸志，未必非此等詩階之厲也。

徐氏又跋曰："公於一草一花，率多吟詠。詞文旨遠，其所寄託最爲遥深。憶自庚辰夏，公日取一花，次第賦之，凡得詩六十餘首。託始於西施夢，既而至蝴蝶花，遂爲擱筆。以夢始，以夢終，公其爲南華之仙耶？"

候日，蟲名。集宮人衣，驟蒙愛幸。

文光案：此條在詞集第三卷《喜遷鶯》下，不著出典，不知本於何書。

《蒼硯山人詩集》五卷　《文集》六卷

國朝秦松齡撰

世恩堂本。嘉慶己未玄孫瀛編次、校刊，有序。《毛詩日箋》六卷，與集本同刊。《春秋箋》未成，存稿十四篇，在《文集》內。

秦氏序曰："先高祖蒼硯先生，年十九爲庶常。以《詠鶴詩》應制，世廟歎賞，世所傳'高鳴常向日，善舞不迎人'句也。今集中此詩不存。詩凡五卷，詞一卷，舊本大半亡失。瀛既刻《文集》，乃重加釐訂而補其缺。先生以詩著，猶及見吳梅村、曹秋嶽諸前輩。處則與嚴秋水、家樂天先生唱和碧山之陲，出則與阮亭諸公聯交。前後兩入翰林，與修《明史》，以其暇發爲詩歌。又曰公講學交湯文正公，詩交新城，古文辭交汪鈍翁、姜西溟兩先生。《詩集》早有刻本，《文集》至今始刻。"

《一統志》曰："秦松齡，字留仙，無錫人。順治乙未進士，入翰林，罷歸。康熙乙未，召試博學鴻詞。詩、古文與同邑嚴繩孫齊名，而詩格尤高。弟松岱講學東林，著《周易晰微》二十卷。"

《曝書亭集》八十卷

國朝朱彝尊撰

原本。孫男桂孫、稻孫同校。前有康熙戊子潘耒序、查慎行序。次王士禛、魏禧、查慎行、曹爾堪、葉舒崇、柯維楨原序六首。王、查序詩文，曹、葉序詞，柯序《蕃錦集》。竹垞集唐詩爲詞，曰《蕃錦集》。次像，次目錄。凡賦一卷；編年詩二十二卷；詞七卷，曰《江湖載酒集》，曰《靜志居琴趣》，曰《茶烟閣體物集》，曰《蕃錦集》；書三卷；序八卷；題跋十四卷；《孔子弟子考》一卷；《孔子門人考》、《孟子弟子考》一卷；雜文四卷；《元末明初諸儒傳》三卷；記、碑、墓誌十九卷，內有《零丁》一首。附錄《葉兒樂府》。內題"朱彝尊此本爲竹垞所手訂，曹荔軒捐刊未完，先生之孫稻孫續成。"板本甚精，原著數百卷，已芟落矣。

查氏序曰："平生纂著曾兩付開雕，未仕以前曰《竹垞詩類》、《文類》，序之者，多一時名公巨卿、高材績學之彥。通籍後曰《騰笑集》，先生自爲序，并屬予附綴數言者也。晚歸梅會里，乃合前後所作，手自刪定，總八十卷，更名《曝書亭集》。刻始於己丑秋，曹通政實捐賞倡助。工未竣，而先生與曹相繼下世。賢孫稼翁徧走南北，乞諸親故，續成兹刻，斷手於甲午六月。於是，八十卷戾然成全書矣。"

潘氏序曰："自明中葉僞文兢起，擬仿蹈襲，浮囂鉤棘之病紛然雜出。二三君子以清真矯之，而莫能救也。迄於末年，纖佻怪譎，軌則蕩然，道喪文弊，於斯爲極。"

《曝書亭著錄序》曰："藏書八萬卷，借抄於史館者有之，借抄於宛平孫氏、無錫秦氏、崑山徐氏、晉江黃氏、錢塘龔氏者有之。因著於錄，凡八卷，分八門，曰經，曰藝，曰史，曰志，曰子，曰集，曰類，曰説。”

《池北書庫 新城王氏藏書之室。記》曰：“士之勤於抄寫，百人之中一二人而已。習舉子業者，誦四子書。治一經，不過四五十卷，可立取科第。”

文光案：抄書者，或古本或秘本，或有關於經史，或有裨於實用，斯爲有益。尤須有條有理，加以考證，附以辨別，可謂能讀一書。今抄書者百中一二，而一二人之所録者，尚不知爲何本。曾見有録坊行本者，又有録俗陋語者，此何異於束書？故抄書亦須有人指引，否則枉費心力。若竹垞之抄書，恐萬人中無一二也。

《十家宮詞序》曰：“上元倪檢討闇公得《十家宮詞》於肆中，益以宣和御製三卷、胡偉絶句一卷，蓋猶是宋時雕本。予見而叺録其副。”

《丁氏印譜序》曰：“宋則晁克一、王球、顏叔夏、姜夔、王厚之，元則吾丘衍、趙孟頫，各著有譜録。惜乎志經籍者略而弗道也。”

文光案：集中與李武曹論文，與顧寧人論《詩本音》，與魏善伯論韻、史館七書，論《明史》，答王尚書論明詩，寄查編修説杜詩、《廣韻》、《玉篇》，序《五代史記注》、《胡氏韞光樓印譜》，序《白香山詩集》，皆可録。而書爲友人借去，姑記於此，以俟後補。題跋可録者亦多。《香山詩集》重刊，一隅草堂本，無朱序。

洪氏曰：“朱詩始學初唐，晚宗北宋，卒不能鎔鑄，自成一家。”録於《北江詩話》。

《笛漁小稿》十卷

國朝朱昆田撰

原本。前有高層雲序、張雲章序并目録。案：查氏序云：“先生有才子，名昆田，字西畯，先十年卒。有詩十卷。稼翁遵大父遺命，附刻於後。昔黃氏《伐檀集》、朱氏《韋齋集》，兩翁之傳，皆因賢子。今西畯附名父以傳，如蘇家之有叔黨云云。"因録於此。

高氏序曰："朱供奉竹垞先生以文章名海内，令子文盉復以才稱，京師呼爲小朱，其得力於家學者有自。然吾聞供奉生而好游，游必數千里或萬里，經年始歸，歸輒復往。其於庭訓之日，宜無多。文盉嗜書性成，睥睨流俗，踔蹤古今。父子之間，各欲成其不朽。夫醴泉無源，芝草無根，已足爲天下之寶，況其名父之子也？至文盉之詩，上窺韓、杜，下汲蘇、黃，推陳出新，瑰奇光怪，識者自知之。"

張氏序曰："文盉之才，清雄絶麗，得之天性。年未五十，竟以窮死。"

《王文靖公集》二十四卷

國朝王熙撰

原本。是集爲公之子克昌所編，康熙四十五年門人校訂。附録年譜、狀、誌、碑、傳。公之父名崇簡，有《青箱集》，王文泉刻入《畿輔叢書》。宛平王氏最盛。

《思綺堂文集》五卷

國朝章藻功撰

原本。康熙壬寅年自刊。息廬主人自注："十數易稿，六閱寒暑而注成。宋吳淑進《百字賦》，奉勅自注。"集中皆駢文。

董氏曰："武林章藻功定[二]績，癸未庶常，工四六，爲人狂躁喜事。諸生時，科場後俚鄙詩文多出其手。人畏其筆舌，因寅緣得售。有陳永興者，賈油爲業，擁巨資，歿後入鄉賢祠，搢紳往拜，必厚贈銀幣。章往而無所獲，遂憤怒。適海寇投誠人黃明爲浙藩，章與厚，力構此事，遣胥役手銀鐺至祠中，鎖木主曳出。之後黃敗，罪款亦及此。章反坐黃他事革職，居家益憤憤。時查某爲少宗伯，章作書與之，首託其子舉人磨勘。事後力陳此事，謂事關學校，欲其從公論攻擊。查因事伏法籍没，此書遂達御覽。世宗惡其輕狡，并摘磨勘事爲科場大弊，特逮下詔獄，杖四十，枷死。其子褫革，流廣西。"錄於《東皋雜記》。

《西河文集》一百七十九卷

國朝毛奇齡撰

《西河合集》本。凡文一百一十九卷、詩五十三卷、詞七卷。案：原本《西河合集》，爲門人、子姪所編。分經集、史集，文集、雜著，凡四百餘卷。今本《合集》爲門人蔣樞所編，有跋，刊於康熙庚子。前有總序，李天馥撰；次傳，門人盛唐撰；次《述始篇》，男遠宗撰；次像贊；次總目；次經例。凡經集五十種，《四庫全書總目》皆別著錄。《李氏學樂錄》爲李塨所著，不在卷内，毛氏所著實四十九種。《文集》凡二百三十六卷。集中如《王文成傳本》二卷，制科、雜録一卷，《後觀石録》一卷，《越語肯綮録》一卷，《何御史孝子祠主復位録》一卷，《湘湖水利志》三卷，《蕭山縣志刊誤》三卷，《杭志三詰三誤辨》一卷，《天問補注》一卷，《勝朝彤史拾遺記》六卷，《武宗外紀》一卷，《後鑒録》七卷，《韻學要指》十一卷，《詩話》八卷，《詞話》二卷，外附《徐都講詩》一卷，徐爲西河高弟，共五十卷，《四庫》分部著錄。又有録無書者五卷。除五十五卷，共得一百七十九卷。《四庫》所著如此。今細檢本書總目，《蠻史合志》十五卷，亦應別著。除缺卷不計，凡文一百二十八卷、賦四卷、擬騷一卷、詩五十三卷、詞七卷，宜題一百九十三卷，方與原目相合。《簡明目録》"一百八十九卷"，恐誤。今本《經集》、《文集》二部，除缺卷，共四百九十四卷。《己未詞科録》作四百九十三卷，《彙刻書目》惟缺五言格詩五卷、《徐都講詩》一卷，餘次序悉同。多《儀禮疑義》一目。

蔣氏序曰："先生自三十八年以後，越五年而東歸草堂，又九年而卒。中間研經講學，殆無虛日，所積卷帙甚夥。《經集》、《文集》，既經鏤板，而原目未載者，今悉補入，彙爲成書，部署一遵舊式。但《全集》原板殘缺頗多，先生之從孫聖臨重檢遺稿，校輯付梓。間有無從補輯者，闕而有待，不敢以贗本竄入云。"

《辨毛雉黃韻學通指》曰："一百十四韻者，明代江夏郭正域所爲《韻經》，而謬以歸之楊慎，千謊萬冒，則諸所引據，無非桃僵李代者，亦可怪矣！"

《北斗玄靈經》者，道書之一也。其書叙設教之原，旁及功行。元時徐道齡爲之注。吾友沈士超，有道人也，合同志梓之，重爲流布。

元成先生談論，每舉一事，必批根導源，窮詰流末，然後以漸互引，依類比見，合古事與今事而串穿之，爲之指其異同，而折其是否，然後宛轉觸發，左右旁及，條條然如説家人事。每聽之，爲之爽然者累日。以所著名《樵書》貽予，不分部類門目，任取一類，臚列其事之可相發者，鱗次櫛比，而推於盡變。《記》所稱"博學無方"，殆謂是與？考之稗官著作，原有二家：一則集事以資用，《六帖》是已；一則考義以資辨，《論衡》是已。而是書兼而有之。

北平雷徵君著《孝經廣訓》，金公幼孜訂正鋟板。

吾友徐氏仲山極訾《正韻》及吳江趙氏《長箋》之陋，嘗作《答王進士辨字》三書，頗傳於世。又著《資治文字》若干卷，凡幾易冰雪，始脱稿。

會稽董子長著《畫賦》。

《賴古堂文集序》曰："情深而文明。"

《杜詩分韻序》曰："西樵與其及門黃大宗者，判甫集而聲區之。嘗曰：'韻本嚴也，而甫能以博爲嚴；韻本肆也，而甫能以拘爲肆。'旨哉，言乎！"

《歷法天在序》曰："朱先生少年分守吾郡，留心於天文家言。其所論著曰《乾坤》，曰《陰陽》，曰《奇門太乙》，皆有成書，而尤於分天轉歷之術，稱爲至精。"

朱先生者，義士也，而工於文。嘗作《漢書釋義》，力表其程法，課諸後進。啓、禎間相繼死事者，每憶而書之，久之成帙，題曰"忠義錄"。史館編纂前代文，丐先生書爲藍本，且有延先生於家者。

雜説有二：一則騁聞見以討遺帙，即《説苑》、《雜記》所自昉也。若此者，慮其誕妄。一則誇記憶以肆駮辯，即《論衡》、《獨斷》所由著也。若此者，又慮其寡陋。

康熙九年，特頒上諭十六條。兩浙中丞陳公又作爲《演説》一書，總講分講，使愚稚易曉。已奉旨頒行。

《聖賢儒史》者，王草堂爲學宮祀典作也。列傳一百，列贊三百。自表、序、譜、誌以後，凡山川、里巷、封爵、年齒、制度、名物、禮樂、文章，以及諸儒之黜陟、配位之升降，釐正訛謬，辨析毫髮，煌煌乎孔林之巨觀、聖門之盛事也。

《銅圖石經》者，宋天聖中禁方書也。範圖象人，分布腧穴於其身，而畫之窾之；且製經三卷，播之石。明正統中重製之，且加詳焉。今醫院所守，已蕆略無有。友有刻舊本《圖經》三卷者，授予序之。

《存心堂藏書序》曰："梁谿顧修遠家多藏書。錢宗伯曰：'言書厨則禾中項氏、梁谿顧氏、山陰祁氏、白門黃氏。'黃氏者，本溫陵而寄居於白門者也。外此則足蹟所至，篇裒罕焉。及觀何子靜子所藏書目，歎故鄉無書，猶有充積如是家者。"

俞右吉《三述補序》曰："昔者弇州作《三述》，曰《盛事》，曰《異典》，曰《奇事》，彷彿唐人所傳卓異小記。自洪武逮萬曆之初，二百餘年，而其後未能及也。俞子自萬曆以來，終於南都，補其六十餘年間所未備者。"

《快閣紀存序》曰："西昌有快閣，猶南昌有滕王閣也。快閣爲山谷先生所登臨，偶成一詩，和之者日積歲累，遂羣然以是閣歸之先生。"

《迴文集引》："張子東亭每以是體倡酬，動輒盈卷。山陰閨秀張楚襄，工於是體。"

《奇姓類考序》曰："姓分而爲族，族分而爲氏，氏又分而爲庶姓，爲庶族，不啻萬也。吳門徐子長沙取其姓之奇者，編爲類，窮搜極討，總限於類見者。"

《地理心書》者，張子禹臣所著書也。《周官》族師氏有相墓之説。

王叔盧譜唐人事，據元詞兩劇，沈長康謂不合宮調。予改而梓行之。曲子昉於金而盛於元，《元史》竟滅没不載。

明嘉靖間，山陰季本字彭山，作駁《左傳》書，名曰"私考"。而生其後者又駁之，取左氏之文與季氏之駁兩相較辨，名之曰"左季折衷"，然不知何人作也。其書本雜論經史之可疑者，仿王仲任《論衡》、徐偉長《中論》，而雜是篇於其中。行文寬博，使才氣，然其議工焉。徐氏歲星堂有抄集六本，云得之祁氏東書樓藏書中者，忽有人攘去。越十年，其書已刻他氏名。又五年，刻書者已死。聞死時有丈夫據寢間，百遣不去。逮死，不得證其書爲何人作。晉向秀注《莊》，而郭象據爲已有。《南史》：郗紹著《晉中興書》，何法盛欺其無兼本也，竊署已名。二事，聞者深恨之。然秀與紹其名未亡，今乃盜其文而其人遂滅。

《慈雲寺新翻大悲準提二梵呪解序》。

馮司寇《見聞隨筆》，一名“兩渠傳”，紀闖、獻始末，闖尤詳于獻。

朱氏《易韋序》曰：“《易林》之自爲爻辭，司馬《潛虛》、阮氏《洞極》之自爲卦畫，揚子《太玄》、衛元嵩《元包》、蔡沈《洪範皇極》之自爲策數、爲蓍數、爲揲廷之數，可謂《易》乎？朱子賢皇作《易韋》，亦自言其《易》已耳。”

漢武以經義對策，而江都、平津太子家令并起而應之。此試文所自始也，然皆散文也。唐制，試士改漢、魏散詩，而限以比語，有破題，有承題，有頷比、頸比、腹比、後比，然後以結收之。六韻之首尾，即起結也。其中四韻，即八比也。然則試文之八比，視此矣。

歐陽子《秋聲賦》，得意文也。凡其所言，無非賦風者。試取《風賦》對讀之，自知。凡言聲者，不必其果有所聽也。譬之登高者，向而指，若得其笑言，故未聞其響也。所云有聲者，無聲之止；無聲者，有聲之始：此貴乎賦聲也。賦秋聲，如劉夢得所云“驚綺疏[三]之曉吹，墮碧砌之凉月；動塞外之征行，顧閨中之騷屑”，是亦聲矣。歐陽子獨曰“聲在樹間”，非風而何？

《陳老蓮詩跋》曰：“古有畫詩，無題畫詩。顏真卿贈張志和詩五首，志和依其詩作人物、舟楫、烟波、魚鳥以答之。唐人謂李士郎詩，畫人爭爲畫是也。元後多題畫者，沈隱居另有題畫詩一集。老蓮老友也，遇有題輒記之，彙爲一卷。老蓮見之喜，而爲之序。”

宋拓《聖教碑》，藏者差少，大抵小斷便佳耳。此本鈎畫清穎，風骨朗然，真神物也。使君爲北平趙君所贈，趙君云得之劉帥幕府。帥平豫章金虎符軍，全活兩儒。儒懷之以報，蓋用此效生者。

《蕭山三先生傳》一卷，魏文靖公名驥，何孝子名兢，張大司空名嵿。《越州先賢傳》二卷、《五忠傳》一卷，分纂同郡循吏、孝子、節婦。《雜傳》一卷、《崇禎二撫傳》一卷、《列朝備傳》四卷。凡傳十一卷。第七卷無總名，凡十人，內有《陳老蓮別傳》。

《王文成傳本》二卷，此即史館列傳中草構本也。館例，史官入館先搜構其鄉大臣事蹟之在羣書者，而後鬮分其題以成之。文成，吾鄉人，因構此本。其後同官尤展成鬮題，得《文成傳》，已取此本作傳訖而草還故處。今錄此者，以爲其事核，足以徵信；且亦以爲未成之史，非如秘笈，言之者無罪，可覽觀焉。

《制科雜錄》二十一條，記康熙十七年應詞科事。

《後觀石錄》，記壽山石。因舊有《觀石錄》，故題"後"字。壽山，在福建福州城北六十里芙蓉峰下，產石如珉。田坑第一，水坑次之，山坑又次之。忽得妙石，載至京師，售千金。其值每兩較倍，有至十倍者。上者供把玩，與寶石等；下者刻印。宦兹土者，爭相尋覓，山爲之空，近則入山無一石矣。卞二濟有《壽山記》。

《越語肯綮錄引》曰："宋趙叔向作《肯綮錄》，採方言之切日用者，編之成帙。予考《隋韻》，每與越俗語相發明。凡居平呼其首而不得其文者，《韻》多有之，因略爲筆記。昔唐時極詬《隋韻》，名爲'吳音'，豈吳人陸法言外，或更有越人參其間與？"

《館課擬文》，《三江考》一篇、《九江考》一篇。

古禮今律，無繼嗣文。

古今無慶生日文。

自古無室女未嫁而夫死守志之禮。

"道"、"學"兩字，六經皆分見之。即或併，亦祇稱"學道”。道學者，實道家之學也。

校勘記

〔一〕“陳”，據上文當作“錢”。

〔二〕“定”，據《清史列傳》，當作“豈”。

〔三〕“疏”，原作“蹟”，據《西河集》改。

集部二
別集類二十四

《憺園集》三十六卷

國朝徐乾學撰

原本。康熙丁丑宋犖序云："其長君侍御排纂成帙。集內《修史條議》二十一則、《通鑑講義》九則，又《歷代修史例考》、《古文尚書考》、《一統志例》、《教習堂條規》，皆可録。《外集》別行，此本無之。"

《條陳明史事宜疏》云："《天啓實録》取非今書。《崇禎邸鈔》，實多罣漏。"

注疏既熟，乃約之以諸儒之論。"

《蓮洋集》二十卷

國朝吳雯撰

荆圃草堂本。乾隆甲午浮山張體刊。首翁方綱校訂序；次乾隆三十九年汾陽曹學閔序；次王士禎、湯右曾、陳維崧三序；次目錄，目後有姪男秉厚跋；次墓誌，王士禎撰；次《山西志》本傳；次《吳徵君傳》，王革撰；次年譜，翁方綱撰；次小像，翁方綱贊；次附錄、評語、贈詩；末有補抄一首、附錄八首。共詩二千六十七首。秉厚曰：“手稿二大册，丹黄訂正，多出刻本之外。”
年譜云：“子二人，江蘭早卒；崇厚，蒲州附學生，亦前卒。”

翁氏序曰：“汾陽曹僎卿，以其鄉人張觀察之意，俾方綱校訂
《蓮洋詩》刻之。爲取抄、刻諸本，校月餘乃定。”

曹氏序曰：“《蓮洋》選本非一，而全刻向所未見。漁洋所謂
‘一刻於吴，再刻於都下，三刻於津門’者，今皆無其本矣。漁洋
手定抄本，臨汾劉繩遠得之北平黄侍郎家，宋編修爲校定刊行，
即今所傳劉本是也。”

　　文光案：漁洋手訂本不足依據，今以翁氏校本爲佳。蓮
　洋最受知於漁洋，以爲門人，尚宜細考。吴詩與漁洋異趣同
　工，漁洋所稱，皆取其近己者，不足盡蓮洋所長。惟好用釋
　典，是其一短。

張氏序曰：“先生嗣君昆弟，館予家者有年。暇日於嗣君處得
先生手稿二大册，漁洋手評在焉。吾鄉劉氏先有刊本。今年春，
曹僎卿以抄、刻諸本質之翁太史，得合成全本。一以漁洋所評爲
主；而其未經漁洋評點者，以次排輯於後，弗敢删也。”

《蓮洋集》十二卷

國朝吴雯撰

夢鶴草堂本。乾隆庚戌徐昆、喬人傑、張誌重訂。前有喬序、
徐序、沈德潛序、黄叔琳序，又王、陳、湯三序，墓誌，目録。
凡詩一千九百九十八首；補遺一卷，宋弼校，有序，計詩七十八
首；附録詩五首：通共二千八十一首。末有劉組曾跋。

徐氏序曰：“劉太史遠宦，委板於燕市。張觀察重刊時遍索不
得。余遇於西河荒店，或半缺，或中斷。商諸同年喬觀察及張孝
廉，一諾而成，補而修之，重爲完璧。”

《解春集文鈔》十二卷　《補遺》二卷　《詩抄》三卷

國朝馮景撰

《抱經堂》本。前有乾隆壬子盧文弨序，又山陽顧諟序。次墓表，楊儐撰，有盧氏識語。次紀事，白雲先生撰。白雲，召弓之父也。次目録。凡序二卷，論一卷，記一卷，書、傳二卷，題跋一卷，《淮南子鴻保》二卷，雜著二卷，傳、誌、銘一卷。前題"彭紹升選"。《補遺》爲孫志祖所録，有目無序，内有《周正改時論》九篇。《詩》有自序，自名其集曰"解春"，取《易林》中"解我胸春"之語。先生字山公，一字少渠。行高學博，因〔一〕諸生，貧病以歿。惟文章繼韓、歐，炳耀天下後世。康熙五十四年，卒於錢塘，年六十四。著書百餘卷，雕板者，《幸草》十二卷，《樊中集》十卷，《解春集》十四卷。山公與顧諟，皆受業於黎洲黃氏之門。儐爲山公之子壻。召弓，其外孫也。

《華岳碑》，都水掾霸陵杜遷市石，書佐新豐郭香察書。漢之庶姓，一名者十而九。以"察書"對"市石"，於義尤合。司馬彪《續漢書・律歷志》内有郎中郭香，非即察書其人耶？以靈帝熹平四年，上距桓帝延熹八年，第十年耳。十年之間，由書佐遷郎中，仕宦常理。

《鴻保》者何？馮子讀《疏證》而作也。《古文尚書》之訛，閻子唱之，馮子和之，其義大安，故曰《鴻保》。閻子，晉産也；馮子，吳産也。一西一南，相去幾千里而作合於淮南，以卒其業，豈非天哉？故亦號"淮南子"云。

古音與今音，判然大異，《毛詩》韻作某音者，乃其字之正音，非强爲叶也。《焦氏筆乘》云："'下'皆音'虎'，'服'皆音‘迫’，‘降’皆音‘攻’，‘澤’皆音‘鐸’，無一字作他音者。”景因推此類，如英，古皆作“央”音；雄，古皆作“形”音；南，古皆作“寧”音；儀，古皆作“何”音；憂，古皆作“噯”音；好，古皆作“吼”音。此第就《毛詩》準之，其他經文字不在韻句者，宜皆別有音，今失傳矣。因悟《古文尚書》，孔安國以今文讀之，不但改古文從今文，抑其變古音從今音可知。予於“讀之”二字，信之也。其所以必以今文讀之者，欲使人易曉也。今與人語，謂“英雄”爲“央形”，“福澤”爲“必鐸”，“天年”爲“廳寧”，“田宅”爲“陳託”，則人盡茫然未解作何語矣。百詩云：“古音至隋唐始變盡，漢時尚存。”信然。

　　文光案：古音自陳第以後始得門徑。寧人《五書》探討本原，足訂俗學之訛。《詩》音則江氏《古韻標準》最有條理。其他《詩經叶音》之類，不足據矣。

　　《疏證》第六十，與愚所見互有異同，讀者不可不察也。其曰：“湯有天下，厥號曰商。盤庚徙都，改號曰殷。”盤庚以前不得有殷稱，其說非也。《竹書》自夏帝芒三十三年商侯遷於殷之後，皆稱殷侯；自帝孔甲九年殷侯復歸於商之後，又稱商侯耳。自契初封商，即今西安府之商州，以地有商山，故名。少康使商侯冥治河，冥死於河。《魯語》及《祭法》所謂“冥勤其官而水死”者。冥生振，《竹書》以爲殷侯子亥，蓋“振”名而“子亥”其字也，實始遷殷。凡一百三年，殷侯復歸於商丘。所謂“殷侯”者，不知何名，其主壬主癸之倫乎？歸商丘之後又二十五年，爲桀之十五年，實成湯爲商侯之元年，復自商丘遷於亳。《書序》謂“自契至於成湯八遷”是也。八遷者，契始居商，一也；昭明居砥石，二也；相土居商丘，三也；冥離商丘，奉命治河，四也；子亥遷殷，五也；孔甲之時，復歸商丘，六也；及湯自商丘遷亳，七也。古今相傳，咸謂偃師、穀熟，皆湯所都，而景亳則湯會諸侯之處，是謂"三亳"。皇甫謐云："蒙，北亳也。穀熟，南亳也。偃師，西亳也。"蒙即景亳，與穀熟近。果湯曾都二亳，則八遷也，信矣。或曰："然則復遷偃師奚爲？"此《書序》所謂"從先王居"也。今按其書篇名，曰《帝告》、《釐沃》，"告"與"嚳"通，"釐"之言來，蓋謂從帝嚳而來居於沃土云耳。而《水經注》言帝嚳之墟在《禹貢》豫州河、雒之間，今河南偃師城西二十里尸鄉亭是也。《地理志》又謂"尸鄉，殷湯所都"，然則湯之居偃師，明矣。百詩謂不遷偃師，非也。

朱竹垞《問唐》詩稱"馬卿"、"葛亮"。馬卿，則《魏志》"三馬同槽"，《晉書》"馬爲同姓"，信之矣。稱葛何本？景按：《風俗通》："陳涉誅其將葛嬰，孝文封其孫諸爲縣侯，因并氏焉。"而《吳書》則曰："其先葛氏，本琅玡諸縣人，後徙陽都。陽都先有姓葛，時人謂之諸葛。"兩說雖不同，葛爲本姓明矣。且孔明在時已稱葛氏，禪謂亮曰："政由葛氏，祭則寡人。"此爲確據矣。語出魚豢《魏略》。

魏叔子才兼衆體，可稱有筆。他人或長於敘事而不長於議論，或膠守古大家成法而不能開拓變化，自出機杼。叔子無此病。其論、策、傳、記及他雜文皆工，序尤佳，乃景所尤賞者也。

文光案：吳氏任臣《十國春秋序》乃叔子所撰，浮泛不切，無與比倫。改易數字，以爲《十六國春秋序》，亦無不可。知於史學未曾究心。山公謂序尤佳，豈未深考耶？然馮又云叔子《送鮑生序》云："無嚴賓友，嘗使酒罵其座人；自童子後，未嘗北面從師。"此下宜加貶詞，乃直接曰："嗟乎！夔生，豈非世所謂賢豪士哉？"曾是賢豪士皆使酒罵座者耶？

《古歡堂集》三十六卷　附《黔書》二卷　《長
河志籍考》十卷　《自訂年譜》一卷　《蒙齋
生志》一卷　《續年譜》一卷　《補》一卷
《有懷堂集》二卷

國朝田雯撰

原本。是集詩文無序跋。《黔書》由撫吳徙鎮貴州所著，康熙
庚午徐嘉炎序。《長河志籍考》，蒙齋，山東德州人。德州，隋之長河縣。康
熙戊寅自序。內有《九河圖》，每段有論，考九河最詳。年譜，倪
瑢序。集內有《題唐宋八家》一卷、《詩話》四卷，雜文有《濟
瀆嵩岳考》，俱可採錄。《有懷堂集》，公之子肇麗撰，乾隆七年羅
克昌序。

宋儒理學，皆本於經學，周、程、張、朱自是一代名賢。使
值當時秦火之餘，非有漢儒倡明而闡發之，宋儒欲直登洙泗之堂
不可得也。宋儒無漢儒之學問，而執一“理”字，其勢又踞漢儒
之上。後世腐儒，胸無寸長，徒拾宋人牙後慧，竊據一“理”字，
藉名溷廁，其鼓雌黃之舌，以與人辯論；而道德經濟之士，反智
短而爲其所困，豈不可歎哉！

《李文貞公集》四十卷　《別集》五卷　《續
集》七卷　又《續集》五卷　《制義》四卷

國朝李光地撰

《榕村全集》本。乾隆元年嗣孫清植編刊。詩爲公所自編。全
集凡四十三種，其中零星著作最有益於讀書，余嘗置之案間。《先
正事略》曰：“公門下士楊名時、李紱、陳鵬年、趙申喬、冉覲
祖、蔡世遠并以德望重於時。他若張昶、張瑗、惠士奇、秦道然、

王蘭生、何焯、莊亨陽之徒，類有清節，通經，能文章。故本朝諸鉅公稱善育才者，必以公爲首焉。"

近茅氏選唐、宋八家，然考宋人之論已如此，蓋定品也。於今世應三場之業尤相近，而亦鮮熟讀精思、篤嗜其辭者。

六義，皆《詩》體也。《風》、《雅》、《頌》者，《詩》所由來。出自陳采者爲《風》，出自製撰者爲《雅》、爲《頌》。及其施於樂也，《風》則上下通用之，《雅》則用之朝廷，《頌》則用之郊廟。故夫子曰《雅》、《頌》各得其所，而不及《風》，正謂《風》可通用，惟《雅》、《頌》不可僭差。如爲叔孫而歌《文王》、《大明》、《綿》，以三家之堂而歌《雍》，皆失其所矣。賦、比、興者，《詩》所由成。述志叙事者，賦也；感物觸類者，興也，比也。比則其義相形而意顯，興則託以興懷而意微也。此六義者，盡《詩》之體制律令。抑其生於人籟，自然合節，故雖"三百"而後，世變風移，而六義源流依稀可見。如漢之《房中樂》，及趙、代、秦、楚之謳，則風之餘也；《鐃歌》之屬，《雅》之餘也；《郊祀》之屬，《頌》之餘也。若賦與比、興，則又因聲發見，無得規擬。惟其俗化遷流，禮樂不興，故小人所歌，未足以貢俗；君子所賦，未足以明志；法宮所頌，未足以廣化：此古今升降之由。後之君子如王仲淹、邵堯夫者，遂以爲馳騁末流，有删後無詩之歎。雖四聲八病，音若塤篪而不足貴也。余以爲王、邵之論，施之《風》、《雅》之正則諸。若夫男女言傷，大夫閔己，賢人君子遭時治亂，出而[二]處語默，慨然有以自明者，豈非變《風》、變《雅》之選哉！蓋詩者，人之性情。性情不泯，則詩道不廢。漢、唐之間，視之東遷列國，不猶愈乎！然而近代言詩者，不復推原言志之義，源遠未分，愈澆愈散，至捨漢、魏而專言唐，捨唐之近古而專言律，此於蘇、李、曹、劉之庭猶邈，遑論"三百"哉？兹選非無辭也，而以意爲主。其序則先以漢之樂府，蓋以爲“四始”之餘，後代諸體權興於此也。繼以四言詩，又繼以五言長、短句詩，以其近古也，皆謂之“古體”。唐以下，五、七言律詩繼之，總謂之“近體”。騷人興於周、漢之交，後有仿者，其流亦遠，則謂之“楚體”以終焉。嗚呼！草木蟲鳥之響，猶足以感人，況二千年孝子忠臣、貞女義士之心聲存焉，國家興亡治亂之變備焉。天常之厚者，俯仰游泳於茲，是亦可以興，可以觀，而廣“三百”之遺音，裨性情之至教，可目以華末也，而一切菲諸？

漢、魏之詩，儷偶絶少，集典實、盛藻繪者亦少。濫於江左，極於唐、宋，此雅俗清渾之關、取捨之衡也。學者先讀漢、魏古詩，則雖作律詩，氣體亦自高妙；先讀律詩而又終身溺志焉，則於古之道遠矣。

《詩》以無邪爲教，而雅、正雜收者，所謂“可以觀”也。況後世之詩，王澤眇微，但取其發乎情而未離乎真者，則可以表情思而考習尚矣，固不能一一律以經義。惟其侈富矜麗、淫哀傷人者，則黜不收，以其大爲詩害也。

六代華巧極矣，然所謂“真氣流行”者，無有也。一則所存者異於古人，二則顧畏世網而不敢道其志，故非放浪山水、嘯詠風花，則或託於游仙出世以自高，或止於歎老嗟卑以自見。此皆所謂“應時感候而形其心聲”者，觀嵇、阮、張、陸以下諸詩可見。惟陶靖節隱居求志，身中清，廢中權，故其辭雖隱約微婉，而真氣自不可掩。至唐開代，四海爲家，名節既豎，諱避亦微，故人得以抒其志而盡其言。其高出者，如杜少陵等輩，幽思彈寫，豪氣橫奔，與前人之蓄縮趑趄、終日唱嚎而莫知其悲笑之所自者迥然異矣。此亦所謂“誦其詩，論其世，以知其人”，不可不察也。

兩都之詩寥寥者，有感而作，非以詩爲事也。江左、隋、唐學者，舍是則無事焉，故其搜英擷華，抽思繪景，至於唐而已窮。後代作者，又襲唐之糟醨而餔啜之，譬之茶酒之馨，魚肉之味，雜之料則益薄，厚其齊則益淡。自宋以後，皆坐此失也。不探其本而欲以邁前人，所謂"憊心於無用"者，此已。

曹子建、陶靖節、杜少陵、韓文公之詩，當另作一意讀之。其餘清音幽韻，各有至焉，以爲修辭之用而已。雖然，存乎觀之者之所領，彼以言取巧，吾以意會心，郢書燕說，碑字成禪，無處非益也。

古者同書考文，雖未聞有四聲之說，而韻部分明。六經，秦、漢以上書皆可見，而莫著於"三百"。後世四聲等母，於韻學不爲無功；然按其部分，則自江左之末，及唐人而既亂矣。唐人律詩，自守功令，其古詩所通用韻，猶於古未遠，特古、今字聲間有彼此出入，又入聲所從之部與古复遠爾。由宋及明，并與唐法而亂之，曰通曰轉，悉惟風土是師，全不知韻部爲何事。此詩學大關節，不可不正也。

古人詩，平、上、去三聲皆通用，其入聲則多轉爲去，亦或通用也。今既有四聲，平、仄分用，亦自諧聽。然平聲清揚，入聲短速，固與上、去兩聲微別；至上、去兩聲相差至眇，今南北人多有不能辨者。然則古詩韻脚，二聲實可通用，不獨漢、魏之間，唐人間亦有此也。

近體詩句，字平仄固有律令，然五言倡句第三字、七言倡句第五字，皆用平聲者，正也。間用仄字，則下字仄聲必易以平。若適當兩平疊之倡句，即此體不可用，又當變而通之，於和句用平聲爲對可也。然此體在唐初亦不拘，杜、韓、柳則極嚴謹。惟五言和句首兩字，七言和句第三、第四字，遇下字應用平者，上字必不可用仄。

　　文光案：《榕村詩選》義例九條，錄於《續集》第六卷。

《詩選》凡八卷，自漢《郊祀歌》起，至宋陳傅良止，代不數人，人不數詩，稍詳者，曹、陶、杜、韓數家而已。間有注解，就詩論詩，知其人之得失，即以悉其世之升降，并井然於古今源流異同之故，而推極於性情倫理，誠於"三百篇"之風旨有足發者。近世選古詩者，以王阮亭、李天生為最，然意趣不同，未能如斯之卓識獨超，遠勝滄浪諸家也。《榕村韻書》五卷，所收之字幾及《廣韻》之半，與俗本迥異。今刻入《全集》，學詩者宜各置一編。又《律詩四辨》四卷，一辨粘；二辨病，雙聲、疊韻附；三辨調；四辨體。公之孫宗文所撰，附刻於《全集》，有益於學詩，因表出之。

西安公邃於《易》，繼瞿先生，其冡子也。庭授有素，晚乃卒究其業，為《周易麟解》一書，取《春秋》二百餘年事迹，與卦爻相證明，推其成敗禍福，以窮吉凶悔吝之故。予未之得見，然嘗讀其序而奇之。考之司馬遷曰："《易》本隱以之顯，《春秋》推顯至隱，《易》與《春秋》，天人之道也。"遷之生，於孔子近，其論蓋有所昉。邵堯夫之學，始堯甲辰年，迄於五季，四千載治亂興衰，紀以運世，而用《易卦》經緯之，蓋邵氏以數起而先生以理附，先生之書，邵氏之志也。

文光案：宣城梅氏，三世治《易》。繼瞿為定九之父，名世昌，明季諸生。知世亂，隱居不仕。《周易麟解》，惜乎未見，定勝於《易史》、《爻徵》諸書，不知世尚有傳本否。定九先生與文貞公同時，故為處士作墓碣。此碣中之一段也。

文貞公所著書，見於《彙刻書目》者，《大學古本說》一卷，《中庸章段》一卷，《中庸餘論》一卷，《讀孟札記》四卷，《周易觀象》十二卷，《周易通論》三卷，《尚書七篇解義》二卷，《詩所》八卷，《禮記纂編》無卷數，《朱子禮纂》五卷，《古樂經傳》五卷，《離騷經》、《九歌》一卷，《參同契章句》一卷，《陰符經》一卷，《歷象本要》無卷數，《二程子遺書纂》二卷，《朱子語類四纂》五卷，《通書注》一卷，《正蒙注》無卷數，《榕村講授》三卷，《古文精藻》二卷，《韓子粹言》無卷數，《易義前選》二百四篇，《名文前選》三百八十一篇，《程墨前選》、《榕村藏稿》四卷，《榕村詩選》無卷數，《語録》三十卷，《全集》四十卷，《別集》五卷，《禮約》、《四際約言》、《卜書補義》、《韻箋》。余所藏全集本有《春秋燬餘》四卷，附刻年譜二卷，公之孫清植撰；《譜録合考》二卷，公之孫清馥撰；《周禮纂訓》二十一卷，公之子鍾倫撰，先録注疏，已説以“訓”字別之，多所發明。

《楊氏全書》三十六卷

國朝楊名時撰

水心草堂本。是本爲文定公之子應詢所編，武定臧鏞堂校，江陰葉廷甲刊。首御製碑文，諭，祭文，《賢祠傳》，王鳴盛、盧文弨序；次目録。劄記八卷，講義四卷，《程功録》四卷，文集十二卷，別集六卷，附録二卷。有彭紹升所撰事狀。末有雷鋐、葉廷甲跋，又校勘記，又盧學士手扎。

傳曰：“楊名時字賓實，江南江陰人。康熙辛未進士。主司李光地深器之，遂從光地受經學，詣益精邃。終禮部尚書，特加太子太傅，謚文定。名時踐履篤實，講論經旨，多所自得。歷事三朝，終始一節。晚而受特達之知，榮哀異等，尤爲儒臣僅事云。”

狀曰：“公於諸經皆有講義，門人輯《易義》八卷、《詩義》四卷，先板行。已而，詔求遺書，其家始録以進。公無子，以弟之子應詢爲後。公之葬也，方靈皋爲撰墓誌，其事辭頗略。近餘姚盧先生得公疏稿於其家，爲傳，較完備。予因益損其辭，參稽所聞而爲狀。”

人疑《古文尚書》非真，然其中多醇乎其醇之言，有非漢、魏之儒所能作者。意者其書晚出，多殘編斷簡、闕文漏字，後人以意補之。有其文雖全，因字學久廢，人莫能識者。先以《今文》二十八篇中之古文取出，一一相對，識得其中古字。因將《今文尚書》未載之古文，亦逐篇對出所已識之字。凡遇《今文》所無，其字難通者，則以己意潤色改竄而成，故文從字順，不似《今文》之艱奧古質。然竟謂之僞作，則非也。

刻刻與古人詩文相浹洽浸漬，目注口吟，心摹手追，庶骨氣可變，竅卻可披。

律詩莫難於意切詞響。

應制律中二聯，宜一莊重，一清新。

先逐筆碎學，筆筆有法，然後合攏來學，中間方充實飽滿。每筆俱有三折，一起，一過，一結。作點亦然，每作一點，無有往而不迴者，蓋筆則往而神則迴也。

《清吟堂集》七十三卷

國朝高士奇撰

原本。高文襄[三]公日侍禁庭，讀中祕書，意其著作必多考證，因購得此集，殊闌人興。繼搜得《編珠序》，不傳。《信天禄識餘》有《古今人表》一條，此《表》乃人所習聞，而江村以爲異聞。考《人表》者，已有此條，而自矜爲心得，可知其不讀書矣。又《説易》一條，全録《鶴林玉露》之文據爲己有，不著出典，此又何必著書？惟《江村銷夏録》鑒別精審，人無異議。序有“不言温樹”一語，實足以掩其固陋。昔人云：“迹其徵引，大半襲舊。一二偏解，時有牴牾。”誠如斯言矣。余既書此，又得《道古堂集》二條、《養新録》一條，因亟録之，以證愚説之不謬。杭氏跋《編珠》曰：“侍郎置身石渠、金匱[四]，獲窺人間未見之本，而所采擷如此，可以徵其造詣矣。”又跋《天禄識餘》曰：“今觀其書，笑睐言鯖，豈足以當天厨之一臠也？”錢氏跋《天禄識餘》曰：“有一條云：‘《周禮》“漏下三刻爲商”，商音滴。’按《儀禮·士昏禮》注：‘日入三商爲昏。’疏云：‘商謂商量，是漏刻之名。’既以商量爲義，則讀如參商之商明矣。商、商二字，形聲俱別，豈可讀三商爲漏滴之滴？且其文出《儀禮》鄭注，乃誤作《周禮》，又妄改爲漏下三刻，是并《周禮》亦未嘗讀也。邵長蘅《古今韻略》十二錫部，‘商’字下亦引‘日入三商爲昏’，其誤與高氏同。兩君皆有文名而不讀書，故涉筆便誤。”文襄書見於《彙刻書目》者十數種，余未得全見。《天禄識餘》，吳震方刻入《説鈴》。《左傳紀事本末》，近有坊行本。

《交河集》六卷

國朝王蘭生撰

原本。前有門人桂庸序、全祖望撰碑、徐用錫撰誌、劉天誼撰傳略。書内題“男誠敬輯，桂庸編次，玄孫松敬梓”。惜其板本不佳，攙寫更誤，如“大學士”兩攙、“入闈”兩攙，此類不可枚舉。誌後有行狀。首卷爲《恩榮備載集》，内奏折二卷，詩僅數首。卷末算法二則，陳用亨跋，王松跋。附刻《國學講義》二卷，乃官司業時所撰。雍正十二年自序，又門人劉紹攽序。公字坦齋，安溪門人，居獻縣。其先出自交河，故以名集。河間人也。音韻得之安溪，大略與顧寧人同而較密。嘗云：“等韻之易錯，實由清濁之不分。《皇極經世》詳等而略韻，顧氏詳韻而略等，互有異同。”《律吕正義》半出公手，《音韻闡微》編纂者惟公一人而已。與館生説《中庸》，以五達道爲體要，三達德爲綱領。

《穆堂初稿》五十卷　《別稿》五十卷

國朝李紱撰

珊城阜祺堂本。雍正壬子同懷弟紞序，儲大文序，李光墺刻《類稿》序，黃之雋序。《初稿》內有《經考》二卷、《經解》二卷、《經論》一卷。《別稿》內有《八旗通志》序例。此本缺《續稿》五十卷。穆堂生有異稟，稱神童，讀書日可二十本。康熙二十八年進士，博聞強識，下筆千言。入史館，躋卿貳，數歷中外，文益富。安溪稱其與歐、曾代興，新城稱其有萬夫之稟，蓋指其倔強而言。詳見先生《事略》。稿以五帝、高辛爲六宗。

儲氏序曰："西江文一盛於歐陽，再盛於周氏，三盛於虞氏，四盛於楊氏，五盛於魏氏，至公而折衷集成，以偕廬陵，代興亡也。"

李氏序曰："墺同懷仲氏型請刻公集於閩中。吾縣青溪所產紅梨，質極堅潤，矩其陽開雕，可撫十萬本，不刓點畫。公喜而異之，命墺校定。"

黃氏序曰："集內外共百餘卷，同門李檢討序而刻之。"

《古文尚書考》曰："'危'、'微'二語，出於《荀子》；《荀子》又得之於《道經》，非《尚書》語也。《道經》曰：'人心之危，道心之微，惟明君子而後能知之。'《荀子》引《詩》、《書》，并稱'《詩》云'、'《書》云'，而此獨稱'《道經》曰'，則秦火之前，荀子所見之《尚書》，無'危'、'微'語也。楊倞勉強遷就，注云：'今《虞書》有此語，而云《道經》者，蓋有道之經。'不知漢以前從未嘗稱《易》、《詩》、《書》、《春秋》爲經，惟道家之書則曰經，如老子《道德經》、莊子《南華經》、列子《冲虛經》、關尹子《文始經》皆是。知'危'、'微'之語，非出於《尚書》，然後知《古文尚書》之贗。《史記》所引者，安國所得於壁中之眞《古文尚書》，非今所有之《古文尚書》也。秀水朱氏嘗考之矣。"

《黑水考》曰："以今《方輿路程圖》考之，甘州惟有一大川，名曰黑河，發源於馬營墩堡山中。西北行四百里，至都崑崙河。又百餘里，入於索科鄂謨者，池澤之名，疑即舊圖所謂'蒲昌海'者。其地在哈密之南、瓜州之東，甘州之水無大於此者。既有黑河之名，所歷又以黑泉名堡，豈即許慎所謂'鷄山黑水'者耶？或疑其水西北行，無入南海之迹。然三危之山，《漢書》、《唐書》咸以爲在燉煌。燉煌爲古瓜州地，三苗所居，實生美瓜。今瓜之美，無出哈密右者，蓋哈密即古瓜州也。其西有大鳴沙山，至唐武德二年，始分爲沙州，而以燉煌爲之屬縣。三苗、三危既在其地，則舍甘州黑河，別無所謂《禹貢》之黑水矣。其水雖入於沙澤，無南行之迹，然甘肅瓜沙之地，數千里皆沙也。按舊輿圖，西番之西，大流沙之南，涌出一澤，名曰嘉河。入雲南境，經怒山之西，更名怒江。經永昌府西境，更名潞江。至潞江安撫司，其地當騰越州，皆雲南內地，土人稱爲南金沙江。自騰越西南入阿瓦界，經緬甸，凡千餘里，入於南海。其水盛大深黑，人有稱爲黑水江者。若以甘州黑河爲黑水之源，此黑水江爲黑水之委，則北起雍州之西北，南盡梁州之西南，其爲二州之界，可無遺憾。而三危、三苗俱在瓜、沙二州，更無疑竇。程大昌以葉榆水指爲黑水，固出意揣。又謂葉榆在蜀正西，東北距宕昌不遠，宕昌即三苗種類，以爲與三危之叙三苗相應，則其誤尤甚。夫三危之在燉煌，三苗之在瓜州，自古迄今，別無異說。燉煌、瓜州在雍州西北，宕昌在雍州西南，相去二千餘里。妄指宕昌以爲三苗，又用三苗以影附三危，豈有當哉？《禹貢》謂黑水、西河。西河者，龍門之河，以其在冀州之西也。然西河僅足界雍州東面，若以葉榆、瀾滄爲黑水，遠在雍州西南界外，是雍州北、西、南三面俱無疆界，必不然矣。"

　　文光案：考黑水者，俱無定論，余録其近似者。然以黑
河、黑江合爲一水，未免牽合。又似導黑水自三危入於南海，
其駁《雍録》則是。《黑水考》見《禹貢錐指》，又見《甘肅
通志》。

　　南城章進士秉詮云："小時讀《中庸》第二十六章，疑'故'
字從未見用之篇首者，此章何得以'故至誠無息'爲起句，而蒙
師不能答。"按：北宋本連上章，不別起。

《雪鴻堂文集》十八卷

國朝李蕃撰

　　原本。懶菴没二十餘年，仲子芝麓視學閩南，校梓以行，板
本頗佳。前有康熙五十六年太倉王掞，長洲汪汾、何焯三序；次
傳，查雲標撰；次贊，吳翊撰；次目録。文内有《讀杜》一卷、
《周禮通義問》一卷、《問梅》一卷、《紀録》一卷、《隨説經史詩
文等論》一卷、《鄉語》一卷。蕃字錫徵，號懶菴，四川通江人。
宰山東黃縣九年，大治。上官惡其抗直，置之濟南獄。賴聖恩免
死，戍遼西。黃人走三千里，持糧以餉。

　　按：梅堯臣著作《孫子十三篇注》、《唐載記》二十六卷、
《詩小傳》二十六卷、《宛陵集》四十卷，未聞有"碧雲騢"之
名，此書僞作無疑。或謂唐子方等借堯臣名撰是書。

　　文光案：《問梅》，因《碧雲騢》誣排范文正公諸人而作。
《容齋跋》言雄自叙所爲文，及《漢》、《史》并無所謂《方
言》。余游四方，亦未有稱名此書者，恐是僞作。劉勰於班固諂
竇、馬融黨梁不爲稍諱，至揚子止曰"嗜酒而少算"，此可爲不仕
莽之一證。

　　耕之不善曰鹵莽，耘之不善曰滅裂。鹵，剛鹵之地也。不治

其剛鹵，不芟其草莽，是曰鹵莽之耕。《呂覽》："善芸者，長其兄而去其弟。兄，嘉禾也；弟，稂莠也。不善芸者，長其弟而去其兄。"是滅也。裂者，并其土而拍之。

晉呂靖作《韻集》，以宮、商、角、徵、羽分五卷。分韻非始於沈約也。

仙翁《淳化帖》，有出於家帖之不載者。

周櫟園備歷險禍，卒得脫免，有才有識有智人也。

《上西岳書》，考其年月，非衛公作。

東坡、王元美皆有《十八羅漢贊》。

《三魚堂文集》十二卷　《外集》六卷　附錄一卷

國朝陸隴其撰

琴川書屋本。康熙辛巳年刊。門人侯開國序，附魏總憲疏二通。目錄。雜著四卷，書一卷，尺牘二卷，序二卷，記一卷，墓表、墓誌銘、壙記、傳一卷，祝文、祭文一卷。《外集》，奏疏、議、條陳一卷，表、策三卷，申請、公移一卷，詩一卷。門人侯銓編，姪禮徵跋。附錄行狀，柯崇模撰。《崇祀錄》。按狀，先生所著有《靈壽縣志》、《松陽講義》、《戰國策去毒》、《一隅集》，俱已刊行。篋中所遺，《日抄》二十卷、《問學錄》、《語錄》，俱未授梓。先生書，素所服膺，最純最正者也。

《東林會約説》曰："虛言善也，認差可。欲爲善之旨，格致工夫必在博文，今日之四書五經文。君子以文會友，講五倫之可躬行者而已。誠正修，工夫必在約禮，日用之作止語默，禮也。君子以友輔仁，共勉於五倫之躬行而已，不必提宗也。五倫有多少，當窮學，如不及，猶恐失之。"

文光案：博約説最多，未有如此之簡當切實者。諸儒各立一説，近理便可取。愚謂文者，言之著於書者也；禮者，理之著於身者也。博與約對言，非博無所謂約也。約即約其所博之文，如知得十件，止行得一二件是也。蓋文有純駁之殊，故必擇善而從，然後能行之合禮。博而不約，必失之肆。肆，非禮也。約而不博，必失之陋。陋，亦非禮也。天下之事皆吾事，故未約先博；天地之心即吾心，故由博返約。

《香屑集》十八卷

國朝黃之雋撰

大西堂本。嘉慶十八年刊。内題"唐堂集，陳古愚校注"。前有焦袁熹序。卷首詩話八則，卷末自題絕句十二首。末有雍正甲寅陳邦直古愚跋。唐堂集唐人句爲詩，或五言，或六言、七言，綺羅脂粉，故曰香；割綴瑣碎，故曰屑也。組織之妙，巧奪天工，非《香奩集》所可擬也。每句繫人，人繫題，使撰者不欺，讀者有考，且唐人詩題矩矱可法，故備注其下，俱考諸專集。集杜句數十首，爲一卷，宛若少陵。

焦氏序曰："《香屑集》，古、今諸體分類，爲若干卷，合九百餘首，俱集唐。冠以自序，儷體文一篇，亦集唐及五季文句成之，每句各注出處。宮允唐堂先生少壯時所爲，自以此集爲可傳代，凡寓目者無不驚歎，以爲自古未有之盛業。今海昌陳太史刻之，其必傳於後無疑也。"

黃氏自序曰："窮愁外侮，百感紛至，每用艷體爲集句，寓美人、芳草之思，以寫憂而寄思。《列朝詩集》載集句一卷，八十餘首。唯莆田陳山人言諸體俱佳，餘子無全璧。或一首中用一人二三句，則隘；或雜用唐、宋、元、明人句，則濫；或以一句對此句，復移對彼句，則複。《香屑》千首中，句無重出；每一首中，人無疊見。其波及五代間人詩餘者，皆沿《全唐詩》例爲之。"

陳氏序曰："抄本傳寫，間有訛脫。予近得之，校定而付之梓。"

《語餘漫録》十九卷　《附録》一卷

國朝汪璲撰

新安書院本。是書爲默菴之子鈞所編。名似子書，實則文集。首《論學書》三卷；次《書義》一卷、《史論》一卷；次雜文十二卷，中多題跋、尺牘；終以《家乘》二卷，則鈞所撰而附之者也。附録爲祭文、挽詩、本傳、行狀之屬，末有康熙辛卯黄安張希良序、男鈞跋。

張氏序曰："默菴先生生紫陽之鄉，及錫山之門，講學明道，著書立言。其《讀易質疑》二十卷，久已風行寓[五]内。而生平文集，要皆辨析天人，研究性命，可謂得錫山之真傳矣。"

右文四百二十五篇，是爲遺書，予小子恭校梓之。先大人以昌明正學、辨斥異聞爲己任，雖不得志於時以稍展其才，而輝光所著，終不可掩，可不謂立言乎哉？

《清芬樓遺墨[六]》四卷

國朝任啓運撰

原本。嘉慶丁丑英家宰校刊，有序，又秦瀛序。集中有《經筵講義》、《請開北方水利疏》、《與友論文書》、《論旅酬三書》、《遂人匠人溝洫辨》、《明堂説》、《古今尺考誤》、《經書雜識》、《明大司馬盧公傳》、《盧象晉傳》。任氏書見於文集者，《尚書内外篇章句》、《禮記章句》、《孝經章句》、《女教經傳通纂》、《白虎通德論訂訛》、《夏小正》，凡六種。《尚書》内篇伏生本、外篇梅頤本，取漢及明諸家之説，旁及《史記》、《通鑑》，信者著之。

英氏序曰："他書行世者尚多，獨未傳其文集。先生之曾孫泰以《清芬樓遺稿》若干卷郵示於和，和受而讀之。其考論務求合於古，其撰記務有裨於今。《日進經義講説》數篇，納善不忘，用意尤切，粹然儒者之言也。爰就遺稿稍加芟校編次，而壽之梓。”

秦氏序曰：“先生年六十餘，始以雍正癸卯成進士，入翰林，直上書房最久。乾隆初，歷官宗人府府丞以卒。耆儒碩學，受知兩朝。六經各有箋疏，尤深於《三禮》。其文原本經術，義蘊深厚。歿七十餘年，今冢宰煦齋甫以其先文莊嘗出先生之門，錄集四卷而鋟諸板，於是先生之文始出。”

《經義雜識》曰：“伏生《今文尚書》次序，《多方》第十四，《多士》第二十。案：《多方篇》云：‘惟五月丁亥王來，自奄至於宗周。周公曰：“我惟大降爾命。”’《多士篇》云：‘王曰：“多士，昔朕來自奄，大降爾四國民命。”’則其先後甚明，無可疑者。偽孔傳因《多方》文有‘至於再’、‘至於三’句，因倒其次，謂必武王伐紂時常一伐奄；周公東征時再伐奄；成王即政之明年，商奄又叛，周公又征之：乃得有三伐。明郝敬謂‘“臣我監五祀”，我，周公也。周公治洛之五年，奄人又叛也。’愚謂‘至再’、‘至三’本非實數，大意我之教汝至再至三，而汝猶不從，則將大罰殛之耳。武王伐紂時，伐蜀、伐磨、伐衛、伐霍，俱見《逸書》，何曾兵到山東奄地？成王三年，王師伐奄。四年，入奄。五年，王在奄，遷其君於蒲姑，遂以其地封伯禽爲魯。孟子所謂‘伐奄三年，討其君’是也。此後安得又有奄國？周公治洛四年，致政，歸於豐，王使周公子平公君陳代治東都，周公何曾有五年留洛？且如其說，成王七年，營洛之誥已明言庶殷丕作矣，顧於周公留洛之明年，奄人復叛，將奄人復反奄地，而伯禽失國耶？將奄君反於蒲姑之地耶？時蒲姑爲齊太公封國，將太公失國而奄君據之耶？或即反於洛邑之中耶？成王留公於洛，如是鄭重，公留一年而商、奄皆叛，周公苛刻激變耶？偽書妄說至此，而後儒猶偏信之，舉伏生《大傳》、鄭氏傳而皆廢之，誠不知其何心矣。”

滅國五十，在成王時，則殷也、奄也、蒲姑也，熊盈之十有七國也，東夷諸國也、唐也，其餘無考。

"乃命寧予，以秬鬯二卣，曰明祀"。明是王以新邑之營，必告文武而使公代祭耳。

《存硯樓集》十六卷

國朝儲大文撰

原本。乾隆九年刊。前有石屏張漢蕭序。是集言地理者居其半，其與人書多論文。首刻全集，嗣出則此本，未盡，然亦未見他本。儲氏精於地理，曾修《山西通志》。其序見於本集。

張氏序曰："宜興六雅，儲君弱冠即名動海內。其文體格兼綜，而義論考訂於敘述形勢之際，尤爲奇闢。山川阻隘，邊關隘塞，今昔異名，表裏異勢，君爲次其道途，詳其廣袤。奧谿曲隧，葦橋板屋，觸毫而出，如指諸掌。君嘗憤西虜負固，擾我邊圍，故潛究默訂，囊括山河，作《西寧維州打箭爐取道》諸篇。又於讀史之暇，以章句之徒、介胄之士不審天下大計，作《原勢》以下諸篇。餘若記、序、碑、銘等文，亦皆牢籠古今，動搖山岳。於戲！偉矣。君生平所爲文不下數千首，易簀前數日，命太原門人思孝張君携筆硯至榻前，親加決擇，口授編次，存者分爲兩部，且遺命曰：'是宜急刊。'即兹集也。君殁後，門人歙縣南溪吳君、時懋洪君等分俸付梓，閱六月告竣，而問序於予。此集係晚年所作居多，益歎爲古所未有，而識其大略於簡端。"

《世本》而後譜學蝁興，而載《四庫書目》、《崇文總目》其尤盛者，莫著於王僧儒《十八州譜》七百一十二卷，高士[七]廉、韋挺、岑文本、令狐德棻《大唐氏族志》一百卷，柳冲《大唐姓族系錄》二百卷。至若膏腴世族家自編錄，如蘇氏、謝氏、東萊呂氏、薛氏、顔氏、虞氏、孫氏、吳郡陸氏、劉氏、徐氏、周氏、施氏、馬氏、竇氏、鮮于氏胥傳譜，而其尤盛者，莫著於石泉王

氏之《家牒》十五卷、《家譜》二十卷，又《王氏著録》十卷，
趙郡東祖李氏之《家譜》二卷，又《李氏房從譜》一卷，《韋氏
譜》十卷，又《韋氏諸房略》一卷，《裴氏家牒》二十卷，滎陽
《鄭氏家譜》一卷。譜學至宋而寖息，今世傳譜又多明人擬作，故
莘縣《王氏譜》，震川嘗疑其贋。壽州《呂氏譜》，雖詳東萊先生
世系，而與周益叙次殊多牴牾，又胥不載於史，而其它載史者亦
殊鮮。此宋人無譜學，所以無史學也。明人不講譜學，海内世族
系率多傅會紕淺。而衣冠甲族之極盛者，以真定梁氏、蒲州楊氏、
三原温氏、新城王氏、商丘宋氏、靈寶許氏、巴縣劉氏、黄岡王
氏、吉水李氏、南昌劉氏、南海梁氏、曾江王氏、閩莆田二林氏、
餘姚孫氏、平湖陸氏，以暨江南、北之興化李氏，太倉、瑯琊王
氏，太原王氏，析支演譜，胥與史録相表裏，至今猶可考覈，而
吾邑吳氏其最也。

張天如幼嗜學，書必手鈔，鈔訖朗誦，輒焚之復抄，如是者
六七始輟。右手握管，指成繭，數日輒刮去。沍寒手皲，數沃湯。
後名其齋曰“七録”，偕同學張受先名振華轂。比詔徵遺書，有司
進三千卷有奇，胥留乙覽。而百三名家，最研覈雅，非同時艾千
子、曾弗人所克逮，蓋海内慤於讀書者，胥尊之。

《鹿洲全集》四十二卷

國朝藍鼎元撰

羊城本。是本分七集。初集，文二十卷，前有康熙己丑沈涵
序、汪紳文序、曠敏本序、小像并自贊、行述。目録，曰書，曰
序，曰傳，曰記，曰論，曰説，曰考，曰賦、檄、銘、箴、贊、
《忠節略》、《事録》，曰讀傳、書後、跋，曰壽文，曰告文、祭文，
曰哀辭，曰行狀、墓誌銘、墓表。各題下以干支紀年。二集，公
案二卷，宰普寧時所撰。前有雍正己酉曠敏本序。三集，《東征

集》六卷，平臺灣時所撰書、檄、札、論。前有王者輔序、藍廷珍跋。四集，《平臺紀略》一卷，雍正元年鼎元自序。五集，《修史試筆》二卷，爲修《宋史》而作。唐臣自房玄齡至劉蕡三十五人，各爲之傳。内有劉蕡策，曠敏本序。六集，《棉陽學準》五卷，宰潮時所纂書院條規并《太極西銘要義》。前有雍正己酉門人陳華國等七序。七集，《女學》六卷，前有友人沈涵序、車鼎晉序、自序。鼎元字玉霖，别字任菴，鹿洲，其號也。世居漳浦縣之萇溪。童子試第一，有"國士無雙，人倫冰鑑"之目。游太學三年，校書内庭。分修《一統志》，有良史才。官至廣州知府，卒年五十四。少時以文章、經濟自命，晚年專意程、朱之學。遇事一以忠信爲主，嘗言"惟誠可以生明，惟誠可以補拙"，真至言也。

　　臣誠不佞，有正國致君之術，無位而不得行；有犯顏敢諫之心，無路而不得達。陛下詢求過闕，咨訪嘉謀，或有繫安危之機、兆存亡之變者，請披肝膽，爲陛下别白而重言之。謹按《春秋》："元者，氣之始也；春者，歲之始也。"《春秋》以"元"加於歲，"春"加於王，明王者當奉若天道以謹其始也。又舉時以終歲，舉月以終時，雖無事必收首月，明王者當承天之道以謹其終也。陛下能謹其始又謹其終，戀而修之，勤而行之，安有三代循環之弊、百僞滋熾之漸乎？臣聞不宜憂而憂者，國必衰；宜憂而不憂者，國必危。陛下不以國家存亡、社稷安危之策降於清問，臣未知果以布衣之臣不足與定大計耶？或萬幾之勤，有所未至，宜憂而不憂乎？臣以爲陛下所先憂者，宮闈將變，社稷將危，天下將傾，四海將亂。此四者，國家已然之兆，聖慮宜先及之。夫帝業艱難而成之，固不可容易而守之。太祖肇其基，高祖勤其績，太宗定其業，玄宗繼其明，至於陛下，二百餘載。其間聖明相因，擾亂繼作，未有不用賢士、近正人而能興者。謹按《春秋》："人君之道，在體元以居正。"繼故必書即位，所以正其始也；終必書所終之[八]地，所以正其終也。故爲君者，所發必正言，所履必正道，所居必正位，所近必正人。《春秋》"閽弒吳子餘祭"，書其名，譏疏遠賢士，昵刑人，有不君之道。伏惟陛下思祖宗開國之勤，念《春秋》繼故之誡，明法度之端，杜篡弒之漸，遠刀鋸之殘，親骨鯁之直，必使輔相得以顯其任，庶僚得以守其官。奈何以褻近五六人總天下大政，外專上命，內竊朝權；威慴斧扆，勢傾海內；羣臣莫敢指其狀，天子不得制其心。禍稔蕭墻，姦生帷幄，曹節、侯覽復生今日，此宮闈將變也。臣謹按《春秋》"定公元年春王"，不言正月者，《春秋》以爲昭公不得正其終，則定公不得正其始。今忠賢無腹心之寄，閹寺專廢立之權，事與定公無異。況太子未立，郊祀未修，將相之職不歸，名器之宜不定，此社稷將危也。臣謹按《春秋》"王札子殺召伯、毛伯"，兩下相殺不書，此書者，重其顓王命也。夫天之所授者在命，君之所存者在令。操其命而失之者，是不君也；侵其命而專之者，是不臣也。不君不臣，此天下所以將傾也。臣謹按《春秋》"趙鞅以晉陽之兵叛入於晉"，書其歸者，善其能逐君側之惡以安其君也。今威柄陵夷，藩臣跋扈，有不達人臣大節而首亂者，將以安君爲名；不究《春秋》之微而稱兵者，將以逐惡爲義：則典刑不由天子，征伐必自諸侯，此海內將亂也。故樊噲排闥而雪涕，袁盎當車而抗辭，京房發憤以殞身，竇武不顧而斃命，此皆陛下明知之矣。臣謹按《春秋》"狐射姑殺陽處父"，書襄公殺之者，以其君漏言也。襄公不能固陰重之機，處父所以及殘敗之禍，故《春秋》非之。夫上漏其情，則下不敢盡意；上泄其事，則下不敢盡言。故《傳》有造膝詭辭之文，《易》有失身害成之戒。今公卿大臣非不欲爲陛下言之，慮不能用而反泄，必嬰其禍，適足鉗直臣之口，而重姦臣之威，故徘徊鬱塞，以須上意感悟，然後盡其啟沃。陛下何不於聽朝之餘，時御便殿，召當世賢相老臣，訪持變扶危之謀，求定傾救亂之術；

塞陰邪之路，屏褻狎之臣；制侵陵迫脅之心，復門户掃除之役。則雖不得治其前，能治其後；不得正其始，能正其終。可以虔奉典謨，克承丕構；終任賢之效，無宵旰之憂矣。臣聞堯、禹之爲君，元凱在下，雖微必舉；四凶在朝，雖强必誅。至秦二世，漢元、成，不見安危之機，不知取捨之道；不任大臣，不辨奸人；不親忠良，不遠讒佞。伏惟陛下察唐、虞之所以興而景行於前，鑒秦、漢之所以亡而戒懼於後，無謂廟堂無賢相，庶官無賢士。今綱紀未絶，典刑猶在，人誰不欲致身爲王臣，致時爲升平？陛下何忽而不用耶？又有居官非其能，左右非其賢；惡如四凶，詐如趙高，奸如恭、顯，陛下何憚而不去耶？昔秦之亡也，失之强暴；漢之亡也，失於微弱。强暴則奸臣畏死而害上，微弱則强臣竊權而震主。伏見敬宗不虞秦禍，不剪其萌。惟陛下深軫亡漢之憂，以杜其漸，則祖宗之洪業可紹，三五之遐軌可追矣。臣謹按《春秋》“梁亡”，不書取者，梁自亡也。以其思慮昏而耳目塞，上出惡政，人爲寇盜，皆不知其所以終而自取滅亡也。國君之所以尊重其社稷，社稷之所以重存其百姓，故治天下者不可不知百姓之情。夫百姓者，陛下之赤子。陛下宜令慈仁者視育之，如保傅焉，如乳哺焉，則人之於上，恭之如神明，愛之如父母。今或不然。所親者貴倖，分曹建署，補除卒吏，召致賓客，因其貨賄，假以聲勢。大者統藩方，小者爲守牧。居上無清惠之政，而有饕餮之害；居下無忠誠之節，而有奸欺之罪。海内困窮，饑寒流散，冤痛之聲上達於九天，下入於九泉。鬼神爲之怨怒，陰陽爲之愆錯。君門萬里，不得告訴，士人無所歸化，百姓無所歸命。官亂人貧，盜賊并起，竊恐陳勝、吳廣不獨起於秦，赤眉、黃巾不獨生於漢，此臣所以爲陛下發憤扼腕、痛心泣血也。臣聞漢元帝即位之初，更制七十餘事，其心甚誠，其稱甚美。然不能擇賢而任之，以致失其操柄，紀綱日紊，國祚日衰，奸宄日强，黎元日困。

陛下即位，憂勤兆庶，屢降德音。四海之内，莫不抗首而長息，自喜復生於死亡之中也。伏惟陛下慎終如始，以塞四方之望。揭國柄以歸於相，持兵柄以歸於將；選清慎之官，擇仁惠之長；敏之以利，煦之以和；教之以孝慈，導之以德義。俾萬國懽康，兆庶蘇息，即心無不達而行無不孚矣。臣聞德以修己，則人不勸而自立；教以導人，則人不教而率從。夫立教之方，在乎君以明制之，臣以忠行之；君以知人爲明，臣以正時爲忠。知人則任賢而去邪，正時則固本而守法。賢不任，則重賞不足以勸善；邪不去，則嚴刑不足以禁非。本不固則人流，法不守則政散，而欲教之必至、化之必行，不可得也。陛下能斥奸邪而不私其左右，舉賢正而不遺其疏遠，則化浹朝廷矣。愛人而敦本，分職而奉法；修其身以及其人，始於中而成於外，則化行天下矣。臣愚，又謂欲氣之和，在遂其性以導之，納人於仁壽也。夫欲人之仁壽，在立制度，修教化。制度立，則財用省，賦斂輕，而人富矣；教化修，則爭兢息，刑罰清，而人安矣。富則仁義興焉，既安則壽考至焉。仁義之心感於下，和平之氣感於上，故災害不作，休祥薦臻；四方底寧，萬物咸遂矣。臣又謂，捄災旱，在乎致精誠。謹按《春秋》魯僖公一年之中三書“不雨”者，以其君有恤人之志也；文公三年之中一書“不雨”者，以其君無憫人之心也。故僖致誠而旱不害物，文無卹憫而變則成災。陛下有憫人之志，則無成災之患矣。臣又謂，廣播殖，在乎視食力。謹按《春秋》，君人者必時視人之所勤。人勤於力，則功築罕；人勤於財，則貢賦少；人勤於食，則百事廢。今財、食與力皆勤矣，願陛下廢百事之用，以廣三時之務，則播殖不愆矣。臣又謂，國廩罕蓄，本乎冗食尚繁。謹按《春秋》“臧孫辰告糴於齊”，譏其無九年之蓄，一年不登而百姓饑。臣願斥游惰之人以篤耕殖，省不急之費以贍黎元，則廩蓄不乏矣。臣又謂，吏道多端，本乎選用失當，取人不盡其才，任人不明其要也。今陛下之用人，求其聲而不求其實，故人之趨進，務其末而不務其本。臣願覈考課之實，定遷序之制，則多端之吏息矣。臣又謂，豪猾逾檢，由中外之法殊者，以其宮禁不一也。謹按《春秋》齊桓公盟諸侯不日，而葵丘獨以日者，美其能宣明天子之禁，率奉王官之法。夫官者，五帝、三王之所建也；法者，高祖、太宗之所制也。法宜畫一，官宜正名。未聞分外官、中官之員，立南司、北司之局。或犯禁於南則亡命於北，或正刑於外則破律於中。法出多門，人無所措。夏官不知兵籍，止於奉朝請；六軍不主武事，止於養階勳。軍容合中官之政，戎律附內臣之職。首一戴武弁，疾文吏如仇讎；足一蹈軍門，視農夫如草芥。謀不足以翦除姦凶，而詐足以抑揚威福；勇不足以鎮衛社稷，而暴足以侵害里閭。羈縶藩臣，干陵宰輔；隳裂王度，汨亂朝經。張武夫之威，上以制君父；假天子之命，下以御英豪。有藏奸觀釁之心，無杖節死義之誼，豈先王經文緯武之旨耶？臣願陛下貫文武之道，均兵農之功，正貴賤之名，一中外之法；還軍衛之職，修省署之官；近崇貞觀之風，遠復成周之制；自邦畿以刑下國，始天子而達諸侯：可以制猾姦之強，無逾檢之患矣。臣又謂，生徒隳業，由學校之官廢。蓋國家貴其祿，賤其能；先其事，後其行：故庶官乏通經之學，諸生無修業之心矣。臣又謂，列郡干禁，由授任匪人。蓋刺史之任，治亂之根本係焉，朝廷之法制在焉；權可以御豪強，恩可以惠孤寡，強可以禦姦寇，政可以移風俗。其將校及功臣子弟，請隨宜酬賞，苟無治人之術者，不當任此官，即絕干禁之患矣。臣又謂，百工淫巧，由制度不立。請以官位祿秩制其器用車服，禁以金銀珠玉。錦繡雕鏤不蓄於私室，則無蕩心之巧矣。又謂令繁而治鮮，要察其行否者，誠以號令者，治國之具也。君審而出之，或虧益止留，罪在不赦。今陛下令繁而治鮮，得非持之者有所蔽欺乎？臣謂博延羣彦，願陛下必納其言，造廷待問，則臣下敢愛其死？昔鼂錯爲漢削諸侯，非不知禍之將至，忠臣之心，壯夫之節，苟利社稷，死無悔焉。臣非不知言發而禍應，計行而身僇，蓋痛社稷之危，哀生人之悔，豈忍姑息時忌，竊陛下一命之寵哉！昔龍逢死而啓商，比干死而啓周，韓非死而啓漢。今臣之言，有司或不敢薦，陛下又無以察臣之心，退必戮於權臣之手。臣幸得從數子游於地下，固所願也。所不知殺臣者，臣死之後，將孰爲啓之哉！

　　文光案：是時第策官馮宿、賈餗等咸咨嗟歎服，以爲過古鼂、董，而畏中官不敢取，物論囂然稱屈。河南參軍李郃曰：“劉蕡下第，我輩登科，能無厚顔？”乃上書言：“蕡空臆盡言，指切左右，有司不敢上聞，萬口歎其忠鯁。臣所對不及蕡遠甚，乞回臣所授以旌蕡直。”帝不納蕡對。後七年，果有甘露之變。迄於唐季，禍不可解。昭宗時左拾遺羅袞上言：“向使蕡策早用，逆節可消。”帝感悟，贈蕡左諫議大夫，訪子孫授以官云。《唐書》言仲舒《天人三策》，大概緩而不切。玉霖言仲舒承文、景之餘，遭時尚盛，蕡親見憲宗、敬宗之禍，故所言有和平、激烈之不同，易地則皆然耳。此策經玉霖刪繁就簡，更覺生氣勃勃。

校勘記

〔一〕“因”，據文意似當作“困”。

〔二〕“而”字，據文意似衍。

〔三〕“裏”，據《清史稿》當作“悋”。

〔四〕“匭”，原作“饋”，據清杭世駿《道古堂集》改。

〔五〕“寓”，據文意似當作“字”。

〔六〕“墨”，《常州先哲遺書》作“稿”。

〔七〕“士”，原作“氏”，據《存硯樓集》改。

〔八〕“所終之”，據《舊唐書·劉蕡傳》補。

集部二
別集類二十五

《果堂集》十二卷

國朝沈彤撰

原本。是集刊於乾隆十九年，前有王峻、沈德潛二序。文九十二篇，詩四十五首，末附小傳。宗人德潛撰墓誌，惠棟撰文。內有《周官頒田異同説》、《五溝異同説》、《井田軍賦説》、《釋周官地征》，又《周官田禄考》，前、後序二首，書後一首，跋一首。其於《周禮》之公爵、公田、禄田考算最精。其他諸説，多補注疏所未及。又《律吕新書後記》四篇、《遊山記》四首，皆可看。果堂之文，爾雅深厚，歸愚以爲今之震川。然其穿穴諸經，精於考證，非震川所能及也。

古歷不步五星，緯星之步，殷以前惟見於僞託諸歷。詳見《宋書・歷志》。《隋志》《巫咸五星占》，《漢志》無之，亦僞託。

《内經》、《甲乙經》各有骨部與其形象。然名之單複分總，散見雜出，能辨析而會通者實鮮，因詳考而條釋之。

文光案：《釋骨》一篇，有沈氏自注：“余嘗取《金鑑》中之正骨心法與《洗冤録》所載骨格條注於各骨之下，悉爲證明，頗便觀覽。此醫學之一大關鍵也。”

壬戌，館友人徐靈胎家。有從靈胎學醫者，以《內經》、《甲乙》相難。唐以後論撰多誤，爲著《氣穴考略》五卷、《釋骨》一篇示之。

漢何邵公序《公羊傳》，始連出"句讀"二字。"讀"字舊無音，當即"讀若某"之"讀"也。馬季長《長笛賦》又言"察度於句投"，注云："訓'逗'爲止。'投'與'逗'古字通，音豆，句之所止也。"然則句所止爲"投"，音之出爲"讀"。古未有以"讀"爲"投"者，亦未有以"投"爲句之半者。自宋以後，通"讀"於"投"，呼以"豆"音。凡館閣校書，旁點爲句，句中點爲讀，遂改爲半句絕之名。立法雖詳，然爲"讀"不免於繁矣。近代刻書之句讀，尤多意造，一開卷而紕繆百出，非"讀"繁之流弊歟？

宋秦熺所集《鐘鼎款識》，其中周尺與《隋志》同。以校今乾隆元年工部所頒尺，得七寸四分；校漢貨布、貨泉度適得十寸。因圖其形於蔡氏書端。

《樊榭山房集》二十八卷

國朝厲鶚撰

原本。前有乾隆四年厲氏自序。前集，詩八卷，詞二卷；續集，詩八卷，詞二卷：共二十卷，自校授梓。文八卷，刻於既歿之後，乾隆四十三年門人汪沆序。太鴻以詩、古文名東南，集中有《石經考異》、《六藝之一録》、是書有鈔本，遇於京廠書肆，索金五百，未得。無刻本。《漢印譜》、《續泉志》、《王右丞集箋注》、《宛雅》、《羣雅詞》諸序，《先秦貨布記》、《寓簡》、《乾道臨安志》諸跋，皆可録。

厲氏自序曰："僕少好篇詠，晚頗知難。三十年以來所作，隨手棄斥，存篋中者僅十之二三。暇日編次古、今體詩爲八卷，長、短句二卷，外有雜文若干卷，叢綴若干卷，將次第排纘焉。”

厲氏《續集》自序曰：“《前集》自甲午至己未，凡二十六年，僅編成八卷，詞二卷附焉。己未至今辛未，十二年來復次第成《續集》，如前之數。後綴詞一卷、北樂府小令一卷，則年來因詞而及之。”

《漢印譜序》曰：“今之印製九疊，其文去漢絕遠。惟私印記姓名多仿漢法。王厚之、姜夔、錢選、顏叔夏著之爲譜，楊克一著之爲格，吾丘衍著之爲式，朱珪著之爲《集考》，葉森著之爲《韻釋》。甘泉程君振華精於鑒賞，嘗藏弆漢公私印八百餘件，編排爲譜，屬予序其端。”

《續泉志序》曰：“吾友胡道周氏續洪文安之書，凡所旷陳，皆得於神林破冢之餘。不獨齊太公貨、新莽泉模爲文安所未備，宋泉之外，又得銅牌，徑二寸許，其文爲‘臨安府行用，準三百文省’。《容齋隨筆》云：‘太平興國四年，因五季之制，詔民間緡錢定以七十七爲陌。自是以來，官民出納，名曰省錢。’當日錢無足陌，故著‘省’字。銅牌廢而楮幣行。此可補《宋史·食貨志》之缺。文安志分九品，曰正用品，曰僞品，曰不知年代品，曰天品，曰外國品，曰奇品，曰厭勝品〔一〕。‘天’與‘神’，鄰於幻誕無稽，道周削之，限以七品，尤有特見。予故舉大略而爲之序。”

《神龍蘭亭》墨蹟，明時在項子京天籟閣中，其子德宏摹諸石。朱竹垞得之，曾爲跋尾，稱其較瘦本差肥，誠爲唐人所摹。紙前後有“神龍”半印，唐中宗印也。此本後有至元中金城郭祐之跋。

元張炎叔夏《山中白雲》八卷，吾鄉龔侍御蘅圃得抄本，朱竹垞因鏤板以傳。叔夏父名樞，字斗南。於功甫爲三世，於循王爲五世。

洪氏曰：“樊榭氣局本小，又意取尖新，恐不克爲詩壇初祖。

近來浙中詩人，皆瓣香此集。"錄於《北江詩話》。

《遊仙詩》三卷

國朝厲鶚撰

《知不足齋》本。前有杭世駿序、康熙庚寅厲鶚自序，又續序，共三篇。《悔少集》一卷，《遊仙百詠》一卷，《耕烟草堂集》一卷，共《遊仙》七絕三百首。此《漱六編》之第四種，鮑廷博刊，末有乾隆辛巳志黼跋。厲鶚字太鴻，錢塘人。《遊仙詩》先成二百首，以爲未盡仙境，刻意冥搜，復成百詠。以少作，集中未收。

厲氏自序曰："《遊仙》詩，自晉郭景純倡之，唐曹寅賓、明馬鶴案，連篇累牘，皆奇艷可誦。予閑居寡歡，偶爾綴韻，輒成百章。大要游思囈語，雜以感慨。玉茗先生所謂'事之所無，安知非情之所有'者也。且靈均作騷，尚託雲中君、湘夫人，其亦庶幾不悖作者之意乎？好事者出而請之，詞雖不工，聊以當龜茲枕一覺云爾。"

《經笥堂文鈔》二卷

國朝雷鋐撰

秋水園本。嘉慶十六年寧化伊秉綬刊於廣州，有序。次建寧朱仕琇序；次行狀，陰承方撰。公諱鋐，字貫一，號翠庭，寧化人。幼肄業於鰲峰書院，爲蔡文勤公弟子，嘗受文於桐城方學士。雍正癸卯，舉於鄉。癸丑，會試中式，朝考第一名。官至都察院左副都御史、浙江學政，調任江蘇。所舉拔多知名士。公之學，大要宗朱子，而以薛文清、陸清獻二公之書爲譜牒，道德、文章爲天下宗。所著《讀書偶記》，已採入《四庫全書》中。《自恥錄》、《聞見偶錄》、《校士偶存》，今皆未見。詩集亦未詳。文集不知若干卷，茲所抄者百篇，可見其大略云。

《寶綸堂文鈔》八卷

國朝齊召南撰

原本。嘉慶二年無錫秦瀛校，有序。次《一統志》一則；次墓表，受業秦瀛撰；次目錄。卷一，經解、史論各一篇，應制之作；輪進經史劄子十篇。公字次風，天台人。幼有異稟，詩文援筆立就。乾隆丙辰，舉博學鴻詞科。授檢討，嘗與修經史。考證《通鑑綱目三編》、《續文獻通考》、《大清一統志》。歷官禮部侍郎，以疾乞歸。掌教敷文書院十餘年，人文蔚起。著有《水道提綱》、《後漢公卿表》、《寶綸堂文集》。齊周華者，公族兄也，獻其所著書於巡撫，多不法詞。涉公，公以是下刑部獄。上鑒公無他，僅削職。公故精術數之學，方被逮之前一年，筮《易》逆知後事，以語其子，既而皆驗。公號息園，卒年六十六。公子式遷。

《外藩蒙古五十一旗序》曰：“五十一旗地，東接盛京、黑龍江；西鄰厄魯特；南站盛京、直隸、山西、陝西邊城；北逾大漠，與喀爾喀接境，袤延萬餘里。周時獫狁、山戎居之。秦、漢北邊外，匈奴盡有其地。漢末烏桓、鮮卑雜處其間。元魏時，蠕蠕及庫莫奚爲大。隋、唐地屬突厥，後入於回紇、延陀。遼、金以來，建置城邑，同内地。元之先曰蒙古，居西北極邊，奄有天下，遂成一統。明初，愛猶識理達臘遁歸朔漠，遺種繁衍，諸部時擁衆犯邊，迄明世，北陲不靖。本朝龍興，蒙古諸部悉歸約束，如古封建，朝貢以時。其部落二十有五，爲旗五十有一。設官制度，并同内八旗，置理藩院以統之。疆界、山川，具列如左。”

《胡忠簡公遺集序》曰：“公以樞密院編修官抗疏，請斬秦檜等三人，至今童兒誦其疏而重其爲人。公生平大節，實不專以此一疏也。所著《澹庵集》，凡一百卷，後稍散佚。公孫侍御定哀其遺文，刊以行世，屬予爲序。”

　　文光案：《李太白集輯注序》，與今本所刻互有不同。

《紀文達公遺集》二十二卷

　　國朝紀昀撰

　　原本。前有嘉慶十七年大學士受業劉權之序，又受業陳鶴序二首、揚州阮元序。集中諸序宜細看，可以知諸書之源流正變。諸詩集序，宜作詩話觀。

　　劉氏序曰：“公孫香林西曹檢存者，得公集十六卷，《經進》詩八卷，古、今體詩六卷，館閣詩一卷，《我法集》一卷，屬權之爲序。”

　　陳氏序曰：“我師河間紀文達公，以學問、文章著聲公卿間四十餘年。國家大著作，非公莫屬。其在翰林校理《四庫全書》七萬餘卷。《提要》一書，詳述古今學術源流、文章體裁異同分合之故，皆經公論次，方著於録。嘗語人，自校理祕書，縱觀古今著述，知作者固已大備，後之人竭其心思才力，要不出古人之範圍，其自謂過之者，皆不知量之甚者也。故生平未嘗著書，間爲人作序、記、碑、表之屬，亦隨即棄擲，未嘗存稿。竊嘗考有宋之世詞臣撰述，若《太平御覽》、《册府元龜》、《文苑英華》，最稱繁富，而纂修諸臣或無專集之可紀。獨歐陽公、司馬公裒然爲集，則以二公之學問、文章固加人一等也。公孫刑部郎中樹馨手自輯録，公薨四年，乃盡發向時所録及已梓行者，類而次之，題曰‘紀文達公遺集’。”

　　陳氏又序曰：“師在翰林署齋戒，始於敬一亭卜得《永樂大典》。朱竹垞尋訪不獲，已云李自成襯馬蹄矣，不知埋藏灰塵中，幾三百餘年也。數月中，每於值宿之暇翻閱一過，已記誦大半。”

　　阮氏序曰：“河間獻縣，在漢爲獻王封國。史稱獻王修學好古，實事求是，所得書皆古文先秦舊書，被服儒術，六藝具舉，學者宗之。後二千餘年而公生。《四庫全書》，公總其成，凡六經傳注之得失，諸史記載之異同，子集之支分派別，罔不探奧提綱，溯源徹委。所撰定《總目提要》多至萬餘種，考古必衷諸是，持論務得其平。他所著撰，體物披文，不襲時俗。詩直而不亢，婉而不佻，抒寫性靈，醞釀深厚，未嘗規撫前人，罔不與古相合。蓋公鑒於文章得失者深矣，蓋公之學在於辨漢、宋儒術之是非，析詩文流派之正僞，主持風會，非公不能。"

經義取士，昉自宋王安石。然俞長城所刻安石諸作，寥寥數行，如語録、筆記、程試之制，定不如斯。其出自何書，亦無可考證，疑近時好事者所爲。惟《宋文鑑》載才叔《自靖人自獻於先王》一篇，發揮明暢，與論體略同，當即經義之初式。元祐中定科舉法，經義與經疑并用，其傳於今者，經疑有《四書疑節》，經義有《書義卓躍》，可以略見其大凡。明沿元制，小爲變通。吳伯宗榮進集中尚全載其洪武辛亥會試卷，大抵皆闡明義理，未嘗以矜才炫博相高。成化後，體裁漸密，機法漸增。然北地變文體，姚江變學派，而皆不敢以其説入經義，蓋尺度若是之謹嚴也。其以佛書入經義，自萬曆丁丑會試始；以六朝詞藻入經義，自幾社始。於是新異日出，至明末而變態極矣。

《會試録序》曰："爲漢儒之學者，沿溯六書，考求訓詁，使古義復明於後世，是一家也。爲宋儒之學者，辨別精微，折衷同異，使六經微旨不淆亂於羣言，是又一家也。""成、弘、正、嘉之理法，真理法也。流而空疏庸陋，鈔寫講章，則爲僞。隆、萬之機局，真機局也。流而纖仄吊詭，穿插[二]鬥巧，則爲僞。天、崇之才學，真才學也。流而馳騁橫議、偭規破矩以爲才，則才爲僞；流而剽[三]竊鈔襲、餖飣湊合以爲學，則學亦僞。"

《易述序》曰："《易》之精奧，理數而已。象，其闡明理數者也。自漢及宋，言數者歧而三，一爲孟喜正傳也；歧而爲京、焦，流爲讖諱；又歧而爲陳、邵，支離曼衍，不可究詰，於《易》爲附庸矣。言理者亦歧而三，乘承比應，費直《易》也；歧而爲王弼，爲王宗傳，爲楊簡，浸淫乎佛、老矣；又歧而李光、楊萬里，比附史事，借發論端，雖不比陳、邵之徒虛縻心力，畫算經而圖奕譜，然亦《易》之外傳耳。中間持其平者，數則漢之康成，理則宋之伊川乎？康成之學，不絕如綫，唐史徵、李鼎祚，宋王伯厚及近時惠定宇，粗傳一二而已。伊川之學，傳之者多，然醇駁互見，決擇爲難。余勘定《四庫》書，頗恨其空言聚訟也。《詩傳》乃大毛公亨作，康成《詩譜》甚明。儒生類稱毛萇，未之考耳。"

《周易義象合纂序》曰："古今説五經者，惟《易》最夥，亦惟《易》多歧。非惟象數、義理各明一義也，旁及鑪火、導引、樂律、星歷，以及六壬、禽遁、風角之屬，皆可引《易》以爲解，即皆引以解《易》。蓋《易》道廣大，無所不包，故隨舉一説而皆通也。要其大端而論，則象歧而三，一田、孟之《易》，一京、焦之《易》，一陳、邵之《易》也。義理亦歧而三，一王弼之《易》，一胡瑗之《易》，一李光、楊萬里之《易》也。京、焦之占候，流爲怪妄而不經。陳、邵之圖書，流爲支離而無用。王弼之清言，流爲楊簡、王宗傳輩，至以狂禪亂聖典。其足以發揮經義、垂訓後人者，漢儒之主象，宋儒之主理、主事三派焉而已。"

《黎君易注序》曰："《易》之作也，本推天道以明人事，故六十四卦之大象皆有君子以字，而三百八十四爻亦皆吉凶悔吝爲言。是爲百姓日用作，非爲一二上智密傳微妙也；是爲明是非、決疑惑作，非爲讖諱機祥，預使前知也。故其書至繁至賾、至精至深，而一一皆切於事，即一一皆可推以理之自然者。明此，則數之必然、事之當然者，劃然解矣。"

《紀氏譜序例》曰："準之經，《易・序卦》、《書序》、《詩序》皆列後；準之史，《史記自序》、《漢書叙傳》皆列後；準之諸子、百家，《法言》、《越絶書》、《論衡》、《潛夫論》、《文心雕龍》，類不勝數，序皆列後。"

《史通削繁序》曰："昔郭象注莊子書，蓋多删節。凡嚴君平《道德指歸論》所引而今本不載者，皆象所芟棄者也。例出先民，非我作古。"

《濟衆新編序》曰："朝鮮，本箕子之舊疆，所刊《東醫寶鑑》久行於中國。以卷帙較繁，檢尋不易，撮其精要之論、簡易之方，爲《濟衆新編》八卷。"

《書毛氏重刊説文後》曰："孫愐《唐韻》，世無傳本，獨此書備載其反切。唐代韻書之音聲部分，粗可稽考。《康熙字典》所載《唐韻》音某者，皆自此書采出，非真見孫愐《韻》也。此則書之可貴，不但字畫、訓詁之近古矣。"

《懌常先生傳》："先生姓賈氏，諱延泰，字開之。先世自萊陽遷故城，遂爲望族。《明儒學案》，先生曾祖所刊。"

《戈源傳》："少負奇慧，十六童子試，十七成進士。卒年六十三。"

《白田草堂存稿》二十四卷

國朝王懋竑撰

原本。寫、刻甚佳。前有乾隆壬申雷鋐序，次目録。雜著九卷，《簡明目録》"雜著八卷"。文十卷，詩四卷。稿中《儒林傳考》、《讀史謾記》、《魏志蜀志吳志餘論》，又《論陶氏傷寒六書》及《用石膏辨》，皆可録。王氏深於朱子之學。

《本義九圖》，非朱子所作。《文集》、《語録》未嘗一語及之。諸儒多以其意改《易本義》，流傳既久，有所篡入，亦不復辨。

《通考》載陳氏説，前列九圖，後著揲法。後之言《本義》者，莫不據此，而《九圖筮儀》遂爲朱子不刊之書。今詳《筮儀》，不類朱子語。其注云："筮者，北面，見《儀禮》。"《儀禮》筮者皆西面，惟《士喪禮》北面。朱子豈不見《儀禮》者，而疏謬若是耶？惜未見《勉齋》、《北溪》、《潛室》、《盤澗》、《瓜山》諸集，以決斯疑也。

元臨川吳氏作《尚書叙録》，前載今文，別繫古文於後。後爲彙言，獨注今文。歸震川因其説亦爲《叙録》，而《纂言》未見。歸書今亦不存。余考兩《序録》辨古文之僞皆是，而不免小誤。晁錯受學，原非口授，《儒林傳》甚詳。《書序》云"伏生失其本經，口以傳授衛宏"，序云"伏生使其女傳言教錯"，明與傳不合，乃一手僞作。互相印證，其謬顯然。

《書楚詞後》："《通鑑》削原事不載，謂其過於中庸，不可以訓。此不足爲原病，恐後人執是以議原，故不得不辨也。"

危太樸《説學齋集》，出歸熙甫家，軼其半矣。介夫有此集，亦不全。李巨來亦有是集，卷帙稍增。太樸以謫死，集遂散軼不傳。其文演迤澄泓，視之若平易而實不可及，非熙甫莫知其深也。蔣蜀瞻訪求文集，不啻若饑渴。德明、介夫家多祕本，擬盡觀之，尚未暇也。

《題竹爐圖詠後》曰："今竹爐亡矣，詩亦散軼。商丘宋公乃蒐羅綴緝，裝潢成卷，俾庵僧世掌之。"

《日知録》謂古人不以甲子紀歲，但以紀日，其説不然。《書》、《詩》、《春秋傳》、《國語》雖不以甲子紀年，亦無有以閼逢、攝提格爲歲名者。惟《吕覽》、賈誼《鵩賦》有之，疑出於戰國時星家別爲之名，故《史記・歷書》以是紀年，而他紀傳則略無所見。《甲子歷術篇》與《天官書》亦有不同，而《漢志》所書亦小異，則《爾雅》所云，已不盡可據。且《爾雅》云"太歲在甲曰閼逢"，則是先有甲子、乙丑，而後別爲之名。顧氏所引止《吕覽》、賈賦及《説文後叙》，亦可知前之一無所據矣。又《素問》以甲子紀年，不可以一二數，而謂古人必以歲陽歲名紀年，豈其然乎？

武進鄒君琭其貽予《朱子年譜正訛》一册，副以手書，大概言舊譜多訛，所當是正。其譜例因舊譜，間有改正。所附《論學》諸書，次第規模，用湘淘《正學考》；而其議論，雜用予説。《家禮》非朱子書，乃予獨創，與勉齋、北溪相違異，心竊不安，而琭其亦從之。

《朱子年譜》，李果齋元本不可見。今行世者，有李、洪、閩三本。李爲陽明後人，多所删改。洪本略有增入，而無能是正。閩本尤爲疏略。

《正學考》太繁冗。

文光案：《易》冠九圖，注疏本所無，而《本義》有之。以爲朱子所加，而朱子無説；以爲非朱子所加，亦是臆説，并無確證。余向閲《北溪大全集》，《易》冠九圖似是朱子之意，然北溪亦未明言。或謂朱子隱而不發，使人思而得之。此説近似。邵子之《易》，非此不明其所自來。終不能知，闕疑可也。

《歸愚集》六十卷

國朝沈德潛撰

原本。乾隆戊午年自刊，楊浚寫。《竹嘯軒詩鈔》十八卷，《歸愚詩鈔》十四卷，《文鈔》十二卷，《續》十二卷，《歸田集》一卷，《黄山遊草》一卷，《台山遊草》一卷，《恭頌南巡詩》一卷。文内有《古文易考》、《尚書古今文考》、《周禮缺冬官考》、《博學宏詞考》、《新舊唐書考》、《笙詩解》、《史漢異同》、《復社紀事序》，語有可采。但考證之學，非沈氏所長。

《歸愚餘集》十五卷　《遊草》二卷　《附錄》三卷

國朝沈德潛撰

通行本。是集有目無書者甚多，其亦如閩中書板，止刻半部以欺人與？

宋衛文節公《後樂堂集》十卷。公於孝宗淳熙中以廷試第一人及第，歷仕孝、光、寧三朝。韓侂胄柄政，公斥居於外，不調者十年。侂胄以朱子爲僞學，斥逐於外。公奏請召還，而朱子已卒。復移檄刊刻經書傳注以垂永久，又奏請張子南軒，又奏舉真子西山爲廉吏。此其好惡之正，深有得於正心誠意者。按：宋南渡以後，廷對第一人，其策之可傳者，前有王龜齡十朋，後有文信國天祥。公之對策不媿二公，而《宋史》逸之。人謂《宋史》太詳，吾謂詳者煩文，略者節目也。公文共五十卷，刻於慶元，年久散佚。十四世孫楫搜輯放失，共得十卷，屬予序之。公名涇，字清叔。華亭人，後遷崑山。官資政殿學士，封吳郡開國伯，謚文節，追封秦國公。堂名“後樂”。

前明閩中詩派，林子羽鴻旹、高彥恢棅、王安中恭、王孟揚偁、藍靜之仁、藍明之智共相羽翼。其音安和溫順，步趨唐人。後曹能使學佺、徐惟和熥起而承之。中間惟鄭繼之善夫別開生面，志趣有餘，神理不足。王子直夫以詩鳴於漳浦之間。昔人以白樂天詩、蘇子瞻文能説盡古今道理，雖有語病，不害爲大家。直夫之詩亦若是而已。

　　文光案：文中有陶廣文澹泉與寶山諸生《重刊黄陶菴先生全集序》。劫灰之後，又歷百二十年，詩文盡出。又張禹懷《印譜序》曰：“吳中推顧雲美苓，同時程穆倩、何雪漁、許墨公亦與并名。"

《道古堂文集》四十六卷 　《詩集》二十六卷

國朝杭世駿撰

原本。乾隆庚戌杭氏刊於長沙府攸縣。此集爲先生所自編，其子賓仁校勘以行。前有王瞿曾序、畢沅序。又詩序七首，一集一序。先生名世駿，字大宗，菫浦其號也。仁和人。官至御史。

畢氏序曰："有明一朝著書之富，無若楊修撰升菴、朱中尉謀㙔。楊凡九十餘種，而朱至百餘種，可謂盛矣。然其間固多有功於古人，而貽謀來學者亦不少。"

汪子一之性無他嗜，壹意於羣籍。補其遺脱，正其訛繆，儲蓄既多，監別尤審。余年繼舞勺，即具此癖。謂古集皆手定，人不一集，集不一名。《東坡七集》、《欒城四集》、《山谷内外集》，明人妄行改竄，第曰"東坡"、"欒城"、"山谷集"而已。朱子集多至三百餘卷，明人編定止四十卷。李綱《梁谿集》多至百三十餘卷，《建炎進退志》及《時政記》附焉，閩中改刻，題曰"李忠定集"，亦止四十卷。前後互易，古人之面目失矣。宋刻兩漢書，板縮而行密，字畫活脱，注有遺落，可以補入。此真所謂宋字也。汪文盛猶得其遺意。元大德板幅廣而行疏，鍾人傑、陳明卿輩稍縮小之。今人錯呼爲宋字，拘板不靈而紙、墨之神氣薄矣。甚至《説文》而儳入五音讀，《韻譜》、《通典》而儳入宋人議論，《夷堅志》而儳入唐人事迹，與元書迥不相謀。明人之妄如此。今之挾書以求售者，動稱宋刻，不知即宋亦有優有劣，有太學本，有漕司本，有臨安陳解元書棚本，有建安麻沙本，而坊本則尤不可更僕以數。《青雲梯》、《錦繡段》皆成於臨場之學究，而刻於射利之賈豎，皆坊刻也，不謂之宋刻不可也。五十年以前，曾與吳繡谷、趙勿藥兩君斷斷切究之，自矜以爲獨得之秘。一之即能登五堂而嚌吾戴，可不謂之夙有神解乎？欣託齋有山池之勝，一之讀書其中，即藏書於其中，積卷至廿萬有奇，可謂富矣。慮其散而無紀，仿《七志》、《七錄》之例，州次部居，編目以示余曰："范氏天一閣之藏，黃聘君南雷記之；毛氏汲古閣之元人標點五經，魏處士勺庭記之。某於兩家之書，曾不得其什一。先生則今之南雷、勺庭也。吾書之能守不能守，未可知，得先生一言，書爲不妄矣。"趙清常之言曰："有藏書者之藏書，有讀書者之藏書。"錢遵王續之，遂以自詡。吾以爲遵王非能讀書者也。豈獨遵王，即清常亦祇可謂藏書者之藏書，非讀書者之藏書也。何也？讀書必先自經始，讀經必先自傳注、箋解、義疏始。十三經有國子監本，有提學李元陽本，有常熟毛氏本。經脱，注脱，疏脱，釋文脱，無經不脱，無本不脱。經之難讀者，莫如《儀禮》。亭林顧氏以爲脱誤尤多，以石經補之，《士昏禮》凡十四字，《鄉射禮》七字，《士虞禮》七字，《特牲饋食禮》十一字，《少牢饋食禮》七字。予嘗與修《三禮》，同時安溪李少宗伯清植、宜興吳檢討紱、休寧陳中允恂，皆淹通經術之儒，校其誤字、衍字、脱字，或改，或删，或補。一篇之中，丹黃抹檄，無慮百十處，不能盡數。數其大者，《鄉射》"大夫之觶，長受，而錯皆不拜"下，注脱二十字，疏脱五十二字。顧氏所謂脱"士"、"鹿"、"中"、"翿"、"旌"、"以"、"獲"七字。下注脱二十一字。《燕禮》"射人作大夫長升受旅"下脱六節，經八十七字，注七十字，疏百三字。此皆據朱、黃《集解》、楊《圖》、敖氏《集說》而得之，固其思精由其學邃也。諸經訛誤之處，浩如烟海。余特舉其難讀者，而趙、錢無一言及之，是二人未讀經也。經之外，莫如史。史有南、北監本，有廣東本，有常熟毛氏本。《史記》有秦藩本，有震澤王氏本，有余有丁刊誤、徐孚遠測義。《史記集解》無全文，《兩漢》無師古、章懷注足本。甚至毛氏刻《北齊書・文宣紀》脱去一頁。封隆之子名子繪，牽連《劉繪傳》爲一。趙、錢亦無一言以及之，是二人未讀史也。他書未讀猶恕焉，問經不知，問史不知，空疏淺陋甚矣。

文光案：明人疏於經史，誠如杭説。考證之學，於今爲盛。篇中所云脱誤，在當時實爲創見異聞，今則密而加密，舉不勝舉。錢、趙兩家藏儲之富、聞見之廣，亦不易得，謂之空疏淺陋，未免太過。矜我之長，譏人之短，固是考證家習氣。然讀書以經爲本，經中原無輕薄語。況董浦所考，有甚不確者。余初時最愛其集，今則不敢據依矣。

杭氏七種書：《諸史然疑》一卷，自後漢以迄六代，以意穿穴，標舉其旨趣。《漢書蒙拾》三卷、《後漢書蒙拾》二卷，擇其難解者，大書數字於上，分注於下。《石經考異》二卷、《續方言》二卷、《文選課虛》四卷，體如《蒙拾》。《榕城詩話》三卷，乾隆壬子杭賓仁刊於羊城寓中。其他著述尚多，見《先正事略》。

《廿二史詠史詩注》八卷

國朝謝啓昆撰

樹經堂本。道光乙酉刊於吳下。前有乾隆乙卯吳錫麒序、阮元序、趙翼序。自秦始皇起，迄於元脱脱，凡爲詩若干篇。其子學崇、學坰箋注以行。

阮氏序曰："詠史之作，肇於仲宣、太冲。五言成製，風已古矣。唐詠史七言，惟周曇、孫元晏數十百首，未有上下一千六百載，臚叙五百二十六，以律詠史者也。"

趙氏序曰："前代李茶陵撮列朝故事，製爲樂府。近日嚴海珊又作《明史雜詠》，操翰者遂以詠史爲能。詩莫難於七律，七律莫難於詠史。不深觀於各朝之時勢及諸臣之品量，則衡量未審射麋，安能麗龜？刻鵠或且類鶩。此貴乎識之高也。律體必用駢偶，而一人之生平，豈能恰有一二事足供裁剪成聯，則捉衿不免露肘，納采終乏儷皮。此貴乎學之博也。詞條雖豐而運掉不靈，則無由寫其人之真而顯我評騭。土偶端而無語，綵花麗而不香，此貴乎才之逸也。今先生之詩，渾然天成，真不可及也。"

金龍四大王，姓謝名緒，憤宋祚移，沉淵而死。上帝憐其忠，命爲河伯。助明太祖破元，封爲金龍四大王，以嘗居金龍山，又葬其地，兄弟四人皆處士。

《九谷集》六卷

國朝方殿元撰

南海伍氏本。前有自序。凡樂府二卷；諸體詩二卷；雜文一卷，內有《昇平二十書》；末上《環書》一卷。附《四書講語》。沈宗伯謂《環書》自成一子，究天人竅奧，餘事乃作詩。詩高華伉爽，依傍一空。

校勘記

〔一〕據宋洪遵《泉志》，尚有"刀布品"、"神品"二種。

〔二〕"插"，據《紀文達公遺集》補。

〔三〕"剟"後原衍一"插"字，據上書刪。

集部二
別集類二十六

《抱經堂文集》三十四卷

國朝盧文弨撰

《抱經堂》本。首《盧公墓誌》，段玉裁撰；又墓誌，翁方綱撰并書；次目録。集中有《復秦味經校勘五禮通考書》，凡十五條；《與錢辛楣論熊方後漢書年表書》、《與王懷祖論校正大戴禮記書》，凡十一條；《與丁小疋論校正方言書》、《與翁覃溪論説文繫傳書》。目後有嘉慶二年蕭山徐鯤跋。

徐氏跋曰："乙卯之春，抱經先生整比自著文集，至冬十一月，已刻成二十五帙，尚未定卷次先後，而先生遽歸道山。鮑君以文力任剞劂，屬鯤校讎。餘稿尚多，其續刻十餘卷，諉梁君曜北定之。"

《校補王氏詩考序》曰："嚴氏《讀詩質疑》、范氏《三家詩拾遺》，於此書各有增損，然於王氏采用之誤未能悉正。丁小疋校本，凡王氏之沿訛互異者，一一釐革，亦采嚴、范之長，今分爲四卷云。"

《左傳杜解》雖取前人之説而會通之，然以私臆妄易故訓者多矣。《正義》以杜氏爲甲，其不可通處必曲爲之説，而以賈、服爲非。賈、服本書不可見，《正義》所引，遠出杜解之上。王厚齋搜輯補綴，賈、服外，鄭、馬、王之説咸録焉，將以正杜之失也，分十二卷。相傳惠氏有鈔本，而外人罕見。

　　　　文光案：是書名《古文春秋左傳》，《鈎沉》中引之，恐是定宇所託。定宇有《左傳補注》六卷自刊本，今行於世。

　　唐張弧作《王道小疏》，亦假子夏傳之名，成十一卷。按之唐初人所引，無一合者。吴槎客起而輯之，爲之疏通證明，書成二卷，名曰"義疏"，皆灼然可信，采擇無遺。

　　《補李氏周易集解序》曰："李君富孫於三十餘家之説，尚有未采者，更録成，得六十餘番，幾於一字不遺矣。然於元、明人所稱引，概不及焉。"

　　《春秋内傳古注輯序》曰："嚴子蔚灼見杜氏之弊，有違禮傷教者，有肆臆妄説者，慨然思漢人之舊，於是綜而輯之。偶有一二言之見於他説者，不忍棄也。"

　　《聲音發源圖解序》曰："此句曲潘氏一家之學也。成是書者，融如名，已萬字也。是書分三陰三陽，爲六聲。言六聲，自潘氏始。其序先上，次平，次舒，又上、去、入，是爲六聲。謂初平之上聲爲濁音，自三代後失其傳，遂與初仄之上聲一列而無以別。獨今樂人之歌曲，其發端必用初平之上聲，則自然之理於斯尚可驗也。於是演之爲二十五韻，各爲圖而系之以解。字母多出於西域，然中國之達於音者，未嘗不即其説而益求精焉。潘氏父子祖孫皆研習於是，彼西土之人能遠過乎？吾知其必不苟異於前人也審矣。"

　　《索隱校本序》曰："初讀三家注，見《索隱》之説，往往互岐。首卷後既載《索隱述贊》矣，又云'右述贊之體，深所未安'。得毛氏本，始知小司馬欲改史公體例，自成一書，後恐難允物情，但爲之注。其改創規模，別見於後本，不與注混。宋時合三注，繫於正史之下，遂有割截牽并之失。幸有毛本正之。毛本亦有次第顛倒、脫文訛字，仍當以三家本正之。"

《續高士傳》一冊，補皇甫書之所遺，凡一百八條。墨、胎二子亦錄入焉。明新安畢藺臣翁叔所纂。

《新校說苑序》曰："向疑馬《考》《新苑》爲《說苑》之訛。及得宋本，前有子政上奏云'臣向所校中書《說苑雜事》，及向書、民間書互校讎，分別次序，除去與《新序》復重者，更造新事十萬言以上，凡二十篇，七百八十四章，號曰"新苑"，皆可觀'，然後知予所疑爲妄也。宋本自勝近本，然亦多錯誤。此本第六卷有'蘧伯玉得罪於衛君'一條，他本皆脫去。又按《禮記正義》云：'《說苑》"能"字皆爲"而"。'予求之，不多見，蓋後人輒改者多矣。漢禁中先有《說苑》，子政校讎奏上，號曰'新苑'。"

徐青牧《惜陰錄》八卷，乃鞭辟進道之語，放薛氏《讀書錄》而作。生平於三經、三禮、四子書皆有注解，悉以"惜陰錄"名之。然中多缺卷，問其家，不知也。

《靜志居詩話》，必有成書，然未之見。今從《詩綜》抄出，自爲一書。辭義間不得不少加增損，乃以餘閑就爲整理，錄成二十二卷。

江慎修先生著《河洛精蘊》，內篇三卷，外篇六卷。凡夫天地鬼神之奧，萬事萬物之賾，罔不摘抉而呈露，於邵子、朱子之說益加推闡，更薈萃明代以來及近人之議論而斷其是非，可謂大而該、雜而不越者矣。

戴東原注屈原賦二十五篇，微言奧旨，具見疏抉。

杜氏《春秋長歷》本之劉洪《乾象歷》，《地名》本之《泰始郡國圖》，《世族譜》本之古史官《世本》。曲阜孔葒谷訪得《長歷》、《地名》兩種善本，先梓以行。而《世族譜》則殘缺，特長公百城廣柣有意補之，凡二十九國，又小國四十四國，其末以古人名譜終焉。於是，此書復明於世。

《家語》，惟毛本猶見王肅之舊，唐人所引，合者爲多，然訛舛亦復不少。此外刻本，皆删削不完，失其本真。明何文簡公所注《家語》，簡覈明切，徵引詳備，然抄本訛脱，至不可句。此本亦綴緝而成，由未見毛本故耳。公後人泰吉欲刻是書，注所未備，間爲補之，并附管見於後。

柳開《河東集》，雖相抄傳，無有刻者。柳生書旂得善本而付之梓，因爲之序。

《國山碑考》，江寧學宫周雪客所考，朱竹垞爲之序。今槎客之書，遠勝雪客。

雙聲，天籟也。童兒婦女，矢口成音，無不暗合者。古人制物制事之名，與夫形容彷彿之詞，罔或不出於是，蓋一本於自然而非强也。若其聲之同部連用者，謂之疊韻，則又顯而易明者矣。鄭氏謂宫商上下相應，單出爲聲，雜出爲音。今取唐、虞之詩考之，舉未有不然者，本自抒其情志而律自隨之耳。《三百篇》"窈窕"爲疊韻，"參差"爲雙聲，其他不勝枚舉。後人始以字母求之，而作詩者初未嘗勞勞於是也。何義門評李義山詩，凡句中雙聲皆一一標舉之，并有隔一字、兩字而遥應者。周君之爲是譜也，《浣花》之外，又傍及諸家。由少陵而溯《三百》，示後人所當宗。蓋上古人人皆明之，故不必言。至六朝乃始有明言雙聲者，南人若劉勰，北人若楊衒之，其書可考也。此書有王光禄、錢詹事序。予又徇其請而爲之。

《爾雅》注，漢有樊光、李巡，魏有孫炎，爲反切之始。書皆失傳。郭注於古文古義不能盡通，往往以己意更定。幸李、孫諸説散見唐人書中，往往勝郭。臧生在東輯成《漢注》三卷，庶乎遺言之不盡墜也。

山西三立書院藏《通志堂經解》六十函，缺其首帙。翁覃溪代予補足，而諸序、目録尚缺。中間《尚書全解》缺第三十四卷，未梓，友人從《大典》中抄出，未得補入。

關中新刻《淮南子》，從《藏》本出，高注爲詳，不似俗本之删削。予從太原《藏》本細校，乃知書中古字，多出錢獻之所改，非《藏》本之舊也。

《鹽鐵論》有莊太史本，按《大典》增多九十餘字，其異同處亦據以改正，可謂善本。《力耕篇》“故乃賈之富”，《大典》作“故乃萬賈之富”，予疑“萬”當作“萬”，即《漢書·王尊傳》“東市賈萬，西市萬章”也。明人張之象注，頗稱詳悉，而所引有不注所出者，於本書之誤無所舉正，音亦多訛。沈君考其所引，一一正之。然此書難解者尚多，更爲補注可也。

《春渚紀聞》，陳《録》云：“何蓮號寒青老農，此本作‘韓青’，未知孰是。”毛本第九卷缺一頁，後得宋刻補全，而未入梓。

《揮麈三録》共十八卷，又《餘話》二卷，宋王明清仲言之所著也。其兄名廉清，字仲信，年十八著《慈寧殿賦》。今《賦彙》收此篇，署其名爲王仲言。見此書乃知其誤。仲言有《玉照新志》、《投轄録》等書。外間所傳多非足本，唯此書爲全。

《癸辛雜志》，其語駁雜，多刺人之短，非長者。《稗海》本多脱誤。

史官倪燦著《明史藝文志稿》。今以《明史》校之，所分門類多有删并移易之處。史於書不甚著及無卷數者俱削之，《志》中小注爲史所采者無幾。《千頃堂書目》與此稿大致相同。然今之書直是書賈所爲，非黃氏之舊志稿，亦誤傳爲黃氏所輯，亟宜正之。

《劉隨州文集》，前十卷皆詩，後一卷有目無文。於《文苑英華》得四篇，他無考也。隨州詩，子美之後推爲巨擘，不獨五言爲長城也。席刻唐詩，以隨州爲首，詩雖差備，頗有異同，不及是本之精，何義門依宋本校正。

宋板《施注蘇詩》，楷法端謹，尤爲難得。向在商丘，宋公所梓以行世，附補遺三卷。元本今歸翁覃溪。

《遺山樂府》，朱竹垞、黃俞邰所見俱二卷。今此五卷出於義門，而《詞綜》所選與明初凌雲翰選本皆有出於五卷之外者，則亦未得爲全書也。

不全宋本《左傳》四卷“昭二十年，衞侯賜析朱鉏、北宮喜謚”，杜注：“皆死而賜謚及墓田，傳終言之。”王伯厚所見本，乃“未死而賜謚及墓田，傳終而言之”。載於《困學紀聞》。義門曾見此本，無“未”字、“而”字。日本國亦有此不誤之本。近本速當改正。必如此，杜注“傳終言之”之義始明。《御覽》所標“昭五”、“昭六”，乃其卷數，非年也。今本分卷非舊。“會于夷儀之歲”一段，宋本在襄五卷之首、二十六年之前，近本竟改置前年之末矣。是本不用圈隔，不載音義，卷末載經若干字、傳若干字。

望溪有評《史記》真筆，在北平黃氏。方氏評本多用綠筆。

宋本《儀禮》鄭注與今本有異同，與賈疏次第多不符。想未疏以前，他本亦然。敖繼公《集說》移易鄭注。

《三朝記》文不閎深，疑漢後所傅會。

《孟子》趙注，今監本、毛本凡與疏相連者，多被增損，失趙注之舊。趙氏於每一章後皆有章指，作疏者削去之，仍取其辭置於疏首，而不盡用，是以疏內釋章指之語不一而足。館閣校刻時未嘗前後契勘，於是見注無其文而疏具釋者，疑爲衍文，或以爲他書誤入，或徑刪去，或雖刪而仍錄其疏於考證中，亦有疑趙注之不全者。衆論差互，皆不知有章指故也。《孟子》篇叙亦出趙氏，知之者鮮。疏假託孫宣公名。宣公有《音義序》，作疏者略改數字，以爲《正義序》，此尤作僞之明驗也。

《廣韻跋》曰：“此本鋟板年月無可考。觀避諱字，疑在寧、理二朝。明時有內庫板行本，《春明夢餘録》所載凡二百五十五葉。今此五卷，注已删整，止百八十四葉。竹垞云明中涓亦有删本，與此本不同。張氏重刊宋本，比此本爲完，而上平"殷"作"欣"，去"映"作"敬"。"殷"、"敬"皆宋諱，一避一否，不可曉也。孫愐書名《唐韻》，宋重修爲《廣韻》，晁《志》以《廣韻》爲孫書，豈誤記耶？明末陸元輔見《唐韻》五册，此本未知在否。

明張萱《彙雅前編》，有"吳郡趙頤光家經籍"八字印。頤光即宧光，字凡夫，乃著《說文長箋》者。此書有《後編》，未見。

《中興館閣録續録跋》曰："朱竹垞有《瀛洲通古録》，未之見。此書宜在所取材者也。游侣楊萬里之名，不作'似'作'萬'，可據之以正《宋史》也。"

《咸淳臨安志》，鮑以文不全宋本，前有四圖。外間本，文多删削。

《嘉泰會稽志》，施武子爲主，佐以陸放翁，是以詳簡得中，紀叙典核。凡二十卷。

《蠻書》十卷，唐樊綽所録上進者也。凡山川、道里、風俗、物産，一一可考。其書失傳，四庫館從《大典》抄出行世，中多脱誤。閤羅鳳之世次，可正《新唐書》之誤。

《水道提綱》足正郡邑之誤，至其兼天以言地，更出漁仲所見之外。第臺灣叙次，不如粵東本郡之詳。新定蒙古部落等名，先生不及知也。書中有"峹"字，即"巑"字之省文。《集韻》有"峓"字；又有"駐"字，當即"站"之俗體。"巑"亦字書所無，古但作"奥"。今吳、越、閩、廣間，或加山或加水，見於名作者不少，故今亦不得削也。今人名傳置之處曰"站"，亦非古訓；然"駐"字實未經見。更有脱訛，以予所知者，增正十餘處。

《新書》，乃習於賈生者萃其言以成此書，猶《管子》、《晏子》，非管、晏所自爲。然其規模節目，非無所本而憑空造擬者。《過秦論》，史遷全録其文。《治安策》，見班書，乃一篇，此離爲四五。《漢魏叢書》中有《新書》，明弘治乙丑沈頡刻本，校者爲毛斧季；又吴元泰校本。兩校皆據宋本，是正宋本訛脱不少。兩君皆無持擇。又明正德本題爲"賈子"，與宋本相出入。有欽遠猷者，合何燕泉本、長沙本、武陵本而爲之審定，義亦不能盡得。其間有後人改竄者，誦之順口，而實非也。陳《録》："《賈子》十一卷，首爲《過秦論》，末爲《弔湘賦》。"予校所據兩宋本無賦，非陳氏所見者。卷末《傳》爲《漢書》本文，姑仍其舊。

五家音注《法言》本，雖以李軌爲首，而每篇之序升之章首，則依宋人。宋咸所更易，非其舊矣。此本爲李氏一家之注。義門跋云："絳雲樓舊藏，序在末卷，未淆。"本書此後歸傳是樓。蕭山毛氏務駁朱子，其言非也。即其氣象，已與儒者不侔。山陰沈徵君清玉尚沿其餘風，予曾諫之。

《鶡冠子》十九篇，昌黎稱之，柳州疑之，人多是柳。其書本雜采諸家之文而成。陸農師解是書，能增成其是，而不回護其非，其於小學功尤深。是書有聚珍本，凡一本，作"某云云"者，非農師所加。其中有絶無義理者，大可删去。《王鈇篇》云："家里用提。"注引《公羊傳》："提月者，僅逮此月晦日。"今刻作"梶"，《初學記》作"提月"，是。陸氏所見與唐本合。今本《公羊》作"是月"，誤矣。

《鬼谷子》，小人之書也。千古姦邪之愚弄其主者，其用術一一與此書闇合，未必皆見此書也。秦太史依道藏本付梓。今年見錢曾手抄本，乃知藏本訛脱，《内篇》正文、注文共脱四百十二字。予借以補正之。

《韓非子・内儲外儲》等篇，如今之策目，預儲以答主司之問。明趙文毅校刊本遠出他本之上。予以凌瀛初本、馮己蒼所校張鼎文本、葉林宗《道藏》本、秦季公又元齋本并趙本合校，改正甚多。張刻不佳，然難曉處恐是本趙文本。凌本文從字順，安知非後人以意更定？李瓚注不能盡知本意，稍僻便不説。

劉子政校《子華子》，悲其不遇。《黃氏日鈔》謂其不然。予獨取"有道之世因而不爲，責而不詔"二語。"所欲與聚之，所惡與去之"，因而不爲也。"罔攸兼於庶言、庶獄、庶慎，有司之牧夫"，責而不詔也。君相之大道，備於此矣。黃氏之見，淺哉！若其文詞可觀，抑末也。是書無他本可校，疑後二章爲六朝人所益。

伏侯《古今注》見於《史》、《漢》，注已佚。惟晉崔豹書傳，凡八篇，止一卷。今本三卷，其《輿服篇》可正司馬昭《續志》之誤。此書脱誤甚多。唐馬縞《中華古今注》所增不過數事，而脱誤更甚。既更易次第，又不載《草木》一篇，未審何意。改"伍伯"爲"部伍"。分"莎鷄"、"促織"爲二條。"唱上"乃行節，而誤以"唱"爲句。疏謬如此，然崔書藉以取正焉。

《玉照新志》，吳方山抄本，凡五卷，與《秘笈》六卷本不同，非缺也。前後字句亦異。以元人録本互校，補正十之七八。

《東坡志林》單行本五卷；《稗海》本十二卷，不分類，次序不同，無《論古》一卷。《稗海》本較善。

《真誥》與史傳相涉者，差互不可考。

《游宦紀聞》，《稗海》第四卷有顛錯，他卷有脱文。書中有"啓干闕"語，干闕，猶求官也。商刻改爲"千册"。妄改古書多類此。

《輟耕録》舊刻難得。今所行多脱數葉，書賈并目去之。

《韓門綴學》五卷，汪師韓撰。類《日知録》，考訂精覈，近代説部之佳者。香山詩"退之服硫黃，一病訖不痊"，乃衛中立字，與昌黎同，引《唐語林》言文公卒，尤爲確證，一洗孔毅夫《雜説》、陳后山《詩話》之誣；而絳桃、柳枝之名，謂皆出於傅會：其論甚快。此外有《談書録》一卷、《詩學纂聞》一卷。

曲阜孔葓谷所刻《春秋長歷》，殆從《大典》中出。唐一行妄議此書，未得其意。

《九經古義》刻本有誤。

夢英十八體篆，皆非古失實。其篆書《千文》亦多可指摘。

劉子文筆豐美，袁孝政注淺陋紕繆。予取其本校世所行各《新論》本，補脱正譌，遂成善本。孝政序，兩本皆遺。其書近乎道家所言，末叙九流。《道藏》本先道家，外間本先儒家。《道藏》本似本書次第。

書貴舊本，非謂其概無一譌也。近本經校者，頗賢於舊本，然妄改者不少。如《九經》小字本，南宋本已不如北宋本，明之錫山秦氏本又不如南宋本，今之翻秦本者更不及焉。以是知舊本可貴也。

周行己從伊川學，而《浮沚集》有與釋氏往來文字，其學似未純。

毛氏袖珍本陶集，出於宋刻而校勘未精，幸妄改處不多。又有宋曾集本，往往與毛本合。吳槎客重刊宋湯氏本，吳中朱氏所臨，當出於此。

趙秋谷箋注《右丞集》，其校正遠過舊本，徵引亦詳。梓成，不得人覆校，故誤字尚多。

賈長江詩有馮定遠本，又義門詳校本，用意甚深。

《徐鼎臣文集》三十卷，有明馮舒手校本。予與趙敬夫補正之，信爲善本。

《胡方平集》失傳已久，自來以遺詩附唐人之後，不知時代。今從《大典》抄出，共四十卷。唐人於小學極不敢忽，以故篇章流傳，可指摘者極少。宋人不然，其不及前人者正坐此。

《文心雕龍輯注書後》云：“此本他人所改，俱著其姓，唯梅子庚獨否，不幾攘其美以爲己有耶?"

　　文光案:此所跋者，黃崑圃之注，而書中無黃名氏。此注例
云:"梅子庚《音注》，嫌其未備，得王損仲本，增十之七八。"豈盧
氏未見斯例與是跋?宜録於黃注本，有考證十數條。

　　《砦溪詩話》議論純正，其品評李、杜優劣，後人莫能易也。

　　《逸老堂詩話》二卷，不列姓名。其論麓堂詩載同官獻諛之
詞，未免起後人之議，尤確論也。

　　桂未谷所收《庚子銷夏記》，乃其元本，有義門評，故宋書畫
自附於七卷後。楊文定公本亦有之，鮑刻本缺如。

　　《資暇録》，元本無"録"字。

　　堯冢在濟陰成陽，千百年無異詞。若河東平陽之亦有堯冢，
古傳記所未言也。

　　文光案:十二卷首駁堯冢在平陽，其文甚長，引證極博。

《二林居集》二十四卷

國朝彭紹升撰

　　味初堂本。是集《述古》并論二卷，皆讀書論古之作;雜文
九卷;事狀七卷，自魏敏果公以下共十六篇，將以上太常、史館，
爲易名記注之本，指事書實，不飾虛言;儒行述一卷，自沈國模
以下共二十八人;循吏述三卷。以上十一卷，皆史體也。末二卷
爲傳、祭文、頌、贊、箴、銘。紹升字允初，長洲人。曾祖定求，
祖正乾，父啓豐。彭氏自明中葉而降，以儒學傳家者百數十年。
允初幼承家學，源淵有自。長求友天下，治經講學，務求自得。
晚參竺乘，棄家遠引，作《蓼語》示兄子。蓼語者，苦語也，亦
了語也。允初與臺山最善，其學由悟而入，實陽明之宗旨。二家
之文皆高古，惜乎其終流於禪也。狂者之弊，必至於斯。

　　知歸子讀古人書，負志節，慕梁谿高忠憲公之爲人。已而無

所試，有出塵之思。復慕廬山劉遺民之爲人也。兩先生往來修學地，同名“東林”，知歸子因題其居曰“二林”。

制義者，注疏之一體。宣暢經旨、發揮道業而已。

文莫盛於康熙之世。其時治經講學者，具有師法，白首專門，不敢以他歧之説雜乎其間。其出備馳驅，往往能自樹立，不肯詭隨以毁其守。雖其末流之病，或失之迂，或失之隘，視彼蕩而不知所歸者，則已遠矣。

《望溪集》，生時所手定，其後續有增刻。李素伯得逸稿五篇，書康熙間諸公逸事，皆前刻所未具。諸公名德卓然，宜久安其位，而僉壬者百計阻之，必欲置之死地。即幸而自全，亦幾經阨陷矣。

《亭林餘集》十餘篇，蓋編集時門人所削去者。先生嘗受官唐王，時見於文，故編者隱避。然生平忠孝大節，實具於此，是不可不傳。

《論小倉山房集文集叙事文》：“其間傳文互異，多有淆訛，未易枚舉。采道路之傳聞，剿搢紳之餘論；或援甲以當乙，或取李而代桃。傳之異日，真僞雜糅，是非瞀亂，不如舉而删之爲得計也。文集諸碑、誌，非有子孫陳乞者削之；其事詞可徵、本末具者，或爲傳、或爲狀可也；不具者，或別爲書事亦可也。誠如此，作者既不至失言，而諸公行事亦得藉以取信於後世，與漫然爲之者大不侔矣。”

蔣山堂書品甚高，陸鳳鳴稱爲第一。老死深山，悲夫！

柏廬朱先生論學以主敬爲程。此册書《孝經》，西銘即繼以《敬齋箴》，心畫端嚴，其示人之恉切矣。

往時記載之文，或不具本末，或煩蕪寡要。因成事狀十六篇，聞見既鹽，情實難淆。往得望溪氏未刻稿，其叙湯文正、陳恪勤得謗之由，及李文貞奏對數事，皆薦紳間未及聞者。今狀中所采是也。而家仲兄與修國史，記憶所及，予因得參考異同，折中一是。雖言之無文，亦庶幾無所苟而已矣。

予讀佛經，而得爲文之旨焉。旋乾轉坤，沐日浴月，《華嚴經》之文也。萬斛原泉，千尋飛瀑，《般若經》之文也。空山鶴唳[一]，靜夜鍾聲，《四十二章遺教經》之文也。

戴東原答彭允初書曰："承示《二林居制義》，文境高絶。然在作者不以爲文，而以爲道也。大暢心宗，參活程、朱之理，以傅合六經、孔、孟，使閎肆無涯涘。孟子曰：'資之深，則取之左右逢其原。'凡自得之學盡然。求孔、孟之道，不至是不可謂之有得。求楊、墨、老、莊、佛之道，不至是亦不可謂之有得。宋已來，有讀儒書而流入老、釋者；有好老、釋而溺其中，既而觸於儒書，樂其道之得助，因憑藉儒書以談老、釋者。對同己則共證心宗，對異己則寄託其説。於六經、孔、孟曰：'吾所得者，聖人之微言奥義。而交錯旁午，屢變益工，渾然無罅漏。'孔子曰：'道不同，不相爲謀。'言徒紛然詞費，不能奪其道之成者也。足下之道成矣。僕所爲原善，與足下之道截然殊致，無毫髮同。陸、王，主老、釋者也；程、朱，闢老、釋者也。今足下主老、釋、陸、王，而合孔、孟、程、朱與之爲一，無論孔、孟不可誣，程、朱亦不可誣，抑又變老、釋之貌爲孔、孟、程、朱之貌，恐老、釋亦以爲誣己而不願。"

《尊聞居士集》八卷

國朝羅有高撰

陳氏刊本。前有道光戊戌陳增印序。陳，大興人，時官江西。乾隆四十七年彭紹升序，又記。次目録。卷八爲制義。附録墓誌，王昶撰。末有陳元標跋。

陳氏序曰："予得他録本，又得原稿本，合閲詳校，捐廉付梓。"

彭氏序曰：“羅子臺山，躬明睿之姿，嘐嘐然負進取之志。研精覃思，真積力久，豁然自得，發而爲文，彌綸天人，昭晰空有，沛然而莫禦。蓋百數十年間，攻文章、談道術者，未有或先之之者也。而或以臺山之文出入乎儒、釋，汎濫乎莊、荀，兼綜乎訓詁辭章，疑有累於道。夫是則臺山之博也，其外心之著與？乃其所以約之者，非猶夫人之所能測矣。其博約之間，內外本末之叙，辨之者早矣，而又何疑焉？”

彭氏《記》曰：“臺山文僅有草稿，予擇其完粹，録一巨帙。論學宗旨略具於經義，因并入録。又續取古文二十餘首、詩三十首，合前所録，得八卷。其商量去取，與大紳共之，以同好叙述之篇爲附録，集資付梓。”

王氏《誌》曰：“臺山，江西瑞金人。生於雍正癸丑。年十六，補博士弟子。慕古豪俠，治兵家言。宋昌圖授以《持敬》、《主一》二銘，鄧元昌勸讀儒書，乃由程、朱、陸、王上溯六經、《語》、《孟》之恉。又受業於雷公鉉，誡曰：‘子聰慧，吾懼其流也。’由是歸真守約，務爲實踐。壬午，貢太學。乙酉，中順天鄉試。明年過蘇，交汪君縉。汪深於禪，臺山素習《楞嚴》，至是遂長齋。既還瑞金，率子弟入山講肄，興起者頗衆。遊廣東，與李君文藻上下議論，於注疏六書之學益博而精。甲午，至揚州，寓高旻寺。時照月貞公主席，臺山晝夜參究，積疑盡融。至錢塘，縣胥疑爲盜，集衆捕之。臺山手仆三人，餘駭走。自詣縣，事得釋。丁酉，入都，士大夫相從問學。己亥正月，歸家，逾旬而歿。臺山之學，於儒宗明道、象山，羣經宗古注，小學主《説文》，皆能參稽義訓，句櫛而字比之，歸於一是。於釋皈心宗乘，服膺《磬山語録》，兼通天臺賢首諸家，尤以瀞土爲歸宿。外服儒風，內宗梵行。古如梁補闕、白文公、晁文元、蘇文忠，宋文憲，皆通內、外教典。至覃思構精，神悟妙頤，未有如臺山者。”

聖人作《春秋》，東規，西矩，南衡，北權，中繩，五則不爽，萬物就裁。其本在於學《易》。學《易》之本，在於謹彝倫，慎言行，約之於禮。人之彝倫言行，壹於禮則性復仁全，措之正，施之行，變化生而經緯天地之事起。此聖人所自盡，而願天下萬世同歸而無岐者也。夫所謂時宜者，立權度量，考文章，改正朔，易服色，得與民變革者也。至於天之經、地之義、民之行，則無所謂時宜也。南宋諸大儒之所諍論，天經也，地義也，人行也，烏得而不斤斤也？

法鏡野論《春秋》大指，且謂南宋諸儒不識時宜。臺山復之云云。汪大紳謂其書爲上帝臨壇，萬靈拱肅；世尊下降，諸天震動。錄於附錄。

臺山治古文最精密，其言曰："文也者，道之迹也。修之於身，措之於事業者爲道。修之於身，而次第其功候節目之詳，明其甘苦得失之故。措之於事業，而條布其治術，敷悉其德產精微之極致，章往察來，相協倫類，出於憂患同民不得已之誠。其言奇正不同，其氣之行止，節族之長短高下、抗隊疾徐，一順法象之自然，而不與以私智。以其燦著烜照心目，物察倫彰，則文命焉。故君子誠慎乎其文。文不當，吉凶生。孟子論不動心，推本知言，與養氣并。而《繫辭傳》備罩數等之辭爲法戒，誠學者所宜盡心也。"又以訓故不明，則文字根抵不立，支離杜撰，規矩蕩然，故於《爾雅》、《説文》治之加詳。一字之義，往往引端竟委，反覆數千言。臺山殁，其文多散佚。附錄。

《戴東原集》十二卷

國朝戴震撰

《經韻樓》本。前有段玉裁序。集內有《學海堂》節本二卷。案：《學海堂經解》所收諸集，不盡爲解經之説，有本是經説可收而不收者，蓋亦任意去取，無定例也。

段氏序曰：“先生之言曰：‘有義理之學，有文章之學，有考覈之學。義理，文章、考覈之源也。熟於義理，而後能考覈能文章。’玉裁竊以謂義理、文章未有不由考覈而得者。後之儒者，畫分義理、考覈、文章爲三，區別不相通，其所爲細，已甚矣。先生與玉裁書曰：‘僕生平著述之大，以《孟子字義疏證》爲第一，所以正人心也。’是可以知先生矣。先生所爲書，孔氏體生梓於曲阜十餘種，學者苦其不易得。《文集》十卷，先生之學梗概具見。武進臧氏在東、顧氏子述增其未備，編爲十二卷，略以意次其先後，不分體，如他义集者，欲學者易爲力也。”

文光案：孔氏所刻爲《微波榭》本。《孟子字義疏證》三卷，理十五條，天道四條，性九條，才三條，道四條，仁義禮智二條，誠二條，權五條。其言理曰：“分理得其分，則有條不紊，謂之條理。又以情之不爽失者爲理。宋儒之所謂理，出入於老、釋，無非意見。”又著《原善》一書，有單行本，亦平生最得意者。蓋以六經所言之理，闢程、朱之理。又以孟子自居，以明其不得已之意。東原，漢學也。其後，方東樹著《漢學商兑》，指漢學爲洪水猛獸，而闢之不遺餘力，亦曰：“予豈好辯哉？予不得已也！”是漢學與宋學截然兩途，非聖人復起，不能定其孰是也。

《經韻樓集》十二卷

國朝段玉裁撰

七葉衍祥堂本。前有目録，無序跋。皆考證經史之文，而經説爲多。《學海堂》節本六卷。

《臧孝子傳》：“孝子名禮堂，字和貴，行三，武進人。玉琳先生之玄孫，諱繼宏之子。原名鏞堂，改名庸者，其伯兄也。孝子成書數百卷，據《韻會》重輯《説文繫傳》十五卷，刺取許氏引諸經爲《説文經考》十三卷，摘録玉琳先生《尚書集解》案語爲《尚書集解案》六卷、《三禮注校字》六卷、《春秋注疏校正》六卷，删補嚴豹人輯《左傳賈服注》三卷、《南宋高宗御書石經孟子考》二卷，增訂孫淵如《倉頡篇》三卷，增補庸所輯《通俗文》一卷，輯臧榮緒《晉書》二卷、《拜經堂書目》四卷、《愛日居筆記》六卷。"

陳芳林著《春秋内外傳考正》五十一卷。其詩采於《湖海詩傳》，其全集三千七百首。生平舉動一一可稽，如白氏之《長慶》也。

戴東原師卒於乾隆丁酉，遺書皆歸曲阜孔户部㩱谷繼涵。《直隸河渠書》一百二卷，㩱谷未刻。㩱谷於吾師爲執友，其子廣根又吾師之壻，故遺書收藏刊刻，引爲己任也。桐城方恪敏公總督直隸，聘吾師修此書，未竣而恪敏薨。嘉慶十四年，有吳江捐職通判王履泰進《畿輔安瀾志》，蒙恩賞録，命武英殿刊行，實竊取戴書删改而成者，不學無術，頓失真面。是書爲趙東潛所草創，而戴爲删定。趙名"直隸河渠水利書"，吾師曰"直隸河渠書"。

衛宏《官書》一卷，見《隋志》。衛宏《詔定古文字書》一卷，見《唐志》。"字"者，"官"之譌字也。今本《漢書》譌爲"衛宏定《古文尚書》"，今本《史記》譌爲"衛宏《詔定古文尚書》"，今本《釋文》譌爲"《古文尚書》"。"尚書"，皆"官"字之譌也。《官書》，疑南北朝人依託爲之者。郭忠恕未之見，而又依託之。《汗簡》其可信乎？

凡捉筆，大指尖與食指尖相對，筆正直在二指尖之間。二指尖之固筆也，相接圓如環，二指本以上平，可安酒杯。何以能㠯[二]也？曰：必平其肘腕，而後能之。平其肘腕，不附几，肘圓而二指與筆正當胸，令全身之力行於臂，而凑於如環之兩指尖，故曰指以運臂，臂以運身。兩指尖不圓如環，或如環而不平，則捉之也不緊。捉之不緊，則臂之力尚不能出，而況於身？捉之緊，則身之力全湊於指尖，而何有於臂？古人知指之不能運臂也，是故使指頂相接以固筆，筆管可斷，指鍔痛不可勝，而後字中有力。其以大指與食指也，謂之單勾。其以大指與食指、中指也，謂之雙勾。中指者，所以輔食指之力也。總謂之撥鐙法。二王以後，至唐、宋、元、明諸大家，口口相傳如是。董宗伯以授王司農鴻緒，司農以授張文敏。亳州梁聞山巘得於聞知，告予如此。《蔣湘帆集》論捉筆，大略相同。聞山曰："如何謂之中鋒？此謂之中鋒。如此捉筆，則筆心不偏，中心透紙，紙上颯颯有聲。直畫粗者，濃墨兩分，中如有絲界，筆心為之也。不如此捉筆，則筆尖偏左，以筆頭左右著紙，紙上不能有聲；字成之後，左闊右枯，筆心不居中為之也。"又曰："如此捉筆，則必堅紙作字，軟薄紙易破。"又曰："如此捉筆，則橫直撇捺，皆與今人所作橫直撇捺筆鋒所指方向迥異。筆心總在每筆之中，無少偏也。不如此，則轉折必不能圓善。古人所謂屋漏痕、折釵股、錐畫沙、印印泥者，於此可悟入。予驗之皆然。"聞山名位不崇，又少著述，作書直追文敏，而世罕知之者。聞其子官湘中，亦善書。將以此寄之。

聞山，壬午孝廉，以咸安宮教習滿為知縣。嘗曰："國朝但有一張得天，他未為善。王虛舟用筆祇得一半，蔣湘帆知握筆而少作字樂趣。"

撥鐙法，今人用錫為燈，捥圓其底，而中植其柄。以兩指撮其頂，令其底平，壓燈草而移前。此止捉筆如法，到紙沉着之喻也。惟點用側筆，其他不側。

《援鶉堂遺集》四十六卷

國朝姚範撰

粵東本。前有嘉慶十七年曾孫瑩跋。筆記，即所批經史子集，大致如《義門讀書記》，考證最精。集中有《雄不仕莽辨》。《崇川咫聞録》亦有是辨。《雪鴻堂集》亦載二則。豈仕莽者別一人與？又《校上北齊書序録》、《史記六國世表》、《劉須溪集説》、《大戴禮注序記》、《中論》、《宋文鑑》、《南豐集》，皆可録。惟錯字太多，不可依據。

姚氏跋曰："右《遺集》，詩七卷，文五卷，筆記三十四卷，總凡四十二卷，先曾祖編修公之遺業也。公殁四十二年矣，論著之遺，多所放失。予小子雖不及親承規矩，考諸遺編，合之家君庭訓所及，有確然信其不誣者，謹綴於簡。公諱某，字某，號薑塢先生。几蓬老人，晚所號也。生平以駿博爲門户，卒歸於和平篤實。晚歲淹通釋典，著《梯愚軒賸簡》二卷，於其傳授源流以及假立名號、辭義支蔓之處，博考疏通而證明之。尤精選理，手所考訂補注者，凡五易本，經史子集，細書批校殆遍。兹刻詩集已成，并識崖略。"

《後村雜著》三卷

國朝王文治撰

挹香居本。前有康熙戊子自序。卷上，序六首，書二首，論二首，説八首，記二首，題跋二首，文一首；卷中，史論二十六篇；卷下，史論四十四條。

王氏自序曰："予少苦多病，和藥之暇，時覽諸史以消遣時日。精力委弊，不獲廣徵切究以窮史學之藴奧。偶有所見，隨筆識之，間以示我子姪。童稚謬阿乃翁，謂可以問世，并其記、序、説諸文彙爲一集，謀付鋟梓，請予爲序。"

晉徐藻妻陳氏，見人爲其父作誄，稱引老、莊，心以爲憾，與妹書曰："先君道長祚短，時乏識真，榮位未登，高志不遂，本不標方外迹也。老、莊者，絶聖棄智，渾齊萬物，等貴賤，忘哀樂，非經典所貴，非名教所取，何必輒引以爲喻耶?"竊謂魏、晉之時，老、莊塞路，名人才士莫不靡然向風。而陳氏以一婦人，獨能超然遠覽，跋出流俗之外，真可謂閨閣中豪傑之士矣。明太祖溺於佛法，崇信沙門。宋濂以理學名臣，不能直言規正，反爲之修飾詞藻，極力鋪張其事，此不過憚太祖之威嚴，故爲隱忍附會，與宋王旦之奉行天書等耳。至明季某君，素以碩儒自負，而乃拾其餘唾[一]，又爲之辭，謂太祖爲古佛現身，統合三教；謂濂雖誦法程、朱，而其見道實高出程、朱之上，以程、朱闢佛而宋濂贊佛故也。嗚呼！曾謂名臣碩儒，不如一婦人女子乎? 亦可謂失其本心者矣。

唐人論文章，如李德裕、韓愈、柳宗元、李翱諸公，其説頗工，足以樹幟藝苑，而於文之大本大源皆無所發明。予獨愛吕溫《人文化成論》，所見極高，度越文饒數子，而人之傳誦者甚少，因摘録之。曰："一二相生，大鈞造物。百化交錯，六氣節宣。或陰闔而陽開，或天經而地紀，有聖作則，實爲人文。若乃夫以剛克，妻以柔立；父慈而教，子孝而箴：此室家之文也。君以仁使臣，臣以義事君，予違汝弼，獻可替否，此朝廷之文也。三公論道，六卿分職，九流異趣，百揆同歸，此官司之文也。寬則人慢，糾之以猛；猛則人殘，施之以寬；寬以濟猛，猛以濟寬：此刑政之文也。樂勝則流，遏之以禮；禮勝則離，和之以樂；與時消息，因俗變通：此教化之文也。文者，蓋言錯綜庶績，藻繪人情，如成文焉，以致其理。然則人文化成之義，其在兹乎?"

校勘記

〔一〕"唾"，原作"𠸄"，據《二林居集》改。
〔二〕"爹"，似訛，當作"爾"，存疑備考。

集部二
別集類二十七

《潛研堂文集》五十卷

國朝錢大昕撰

原本。前有嘉慶十一年段玉裁序，次目録。賦、頌、奏折一卷，論一卷，説一卷，答問十二卷，辨考一卷，箴、銘、贊、雜著三卷，記二卷，紀事一卷，序四卷，題跋六卷，書四卷，傳四卷，碑一卷，墓誌銘、墓表、墓碣八卷，家傳、行述、祭文一卷。

段氏序曰："先生始以詞章鳴一時，既乃研精經史。其學一軌於正，不參以老、佛、功利之言。其文尤非好爲古文以自雄壇坫者比也。中有所見，隨意抒寫，而皆經史之精腋。其理明，故語無鶻突；其氣和，故貌不矜張；其書味深，故條鬯而無好盡之失。法古而無摹仿之痕，辨論而無踞囂攘袂之習。淳古淡泊，非必求工，非必不求工，而知言者必以爲工。其傳而能久，固可必也。生平於《元史》用功最深，惜全書手稿未定。集凡五十卷，分爲十四類者，先生所手定也。"

八十曰耋，九十曰耄。《毛詩故訓傳》、《説文》、《釋名》、王肅注《易》、郭注《爾雅》，皆主此義。

鄭注"不可以作巫醫"，云"巫醫不能治無常之人也"；注

"不占而已矣"，云"無常之人，《易》所不占也"：皆依《緇衣》，以經解經，信而有徵。衛瓘云："無恒之人，不可以爲巫醫。"此朱注所本，然於"不占"之義，終難通矣。

　　　　文光案：如鄭注，則"作"字難通。

　　《禮記》、《毛詩正義》俱不云康成祖名冲。《周禮疏》以康成爲北海鄭冲之孫，恐誤。考本傳無是説。魏、晉時有鄭冲，與何晏同修《論語集解》，乃在康成後，亦非北海人也。

　　"仲春之月，令會男女"，謂會計其未嫁娶者，使之嫁娶也。"奔者不禁"，謂不禁其爲人妾耳，豈導民以淫奔哉？

　　散宜爲古諸侯之國，《大戴》："堯娶於散宜氏。"孔氏"君奭"傳："散氏，宜生名。"恐未足信。

　　《孟子疏》最淺陋，故朱注不采。朱子所引諸條，皆出於《章指》，然未見趙氏全本也。今所刊《七經孟子考文補遺章指》完善，可訂疏文之謬。

　　《緯候》多孔子、七十子之遺言，後來方士采取，附以妄誕之説。光武以符讖興，故其書大行。後儒惡其妄，并其純者屏之，不分皂白矣。

　　孟喜本"豐其屋，天降祥也"，謂降下惡祥。王弼改爲"翔"，疏以爲如鳥之飛翔於天，失之遠矣。"際"、"降"字形相涉，故或作"際"。

　　"耒耨之利"，耒、耨皆田器。《説文》作"檷"，或作"鎒"。《詩》"庤乃錢鎛"，毛訓"鎛"爲"鎒"，與鋤一物而異名，亦謂之定。

　　春秋之世，三《易》尚存，其以《周易》占者，一爻變，則以變爻辭占。

　　常伯、常任，即漢之侍中，位不甚尊，而所繫實重。立政與綴衣、虎賁同列，則是左右親近之臣。疏家以常伯爲三公，常任爲六卿，非是。其名不見於《周官·王制》。師古云："常伯，侍中也。一曰常任使之人。"此爲長也。

《古文尚書》初得之屋壁，未有能通之者。安國以今文讀之，而成孔氏學。然安國非能自造也，亦由先通伏生書。古、今文不相遠，以此證彼，易於閾闑。推文義不能相通者，乃別爲之説，以名其學。其增多之書，既無今文可考，雖亦寫定而不爲訓詁，故馬季長云逸十六篇，絶無師説也。自安國以及衞、賈、馬諸君，皆無其説，故康成不注。即如《禮》古經五十六篇，鄭亦親見之，其注《儀禮》多以古文參定；而不注增多之三十九篇，亦以無師説故也。左氏得劉子駿創通大義，故流傳至今；而《逸書》、《逸禮》無師説，故皆亡於永嘉。自東晉古文出，乃有安國承詔爲五十八篇作傳之語。夫使安國果爲逸篇作傳，則都尉胡庸生輩必兼受之，何以馬、鄭以前傳古文者，皆止二十九篇已哉？朱子疑康成不解《儀禮》三十九篇，予向亦未喻其故，今因論古文逸篇而并悟及之。

　　文光案：錢撰《惠氏古文尚書考》已有是説。此條更爲明快，且可解朱子之疑，因亟録之。漢人傳經，皆本其師説，無師説者不傳，於此益信。

漢人言"讀若"者，皆文字假借之例，假其音并假其義，音同而義亦隨之，非譬況之説也。即以《説文》言之："珣，讀若宣"，《爾雅》"璧大六寸，謂之宣"，不必從"玉"、從"旬"也。"趀，讀若熒"，《詩》"獨行熒熒"，不必從"走"、從"匀"也。"欘，讀若杫"，《易》"繫于金杫"，不改爲"欘"也。"勼，讀若鳩"，《書》"方鳩僝功"，不必改爲"勼"也。"辛，讀若愆"，今經典"皋辛"字皆作"愆"。"創，讀若創"，今經典"創業"字，皆作"創"。"牽，讀若達"，今《詩》正作"達"。"翠，讀若緮"，今《周禮》作"帗"，"帗"與"緮"亦同也。"芮，讀若汭”，《詩》“芮鞫之即”，《韓詩》作“汭”，是“芮”、“汭”通也。“雁，讀若鴈”，今經典“雁”、“鴈”亦通用。又有云“讀與某同”者。“喦，讀與聶同”，今《春秋》“喦北”正作“聶”字。“卟，讀與稽同”，今《尚書》“卟疑”正作“稽”字。以事推之，許書所云“讀若”、云“讀與同”，皆古書假借之例。近時尊信《說文》者，知分別部居之不可雜，欲取經典正文悉改從許氏體，是又未識許君通假之例矣。

《說文》與經師異文采摭尤備。“塙”即《易》“確乎其不可拔”之“確”，“扴”即“介于石”之“介”，“攴”即《書》“扑作教刑”之“扑”，“覒”即《詩》“左右芼之”之“芼”。今人視爲隱僻之字，大率經典正文也。經師之本互有異同，叔重取其合於古文者稱經以釋之。其文異而義可通者，雖不著書名，亦兼存以俟後人之決擇，此許氏所以爲通儒也。

　　文光案：此條所引《說文》某即某之某字甚多，宜在《說文》中求之。

《說文》引《詩》往往不舉全文，如“詁訓”，即“古訓是式”；“貏首”，即“螓首蛾眉”。

柳仲涂《河東先生集》有義門校本，柳渥川以浦江戴氏抄本校梓，予序其端。其集與子厚同名。

雙湖胡氏《詩傳附錄纂疏》，朱《傳》之外，采《語錄》益之，謂之“附錄”。次采諸儒說，謂之“纂疏”。間出己意，加“愚按”以別之。明《五經大全》，其例昉於此。

《儀禮集說》不顯於元、明之世，通志堂刻之。其說考好與康成立異，而支離穿鑿，似是而非。《儀禮管見》攻之不遺餘力。既夕，主人不哭踊，而圉人、御者反哭踊，必非人情。其疏謬如此。江處士云：“西法每事與古聖相反。”切中其病。

《平水新刊韻略》五卷，元刻本有許古序，乃平水王文郁所撰。序末題“正大六年己丑”，金哀宗年號也，於宋爲紹定二年。《韻會》，江南毛晃、江北劉淵并舉，劉淵乃刻平水韻者，毋乃誤耶？

爲文之旨有四：曰明道，曰經世，曰闡幽，曰正俗。有是四者而後以法律約之，可以羽翼經史，傳之後世。方所謂古文義法，特選本之古文，且不知義於何有。

碑誌稱弟姪、晚侍之類，起於近時，最爲惡陋。

《渤海藏珍帖》松雪《千文》後，有元復初跋。復初卒於至治二年，此題“至正八年”，距復初之卒已二十有八年矣。

薛氏《鐘鼎款識》，其墨蹟元時爲謝長源所得，虞山錢氏有明人影抄本。

溉亭，姓錢氏，名塘，字學淵，一字禹美。官江寧府學教授。公務多暇，刻苦撰述，於聲音、文字、律吕、推步之學尤有神解。著《律吕古義》六卷。又著《史記三書釋疑》，於律歷、天官家言悉究其原本，而以它書疏通證明之。《律書》“上九，商八，羽七，角六，宫五，徵九”數語，注家皆不能曉，小司馬疑其數錯。溉亭據《淮南》、《太玄》證之，始信其確不可易。又以《淮南·天文訓》多《周官》馮相、保章遺法，高注頗略，作《補注》三卷。予與溉亭共學。予入都以後，溉亭與其弟坫及予弟大昭相切磋，學遂大成。吾邑言好學者稱錢氏，而溉亭尤羣從之白眉也。惜其未及中壽，而撰述或不盡傳，因述其事目如右。

《唐書直筆新例》，宋史臣吕夏卿撰。今以《新書》考之，殊不合，蓋歐、兩宋公未盡用也。《綱目》褒貶之例，與此書多合，然其間一與一奪，易啓迂儒論辨之端，歐、宋絀而不取，其識高於夏卿一籌矣。

元太祖，創業之祖也，而史述其事迹最疏舛。惟《秘史》叙次得實，而其文俚鄙，未經詞人譯潤，故知之者少，良可惜也。

元之先世譜系，史亦缺略，《秘史》可補史所未詳。本紀有顛倒複沓不足據者，當以此正之。論次太祖、太宗兩朝事迹者，其必於此書折其衷與！

《方輿勝覽》所載，祇南渡偏安州郡。元時坊刻特標"混一"之名，每路寥寥數語，不若和父之詳贍也。《宋史・地理志》不盡合。

《元大一統志》，大字疏行，處州路儒學教授官本也。散佚不完，千百之什一。此書有兩本，至元二十八年書成，凡七百五十卷，許有壬序。大德七年有再修之本。

宋之官制，前後不同。元豐以前，所云尚書、侍郎、給事、諫議、諸卿監、郎中、員外郎之屬，皆有其名而不任其職，謂之寄禄官，以爲敘遷之階而已。元豐以後，尚書、侍郎等皆爲職事官，而以舊所置散官爲寄禄官。故元豐以後之金紫光禄大夫，猶前之吏部尚書也；銀青光禄大夫，猶前之五部尚書也；正儀大夫者，猶前之六部侍郎也；太中大夫，猶前之諫議大夫也；朝請、朝散、朝奉郎，猶前之諸曹員外郎也。元人修史者，未審宋時更改之由，諸臣列傳，誤以尚書、侍郎等爲職事官，而一概存之；誤以大夫、郎爲散官，而多删〔一〕去之。不知元豐以前所云散官，無足重輕，史宜從略。

汪焕曾著《廿四史同姓名録》，凡四萬六千餘人。命氏之典久廢，漢以氏爲姓。

顧氏講古音，高於西河。古無牙音。

《潛研堂詩集》十卷　《續集》十卷

國朝錢大昕撰

《全書》本。前有自序，又嘉慶十一年弟大昭序。

錢氏自序曰："僕自成童時喜吟詠，而父師方課以舉業，不得肆力於詩。年二十以後，頗有志經史之學，不欲專爲詩人。然是時客吳門，與禮堂、蘭泉、來殷諸君子日唱和，所得詩亦漸多。既而遂以有韻之文通籍，即成進士，承乏詞垣，十有餘年。恭遇天子右文，制作明備，每大典禮輒有經進之作，其間扈從屬車者再，賡和之作，往往盈帙。又嘗命典試山東、楚南、浙西，軺車所至，紀天時，述土俗，山水之明秀，民物之繁庶，皆得寓之於詩。在京都退食之暇，惟以經史自娛，討論異同，貫串古今，丹黃不去手。既專心於著書，故不常作詩，從吾所好可矣。歲丁亥，將乞假南回，檢橐中詩稿，得九百有七篇〔二〕。其中稱意之作，什不得一。念其嘗耗日力於此，乃抄而存之。予性不喜名，篋中詩未嘗刻以問世；而江南書肆選刊近人詩，往往濫收拙作，真贋相半。予固不欲掠他人之美，亦豈可以惡詩冒爲己有？兹取前後所作抄爲一集，亦欲存廬山之真面云爾。"

錢氏跋曰："予兄手錄詩集十卷，自爲之序，淵源漢、唐，出入唐、宋。於是先取前集付梓氏，而以辛卯至甲子詩屬予暨瞿子鏡濤續抄成帙，又得十卷。而性情之蕭曠，議論之確覈，實有過於少壯時者。兹所錄，皆就遺草排次。其散失者，不敢濫采，即先生前編之旨與！"

文光案：全書以《廿二史考異》爲首。阮太傅撰傳，王侍御撰墓誌，皆在《考異》前。總目未刻者十一種，内有《日記》六十卷。其另刻者，《唐學士年表》、《五代學士年表》、《宋中興學士年表》，各一卷，板存德清徐氏；《疑年錄》三卷，板存海鹽吳氏；《恒言錄》十卷，板存儀徵阮氏。此本共十七種。

《南澗文集》二卷

國朝李文藻撰

《功順堂》本。潘氏校刊。前後無序跋。

《南漢二鐵塔考》：“塔在羊城光孝寺，南漢大寶十年造。翁氏《金石略》、屈氏《廣東新語》皆考之未詳。”

《青州府志》有王猛墓，實爲附會。猛雖北海劇人，實家魏郡，葬於華山，無可疑者。壽光西門外，又有倉頡墓。按《水經注》，乃孔子問經石室，亦非墓也。頡墓在華山，漢碑在焉。

《琉璃廠書肆記》：“乾隆己丑，居京師五月，餘暇則步入琉璃廠觀書。廠因琉璃瓦窑[三]爲名，東西可二里許路。南有二酉堂，自前明即有之，謂之老二酉。而其略有舊書者，惟京兆堂、積秀堂二家，餘皆新書。沙土園北口路西有文粹堂金氏，肆賈謝姓，蘇州人，頗深於書。予所購鈔本如《宋元通鑒》、《長編紀事本末》、《蘆浦筆記》、《塵史》、《寓簡》、《乾坤清氣》、《滏水集》、《吕敬夫詩集》、段氏《二妙集》、《禮學彙編》、《建炎復辟記》、《貢南湖集》、《月屋漫稿》、《王光庵集》、焦氏《經籍志》之屬，刻本如《長安志》、《鷄肋集》、《胡雲峰集》、《黃稼翁集》、《江湖長翁集》、《唐眉山集》之屬，皆於此肆。先月樓李氏多内板書。寶名堂周氏，今年忽購得果親王府書二千餘套，裝潢精麗，俱鈐圖記。予於此得梁寅《元史略》、《揭文安集》、《讀史方輿紀要》等書，皆鈔本；《自警編》半部、《溫公書儀》一部，皆宋槧本。又方望溪所著書原稿，往往有之。又有鈔本《册府元龜》及《明憲宗實録》。五柳居陶氏，近來始開，舊書甚多，與文粹堂皆每年購書於蘇州，載船而來。五柳多璜川吳氏藏書，嘉定錢先生云即吳企晉舍人家物也。夏間從内城買書數十部，每部有‘棟亭曹印’，又有‘長白敷槎氏’、‘董齋昌齡圖書記’，蓋本曹氏而歸於昌齡者。昌齡官至學士，棟亭之甥也。棟亭掌織造、鹽政十餘年，竭力以事鉛槧。又交於朱竹垞，曝書亭之書，棟亭皆鈔有副本。以予所見，如《石刻鋪叙》、《宋通鑑長編紀事本末》、《太平寰宇記》、《春秋經傳闕疑》、《三朝北盟會編》、《後漢書年表》、《崇禎長編》諸書，皆抄本；魏鶴山《毛詩要義》、《樓攻媿文集》，皆宋槧本；餘不可盡數。查編修瑩、李檢討鐸，日游廠中。數年前，予房師曉嵐先生亦買書數千金。肆中之曉事者，惟五柳之陶、文粹之謝及韋也。韋，湖州人。陶、謝，蘇州人。餘皆江西金谿人也。内城隆福寺，遇會期，散帙滿地，不全而價低。朱少卿豫堂日使子弟物色之，積數十年，蓄數十萬卷，皆由不全而至於全。蓋奴婢[四]竊出之品，全者固在，日日待之，自至矣。吾友周書昌亦好買不全書，見《韻補》未得，怏怏不快。老韋云：‘邵子湘《韻略》已盡采之矣。’視之，果然。老韋又嘗勸書昌讀魏鶴山《古今考》，以爲宋人深於經學，無過鶴山，惜其罕行於世，世多不知采用。書昌亦心折其言。”

　　王懷祖，戴弟子也，屬購毛刻北宋本《説文》。老韋有之，高其直。王稱貸而買之。羅臺山有手校毛刻，惜未及録。羊城得林汲所寄本，首卷有“藉國主人”、“麥溪張氏”諸小印，又有刻趙文敏語二印，方寸，六十餘字，尤精致，紙色蓋百年物。廣中惟張藥房有之。

　　唐人爲詩，最講聲病。其書曰式、曰格、曰密旨者，皆不傳於世。趙飴山始以所聞於常熟馮氏者爲之譜，而唐詩聲調概可推矣。若張爲《主客圖》，則當時之摘句圖耳，非可以意揣而得也。吾師紀春帆先生，依計敏夫《唐詩紀事》所載而排纂之，共八十四人，中可考者，尚七十有二。蓋幾幾乎爲之原書，與趙譜借唐詩以起例者不同。

　　馬宛斯《十三代緯書》三十二套，質於典家。索其目視之，乃即漢、魏以來諸書而裒集之，蓋叢書之大者，非其所自著述。十三代者，周至隋也。共三百二十二種，而《周禮》、《儀禮》、《爾雅》三傳皆在焉，殊不可解。其或以五經之外皆得謂之緯書耶？豐氏《僞詩傳》等書亦收入。所收六朝人著述頗多，惟吳均

《齊記》世間罕有，餘非甚難得者。施愚山作墓誌云："疾將革，惟語子弟以《左傳事緯》、《十三代緯書》未鏤板爲遺憾。"

《葆淳閣集》二十六卷 附《年譜》一卷

國朝王傑撰

原本。門人阮元編次。末有虞山言朝標跋。

朱子書力追漢、魏。文衡山小楷源出《黃庭》、《樂毅》，而傳世稀。張文敏公書法爲本朝第一，兼精墨梅，世罕有知者。彭少司空壽序，何義門所書，筆力雄健俊逸，幾欲兼擅前賢之美，洵足寶貴。魯公楷書，端莊流麗，剛健婀娜，形似或可想像；至《爭坐草》，迅則失態，滯則失神，玩之三十年，未敢規摹。

《羣書辨疑序》："萬季野《羣書辨疑》如攻堅木，如解亂繩，略無穿鑿支離之弊，俾讀者人人發其覆而通其蔽，有相說以解之趣。宋杏溪先生《羣書百考》極其精該，惜無傳本。唐齋聞其升陼分陝之說，以爲職方、輿地盡在其腹中。吕大愚閱其《禹貢考》，以爲集先儒之大成。楊觀察重刊《文章正宗》，明正德鋟本，頗無訛舛。坊刻易其門類。"

《清白士集》二十八卷

國朝梁玉繩撰

原本。嘉慶五年刊。前有孫志祖序、梁玉繩自序，次目錄。《人表考》九卷，《吕子校補》二卷，《元號略》四卷，《誌銘廣例》二卷，《瞥記》七卷，《蛻稿》四卷，合六種爲二十八卷。末有翟灝跋，陳壽祺、許宗彥題詩。

傳曰："梁玉繩字曜北，別字諫菴。山舟侍講之子。九踏省門不遇，年未四十，遂不復爲舉業文，而問學益高。父子弟昆，自爲知己。一時名宿，如杭菫浦、陳勾山、盧紹弓、錢辛楣相與過從，幾忘輩行。山舟書'清白堂'三字賜之，張燕昌爲篆小印，因以名其集。《淮[五]南鴻烈》："清白之士，不爲古今易意。"洪氏《隸續》："士子，士子清修愛古，非若世之號爲士者。"其書長於考證，爲士林推右。"

山舟精於集杜，諫庵精於集陶，神明變化，與古人有默契焉。稿中集陶四十首。

《陶園全集》三十四卷

國朝張九鉞撰

賜錦樓本。道光七年刊。凡文八卷、詩二十四卷、詞二卷，附《六如亭傳奇》二卷。九鉞字度西，號紫峴，湖南湘潭縣人。生有慧業，七歲隨其父垣游毘盧洞寺。寺僧異之，曰："郎君貌類吾師。"隨出句曰："心通白藕。"鉞應聲曰："舌湧青蓮。"僧大駭，言其師圓寂時留此偶句，云後有胹合者，即其後身。年十二，以神童稱。年十三，登采石，賦《太白樓》詩，人稱李太白再世。乾隆辛酉，拔貢。壬午，舉順天鄉試。後補海陽縣，坐詿誤，降職。其詩雄奇渾古。畢尚書重其名，薦主昭漳書院。年八十三，卒。垣禱於南岳而生九鉞。鉞子名世津。此本前有吳雲序。

吳氏序曰："是集爲先生從孫家梱、家栻一刻於楚北，再刻於楚南。古文一卷，尤雄俊岸異。惜散佚多矣。"

禹碑，楊升菴、沈靖陽各有譯義。蔡、季諸公就譯義力辨其非禹筆。南昌楊時喬又別有所釋。湛甘泉、顧東橋皆信爲禹筆；但"帝禹刻"三字，則後人所題。予謂禹筆非誤，釋文自誤。兩者相較，則升菴之說近似。靖陽青餅寶光之夢，故鬼其說以愚人，而不知其流於僞；而時喬又無論已。究之禹碑，非可以穿鑿也。

文光案：升菴最好作僞。《石鼓文音釋》之外，又有《禹碑譯義》。大抵恃其所見者博，人不知覺，故以之欺世。而信者半，不信者亦半。至今考證之學愈密愈精，而升菴之說與西河之論，遂并其精切者亦疑之矣。

李氏曰：“度西先生，楚南名士。爲人皙白如玉，眉目如畫。癸未，卷亦在夢樓先生房中，已中第三名矣。秦味經先生摘其疵，遂以予卷易之。”錄於《童山文集》。

《月滿樓詩别集》八卷

國朝顧宗泰撰

《讀畫齋》本。前有嘉慶十二年自序。《晉十六國詠史詩》一卷，《北齊詠史詩》一卷，《南都詠史詩》一卷，《南唐雜事詩》一卷，《五代詠史詩》一卷，《勝國宫闈詩》一卷，《懷師友詩》一卷。每種各冠以小序，凡自注者七卷。《南都雜事詩》，門人浦翔春注，有序，并諸家題詞。漁洋山人采南唐事爲《宫詞》數首，此廣漁洋之意爲四十二首。《南都》詩詠明末福、唐、桂三王事，蓋纂修《明史》時所作。

《淵雅堂集》五十七卷　《附録》十卷

國朝王芑孫撰

原本。嘉慶八年刊。凡編年詩稿二十卷、未定稿二十六卷、外集試帖二卷、詞一卷、駢體并賦四卷、《讀賦巵言》一卷、《詩文俗稿》三卷。附《寫韻軒小稿》二卷，先生配墨琴夫人曹貞秀撰；《波餘遺稿》四卷，又二卷，先生弟翼孫撰。末附傳、誌等二卷，《寫韻軒跋花蕊夫人宫詞》，又《跋東坡書花蕊宫詞》。

《戲鴻堂帖》十六卷，初刻固木板也。文敏提學入楚，板燬於火，乃刻之石。文敏即世，爲郡人施叔灝所得。施氏增加目録。其目録有紅印、墨印二種，其紅印，世尤貴之。叔灝自稱用大齋主人，所謂“用大齋本”也。其後石歸於王儼齋之家，復精拓以傳。然是時米書《西園雅集圖記》以字小頗有漫滅，儼齋仿寫一通，刻置其中，視原刻較大，然都無目録。儼齋自號橫雲山人，所謂"橫雲山莊本"也。今爲北郭古倪園所藏。沈氏以是帖久晦，市賈所爲贋紅印滿世，識者憾之，因整理原石，選工精拓，世復有沈氏古倪園本矣。《珊瑚網》："沈弘嘉，字叔雅，嘉興人。工篆、隸、八分。董氏《鴻戲堂帖》，其手摹勒石也。"

予婦墨琴好寫《磚塔銘》，不知人間尚有未斷本也。

宋樂史所編《李翰林別集》十卷，後有袁翼題記，謂淳熙舊本。正德中，陸元大所刻。此板不知何由入吾家，較繆氏雙泉堂所翻臨川晏處善本，文字、篇目增多。按：樂序當題"別集"，而板心仍題"李翰林集"。明人於校讎體例，疏舛顯然。袁翼，吳縣人。十歲能文。聞有異書，奔走求之。或解衣爲質，口不言利，志稱其有高行。元大，乃書賈之能詩者。

《跋晉祠銘》："予欲録唐人碑板，以補《文粹》所未備。如此文及《醴泉銘》，皆初唐傑作。"

華亭縣學石刻《急就章》，明吉水楊政重摹。

《明臣年表》十八卷，許重熙編。

汪生昌序："飽生某，以聚珍板重印《太平御覽》。"

今學者所操藝業，無過古者。惟五、八韻之作，實過唐人。

《述學內篇》三卷　《外篇》一卷　《補遺》一卷　《別録》一卷

國朝汪中撰

江寧本。嘉慶二十年刊。前有高郵王念孫序。中字容甫，江都人。少貧不能購書，助書賈鬻書於市，因遍讀羣書，過目成誦。余嘗勸人購書，皆以貧辭。觀於容甫，不患貧也，安得有志者與之語耶？容甫不但考據精，文亦甚高。代畢尚書撰《黃鶴樓銘》，程瑤田書，錢坫篆額，時人以爲三絶。鹽船厄於火，爲《哀鹽船文》，杭世駿序之，驚心動魄，一字千金。

王氏序曰："《述學》者，亡友汪容甫中之所作也。予與容甫交，垂四十年，以古學相底厲。予爲訓詁、文字、聲音之學；而容甫討論經史，榷然疏發，挈其綱維。予拙於文詞；而容甫澹雅之才，跨越近代。每自媿所學不若容甫之大也。宦游京師，索居多感，婁欲南歸，與故人講習，志未及遂，而容甫以病歿矣。常憶容甫才卓識高，片言隻字，皆當爲世寶之，欲求其遺書而未果。歲在甲戌，其子喜孫應禮部試，以其父所撰《述學》已刻、未刻者凡厶十厶篇，索序於予。予曰：'此我之志也。'自元、明以來，説經者多病鑿空，而矯其失者又蹈株守之陋。爲文者，慮襲歐、曾、王、蘇之迹；而志乎古者，又貌爲奇傀而俞失其真。今讀《述學》內、外篇，可謂卓爾不羣矣。其有功經義者，則有若《釋三九》、《婦無主答問》、《女子許嫁而壻死從死及守志議》、《居器釋服解義》、《春秋述義》，使後之治經者振煩袪惑而得其會通。其表章經傳及先儒者，則有若《周官徵文》、《左氏春秋釋疑》、《荀卿子通論》、《賈誼新書叙》，使學者篤信古人而息其畔嶮之習。其它考證之文，皆確有依據，可以傳之將來。至其爲文，則合漢、魏、晉、宋作者而鑄成一家之言，淵雅醇茂，無意摩放而神與之合，蓋宋以後無此作手矣。當世所稱頌者，《哀鹽船文》、《廣陵對》、《黃鶴樓銘》，而它篇亦皆稱此。蓋其貫穿於經史、諸子之書，而流衍於豪素，揆厥所元，抑亦醖釀者厚矣。若其爲人，孝於親，篤於朋友，疾惡如風而樂道人善，蓋出於天性使然，視世之習孰時務而依阿淟涊者何如也？直諒多聞之益友，其容甫之謂與？予因容甫之子之求，而輙述容甫之學與其文之絶世、人之天性過人者，綴於卷末，以俟後之爲儒林傳者，有稽考而采焉。"

天子、諸侯宮城，皆四周，闕其南爲門。城至此而闕，故謂之"闕"，《左傳》"鄭伯享王於闕西辟"、《保傅篇》"過闕則下"

是也。亦謂之"闕門",《穀梁傳》"諸母不出闕門"、《史記·魏世家》"臣在闕門之外"是也。庫門在外,路門在内,居二門之中,亦謂之"中闕",《倉公傳》"出見扁鵲於中闕"是也。闕,巍然而高,故謂之"巍闕",《莊子》"居乎巍闕之下"是也。正月之吉,縣治象教、象政、象刑、象之法於此,故謂之"象巍",《左傳》"立於象巍之外"是也。使萬民觀象,故謂之"觀",《爾雅》"觀謂之闕"是也。觀有臺,故謂之"觀臺",《左傳》"遂登觀臺以望"是也。即門爲臺,故謂之"臺門",《禮器》"天子諸侯臺門"是也。亦謂之"門臺",《左傳》"邾子在門臺"是也。觀有左右,故謂之"兩觀",《左傳》"兩觀災"是也。_{古文亹即闕字,}象門闕及兩觀相對形,許氏存其文而失其義。在宮之南,故謂之"南門",《顧命》"逆子釗於南門之外"是也。亦謂之"大門",《曲禮》"車馳而驟至於大門"是也。亦謂之"宮門",《閽人》"職喪紀之事,蹕宮門"是也。亦謂之"公門",《曲禮》"大夫士下公門"是也。亦謂之"中門",與"中闕"同義,《閽人》"職掌守王宫之中門之禁"是也。室中度以几,堂上度以筵,宫中度以尋,野度以步,涂度以軌,惟城度以雉,故王宫門阿之制五雉,宫隅之制七雉,城隅之制九雉。城之度以雉,由宫城始,故宫城之門謂之"雉門",《明堂位》"雉門,天子應門"是也。十有六者,名異而同實。

　　一奇二偶,一、二不可以爲數,二乘一則爲三,故三者,數之成也。積而至十,則復歸於一。十不可以爲數,故九者,數之終也。於是先王之制禮,凡一、二之所不能盡者,則以三爲之節。"三加"、"三推"之屬是也。三之所不能盡者,則以九爲之節,"九章"、"九命"之屬是也。此制度之實數也。因而生人之措辭,凡一、二之所不能盡者,則約之以三,以見其多;三之所不能盡者,則約之九,以見其極多:此言語之虛數也。實數可稽也,虛數不可執也。"利市三倍"、"如賈三倍",不必限以三也;"三思"、"三嗅"、"三咽",不可知其爲三也;"三仕三已"、"三戰三走",不必其果爲三也:故知三者,虛數也。"雖九死其猶未悔",此不能有九也;"九十其儀"、"若九牛之亡一毛",此不必限以九也:故知九者,虛數也。推之十、百、千、萬,固亦如此。故學古者通其語言,則不膠其文字矣。

古之名物制度,不與今同也;古之語,不與今同也,故古之事,不可盡知也。若其辭,則又有二焉:曰曲,曰形容。何以知其然也?《曲禮》:"歲凶,年穀不登,膳不祭肺。""禮食殺牲則祭先,周人以肺。不祭肺,則不殺也。"然不云"不殺",而云"不祭肺"。《坊記》:"大夫不坐羊,士不坐犬。""古者殺牲,食其肉,坐其皮。不坐犬、羊,是不無故殺之。"然不云"不無故殺之",而云"不坐犬羊"。《春秋傳》:"衛懿公好鶴,鶴有乘軒者。"鶴無樂乎軒,好鶴者不求其行遠,謂以卿之秩寵之,以卿之祿食之也,故曰"鶴實有祿位"。然不云"視卿",而云"乘軒"。《論語》:"孔子見冕者,雖狎,必以貌。"冕非常服,當其行禮,夫人而以貌也,惟卿有玄冕。玄冕者,斥其人也,謂上大夫也。然不云"上大夫"而云"冕者"。此辭之曲者也。《禮記》:"晏平仲祀其先人,豚肩不揜豆。"豚實於俎,不實於豆。豆徑尺,併豚兩肩,無容不掩,此言乎其儉也。武王克商,未及下車,而封黃帝、堯、舜之後。大封必於廟,因祭策命,不可於車上行之,此言乎以是爲先務也。《詩》"嵩高維岳,峻極於天",此言乎其高也。此辭之形容者也。周人尚文,君子之於言不徑而致也,是以有曲焉;辭不過其意則不昭,是以有形容焉。名物制度可考也,語可通也,至於二者,非好學深思,莫知其意焉。故學古者知其意,則不疑其語矣。

明堂有六:一、宗周,二、東都,三、路寢,四、方岳之下,

五、太學，六、魯大廟。《呂覽》儒、墨、刑、名兼收竝蓄，實爲後世類書之祖。《十二紀》，不知撰自何人，明堂制度最誕妄不經，深可忿疾。

《墨子》七十一篇，亡十八篇。明陸穩所叙刻，視它本爲完。墨翟，宋大夫，與楚惠王同時。《漢志》以爲在孔子後者，是也。其在九流之中，惟儒足與之相抗，自餘皆非其比。歷觀周、漢之書，凡百餘條，并孔、墨、儒、墨對舉。楊、朱之書，當時亦莫之宗，躋之於墨，誠非其倫。自墨子歿，其學離而爲三，徒屬充滿天下。至楚、漢之際而微。孝武之世，猶有傳者，於後遂無聞焉。

江出峽東，至於巴丘，沅、湘二水入焉。又東至於夏口，漢水入焉。於是西自岷山，西南至牂牱，南至桂嶺，西北自嶓冢，五水所經，半天下皆匯於是以注於海。而江夏黃鵠山當其衝，江環其三面，再折而後東，故地形稱險焉，縣因山爲城。山之西，有磯起於江中，石立如植，激水逆行恆數里，於形爲尤險。其上爲樓，咸取於山以爲名，始自孫吳。酈氏著之，《齊》、《梁》二書并載其蹟。於後樓之興廢，史莫能紀。乾隆元年，大學士史文靖總督湖廣，乃更其制，自山以上，直立十有八丈，其形正方，四望如一，高壯閎麗，稱其山川。歷年六十，堅密如新。其下則水師蒙衝在焉，歲以十月都試，吳[六]戈犀甲，蔽川燿日。江以西，商旅百貨之所湊，道路晝夜行不休，著籍户八百萬。公私舟楫，列檣成林。南北二郊，原隰沃衍，禾黍彌望，無高山深林之蔽。桴鼓一鳴，上下百里，若示諸掌，姦宄無所匿其迹。惟江夏自宋立鄂州以來，代爲重鎮。國家疆理天下，慎固封守，常以尚書、侍郎鎮撫其地，及司、道之所治。百城冠蓋，四至趨風，馹路劇驂，軺軒之使，不日則月。西南際海，屬國以百數。終王受吏，累[七]譯來庭，往反上都，皆道於此。守土之吏，率會於兹樓，以飲食之禮親其僚友。不降階序，而民風、稽事胥可知也。洎夫王臣咨諏，每懷靡及古人，體委懷柔，遠人治官，莅民禮賓，詰戎邦之大事，於是乎咸在。外以設險，內以經國，地〔八〕勢然也。其有逐臣羇客，登高作賦，感物造端，可興可怨。丹丘羽人，雲水棲遊，徜徉乎其地，均足以發抒文采，增成故實。沅始釋褐，文靖以元老在朝，先後序同，歲爲衣冠盛事。蒙恩敭歷，茲繼其武。既欣踐於勝地，且感遺構，乃爲銘曰：海有神山，河惟度柱。巨靈爰闢，列仙攸處。樂哉斯邱，曾城之顚。上標崇觀，下俯大川。柱天不傾，障江欲迴。山增比岳，水激成雷。都會是程，蠻荆斯控。光映鳥帑，勢吞雲夢。四野底平，八窗洞屬。登若馮虛，望惟極目。朱衣行水，毛人墮城〔九〕。夢有先兆，神或不經。大別西踞，樊口東趨。神禹明德，黃武伯圖。川逝無停，人往不作。我紀此游，思同民樂。

自漢陽北出二里，有邱焉。其廣十畝，東對大別，左界漢水；石堤亘其前，月湖周其外。方志以爲伯牙鼓琴，鍾期聽之，蓋在此云。居人築館其上，名之曰“琴臺”。通津直道，來止近郊。層軒累榭，迥出塵表。土多平曠，林木翳然。水至清淺，魚藻交映。可以棲遲，可以眺望，可以泳游。無尋幽涉遠之勞，靡登高臨深之懼，懿彼一邱，實具二美。桃花綠水，秋月春風，都人冶游，曾無曠日。夫以夔襄之技，溫雪之交，一揮五弦，爰擅千古。深山窮谷之中，廣厦細旃之上，靈蹤所寄，奚事刻舟？勝地寫心，諒符玄賞。予少好雅琴，牰諳操縵。自奉簡書，久忘在御。弭節夏口，假館漢臯。峴首同感，桑下是戀。於以濯足滄浪，息陰喬木。聽漁父之鼓枻，思游女〔一〇〕之解佩。亦足高謝塵緣，希風往哲，何必撫弦動曲，乃移我情？銘曰：宛彼崇邱，於漢之陰。二子來游，爰迄於今。廣川人靜，孤館天沉。微風永夜，虛籟生林。泠泠水際，時汎遺音。三歎應節，如彼賞心。朱弦已絕，空桑誰撫？海憶乘舟，巖思避雨。邈矣高臺，巋然舊楚。譬操南音，尚懷吾土。白雪罷歌，湘靈停鼓。流水高山，相望終古。

　　文光案：《漢上琴臺銘》，亦代畢尚書作者，因并録之。附考云："伯牙遺迹，方志無稽，誠不足道。古籍載伯牙事所連及者，《琴操》有成連、方子春。《吕氏春秋》：'伯牙鼓琴，鍾子期聽之。'高注：'悉楚人。期爲鍾儀之族，則是世官，而宿其業也，其知音也固宜。'"

　　乾隆三十五年十二月乙卯，儀徵鹽船火，壞船百有三十，焚及溺死者千有四百。是時鹽綱皆直達，東自泰州，西極於漢陽，轉運半天下焉。惟儀徵縮其口，列檣蔽空，束江而立，望之隱若城郭。一夕併命，鬱爲枯腊，烈烈厄運，不可悲邪？於時玄冥告成，萬物休息。窮陰涸凝，寒威凜慄。黑眚拔來，陽光西匿。羣飽方嬉，歌咢宴食。死氣交纏，視面惟墨。夜漏始下，驚飆勃發。萬竅怒呺，地脉蕩決。大聲發於空廓，而水波山立。於斯時也，有火作焉。摩木自生，星星如血。炎光一灼，百舫盡赤。青烟晱晱，熛若沃雪。蒸雲氣以爲霞，炙陰崖而焦熱。始連檝以下碇，乃焚如以俱没。跳躑火中，明見毛髮。痛礜田田，狂呼氣竭。轉側張皇，生塗未絶。倏陽焰之騰高，鼓腥風而一映。洎埃霧之重開，遂聲銷而形滅。齊千命於一瞬，指人世以長訣。發冤氣之焄蒿，合游氛而障日。行當午而迷方，揚砂礫之嫖疾。衣繒敗絮，墨查炭屑，浮江而下，至於海不絶。亦有没者善游，操舟若神。死喪之威，從[一]井有仁。旋入雷淵，并爲波臣。又或擇音無門，投身急瀨，知蹈水之必濡，猶入險而思濟。挾驚浪以雷奔，勢若隮而終墜。逃灼爛之須臾，乃同歸乎死地。積哀怨於靈臺，乘精爽而爲厲。出寒流以浹辰，目睊睊而猶視。知天屬之來撫，愁流血以盈眦。訴強死之悲心，口不言而以意。若其焚剥支離，漫漶莫別，圜者如圈，破者如玦。積埃填竅，攔指失節。嗟貍首之殘形，聚誰何而同穴？收然灰之一抔，辨焚餘之白骨。嗚呼哀哉！
且夫眾生乘化，是云天常。妻孥環之，絕氣寢床。以死衛上，用
登明堂。離而不懲，祀爲國殤。茲也無名，又非其命。天乎何辜，
罹此冤橫？游魂不歸，居人心絕。麥飯壺漿，臨江嗚咽。日墮天
昏，淒淒鬼語。守哭迍邅，心期冥遇。惟血嗣之相依，尚騰哀而
屬路；或舉族之沈波，終狐祥而無主。悲夫！叢冢有坎，泰厲有
祀。強飲強食，馮其氣類。尚羣遊之樂，而無爲妖祟。人逢其凶
也邪？天降其酷也邪？夫何爲而至於此極哉？

　　文光案：《述學内篇》：一、《釋參商》。二、《釋闕》。
三、《釋三九》。四、《明堂通釋》。五、《釋媒氏》："謂奔者
不禁，非教民淫，使即時嫁女娶婦也。仲冬之月，農有不收
藏積聚者，馬牛畜獸有放佚，取之不詰，非教民盜也，使及
時收斂也。"六、《爲人後者爲其曾祖父母祖父母服考》。七、
《婦人無主答問方苞侍郎》："家廟不爲婦人作主，據禮正之。"
八、《女子許嫁而壻死從死及守志議》："歸太僕曰'六禮不
備，壻不親迎，比之於奔'，其言婉而篤矣。"九、《玎文正》：
"《說文》：'玎，即丁字。'"十、《釋連山》。十一、《釋童》：
"《說文》：'奴曰童。'古之罪入於髡者，則以爲奴。後則凡
爲奴者，皆髡鉗以自別。髡則纚笄皆無所施，故不冠而謂之
童。童，秃也。故牛羊之無角者曰童牛，曰童羖；山之無草
木者曰童山：其義一也。又未冠謂之童，名義皆相因也。"十
二、《左氏春秋釋疑》："典策之遺，本乎周公；筆削之意，依
乎孔子。聖人之道，莫備於周公、孔子。明周公、孔子之道，
莫若左氏。然古者左史記事，動則書之。左氏所書，不專人
事，其別有五：曰天道，曰鬼神，曰災祥，曰卜筮，曰夢。
其失也巫，斯之謂與？然是五者，史之職也。馮相、保章，
司天者也。大祝、司巫，司鬼神者也。大卜、卜師，司卜筮

者也。占夢，司夢者也。官失其守，史皆得而治之，明乎其爲聯事也。吾就其書求之左氏，言天道未嘗廢人事也，又何疑焉？”十三、《居喪釋服解義》。十四、《周官徵文》：“漢以前《周官》傳授源流皆不能詳，故爲衆儒所排。中考之，凡得六徵：《逸周書·職方解》，即《夏官》文，一也；《藝文志·大司樂》一章，二也；太傅禮朝事，載《秋官·典瑞》大行人、小行人、司儀四職文，三也；《燕義》、《夏官·諸子》職文，四也；《内則》‘食齊視春時’以下《天官·食醫》職文，‘春宜膏豚’以下《庖人》職文，‘牛夜鳴’以下《内饔》職文，五也；《詩·生民》傳‘嘗之日’以下，《春官·肆師》職文，六也。遠則西周之世，王朝之正典，太史所記，及列國之官世守之以食其業。官失而師儒，傳之七十子，後學者繫之於六藝。其傳習之緒，明白可據也如是。而以其晚出疑之，斯不學之過也。”十五、《古玉釋名》。十六、《周公居東證》。備引諸説，糾馬、鄭之誤。居東，即東都。十七、《墨子序》、《後序》。十八、《新書序》：“五十八篇，今亡一篇。《過秦》三篇，本書題下無‘論’字。誼爲荀氏再傳弟子，故其學長於《禮》。仲尼既殁，六藝之學卓然著於世用者，賈生也。漢世是書盛行於世，馬遷、劉向著書，動見稱述。今定爲六卷，別爲年表。”十九、《石鼓文證》。力辨非宇文周時物。廿、《廣陵曲江證》。《外篇》：一、《京口建浮橋議》。二、《廣陵對》。三、《表忠祠碑文并序》，建文諸臣。四、《賈君銘并序》，名田祖。五、《馮君碑銘并序》，名廷丞。六、《馮君墓銘》，名郢。七、《李君銘》，名惇。八、《喬君墓碑》，名汲。九、《黃鶴樓銘》。十、《琴臺銘》。《補遺》：一、《釋冕服之用》。二、《江都縣榜駁議》。三、《漢鴈足鐙槃銘釋文》。四、《江淹墓辨》。五、《馮君妻三李氏不合葬議》。六、《狐父之盜頌》。七、《弔黄祖文》。八、《荀卿子通論》，附年表。"荀卿之學出於孔氏，有功於諸經。大、小戴《記》皆采其文。"九、《大學平義》。"師師相傳，不言出自曾子。"十、《孫君墓銘》，名枝生。十一、《修禊叙跋尾》十一條。十二、《靈表》，汪君一元，容甫之父。十三、《鄒孺人靈表》，容甫之母。十四、《畢尚書母張太夫人神祠之銘并序》："夫人名家女，諸經多其口授。築樓奉御書，其西爲祠，共太夫人，命中銘其麗牲之石。"十五、《吕氏春秋序》，代畢尚書作。十六、《鐵牛銘》。十七、《亳州渦水堤銘》。十八、《釋印》："黄山民治地，獲銅印二，外員内方，文曰'管軍萬户府印'，其背曰'中書禮部監造'，二印同。一'治平三年月'，一'太平三年月'。漢之軍，言乎一營也。唐之軍，言乎一道也。宋之軍，言乎一州也。元、明之軍，言乎一人也。管軍者，元諸路號也。萬户府，元官，有上萬户、中萬户、下萬户。其官皆世襲，有功則升。明之諸衛，實仿其法。其蒙古諸路，及屯田、砲手萬户府名號至多，則隸樞密院、御史臺。領中書禮部者，元制也。禮部尚書，省屬官。元世尚書省凡三置、三罷，而中書省終元世如故，故禮部屬於中書也。曰治平三年者，羅田人徐壽輝據蘄水爲都，國號天完，僭稱皇帝，改元治平。其三年，當至正之十三年，歲在丙戌也。元諸帝無以太平紀年者，印既同製同文，則壽輝固嘗以是改年與？壽輝所置官，若鄒勝爲太師，陳友諒爲平章事，皆沿元制，其置萬户無足異耳。壽輝自起兵至死，凡十年。至正十九年，陳友諒以江州爲都，迎壽輝居之。越五月而爲友諒所弒。其改元當在至正十六年。史無文以知之矣。其形製之異，亦別於官印與？"十九、《自序》，比劉孝標三同四異。二十、《哀鹽船文》。二十一、《洪君妻蔣氏墓誌銘》。二

十二、《瞽瞍説》：“《左傳》：‘自幕至於瞽瞍，無違命。’然則瞽之掌樂，固世〔一二〕官而宿其業，不必其父子祖孫皆有廢疾也。《呂氏春秋·古樂篇》‘瞽瞍乃拌五弦之瑟，作爲十五弦之瑟，命之曰大章，以祭上帝。舜立仰延，乃拌瞽瞍之所爲瑟，益之八弦，以爲二十三弦之瑟’，是其據也。唐、舜之際，官而不名者三：四岳也，共工也，瞽也。司馬子長易其文曰‘盲者子’，失之矣。”二十三、《嬪于虞解》：“嬪，婦也。虞，國名，其君瞽瞍也。舜爲出子，居於媯汭。堯以二女女之，既嫁而就虞，以見於舅姑，然後婦道成焉，故曰嬪。”二十四、《王基碑跋尾》：“魏東武景侯王基碑殘文，乾隆初紀出於洛陽土中，凡十九行。碑所書歷官事蹟，悉與傳合；惟卒年七十二，爲史所略。按基之卒，上距康成之卒，凡六十二年。其時基財十歲，其於鄭君，非親炙也。班書以基據持鄭義，嘗與王肅抗衡，遂列基於門人，不若《魏志》得實。”二十五、《老子考異》：“孔子所問禮者，聃也。著《道德》五千言者，周太史儋也。入秦見獻公，即去周至關之事。”二十六、《宋世系表序》。沈約《宋書表》不傳，輯爲此篇。二十七、《泰伯廟銘》。《別錄》：一、《講學釋義》。二、《釋夫子》。三、《釋屬字義》。四、《釋郢》。五、六，《六國獨燕無後争義》。七、《五諸侯釋名》：“《項紀》‘漢王部五諸侯，東伐〔一三〕楚’，塞王欣、翟王翳、河南王申陽、魏王豹、韓王信也。應劭有雍與殷，如淳、徐廣無韓有殷，韋昭無河南有殷者，皆非也。張耳跳身歸命，何士卒之足言？留侯多方誤楚，豈可爲據？師古之説荒矣。”八、《答錢少詹問廣陵》。九、《答人問》：“郊用牲，而《易》曰‘聖人亨以享上帝’，豈有體薦折俎歟？”十、《唐玄宗鶺鴒頌跋尾》。十一、《朱巨川告身跋》。十二、《雲麾將軍碑跋》。十三、《懷素千文跋》。十四、《高力士墓誌跋》。十五、《定武石刻修禊叙銘》。十六、《禊叙篋銘》。十七、《白公頌》。十八、《師君贊》。十九、《禍箴》。二十、《朱先生學政記叙》。二十一、《避風館募疏》。二十二、《與劉端臨書》。二十三同二十四、《上竹君先生書》。二十五、《上朱侍郎書》。二十六、《與畢侍郎書》。二十七、《與劍潭書》。二十八、《與朱武曹書》。二十九、《先蠶神碑文》。三十、《巴予藉別傳》："善刻印，工書。"三十一、《葉天賜母汪氏家傳》。三十二、《提督楊凱傳》。三十三、《書周義僕事》。三十四、《程君墓表》，名元基。三十五、《汪君墓誌銘》，名梧鳳。三十六、《顧君墓誌銘》，名春生。三十七、《袁玉符妻劉氏墓誌銘》。三十八、《江君墓誌銘》，名德量。三十九、《沈公行狀》，名廷芳。四十、《弔馬守真文》。四十一、《汪純甫哀詞》。此文後有喜孫跋手稿，目錄與刻本不同。《春秋述義》四條。附錄：行狀，王引之撰。祭文，盧文弨撰。友人朱味虞薔生云："汪氏手稿甚多，所刻不過二十之一，餘燼於火。"深可惜也。

校勘記

〔一〕"删"，原作"散"，據《潛研堂文集》改。

〔二〕"篇"，原作"編"，據《潛研堂詩集》改。

〔三〕"窑"，原作"窪"，據《琉璃廠書肆記》改。

〔四〕"婢"，原作"媒"，據上書改。

〔五〕"淮"，原作"源"，據《四庫全書》改。

〔六〕"吴"，原作"英"，據《述學》改。

〔七〕"累"，原作"官"，據上書改。

〔八〕"地"，據上書補。

〔九〕"城"，原作"域"，據上書改。

〔一〇〕"游女"後原有一"子"字，據上書删。

〔一一〕"從"，原作"徙"，據上書改。

〔一二〕"世"，原作"事"，據上書改。

〔一三〕"伐"，原作"代"，據上書改。

集部二
別集類二十八

《授堂文鈔》十卷　《詩鈔》八卷　附《讀畫山房文鈔》二卷

國朝武億撰

小石山房本。道光癸卯年重刊。《文鈔》前有嘉慶六年趙希璜序。按序有《三禮義證》、《授堂剳記》，而此刻無之。《詩鈔》前有法式善、熊寶泰二序。《文鈔》八卷，《續》二卷，附武穆淳《文鈔》二卷。余所藏者，詩文外，有《經讀考異并補》，又《四書考異句讀叙述》，又《羣經義證》，又《金石三跋續跋》，俱著於録，與詩文合刻。億字虛谷，偃師人。子穆淳，字小谷。孫昺重刊是集。

古玉圭一具，依今木經尺推量，右剡長二寸二分，左剡長二寸。左剡下微如弓背，長七寸五分。右剡下少絀，亦長七寸二分。圭身下博二寸八分，自下漸殺至上，左右剡唯博二寸。通計圭身之厚不過三分，有邸有孔。《玉人》：“天子圭中必”。謂以組約其中央，執之以備失墜。‘必’讀如‘繂’。凡圭皆有孔，於約繫自便也。《典瑞》疏云‘六玉兩頭皆有孔’，恐不可爲訓。此圭爲一孔。邸，本也。凡物之柢必在下，所以爲持也。圭以兩手執之，故必有邸而制始備。而爲圖者概不之及，此其疏也。古制疑昧，世人率憑意測。魏太和鑒背之犠出，始知康成讀“犠尊”爲“娑”，取訓於鳳凰毛羽婆娑之非。宋得古璧，文如碎粟，與鄭注“穀璧若粟文”者合；而舊圖爲四穀葉莖穗之形，乃以大誤。

　　文光案：此圭爲授堂所藏，説後有圖。其與別本異者，有邸有孔。近孔處，上有横細文，下有渠齒。或亦纁藉采就束約於此歟？渠齒，疑即捷盧。鄭注：“駔外有捷盧也。”捷盧，若鋸牙。

《廣韻》于字下收姓氏，所採複姓多至八十五氏。《困學紀聞》言有遺闕，授堂又采數十事以補之，曰《廣廣韻注義》，皆複姓也。

陸游《老學庵筆記》十卷，攟摭細碎，探賾辨物，非苟爲者。其書尤喜於當時遺制多所存録，而中亦多疵謬。陸氏嫻於掌故，猶不可依据，況世之影聞者乎？

《一切經音義》，唐沙門玄應捃摭羣書，以釋彼教法之遺言者。予覓得三四卷，歎其用意勤矣。然紕繆亦多。《開元釋教録》謂玄應爲是書叙綴纔了，未及覆述，遂從物故。此其致誤之由與？予僅目及數卷之注，而注又僅用《周禮》一書，其舛錯已若此，則固出於剽竊，未檢原書者。當告彼教訂之，庶爲全書。

歙程君彝齋著《秦漢瓦當文字記》一卷，由同時數君子所搜輯，恐其衆之易於亡佚，乃各録所從，并附以舊聞。其説多可依。古語二字，相屬者多爲一字。若《秦鐘銘》有“坴”、“亯”之字是也。今此當“氫”，二字合爲一，亦仿古篆籀之遺趣與？

上巳當是辰巳之巳，然上丁、上辛俱用干，此獨用支，何也？晉、宋修禊多用三月三日，不必上巳，或即以三日。今節名“上巳”。

近日地志之學，悠謬益甚，率以傅合贅入，轉相指證，與鑿空無異。

歐公謂舊本韓文脱謬尤多，今之傳刻者益失真；而《考異》又因仍，無從是正。

魯恭王壞孔子宅而得《禮記》，乃《儀禮》也。《爾雅》郭注引《儀禮》皆曰《禮記》。邢疏悉以稱《禮記》者爲誤。或云傳寫之訛。《儀禮職誤序》曰：“出於孔壁者，曰《禮記》。河間獻王得先秦古書，曰《禮記》。禮者，今之《儀禮》；記者，今《儀禮》之記，時未有《儀禮》之名也。”乃知郭注有自。蓋迄兩漢以來，皆指《儀禮》爲《禮記》。鄭箋《詩·采繁》，引《少牢饋食禮》，亦作《禮記》，亦其證也。

今所傳《紀年》無善本，近刻亦多脱舛。

《左傳》杜注好以臆説自亂。如“祭公謀父作《祈招》之詩”，杜以招爲人名。按：“招”與“韶”、“韶”并爲一字，蓋即舜樂之遺音。後人依其聲而譜爲詩，取首句“祈招之愔愔”以名其篇。

《答王蘭泉書》曰：“生平無他嗜好，偶檢得古人一二石碣遺迹，撫摩終日。後閲歐、趙諸録，乃頗尋見隙微。因檢出舊所得者若干，比歲所收者若干，而於四方摹拓諸本，共跋出二百餘篇。至偃師金石刻八十餘種，皆窮搜而得，愈復矜惜。今採入縣志，已備《金石録》二卷呈覽。”

梁氏曰：“武億指《石鼓》‘趍趍六馬’句，以爲周制駕四，至漢始駕六，遂指爲漢鼓，未見其審。《書·五子之歌》有六馬，今人以《五子之歌》爲僞古文，且不必辨；而《大戴禮》‘六馬之離，必於四面之衢’，《逸周書》‘天子車立馬乘六’，《荀子·勸學篇》‘六馬仰秣’，又《修身篇》‘六驥不致’，又《議兵篇》‘六馬不和’，《莊子逸篇》‘金[一]鐵蒙以[二]大縷，載六驥之上’，《吕氏春秋》‘吴王曰：“吾當以六馬逐之”’，此皆周人之書，安見周制必不駕六馬？"

《存悔齋集》二十八卷　《外集》四卷

國朝劉鳳誥撰

原本。前有吳縣石韞玉序，相交最深；次目錄。《經進文》八卷，《敕撰文》二卷，雜體文二卷，《經進詩》二卷，古、今體詩六卷，《集杜詩》三卷，《杜詩話》五卷。試體詩、賦爲《外集》。末有門人楊文蓀跋。

石氏序曰："萍鄉劉金門先生，少稟異才，年未冠，即舉於鄉，入京。早受業於彭文勤公之門，後入翰林，官編修。不及二年，即超升學士。其所學經史百家，無不洞悉其源流，而於朝常國故，尤所熟習。尤熟於乾隆一代事迹。"

文光案：彭文勤公與金門先生同注《五代史記》。

楊氏跋曰："先生著述綦富，不自收拾，隨手散失。哲嗣元齡、元恩、元初、元喜於叢殘之餘，掇輯寫錄，彙此數冊。道光戊子，屬爲校勘。一年之力，始得編定。庚寅春，先生歸道山。丁酉二月，刊成。"

《茗柯文編》五卷

國朝張惠言撰

《箋易注元室集》本。前有嘉慶十四年阮文達公序。二編二卷，爲自編，餘爲其甥董士錫所編，有記。

阮氏序曰："元刻其《虞氏義》、《虞氏消息》、《儀禮圖》。今其友李生甫、張雲藻又刻其編年文集四卷，屬序於元。"

右《墨子經》，上、下凡四篇。《晉書·魯勝傳》云"勝注《墨辯》，引說就經，各附其章"，即此也。墨子書多奧言錯字，而此四篇爲甚。勝注既不傳，莫得其讀。今正其句投，通其旨要，合爲二篇，略可指説。疑者闕之。

自序文曰："嘉慶初，問學鄭學於歙金先生三年，圖《儀禮》十卷，而《易義》三十九卷亦成。"

《虞氏易變表》，亡生江承之安甫所作也。自鼎以下十五卦未成。予校録而補之，附於《消息》之後。

予爲《易》，好之者安甫、士錫。士錫敏於安甫，而精專不如。安甫受《易》三年，年十八而卒。

漢《易》大指可見者三家，鄭、荀，費氏《易》也；虞，孟氏《易》也。鄭氏言禮，荀氏言升降，虞氏言消息。

乾坤六爻，上繫二十八宿，依氣應宿，謂之爻辰。

文光案：張氏所著書《周易虞氏義》、《虞氏消息》、《虞氏易禮》、《易事》、《易候》、《易言》、《周易鄭荀義》、《易義別録》、《易圖條辨》、《儀禮圖》、《説文諧聲譜》、《墨子經解》、《握奇經正義》、《青囊天玉通解》及文集四編、詞一編，附時文十三首，有弟琦記，凡十六種，見於《儀禮圖》阮氏序。《周易虞氏義》、《虞氏消息》、《虞氏易禮》，《周易鄭氏義》、《周易荀氏九家義》、《易義別録》，凡六種，刻於《學海堂經解》。《周易虞氏義》、《虞氏消息》、《虞氏易禮》、《易事〔三〕》、《易候》、《易言》、《周易鄭氏注》、《荀九家》、《鄭荀義》、《易義別録》、《易圖條辨》、《易緯略義》、《讀儀禮記》、《茗柯文》、《茗柯詞》，凡十五種，爲《箋易注元室集》。康氏紹鏞曰："《虞氏義》、《虞氏消息》、《儀禮圖》，座主阮先生刻之。《易事》、《易言》，亦有刻本。予取其遺言，將悉刊而傳之。先就《易禮》二卷、《鄭荀義》三卷、《易義別録》十七卷，餘以俟諸異日。"

《亦有生齋集》五十九卷

國朝趙懷玉撰

原本。嘉慶二十年刊。前有吳育序。凡樂府二卷、詩三十二卷、詞五卷、文二十卷。詩有吳錫麒、陸繼輅、楊芳燦三序。文有自序、董士錫、莊炘、惲敬四序。詩文各爲目録。詩前有收菴小像并自題。

吳氏序曰："收菴先生既有風淫之疾，歸自關中，以所爲文屬予排纂類次。既卒業，遂述其後。"

朱昆田《南北史識小録》十五卷，向無刻本。借抄成帙，冀他日付梓焉。

《墨海金壺》，皆取所藏之書有關實學而流傳較少之本，校而畀梓者也。

《簡明目録》，德輿、廷博共校付梓。

《皇明修文備史》四十帙，無刊本，計七十五種。備全史之采擇，賅而且覈，有引無斷，蓋亭林述而不作，有志明史而未暇成書者。全紹衣精於考核，所爲亭林神道表詳載著述，獨無此書，而叙録家亦多未及。由是觀之，亭林撰述恐不止此。

《文苑英華》，明隆慶元年福建刊本。是書有三善：唐人文字足本頗少，可以補遺，一也；與本集互有異同，可資校勘，二也；去古未遠，體例賅備，可供取法，三也。

《心史》，或以爲僞書，紀事與《宋史》亦多不合。然予以爲可信。

《三因極一證方》所述方論，皆古書，條理明晰。嚴用和《濟生方》，即從此出。刻本久湮。陳少温精俞柎之術，偶見抄本，以重價購之，謀以付梓。

《酌中志》四卷，無刊本，有明文獻之助也。

《紅蕙山房吟稿》一卷　《附録》一卷

國朝袁廷檮撰

《知不足齋》本。此詩刻於《静春堂集》後。附録小傳并諸家題贈。君字又愷，又字壽階。吳縣人。錢詹事、王侍郎、段大令諸公，折節訂忘年交。與周錫瓚、黃丕烈、顧逵號“藏書四友”。黃多宋槧本，往復商榷，尤契合。得硯五，名其書樓。錢竹汀爲作《五硯樓記》。中藏歷代書畫、古碑、古器畢備。

《童山詩集》四十二卷　《文集》二十卷

國朝李調元撰

《函海》本。前有嘉慶四年自序。

李氏自序曰：“今之刻文集者，莫不請當代名人爲序。予杜門已久，不知何者爲名人。干謁既在所禁，求諛亦覺赧顔，故不如自序之爲是也。”

《函海序》曰：“聖朝重修《永樂大典》，採遺書，開四庫。予蒙特恩，監司畿輔，因得借觀天府藏書之副本。每得善本，輒雇胥録之，分爲三十函。自第一至十，皆刻自晉而下，以至唐、宋、元、明諸人未見書；自十一至十六，專刻升菴未見書；自十七至三十，附以拙刻。”

　　　文光案：李氏《函海》，所收多未見書。惟雇胥所抄，舛
　　訛甚多，人不之重。其覆校刊本差勝於前，然亦未能大快人
　　意。余細審之，惟《華陽國志》一種，所校勝於明本。其他
　　無從是正，深可惜也。雨村所收金石文最富，然未能録爲一
　　書，故金石家亦不之及。

《升菴著書總目序》曰：“《益部談資》云：‘用修著述之富，古今罕儔。’予所見已刻者三十一種，已刻未見者三十八種，聞未刻者尚六十九種。其書目俱列於録。按簡紹芳《年譜》，所載四百餘種，今相距不至三百年，而所見止此。按先生孤行謫戍，無書可携，其所著半出之腹笥。其書多短部單牒，易於散軼。因將所見之四十九種，先爲刊行。”

宋王應麟所集《古文尚書》，祇有寫本，訛誤頗多。予校而行之，以王氏所集鄭注列於前，而以鄙見所訂列於每條後，總曰"證訛"。

《尚書古字辨異序》曰："論《尚書》古文字體者，多引《説文》，以爲出於孔安國，非也。此由慎序自稱孔氏書皆古文而誤也。後漢孔本遂絶，見於經典者，皆謂之《逸書》。孔氏壁中書，慎未得見也。按《説文》末載慎子冲上書，云慎古學受之賈逵。而《後漢書》又云扶風杜林傳《古文尚書》，同郡賈逵爲作訓，馬融作傳，鄭玄作注解，由是《古文尚書》遂顯於世。是慎所爲古文者，即杜林之本也。《隋志》云：'杜林《古文尚書》，所傳僅二十九篇，又雜今文，非孔舊本。'杜林本傳云：'林於西州得漆書《古文尚書》，嘗寶愛之。'是林所傳者，乃古文字體，故謂之'漆書'。劉向所校歐陽、大小夏侯三家古文，隨今文伏生二十八篇傳出，以字非隸古，世不行用。林偶得之，以授逵，逵以受慎，慎因傳爲孔氏本，故亦止二十八篇，非真見安國舊本也。安國所上，較伏生所誦多二十五篇。"

《禮記補注序》曰："陳氏《集説》，《經義考》作三十卷。今本十卷，坊賈所合併也。其間穿鑿附會，并罣一漏萬之處，頗不愜於心。因遍採説禮諸家，爲之補注於上，輯爲四卷。"

《儀禮古今考序》曰："高堂生傳《儀禮》十七篇，是今文也。孔子宅得亡《儀禮》五十六篇，其字皆以篆書，是爲古文也。古文十七篇，與高堂生所傳者同，而字多不同；其餘三十九篇絶無師説，秘在於館。鄭注《儀禮》時，以古、今二字并之，或從今，或從古，皆逐意强者從之。若二字俱合義者，則兩見之。是今之《儀禮》乃古、今文互出之雜本也。予以爲《儀禮》，古禮經當從古文，蓋今文出於傳而古文出於篆，傳者口授或訛，所篆者古本猶存也。朱子《通解》以古十七篇爲主，而以他書附益之，實百世之定論也。但古、今文所不同，未及詳加箋校。今特博採羣書，就古、今之參互者悉心考之，折衷於古以補注疏之闕，以釋從今之非。庶乎讀《禮經》者一目了然，不致開卷而歎文公之所苦也。"

《贗書録序》曰："藏書必辨贗。贗者，非真之謂也。古贗作'鳫'。《韓非子・説林篇》曰：'齊伐魯，索讒鼎，魯以鳫往。齊人曰鳫也，魯人曰真也。世遂以物之假者爲鳫。'而《韻會》諸書加貝作'贗'。考韓退之詩'居然見真贗'，則唐以前已作'贗'矣。謹遵《四庫全書存目》，内凡諸僞書俱行擇出，復取各家書目詳加證辨，名曰'贗書録'，庶不至有魚目之混，亦藏書家所必資考訂也。"

《戰國春秋序》曰："《左傳》至哀公止，而哀公以後之事不載焉；《戰國策》自周安王起，而安王以前之事不在焉，此《戰國春秋》所由作也。其事採之《史記》，年月日間有脱誤，則考之《通鑑》；其例本之《綱目》，瑣事有遺者，則稽之年表以補之。共九公，分爲十七卷。"

《巽軒孔氏集》三卷

國朝孔廣森撰

儀鄭堂本。此孔氏所著書之第七種，駢體文也。前有嘉慶丁丑翁方綱序。

翁氏序曰："吾、撝約相與論析非一日矣。其説經之文，《大戴記》、《公羊傳》，其最著者也。謂《小辨》、《用兵》、《少間》三篇，當在《文王》、《官人》之前，則《三朝記》七篇相屬，此實《大戴》篇次之定論，學者所宜知也。其手蹟尚有未盡檢出者，若所輯《岐鼓凡將手篆》一册，予題詩於前，屢檢舊篋而未得也。又其讀《漢書》一條，《地理志》下篇，魯國分野之末，'東平、須昌、壽良，皆在濟東，屬魯，非宋地也，當考.'此句師古亦誤注。攟約曰：'此十八字是後人讀《漢志》者校勘之語。須昌、壽良皆屬東郡。光武叔父名良，故曰壽張，今仍稱壽良，知是魏以後人所校語誤入正文耳.'此於考訂《漢志》極有益，予已筆諸《漢書》校本矣。舊學相知之益，有如此者。"

　　文光案：此序在總目後，似序非序，不必以序例之。孔氏長於公羊學，所著書：一、《公羊春秋經傳通義》，二、《大戴禮記補注》，三、《詩聲類》，四、《禮學卮言》，五、《經學卮言》，六、《少廣正負術內外篇》，七、《駢儷文》，共六十卷。集內有《戴氏遺書總序》。

東原先生所著文章、經義若干卷，叔父農部公，先生之昏因也，綴而刻之，廣森爲序：古文一卷；《尚書義考》未成，成《堯典》一卷；《毛鄭詩考正》四卷，別爲《詩補傳》未成，成《周南》、《召南》二卷；《儀禮正誤》一卷；《考工記圖》二卷；《學禮篇》一卷，冠其文集十卷之首；《原善》一卷；《孟子字義疏證》三卷；《大學》、《中庸》補注各一卷；《爾雅文字考》十卷；《方言考證》十三卷；《聲韻考》四卷；《聲類表》十卷。先生文集尚有《轉語》二十章及《六書論》三卷，自序，此二種遺稿未見；《屈原賦注》四卷；《九章補圖》一卷；《原象》一卷；《古歷考》二卷；《歷問》二卷；《戴氏水經注》四十卷；《水地記》一卷；《直隸河渠書》六十四卷。

《靈芬館集》四十二卷

國朝郭麐撰

原本。嘉慶九年刊。詩分三集，共十八卷。雜著二卷，續四卷；詩話十二卷，續六卷。君字祥伯，吳江人。沈雲嵐得汪秀峰《飛鴻印譜》三集，合己所有刻之。

《揅經室集》四十卷　《續集》十一卷　《再續集》六卷　《外集》五卷

國朝阮元撰

《文選樓》本。道光三年刊，前有自序。

阮氏自序曰："余三十餘年以來，説經紀事，不能不筆之書。然求其如《文選序》所謂'事出沈思，義歸翰藻'者甚鮮，是不得稱之爲文也。今予年屆六十矣，自取舊帙，授兒子輩重編寫之。分爲四集：其一則説經之作，擬於賈、邢義疏，已云僭矣，十四卷。其二則近於史之作，八卷。其三則近於子之作，五卷。凡出於四庫書史、子兩途者，皆屬之。言之無文，惟紀其事，達其意而已。其四則御賜之賦及駢體有韻之作。或有近於古人所謂'文'者，然其格已卑矣。凡二卷。又詩十一卷，共四十卷。統名曰'集'者，非一類也。繼此有作，各以類續也。室名'揅經'者，余幼學以經爲近也。余之説經，推明古訓，實事求是而已，非敢立異也。"

《續集》自序曰："元四十餘載，已刻文集二三卷，心竊不安，曰：'此可當古人所謂文字乎？僭矣，妄矣。'一日，讀《周易・文言》，恍然曰：'孔子所謂文者，此也。'著《文言説》，乃屏去先所刻之文，而以經、史、子區別之，曰：'此古人所謂筆也，非文也。除此，則可謂之文者，亦罕矣。'六十歲後，乃據此削去'文'字，祇名曰'集'而刻之。又十數年，積若干篇。至七十六歲，予告歸田，以所積者刻爲《續集》。不肯索序於人，祇於此自識數言，以明己意而已。"

《文言》數百字，不但多用韻，抑且多用偶。凡偶，皆文也。於物兩色相偶而交錯之，乃得名曰文。文即象其形也。孔子以用韻比偶之法，錯綜其言，而自名曰文。何後人之必欲反孔子之道而自命曰文，且尊之曰古也？凡有韻者謂之文，無韻者謂之筆。昭明選詩，詩歸於文。

司馬、班、范皆以儒林立傳，叙述經師家法，授受秩然。兩晉玄學盛興，儒道衰弱。南北割據，傳授漸殊。北魏蕭梁義疏甚密。北學守舊而疑新，南學喜新而得僞。至隋、唐，《五經正義》成，而儒者鮮以專家古學相授受焉。宋初，名臣皆敦道誼，濂、洛以後，遂啓紫陽，闡發心性，分析道理。《宋史》以道學、儒林分爲二傳，不知此即《周禮》師、儒之異，後人創分而闇合周道也。元、明之間，守先啓後，在於金華。洎乎河東、姚江，門户分歧，終不出朱、陸而已。終明之世，學案百出，而經訓家法寂然無聞。揆之《周禮》，有師無儒，空疏甚矣。國初，講學如孫奇逢、李容等，沿前明王、薛之派。陸隴其、王懋竑等始專守朱子，辨僞得真。高愈、應撝謙等堅苦自持，不愧實踐。閻若璩、胡渭等卓然不惑，求是辨誣。惠棟、戴震等精發古義，詁釋聖言。近時孔廣森之於《公羊春秋》，張惠言之於孟虞《易説》，亦專家孤學也。○福案：家大人撰《儒林正傳》、《附傳》，共百數十人。持漢學、宋學之平，羣書采集甚博，全是裁綴集句而成，不自加撰一字。因館中修史，例必有據。儒林無案據，故百餘年來人不能措手。家大人謂羣書即案據也，故史館賴以進呈。聞家大人出京後，館中無所增改，惟有所删。原稿抄存家笥。

《南北書派論》："南派由鍾繇、衛瓘及王羲之、獻之、僧虔等，以至智永、虞世南。北派由鍾繇、衛瓘、索靖及崔悦、盧諶、高遵、沈馥、姚元摽、趙文深、丁道護等，以至歐陽詢、褚遂良。南派乃江左風流，疏放妍妙，長於啓牘，减筆至不可識。北派則是中原古法，拘謹抽陋，長於碑榜。閣帖盛行，北派愈微矣。鍾、衛二家，爲南北所同託始。至於索靖，惟北派祖之。枝幹之分，實自此始。南派入北，惟有王褒。宋、元、明諸家，多爲閣帖所囿，且若《禊序》之外，更無書法，豈不陋哉！"

唐人書法，多出於隋；隋人書法，多出於北魏、北齊。不觀魏、齊碑石，不見歐、褚之所從來。魯公楷法，其源皆出於北朝。《爭坐位稿》，爲行書之極致。北魏《張猛龍碑》後有行書數行，可識魯公書法所由來矣。

《蘭亭》原本本無鈎刻"定武本"，予惟見商丘陳氏所藏一卷，餘皆一翻，再、三翻之本。真"定武本"，雖歐陽學右軍書，終有歐法在內，猶"神龍本"之有河南筆法也。歐本與《化度寺碑》筆法相近，褚本與褚臨《聖教序》筆法相近，皆以北法爲骨，南法爲皮，故爲致佳。若原本全是右軍之法，不知更何景象矣。

文光案：跋內"神龍"二字，刊本誤爲"龍神"。

《吳天發神讖碑》，舊在江寧。嘉慶十年，燬於火。人間拓本，皆可寶貴。

歐之《皇甫碑》、《醴泉銘》，乃其本色也；《化度寺碑》，乃其參用永興南法者也。虞之《夫子廟堂碑》，非盡虞之本色，乃亦參用率更北法者也。是以《廟堂》原石頗有與《化度》原石相近之處。今二摹本全入圓熟，與閣帖棗木模棱者同矣。王著摹勒閣帖，全將唐人雙鈎、響榻之本畫，一改爲渾圓模棱之形，北法從此更衰矣。閣帖中標題一行曰"晉某官某人書"，皆王著之筆。何以王、郄、謝、庾諸賢與王著之筆無不相近？可見著之改變，多不足據矣。歐、褚北法，從隸而來。其最可見者，爲"乙"字捺腳飛出，內圓外方，全是隸法；若江左王法"乙"字，則多鈎轉作"乙"：此其分別之迹。此外，南遠於隸、北沿於隸之處，踪迹甚多。幸今北石尚存，再過數百年，更無人見矣。至於《樂毅》、《黃庭》、《道德》等帖，世稱爲逸少真迹者，其來處皆不可究詰，有識者所不應道也。

《金石十事紀》："予袞山左金石數千種，勒爲《山左金石志》，事之一也。予哀兩浙金石千餘種，勒爲《兩浙金石志》，事之二也。予積吉金拓本五百餘種，勒爲《積古齋鐘鼎款識》，事之三也。揚州周散氏、南宮大盤，東南重寶也。歲丁卯，鹾使者獻於朝，予模鑄二盤，極肖之，一藏府學，一藏文選樓，事之四也。天一閣北宋石皷拓本，凡四百七十二字。予摹刻爲二，一置杭州府學明倫堂，一置揚州府學明倫堂，事之五也。予步至揚州甘泉山，得西漢中殿第廿八二石於厲王冢。天下西漢石止此，與曲阜五鳳石，共二石耳，事之六也。予遣書佐至諸城琅邪臺，剔秦篆於榛莽中，拓之，多得一行，事之七也。漢府門之倅大石人二，仆於野，爲樵牧所殘。予連車運至曲阜瞿相圃中并立之，事之八也。予得四明本全拓延熹《華山廟碑》，摹刻之，置之北湖祠塾，事之九也。予又摹刻秦泰山殘篆、《吳天發神讖》二碑，同置北湖祠塾，事之十也。"

《秦漢官印臨本序》曰："揚州方君槐精於刻印，以乳石撫秦、漢印，無不肖其形神。秦、漢人文字不多見，此印文一帙，可以備秦、漢摹印之法，兼以補正《漢書》官制、地理之遺，豈徒篆刻哉？"

今世之筆，特湖州工人所造，便於松雪筆法；於北朝、隋、唐之碑，直是不合。

齊釋道惠爲《一切經音義》，其書不傳。傳者，唐釋玄應《一切經音義》。其中引證古書，如鄭康成《尚書論語注》，三家詩，賈逵、服虔《春秋傳注》，李巡、孫炎《爾雅注》等書，極其精博，學者寶之。其中古字古義，皆蓮社慧遠、雷次宗諸人用經典中文字翻改佛經之確據。即如《華嚴音義》，内有曰"頑嚚鑽仰，無所適莫"者，有曰"洪纖得所，修短合度"者。觀此而猶不悟《一切經》爲中國儒者文人之所改易潤色，不亦不慧乎？然而去禪尚遠。釋家爲音義，音義中尚有《倉》、《雅》；禪家爲語録，語録中但有俚言，無古文字矣。

馮柳東刻《浙江甎錄》四卷。吕堯仙獲古甎甚多，搨本四册。考其年歲，合之史籍，古地古官，多所印證。晉、宋之甎，下真迹一等。册内各甎隸體，乃造坯世俗工人所寫，何古雅若此？永和六年王氏墓，當是羲之之族，何與《蘭亭》絕不相類耶？<small>以上俱錄自本書。</small>

梁氏曰："雲臺師近以老眼模糊，懶於作字，以書畫求題者，輒草草應之。惟求擘窠榜書者，則無不應，蓋不甚費目力也。有以"紹衣堂"三字乞書者，越日將原紙送回，并加一小箋云：'此三字不難一揮，惟有人問所據何書，我不敢以《康誥》之言對也。'其矜慎如此。"<small>錄於《浪迹叢談》。</small>

阮氏亨曰："兄早歲治文章，尤研經義。手校諸書，<small>案：《十三經經郛》未見。</small>皆自起凡例，擇友人、弟子分任之，而親加朱墨，改訂甚多。自言入官以後，編纂之書較多，而沈精殫思、獨發古誼之作爲少，不能似經生時之專力矣。《曾子注釋》，凡三易稿。所撰之書，當以此五卷爲最重。""壹以貫之，猶言壹，是皆以行事爲教也。弟子不知所行爲何道，故曾子曰：'夫子之道，忠恕而已矣。'""孔門所謂'仁'，也者，鄭注：'讀如相人偶。'相人偶者，謂人之偶之也。蓋士庶人之仁，見於宗族、鄉黨；天子、諸侯、卿大夫之仁，見於國家、臣民。是必人與仁相偶，而後仁乃見也。""《論語》論仁者，凡五十有八章。'仁'字之見於《論語》者，凡百有五。""邵二雲，其學精深博大，爲姚江守先待後之人。""顧寧人，初名鋒，後改炎武，再轉注改圭年。""管松厓<small>幹貞。</small>政事虎炳，文章魁奇。所刻《松厓文鈔》，首爲《明史志》三十六卷。叙論簡古，蔚然大觀。外有《規左一偶》等書，皆學有心得。""兄集本朝書集百餘家，凡大臣、名人之傳、誌、碑、狀，皆輯錄之。仿宋人《琬玉錄》爲《皇清碑版錄》五十卷。"

凌次仲，廷堪。家兄至友也。精於《三禮》，有《禮經釋例》一書，自許爲生平辛苦有得之學。其《復禮論》三篇，尤昔人所未言也。兄子常生從之學，兄爲刻《釋例》一書。次仲於音樂獨得秘奧，錢溉亭尚未通解其致。

汪容甫，中。才高连物，鄉里俗士嫉之。然有孝行，精博絕倫，實無他腸。予兄求得其《述學》數卷刊之。

吾鄉鍾保岐，懷。與予兄幼同學，精考訂，兼擅詞章。其才不及汪容甫，而精密似之。孫與人同元。嘗謂《弟子職》漢時本別行，唐時引用，始云在《管子》書。蓋後人羼入，亦如《夏小正》之入《大戴記》，《小爾雅》之入《孔叢子》也。　仁和王述曾所著《爾雅輯略》，區分八門，爲"訂誤"、"正讀"、"脱字"、"衍文"、"舊文"、"古字"、"雙聲"、"反訓"。援引精博，多出邵氏《正義》之外。又著《爾雅釋草辨類》，旁徵載籍，尤多得之目驗。

陳仲魚，鱣。學有原本，著書甚富，皆有所發明。所輯《論語古訓》十卷，於何晏《集解》外搜羅該洽，頗有功於聖經。　席孝廉，世臣。好古媚學，凡汲古閣所刊經史版本，皆聚其家，藏書甚富。苟得祕本，及不甚習見之書，皆爲刊行。案：席氏所刻皆題"掃葉山房"。　張農聞，彥曾。爲兄幕中友。少師錢竹汀，通經史，工小篆。爲文章沈雄壯麗，有王伊人、周宿來之風，而典核過之。凌曉樓，曙。績學不倦。吾兄嘗以爲《春秋》大義微言皆在《公羊》，是以兩漢學者多治此經。自唐以後，幾成絕學。及見劉申受《公羊釋例》，大善之。曉樓亦同治公羊學，著《公羊辨例》及《春秋繁露注》。　漢、魏以來，公羊經師凡數百，其徒多者，各數千人。宣帝時，增秩，立博士，唯顏、嚴兩家，其學尤盛，皆仲舒之流派也。何休略依胡母生《條例》作《解詁》，覃思不窺門，十有七年。魏時，何休公羊之學大行於河北。晉劉兆以《公羊解詁》納經傳中，朱書以別之，即今之所行本也。其餘公羊家言不多見，今所存《繁露》，大抵多言《春秋》，此通例。而《解詁》乃屬比事，條分縷析，正變既該，錙銖不爽。然何氏《條例》散在全經，乃撰《辨例》，辭顯事明，治經者庶幾知筆削之義專耳。至若王接、啖助、趙匡、胡尚國、劉敞、趙汸，各創體例以說《春秋》，不盡守兩漢之家法者，無論矣。　東漢人學行誠篤，近於鄒魯。兄子長生，兄嘗首令其讀《後漢書》，貫串志注，比方人物，頗有所得焉。至於兩漢人引《孝經》、《論語》而釋之者，尤爲最近東魯儒風。　宋板《輿地紀勝》二百卷，今存一百六十八卷，內有缺卷缺葉。宋王象之撰。其於各府、州、軍、監分十一類，曰府、州沿革，曰縣沿革，曰風俗形勝，曰景物，曰古蹟，曰官吏，曰人物，曰仙釋，曰碑記，曰詩，曰四六，而別列行在於首。稱引該洽，於南宋時事尤足補史志所未備。此書近出。按《浙江通志》，象之字儀父，金華人。慶元年中鄒應龍榜進士。志行高潔，隱居不仕。

　　岳鄂王廟，在棲霞嶺之陽，與墓道相近。以視湯陰、武昌、朱仙鎮之供設俎豆者，不侔矣。兄《岳廟志略序》曰：「元和馮前輩纂《西湖岳廟志》成，屬元序之。」按史，王傳多取章穎經進之本。今合兩書勘之，殊有紕繆者。穎傳：王「攻虢州，下之。上聞之，以語張浚曰：『飛措畫甚大，今已至伊洛，則太行山一帶山寨必有通謀者。』」此可見高廟知王之深。正史乃刪「上聞之以語」五字，直作魏公語，豈以上文有「命飛屯襄陽以窺中原，曰：『此君素志』」之言而誤會之歟？不知高宗六年手勅，有「練兵襄陽，以窺中原，乃卿素志」，則浚語實高宗語。章穎所纂上下文，已涉疑竇，正史又從而實之，其誣甚矣。又朱仙鎮班師之前，穎傳：「自七月一日至十八日，累戰皆捷，聞高廟賜札褒嘉者再。君臣之際，可謂密矣。」今史既略不書。至其後賜札有云：「得卿奏言班師，機會誠爲可惜。卿忠義許國，言詞激切。朕心不忘卿，且少駐近便得利處。”則其辭氣之間，迴非疇昔，不待一日奉金字牌十二，始知其溺志矣。其云“上亦銳意恢復者”，特宋臣曲筆。乃史官如虞道園、馬石田輩，亦不加詳察，僅知删繁就簡，不亦儳乎？至《宋史》取材於章，而章又取材於王孫珂所纂《金陀粹》、《續》兩編。《宋史》既漏略，進本復冗雜。如杜充胙城之捷，吴玢姬妾之饋，皆非《昭忠録》所載本意。至李心傳《建炎以來繫年要録》載“紹興九年九月，湖北京西宣武使岳某來朝”，而兩傳無驗。徐夢莘《北盟會編》載“紹興十年五月，上遣李若虚至軍中計事，王已至德安”，穎傳則但云“請入覲”，未嘗有進師之言。總之，傳聞異詞，莫可究詰。始則因鄭時中、丁婁明之多誣，繼則由熊克、劉時舉之失實，欲其明白顛末，品酌事例，難矣。兹兩載其詞，不獨有功忠武，亦深得闕疑之旨。余故舉其一二，以爲讀史者告。王殿成，兄以詩落之云：“不戰即當死，君亡臣敢存？猶嫌驢背者，未哭馬蹄魂。獨洗兩宫辱，人傳三字冤。投戈相殉耳，餘事總休論。”以上録於《瀛舟筆談》。

　　文光案：《瀛舟筆談》十二卷，公弟亨記公之事蹟。《揅經室外集》并《鐘鼎款識》悉載之。

《詠絮亭詩鈔》五卷

國朝女史謝雪撰

原本。嘉慶二十三年刊。阮福之生母月莊善畫，得惲家風格。

校勘記

〔一〕“金”，原作“六”，據清梁章鉅《浪迹叢談》改。

〔二〕“以”，原作“川”，據上書改。

〔三〕“事”，原作“氏”，據上文改。

集部二
別集類二十九

《珍蓺宦遺書》四十卷

國朝莊述祖撰

眷令舫本。初刻於嘉慶十四年，至道光十七年始竟。李兆洛序。書凡十二種：《夏小正經傳考釋》十卷，《尚書今古文考證》七卷，《毛詩考證》四卷，《毛詩周頌口義》三卷，《五經小學述》二卷，《歷代載籍足徵錄》一卷，《弟子職集解》一卷，《漢鐃歌句解》一卷，《說文古籀疏證目》一卷，《石鼓然疑》一卷，《文鈔》七卷，《詩鈔》二卷。

《說文》有重出之字。今之音，未必即許氏之音；今之篆，未必即許氏之篆。

六經無缺誤者蓋少。《毛詩》最古，《儀禮》、《周禮》次之，《禮記》次之，《公羊春秋》次之。其餘若《周易》、《尚書》、《左氏》、《穀梁》，多晉以後之俗字。《論語》尚多古字，《孝經》、《孟子》、《爾雅》大氐爲後人妄改。而《爾雅》亦非完書，其羼入者，更復不少。《逸周書》無善本。《淮南鴻烈》本最佳，以其爲漢人解漢人書也。凡周、秦諸子、《楚詞》、《戰國策》古字古音，皆有裨於六書之學。

《左氏》，經劉歆私改者，如"壹戎殷"改"壹"爲"殪"；經杜預誤寫者，如"不飧"，讀爲"不夕食"：其不明古義一也。

《祭法》"有虞氏宗堯"，鄭説非是。《魯語》曰"郊堯而宗舜"，郊堯非宗堯也。

《顧命》"康王執同"，或云古"冃"字。冃，即瑁也。莊氏證爲"卣"字。

夏時之等，大者有三：曰大正，曰小正，曰王事。大正法天，小正法地，王事任人。天道曰圜，地道曰方，人道曰仁。仁也者，天地之心也，王事之端也。

> 文光案：莊氏小正之學，十年於兹。其因小正而推大正，以及於王事，蓋本之《戴禮·小正傳》，言陰陽生物之候，王事之次，即夏時之等也。因陰陽生物而推本於天地；又因曾子天道圓、地道方之説而增以人道仁；又因"禹立三年，百姓以仁遂焉"之文，而證其人道仁爲夏時之等。其間彌縫牽合，顯有痕迹，而大正究無確據。

夏時之爲絶學久矣。鄭康成知有傳而不知有經，故采以説《月令》，而以爲未聞孰是；僧一行知有數不知有義，故據以推日度，而以爲失傳。

《鶡冠子》云："倉頡作法書，從甲子。"今即許氏偏旁條例，正以古籀，自甲至亥，分爲二十二部。條理件繫，觸類引申，至賾而不可惡，至動而不可亂，冀以通古今之變，窮天人之奥，辨萬類之情，成一家之學。

> 文光案：此本《説文古籀疏證》，有目無書，當時尚未卒業。今《疏證》六卷，潘氏刻入《功訓堂叢書》。籀文久絶，莊氏以鐘鼎證《説文》，皆取其信而可據者。否則，鐘鼎有撫篆之失，有傳寫之訛，有古器之贋，以改《説文》，其弊更甚於沿訛襲陋者。

楚金《説文》，尤爲專業。《繫傳》殘缺，校書補以雍熙本《韻會》，所引皆小徐本也。臧貴有《纂補》以訂其訛。

朱楓《古金待問録》，凡七十九品。神農幣有“赤金第布”四字。“第布”爲新莽布貨十品之一，錢文或用半字，或用倒書，妨民盜鑄，使不能識，乃管仲之遺術，而王莽竊其緒餘。《路史》有太昊諸幣。彼揚其波以惑後世，不可不辨也。

古文謂伏生、張蒼、竇公、孔安國所獻，及郡國間得鼎彝古器物銘文。大篆，謂《史籀》十五篇。小篆，謂李斯、趙高、胡母敬所造。至閭里書師，合《爰歷》、《博學》於《蒼頡篇》。

武王勝殷，釋箕子之囚。箕子不忍見殷之亡，走之朝鮮。武王乃封箕子於朝鮮，而不臣。《大傳》曰：“箕子既受周之封，不得無臣禮，故於十三祀來朝。”劉歆乃謂武王伐殷，以箕子歸，誣聖之甚者也。《麥秀》詩“狡僮”言武庚，無德續殷祀，非指紂也。

《第六弦溪文鈔》四卷

國朝黃廷鑑撰

《後知不足齋》本。鮑廷爵叔衡校刊。前有道光丙申婁東季錫疇序、張大鏞序。書中論考辨説，皆有可取，如謂《古文尚書》未必皆僞。孔子少孤，不知其墓，議者紛如，當以孔疏爲確解，惟詞句太簡，故著論以明之。秦三十六郡，諸家聚訟。當於裴注增郊郡，別内史爲三十六；於《晉志》去閩中，增郊郡，合内史爲四十。如此，則諸説可通，史志之文皆無違戾矣。《考牀》謂設於牀者爲簀，布於地者爲席。故易簀者，謂廢牀也；反席者，謂寢地也。古之寢以席地爲正。古牀未詳，大約與今凳之闊者相類，故可執，亦可移。《五穀辨》以稻、粱爲一物，香者爲粱。粱即稻，而異在香；秫即稷，而異在黏。三十六字母已括其全，而增母者謬。校書以不改字爲主。凡此皆有益於讀書，故録之。其所校之書各有序跋，并録其要語於後。予於諸家文集，凡無關痛癢者一字不及。惟於博聞廣見之作、精考詳校之語、平允確當之論、明顯了亮之言，偶有所遇，即録存之。於此中獲益不少也，因書之以告知者。

《説文校勘記序》曰："《説文》無作疏解者，吾吳紅豆惠氏，始以《説文》提倡後學。謂不第形聲點畫足考制字之原，其所訓詁實佐毛氏諸家之所未備；其所徵引，又皆魏、晉以前真古文，一句一義，在今日皆爲瓌寶。故於此書丹黄校勘，旁記側注，一生不輟。世所傳惠校《説文》本，前此未有也。吾友席君子侃，欲推廣其義例，作《説文疏證》，先辨形聲字母之體，次別古省通借之義。其中訓義及所徵引，皆根據漢人經注及馬、班二史，周、秦諸子，更參《玉篇》、《廣韻》諸書，疏通證明之。正自來傳寫之訛，糾二徐附會之説。惜草創未就，中年殂謝。余細加尋繹，逐條繕録。張君若雲續加訂定，乃克付梓。"是書未見。琴六館、照曠閣及愛日精廬三家，時校書最多。

《金文最序》曰："金源制作炳然，未有裒集其文者。及門張子月霄網羅放佚，積十年之勤，稿凡三易，勒成一百卷。"予所藏《金文雅》，未若此本之富。文光記。

《廣釋名序》曰："月霄嗜學好古，於小學中尤善《釋名》。謂古人制字，象形、指事外，諧聲爲多，故字從聲肇，義以聲生。凡字體不根於聲者，僞體也；字義不本於聲者，假義也。漢人具有師傳，故毛、鄭諸儒箋訓多主諧聲。讀《釋名》一書，斯義尤著。因自諸經注疏及諸子緯候，一句一義，有與《釋名》相類者，仿其例爲之，得書二卷。又采緝斷自漢代，體例亦嚴，殆有合於劉氏所云'凡有未備，智者以類求之'之意，且俾古音古義之難通者，或有所考焉。"

《藏書二友記》曰："國初，大江南北藏書者踵起，而吾虞之錢氏、毛氏實爲稱首，然皆不再傳而失之。他如崑山徐氏、泰興季氏、維揚馬氏，淡生之祁、小山之趙，皆隨聚隨散。而吾邑繼起者，又得兩人焉，一曰陳子準，一曰張月霄，儲藏之名，并甲於吳中。兩家相去不半里，所藏不下十餘萬卷。去其世有傳本與秘而無關學問者，彙宋、元舊刻及新、舊抄，遴其精妙，尚可得一二萬卷。其中多吾邑錢、毛兩家舊物，淪落他方，百餘年復歸故土，殆非偶然矣。”

《恬裕齋藏書記》曰：“故學博蔭棠先生裔，出唐光禄昉後，積書十餘萬卷，昕夕窮覽。時城中稽瑞、愛日兩家先後廢散，君遴其宋、元善本，拔十之五，由是恬裕藏書遂甲吳中。”

《東家雜記》載聖配郼國夫人并官氏，不作“幵官”。《竹汀日記》云不誤之說。汲古本《家語》作“上官”，謬甚。今得元板王廣謀本《家語》，兩見皆作“并官”，乃知《索隱》之“笄”、《廣韻》之“井”，皆爲“并”之形誤。而他書之作“丌”、作“幵”，出自近代之剖劂者，更無足據矣。“并官”二字見漢《韓勅碑》，爲最先。《御覽》、宋板《通志》作“并”。

《論太平御覽考異書》曰：“考異之書，肇始於陸氏之《經典釋文》，而成於朱子之《韓文考異》，蓋先据一善本爲主，而後以別本中有異同者，云‘一本作某’，附注於下。其引經史處有駁文者，則仍其舊，而別引經史本以證明之。此昔人撰述之通例也。如今《御覽考異》，自當以宋本舊抄爲主。明刻本雖劣，其中有義可兩通，即似是而實非者，當并存之。注云‘刻本作某’，或‘一本作某，非’，以辨別之。舊抄與宋本異者，同此例。至於抄刻皆同，而核之經史、百家、古本、原文互異者，如顯然謬誤，人所共知，既經新刻改正，無庸注明。其餘如人名、姓氏、山川、郡縣、典章制度以及文義脱落乖謬處，皆當一一詳注‘《御覽》原文作某，原脱幾字，今據某書正’云云，以存宋本之舊。其《御覽》

似誤而句義略有可通者，即當仍《御覽》本文而別引所引之本書以疏通之。此乃作此書考異之體例也。至引證諸書之例，總以現存之本書爲據，旁參唐、宋以前經史注文，已足徵信。惟其書既佚者，自不得不摭及類書，然總以唐代爲斷，蓋《御覽》成自宋初，大抵即據隋、唐類書爲藍本，證以唐代類書，尚可得其彷彿。至明人《天中記》諸書轉相販鬻，或妄易字句，不可據也。至《淵鑑類函》，爲本朝敕撰之書，自古類書之冠，有唐類書所未載，別據古書采入者，又如標題《太平御覽》而其文與今本有異同者，皆當一一恭録，以定折衷。他若《格致鏡原》諸編出自近人者，不必復引矣"。

文光案：張海鵬刻《太平御覽》，故有是復書。自鮑本出而張本遂微，蓋遠勝張刻也。張金吾以活字板印行《通鑑長編》，予以重價得之。今湖北書局新校《長編》，亦遠勝張本。二書可家置一部。金吾，海鵬之姪也。凡著書必先核定體例，而後按例纂録，自然有條不紊，否則無所措手足矣。大例既定，細微之處亦須留心，否則不能一律到底。古人刻書猶有例，況著書乎？《九經三傳沿革例》，相臺岳氏刻書之例也。例必與高明往復商酌而後能妥適，否則諸多不合。例有本書不載而後人尋繹而知者，如《説文釋例》是也；有例載於前而復見於條下者，如《古今韻會舉要》是也。其他或失之太煩，或失之太拘，或有例而不免違誤者，更不勝舉。著書之大體既壞，雖有其例，不能補救矣。予欲集例之善者爲一書，因録此則，尚可取也。夫書之爲例，非精於讎校者不能酌其中，非久於著述者不能知其弊，多非例也。讀古書能總其大綱，條其節目，未許其發凡起〔一〕。

宋鄭漁仲注《爾雅》，採經爲證，不事穿鑿，轉得簡要，最稱善本。毛氏刻入《津逮祕書》，因原注佚脱并節去經文，又以舊文淆訛有所更定，類失之疏。予咸與刊正，不失舊觀，無誤來茲，於是書不無小補云。

宋朱少章先生，與漢蘇子卿行事相合。所著《曲洧舊聞》，曾刻《祕笈》中，惜非完帙。今得開萬樓所藏舊抄本十卷，爰校以付梓。

《庚申外史》一卷，明權衡以制撰。考以制爲元末隱士，書成於洪武初。後修《元史》，詔採順帝遺事，其書曾上史館。所載順帝一朝時事本末詳盡，證之《元史》多合。惟帝爲瀛國公子一節，與史牴牾。說者以爲微曖難明，或出中原遺老傷故國舊君者爲之辭，誠卓論也。庚申帝之事，本出當日宮闈之言。丙申之詔，即順帝亦有不能諱者，在善讀者自得之耳。

《宮史》五卷，赤隱子從劉若愚《酌中志》錄出者。若愚爲天啓朝內奄，名麗爰書。人不足道，而其書實創前此未有之例，具見有明一代太阿倒持、煬竈肆焰，其來有自，不第宮闈之軼聞瑣事足資考證已也。是書體例，略與《東京夢華錄》、《故宮遺錄》相仿。自門垣宮闕之制、內官職掌之目，以及飲饌服飾、嗜好嬉戲之細，無不紀錄，而於內監品秩員數尤詳，宜考古者所不廢也。舊板久湮，爰重加校梓，備雜史之一體云。

《文房四譜》，向無善本，照曠閣刊《學津討原》，時出舊藏本屬校，謬誤殆不可讀。他類書徵引者，概從闕如，緣是錄副未梓。錢塘何夢華得夢鶴山房舊抄完本，從振綺堂汪氏本校過者，余從兩本合校一過，共補五十二條。其餘闕文錯字，約記二百八十餘字。是書可稱完善，未知視《敏求記》所云絳雲對勘之本，相去又何如也。

《吳越備史》，《敏求記》云四卷，無補遺。陳子準藏書，抄善本，假以《相勘書》四卷，無補遺。《敏求記》所舉今刻本即明十九世孫德洪所刊。失載數事，備載無遺。其書與刻本異同詳略處頗多，今皆一一校補。中有脫至一兩葉者，不第如《敏求記》所云也。

書中諸王名字皆闕，其爲最先之本無疑。惟明刻本有錢渙兩跋，知宋時已有佚脱，非盡德洪刊刻之謬也。

《漢武帝內傳》，凡《太平廣記》、《漢魏叢書》諸刻，皆非完帙。汲古閣重刊《道藏》本最善，惜傳本亦稀。從陳子準借得舊抄足本，知俗本皆删節過半，毛刻亦多脱落，因影寫一帙。復取宋人《續談助》中節本，彙諸刻細校一過，以備參考。內、外傳本一書，如《吳越春秋》之例，外傳即內傳之下卷。不得此本，又孰從而證明之耶？

《漢武故事》無完帙。《敏求記》所載繡林書屋本，今藏稽瑞樓，亦屬散本，然出《古今逸史》外者居半。此本從《續談助》中出，亦非完書。爰於暇日重輯一編，以《逸史》、《續談助》爲主，而以《御覽》及他書所引附之，共得三十一條。計其全書，亦十得八九矣。

《北堂書鈔》岱南閣孫氏所抄影宋本，前有淵如序。復假得愛日精廬曹棟亭本，及稽瑞樓陳明卿本。三抄訛誤略同，而此失彼得，可以是正者什之一二。餘則取見存之本暨近古類書，參互考訂，又可得什之三四。其無可校者闕之。吾邑蔣君伯生願刊此書，屬余校勘。功未及半，君歸道山。適會哲嗣奇男奔喪旋里，爰識其顛末，以書歸之。是書未知刊否。予所藏爲明刻本。

《齊民要術》久無善本，《學津討原》據《津逮》胡震亨本，其脱謬之甚者，據《農桑輯要》校改補完。陳子準臨士禮居校宋本六卷，余合照曠新刊本逐條細勘，刊落胡刻之脱謬者二十之二三，補脱正文百餘字、注文七百餘字，卷五脱葉四百一十餘字，零星羨文、訛字及填補空墨又五百一二十字，此書至是始復舊觀矣。余自三十年來，所校古籍不下五六十種，最愜心者惟《文房四譜》、《廣川畫跋》，皆從訛謬中力開真面。今得此書而三矣。

歸玄恭先生爲太僕曾孫，其文章元本家法，而能自出機杼，惜未有得其集者。先生宗裔藏詩文稿六册，參互選汰，編爲文六卷、詩一卷，遂據以付梓。至是讀先生之文者，可無遺憾矣。玄恭名莊，《顧譜》云"歸奇顧怪"。

《蛾術堂集》十六卷

國朝沈豫撰

漢讀齋本。道光戊戌年刊，前有王端履序。書凡十四種：學海堂《經解淵源録》一卷，《經解提要》二卷，《續提要》一卷，《羣書提要》一卷，《讀經如面》一卷，《讀易寡過》一卷，《周官識小》一卷，《左官異禮略》一卷，《羣書雜議》一卷，《袁浦札記》一卷，《讀史雜記》一卷，《秋陰雜記》一卷，《仿今言》一卷，《芙村文鈔》二卷，《芙村學吟》七卷。豫字補堂，蕭山人。説經之書多未脱稿。詩文醖釀深厚，無雕琢痕。《經解淵源録》考證各家傳派，《左官異禮略》取左官之異於《周禮》者，如卿置側室、大夫有貳宗以及令尹、司城之類，凡八十二條，與程氏《春秋職官考》、沈氏《左官考》各異，間辨沈、程之誤。《羣書雜議》有《逸易》、《逸書》、《逸詩》、《逸禮》，所蒐似未盡。

王氏序曰："補堂沈君，幼擅詞華，長耽經術，久客江淮通知。時聖朝稽古右文，名流輩出，論者獨推吾浙朱竹垞、毛西河二先生。然竹垞之學遜於西河，西河之才亦亞於竹垞，則甚矣，才人而爲學人之難也！補堂生長是邦，追踪前哲。其於經義也，沿流討源，實事求是；其於詩史也，不屑步趨古人，而醖釀深厚，流露自然：合詞華、經術而爲一，真令才人、學人一齊頫首矣。"

杜注以垂、益等配八元、八愷十六人，數目不符。以庭堅即皋陶字，一人取據，究難盡信。"士兵之"杜注："以兵擊萊人。"按此本意，似欲相士行會禮，而反擊之以兵，下文兩君合好云云，方承接一貫。若照杜注，則聖人之見與犁彌等矣。

驚雷迸筍，甘雨蘇禾，故曰"雷雨之動滿形"。今本"形"訛"盈"。

《周官識小》："苦鹽，粒之粗者。散鹽，粒之細者。"

《太史公自序》歷溯譜牒，見事業之精。其間參伍錯綜，似斷而連，似散而整，似隔塞而聯貫，似顛倒而順從，真曲終雅奏也。《易經·序卦》，收拾一部，滲漏毫無，庶足繼之。

　　文光案：《序卦》次叙可尋，惟《雜卦》循環聯貫，變化無端，未有能繼此體者。太史公其有見於此乎？

任彥昇作《王文憲集序》，體似碑碣、行狀。起云"公諱儉"，歷叙家世、官階、薨年月日、謚法。此格少見。

　　文光案：袁浦《札記》有《陳氏五經異議疏證跋》，說明堂甚詳，可與汪氏《述學》內篇《明堂議》參看。

邵氏《爾雅》，有改正監本者。

明鄭端簡公曉博極羣書，著《今言》一集，朝野瑣事，罔不載記。予有《金臺隨筆》二卷，摘其要者，易曰"仿今言"。

《全唐文》黃綾本一千卷，總目四卷，嘉慶十九年頒發，兩淮鹽政阿克當阿敕交兩淮敬謹刊校。嘗延就近各紳士熟諸校勘書籍之員，錢塘吳錫麒、陽湖孫星衍、全椒吳鼒、歙縣洪集梧、萍鄉劉鳳誥、會稽莫晉、儀徵黃文煇、鎮江趙佩湘等爲總裁、總纂，分校、監刻、收掌等員無數，皆豐膳，極一時之盛。其間統率校讎、精工完善者，淵如倍加謹慎。淵如富藏書，唐文尤備，由白下載書至廣陵。而分校各士又博通凡例，其板仿照《唐宋文醇》字式。御製序文，天章雲漢，奎璧騰輝。遍刻館臣銜名，而兩淮監刻諸臣，亦準列於館臣之後。陳設本二十四部，每部一百套；賞賚本一百部。用石青杭紬套板片，存運庫。其時兩年有餘，而延請紳士及雕板之費，無慮一二十萬金。一時之勷其事者，鴻儒碩彥，蓋聯駢接踵云。

吾蕭邑轂塍王經師家築十萬卷樓，陸氏寓賞樓、陳氏湖海樓，外此，如王中丞南陔、汪吏部蘇譚，俱大族，皆充棟盈車。而抄影善本之富，則以陸氏爲第一。蓋不惜工貲，四方書賈雲集輻凑，故初印元、明板本俱多。至校勘精工，分晰眞僞，王、汪諸君皆精小學，非炫飾者可擬也。

《大戴禮》後刻，俗字太多。明嘉靖癸巳袁氏依宋本重刻之。大齊，《戴記》皆作"厽"。後人不識古字，遂僞作"參"。

《繫辭傳》"力小而任重"，唐石經作"力少"。三句中用兩"小"字，似覺偏枯，當從石經。《三國志》注引《魏略》"力少任重"。

《周易本義》咸淳本"傷於外者，必反於家"，唐石經及岳氏本并同。今本作"必反其家"。

北監本《儀禮》多脱誤。

"行者有裹糧也"，翻宋本"糧"作"囊"。

《董方立遺書》十六卷

國朝董佑誠撰

原本。首傳，李兆洛撰；次道光十年張琦序，又張成孫序；次總目。算書七卷，《水經注圖説》四卷，《文甲集》二卷，《乙集》二卷，《蘭石詞》一卷。此本刻於京師。《文甲集》卷上《夏小正釋天辨正》、《沈彤周官田禄考》、《古今度法》、《太歲辨》、《圜徑求周辨》、《霸水産水考》，卷下《與陳静菴書》、《論冬至》、《日躔》、《讀易緯》四篇，《長春眞人西游記跋》。此跋言日食。《嵩山開母廟石闕銘跋》、《大秦景教流行中國碑跋》、《唐寶室寺鐘銘跋》、《古泉幣文拓本跋》。《文乙集》卷上爲賦、書、序，卷下爲序、傳、記、跋、書後、碑、墓誌、誄、祭文。

傳曰："方立負經世才，衣食奔走，迹半天下。凡夫山川形勢、政治利弊，采覽所及，歷歷識之不忘。少時喜爲沉博絶麗之文，稍長更肆力於律歷、數理、輿地、名物之學，涉獵益廣，撰述亦益富。平居善深沈之思，書之號鈎棘難讀者，一覽無不通曉。董故世胄，思以功名見，而屢進屢躓。所著書九種，方君彦聞序而刻之矣。今子詵方立之兄。復盡哀其遺書，刻之吾鄉。方，陽湖縣人，順天舉人。子詵[二]名基誠，嘉慶丁丑進士，今官户部郎中。"

《開母廟銘》二横，前十五行，後十七行，校以牛氏《金石圖》，所録僅及其半。漢篆存者絶少，是闕作於延光二年，尤足參證古義。如《銘》云"九山甄旅"，即"刊旅"；"福禄來犯"，即"來反"；"化日新而累熹"，即"累熙"。"杞繒漸替"，古本"鄁"皆作"繒"。王氏《萃編》以爲借用，於義未允。《釋名》云："柏，伯也。"《銘》以伯鯀爲"柏鯀"，與《人表》"柏譽"、"柏封"正同。《老子》："神無以靈，將恐歇。"《銘》中"守一不歇"用之。王氏謂借"歇"爲"竭"，亦誤。

古幣文云："扶比當十斤者。"蓋四指合曰'扶'，四器合亦曰'扶'。扶、柎相通，謂四幣合而當十斤。又小幣文云："四比當一斤。"彼幣小，故四當一斤；此幣大，故四當十斤：無異制也。

梁幣文云："釿五二十當守。"按："釿"與"斤"同，"守"即"鉻"字之假借。迴環讀之，當作"釿五當守十二"。古者以六兩三分兩之二爲一鉻。《考工記》"戈重三鉻"，鄭注："許解云：'鉻，鍰也。今東萊或以大半兩爲鈞，十鈞爲鍰，鍰重六兩大半兩。'"是鄭從許説也。三鉻則二十兩。今本《説文》云"北方以二十兩爲鉻"，蓋脱去"三"字耳。釿五則爲兩八十，適得十二鉻之數，知鄭非無據矣。

兩畄錢，即半兩也。畄，古"甾"字，即"錙"字之假借。六銖爲錙。古者二十四銖爲兩，兩錙則半兩矣。

《孫子算經》係漢人依託，後經竄亂。

《景教碑》云："判十字以定四方。"後人目爲西洋天主教之祖。王徵《奇器圖説序》稱《景教碑頌》與天主教若合符節。徵親從湯若望、鄧玉函游，所言自當有據。大抵西域諸教皆宗佛法，後乃更創新奇，滅棄舊旨，或奉阿丹，或奉耶穌，而清真寂滅諸旨則彼此同襲。回回之教出於大秦，歐邏巴之教復出於回回。自唐以來，回教既遍天下，而歐邏巴以微技見録，日久蔓滋，無不以洋製爲工，而愚民復爲耶穌所煽。景教之流毒，不知其何所底矣。

《五十三家歷術序》曰："取史志所載，自三統以下可撰述者五十三家。凡歲實、朔實之分，定氣、定朔之差，皆敬授之。大原先朝之遺憲，爲比其名義，課其盈虛，補其散佚，信其亡闕，都爲十卷。書成，爰系之序，并列其目於左。"

《長安縣志叙傳》曰："自康熙以來百五十年，志乘不備。嘉慶十六年重修，都三十六卷。"

趙收菴所藏《石鼓文》，都三百二十六字。

太歲、太陰之辨，錢先生大昕言之詳矣。王先生引之復作《太歲考》二十七篇，多正錢氏之失。謂《説文》釋"歲"字，不宜專指木星，誠爲篤論。

十二屬自古有之。演禽之説，則起於後代。

《稽覽圖》今本經注凌雜。

《多識録》四卷

國朝練恕撰

原本。前有道光十八年李兆洛序、練廷璜序并傳、毛岳生序。書凡七種：曰《後漢公卿表》，爲第一卷；曰《後漢書注刊誤》，曰《西秦百官表》，曰《北周公卿表》，爲第二卷；曰《五代地理考》，曰《明諡法考》，爲第三卷；曰雜文，爲第四卷。

李氏序曰："伯潁練君,廣東連平州人。予友立人先生冢子也。立人自元和權知上海縣事,伯潁卒於官舍。立人搜其篋,得所著未成之書與童時所作雜文,屬其友寶山生甫毛君論定刊之。生甫又綜其志誼爲哀誄,伯潁可不朽矣。古來以少雋稱者不乏也,如童烏之玄,終軍之上書,君子尤深致惜焉,以其甫涉户庭,便及奧突,加之深造,所至不可知也。然丁鴻十三受夏侯《尚書》,張堪七歲受梁丘《易》,未嘗不至於成立,則得於天者獨厚也。以予所閱,蓋秀而不實者,幾不乏人也。曰金朗甫,歙人,張皋文先生弟子也。皋文治《易》,創虞氏義。朗甫盡通之,爲之補正旁通。年二十許卒,皋文刻其遺書而序之。曰江安甫,亦歙人,與朗甫同受《易》於皋文,學相逮也。年十八而卒,皋文亦序其遺書,與朗甫合刻之。曰董方立,予中表弟也。幼窮困而好學,好深沉之思。通古今算法,能糾其訛而補所未備;又深悉中外輿地,繪《皇朝一統輿地圖》;又爲《水經注》繪圖:皆絕學也。年三十三卒,友人爲刻其遺書焉。曰黄潛夫,嘉定人。席豐履厚,而屹然能求友博學。著《日知録集釋》等,又有遺書數種。年三十九卒。即生甫之至友,校定遺書而刊行之者也。逮伯潁而五矣。其餘工文字,能讀書,矯矯然殊於衆人者,又不啻數十焉。何天之靳之耶? 要其英光靈氣,以較壽儁之士,固不啻過之矣。"

毛氏序曰:"范書初作時,本無表。宋熊廣居用考録全書與《三國志》、司馬紹統[三]《志》,效前書爲《表》十卷。雖頗訛脱,而鈎貫羅絡,亦率有條理。嘉定錢晦之先生嫌其舛雜疏隘,復博稽山經地志、金石傳記,別爲諸表,正訛補闕,加精密矣。伯潁性喜考辨,尤達官制,復補爲是書《公卿表》。方作書時,實未見熊、錢與萬季野諸書,而序説明贍,是者多合,有足觀者。然錢氏譏廣居《百官表》并載長樂衛尉、太子太傅、少傅、大長秋、司隸校尉等爲不明官制,其説信矣。而其所作《表》乃舍司隸校尉而列河南尹，何也？司隸校尉本武帝置，至東京，威權重矣。而河南尹等七郡，又皆其所部。且《前書》表名‘百官公卿’，廣居名‘百官’，其列京兆尹等與司隸校尉、河南尹可也。錢氏則名‘公卿’，尤不當舍司隸校尉而列河南尹也。此表不列大將軍，則伯穎疏耳。至列司隸校尉，不列河南尹，則其綜貫知審覈，不可以年少易焉。”

練氏序曰：“此皆亡兒恕所撰也。恕幼聰慧，尋誦諸經，不煩教督。九歲能讀《漢書》，紬釋志表，務求精核。十一歲作《後漢公卿表》，無間寒暑，凡三易稿始成。餘率隨時辨録，用資問學；間作序論，亦頗明鋭。後予勉以習應省試文字，窺其意甚易之，弗以爲善也。尋得咯血疾，予并諸書屏弗許觀，然私輒研究不已，蓋其性嗜學然也。自幼孝友，用意誠篤，予甚嘉其材器可成，孰意今夏得病暴卒，年止十八。悲夫！”

傳曰：“立人謂予曰：‘此兒夙解，都非意計所及。如云漢丞相有無傳者，若陶青、劉舍僅見諸表是也。沈氏合抄序有曰劉司徒者，兒指爲誤，曰：“劉昫爲司空，未爲司徒。”檢本傳，果然。有友人以韓陵石示之，謂係高歡破爾朱榮事。兒曰：“韓陵之戰乃破爾朱天光，非榮也。”與之談，多爲所難。’”

萬季野史表多詳官制，惟十六國諸表，自南燕下尚缺夏、前凉、後凉、西秦、南凉、西凉、北凉、北燕八國，而北朝諸表亦略。繆爲補綴。乙未秋，咯血疾作，僅成《西秦百官》、《北周公卿》二表，頗費日力，用録參考。義法不同，經緯微別。

《月齋文集》八卷　《詩集》四卷

國朝張穆撰

原本。刊於咸豐八年，末有助刻姓名。首序不書名，應是祁相國所撰。次吳履敬、吳式訓二序。此集爲吳氏兄弟所編次。又何秋濤序。次目録。第一卷爲經説，卷二至卷六爲論、序諸文，卷七爲《會稽莫公事略》，卷八爲《事輯》。補遺序一首。先生遺集不自收拾，遺落甚多，不能盡其所長，深可惜也。

吳氏序曰："師息意仕宦，閉户讀書。百家之學，無不洞其原委。尤長於輿地、小學，異域山川，瞭若指掌。諸經説同異有問難者，應答如流。文字之交徧海内，詩酒之會冠京師。天不降年，年四十餘，嗣續未立，遂抱瘵疾不起。平日所著書多未卒業。《游牧記》末四卷，尚未排比；《延昌地形志》，夏州以後未得草稿：皆賴願船先生編校完善，與詩文集可相繼付梓。門人吳履敬。"

文光案：《月齋文集》外所收者，惟《蒙古游牧記》、《顧亭林年譜》、《閻百詩年譜》及所校楊氏《連筠簃叢書》，其他未見。集中《俄羅斯事補輯》，補俞氏《癸巳類稿》所未備。沈果堂抄《尚書古文》五卷本，跋與刻本互有異同，而沈抄可從。百詩又字暘次。《孔龢碑》釋文并跋。此碑雍正初年出土，校各家所録多四十餘字。《郎官石記》戲鴻堂本，似從此摹。

《曾文正公文鈔》四卷　《附録》一卷

國朝曾國藩撰

蘇郡本。同治十二年刊。前有同治九年門人遵義黎庶昌記，十一年又記。附録書札并詩，末有常熟張瑛跋。此本合刻奏疏十卷，今有全集本。

黎氏記曰："庶昌從公軍安慶，兵事少暇，輒從問學，因得與聞讀書、作文之法。蓋公之意，嘗欲綜我朝諸儒之多識格物，博辯訓詁，一寓於雄奇萬變之中。以韓、歐規模抒馬、班神理，而返之兩漢、三代，其識可謂卓絶矣。自是每有造述，輒録副存之。其他散佚者，亦頗稍稍蒐輯，均存篋笥。今年夏五，始繕寫成帙，以自諷覽。凡公文之大且多，宜別爲錄者，如奏疏、書札、章程、批牘之屬，與其文不盡出於公之手者，皆不以入。今錄者，雜文四十五首而已。《經史百家雜抄叙目》，非文也，以其與姚姬傳氏《古文辭類纂》持論各有不同，亦稽古得失之林也，因附焉。昔魏文帝言：‘文章，經國之大業、不朽之盛事。’今錄此編，觀公所爲修己治人，經緯萬彙者，略具於是。有德必有言，不亦信夫？”

張氏跋曰：“黎君原編二卷，瑛就其次叙均爲四卷。公學宗宋儒，上溯孔門約禮之教，不事空談心性，深入漢儒堂奧，灼知乾、嘉諸儒號爲漢學之弊。論文則分陽剛、陰柔，二者括古今文章之變。於近世諸家以桐城爲正宗，又以姬傳姚氏之文偏於陰柔，而參之以雄奇萬變，故公之文不名一家，實足跨越一代。私與黎君議，先刊此編以副學者快睹之心，且誌感云。”

《王船山先生遺書》，同治四年十月刻竣，凡三百二十二卷。國藩校閱者，《禮記章句》四十九卷，《張子正蒙注》九卷，《讀通鑑論》三十卷，《宋論》十五卷，《四書易詩春秋諸經裨疏考異》十四卷，訂正訛脫百七十餘事。

　　文光案：《船山遺書》自有此刻，盛行於世。文正公又校刻《孟子要略》五卷。《孟子書》二百六十章，朱子采入《要略》者八十五章，自來志藝文者皆不著錄。白田王氏謂此書久亡。此本從金仁山《孟子集注考證》內搜出，與《集注》間有不同。排比成帙，而朱子之原本不可見矣。

君諱夑，字先籛，肅寧苗氏。自幼讀書即異常，不好爲科舉、文藝，而竊嗜六書形聲之學。道光之末，京師講小學者，卿貳則祁公及元和吳公鍾駿，庶僚則道州何紹基子貞、平定張穆石舟、晉江陳慶庸頌南、武陵胡焯光伯、光澤何秋濤願船。君既習於祁公，又與諸君契合。辨論前世音學暨近人江、戴、段、孔之得失，日夜不倦。君所著書曰《說文聲讀表》，曰《集韻經存》，曰《韻補正》，曰《經韻鈎沉》。

　　古文家用字之法，何以謂之實字虛用？如“春朝朝日，秋夕夕月”，上“朝”、“夕”實字也，下“朝”、“夕”則當作“祭”字解，是虛用矣。“入其門無人門焉者，入其閨無人閨焉者”，上“門”、“閨”實字也，下“門”、“閨”則當作“守”字解，是虛用矣。後人或以實者作本音讀，虛者破作他音讀，古人曾無是也。何以謂之虛字實用？如“步”，行也，虛字也。然《管子》之“六尺爲步”，《詩經》之“國步”、“天步”，則實用矣。“覆”，敗也，虛字也。然《左傳》“設伏兵”即名曰“覆”，如鄭突“爲三覆以待之”、韓穿“帥[四]七覆於敖前”，是虛字而實用矣。亦有與本義全不相涉，而借此字以名彼物者。如“收”，斂也，虛字也；而車之軧名曰“收”。“畏”，懼也，虛字也；而弓之淵名曰“畏”。此又器物命名，虛字實用之別爲一類也。至用字有譬喻之法，後世須數句而喻意始明，古人只一字而喻意已明。如“駿”，良馬也。因其良而美之，故《爾雅》“駿”訓爲大馬；行必疾，故“駿”又訓爲速。《商頌》之“下國駿厖”、《周頌》之“駿發爾私”，是取大之義爲喻也。《武成》之“侯衛駿奔”、《管子》之“弟子駿作”，是取速之義爲喻也。至於異詁，無論何書，處處有之。昔郭注《爾雅》，近世王伯申著《經傳釋詞》，於易曉者指爲常語，不甚置論。如“淫”訓爲淫亂，此常語，人所共知也。然如《詩》之既有“淫威”，則“淫”訓爲大；《左傳》之“淫刑以逞”，則“淫”訓爲濫；《書》之“淫舍梏牛馬”、《左》之“淫芻蕘者”，則“淫”當訓爲縱；《莊子》之“淫文章”、“淫於性”，則“淫”字又當訓爲“贅”：皆異詁也。此國藩講求故訓，分立三門之微意也。古人用字不主故常，初無定例，要之各有精意運乎其間。且如高平曰阜，大道曰路，土之高者曰冢、曰墳，皆實字也。然以有高廣之意，故《爾雅》、《毛傳》於此四字均訓爲大。

"四牡孔阜"、"爾殽既阜"、"火烈具阜"、"阜成兆民"，其用"阜"字，俱有盛大之意。王者之門曰路門，寢曰路寢，車曰路車，馬曰路馬，其用"路"字，俱有正大之意。長子曰冢子，長婦曰冢婦，天官曰冢宰，友邦曰冢君，俱有重大之意。《小雅》之"牂羊墳首"、《司烜》之"其墳燭"，其用"墳"字，俱有肥大之意。至三墳五典，則高大矣。凡此等類，謂之實字虛用也可，謂之譬喻也可，即謂之異詁也亦可。溫公精於小學，胡身之亦博極羣書。就《通鑑》異詁之字，偶一抄記，久之多識雅訓，不特譬喻、虛實二門可通，即其他各門亦可觸類有貫澈矣。

《舫廬文存》四卷　《附錄》二卷

國朝張壽榮撰

蛟川張氏秋樹根齋本。光緒癸未年刊，前有鶴隱樓主人王氏序、張氏自序；菊齡先生小景，何庚繪，書隱老人自題；目錄。雜文八十六首，附外集院課文八首，餘集駢體文四首。後有受業族子宗錄跋、劉孝思跋。板甚工。鞠齡，鎮海人。

王氏序曰："張簹軒孝廉，蛟川名士，淵博精悍，於書無所不讀。工詩文、小學，尤深於說經。讀是集畢，爲書數語弁其端，知言者或有取焉。"

乾，健也。坤，順也。震，動也。巽，入也。坎，陷也。離，麗也。艮，止也。兌，說也。人知夫子能深窺伏羲氏畫卦之蘊，而不知其參究夫異同，案詳夫通假，□銓釋間，蓋舉倉頡、沮誦之精意，悉宣之而不遺焉。何則？保氏六書之法可考見者，《說文》所存爲最。初夫子有直取夫本義者，有展轉之而取大引仲義者，有案爲字之假借而明其正義、破以本字者。如坎，陷也；兌，說也：所謂直取夫本義者也。乾，上出也，從乙。乙，物之達也。由上出而達，由達而健之義生。震，劈歷振物者。劈歷，疾雷也。

由振而疾，由疾而動之義生。艮，很也。很，不聽從也，行難也。由很而不聽從，而行難，由不聽從、行難而止之義生：所謂展轉之而取夫引伸義者也。巽，具也，與“僎”同音相通。僎順，故善入。坤，古本作“巛”。《釋文》所存，可見“巛”者，“川”之字變。“川”者，“順”之文婟，故“巛”訓順。王氏《經義述聞》有是説，然第謂“坤”、“順”聲近。離，從隹。離黃，倉庚也。古字與“麗”相通。“麗澤，兑”，《釋文》“麗”，鄭作“離”；《士冠禮》注古文“麗”爲“離”，故“離”訓麗。此又所謂窠爲字之假借而明其正義、破以本字者也。《説文》所列，并有“坤”、“𢁠”二字。叔重云：“坤，地也。《易》之卦也。從土、申，土位在申也。𢁠，巽也，從丌，從頤，此《易》𢁠卦爲長女、爲風者，知其字由《易》卦而制。夫子不取者，或文起於後，或義與卦德較遠也。今夫文字之肇始也，有義而後有音，有音而後有形。畫卦者，造字之先聲也。三其畫而奇之，三其畫而耦之，義也。三其畫而奇之，名之曰乾；三其畫而耦之，名之曰坤：音也。有“乾坤”之名，乃制爲“乾坤”之字形也。由是爲之訓詁以明其義，爲之正讀以傳其音。而形之所在，有不必盡爲義與音之所在。彼訓詁正讀者，參究而窠詳之，能不失乎保氏六書之法，此在説經家，常難其人。而聖人於八卦名義，顧一一曲盡之如斯也。非聰明睿知、至精至神，其孰能與於此哉？學者毋徒誦焉，而味其旨也可矣。

　　文光案：聖人行所無事，不假安排，純任自然者也。讀書者宜自尋道路，必如此方可謂之善讀書。由是推之聖人之至精至神，豈止六書爲然哉？人病不求耳。苟求其故，一部《易經》，字字細研之，已無所不包，無所不有。加之以《詩》、《書》、《春秋》、《禮記》、《論語》、《孟子》，其用無窮矣。安得知言者，共講説之？

知八卦之義有合於六書之法，則從夫朔而得其正，而後可推廣之以盡其餘。乾，陽也。其德剛，積至三不變。物有健於乾者乎？坤，陰物也。其德柔，馴至三不殊。物有順於坤者乎？於是震長男，體父之健，得其初而爲動，健之基立焉。巽長女，承母之順，得其初而爲入，順之理寓焉。坎繼震而爲中男，宜其動者愈動矣。而陽進於二，陰消於下，更抑以上之一陰，則陽不克動而轉有所陷。離繼巽而爲中女，宜其入者愈入矣。而陰進於二，陽息於下，且覆以上之一陽，則陰不復入而反得所麗。艮繼坎而爲少男，陽進而上，據以遏陰，故止。兌繼離而爲少女，陰進而上，喜於乘陽，故説。此八卦之義，可以其體驗者也。乾以奇見奇，進而三，著其健也。坤以耦合耦，比而三，明其順也。陽欲其息，一陽見於震下而重之，重以其動也。陰欲其消，一陰生於巽初而危之，危以其入也。坎孤陽在中，上下冱以二陰，則實而致陷也。離微陰潛内，上下包以二陽，則虛而爲麗也。艮一陽亙於上，如閾有限而二陰不能進，是止之也。兌一陰判於上，如口有宣而二陽復相得，是説者也。此八卦之義，可以其象推者也。

“金曰從革，從革作辛。”二語解者，多沿習從火、改革。金有辛氣，舊説不可爲訓。循僞傳孔疏之説，五味中四者已不可通，而辛味之由金益不可通。夫天有六氣，降生五味，是知五味皆當以氣化言矣。明乎氣化之説，作辛者可知其必曰“作”者，五行之初未成五味，氣化所至，而後作爲味也。

　　文光案：舊説“潤下作鹹”，以海水爲鹹，然水有不鹹者；“炎上作苦”，以焦者多苦，然苦味不必皆焦；“曲直作酸”，以桃、杏有酸者，然果之屬不皆酸；“稼穡作甘”，以人所共知，不必詳言；惟“從革作辛”，絶無一物可以嘗之，而其説窮矣。菊齡伸其師説，以爲五行之氣所化，其識高矣。又玩出一“作”字，可知水不必皆鹹，潤下作鹹；火不必皆苦，炎上作苦；木不必皆酸，曲直作酸；金不必皆辛，從革作辛；土不必皆甘，稼穡作甘。細玩之，尤有餘味焉。

禹乘四載，於水、於陸所乘無異説；山行、泥行所乘，諸書之文，參錯互見，不一其名，而要當以《説文》木部“樏”下所舉爲正。水行乘舟，陸行乘車。山行所乘，異文者七，然自其盛載而言曰輂，自其挽引而言曰樏，無二物也。用以徙土曰土轝，用以昇人曰橋。橋、轎通。泥行異文六。孟康曰：“毳形如箕。”張守節曰：“橇形如船而小，兩頭微起，人曲一脚，泥上擿進。”亦無二物也。張守節以“輂”爲“履”。如其説，非所謂載亦豈所謂乘者乎？

《水經》作者當是三國時人，或以爲郭璞撰。郭璞所注乃二卷之《水經》，其書不傳；道元所注乃四十卷之《水經》，其本不同。或以爲桑欽撰。欽所撰乃《地理志》，《漢書》引之，非《水經》也。

《兩漢經師得失論》曰：“漢自孝惠除挾書之律而經術興，自文、景、孝武置博士、立學官而經師輩出。雖然，其學盛則其收廣，其收廣則其説岐，蓋并其世而其學已不免異同乎？其見石渠、虎觀一再講議，平以大師，決以帝制，其顯然者也。《後漢·章帝紀》曰：‘學者精進，雖曰承師，亦別名家。’又曰：‘欲使諸儒共正經義，頗令學者得以自助。’言乎其有得失也。今考《儒林傳》所載，若孟喜得《易》家候陰陽、災變書，詐言爲師田生所獨傳，而同門梁丘賀證明其非。趙賓萬物荄茲之説，喜爲名之。賓死，復不肯仞。博士缺，以改師法不用。京房受《易》焦延壽，謂延壽《易》即孟《易》；而翟牧、白生親傳孟氏學，皆非之，不肯承。劉向校書以京氏爲異，謂延壽得隱士之説，託之孟氏。然房之術在明災異，喜亦以陰陽、災變書耀諸儒，其學正自無殊，要可決其非出於田生。不然，如劉向言，諸《易》家説皆祖田何、

楊叔、丁將軍，大誼略同，胡以二家獨爲是災變之説耶？後之言
《易》，莫善於慈明、仲翔升降、消息之義。而仲翔牽引納甲，説
近支離；康成爻辰主屬，亦豈經義本然耶？書自伏生後，復有歐
陽、大小夏侯。而《夏侯勝傳》言建師事勝及歐陽高，左右采獲。
又從五經諸儒，間與《尚書》相出入者，牽引以次章句，具文飾
説。勝非之，謂爲破碎大道。建亦非勝爲學疏略。同一《尚書》
家，其旨趣之異如是，蓋其得失亦復相半也。勝再傳爲長安許商。
商授唐林、吳章、王吉、炔欽，號‘四子’，爲德行、言語、政
事、文學，比於孔門四科，抑何僭忘無恥耶？彼其所得，亦概可
知矣。而孔氏自安國以下，世傳《古文尚書》，其子建能不仕莽
世。司馬遷亦從安國問，故遷書載《堯典》、《禹貢》、《洪範》、
《微子》、《金縢》諸篇，多古文説，得者正多，胡以終漢世而不顯
耶？張霸《百兩篇》淺陋異於中書，顧乃不知其失而以古文徵耶？
《詩》如《關雎》、《鹿鳴》，以爲譏刺王綱；謂《芣苢》爲蔡人妻
作，《相鼠》爲妻諫其夫。三家所傳，較之毛公得乎？失乎？而王
式以魯詩爲昌邑王師朝夕所授，至於忠臣孝子之篇，未嘗不爲王
反復誦之；危亡失道之君，未嘗不流涕爲王深陳之：可謂賢矣。
其弟子亦誦説，有法，疑者丘蓋不言。胡以世爲魯詩宗者，若江
翁歌《驪駒》而不知義，且又心生嫉妬，發言醜惡，全無儒者氣
象耶？而轅固生爲《齊詩》，嘗與黃生論湯武受命，及誨公孫子之
務正學以言，無曲學以阿世，又何其侃侃不屈耶？韓氏《易》深
於《詩》，以故蓋寬饒本受孟《易》，見涿韓生説《易》而好之，
即更從受，何當時列其《詩》於學而不列《易》耶？《釋文》謂
《韓詩》雖在，人無傳者，其得失可見矣。毛公親聆卜子商緒言，
爲《故訓傳》二十卷，有得無失，晚始列學，當時好之者惟一河
間獻王。向非康成氏爲之保章申釋以難三家，不且至今無存耶？
《禮》自高堂生以來，屋壁毀藏出者不一。后蒼曲臺著説數萬，大

戴、小戴删存分合，去取靡定。爲之注者，賈逵、馬融、盧植，而皆不傳。惟康成氏《三禮注》獨傳，可謂得矣，顧其失亦往往難免。杜子春、鄭司農説間存一二，無由遽窺其深。而河間獻王修學好古，實事求是，於《詩》之外復得《古禮經》獻之，詎非爲功至鉅耶？《春秋公羊》最先列學，董生下帷講誦，至爲精專。其歷事驕王，皆匡以禮義，而復好學不倦。史稱其有王佐之材，治經令後學者有所統壹，爲羣儒首。顧同時公孫弘亦治《公羊》，胡又希世用事，阿諛不類耶？厥後何邵公作《公羊解詁》，覃思不窺門十有七年，又以《春秋》條漢事六百餘駁之，史稱其妙得《公羊》本意。以本經論，亦可謂得矣。《穀梁》，惟蔡千秋得魯榮廣、皓星公兩人之傳，所學邁衆。宣帝時召諸儒評公、穀二家同異，議三十餘事，《穀梁》爲善。而劉向治《穀梁》，其子歆好《左氏春秋》，數舉經義以難父，胡又不能非問耶？然向廉靖樂道，不交接世俗，專積思於經術，以領校中五經祕書，益資博覽。所著《洪範五行傳論》、《列女傳》，皆爲外戚而發。平日盡忠規主，言多痛切，出於至誠，斯其學行并茂者歟？歆亦雅意好古，强識洽聞，以父所輯書未卒業，集六藝羣書，成爲《七略》。史稱《洪範論》發明《大傳》，著天人之應；《七略》剖判藝文，綜百家之緒：蓋可見矣。《左氏春秋》賴歆以顯，謂丘明好惡與聖人同，親見夫子；而公羊、穀梁在七十子後，祇由傳聞。又其引文解經，互相闡發，致力獨深。移書太常，論議崇宏，非爲阿好。哀帝能知其欲廣道術，無非毀舊章意，顧不洽於執政大臣何耶？其人不足重，其言固足存也。厥後賈逵爲《解詁》，服虔作《解誼》，尚能不謬於經，惜傳者少耳。《論語》三家，各有師承，而張禹齊、魯并受，擇善而從，最後而行於漢世。康成就《魯論》張、包、周篇章考之《齊》、《古》，以爲之注，自當更善。至邠卿之注《孟子》，章明句析，義蘊閎深，其精卓亦豈在諸儒下耶？若夫叔重，號‘五經無雙’，則《説文解字》一書，會萃諸説，致其研精，裨益學者匪淺，異義不及也。大抵漢人重師法，上者淵源印證，説無乖違；其下專己守殘，黨同門，妒道真，不考情實，隨聲是非。如劉子駿所言，亦正難免。抑在廷鑑別，時或未審，棄瑜録瑕，美惡雜糅；而儒者喜言災祥，引經比附，致開讖緯家之學：皆其失者。今綜夫表見於時、增重後世經師之最者數子言之，則安國有其古，董子有其正，史公有其大，毛公有其純，向、歆有其篤，叔重有其賅，康成有其博，得者犖犖。餘子雖多，似皆不足數矣。”

連珠之韻，上之當求諸“三百篇”，得其源而後知其委。否或以漢、魏、六朝之韻讀漢、魏、六朝之連珠，以唐、宋之韻讀唐、宋之連珠，知必有合焉。若執今韻之百六部以讀漢、魏、六朝、唐、宋之連珠，宜其無能通者也。

桐城、陽湖之文，二家派別，時論云然。予初未之信，繼讀吳仲倫《初月樓文鈔》、《古文緒論》及曾文正《歐陽生文集序》，乃知桐城家之盛之尊，爲陽湖家所不及。然僕終不以爲然也。自乾、嘉以來，方望溪、劉海峰以文顯，而姚惜抱暢之，梅伯言、管異之、方植之、戴存莊、吳仲倫諸人復衍之。言古文者，遂有桐城家之派。自惲子居謂元、明以來古文失傳，重其友張皋文之作不多。皋文殁，乃併力爲之。而其同邑李甲耆、陸祁孫、董晉卿俱以能文稱。言古文者，又有陽湖家之派。其可別者，桐城作法謹嚴，必先盡其淘汰揀擇之功，而後方許爲門徑之睎，故如《初月樓緒論》所舉，忌者數端，曰語録，曰時文，曰詩話，曰尺牘，口小説。語録、時文，稍知爲文者能去之；其下二者，雖卓然以文名於時，往往不免。就《緒論》所指數家，合以僕之所見，皆非無其可議處。如汪堯峰文氣息閒静，而詩話、尺牘氣未除；王惕甫、秦小峴則其尤者。侯朝宗、王于一文之佳者，未脱唐人小説氣；袁簡齋抑更下矣。簡齋文不如其小説，而小説猶未至唐人佳處。他若黃梨洲，氣岸闊大，語多出入；姜湛園醇肆并見，漫衍特甚。繩以法度，其皆桐城家之所黜者與？陽湖以皋文之淵雅，賦年不永，所作於摹古之迹尚未盡化，姑無論焉。子居清剛夭矯，縱橫其氣，鋒鍔其詞，意在生面獨闢。然不善學之，將有矜心作意，不得其氣之和者。此外《養一齋》、《崇百藥齋》、《齊物論齋》諸集，簡淨可觀，力已不逮。此陽湖一家衍其派者，不如桐城之廣之，非無故也。望溪之文，謹嚴有餘而不足於遠妙之趣。海峰有絶佳之篇，鏘然音節而摹擬諸子痕迹猶存，未爲上乘。惜抱厭望溪之理而精之，斂海峰之才而渾之，享年之高，積以學力，其文上繼方、劉，而迂回蕩漾，餘味曲包，則又二家所未有。《初月樓集》中論之綦詳。自其文之是與正而有足以取法乎我者言之，則桐城可也，陽湖可也，不必桐城、陽湖而亦可也。求之於《史》、《漢》以觀其博大，參之於唐、宋諸家以得其錯綜，合者取之，不合者舍而置之，夫又何爲僅僅於桐城之廣之思效法，而少陽湖之傳而棄之也哉？

　　文光案：文章根柢於六經。讀經之時，不但當研窮其理，更宜細玩句法、字法，乃聖人之筆，非後學所能企也。曾文正取《尚書》爲古文法，似精未盡。以六經爲文章之本，而《爾雅》、《説文》、古韻三者尤不可忽。此乃文章之所自出本之本也。果能由此而致其功，而後繼之以周秦諸子、唐宋名家，所謂順流而下，其勢易矣。尤必博觀諸書以會其通，而後下筆爲文，既有定理，自有定法，必不至於敗度破律，亦不至虛摹秦、漢而失其本真也。經爲文之本，人人知之。然祇託之空言，未嘗深求其故，而經與文遂成兩事。以訓詁爲童蒙之事，稍長則不屑爲之。至於音學雖通，人亦鮮能知，以此求文之工，豈可得乎？自讀經書之時，即宜以《爾雅》、

《説文》參究字義。此學雖終身爲之，亦未易窺其堂奧，豈淺嘗者所能知耶？明乎聲音之學，則文章自有音節。秦、漢之古奧，知音故也。若先讀唐、宋八家，次及秦、漢，次及《左》、《國》，既無師傳之祕，又無自得之趣，尋求門徑而門徑未必知，摹擬秦、漢而秦、漢未必似，所謂逆流而上，其勢難也。人窮宜返本，何不於造字之先，想其未有之文爲何如？更於造字之後，想其初有之文爲何如乎？文即字也，字即文也。日月星辰，山川草木，此天地之大文也。聖人因天地之自然而言其理之當然，此聖人之至文也。觀乎天文而變可知，觀乎人文而化可知，物相錯而成文。知天人之變化，知剛柔之交錯，其於爲文，思過半矣。

張氏跋曰："族叔菊齡夫子，晚年閉户研精，志意益篤。自歲朝以至臘盡，苟非事故間阻、友朋晤對，手一卷無輟時。以是經學之外，凡詩、古文辭、駢儷、散行諸體無不諳，而又沈潛於小學諸書。所著《舫廬説存》、《舫廬漫筆》、《古音廿一部》、《宷定録》、《夏小正廣詁》、《連珠韻考》、《籀語》各編，裒然成集，將與《花雨叢鈔》漸次鋟雕。今先刊其《文存》四卷，出以問世，擬即以《詩存》繼之。世之覽者，當自能窺夫子所得也。"

右別集類

秦以前無所謂集，至漢始有集之名。而四部之書，集部最難，高文典册，固在於兹；厄言偶體，亦參入焉。苟非大加别白，不免珠礫并存矣。考漢、魏、六朝諸集，明汪士賢所刻凡二十家，末附宋《白玉蟾集》。張溥所刻凡一百三家，大抵由採輯而成，未必悉爲原編。此外別行之本，絶不聞有真宋刻。《蔡中郎集》，有明正德乙亥蘭雪堂活字本。《陳思王集》，有明刻本。《嵇康集》，有叢書堂校宋抄本，又明南星書屋刊本。陸士衡、士龍名"二俊"，文集有陸敕先校宋本、明正德刊本。《鮑照集》，有影宋本。《謝康樂》、《惠連》、《宣城》俱有明仿宋本。《何水部》、《陰常侍》皆有舊抄本。《昭明太子集》，有明正德刊本。《江文通集》，有明仿宋本、梅鼎祚校刊本。自編之集，始於六朝，而不詳何人。今所傳者，惟《陶淵明》、《庾開府》二集爲最著。其注本，陶集有元李公煥箋注本，今有吳瞻泰彙注本。庾集有吳兆宜箋注本、倪璠集注本。吳注不如倪注，傳本亦少。庾信與徐陵齊名，世號“徐庾體”，故吳注《開府集》兼及《孝穆集》。凡此諸集，卷既無多，半皆入選，可篇篇讀之，且與《文選》、《文苑英華》互相考證，大有益處。唐詩皆收於《全唐詩》中，唐文皆收於《全唐文》中，故今以注本爲貴。李、杜齊名，而注杜者多，注李者少。韓、柳齊名，而注韓者多，注柳者少。其他王摩詰、李義山、杜樊川、溫飛卿、白香山，皆有今人注。李長吉歌詩有宋吳正子注。而宋刻之傳者，《太白文集》有北宋蜀刊本，每葉二十二行，行二十字，卷中有徐乾學印。又咸淳刊本，每卷有目，連正文。《王右丞集》有宋麻沙本，蓋已晨星落落矣。元刻亦少，藏書家祇有明刻而已。唐末崔致遠《桂苑筆耕集》二十卷，高麗刊本，前有進書表，亦所罕見。昔人云：“劉蕡下第，我輩登科，殊堪汗顏。”蕡策在《唐書》本傳中，又節錄於《鹿洲初集》，而不能與《治安》諸策膾炙人口，亦憾事也，特爲表出。五代無傳集，宋集之刻入聚珍本者，廿三家，皆採自《永樂大典》，而不能知其原第。文瀾閣傳抄本，約十餘家。宋刻所存者亦不過十餘家。其餘影宋舊抄以外，明刻亦不能備，則所逸多矣。注蘇詩者最多。《山谷集》有任注，餘未之聞。宋南渡以後，廷對第一，其策之可傳者，前有王梅溪，後有文信國。衞文節對策不媿二公，而《宋史》逸之，亦爲表出。文節名涇，字清叔，華亭人。元文法漢，字學晉，詩學唐，而以樂府爲絕唱。金、元之際，元遺山爲一大宗，故其集有注本、選本。其他則閱者甚少，故傳之亦罕。收藏家以之插架，竭力搜採，可得百十種，然亦抄本多而刻本少也。明集之可傳者甚少，而作家不可不知。開國之初，以宋濂、劉基爲大宗。危素晚節不終，爲世所笑，然實一代之作手也。王禕、方孝孺學有淵源，王以醇樸勝，方以豪放稱。三楊繼起，同主文柄，臺閣之體於斯爲盛。及其既衰，七子奮興。弘治七子：李夢陽、何景明、康海、王九思、徐正卿、王廷相、邊貢，此前七子也。嘉靖七子：謝榛、李攀龍、王世貞、徐中行、宗臣、梁有譽，名七子實爲六子。已而謝、李交惡，遂黜榛而進吳國倫，又益吳曰德、張佳允。此後七子也。前七子以李夢陽爲冠，何景明附之。其後復講李東陽，是爲茶陵派。後七子以李攀龍爲冠，王世貞和之，是爲信陽派。李東陽導源唐、宋，具有典型，主持文柄三四十年。自信陽別開蹊徑，天下響應，茶陵之壇坫遂微。李夢陽詩才富健，誠足籠罩一時；而其文故作聱牙，文體自此而變。謝榛終於布衣，而聲價重一代，其《四溟集》抗行七子之間，亦無多讓。正、嘉之際，文體方新，北地信陽，聲華最盛，然詩能成家，文實僞體。王慎中悟歐、曾之法，盡棄舊作。唐順之折而從之，遂傳古文正脉。歸有光與七子相抗，至斥世貞爲庸妄。其文根柢深厚，法度謹嚴，不謂之古文正傳不可也。胡應麟雖規仿四部，而運用自有根柢。其記誦淹博，實在隆、萬諸家上，則讀書多者，自可貴也。婁堅承震川之學，其《學古緒言》沿溯韓、歐而不襲其面貌，王漁洋稱其《長慶集序》爲眞古文，特舉其一耳。黃淳耀《陶庵全集》其文和平溫厚，矩矱先民，在明末可云碩果，且忠節之士也。以此爲殿，明運終矣。我朝人文蔚起，名儒輩出。或深於經史，或精於考證；聲韻之道與古爲徒，説文之學於今爲烈。發爲文章，皆有心得，無所摹仿，無所承襲，其表表者指不勝屈，非元、明諸家所可及也。家藏別集最多，今所録者二百八十家，大抵皆論定之作，故歷久彌珍；而考證之文尤多所甄録，以爲讀書之助。按目計之，未及其半，然名篇大作，略具於此。蔓語文詞，概從删汰。學者熟此數百部，可以知文章之流別矣。唐、宋以後，別集日富，如掃落葉，隨滅隨有。其可傳可久者，一代不過數家，一人不過數藝。餘則或存或亡，不足重輕。災梨禍棗者，亦可以恍然自悟矣。

校勘記

〔一〕"起"下似有脱文，存疑備考。

〔二〕"説"，原作"誇"，據清李兆洛《養一齋集》改。

〔三〕"統"，原作"宗"，據《晉書》改。

〔四〕"帥"，原作"師"，據《左傳》改。

集部三

總集類一

《文選注》六十卷

梁昭明太子蕭統選，唐李善注

元本。嘉靖元年汪諒以原書覆板刻之，每葉二十行，行二十一字。前有李廷相《雕文選引》，稱爲宋本。實元張伯顏所重刊者，未細考也。次昭明太子序，間注字音。次李崇賢《上文選注表》。次呂延祚《進五臣集注文選表》。此善注單行本，不知何以雜入呂表。次目錄。賦甲至賦癸，十九卷。詩甲亦在十九卷内，詩庚在第三十卷内，詩辛以後無聞焉。每卷各著篇名，與毛本目錄異。“《文選》卷第一”，此第一行，葉本無“第”字。“梁昭明太子選”，此第二行，低二格。“唐文林郎、守太子右内率府錄事參軍事、崇賢館直學士臣李善上”，此第三行，低三格。葉并并上行爲一行，無“唐”字。“奉政大夫、同知池州路總管府事張伯顏助率重刊”，此第四行，低三格。每卷刻此三行，即張本。“監造路吏劉晉英、郡人葉誠”。此行在第六十卷末。錄此以見舊本之式與今本大異。

李氏跋曰：“《文選》乏善本，近時所見惟唐府板，亦頗艱於得。旌德汪諒氏偶獲宋刻，因鋟諸梓以溥其傳。”

文光案：此本目錄後有汪諒刻書目，曰《史記正義》，曰

《文選李善注》，曰《杜詩黃鶴注》，曰《蘇詩千家注》，曰《唐音注》，曰《玉機微義》，曰《武經直解》，曰《名賢叢話》、《詩林廣記》，曰《韓詩外傳》，曰《潛夫論》，曰《太古遺音》，曰《瞿仙神仙秘譜》，凡十二種。余所見者，《文選注》外，《武經直解》、《玉機微義》二種而已。

錢氏曰："善注有伯顏刊本，元本不及宋本遠甚。"錄於《讀書敏求記》。

文光案：宋本難見。汲古閣所刻亦是從六臣注中摘出，善注間有未淨者，故知非李注原書。汪刻雖依元本，與今本迥然不同。今所通行者爲葉氏海錄軒本，訂訛補闕，功實不少，然大非宋本面目。元本有前海北海南道肅政廉訪使余連序，汪刻本失載。伯顏，吳人，本名世昌，字正卿。以謹飭小心仕於朝，成宗賜名伯顏。見《養新錄》。

楊氏曰："梁昭明太子，聚文士劉孝威、庾肩吾、徐防、江伯操[一]、孔敬通、惠[二]子悅、徐陵、王囿、孔鑠、鮑至十人，謂之'高齋十學士'，集《文選》。今襄陽有文選樓，池州有文選臺，未知何地爲的。但十人姓名人多不知，故著之。"錄於《升菴集》。

阮氏《揚州隋文選樓記》曰："揚州舊城文選樓、文樓巷，考古者以爲即曹憲故宅，《嘉靖圖志》所稱'文選巷'是也。宋王象之《輿地紀勝》於揚州載文選樓，注引舊《圖經》云：'文選巷，即其處也。煬帝嘗幸焉。'元按新、舊《唐書》，曹憲，江都人，仕隋爲秘書學士。聚徒教授，凡數百人，公卿多從之。於小學尤邃。自漢杜林、衛宏以後，古文亡絕，至憲復興。煬帝令與諸儒撰《桂苑珠叢》，規正文字。又注《博雅》。貞觀中，以弘文館學士召，不至，即家拜朝散大夫。卒年百五歲。憲始以梁《昭明文選》授諸生，而同郡魏模、公孫羅，江都李善相繼傳授，於是其學大興。羅官沛王府參軍事、無錫丞。模，武后時爲左拾遺。模

子景倩官度支郎，及曹君門人句容處士許淹，皆世傳其學。善見
子邕傳。又《李邕傳》云：‘江都人，父善有雅行，淹貫古今，不
能屬辭，人號“書簏”。官太子内府録事參軍，顯慶中累擢崇賢館
直學士，轉蘭臺郎，兼沛王侍讀。爲《文選注》，敷析淵洽，表上
之，賜賚頗渥。除潞王記室參軍，爲涇城令。坐與賀蘭敏之善，
流姚州。遇赦還，居汴、鄭間講授，諸生四方遠至，傳其業，號
“文選學”。’善又嘗命子邕，北海太守、贈秘書監，補益《文選
注》，與善并行。又《藝文志》載曹憲《爾雅音義》二卷、《博
雅》十卷、《文字指歸》四卷、《桂苑珠叢》一百卷，李善《注文
選》六十卷、《文選辨惑》十卷，公孫羅《注文選》六十卷，又
《音義》十卷，曹憲《文選音義》九卷。元謂古人古文小學與詞賦
同源共流，漢之相如、子雲無不深通古文雅訓。至隋時，曹憲在
江淮間，其道大明。馬、楊之學，傳於《文選》，故曹憲既精雅
訓，又精選學，傳於一郡，公孫羅等皆有《選》注。至李善集其
成，然則曹、魏、公孫之注，半存李善注中矣。憲於貞觀中年百
五歲，度生於梁大同時。爾時揚州稱揚一益二，最殷盛。文選巷
當是曹氏故居，即今舊城旌忠寺文選樓西北之街也。今樓中但奉
昭明栗主。元以爲昭明不在揚州，揚州選樓因曹氏得名，當祀曹
憲主，以魏模、公孫羅、李善、魏景倩、李邕、許淹配之。《唐
書》於李善稱江夏人，而《李邕傳》則曰江都人，蓋江夏乃李氏
郡望。《唐韻》載李氏有江夏望，《大唐新語》亦稱‘江夏李善’，
李白詩亦稱‘江夏李邕’，是善、邕實江都人，爲曹、魏諸君同郡
也。唐人屬文，尚精選學，五代後乃廢棄之。昭明選例以沉思翰
藻爲主，經、史、子三者皆所不選。唐、宋古文以經、史、子三
者爲本，然則韓昌黎諸人之所取，乃昭明之所不選，其例已明著
於《文選序》者也。《桂苑珠叢〔三〕》久亡佚，間見引於他書。其
書諒有部居，爲小學訓詁之淵海，故隋、唐間人注書引据，便而

博。元幼時即爲《文選》學，既而爲《經籍纂詁》，猶此志也。此元曩日之所考也。"録於《揅經室二集》。

文光案：此記先考文選樓地址；次考曹、魏諸人并所著之書，而以善注爲集大成；次言昭明不在揚州，揚州文選樓以曹氏得名，當祀曹憲，不當祀昭明；次言唐人精選學，五代後乃廢棄；又言選例以翰藻爲主，經、史、子皆所不選。夫文行、忠信，教本不一；德行、文學，科亦不同。昭明窺見意也。夫終以《文選》歸於小學，此探本之論，蓋非深通小學，不能熟精《文選》理也。

《文選注》六十卷　附《考異》十卷

梁昭明太子撰，唐李善注

仿宋本。嘉慶十四年胡克家校刊。前有昭明太子序并目録。《考異》有胡氏自序。

胡氏《考異序》曰："《文選》之異，起於五臣。然使有五臣而不與善注合并，若合併矣，而未經合并者具在，即任其異而勿考，當無不可也。今世間所存，僅有袁本，有茶陵本，及此次重刻之淳熙辛丑尤延之本。夫袁本、茶陵本，固合并者，而尤本仍非未經合并也。何以言之？觀其正文，則善與五臣已相羼雜，或沿前而有訛，或改舊而成誤，悉心推究，莫不顯然也。觀其注，則題下、篇中各嘗闌入，吕向、劉良頗得指名，非特意主增加，他多誤取也。觀其音，則當句每未刊五臣注，内間兩存善讀，割裂既時有之，删削殊復不少。崇賢舊觀，失之彌遠也。然則數百年來，徒據後出單行之善注，便云顯慶勒成已爲如此，豈非大誤？即何義門、陳少章斷斷於片言隻字，不能挈其綱維，皆由有異而不知考也。余夙昔鑽研，近始有悟，參而會之，徵驗不爽。又訪有知交之通此學者，元和顧君廣圻、鎮洋彭君兆蓀，深相剖晰，斂謂無疑，遂迆條舉件繫，編撰十卷。諸凡義例，反覆詳論，幾於二十萬言。苟非體要，均在所略，不敢祕諸篋衍，用貽海内好學深思之士，庶其有取於斯。”

　　文光案：據胡氏所見，宋本已雜五臣注。想毛氏亦是照宋本翻刻，未必親從六臣注中摘出善注。錢曾所藏之宋本，不知尚在人間否。其爲善注原本與否，亦不能知。胡氏《考異》雖竭盡心力，恐亦未必能盡復其舊也。

　　俞氏曰：“《文選》李注，宋人刊刻。今通行者二本，一爲汲古閣仿宋本，一爲鄱陽胡氏仿宋本，二本皆真宋本也。二本已多不同。前見《東坡志林》言李注有本末，極可喜。五臣至淺。謝瞻《張子房詩》‘荷崇暴三殤’，言上殤、中殤、下殤。五臣乃引泰山側婦人事，以父與夫爲殤，真俚儒之荒陋者。今汲古閣及胡氏之宋本李注正引泰山側云云，案：今查胡本信然，《考異》亦無説。可知李注之芟落，當不止一條。則北宋時蘇氏所見之李注與此不同，是宋本之別有三也。又見《西溪叢話》，言潘岳《閒居賦》‘房陵朱仲之李’，李善注云：‘朱仲李，未詳。’今汲古閣宋本李注引《荆州記》‘房陵縣有朱仲者，家有縹李，代所希有’，胡氏宋本李注引仙人朱仲竊房陵好李，則南宋時姚氏家傳之李注又與此不同，是宋本之別有四也。凡古人寫本、刻本多歧出，校者存其異同，以俟采擇可耳。且宋本亦未必佳。《石林燕語》言有教官出題：‘乾爲金，坤亦爲金，何也？’檢福建本《易經》，果有‘坤爲金’，蓋脱‘釜’上二點，乃爲‘金’也。又秋試題：‘井卦何以無象[四]？’檢福建本《易》經，井卦果脱象傳。是亦真宋本也。然則藏真宋本者，可不詳校乎？又曰《文選》有比他本增多者，《西都賦》視《漢書》多‘衆流之隈，汧涌其西’八字，蓋昭明得他本增入。有爲昭明删去者，《九章・涉江》删去‘亂曰’以下五十三字。此類甚多，選文必有取舍，不可拘牽異本以議其得失。且

唐人所傳《文選》，未必即梁本。其增改字者，《頭陀寺碑》石刻
‘五衍之軾’，昭明避梁武名，改‘憑四衢之軾’。注當明了，而今
文及注語意相反，則唐人傳寫者以其時不諱，改文中“四衢”爲
“五衍”；而寫注者不知其意，又以注中‘五衍’、‘四衢’互易
耳。又曰《文賦序》‘他日殆可謂曲盡其妙’，注云‘他日觀之
近，謂委曲盡文之妙理’，其說難通，蓋本文係謂他日殆可曲盡其
妙。士衡言賦之所陳，才力難副，存此妙旨，冀他日曲爲驗之。
如沈林文言‘如曰不然，以俟來哲也’。”錄於《癸巳存稿》。

　　文光案：胡氏《考異》多就袁本、茶陵本、何評、吳評
及尤本考異，辨其異同，間有訂正，亦未能宏徵博引，證佐
分明。若多聚唐以前古書，并各家説部、類書、山經、地志，
細爲搜討，當不止東坡所見之一條，惜無好事者爲之也。梁
宦林有《文選旁證》四十卷，其書索之已久，竟不能得。孫
批《文選》能挈其綱維，與義門之窮究片言隻字者迥異。讀
《文選》者，宜入選學之門，慎不可株守一本，遂謂精於《文
選》也。俞理初每考一事，便有數十百種書爲之佐證，不必
自下己意，而舊説歷歷分明，確實可據。人患不搜檢，不患
無書也。今之石刻出土者更多，以之證史，最爲切要，尤宜
多聚也。

　　洪氏曰：“東坡詆五臣注《文選》，以爲荒陋。予觀選中謝玄
暉《和王融》詩云‘阽危賴宗袞，微管寄明牧’，正謂謝安、謝
玄。安石於玄暉爲遠祖，以其爲相，故曰‘宗袞’。而李周翰注
云：“宗袞謂王導，導與融同宗。言晉國臨危，賴王導而破苻堅。
牧謂謝玄，亦同破堅者。’夫以宗袞爲王導，固可笑，然猶以和王
融之故，微爲有説。至以導爲與謝玄同破苻堅，乃是全不知有史
策而狂妄注書，所謂‘小兒强解事’也。唯李善注得之。”

　　文光案：潘岳《閑居賦》注引安革猛詩，陳仲魚云“革

猛"爲"韋猛"之訛,"安"乃衍字。檢《漢書·韋賢傳》,
果然。

《文選注》六十卷

唐李善注

海録軒硃墨本。乾隆三十七年葉樹藩校刊,有序。前有昭明
序、李善表、刻《文選》例并目録。何義門評點,仿朱子《韓文
考異》之例,旁引諸籍,考校字句,在今爲善本。近有翻板。第
三葉末評陶令,訛作"合"。

葉氏序曰:"《文選》注者不一家,唐江都曹憲撰《音義》,
同郡公孫羅與江夏李善并作注。曹氏、公孫氏之書失傳已久,而
李善注獨盛行於世。開元中,工部侍郎吕延祚集吕延濟、劉良、
張銑、吕向、李周翰等注《文選》,是爲'五臣注'。後人合李善
注爲一書,更名'六臣注'。'五臣本'之荒陋,'六臣本'之舛
訛,前人已有定論。近世惟汲古閣本,一復江夏之舊,較諸刻爲
完善。然既獨存李注,而雜入五臣之説數條,<small>文光案:張本不雜五臣之</small>
<small>説。恭讀《四庫全書提要》,曰毛晉所刻雖稱從宋本校正,今考其第二十五卷陸雲《答</small>
<small>兄機》詩注中有"向曰"一條、"濟曰"一條,又《答張士然》詩注中有"翰曰"、</small>
<small>"銑曰"、"向曰"、"濟曰"各一條,殆因六臣之本削去五臣,獨留善注,故刊除不盡,</small>
<small>未必真見單行本也。</small>殊失體裁。且其書疏於讎校,帝虎、陶陰,棼然
謎目,談藝家往往有遺憾焉。吾吳何義門先生手評是書,於李注
多所考正。余手自勘輯,削五臣之紕繆,存李氏之訓詁。卷帙則
仍毛氏而正其脱誤,評點則遵義門而詳爲鳌訂。至管窺所及,有
可補李注、何評所未備者,竊附列於後,已十餘年於兹矣。"

《文選》一書,毋丘儉開雕於蜀,書籍印行,權輿於是。今詳
爲校勘,未知於毋丘本何如。竊於辨誤正訛,頗具苦心。善注孤
行最久,眉山蘇氏稱其淹博。明代張鳳翼作《纂注》,妄肆芟削,
卷帙盡紊其舊,爲識者姍笑。今獨存善注,第繁蕪之病,善注誠

所不免。略爲剪截，不敢概從删汰。

汲古閣本頗多遺脱，兹悉以宋本校定。案：葉氏所謂宋本，恐是"六臣本"。凡所指脱遺處，張本具備。至如三十一卷江文通《雜擬詩》不載全序，張本摘録數句，此本全載。四十卷任彦升奏彈劉整，昭明删"謹案"至"即主"一段，文不雅馴，張本載入彈文内，此本刻入注内。仍載入彈文之類，此一段李注甚明。有乖體製，因悉爲改正。古本面目不可復見。

《提要》曰："毛晉本於揚雄《羽獵賦》用顔師古注之類，則竟漏本名；張本題顔師古注。於班固《幽通賦》用曹大家注之類，則散標句下。謹案：張本亦散標句下，不題"曹大家注"。且此賦注内有"晉灼曰"、"應劭曰"，不盡爲曹大家之注。又如《子虚》、《上林賦》，張本題郭璞注，内亦有晉灼、如淳之語，或題或不題，似善注亦無定例。善曰："舊注合者因而留之，自注者以'善曰'别之。"惟所引古書，爲舊注所引，爲善所引，未易明也。或"善曰"以下爲善所引，無"善曰"者爲舊注所引，未知是否。又《文選》之例，於作者皆書其字。而杜預《春秋傳序》則獨題名，謹案：張本目録題"杜元凱序"，前題"杜預"。葉氏所云標字、標名，義例未歸畫一者是也。豈非從"六臣本"中摘出善注，以意排纂，故體例互殊歟？至二十七卷，末附載樂府《君子行》一篇，注曰：'李善本古詞止三首，無此一篇。"五臣本"有，今附於後。'謹案：張本在前已有此詩，此注不知爲何人所附，決非毛氏也。其非善原書，尤爲顯證。以是例之，其孔安國《尚書序》、杜預《春秋傳序》，僅列原文，絶無一字之注，謹案：張本亦然。疑亦從'五臣本'勳入，非其舊矣。惟是此本之外，更無别本，故仍而録之。"

文光案：毋昭裔爲蜀相，令門人句中正、孫逢吉書《文選》、《初學記》、《白氏六帖》，刻板行之。見吳任臣《十國春秋・毋昭裔傳》。葉本訛作"毌丘儉"，蓋沿李清臣之誤，未詳考也。丘儉，魏人，見《三國志》。毌，古"貫"字，作"毋"非，作"母"更誤。

説友到郡之初，倉使尤公方議鋟《文選》板以實故事，念費差廣而力未給。說友言曰：“是固此邦缺文也，願略它費以佐其用，可乎？”乃相與規度費出，閱一歲有半而後成。《文選》以李善本爲勝。尤公博極羣書，今親爲讎校，有補學者。淳熙辛丑三月望日，建袁說友題。_{錄於宋本《考異》。}

貴池，在蕭梁時實爲昭明太子封邑。血食千載，威靈赫然。水旱疾疫，無禱不應。廟有文選閣，宏麗壯偉，而獨無是書之板，蓋缺典也。往歲邦人嘗欲募衆力爲之，不成。今是書流傳於世，皆是“五臣注本”，特訓釋旨意，多不原用事所出。獨李善淹貫該洽，號爲精詳。雖四明、贛上各嘗刊勒，往往裁節語句，可恨。袤因以俸餘鋟木，會池陽袁使君助其費，郡文學周之綱督其役，逾年乃克成。既摹本藏之閣上，以其板置之學宮，以慰邦人，所以尊事昭明之意云。淳熙辛丑上巳日，晉陵尤袤題。_{錄於宋本《考異》。}

文光案：宋本《考異》，當是尤延之刻書所增。阮太傅所藏，亦貴池本。因錄其序於後。

阮氏序曰：“元初爲《文選》學而壯，未能精熟其理；然訛文脫字，時時校及之。昔但得元張伯顔、明晉府諸本，即以爲秘册。嘉慶丁卯，始從昭文吳氏易得南宋尤延之本，爲無上古册矣。按是册，宋孝宗淳熙八年辛丑無錫尤延之在貴池學宮所刻，世謂之‘淳熙本’。每半葉十行，每行大字廿一二，小字廿一二三四不一。惜原板間有漫漶，其修板至理宗景定間止卷二八葉及卷九十九葉，書口并有‘景定壬戌重刊本’記，可見其中佳處。即以脫文而論，如《東京賦》‘上下誦情’注，_{宋本卷三，十五下。}毛本脫‘言君情通於下，臣情達於上，故能國家安而君臣歡樂也’廿二字。又‘重舌之人九譯’注，_{宋本卷二，廿八下。}毛本脫‘《韓詩外傳》’至‘獻白雉於周公’廿三字。《秋興賦》‘天晃朗以彌高兮’注，_{宋本卷十，三六上。}毛本脫‘杜篤’至‘高明’廿字。以上毛初刻本脫，後得宋本改。

《思玄賦》‘行頗僻而獲志兮’注，宋本卷十，五三下。毛本脫‘蕭該音’至‘《廣雅》曰阪，邪也’卅五字。陸士衡《答賈長淵》詩‘我求明德’注下，宋本卷廿，四十七上。毛本脫正文‘魯侯戾止’八字、注文卅二字。《七發》‘客見太子有悦色’下，宋本卷卅，四九下。毛本脫數百字。諸如此類，不勝枚舉。其中異文，如《蜀都賦》‘千廡萬室’，宋本卷四，二十。晉府本、毛本‘室’改‘屋’，則與上下文‘出’、‘術’等字不韻矣。《羽獵賦》‘羣媕乎其中’，宋本卷八，廿三上。翻張本、晉府本、毛本‘媕’改‘嬉’，則與《漢書·楊子雲傳》不合矣。《宋書·謝靈運傳論》‘莫不寄言上德’，注‘引老子《德經》’，宋本卷五十，十四上。翻張本、晉府本、毛本并作‘道德經’，不知‘德經’二字見陸氏《經典釋文》及《禮記正義》也。《吳都賦》‘趫材悍壯’，注‘引《胡非子》’，宋本卷五，五十五上。毛本‘胡’改‘韓’，不知胡非乃墨子弟子，見漢、隋史志也。《騷》下《山鬼篇》‘采三秀兮於山間’，宋本卷卅三，三上。注文‘三秀’上，晉府本、毛本增‘逸曰’二字，此沿‘六臣本’之舊，‘崇賢本’不當有也。《永明九年策秀才文》‘自萌俗澆弛’，宋本卷卅，六十上。及《齊故安樂昭王碑文》‘緝熙萌庶’，宋本卷五十九，十八下。翻張本、晉府本、毛本‘萌’改‘氓’，然古書多作‘萌‘也，亦非他本之所可及。元人張正卿翻刻是書，行款一切，頗得其模範，第書中字句同異，未能及此。若翻張本及晉府諸本，改其行款，更同自鄶矣。惜是册缺第四十一、四十二兩卷，近人即以正卿本補入，雖非完書，實亦希世珍也。此册在明曾藏吳縣王氏、長洲文氏、常熟毛氏，本朝則句容笪氏、泰興季氏、昭文潘氏，以至吳氏。獨怪册中皆有汲古閣印，而毛板訛脫甚多，豈刊板後始獲此本，未及校改耶？元家居揚州，舊城文樓巷即隋曹憲故里，李崇賢所由傳《文選》學而爲《選》注者也。元既構文選樓於家廟旁，繼得此册藏之樓中，別爲校勘記以貽學者。裝訂既成，因序於卷首。"録於《揅經室三集》。

阮氏又序曰："《文選》一書，總周、秦、漢、魏、晉、宋、齊、梁八代之文，而存之世間，除諸經、《史記》、《漢書》之外，即以此書爲重。讀此書者，必明乎《倉》，《雅》，《凡將》，《訓纂》，許、鄭之學，而後能及其門奧。淵乎！浩乎！何其盛也！夫豈唐、宋所謂'潮海'者能及乎？蕭《選》之文，漢即有注，昭明之時注者更多。至於隋代，乃有江都曹、李之學，書探萬卷，壽逾百年，且有公孫羅、許淹諸説，是以沉博美富，學守師傳也。唐開元後，有六臣之注。五臣自欲掩乎李注，惟少實事求是之處，且多竊誤雜糅之譏。《文選》刻板最早，初刻必是'六臣注'本，而單李注本幾於失傳。宋人刻單李注本，似從'六臣本'提掇而出，是以五臣之名尚有删除未盡之處。今世所行單李注板本，最初則有宋淳熙尤延之本。尤本有兩本：一本予所藏，以鎮文選樓者也；一本即嘉慶間胡果泉中丞據以重刻者也。我朝諸儒之學，難者弗避，易者弗從，爲此學者已十餘家，而遺義尚多，可謂難矣。閩中梁茝林中丞，乃博采唐、宋、元、明以來各家之説，計書一千三百餘種，旁稽博引，考證折衷。若有獨見，復下己意。精心鋭力，捨易爲難，著《文選旁證》一書，四十六卷，沉博美富，又爲此書之淵海矣。余昔得宋本，即欲重刻之，且欲彙萃諸本爲校勘記，以證晉府、汲古之誤。繼而胡中丞已刻尤本，是以輟作。今又讀梁中丞此書刻本，得酬夙願。即使元爲校勘記，亦必不能如此精博也。欣然爲序，與海内共之。"録於《揅經室續集》。

文光案：觀阮氏二序，可知毛本及諸本之脱誤，并可知梁氏《旁證》之大凡。余因全録之，以爲讀《選》之助。閲《漁洋詩問》，門人問"熟精《文選》理"。漁洋於"理"字無説，蓋泥於理學，與選學不相貫通也。愚謂《文選》理即文理，文豈有無理者乎？試舉一二言之。如海無定形，江可指實，賦江、賦海，各有一理，方能成篇。否則空泛，非理也。又如《雲臺二十八將贊》，通篇言光武能保全功臣，而不贊諸將，此亦一理也。法之所在，理即在焉，未許舍理言法也。杜工部熟精《文選》理，蓋道路走得極熟，曲折變化，具在眼前，故其爲詩，一句中有許多意致。不但包衆人之所有，而且擅諸家之所長，是直以文爲詩也，不知漁洋何以不解。昭明之原書，不知何時亡絶，加注本北宋刻亦難見。彭氏《讀書跋尾》所記凡四本：一國子監本，一贛州本，一明州本，一廣都本。貴池本與今本異處甚多，且可知明、贛二本多删削也。

洪氏曰："枚乘作《七發》，創意造端，麗旨腴詞，上薄騷些，蓋文章領袖，故爲可喜。其後繼之者，如傅毅《七激》、張衡《七辯》、崔駰《七依》、馬融《七廣》、曹植《七啓》、王粲《七釋》、張協《七命》之類，規仿太切，了無新意。傅玄又集之以爲《七林》，使人讀未終篇，往往棄諸几格。柳子厚《晉問》乃用其體，而超然別立新機杼，激越清壯。漢、晉之間諸文士之弊，於是一洗矣。東方朔《答客難》，自是文中傑出。揚雄擬之爲《解嘲》，尚有馳騁自得之妙。至於崔駰《達旨》、班固《賓戲》、張衡《應閒》，皆屋下架屋，章摹句寫，其病與《七林》同。及韓退之《進學解》出，於是一洗矣。《毛穎傳》初成，世人多笑其怪，雖裴晉公亦不以爲可。惟柳子獨愛之。韓子以文爲戲，本一篇耳。妄人既附以《革華傳》，至於近時羅文、江瑶、葉嘉、陸吉諸傳，紛紜雜沓，皆託以爲東坡，大可笑也。"錄於《容齋隨筆》。

《六臣注文選》六十卷

不知編輯者名氏

宋本。明嘉靖己酉袁褧覆刊裴氏本，題曰"六家文選"。此大字本，每行正文十八字，小注二十六字。前有蕭序、李表、呂表，末有"吳郡袁氏善本翻雕"一行八字。唐呂廷祚集呂延濟、劉良、張銑、呂向、李周翰五家注爲五臣注。南宋時，與善注合刻爲六臣注。至陳振孫《書錄解題》，始有"六臣"之名。河東裴氏刊六臣注，即廣都本也。每葉二十三行。袁尚之影此本重雕，板甚精工，仍缺宋諱。伏讀《天祿琳瑯書目》，《六家文選》，前蕭序、李表并國子監奉刊《文選》詔旨，次呂《進五臣文選表》，後明袁褧識語。此書撫刻甚精，校勘亦審，實與宋槧同工。序後標"此集精加校正，絕無舛誤，見在廣都縣北門裴宅印賣"。又五十二卷末葉，標"毋昭裔貧時常借《文選》不得，發憤曰：'異日若貴，當板鏤之以遺學者。後至宰相，遂踐其言。"并注云："出《揮塵錄》。"謹案：李清臣此錄，"昭裔"誤作"丘儉"。朱氏《經義考》引此條亦誤。又一條不誤。此二條宋槧中本有之，係存其舊。其六十卷末葉，有"吳郡袁氏善本新雕"隸書木記，則袁褧所自標也。褧識語云："余家藏書百年，見購鬻宋刻本《昭明文選》，有五臣、六臣、李善本、巾箱、白文、大字、小字，殆數十種。家有此本，甚稱精善，而注釋本以六家爲優。因命工翻雕，匡郭字體，未少改易。始於嘉靖甲午，成於己酉，計十六載"云云。其四十四卷末葉，標"戊申孟夏十三日，李清雕"。李宗信、李清，疑皆當日剞劂高手，故自署其名。袁氏之擇工選藝，以求毫髮無憾之意，亦槩可見矣。按《蘇州府志》，袁褧字尚文，吳縣諸生。善屬文，尤長於詩。繪花鳥，有逸趣。書法擬元章。晚耕謝湖之上，自號謝湖。又《六家文選》闕袁褧識語。此即袁褧所刊之板，而四十四卷末葉李宗信之名及五十六卷末葉李清之名，俱被書賈割去，故紙幅均屬接補。末葉改刻河東裴氏，字畫與前不類。板心墨綫亦參差不齊，且考訂"訂"字誤作金旁，謹案：袁褧原本已誤作金旁。則僞飾之迹顯然畢露矣。

五臣注《文選》，蓋荒陋愚儒也。今日讀嵇中散《琴賦》，云："閒遼故音痺[五]，弦長故徽鳴。"所謂"痺"者，猶今俗云"散聲"也。兩手之間，遠則有散，故云"閒遼則音痺"。"徽鳴"者，今之所謂"泛聲"也。弦虛而不按，乃可泛，故云"弦長則徽鳴"也。五臣皆不曉，妄注。又中散作《廣陵散》，一名《止息》，特此一曲爾，而注云"八曲"。其他淺妄可笑者極多，以不足道，故略之。五臣既陋，蕭統亦其流耳。宋玉《高唐》、《神女賦》自"玉曰唯唯"以前皆賦，而統謂之序，大可笑。相如賦首有亡是三人論難，豈亦賦序耶？其他謬陋不一，聊舉其一耳。錄於書目底稿，不記出於何書。

舟中讀《文選》，恨其編次無法，去取失當。齊、梁文章衰陋，而蕭統尤爲卑弱，《文選》引斯可見矣。如李陵、蘇武五言皆僞，而不能去。淵明集可喜者甚多，而獨取數首，以知其餘人忽遺者甚多矣。淵明《情賦》，正所謂《國風》"好色而不淫"，正使不及《周南》，與屈、宋所陳何異？而統乃譏之，此乃小兒強作解事者。錄於舊稿。

劉子玄辨《文選》所載李陵《與蘇武書》非西漢文，蓋齊、梁間文士擬作者也。今日讀《列女傳》蔡文姬二詩，其詞明白感慨，頗類世傳《木蘭詩》，東京無此格也。建安七子猶涵養圭角，不盡發見，況伯喈女乎？文姬之流離，必在父死之後。董卓既誅，伯喈乃遇禍。今此詩乃云爲董卓所驅虜入胡，尤知其非真也。蓋擬作者疏略而蔚宗荒淺，遂載之本傳，可以一笑也。錄於舊稿。

王氏："潘岳《閒居賦》善注以周文、房陵未詳。按：周文之棗，見王子年《拾遺記》；房陵之李，見任昉《述異志》。"錄於《塵史》。

吳氏仁傑曰："《曲水詩序》云'興廉舉孝，歲時於外府；書[六]行議年，日夕於中旬。'善注引漢詔文爲釋，而五臣不本出處，自出意見，云'考吏行之殿最，議年穀之豐儉，而奏於天子’，豈不甚可笑！詔曰：‘有意稱明德者，遣詣相國府，書行義年。’蘇林曰：‘行，狀；年，紀也。’《刊誤》曰：‘義讀曰儀，謂儀容其年。王融“義”作“議”。’詔又云：‘年老癃病勿遣。’若年雖老而非癃病，不害其爲可用，故須擬議其年。要之，‘儀’、‘議’皆通。融所云殆据別本之文。‘如此意稱’，善注作‘懿稱’。”不記録於何書。

楊氏曰：“曹子建《名都篇》‘寒鼈炙熊膰’，此舊本也。五臣妄改作‘魚鼈’，不知‘寒’與‘韓’通也。”又曰：“劉屬選詩補注，效朱子注詩之意。格澤，星名，乃云獅子名，其陋如此。”録於《升菴集》。

毛氏曰：“《子虛》、《上林》，本一賦而分立二名。古文多有之。《書·顧命》、《康王之誥》，魏武《薤露》、《蒿里》，宋玉《高唐》、《美人》皆是也。《史記》直判爲兩時所作，至云帝令尚書給筆札作《上林賦》，則請思《子虛篇》。首明列子虛、烏有、亡是公三人，而亡是公又三人之主也，兩客喀喀懸詞以待。《史》之誕，何至此？”録於《西河集》。

錢氏曰：“宋刻五臣注《文選》，鏤板精緻，覽之殊可悦目。唐人貶斥吕向，謂比之善注，猶如虎狗、鳳鷄。由今觀之，良不盡誣。昭明序云‘都爲三十卷’，此猶是舊卷帙，殊足喜耳。”録於《敏求記》。

洪氏曰：“李注成於唐顯慶三年，而《三都賦》皆標題云‘劉淵林注’，恐係後人追改。《蜀都賦》注引《管子》曰‘四民雜處’，即改‘民’作‘人’，豈避太宗諱而不避高祖諱乎？”又曰：“善注雖止究音訓，然亦間正文義。如《恨賦》‘或有孤臣危涕，孽子墜心’，李注云：‘心當云“危”，涕當云“墜”。江氏好奇，或互文以見義耳。’然實亦不然。《揚雄傳》：‘猋泣當屬’，既可云‘猋泣’，即可云‘危涕’。《字書》云：‘猋，疾也。’又昔人云‘心膽俱墜’，則墜心亦無不可。”錄於《北江詩話》。

文光案：廣都本六十卷。末識云：“河東裴氏考訂原本“訂”誤作“釘”。諸大家善本，命工鋟於第一行低一格。宋開慶辛酉季夏，至第二行頂格書。咸淳甲戌仲春工畢。”第三行低一格，凡十四年。又一行，“把總鋟手曹仁”。六臣注宋奉議大夫崔孔明等校本，每葉十八行，行十六字[七]。明嘉靖二十八年錢塘洪氏重刊宋本，有田汝成序。校讎精緻，逾於他刻。每葉二十行，行十八字。前有諸儒議論一卷，題“古迂陳仁子輯”。又有《進五臣集注表》：“上遣將軍高力士宣口勅。”成化丁未，唐藩希古覆刊伯顔本，有唐藩序、余連序，弘治元年唐世子跋，即唐府本也。潘稼堂、何義門并校《文選》。又有圓沙閣本，不著序跋，而徵引顧仲泰、馮鈍吟説居多。明刻有《廣文選》、《續文選》，訛字逸簡甚多，不足存也。六臣注，又有新安潘維時、維德校刊本，未見。

《文選理學權輿》八卷　《補遺》一卷

國朝汪師韓撰，孫志祖補

《讀畫齋》本。前有乾隆三十三年汪師韓自序。《讀畫齋叢書》，顧修所刻。其書仿鮑刻之例，皆取其考據經史、有關實用者，而短書、小説不與焉。間亦翻刻鮑本，而《文選》二種乃鮑本所無。修字菉厓，桐川人。

汪氏自序曰：“總集自晉有之，而無以‘選’名者。梁昭明太子采自周訖梁百三十餘家之文，爲《文選》。至唐而盛行，杜詩曰‘熟精《文選》理’，《舊唐書》列《文選》學於《儒林傳》。李善之注獨傳。據李匡乂《資暇録》，則李注有四本，其定本奉進於高宗顯慶三年。逮玄宗開元六年，有李延祚者，更集五臣之説上之，以非斥李注而實皆竊取李氏未定之本，識者鄙之。李注精博，學者萃畢生之力尋繹無盡。宋士子有云：‘《文選》爛，秀才半。’此蘇易簡《雙字類要》、王若《選腴》等書所由作也。余嘗取選注，以類別爲八門，末則綴以鄙説。八門者：一曰撰人。唐常寶鼎撰《文選著作人名》，其書不可得見。顧其名字、爵里及著作之意，《選》注已詳。所未悉者，史岑、王康琚二人耳。今考周四家，秦一家，漢、後漢各十七家，季漢、吳各一家，魏十五家，晉四十六家，宋十三家，齊六家，梁九家，更有無名氏之詩二十三篇。但於各人之下，分隸所撰篇目，取便檢觀。二曰書目。注所引書，新、舊《唐書》已多不載，至馬氏《經籍考》十存一二耳。若經之三十六緯、史之晉十八家，每一雒誦，時獲異聞。其中四部之録諸經傳訓且一百餘，小學三十七，緯候、國讖七十八，正史、雜史、人物別傳、譜牒、地理、雜術藝凡史之類幾及四百，諸子之類百二十，兵書二十，道釋經論三十二。若所引詔、表、箋、啓、詩、賦、頌、贊、箴、銘、七、連珠、序、論、碑、誄、哀詞、弔、祭文，集幾及八百。共一千五百餘種。其即入選之文，互引者不與焉。三曰舊注。凡舊作注者二十三人，及不知名者，所注賦十四，詩十七，楚詞十七，設論、符命各一，連珠五十，共一百二十三家。李氏皆標明某注，不似後人之攘爲己有也。若《藉田》、《西征》，則雖有舊注不取；而亦有無注者二篇，則《尚書》、《左傳》之序是也。四曰訂誤。李氏每以注訂行文使事之誤，又因文以訂他書之誤，或《選》自誤及別本誤者，其類四十有七焉。五曰補闕。《選》內脱落之句、刪節之文、互異之本，李氏補者有五焉。六曰辨論。史有不載之事，文有率成之篇；一事而説有數端，兩説而義可并取。李氏一一辨其得失，約四十又三條。七曰木詳。以李氏之浩博，而所未詳者且百有十四。至五臣補以臆度之詞，適形其陋矣。然若《七發》之‘大宅山膚’，《西征賦》之‘三敗’，後人間有補其闕者，彙成一卷，安知不有盡爲沿討者耶？八曰評論。後儒之論《選》及注者，在唐已有李濟翁、邱光庭，宋以後若蘇子瞻、洪景盧、王伯厚、楊升菴、方密之、顧寧人諸家。多者逾百條或數十條，少者一二條。間有記憶未全者，客游無書，且先提其要以俟他時補綴。至予於讀《選》時，或見注有徵引之未當、闕遺之欲補，未敢妄信，思就正於道，謂之‘質疑’。見已得若干條，後有所見，更續增焉。就此九者附舊注於書目，附補闕於訂誤，而分評論爲三，質疑爲二，共成十卷。竊念昭明撰《文選》，復撰《古今詩苑英華》，而《英華》無傳，《文選》之傳，未必不藉李注以傳之。”

　　文光案：是書凡分八門，實爲九類。自序云“共成十卷”，今《評論》缺一卷，《質疑》缺一卷，故祇得八卷，蓋未成之書也。潘稼堂、何義門、錢圓沙三家，熟精《文選》，各有勘本，菉厓俱未見。孫氏《補遺》并《考異》，皆以佐《質疑》也。《補遺》取《丹鉛録》、《匡謬正俗》、《猗覺寮雜記》及《選》學者爲一卷，皆有功於李注者也。然搜采之富，總以梁氏《旁證》爲賅備。凡學必有入門之書，如錢圓沙本、何義門本、孫批本、潘訂本、汪之《權輿》、孫之《考異》、梁之《旁證》，皆《選》學之階梯也。得此數書而《文選》可讀矣。其坊刻評本，一舉而棄之可也。

李氏曰：“李注有初注、覆注、三注、四注。當時旋被傳寫，其絕筆之本，皆釋音訓義，注解甚多。數本互相不同。”録於《資暇録》。

《文選考異》四卷

國朝孫志祖撰

《讀畫齋》本。前有孫志祖自序。

孫氏自序曰：“毛氏汲古閣所刻《文選》，世稱善本。然李善與五臣所據本各不同，今注既載李善一家，而本文又間從五臣，未免驕駁，且字句訛誤、脫衍，不可枚舉。國朝潘稼堂及何義門

兩先生并嘗讎校是書，而義門先生丹黄點勘，閱數十年，其致力
尤勤。又有圓沙閣本，意其爲錢氏之書。志祖嘗借閱三家校本，
參稽衆説，隨筆甄録，仿朱子《韓文考異》之例，輯成四卷，以
正毛刻之誤。至汲古閣本，卷首列錢士謐重校者，較之他本爲勝，
今悉據此重加釐正。其坊間翻刻之妄謬，更不足道云。”

《文選李注補正》四卷

國朝孫志祖撰

《讀畫齋》本。前有嘉慶戊午仁和孫志祖序。

孫氏自序曰：“崇賢生於唐初，與許淹、公孫羅并承江都曹
憲，爲《文選音訓》。倉雅之學，遠有端緒。而李注盛行於世，學
者與顏師古《漢書注》并稱，良不誣也。吕延濟輩荒陋無識，甚
愧‘六臣’之目。明汲古閣本，止載崇賢一家，藝林奉爲鴻寶。
顧其書網羅羣籍，博洽罕有倫比，而釋事遺義，亦所不免。夫師
古書薈萃衆説精矣，然三劉、吳氏迭有刊落，豈積薪之居上，亦
集腋之易工。予用是喟然深思，不能已於握槧也。曩既輯《文選
考異》四卷，兹復合前賢評論及朋儕商榷之語，附以管窺，仿吳
師道校《國策》之例，輯《李注補正》四卷，以諗世之爲《選》
學者。”

文光案：余嘗恨《文選》無北宋本，偶閱張金吾《藏書
志》，著北宋刊本，南宋重修，有句容縣印，蓋洪武十五年所
刻官書，共缺六卷。有紹興十八年右迪功郎、明州司法參軍
兼監盧欽識語，然亦六臣注也。

《文選》初集一千餘卷，去取之餘，僅存三十卷，人多未
知。見元賴良《大雅集序》。

校勘記

〔一〕"操",《南史·庾肩吾傳》作"摇"。

〔二〕"惠",上書作"申"。

〔三〕"珠叢",原作"叢談",據《揅經室二集》改。

〔四〕"彖",原作"象",據《石林燕語》改。

〔五〕"癉",據六臣注《文選》,當作"痺"。下同。

〔六〕"書",南朝齊王融《三月三日曲水詩序》作"署"。

〔七〕"字"後原復有一"字",據理删。

集部三

總集類二

《織錦迴文圖》一卷　《迴文類聚》四卷　《續編》十卷

《迴文圖》，晉蘇蕙撰。《類聚》，宋桑世昌編，國朝朱象賢續鶴松堂本。《迴文類聚》有明張之象增訂本，世不稱善。朱象賢依原本重鋟，又增圖八十九幅、詩二百三十二首、詞二十二闋、賦一篇，是爲《續編》；并以五綵璿璣及織錦故事畫圖，另爲一卷，冠諸首。即此本也，板甚精工。首桑序，次桑跋，次葉適跋并詩，次武后序，次讀法，次諸家序、跋，次諸家迴文。武后序與《晉書》所載不同。《晉書·列女傳》云："滔，苻堅時爲秦州刺史，被徙流沙。蘇氏思之，爲迴文。"武后序云："滔鎮襄陽，攜寵姬之任，絕蘇音問。蘇爲迴文，五綵相宣。"竇滔妻蘇蕙，字若蘭，善屬文。桑世昌，淮海人，世居天台。陸游之甥。事事精習，尤工詩。管夫人《璿璣圓圖》一卷，小楷極精。圖八百四十一字，縱橫八寸。

朱氏序曰："射堂《無雙譜》，蘇氏像最精。余得竇、蘇畫册八幅，非凡筆所能及。因摹縮本，與射堂寫象列於首卷。"

朱氏又序曰："桑書始漢、晉，迄唐、宋，今仍張本重鋟。前增諸作，亦不忍遽棄。予内子胡慧奩篋中藏有抄本回文圖二帙，似勝國名流著作。余又訪求雅而合體者録之，是爲《續編》。"

毛氏曰："韓燦《璇璣圖跋》曰：'璇璣，規運也，方則扞矣。'自蘇蕙以錦方行世，而五代迄今，僅有僞爲規圖以爲西來所傳者。燦復多其字數，極盡其致。蕙錦以有扞未盡讀，燦圖讀而盡之。其字數繁簡，讀句通塞，則規簡矩繁，規通矩塞，理固然者。予嘗謂蕙不遇滔；其遇滔也，亦無不得志於滔：則不能有斯錦。向使燦不遭詘抑，雖鬼神實好事，亦不藉燦有斯圖矣。"_{録於}《西河集》。

王氏曰："辛亥冬，見宋女郎淑貞手書《璿璣圖》一卷，字法妍嫵。有記云：'若蘭名蕙，姓蘇氏。陳留令道贊季女也。年十六，歸扶風竇滔。滔字連坡，仕苻秦爲安南將軍，以若蘭才色之美，甚敬愛之。滔有寵姬趙陽臺，善歌舞，若蘭苦加捶楚。由是陽臺積恨，讒毁交至。滔大恚憤。時詔滔留鎮襄陽，若蘭不願偕行，竟絜陽臺之任。若蘭悔恨自傷，因織錦字爲迴文，五彩相宣，瑩心眩目，名曰"璿璣圖"，亘古以來，所未有也。乃命使賫至襄陽。感其妙絶，遂送陽臺之關中，具輿從迎若蘭於漢南，恩好逾初。其著文字五千餘首，世久湮没，獨是圖存。唐則天常序圖首，今已魯魚莫辨矣。初，家君宦游浙西，好拾清玩，凡可人意者，雖重購不惜也。一日，家君宴郡倅衙，偶於壁間見是圖，償其值，得歸遺予。於是坐卧觀究，因悟璿璣之理，試以經緯求之，文果流暢。蓋璿璣，天盤也；經緯者，星辰所行之道也。中留一眼者，天心也。極星不動，蓋運轉不離一度之中，所謂居其所而斡旋之。處中一方，太微垣也，乃疊字四言詩。其二方，紫微垣也，乃四言回文。二方之外，四正，乃五言回文；四維，乃四言回文。三方之外，四正，乃交首四言詩，其文則不回也；四維，乃三言回文。三方之經，以至外四經，皆七言回文詩，可周流而讀者也。

紹定三年春二月望後三日，錢塘幽棲居士朱氏淑貞書。'首有'璿璣變幻'四小篆，後有小朱印。予向見《斷腸集》，不載此文。諸家撰閨秀詩筆者，皆未之載。宋桑世昌澤卿、明雲間張元超之象撰《回文類聚》，亦未收此。家考功兄集《然脂集》三百餘卷，多徵奧僻，因錄一通歸之。後有仇英實父補圖四幅，亦極妙。按：張宣、周昉、李伯時，皆有織錦回文圖。英此圖殆有所本也。又《回文類聚》載唐婦人所作轉輪鈎枝八花鑑銘云：'花上八字，枝間八字，環旋讀之，四字爲句，遞相爲韻。'其盤曲紆結爲八枝者，左旋讀之，自'篇'字起至'詞'字止，當就支、脂字韻；右旋讀之，自'詞'字起至'篇'字止，當就先、仙字韻。兹不具錄。"錄於《池北偶談》。

《玉臺新詠》十卷

陳徐陵撰

保元堂本。乾隆二十六年錫山華綺校刊。每葉十八行，行十九字。每半葉欄四圍之，寫、刻甚佳。前有二馮記，後有陳玉父、趙均、李維楨、南陽轂道人跋。謹案：《天禄琳瑯書目》曰："永嘉陳氏，系宋望族。玉父刻是書，讎校周詳，摹刻精好，亦可謂深於好古、不隕家聲者矣。有餘春堂印、海翁印。"又曰："此書與前部係出一板，密行細字，仿巾箱本式而尺寸加盈，製極精雅。其摹印亦屬良工，故清朗照人，可謂合璧。明王鏊藏本有'御題文學侍從'印、'芳草王孫'印、'廣長闇主'印、'濟之'印。"

馮氏記曰："此書今世所行共有四本：一爲五雲館活字本，一爲華允剛蘭雪堂活字本，一爲華亭楊元鑷本，一爲歸安茅氏重刻本。活字本不知的出何時，後有嘉定乙亥永嘉陳玉父序，小爲朴雅，訛謬層出矣。華氏本刻於正德甲戌，大率是楊本之祖。楊本出萬曆中，則又以華本意僎者。茅本一本華亭，誤逾三寫。己巳春，聞有宋刻在寒山趙靈均所，乃往抄之，四日而畢。馮舒默菴述。"

馮氏記曰："宋刻訛謬甚多，趙氏所改得失相半，姑兩存之。宋刻是麻沙本，故不佳。趙氏物今歸遵王。馮班二癡記。"

徐陵自序猶是六朝體，序前題"陳尚書左僕射、太子少傅東海徐陵，字孝穆撰。"注《大唐新語》云："梁簡文爲太子，好作艷詩，境内化之。晚年欲改作，追之不及，乃令徐陵撰《玉臺集》，以大其體。"據此，則是書之作，實在梁朝。署名如是，則是後人所加也。

例言："家默菴、鈍吟兩公精於古律、雜歌詩，其丹黄甲乙，務歸精當。予受遺編，讀之法程俱在。""是書原本六朝，聲歌艷麗。唐代名家用字用法，悉本諸此。但舛訛錯出，向無善本。今所傳宋本疑非真本。""默菴公校訂此書，一以宋刻爲正。""鈍吟翁讀本，其圈點處別具手眼，特爲標出。上黨馮鰲冠山識。"

陳氏跋曰："幼時至外家李氏，於廢書中得之，舊京本也。末失一葉，間復多錯謬，板亦時有刓者。借得豫章刻，財五卷，刻未畢也。又求得石氏所藏録本以補亡校脱，於是其書復全。自漢、魏以來作者皆在焉，多《文選》所不載，可以睹歷世文章盛衰之變云。"

文光案：陳本刊於宋寧宗嘉定八年，玉父無考。所謂舊京本，蓋北宋本也。此集前八卷自漢至梁五言詩，卷九歌行，卷十五言二韻，共詩七百六十九首。明人刻本妄有所增，又幾二百。惟庾子山《七夕》一首，本集所無，猶幸存之，然真僞未能辨也。

華氏跋曰："寒山趙氏舊藏宋刻，馮默菴爲之校定，其弟鈍吟系以點次。康熙甲午，冠山曾刻之吳中。歲久板缺，予因取二馮原本，重刻以傳。"

錢氏曰：“此本出自寒山趙氏。卷中簡文尚稱皇太子，元帝稱湘東王，未改選錄舊觀。牧翁云：‘凡古書一經庸妄手，紕繆百出，便應付蠟車覆瓿，不獨此集也。’披覽之餘，覆思牧翁跋語，爲之掩卷憮然。”錄於《敏求記》。

文光案：徐陵仕梁爲通直散騎常侍，故其稱如此。仕陳爲司空，《陳書》有傳。明人刻古書，改換面目、移易篇第、增減字句者，不可勝數，而集部尤甚，故宋板可貴。牧齋此言，不但爲是書發也。

孫氏曰：“此本明人從玉父本翻雕，字畫精工，與宋本無異。每葉三十行，行三十字。收藏有‘任丘龐氏藏書’印、‘龐塏之’印、‘史官’印。”錄於《平津館書籍記》。

《玉臺新詠》十卷

國朝朱存孝撰

原本。康熙丁酉年刊。前有自序，後有沈珍、尤學稼二跋。

朱氏自序曰：“唐李康成撰《陳隋唐初詩》十卷，爲《玉臺》後集。唐之艷詩，止於唐初，殊有不備。余因仿孝穆之例，輯自初至晚唐詩八百餘首，仍以‘玉臺新詠’爲名。”

尤氏跋曰：“是編淘汰淫哇，一歸雅正。唐賢中美人、香草之遺也。”

《文館詞林》十四卷

唐許敬宗等撰

影抄卷子本。《古逸叢書》之十五。此本第一百五十八卷，詩；一百五十七卷，詩；一百五十八卷，詩；三百四十七卷，頌；四百五十二卷，碑；四百五十七卷，碑；四百五十九卷，碑；六百六十五卷，詔，此卷殘；六百六十六卷，詔；六百六十七卷，詔；六百七十卷，詔；六百九十一卷，教；六百九十九卷，教。大字本五卷，每葉十四行，每行十二字。小字本九卷，每葉二十二行，每行二十字。

黎氏《敘目》曰："《文館詞林》有二本，一爲高宗顯慶三年原修一千卷，一爲武后垂拱二年采詞涉規誡以賜新羅國王者五十卷。此則一千卷本也。今於林述齋《佚存叢書》外收得者十三卷半，東土僅存之本，獲已過半。其中亦有《漢書》、《文選》所載，不盡逸文也。字分大、小兩種，當以類從。未獲者，附存目錄於後。"

《經籍訪古志》："《文館詞林》零本，署'中書令、太子賓客、監修國史、弘文館學士、上柱國、高陽郡開國公臣許敬宗等奉勅撰'。每行字數不整，筆力沉遒。卷末記云：'校書殿寫。弘仁十四年歲次癸卯二月，爲冷然院書'。捺'冷然院印'、'嵯峨院印'二印。按《唐會要》云：'顯慶三年十月二日，許敬宗修《文館詞林》一千卷上之。'《見在書目》，新、舊《唐志》所載卷數皆同此本。依跋文考之，弘仁中奉勅書寫，置之冷然院。冷然院乃儲御書處。貞觀十七年罹災，祕閣收藏文書圖籍悉爲灰燼。事見《三代實錄》。後以'然'字從火，改用'泉'字。見《拾芥抄》引《天曆御記》。而是書得免災僅存者，意當時從上皇在嵯峨離宮，故末捺'冷然'、'嵯峨'二印。卷散在諸處，高野山所藏尤多，現存二十餘卷，恨未得盡窺之。昔時僧奝然入宋，話及我之書內有《文館詞林》，時人不知其目，以'館'作'觀'，且誤爲皇朝人所著。事見《宋朝類苑》引楊億《談苑》。知是書在宋初已失傳，則雖零卷殘軸，實可寶重矣。文化中，林君收此書於《佚存叢書》中，孫星衍《續古文苑》、阮元《四庫未收書目》皆援引之。但其所傳僅四卷，不及其他，是亦可憾耳。"按：弘仁十四年，唐穆宗之長慶三年。貞觀十七年，唐僖宗之乾符二年也。

先是，日本刻《佚〔一〕存叢書》，收《文館詞林》四卷，中土驚爲秘笈。及余東來，見森立之《訪古志》所載，又有溢出此四卷之外者六卷。因據以蹤迹之，則又溢出於《訪古志》之外者九卷。除林氏已刻之四卷及第三百四十八之馬融《廣成頌》，餘十四卷，今星使黎公盡以付之梓人。其大字疏行者，係小島尚質從原本摹出；其小字密行者，則傳鈔本也。中間不無奪文壞字，覽者當自得之。今考《見在書目》有《文館詞林》一千卷，又源順《倭名類聚抄序》云“《文館詞林》一百帙”，則彼國所得實爲足本。且第六百六十五卷後，有“儀鳳二年書手李神福寫”字樣，是更在垂拱以前，其非删節之本無疑。《文苑英華》收羅至博，而此書不見采録。《崇文總目》僅載《彈事》四卷，《宋志》僅載詩一卷，是皆零殘之遺。若其全書，已爲北宋人所不見。此十四卷中，雖略有見於史書、《文選》及本集者，而其不傳者十居八九，可不謂稀世之珍乎？刻成後，柏木政矩復貽目録一紙，據稱是嘉永間小林辰所訪，通計其國尚存三十卷，至今有存於淺草文庫者，有存於西京大覺寺者，皆不易傳録，故今附刻其目，以俟後之人焉。楊守敬記。

　　文光案：《佚存叢書》所刻爲六百六十二、六百六十四、六百六十八、六百九十五，詔令四卷，皆正史及各家文集所未載。末有庚申天瀑跋。其書刻於嘉慶六年。阮文達不知五十卷之本，所謂“規戒”者別爲一本，遂疑日本所藏者爲未足之本。且此本門類甚繁，不盡規戒之詞也。《孫氏書目》所著亦《佚存》本。是書各卷有目録，阮曰：“雖斷簡殘編，其全書之體例，尚可窺見一斑，今按其例之可尋。”碑三十二，旁注百官二十二。目前標將軍一二者，皆將軍碑；標都督一二者，皆都督碑也。其碑目皆冠以撰人姓名，上皆冠以時代。如北齊魏收《征南將軍和安碑》一首，旁注“并序”二字是也。詔卅五，注："赦宥。"一小題在大題一行之下。教四注恤亡、褒賢、顯節、修復、毁廢、禱祀、崇法七子目。小字本無小題。如敕，一卷分誡勵、貢舉、除授、黜免四子目，而大題第一下不著，是傳鈔失之。可知小字本不如大字本矣。六百九十一爲敕，黎氏誤以爲教。此卷目録後有"臣許敬宗等謹案"三行，想各門皆有此小序，而其餘不得見矣。卷中間收唐人之作，則不冠時代。虞世南作"虞南"，避太宗諱也。詩目前標"四言"二字。卷中詩題頂格書之，撰人在下，皆冠時代。詩十七注："人部十四，贈答六，雜贈答三。"册内有"不忍文庫"長木印。所録諸文最古，決非僞書，惜孫氏《續古文苑》未及採補，誠稀世之珍也。

臣許敬宗等謹案："敕者，正也。《書》稱'敕天之命'，其名蓋取此也。周穆王命鄧父受敕憲，即其事也。漢責楊僕，其文尤著。今歷採史籍，以備敕部。"

都督一，東晉庾冰碑、庾翼碑、王坦之碑、梁蕭子昭碑、北魏胡延碑。都督三，隋陸香碑、竇軌碑、劉瞻碑、黄君漢碑。將軍二，北齊和安碑、隋楊紹碑、趙芬碑、唐王懷文碑。將軍三，唐龐某碑、周孝範碑、隋莊元始碑、上官政碑。

文光案：共得碑十七通。龐碑即虞世南所撰，録之以爲金石之助。今考王氏《萃編》，僅有趙芬一碑，餘俱無有也。今以趙芬碑考之，《萃編》僅存三百餘字；《文館》本一千二百餘字，全文未缺。王氏跋云："卒字泐不能辨，當在開皇五年以後。"文云"春秋七十有七，以十四年薨"。其他與碑互有異同。錢竹汀得趙芬碑，如獲珍珠船。光今得見全文，更可寶也。

《揅經室外集》曰："《唐會要》云：'顯慶三年十月二日，許敬宗修《文館詞林》一千卷上之。'與《唐志》合。又云：'崔元暉注《文館詞林》第二十卷，又雜傳類載《文館詞林》文人傳一百卷。'《宋志》載《文館詞林》詩一卷，《崇文總目》載《文館詞林》彈事一卷，皆全書中之一類。是編僅存四卷，皆漢、魏以來之詔令，日本人用活字版排印者。《會要》又云：'垂拱二年，新羅王金政明遣使請唐禮并雜文章，令所司寫吉凶要禮，并於《文館詞林》内采其詞涉規戒者，勒成五十卷賜之。'是當時頒賜屬國之本，原非足册也。"

《篋中集》一卷

唐元結撰

汲古閣本。唐人選唐詩，約十種。毛子晉得其八種，彙而刻之，此其一種也。前有元結序："盡篋中所有，總編次之。凡七人，詩二十四首。"後有毛晉跋。

毛氏跋曰："漫士逢天寶之亂，置身仕隱間，自謂與世聱牙，不肯作綺靡章句。先輩譬之古鐘磬，不諧於俚耳，而可尋玩。今讀其《篋中》七人詩，亦皆歡寡愁殷之語，不類唐人諸選。然磊砢一派，實中世所難，宜荊公選録不遺也。"

《河岳英靈集》三卷

唐殷璠編

汲古閣本。前有殷序。録常建等二十四人，詩二百三十四首，分爲上、中，下三卷，起甲寅，終癸巳。論次於叙，品藻各冠篇額。

毛氏跋曰："《河岳》、《中興》二集，一選開元迄天寶名家，一選至德迄大曆名家，相繼品隲，真盛唐一大觀也。且每人各列小叙，拈出警語，但雄奇、逸艷不倫耳。或病其詮次龐雜，或病其議論凡鄙，未敢據爲定評云。"

《中興間氣集》二卷

唐高仲武編

汲古閣本。前有高序。博訪詞林，采察謠俗，起至正德元年，終大曆末年，作者數千，選者二十六人。五言詩一百四十首，七言詩附之。姓名下各有品題，與殷璠例同。末有元祐戊辰曾子泓記，云："今遺鄭當一人，共逸八詩。"愚按：大曆十才子：盧綸、錢起、郎士元、司空曙、李端、李益、李嘉祐、耿緯、苗發、皇甫曾、吉中孚，共十一人。或云無吉中孚，有夏侯審。今集中祇有錢起、郎士元、李嘉祐、皇甫曾四人，其評語最佳。予與《英靈集》評語依次錄之，可作詩話觀也。

毛氏跋曰："予家藏《中興間氣集》凡三本，俱逸五人評語，勉爾考訂就梨，殊未快也。既得一舊抄本，向所缺具在，獨劉灣無考。"

維詩詞秀調雅，意新理愜，在泉成珠，著壁成繪，一句一字，皆出常境。至如"落日山水好，漾舟信歸風"，又"澗芳襲人衣，山月映石壁"、"天寒遠山净，日暮長河急"、"日暮沙漠陲，戰聲烟塵裹"，詎肯慚于古人也？殷評王詩。

謂《代北州老翁荅》及《湖中對酒行》，并在物情之外，但衆人未曾説耳，亦何必歷遇遠探古迹，然后始爲冥搜？殷評張詩。

參詩語奇體峻，意亦造奇。至如"長風吹白茅，野火燒枯桑"，可謂逸才。又"山風吹空林，颯颯如有人"，宜稱幽致也。殷評岑詩。

李詩輕靡，華勝於實。此所謂才力不足，務爲清逸，然"前軍飛鳥落，格鬪塵沙昏"，亦出塞實錄，亹亹不絕者，可及於中矣。高評李希仲詩。

長卿有吏幹，剛而犯上，兩遭遷謫，皆自取之。詩體雖不新奇,其能鍊䬸,大抵十首以上,語意稍同,於落句尤勝,思鋭才窄也。如"草色如湖綠,松聲小雪寒",又"沙鷗驚小吏,湖色上高枝",又"細雨濕衣看不見,閑花落地聽無聲",截長補短,蓋絲之類歟?其"得罪風霜苦,全生天地仁",可謂傷而不怨,亦足以發揮風雅矣。高評劉詩。《簡明目録》稱其説最爲精鑿。

《國秀集》三卷

唐芮挺章編

汲古閣本。前有芮序:"自開元以來,維天寶三載,譴謫蕪穢,登納菁英,可被管弦者,都爲一集。編次見在者凡九十人,詩二百二十首。"此本僅四十五人,詩二百十一首,蓋有所脱佚,故毛氏跋云:"非復芮侯之真面目矣"。

《御覽詩》一卷

唐令狐楚編

汲古閣本。前無序,後有紹興乙亥陸游記、慶元戊子老學菴跋、毛晉跋。詩凡三十人,二百八十九首。憲宗時奉敕選定。陸記云:"一名'唐歌詩',一名'選進集',一名'元和御覽'。"毛跋云:"彙次名流,選進妍艷,短章三百有奇。至今缺軼頗多,已無稽考云。"

《極玄集》二卷

唐姚合編

汲古閣本。前有至元五年建陽蔣易序,後有毛晉跋。武功自題云:"此皆詩家雕射手也,凡二十一人,共百首。"今缺其一。姜白石點本最善,不行於世。

《松陵集》十卷

明陸龜蒙編

汲古閣本。毛晉購宋板重刊。首前進士皮日休序；次目録；次皮、陸二家唱和詩，百體俱備；末有弘治壬戌都穆跋、毛晉跋。

皮氏序曰：“詩有六義，其一曰比。比者，定物之情狀也，則必謂之才。才之備者，於聖爲六藝，在賢爲聲詩。噫！《春秋》之後，《頌》聲亡寢。降及漢氏，詩道若作，然二《雅》之風，委而不興矣。在《詩》有三言、四言、五言、六言、七言、八言、九言之作。三言者，曰‘振振鷺，鷺于飛’是也。五言者，曰‘誰謂雀無角，何以穿我屋’是也。六言者，曰‘我姑酌彼金罍’是也。七言者，曰‘文交黄鳥止於桑’是也。九言者，曰‘泂酌彼行潦挹彼注兹’是也。蓋古詩率以四言爲本，而漢氏方以五言、七言爲之也。其句亦出於《毛詩》。五言者，李陵曰‘携手上河梁’是也。七言者，漢武曰‘日月星辰和四時’是也。爾後盛於建安。建安以降，江左君臣得之浮艷之聲，然《詩》之六義微矣。逮及吾唐開元之世，易其體爲律焉，始切於儷偶，拘於聲勢。然《詩》云‘覯[二]憫既多，受侮不少’，其對也工矣。《堯典》曰‘聲依永，律和聲’，其爲律也甚矣。由漢及唐，詩之道盡矣。吾又不知千祀之後，詩之道止於斯而已耶！後有變而作者，余不得以知之。夫才之備者，猶天地之氣乎？氣者止乎一也，分而爲四時。其爲春，則煦枯發荄，如育如護，百蘤融冶，醺人肌骨；其爲夏，則赫曦朝升，天地如窰，草焦木渴，若燎毛髮；其爲秋，則凉飇高瞥，若露天骨，景爽夕清，神不蔽形；其爲冬，則霜陣一凄[三]，萬物皆瘁[四]，雲沮日慘，若憚天責。夫如是，豈拘於一哉？亦變之而已。人之有才者，不變則已，苟變之，豈異於是乎？故才之用也，廣之爲滄溟，細之爲溝寶；高之爲山岳，碎之爲瓦礫；美之爲西施，惡之爲敦洽；壯之爲武賁，弱之爲處女；大則八荒之外不可窮，小則一毫之末不可見。苟其才如是，復能善用之，則庖丁之牛，扁[五]之輪，郢之斤，不足謂其神解也。噫！古之士，窮達必形於歌詠，苟欲見乎志，非文不能宣也，於是乎爲其詞。詞之作固不能獨善，必須人以成之。昔周公爲詩，以貽成王；吉甫作頌，以贈申伯。詩之酬贈，其來尚矣。後每爲詩，必多以斯爲事。咸通七年，今兵部令狐員外在淮南，今中書舍人弘農公守毗陵，日休皆以詞獲幸，悉蒙以所製命之和，各盈編軸，亦有名其首者。十年，大司諫清河公出牧於吳，日休爲部從事。居一月，有進士陸龜蒙字魯望者，以其業見造，凡數編，其才之變，真天地之氣也。近代稱溫飛卿、李義山爲之最，俾陸生參之，未知其孰爲之後先也。太玄曰：‘稽其門，闢其戶，叩[六]其鍵，然後乃應，況其不[七]者乎？’余遂以詞誘之，果復之，不移刻。由是風雨晦冥，蓬蒿翳薈，未嘗不以其應爲事。苟其詞之來，食則輟之而自飫，寢則聞之而必驚。凡一年，爲往體各九十三首，今體各一百九十三首，雜體各三十八首，聯句問答十有八篇在其外，合之，凡六百五十八首。南陽廣文潤卿、隴西侍御德師，或旅泊之際，善其所爲，皆以詞致。師詞之不多，去之速也。大司諫清河公有作，或命之和，亦著焉。其餘則吳中名士，又得三十首。除詩外，有序十九首，總録之，得十通，載詩六百八十五首。《漢書》曰：‘古者，諸侯、卿大夫交接[八]鄰國，以微言相感。當揖讓之時，必稱《詩》以喻其志，蓋以別賢不肖也。’余之與生，道義志氣，窮達是非，莫不見於是。士君子或爲之覽，賢不肖可不別乎哉？噫！古之將有交綏而退者，今生之於余豈是耶？生既編其詞，請於余曰：‘爾有文，當爲我序詩道，兼十通以名之。’日休曰：‘諾。’由是爲之序。松江，吳之望也，別名曰‘松陵’，請目之曰‘松陵集’。”

都氏跋曰:"古松陵,即今之吴江。予同年濟寧劉君濟民來爲邑令,謂是集爲其邑故物,而人未之見,授儒士盧雍校勘,捐俸刻之。予觀唐詩人多尚次韻,至元、白而益盛。其萃而成編,則有《漢上題襟》、《斷金》及是三集。按皮氏自序,謂一歲之中,詩凡六百五十八首。其富如此,則又《題襟》、《斷金》之所無者。況其游燕題詠,類多吴中之作。後之希賢懷古者將於是乎考,固吴人之所當寶也。"

毛氏跋曰:"嘗考皮襲美《文藪》及陸魯望《笠澤叢書》,俱不載唱和詩卷。因襲美從事郡牧,與魯望酬贈,積成十通,别爲一册,名曰'松陵',爲吴中一時佳話爾。千百年後,僅弘治有重梓,又漫滅不可得,使海内慕皮、陸之風而願見兹集者,謂吾吴好事何殊。特購宋刻而副諸棗,不特《松陵》爲吾吴之望也,道義志氣、窮通是非如兩公者,可以相感矣。"

錢氏曰:"從來唱和之作,無有如魯望、襲美驚心動魄、富有日新者,真所謂凌轢波濤,穿穴險固,囷璅怪異,破碎陣敵,卒造平淡而後已。此從宋刻影録,前二卷猶是絳雲燼餘,北宋槧本。弘治中,劉濟民刻是集,都元敬爲之校讎。初視之甚古雅,惜非宋本行次。"録於《讀書敏求記》。

陸氏曰:"皮襲美當唐末遊於吴越,死焉。有子光業,爲吴越相,子孫業文,不墜家聲。求襲美四世孫公弼,以進士起家,仕慶曆、嘉祐間,爲韓魏公所知。雖不甚貴顯,亦當世名士也。方吴越時,中原隔絶,乃有妄人造謗,以謂襲美瘞節於巢賊,爲其翰林學士。《新唐書》喜取小説,亦載之。豈有是哉!"録於《渭南集》。

《才調集》十卷

蜀韋縠編

汲古閣本。前有韋序。詩共一千首,每百首成卷。後有毛晉跋。今傳二馮舒、班。評本，以爲詩家式。

《搜玉小集》一卷

不著編輯者名氏

汲古閣本。前無序。凡三十七人，詩六十三首。其次第爲毛氏重刊時所亂，原本不可復考。

《古文苑》九卷

不著編輯者名氏

蘭陵孫氏重刊宋本。嘉慶十四年刊，元和顧廣圻序。末有淳熙六年韓元吉記，附書一通。凡賦五十七首、詩五十八首、文一百五篇。元空皆陰文，每葉二十行，行十八字。

顧氏序曰：「孫巨源《古文苑》次爲九卷，韓元吉記其末云『訛舛謬缺者多，不敢是正而補之，蓋傳疑也』，可謂愼矣。後此，有章樵者爲之注，改分廿一卷，移易篇第，增竄文句，復非舊觀。不僅《詩紀匡謬》譏其於《柏梁詩》妄署姓名，《困學紀聞》論其不解曹操夫人與楊彪夫人書『房子官錦』，及《釣賦》『元淵』等之違失也。然自前明以來，章本遍行而韓本殆絕。丁巳春，余得陸貽典影宋九卷全帙於家抱沖兄。於是，庚申之冬，仁和孫君邦治重刊之，旋遭何人攫去資費，工乃弗就。迨今茲淵如觀察以續刊見屬，爰始竣事，將遂印行，豈所謂書之顯晦自有其時者耶？且此本之訛舛謬缺有可考知者，如楊雄《蜀都賦》『爾乃其俗，迎春送』下脫『冬』字，《文選・三都賦》李善注引有之。《誚青衣賦》『悉請諸靈，僻邪無主』，『僻』當作『辟』；『無』當作『富』，《藝文類聚》卅五引不誤。孔北海《離合作郡姓名字詩》『海外有截，隼逝鷹揚』，『截』當作『仳』。隸體『截』作『仳』，洪釋《度尚碑》正如此。《上林苑令箴》『昔在帝羿，共田徑游』，

'共'當作'失','徑'但作'淫',即《離騷》之'羿淫游以
佚田兮'也。凡若斯類,灼然無疑。其餘與羣籍出入、足資證明
者,尚難勝枚數。夫既通其所不通,而不强通其所不可通,是在
善讀書者,固非章注"望文生解"所能見及,抑與韓記之云初無
二致也。"

　　文光案:"迎春送冬",章本作"逆臘"。"僻邪無主",
章注曰:'無定主也'。"海外有截",章本作"海内",注云:
"當離乙字。疑古文與今文不同,合成孔也。"章蓋不知"截"
作"乱",故云:"然其詩爲魯國孔融文舉。""共田徑游",
章注云:"'共'與'供'通。徑,謂往來馳逐於其間。"觀
此數則,章注可知,所謂望文生解是也。

　　韓氏記曰:"世傳孫巨源於佛寺經龕中得唐人所藏古文章一
編,莫知誰氏録也,皆史傳所不載,《文選》所未取,而間見於諸
集及樂府。好事者因以《古文苑》目之。今次爲九卷,可類觀。
然《石鼓》之詩,退之則以爲孔子未見,不知所删者定何詩,且
何自知其爲宣王也。左氏載椒舉之言,蒐於岐陽,則成王爾。秦
世諸刻,子長不盡著,抑亦有去取耶?漢初未有五言,而歌與樂
章先有七言,蘇、李之作,果出於二子乎?以此編數首推之,意
後代詩人命題以賦者,若韋、孟尚四言,至酈炎乃五言也。夫文
章遠矣,唐、虞之盛,賡歌始聞。魏、晉以還,制作逾靡。學者
思欲近古,於是其有考焉。惟訛舛謬缺者多,不敢是正而補之,
蓋傳疑也。"

　　文光案:孫淵如以《古文苑》多從類書中采出;顧千里
證以《石鼓文》、《詛楚文》、《漢樊常侍碑》,以爲宋人所録:
皆精確不易之論。其文出於《藝文類聚》、《初學記》者甚多。
其選注所引、《隸釋》所載,足資證明者累累在。樵注外而絶
不可通者,亦無能是正。千里云:"若枚乘《梁王》、《兔

園》，楊雄《蜀都》，王延壽《王孫》，班固《車騎將軍竇北征》等篇，尤弗能無闕疑者也。蓋宋人錄時，已屬脫誤。今古書日少，更不能校也。

《古文苑》二十一卷

宋章樵注

《惜陰軒》本。首紹定壬辰朝奉郎、知平江府吳縣事武林章樵升道序，次韓元吉記，次嘉熙丁酉良月桂巖江師心序，次淳祐丁未承議郎、通判常州軍州事古替盛如杞序。次目錄，曰文，曰賦，曰歌，曰曲，曰詩。按韓本，歌、曲在詩後。曰勅，曰啓，曰書，曰對，曰狀，曰頌，曰文，曰述，曰贊。按韓本，書在狀後，述前無文。曰銘，曰箴，曰雜文，曰記，曰碑，曰誄。按韓本，記前有叙。第二十一卷從卷中退出賦十三首，目下注云：“舊編載此諸篇，文多殘闕。搜檢他集，互加參訂，或補及數句，猶非全文，姑存卷末，以俟博訪”云云。末有成化壬寅張琳跋、弘治己未王岳跋。謹案《天祿琳瑯書目》，《古文苑》一函六册，不著編輯名氏。書九卷，末有韓元吉記。宋槧之精工者，缺筆字特謹嚴。有“棟亭曹氏藏書”、“雲間喬氏圖書”、“旅溪”、“後樂園”、“間得堂印”、“華亭朱氏珍藏”諸印。又《古文苑》一函八册，宋章樵注，分二十卷。末一卷則以舊載文多殘闕，存俟博訪者。江師心序稱章君倅毘陵日，欲繡諸梓，適拜司鼓之命，以稿屬之後政徐士龍。歲在丙申六月畢工，其子淳訂誤二百餘字。又盛如杞序。如杞爲樵兄子之壻，爲之校補此書者也。樵見成化《杭州府志》。

章氏序曰：“《古文苑》爲體二十有一，爲編二百六十有四，附入者七。始於周宣石鼓文，終於永明之倡和。其中句讀聱牙，字畫奇古，未有音釋，加以傳錄舛訛，讀者病之。樵簿書之暇，玩味參訂，或裒斷簡以足其文，或較別集以證其誤，推原文意，

研覈事實，爲之訓注。其有首尾殘缺〔九〕、義理不屬者，姑俟
廋〔一○〕考。復取漢、晉間文史册之所遺以補其數，凡若干篇，釐爲
二十卷，將質諸博洽君子，以求是正焉。”

顧氏曰：“此書乃宋人所録。其時隋以前集罕存，凡不全各
篇，采諸唐人類書，固其宜矣。至於九卷本，脫誤不少，卻非章
樵廿一卷本所能補正。廣圻於校刊時曾取宋板章本細閱，知樵實
未得此書要領。其《藝文類聚》所多之句，皆未補；《初學記》所
引不誤者，皆未正。他如蔡邕《述行賦》，載《中郎集》，全篇并
序，千有餘言；經龕所録，出自《藝文類聚》，僅存數語。樵本不
能甄取，而退此賦於其廿一卷内，抑何疏也！至其中謬戾，則如
《初學記》中王粲《浮淮賦》，經龕所録也，《藝文類聚》八别引
‘於是迅風興，波濤動，長瀨潭渨，滂沛洶溶’。樵乃割裂此十四
字，散置《初學記》文句之間。《士不遇賦》‘將遠游而終’，
‘終’下脫‘古’字。樵乃補以‘慕’字，而曲爲之解。《魏衞敬
侯碑陰文》‘形垣而背皁’，垣者，‘坦’之訛。樵不悟，而亦曲
爲之解。《大理箴》“九州允理”，經龕本無誤，《初學記》十二正
同。樵誤‘州’爲‘刑’，乃引《左傳》解之，不思周有亂政而
作九刑，豈皋陶時事？且樵既以己意增寘多篇，大非經龕之舊。
然《羽獵賦》原載二首，一張衡，一王粲，俱采自類書。樵編王
粲賦於其第七卷，衡賦全脫。藉非九卷本復出，幾莫知其原有
矣。”録於《亭林遺書》。

　　文光案：《古文苑》所載石鼓文，凡四百九十七字。自天
　　一閣北宋拓本之外，惟此本字數最多。張淏《雲谷雜記》云：
　　“余所見唐人録本四百九十七字。”淏所謂録本的是《古文
　　苑》，以字數相合知之。章本石鼓文、《詛楚文》俱録王厚之
　　跋。又案：章本刻於嘉熙丙申，而升道以乙未六月卒，蓋不
　　成書也。丁酉，江師心復訂刊板之誤，凡二百餘字。越十二

年，丙午冬，盛如杞命工補板。此宋本也。明成化間有建陽
書肆本。弘治己未，王岳知奉新縣，又刻之，即《惜陰軒》
本之所自出也。九卷本開首文四篇，章本三篇，無《魏敬侯
碑陰文》，其舛誤脫落，隨檢隨出，不但如千里所云也。又
案：今世俗以故男故女相配，謂之“冥婚”，非禮之甚，然亦
有所本。書中有《曹蒼舒誄》，魏文帝所作也。曹沖字蒼舒，
魏公操子，母曰環夫人。魏文帝之弟也。少聰察岐嶷，有成
人之智。年十三，病卒。曹公哀甚，爲聘甄氏亡女與合葬，
贈騎都尉印綬。樵曰：“禮，男子十二成童，死則稱下殤，言
未成人也。蒼舒之葬，配以甄氏死女，又竊王朝命服以加之，
爲立寢廟，悖禮甚矣。曹氏父子，所謂‘小人無忌憚’
者也。”

洪氏曰：“《曹娥碑》見《古文苑》，文筆平實，不足以當
‘黃絹’之稱譽也。蔡中郎《郭有道碑》，自言臨文無愧辭。今讀
之，絕無異人處，蓋東京文體之衰，此二篇又東漢之平平者。乃
知向來盛傳此二碑，皆係耳食，爲古人所欺耳。”_{錄於《北江詩話》。}

《續古文苑》二十卷

國朝孫星衍撰

冶城山館本。嘉慶十二年校刊，有序例。

孫氏自序曰：“《續古文苑》者，續唐人《古文苑》而作也。
家巨源得之於佛龕，今星衍搜之於祕笈，皆選家所不載，別集所
未傳，足以備正史之舊聞，爲經學之輔翼。”

例曰：“《古文苑》所載，自周、秦迄齊、梁，不錄隋、唐以
來文字。今略用其例。古鐘鼎有前人誤釋與今世新出者載之。餘
文止於宋、元。”“《古文苑》門類，九卷本始於文，終於誄。章樵
本大同小異。今兼兩本，又參用《文選》，別爲次序如左。”“凡正

史、《文選》、《文粹》、《文苑》、《文鑑》、《文類》，以及各家專集、《百三名家集》、《詩紀》等已載者不録。所載各文，俱注原書於目録之下，以備復檢。其諸書皆据善本，如《華陽國志》、《洛陽伽藍記》、《唐大詔令》、《開元占經》、《太平御覽》等，悉係舊鈔。《北堂書鈔》爲陳禹謨未改以前所寫，均於俗本大有訂正。"
"各文從類書采出者，往往更有原書出處。今别注其名目於每篇之末。""各文從類書采出者，除据善本改正外，又爲之參互考訂。增多辭句，更定舛誤，加案語注明。即非從類書采出，而原書自來相傳有訛，今始改正者，亦加案語。""各文隱奧難通之處，特加一二案語疏通之。""《古文苑》所載，今不入録。惟蔡邕《述行賦》在歐陽静輯集外，全篇千有餘言，而九卷本但采《藝文類聚》，祇存數韻。王褒《僮約》，《御覽》引舊注，可通；而九卷本但采《初學記》，多誤。章樵皆不知訂正，故變例以補其缺。"
"漢、魏、六朝遺文漸罕，凡有完篇，大率甄取。隋、唐以下，擇其佳者存之。宋、元，取其人有潛德、文有關係者。碑刻準此。""碑刻取缺字較少、文尚可讀者。其缺字留板候補。""漢、魏、六朝碑刻，文字奇古，足證經學、小學，不可改從今文。""《文館詞林》出於洋舶，内多各書未載之文。今就其最佳者録之。"

《文苑英華》一千卷

宋李昉等撰

明本。前有胡維新序。

胡氏序曰："是書出於雍熙初，暨孝朝，更命删校，反滋舛訛。至嘉泰再雠，乃稱全本。中所紀，肇述梁、陳，迄唐季，數百年名家網羅略盡。麗宸奎而資睿覽，宋葉之所以隆也。然藏之御府，非掌中祕書不獲見，今并逸之。儒林家傳有善本，又以卷帙繁浩，繕非經年不可，故寒畯士觀且勿能，又何暇録而傳也？

丙寅歲按閩，白之督撫仕齋塗公。公嘉贊之，乃肇謀始役焉，不數月刻成。”

《文苑英華纂要》八十四卷 《辨證》十卷

宋周必大纂要，彭叔夏辨證

會通館本。明正德改元古吳華燧序。宋孝宗居玉堂，祕閣所貯《文苑英華》，苦太舛錯。時周益公直夜，宣對，命取内架所貯正本，集諸學士校勘，命曰“節序便觀”，將進以備講，弗克就緒。迨益公致政歸，始得重加研訂，去其煩冗，分類八十四卷。時叔夏預其事，復作《辨證》十卷，實校讎之模範。華燧之從孫子宣得印本於陳湖賈氏，燧以活字板印行，即會通館本也。

趙氏曰：“《文苑英華》有三善：唐人文字，足本頗少，可以補遺，一也；與本集互有異同，可資校勘，二也；去古未遠，體例賅備，可供取法，三也。今士夫守茅氏八家一編，甚且約爲選本，陋矣。”錄於《亦有生齋文鈔》。

文光案：《文苑英華》，明隆慶元年，福建巡按御史胡維新檄福州知府胡泉、泉州知府萬慶所刻，即今所傳千卷之本也。官夢仁有《文苑英華選》六十卷，刊於康熙壬午，即今所傳之節本也。《纂要》流傳未廣。彭氏《辨證》，鮑廷博刻入《知不足齋叢書》，所依者陸氏宋本，明活字本，鄭氏、吳氏兩抄本，顧澗蘋手校影宋抄本。顧本爲會通館祖本，即吳、鄭本所自出。《唐文粹》百卷，實本《文苑英華》。一摘其十，當時服其精確。

《文苑英華辨證》十卷

宋彭叔夏撰

《知不足齋》本。首嘉泰四年自序。次目錄，曰用字，曰用韻，曰事證，曰事誤，曰事疑，曰人名，曰官爵，曰郡縣，曰年月，曰名氏，曰題目，曰門類，曰脫文，曰同異，曰離合，曰避諱，曰異域，曰鳥獸，曰草木，曰雜錄，凡二十門。末有乾隆癸丑顧廣圻校記。

彭氏自序曰："叔夏嘗聞益公先生之言曰：'校書之法，實事是正，多聞闕疑。'叔夏年十二三時手鈔《太祖皇帝實錄》，其間云'興衰治□之源'，闕一字，意謂必是'治亂'。後得善本，爲'治忽'。三折肱爲良醫，信知書不可以意輕改。《文苑英華》一千卷，字畫魯魚，篇次混淆，比他書尤甚。曩經孝宗皇帝乙覽，付之御前校勘官，轉失其真。公既退老丘園，命以校讎，膚見淺聞，寧免謬誤？然考訂商榷，用功爲多，散在本文，覽者難徧。因會萃其說，以類而分，各舉數端，不復具載。小小異同，在所弗錄。元注頗略，今則加詳。其未注者，仍附此篇。勒成十卷，名曰'文苑英華辨證'云。"

顧氏記曰："廣圻素好鉛槧，從事稍久，始知書籍之訛實由於校。據其所知，改所不知，通人類然，流俗無論矣。叔夏自序，謂'三折肱爲良醫，知書不可以意輕改'，何其知言也！此書乃校讎之模楷，豈獨讀《英華》者資其是正哉？雖亦未免疵類，如證牛上士《師子賦》'豈方姿於魁鼇'，當是黑虎之'鼟'。舍《爾雅》而徵《七命》，數典殊失。然終無損大段之佳也。"

白居易《進士策》第二道"斯豈辱身者乎？斯豈屈己者乎？"詳上下文，斯語極爲允當。而印行集本卻於"辱身"、"屈己"之上各添一"不"字，但欲與上文"不齊不約"相應，而忘其淺陋。今別白言之，以見印本經後人添改，大率類此，益知舊本之可信也。

孫樵《書田將軍邊事》"大入成都，門其三門"，兩句讀。而《文粹》集本乃削"其三門"三字，止云"大入成都門"，遂不成文理。

《左武衛胄曹許君序》：“唯昌黎韓愈友善。韓爲江西從事。”此篇元以權德輿作，而德輿集無之。愈亦未嘗爲江西從事。“愈”字疑誤。

徐陵自稱“徐君”，張説自稱“張君”。或疑“君”，古人自稱，如《文選》王僧達祭顔光禄文自稱“王君”，《王績集》中載《兩答刺史杜[一]之松》、《答處士馮子華》、《與江公》、《重借隋紀》四書，并稱“王君白”。又《文選》任彦升《固辭奪理啓》“昉”字，李善本吕延濟曰：“昉，家集諱其名，但云君撰者，因而録之。”未詳孰是。

韓愈《藍田縣丞廳壁記》“劾數慢”，近世方崧卿《韓集舉正》云：“劾，《文苑》作‘諺’，蜀本作‘該’，‘該’轉爲‘劾’，其訛益甚。”又“再進再屈於人”，《容齋續筆》云：“杭本韓文作‘再屈千人’，蜀本作‘再進屈千人’，《文苑》亦然。”《舉正》云：“蜀本作‘再進再屋千人’，《文苑》作‘再進屈千人’，今從他本，以‘千’爲‘于’，仍多‘再’字。”方崧卿[一二]舉《文苑》以證韓文，然比今文又自不同，意好事者展轉改易，反失其真。今各存其説。

字有當正者，有兩存於義亦通者。　用韻有兩音而不可輒改者。　唐賦韻數，平側次序初無定格。　凡用事，有可以證他本之非者。事有訛誤，當是正者。　前人用事，元自舛誤，而《文苑》有襲之者。　凡用事，有人名與他本異，不可輕改者。臧榮緒《晉書》“劉靈”，唐太宗《晉書》作“伶”。　有訛誤，質於正史，當是正者。　有與史、集異同，當并存者。　脱文有見於他本者，有他本節略而《文苑》全篇者。　有元本脱逸，而《文苑》因而襲之者。　凡題目，有訛誤當正者，又有題則是而文則非者。　詩文與他本有題同而詞異者。　詩有一篇折而爲二，二篇合而爲一者。　異域國名，有與史傳異者。　鳥獸名訛舛，及與他書異者，草木亦然。　《述聖賦》闕作者名氏，此篇是謝偃所作，詳《唐書》本傳。　賦中撰人名氏，有與《唐登科記》不同者。　前輩文字多自改於石刻之後，而石本真贋尚未可知。詩賦、雜文多重出，編不一手故也。

《文苑英華選》六十卷

國朝宮夢仁撰

光明正大之堂本。首康熙甲申宋犖序，次自序，次凡例十八條，次目録。

宋氏序曰：“昉書義取該博，表章一代之全書，宜其汗漫乃爾。然浮而濫，雜而不精，後生小子讀之，茫然河漢而無極。定山竭二十餘年心力，屢經釐定，而後成書。”

例曰：“此選視梁谿周本加詳，賦較他體爲奢。”“柳州諸記妙絶古今，太史公以後罕有其筆，遂并存之。”“制誥勅答之詞，潤色絲綸，以莊重雅醇爲得體。此事須讓小許公擅長，而白香散體自出新意，與前人分路揚鑣。”“儷體太密，或傷於氣；太艷，或累於詞。於對偶中兼叙事、議論之能，而波瀾壯闊，華采欲飛者，子山、孝穆以外，未見匹儔。玉谿生雖未大放厥詞，而錦心繡口，亦自黃絹幼婦。”“表狀沿齊、梁之餘波，典麗可誦。策略家言，賈、董導幟於前，三蘇建標於後，唐人難與爭衡也。頌、贊，詩立其本；箴、銘，禮總其端，典質爲上，巉峭次之。歐、柳、皮、陸未失門宗，開府才華，雖贍美哉，猶有憾矣。”“當時羔雁之資，必議四六，庾、李諸啓可謂奄有衆材，書則騈散兼收。昌黎傳最高古，子厚習之，殆相伯仲。論議，韓、柳之外，次山爲工。其餘雜著，襲美、魯望，多極意翻新，而未造自然，筆力亦劣於柳。”

王氏昶曰："江鈿曾撰《文海》，上接《文選》，下訖於南宋。理宗嘗欲刻之。周益公謂隋、唐以至五代，皆與《文苑英華》相等，請將《宋文海》別加編纂。其初文又稱'皇宋文誨'。及呂氏祖謙成書，改名'皇宋文鑒'，而隋、唐、五代之文遂罷刻。予往得其本，蓋崑山葉文莊公菉竹堂所藏，尚有圖印，凡五百卷。以較今所傳《文苑英華》，閩本頗有增多，而校勘亦極詳審。前有周益公之弟必達及金部郎中馮某等名，蓋亦藝苑之珍，而卷帙繁冗，殺青非易。"錄於《南宋羣賢小集序》。

校勘記

〔一〕"佚"，原作"逸"，據楊守敬《日本訪書記》改。

〔二〕"覯"，原作"見"，據唐皮日休《松陵集序》改。

〔三〕"凄"，原作"捷"，據同上文改。

〔四〕"皆瘁"，原作"昔率"，據同上文改。

〔五〕"扁"，原作"慶"，據同上文改。

〔六〕"叩"，原作"眼"，據同上文改。

〔七〕"不"，原作"下"，據同上文改。

〔八〕"接"，原作"以"，據同上文改

〔九〕"缺"，據《古文苑》補。

〔一〇〕"廈"，據上書補。

〔一一〕"杜"，原作"松"，據《文苑英華辨證》改。

〔一二〕"卿"，原作"婁"，據上書改。

萬卷精華樓藏書記卷一百三十五

集部三

總集類三

《唐文粹》一百卷

宋姚鉉撰

明本。首嘉靖丁亥胡纘宗序，次汪偉序，次姚鉉自序，次萬曆戊戌江盈科序，次王穉登序，次目録。賦九卷，詩十三卷，文七十八卷。此金氏重刊徐本，板口刻“萬竹山房”。每葉二十行，每行二十五字。姚寶臣銓采《英華》，間收所佚，式靡返古，論者韙焉。

胡氏序曰：“婁江國子徐生焴購得古本，翻而鋟之梓。”

汪氏序曰：“舊本漸少，存者亦多訛缺。余得清谿倪公家藏本，公記云：‘脱落者四之一，篁墩爲予補之，每自珍惜。’甲申，過姑蘇，太守胡侯出示新本，寫善鏤精，喜得奇觀。徐生嗜古博藏，其刻是集，躬自監視，一字一畫弗稱，必更之。同時又有刻《文選》者，皆甫畢工。”

徐〔一〕氏序曰：“今世傳唐代之類集者，詩則有《唐詩類選》、《英靈》、《間氣》、《極玄》、《又玄》等集，賦則有《甲賦》、《賦選》、《桂香》等集，率多聲律，鮮及古道，蓋資新進後生干名求試者之急用耳。豈唐賢之文，迹兩漢，肩三代，而反無類次以嗣於《文選》乎？兹不揆昧懵，徧閱羣集，耽玩研究，掇菁擷華，十年於兹，始就厥志。得古賦、樂章、歌詩、贊、頌、碑、銘、文、論、箴、議、表、奏、傳、錄、書、序，凡爲一百卷，命之曰‘文粹’。以類相從，各分首第門目。止以古雅爲命，不以雕篆爲工，故侈言蔓辭，率皆不取。”

江氏序曰：“姑蘇國子生損貲覆刻，今又散佚。永思金子正訛補刻，藏諸家塾。”

王氏序曰：“徐本最稱精良，余所藏，雕鏤如絲髮，每展讀，輒歎其工。今五六十年，板既殘闕，太學金君應祥乃購徐本始摹者，命若孫永思、論思詳加讎校，授剞劂氏，悉還舊觀。取余舊藏覆之，百不失一。”

王氏題宋本《唐文粹》云：“此紹興九年臨安府重刊本，後有知軍、府張澄等十一人結銜。吾同年友蔉翁所藏，迥勝今本。世所傳嘉靖三本，惟徐焴本較善，然亦不如宋本。宋本足訂今本之訛。”錄於《淵雅堂集》。

《唐文粹删》十卷

明張溥撰

明本。前有張溥序、姚鉉序。

張氏序曰：“寶臣一序，錯綜人物，間近典論。删本加嚴，意不過此。昔《文粹》初成，書貯官樓，吏苦寫錄，喫以鹽水，冀其速壞。今删卷微少，當無是患。”

姚氏序曰：“鉉徧閱羣集，耽玩研究，掇菁擷華，十年於兹，始就厥志。得古賦、樂章、歌詩、贊、頌、碑、銘、义、論、箴、議、表、奏、傳、錄、書、序，凡爲一百卷，命之曰‘文粹’。以類相從，各分首第門目。止以古雅爲命，不以雕篆爲工，故侈言蔓辭，率皆不取〔二〕。”

《唐文粹補遺》二十六卷

國朝郭麐撰

原本。首彭兆蓀序，次嘉慶己卯郭麐自序，次金勇序，次凡例，次目録。

例曰："《文粹》首列詩、賦，專取古體，最爲有識。是編闕此二門。《文粹》於分體之中更列子目，便於檢尋。然碑一門中，以《項羽廟碑》別爲奸雄，殊不滿人意。是編更不別標。《文粹》所取之文，皆以古質簡奧爲主，駢體入選者甚少。是編間登一二。玉谿生釋、道二碑，向所未見，其文沈博絶麗，自許不凡，故全録之。《平淮西碑》，《文粹》録段而遺韓，竊所未安，爰爲抄入。《文粹》無行狀一門，今補一卷，列於碑誌之後。二氏之文，於例不醇，今皆不收。"

王氏曰："吳興姚鉉集《唐文粹》，凡百卷。余在開封時，長子渝遊相國寺，得唐漳州刺史張登文集一册，六卷。權文公爲之序，其略曰：'所著詩、賦之外，書、啓、誌、記、序、述、銘、誄，合爲一百二十篇。'又曰：'如《求居》、《寄別》、《懷人》三賦，與《證相》一篇，意有所激，鏘然玉振，儻有繼梁昭明之爲者，斯不可遺者也。'然所得書肆鏤板纔六十六篇，蓋已亡其半。抑觀《文粹》，并不編載，由是知姚亦有所未見者。予續《文粹》之外，登之文，以至金石所傳，裒而録之，以廣前集。今病矣，不酬其志。"録於《麈史》。

文光案：此條郭氏未見，故録之。

《唐百家詩選》二十卷

宋王安石撰

雙清閣本。康熙癸未宋犖校刊，有序。前有倪仲傳序、王安石序。高適七十二首，皇甫冉八十五首，王建九十二首，韓偓五十九首，楊巨源四十六首，岑參八十一首，儲光羲二十一首，盧綸三十六首，李頎二十四首，孟浩然三十三首。所選詩之多者，僅此十數家，可以知其所取矣。其餘則十數首、數首而已。此本寫、刻皆佳，近日流傳亦少，深可寶也。

王氏自序曰："余與宋次道同爲三館刊官時，次道出其家藏唐詩百餘編，誘余擇其精者，次道因名曰'百家詩選'。廢日力於此，良可惜也。雖然，欲知唐詩者，觀此足矣。"

倪氏序曰："予自弱冠肄業於香溪先生之門，嘗得是〔三〕詩於先生家藏之祕，竊賞其拔唐詩之尤清古典麗，正〔四〕而不冶，凡以詩鳴於唐、有驚人語者，悉羅於選中。惜其字畫漫滅，近世士大夫嗜此詩者，往往不能無恨。故鏤板以新其傳，庶幾荊國銓釋之意，有所授於後人也。"

宋氏序曰："昔予求是選，僅得八卷。庚辰秋，山陽故人子〔五〕丘邁求請依舊式重梓，以廣其傳。及梓成，果大行於時。毛斧季喜刻古本，予屬其勤求是書。癸未秋，得於某氏，凡所亡十二卷皆在焉。獨數之百有四家，而曰'百家'，舉成數也。有乾道己丑盤谷倪仲傳後序，已云《唐百家詩選》湮没於世，況乾道至今又六百年，一朝忽得，殆有靈物護之。於是復招邁求，補刻十二卷，俾成完書，公諸同好。此固陳農之所不能求，而張安世之所不能識者也。是故精誠之至，可以貫金石而通神明，凡事盡然，此其一徵也。"

《簡明目録》曰："是書頗爲宋人所不滿，邵博、周煇并謂繕錄之時，鈔胥避多就少，潛移其籤，非安石之舊本。然此書不合人意，在應有不盡有，至其所取，亦未爲冗濫。"

王氏曰："宋時士大夫爲王氏之學者，務爲穿鑿。有稱杜子美《禹廟》詩"空庭垂橘柚"，謂厥包橘柚錫貢也；"古屋畫龍蛇"，謂驅龍蛇而放之菹也。予童時見此説，即知笑之，語諸兄曰：'信如此，則杜公之詩，何殊今佛寺壁畫觀音救人難、善財五十三參，關帝廟壁畫五關斬將、水淹七軍耶？'諸兄爲之軒渠。徐敦立云：'唐人詩集行於世者，亡慮數百家。宋次道家藏最備，嘗以示王介甫，俾擇其尤者，今《百家詩選》是也。'然則予所云陳伯玉、張道濟、張曲江、王右丞、韋左司諸公之集，次道家盡無之耶？抑有之而見擯於介甫耶？如此等著聞之集皆無之，何以稱備？有之而不取，尚得爲有目人耶？嚴滄浪云：'王荆公《百家詩選》，蓋本於唐人《英靈》、《間氣集》。其初，明皇、德宗、薛稷、劉希夷、韋述之流，無少增損，次序亦同。儲光羲而下，方是荆公自去取。大曆以後，其去取深不滿人意，況如沈、宋、王、楊、盧、駱、陳拾遺、張燕公、張曲江、王右丞、賈至、韋應物、孫逖、祖詠、劉眘虛、綦母潛、劉長卿、李賀諸公，皆大名家，而集皆無之。其序乃言"觀唐詩者，觀此足矣"，豈不誣哉？今人但以荆公所選，斂衽而莫敢議，可歎也。'與予前論暗合若符節，益信予所見非謬；然予實不記憶滄浪先有此論也。牧仲開府寄來新刻本，其去取多不可曉者。如李、杜、韓三大家不入選，尚自有説。元、白、温、李不存一字；而高、岑、皇甫冉、王建數子，每人所録幾餘百篇。世謂介甫不近人情，於此可見。故物自可寶惜，然謂爲佳選，未敢謂然。請以質諸後之善言詩者，當知予言不妄。"録於《香祖筆記》。

《樂府詩集》一百卷

宋郭茂倩編

元本。至元六年刊。每葉二十二行，每行二十字。前有至正初元菊月朔文學□掾周慧孫序，又至元六年十二月李孝光序。目録分二卷，上起陶唐，下迄五代，分十二類，網羅最博。每篇首有解題，叙述源流，尤爲詳備。

周氏序曰：“樂府之名，肇於漢，所以聚音律之具而命之，古無有也。《書》云：‘歌永言，聲依永，律和聲。’此聲歌之所由作也。良以樂之爲樂，非曰彈絲鳴竹，鏘金擊石，然後謂之樂；凡羈窮愁悶、懽忻愉懌出於口而成聲者，皆樂也。粤自《擊壤》，康衢之謠興，而唐、虞喜起之歌播於巖廊上，治世之音，縱《鈞天》、《雲〔六〕門》不是過也。嗣後夫子刪《詩》三百，雖樵夫、野叟、婦人、女子，羈孤庶孽，怵迫無聊之態，侈靡華麗之習，莫不備具。蓋發乎情，止乎禮義，皆足以懲創而興起，聖人未嘗去彼而取此。自聲詩絶響之後，太原郭茂倩編類古今歌曲，上際唐、虞，下迨五季，目之曰‘樂府詩集’。濟南彭公叔〔七〕儀父憫其湮没無聞，郡博士童君萬元遂鳩工鋟梓，以廣其傳。慧孫適承乏，勉力以竟其事。”

李氏序曰：“太原郭茂倩，上采堯、舜時歌謠，下迄於唐，而置次起漢郊祀，茂倩欲因以爲四詩之續耳。郊祀若《頌》，鐃歌、鼓吹若《雅》，琴曲、雜詩若《國風》。以其始漢，故題云‘樂府詩’。樂府，教樂之官也，於殷曰‘瞽’。宗周因殷，《周官》又有大司樂之屬。至漢，乃有樂府名。茂倩雜取詩謠，不可以皆被之弦歌，且後人所作弗中於古，牽成於侈心，猶録而不削，其意或有屬也。歲久將弗傳，監察御史濟南彭叔儀父前得其書，手自校讎，正其缺訛。及是更購求善本吳、粤之間，重爲校之，使文學童萬元刻諸學官。”

《樂府詩集》一百卷

宋郭茂倩編

汲古閣勘定宋本。首永嘉李孝光序，缺九字；次目録二卷。郊廟歌辭十二卷，燕射歌辭三卷，鼓吹曲辭五卷，相和歌辭十八卷，清商曲辭八卷，舞曲歌辭五卷，琴曲歌辭四卷，雜曲歌辭十八卷，近代曲辭四卷，雜謠歌辭七卷，新樂府辭十一卷。雜謠歌辭，或刻"雜歌謠詩"；新樂府，或刻"雜樂府"。每卷末刻"東吳毛晉訂正，男扆再訂"。末有毛晉跋。無周序。其解題所引者，歷代禮樂志、古今樂律爲多。間有小注，有"一作某字"。明梅鼎祚《古樂苑》，補此所遺。莫氏《經眼録》云："絳雲樓藏本，每半葉十一行，行二十字。"

毛氏跋曰："樂蓋六藝之一也。樂部諸書，孟堅著諸經籍之首，貴與列諸經解之後，陳氏直厠諸子録雜藝之間，愈趨而愈微眇。追陳三山撰《樂書》二百卷，凡雅俗、胡部、音器、歌舞，下及優伶、雜戲，無不備載。博則博矣，但腐氣逼人，而泉飛雲散之趣湮没殆盡，能不爲之三歎邪？太原郭茂倩集樂府詩一百卷，采陶唐迄李唐歌謠辭曲，殆無遺帙，可謂抗行《周雅》，長揖楚詞，當與'三百篇'并垂不朽。惜乎至元間童萬元家本，凡目録、小序，任意節略，歲月既久，黶滅不能句讀。因句大宗伯段師榮木樓所藏宋刻，手自讎正，九閱月而告成。恨未得徐陵《玉臺新録》、吳兢《古樂府詞》并付築氏耳。"

無名氏《隨筆》曰："古樂府《蝴〔八〕蝶行》，最詰屈難讀。漁洋舉以問亭林能記否，亭林應口背誦，不失一字。"録於《亭林年譜》。

蛺蝶之遨游東園，奈何卒逢三月養子燕？接我首蓿間，持之我入紫深宮中，行纏之傅檻櫨間。雀來燕，燕子見銜哺來，搖頭鼓翼，何軒奴軒。

文光案：此六十一卷第一首古辭，無名。第二首，李鏡遠作，易讀。漢郊祀、鐃歌等篇俱難讀，不獨《蛺蝶行》也。升菴云："鐃歌入樂，詩詞與音譜同刻，屢經翻刻，詩與譜混，遂致詰屈難句。"此言甚當。陳素邨本禮有《漢詩統箋》三卷，較諸本明白易曉，莊葆琛述祖有《漢鐃歌句解》一卷，專明古字古音。

《唐人萬首絶句》四十卷

宋洪邁編

明本。萬曆年趙宧光刊定，黃習遠竄補。按：洪氏原本一百卷，佚其九卷。《簡明目録》"九十一卷"。又按：原本無次，此本目録四卷。

葉氏曰："孝宗從容清燕，洪公邁侍。上語以宮中無事，則編唐人絶句以自娛，今已得六百餘首。公對曰：'以臣記憶，恐不止此。'上問以有幾，公以五千首對。上大驚曰：'若是多耶？煩卿爲朕編集。'洪歸搜閱，凡逾年，僅得十之一二。至於裨官小説、神仙怪鬼、婦人女子之詩，皆括而凑之，迺以進御。上固知不迨所對數，然頗嘉其敏贍，亦轉秩，賜金帛。"錄於《四朝聞見録》。

文光案：《洪氏年譜》"是書因教童子讀詩而作"，與葉説不同。洪公於淳熙中録唐人絶句五千四百首進，後廣爲萬首，以紹熙三年上之。見於《宋會要》。據此，則葉説爲是。

吳氏曰："崔顥《黃鶴樓》詩，題下自注云：'黃鶴，乃人名也。'其詩云：'昔人已乘白雲去，此地空餘黃鶴樓。'云乘雲，則非乘鶴矣，當以自注爲正。《圖經》載費文偉登仙駕鶴於此，或謂黃鶴以山得名，恐是山以人名。"錄於《吳禮部詩話》。

毛氏曰："宋板《萬首唐人絶句》李白詩'天門中斷楚江開，碧水東流至此迴'，此是《望天門山》詩，因梁山、博望夾峙，江水至此作一迴旋矣。時刻誤'此'爲'北'，既東又北，既北又迴，已乖句調，兼失義理。因爲記之，"錄於《西河集》。

文光案：洪文敏原書頗多舛訛，梁、陳、隋人概行混入。《夜怪録》亦點簡册，複見重出，取盈萬首，故無暇刊正。字句或與今本異，然不如今本者甚多。周氏撰《三體唐詩》，不專絕句。楊氏撰《唐絕增奇》，非唐人之全。趙章泉《澗泉集》評注多迂。唐選更有《丹陽》、《麗則》二集，訪求未得。

《宋文鑑》一百五十卷

宋呂祖謙奉敕撰

明本。宋刻久佚，此胡韶修補本，金陵唐錦池重刊。前有宋淳熙六年周必大序、明弘治甲子胡拱辰序、天順八年商輅序、《銓次劄子》、《謝賜表》。目錄三卷，分六十一類。凡賦十卷，律賦一卷，詩十八卷，騷一卷，詔、敕、赦文、册、御札、批答、制、誥十卷，奏、疏二十二卷，表九卷，牋、箴、銘、頌、贊、碑文、記十二卷，序八卷，論義九卷，策三卷，議、說、戒、制策、說書、經義七卷，書、啓十一卷，策問一卷，雜著三卷，對問、移文、連珠、琴操、上梁文、書判二卷，題跋二卷，樂語、哀詞、祭文、謚議、行狀、墓誌、神道碑、傳、露布十九卷。末有弘治甲子鄱陽胡韶跋。所選雜體詩有星名、人名、郡名、藥名、建除、八音、四聲、藏頭、離合、回紋、一字至十字、兩頭纖纖、五雜俎、了語、不了語、難易言、聯句、集句等名。樂語有教坊致語、勾合曲、勾小兒隊、小兒致語、勾雜劇、放隊等名。所收崔敦詩，是原稿刪定者，未刊。吳澄《續文鑑序》曰："廬陵李文公輯《大元文鑑》。"是書傳本未見。又宋陳鑑所著有《漢唐史節》、《漢唐文鑑》。今《史節》及《唐文鑑》俱佚，惟《西漢文鑑》二十一卷，《東漢文鑑》二十卷，有明刊本，亦希見之書。

周氏序曰："建隆、雍熙之間，其文偉；咸平、景德之際，其文博；天聖、明道之辭古，熙寧、元祐之辭達。雖體制互興，源流間出，而氣全理正，其歸則同。萬幾餘暇，思擇有補治道者，表而出之，乃詔著作郎呂祖謙，發三館、四庫之所藏，裒縉紳、故家之所錄，斷自中興以前，彙次來上，定爲一百五十卷。承詔於淳熙四年之仲春，奉御於六年之正月，賜名‘皇朝文鑑’，而命臣爲之序。”

唐氏跋曰：“此弘治本也。宋時臨安府及書坊皆《文鑑》剜板，歲久散佚，傳者甚鮮。天順甲申，浙江提學副使張節之偶得《文鑑》善本，付嚴州守張邵齡重刻之。即以原本覆刻，弗別繕寫，無謬誤也。弘治戊午，胡韶來知府事，鳩工重刻，板歸南雍。”

《朝野雜記》：“臨安書坊有《聖宋文海》，近歲江鈿所編。孝宗得之，命本府校正刻板，時淳熙四年十一月也。周必大以是書編次無倫，請於孝宗，命呂祖謙重編呈進。《文鑑》行而是書遂廢。”陳《録》：“《文海》凡三十八門，雖頗該博，而去取無法。”

《銓次劄子》：“臨安府校正開雕《聖宋文海》，原係書坊一時刊行，去取未精，高文大册，尚多遺落。遂具劄子，一就增損，庶可行遠。”

文光案：《文海》一百二十卷。《季蒼葦書目》尚存殘本六册，有《文鑑》未載者，恐是重編時削去。

葉紹翁曰：“呂成公集《文鑑》既成，除公直祕閣，暨賜御府金帛。成公謝表云：‘既叨中祕清切之除，復拜御府便蕃之賜。’陳騤時爲中書舍人，執奏，以爲此特編類之勞，恐賞太厚。上不悦。成公遂力辭帖職，上不從。《文鑑》之成，考亭先生見之，謂公去取未善。如得潘某人詩數篇，已置選中。後有語公以潘佳處甚多，恐不止如所選，公遂併去之。”

羅大經曰：“成公爲《文鑑》，朱文公、張宣公殊不以爲然，謂伯恭先意思承當此事，便好截下，因以發明人主之學。昔温公作《通鑑》，可謂有補治道，識者尚惜其枉費一生精力，況《文鑑》乎？”

呂喬年成公之從子。跋曰：“自太史以病歸里，深知前日紛紛之由，遂絕口不道《文鑑》事。門人亦不敢請，故其去取之意，世罕知者。周益公既被旨作序，序成，書來以封示太史。太史一讀，命子弟藏之，蓋其編次之曲折，益公亦未必知也。今間得於傳聞，以爲太史嘗云：'國初文人尚少，故所取稍寬。仁廟以後文士輩出，故所取稍嚴。如歐陽公、司馬公、蘇内翰、黃門諸公之文，俱自成一家，以文傳世，今姑擇其尤者，以備篇帙。或其人有聞於時，而其文不爲後進所誦習，如李公擇、孫莘老、李泰伯之類，亦搜求其文，以存其姓氏，使不湮没。或其嘗仕於朝，不爲清議所許，而其文亦自有可觀，如吕惠卿之類，亦取其不悖於理者，而不以人廢言。'又嘗謂'本朝文士比之唐人，正少韓退之、杜子美；如柳子厚、李太白，則可與追逐者。如周美成《汴都賦》，亦未能侈國家之盛，止是別無作者，不得已而取之。若斷自渡江以前，蓋以其年之已遠，議論之已定，而無去取之嫌也。'其大略若此。太史既病，南軒以書與晦翁，以爲編次《文鑑》無補治道，何益後學。而晦翁晚歲嘗語學者，以爲'此書編次，篇篇有意，每卷卷首必取一大文字作壓卷，如賦則取《五鳳樓賦》之類。其所載奏議，皆存一代政治之大節、祖宗二百年規模，與後來中變之意思，盡在其間。讀者着眼便見，蓋非《經濟録》之比也'。豈南軒未見其成書，而朱公則嘗深觀之耶？臨江劉公清之又以爲此即删《詩》定《書》、官使衆材之意，蓋亦善觀此書者。故備録之，以俟知者相與審訂焉。"此跋録於宋本，明本所無。編次之深心，得此始明。

王安國《後周書序》曰："仁宗時，出太清樓本，合史館秘閣本，又募天下獻書，而取夏竦、李巽家本下館閣是正。既鏤板以傳學官，臣序其目録一篇。"

《文章正宗》二十四卷　《續文章正宗》二十卷

宋真德秀撰

崑山盛氏合刊本，盛符升依明顧錫疇本重訂。前有符序、西山自序并綱目四條，次目録。凡辭命四卷、議論十一卷、叙事六卷、詩歌二卷、補遺詩一卷。此本注中有"或作"之字，間有評語在文之側。《續正宗》前有咸淳丙寅金華倪澄序。目録分論理、叙事、論事三條，而叙事又分元老、名儒諸細目，論事又分樓臺、山水諸細目，皆宋代之文。第二十卷有録無文。

真氏自序曰："'正宗'云者，以後世文辭之多變，欲學者識其源流之正也。今行於世者，惟梁《昭明文選》、姚鉉《文粹》二書，所録果皆得源流之正乎？故今所輯，以明義理、切世用爲主。其體本乎古、其情近乎經者，然後取焉。否則，詞雖工亦不録。其目凡四：曰辭命，曰議論，曰叙事，曰詩賦。紹定執徐之歲，正月甲申，學易齋書。"

文光案：文忠自序作於宋理宗紹定五年。此選去取甚嚴，如李斯《諫逐客書》之類，皆雙行小字書之。宋本寬行大字，寫印皆工。此本爲坊刻之式。近所通行，別有西山祠本，與《全集》合爲一部，其板式較此寬大。

倪氏序曰："國朝《文章正宗》，文忠公晚歲所續也。澄繹公初意稍加整比，釐爲二十卷。"

文光案：宋本有鄭圭序，此本無之。兩序所云，是未脱稿之書，而大綱則備，故澄與圭録成而刻之。宋文略備於此，凡十四家。

《赤城集》十八卷

宋林逢吉撰

《台州叢書》本。前有淳祐八年吳子良序、《台州叢書》宋山崋校刊序。

宋氏序曰："逢吉字表民，曾續陳氏《赤城志》，又續其父《天台集》。事見於《赤城志》，詩見於《天台集》。其文之未及載者，編爲此集。”

文光案：是集皆宋文，記、序、書、傳、銘、誄、贊、頌。《簡明目》“《赤城集》十八卷”，與此本卷同。《簡明目》題“林表民”，此云“字表民”；《簡明目》云“原本詩十卷，今佚”，此云“詩見於《天台集》”：互相錯異。《天台集》見《簡明目》。宋李庚原本，林師蔵等增修。表民即師蔵之子。《天台集》皆宋人之詩。天一閣有《赤城詩集》六卷，明黄世顯、謝鳴治同編，自宋宣和至明永樂，凡數十人。李東陽序曰：“浙東台州，古赤城郡地，其人故多能詩。初宋理宗時有林詠道者，嘗輯《天台集》，今刻本不傳。天順初，張存粹集《黄巖英氣集》，而不及旁縣。至是，始粹然成編。又案：天台山二奇，曰赤城，謂望之如赤城；曰瀑布，天台之支山。見王象之《輿地紀勝》。

《唐僧弘秀集》十卷

宋李龏編

元本。前代釋子詩，凡五十二人，詩五百首。

《衆妙集》一卷

宋趙師秀編

汲古閣本。天啓乙丑毛晉跋。目録，七十六家，二百二十八首。

毛氏跋曰：“趙紫芝爲宋末四靈之一，所選《衆妙集》，余向未見。丙子秋杪，寒山趙靈均忽緘此書，乞馮定遠見寄，云是嘉興屠用明託予刻者。予狂喜彌日。用明與予未識面，乃不惜是書之借，真藝林同志。方之偶校一帙，祕之枕中，不肯示人者相去何如？余向彙《唐人選唐詩》，爲海内快士所賞。欲梓宋、元人選唐詩，茲集其嚆矢云。"

《剪綃集》二卷

宋李龏撰

汲古閣本。集唐人佳句，諸體具備，如出一手，可謂巧奪天孫。此乃一人之作，當入別集。因與《衆妙》合刻，遂録於此。共詩一百十八首，各注所集之家。龏字和父，所選《弘秀集》，毛子晉未見其全。

《南宋羣賢小集》一百二十卷　《補遺》一卷
　附《中興羣公吟稿戊集》七卷

宋陳起撰

《讀畫齋》本。顧修重編。陳起所編原本不可得見，世所傳本互有不同，的非陳起原本。顧氏所輯凡六十一家，增以陳起，爲六十二家，附雷、吳二家，宋本《四靈集》四家，共六十八家。《中興江湖吟稿》四十八卷，作者一百五十三人，見晁《志》，不著編輯姓名。知不足齋有宋刻《戊集》七卷，顧氏因板式與《羣賢小集》同，定爲陳起所刊，遂取殘本互刻。卷末其《補遺》應在《吟稿》之前，而目列於《吟稿》之後，未爲妥適，蓋所補至《四靈》而止，未嘗補《吟稿》也。《吟稿》有小傳，《小集》無小傳。首雍正乙巳吳焯序，次嘉慶辛酉王昶序，次顧修序，次凡例、目録，後有鮑廷博跋。《羣公吟稿》後有顧修跋。

吳氏序曰："南宋錢塘人陳起，以鬻書爲業，頗精雕板，當時稱行都坊陳解元書肆。所刻《江湖羣賢小集》，曹棟亭所藏宋印，後歸郎溫勤，今見於家石倉書舍，僅有其半，并無序目可考，板樣亦參差不齊。蓋陳氏所刻詩，行於江淮之間，作者往往以己刻者附入，後竟以名取禍。此其生平未竟之緒，是以無編定卷帙，但從後來藏書家簿録中，紀爲《宋人小集六十四家》而已。余所見秀水朱氏本、花溪徐氏本、花山馬本，各不相同。大抵此集多不全，後人間取北宋集之小者，如陶弼、蔣堂等以傅儷之，以實六十四家之數耳。至《通考》所載《江湖集》九卷，亦陳氏刻，審陳振孫跋語，其非此集可知。余搜求不下十年，始彙其全。近日與趙谷林校勘此集，因書其端委示之。"

鮑氏跋曰："序所云溫勤，爲郎中丞廷極；石倉，則吳永嘉也。宋刻最爲溫勤寶愛。郎卒於官，家人將并其服御爐之以殉。時石倉在郎幕，手百餘金賄其家，僅出之烈焰中，携歸祕藏，非至好不得一見也。石倉殁，屬徵君得之，以歸維揚馬氏小玲瓏館。乾隆壬辰，予於吳門書肆見之，百金不肯售。借校三之一，匆匆索去，以售汪君雪礓。雪礓客死，是書遂不可蹤迹矣。宋刻實六十家，裝二十八册。友人助余手録成，思梓以行。石門顧君松泉力任開雕，期年蕆事。其鏤刻之工，較宋刻爲尤勝。復就文瀾閣恭録欽定《四庫全書》中《江湖後集》附焉，而是書更無遺憾矣。"

文光案：鮑本鈔自汪氏振綺堂，汪本傳自瓶花齋吳氏；而顧氏此刻於鮑本有所增删，非原書也。詳見於例。振綺堂主人名憲，字千波，號漁亭。瓶花齋主人名焯，字尺鳧，號繡谷，又號鵝籠生。汪、吳皆錢塘藏書之家。

例曰："南宋寶慶、紹定間，錢塘陳起設書肆於臨安府棚北大街，一時士大夫多與往還。起爲刻《羣賢小集》，行於世。龍尾山人查昌岐跋云：'時稱"國寶新編"，又稱"江湖集"，共百十六家。'其説未知所本。今傳鈔本多寡不一。爲錢塘吳氏瓶花齋彙萃諸家鈔本，定爲六十四家。又據宋本增入六家，花山馬氏本增入二家，秀水朱氏本增入二家，頗稱完備。知不足齋主人鈔自汪氏振綺堂，又得宋刻校正，最爲善本，因以付梓。""吳本首列洪邁

《野處類稿》二卷。細按其詩，與《朱韋齋集》無稍異，惟卷首《漫興》二首，不見於朱集。疑書賈作訛，傳鈔者遂誤編入耳，特爲删去。"　"樂雷發《雪磯叢稿》五卷，宋刻所有。鮑君以未及校正，吳氏鈔本前有正統間樂後人重刊姓名，恐失陳本之舊，別編附於末。"　"吳淵《退庵遺稿》，元與其兄潛集合刻，名《袞繡堂集》。宋刻所無，吳氏據花山馬氏本增入。因傳本甚少，姑編附以行。"　"永嘉四靈詩，當時行都坊亦有刻本，今不得見矣。幸明末潘訒叔《宋詩選》中尚存五百首之舊，亦附梓以傳。俟得陳刻再爲刊定。"　"諸家鈔本，前後序次不同。今略以瓶花齋本爲準，而綴集句於諸家之後，僧詩次之，陳起《芸居乙稿》又次之，而殿以起所編《增廣高僧詩選》、《前賢小集拾遺》，庶幾位置得宜。"

文光案：翁卷，字靈舒，《葦碧軒集》一卷；趙師秀，字紫芝，《清苑齋集》一卷；徐照，字靈暉，《芳蘭集》一卷；徐璣，字靈淵，《二薇亭集》一卷：是爲《四靈集》。書內有《龍洲集》一卷、《白石道人詩》一卷、《詩說》一卷，當以藏本對校。又《孝詩》一卷，見《簡明目》，林同撰。訪之已久，忽於此集見之，殊爲快事。又案：集內間有序跋，或刻"臨安府睦親坊南棚前北陳宅書籍鋪印"，或刻"乾隆壬寅宋刻校正"。或有附錄，或有文及傳略、詩評，未暇悉數。

趙汝回曰："永嘉自'四靈'爲唐詩，一時水心首見賞異。四人之體略同，而靈暉、紫芝，其山林、閨閣之氣，各不能揜。"

曹豳曰："余讀四靈詩，愛其清而不枯，淡而有味。及觀《瓜廬詩》，則清而又清，淡而又淡，始看若易而意味深長，自成一家，不入四靈隊也。"

文光案：《瓜廬詩》一卷，薛師石撰。前有嘉熙元年趙汝回序、趙希邁跋，後有王綽所撰墓誌并附諸家題跋。師石字景石，工詩，善小楷。隱於會昌湖上。卒年五十一，葬於永嘉縣吹鄉臺。

《孝詩》淳祐元年劉克莊序曰："同摭載籍以來孝於父母者，事有一詩，詩具一意，各二韻二十字，積至三百。自聖賢至夷狄、異類并録，見天性未嘗異也。"

李龏《梅花衲》一卷、《剪綃集》二卷，僧紹嵩《江浙紀行詩》七卷，三種皆集句。劉宰序曰："江寧李魴伯鯉示余《梅花集句》百首，其所取用，上及晉、宋，下至蘇門諸君子。雖句句可考，而意忽牽强。今李君所取，下及近時諸作，雖雅俗不同，然適用可喜也。《剪綃》所集皆唐句。《紀行》有自序并陳應申跋。嵩工於集句。"

顧氏跋曰："《羣公吟稿》僅存宋刻七卷，爲戴石屏、高菊磵、姜白石、嚴華谷四家。華詩殘闕，目録爲書賈剪去，疑戊集亦非全卷。戴、高、姜三家與《小集》互異。華詩惟見於此。"

《江湖後集》二十四卷

宋陳起撰

《讀畫齋》本。此本刻於《羣賢小集》之後，凡七十家，輯自《永樂大典》。末一卷爲陳起詩。起字宗之，錢塘人。開書肆於睦親坊，亦號陳道人。寶慶初，以江湖詩禍爲史彌遠所黜。有《芸居乙稿》。方回《瀛奎律髓》云："宗之能詩，凡江湖詩人俱與之善。刊《江湖集》以售，劉潛夫《南岳稿》亦與焉。宗之賦詩有云'秋雨梧桐皇子府，春風楊柳相公橋'，本改劉屏山句，或嫁爲敖器之所作，併潛夫梅花詩論列，遂劈《江湖》板，而宗之坐流配。"顧氏修曰："起有《芸居乙稿》。陳思號續芸，殆起之子與？"王氏昶曰："起父子撰《寶刻叢編》、《寶刻類編》二書。"案：《簡明目》於《寶刻叢編》題"陳思撰"，《類編》不著名氏。思爲臨安人，起爲錢塘人。《提要》以《叢編》爲理宗時，《類編》在理宗後。王説不知何據，姑存之以俟考。

彭氏曰："陳起芸居於臨安府大街睦親坊，設陳解元書鋪，收刻海内詩人小集，雖數什，亦名一家，命曰'江湖集'，蓋一時舉場游客炫名之資，并名公貴人小卷，間及北宋所遺，皆登梨棗，本無一定家數、卷數。後爲史彌遠羅織，起從遣戍，書亦官燬。而零落之餘，彌形珍重，好事者各就所得，掇拾成書，彼此出入不同。近錢塘吳尺鳧彙爲六十四家，盡汰北宋人，定名'南宋羣賢小集'，作跋自詡完善。余所藏有二本，此本購自馬氏叢書樓，較吳集少七家，多三家；又一本三十二家，與此本同者二十家，此本無者十二家，書估云從徐氏傳是樓鈔出者。兩本可并存，當更鈔吳氏所有七家補之。而四庫館有《兩宋名賢小集》，百五十七家，則更鉅觀。計兩本已有七十二家，即全鈔亦未爲大願，難售也。"録於《知聖道齋讀書跋尾》。

文光案：錢唐縣始於秦，屬會稽郡。唐改"唐"爲"塘"。宋爲臨安府治，明爲杭州府治，國朝因之。

《濂洛風雅》六卷

宋金履祥編

婺郡東藕塘賢祠本。前有王崇炳序、雍正十年戴錡序、元貞丙申唐良瑞序。《濂洛宗派圖》，自周、程、張、邵至王柏、王佀，凡三十八人。一、二卷有賦、箴、銘、贊。

王氏序曰："吾婺之學，宗文公，祖二程，濂溪則其所自出也。以龜山爲程門嫡嗣，而呂、謝、游、尹則支；以勉齋爲朱門嫡嗣，而西山、北溪、㧑堂則支。由黃而何、而王，則此嫡相傳，直接濂洛。程門之詩以共祖收，朱門之詩以同宗收。非是族也，則皆不録，恐亂宗也。"

戴氏序曰："兹編僅百餘頁，乃先主親手鈔本，裔孫律藏之已久。今附刻文集之後。”詩後間有説。

　　唐氏序曰：“仁山金子吉甫翁館我齊方書舍，縱言至於詩，見其所編，有曰《濓洛風雅》者，但以師友淵源爲統紀，而未分類例。言言有教，篇篇有感，異乎平昔所聞，因相與紬繹之。”元貞，元成宗年號。

《月泉吟社詩》一卷　附録《小札》二卷

宋吴渭編

　　汲古閣本。前有正德十年水南田汝籽序，次送詩賞札目。詩題爲《春日田園雜興》。先榜名，次評，次詩。後有毛晉跋。《顧東橋集》有《田汝籽傳》。

　　田氏序曰：“按重刊本，有邑人黃灝首叙。叙渭故宋時嘗爲義烏令，元初退食於吴溪，延致鄉遺老方韶父與閩謝皋羽、括吴思齋主於家，始作月泉吟社。四方吟士從之，三子者，乃爲其評較揭賞云。據録，有刻本，迨從于集賢學士直方并其子貞文公萊及諸孫元師董相嗣傳焉。中更兵燹，是本泯没。其裔孫克文會金華錢世淵，獲舊所刻本，復重刻焉，蓋正統十年春月之日也。有長史義門鄭楷、教諭文江張用并叙諸末云。石洲王子携至江右間以授予。其詞婉微，其氣平淡，其音清翕，有唐之遺風。石洲曰：‘夫言是也。西涯昔著話亦稍取之。’其板毁，蓋再刻之。”

　　月泉社，吴清翁盟詩，預於丙戌小春望日，以《雜興》爲題，至丁亥正月望日收卷，月終結局。收二千七百三十五卷，選中二百八十名，三月三日揭榜，各送羅布、筆墨。

　　毛氏跋曰：“丙戌、丁亥間，吴潛齋分《雜興》題，選中二百八十名。兹集所載僅六十名，凡四韻詩七十有四首，又附摘句三十又三聯。亟合《谷音》[九]付梨，以公同好。”

　　王氏曰：“宋末，浦江吴渭倡月泉吟社，賦《田園雜興》近體詩，名士謝翱輩第其高下。詩傳者六十人，清新尖刻，別自一家。
予幼於外祖鄒平孫公家見古刻本，後始見琴川毛氏本，嘗徧和之。
竊謂皋羽所品，高下未盡當意，因戲爲易置次第。"錄於《池北偶談》。

　　文光案：汲古閣《詩詞雜俎》，曰《衆妙集》，曰《剪綃
　　集》，曰《四時田間雜興》，曰《月泉吟社詩》，曰《谷音》，
　　曰《河汾諸老詩》，曰《三家宮詞》，曰《二家宮詞》，曰
　　《二妙集》，曰《漱玉詞》，曰《斷腸詞》，曰《女紅餘志》，
　　共十二種。此本缺《二妙集》一種，其十一種皆著錄。毛氏
　　所據原本，爲古松堂藏板。

《樂府補題》一卷

不著編輯者名氏

漱六軒本。南宋遺民倡和之詞。前有乾隆二十五年仁和倪一
擎序。

　　倪氏序曰："宋人稱長短句爲'樂府'。若賀方回、康伯可、
魏子敬、姚令威等，皆以'樂府'名其集；而曾慥、元好問亦以
'樂府'名。所選樂府之聲折，備在禁坊，部人職之，其辭則誤。
自士夫今日'補題'者，言就《桂枝香》等聲折補填以《龍涎
香》諸題。身爲宋之遺民，追譜有宋之樂府，志可知矣。卷中題
升調各五，得詞三十有七，作者十有五人。康熙年中，宜興蔣京
少曾鏤板傳世，竹垞朱太史爲之序，今其刻亦散落。吾友郁子陛
宣得善本，重加讎校，付之鐫木。按此十五人，自唐玨、周密、
仇遠、張炎、王沂孫而外，以朱太史之博覽，尚不能舉其爵里、
世家，然則古之志士、吟人，埋没於塵煨蠹蝕中者，奚翅千萬！
斯編幸存於世，乃爲顯其姓氏，發其幽光，於吞吐聲欬間，惻然
可以識其所抱。世有好學深衷之士，當亦共賞兹絶唱也。"

　　文光案：此本爲《漱六編》第二種，《水龍吟》十闋，

《摸魚兒》五闋，《齊天樂》十闋，《桂枝香》四闋，共二十

五詞，與序不符，蓋有所佚矣。

校勘記

〔一〕"徐"，據上下文及明葉盛《水東日記》，當作"姚"。

〔二〕"取"，原作"及"，據上書改。

〔三〕"是"，原作"君"，據《唐百家詩選》改。

〔四〕"正"，據上書補。

〔五〕"子"，原作"王"，據清宋犖《唐百家詩選序》改。

〔六〕"雲"後原有一之字，據《樂府詩集》刪。

〔七〕"叔"，原作"弓"，據上書改。

〔八〕"蝴"，據上書當作"蛺"。

〔九〕"音"，原作"預"，據明毛晉《月泉吟社詩序》改。

集部三
總集類四

《唐詩鼓吹》十卷

金元好問編，元郝天挺注

東皋草堂本。前有至大元年趙孟頫序，刻本刪削殊甚，應取《松雪集》補入。至大戊申武乙昌序，大德七年盧摯序。凡詩五百四十一首，有目録。郝天挺結銜爲資政大夫、中書左丞。子昂序注云："或意在言外，或事出異書，悉取而附見之。"元刻本有子昂手書序，最難得。坊行本前後無序跋，有評解，不佳。

趙氏序曰："中書左丞郝公，當遺山先生無恙時，常從學詩。公因人傳句釋，使誦者見其指歸。夫唐人之詩美矣，非遺山不能盡去取之工；遺山之意深矣，非公不能發比興之蘊。此政公惠後學之心，亦遺山哀序是編之初意云。"

武氏序曰："國初，遺山元先生爲中州文物冠冕，慨然當精選之筆。自太白、子美外，柳子厚而下凡九十六家，取其七言律之依於理而有益於性情者五百八十餘首，名曰'唐詩鼓吹'。如《韶》章舉於廣庭，百音相宣，而鼉鼓管籥實張其要眇也。"

盧氏序曰："新齋郝公繼先注《唐詩鼓吹集》成，命内翰姚公端甫爲之序，而屬摯跋於篇末。《唐詩鼓吹集》者，遺山先生元公裕之之所作。公幼受學遺山，嘗以是集教之詩律。公慨師承之有自，故爲之注。大德七年癸卯六月。”

楊氏曰："《唐詩鼓吹》以宋胡宿詩入唐選。宿在《宋史》有傳，文集今行於世，所選諸詩在焉，觀者不知其誤，何耶？《鼓吹》之選，皆晚唐之最下者。或疑非遺山，觀此益知其僞也。"錄於《丹鉛總錄》。

錢氏重刻序云："《唐詩鼓吹》十卷，相傳爲元遺山選次。或有斥爲假託，以爲遺山集中無一語及此選，而遺山本傳紀載闕如，是固不能以無疑。予諦觀此集，探珠搜玉，定出良工喆匠之手。遺山之稱詩，主於高華鴻朗、激昂痛快，其指意與此序符合，當是遺山巾箱篋衍吟賞紀錄。好事者重公之名，繕寫流傳，名從主人，遂以遺山傳也。"

王氏曰："陳霆《兩山墨談》：'《唐詩鼓吹》爲郝天挺箋注。金有郝天挺者，元遺山實師之，乃金時隱逸。注《鼓吹》者，署云中書左丞，且學於遺山之門，爲左丞在武宗時，則知別一人也。金、元間有兩郝天挺，一爲遺山之師，一爲遺山弟子。'予考《元史·郝經傳》，云'其先潞州人，徙澤州之陵川。祖天挺，字晉卿，元裕之嘗從之學'，裕之謂經曰'汝貌類祖，才器非常者'是也。其一字繼先，出於朵魯別族。父和上拔都魯，元太宗世多著武功。天挺英爽剛直，有志略，受業於遺山元好問。累拜河南行省平章政事，追封冀國公，謚文定，爲皇慶名臣。嘗修《雲南實錄》五卷，又注《唐人鼓吹集》十卷。元時漢人賜號'拔都'，惟史天澤、張弘範，見《輟耕錄》，漢言勇也。近常熟刻《鼓吹集》，乃以爲《隱逸傳》之晉卿，而致疑於趙文敏之序稱'尚書左丞'，又於'尚書左丞'上妄加'金'字，誤甚。"錄於《池北偶談》。

施氏國祁曰："是詩原本於金之郝天挺。遺山撰墓銘云先生教之作詩，即此本也。遺山復精選之，以授元之郝天挺，因加注焉。

惟遺山不敢掠師之美，而復嫌門弟子之名，故集中無一語及之，無可疑者。卷中誤入宋胡宿等詩，當時南北隔絕，或有未詳。郝注於胡宿下不立小傳，亦曲全之義也。又集中太白、少陵皆不入選，緣遺山已有《杜詩學》一書，而太白律詩甚少故也。《天一閣目》云：'遺山解注《唐詩鼓吹》十卷刊本，元郝天挺注，吳興趙孟頫序。'此本不及見。俗刻郝注殊陋，至附廖文炳解，尤不堪寓目。"錄於舊稿，不記何書。

文光案：此跋甚佳，可釋羣疑。元刻元印最精，摹趙書筆法神肖。每葉二十行，行二十字，小字雙行。板心有字數及刻工姓名。

《中州集》十卷

金元好問撰

汲古閣本。此本何義門以蒙古憲宗五年刊本重校，前有自跋，後錄家鉉翁題《中州集》後一篇，從《元文類》中抄出，以俟補刊者。書內有改字，有評語，皆朱書。首弘治丙辰華容嚴永浚序；次元好問自序；次姓氏總目；次首卷，顯宗二首，章宗一首。末有毛晉跋，張德輝後序。

嚴氏序曰："裕之身任翰墨，蔚爲一代宗工，凡四方碑板、銘志，盡趨其門。一時君臣上下遺言往行、篇章制作，迄無罅漏。今所傳《中州集》，蓋其纂述之一也。集以甲乙次第爲十卷，卷各取其人之出處表諸首，而以所作隸其下，末又以樂府終之。歷二十寒暑而始成，百餘年間新聲、雅作，洋洋盈耳，亦足以鳴金源氏之盛哉。趙秉文爲禮部，主盟吾道將二十年，詩筆縱放，不拘一律，與楊雲翼代掌文柄。楊能直言進諫，砥礪大節，爲時所稱。餘如周昂、李獻能之孝友，雷淵、李純甫之豪傑，馮延登、梁持勝之抗節不屈，冀禹錫、王萬鍾之遇害不避，爲宰相，爲狀元，爲異人，爲隱德。雖其所作沈鬱簡淡、奇崛巧縟，各爲一家，大約所養之氣格得乎完正者居多。予故病夫宇文虛中、吳激、蔡松年、馬定國、高士談之輩，始皆宋時名士，其後或以奉使留，或以知名顯，史言楚材晉用，特遒其辭賁以成一代之文耳。若主憂臣辱，甘心淟涊以求全活一隅，而謂士君子有是哉？裕之疏其人，直書而不諱者，殆深意存焉。蕭真卿嘗言國初文士，如宇文太學、蔡丞相、吳深州之等，不可不謂之豪傑之士。然皆宋儒，難以本朝文派論，故斷自蔡正甫，爲正傳之宗黨，竹溪次之，禮部趙閑閑公次之。當時公論已如是。然則長篇大章，膾炙人口，風流蘊藉，激賞國中，視宇文、吳、蔡諸人之作，自足掩其所短，況質諸唐、宋間之詩人有足愧乎？侍御史沁水李公嘗景仰是集爲鄉前哲所自録，且謂余言可備折衷，因託之刊誤，以與四方博雅君子共論焉。”

元氏自序曰：“商右司平叔衡嘗手抄國初《百家詩略》，云是魏邢州元道道明所集，平叔爲附益之者，然獨其家有之而世未之知也。歲壬辰，予掾東曹，馮內翰、劉鄧州約予爲此集。時京師方受圍，危急存亡之際，不暇及也。明年留滯聊城，杜門深居，頗以翰墨爲事，乃記憶前輩及交游諸人之詩，隨即録之。會平叔之子孟卿携其先公手抄本來東平，因得合予所録者爲一編，目曰‘中州集’。嗣有所得，當以甲乙次第之。”

文光案：遺山晚年以著作自任，有所聞見，以寸楮細字書之。是集中小傳多記軼事，足資考證，蓋即野史亭所紀録者。卷末有自題《中州集》五絶句，深贊此集之佳，未免言之太過。虞山止録其後四首，亦惜其失言耳。據嚴序，有“末以樂府終之”之言。今汲古本無樂府，國初刻本附樂府一卷。《天一閣書目》有《中州樂府》一卷，凡三十六人，總一百四十二首。陸儼山得是本，嘉定守貴陽高登刊於九峰書院。

嘉靖十五年，彭汝實序。又案：《元遺山年譜》："蒙古定宗四年，趙國寶助刻《中州集》。"此爲初刻之本，即義門所據者。張德輝跋云："己酉秋，真定提學、龍山趙侯國寶資籍之，始鋟木以傳。"據此，知爲初刻，而義門所見之本爲乙卯新刊《中州集》。乙卯爲己酉之後六年，未知此書初刻之時七年始成，抑初刻於己酉，再刻於乙卯，不可考也。

何氏跋曰："毛氏刻此書時，所見者止嚴氏重開之本，其行款俱不古。斧季丈曾從都下得蒙古憲宗五年刊本，爲東海司寇公豪奪以去，今汲古閣止有壬癸及閏集三卷耳。辛巳三月，予偶從高陽許氏見甲、乙二卷，因略記其行款於書顏。蒙古至世祖，始以中統紀元，乙卯則在宋爲寶祐三年，當金亡後之二十三年，又二十五年而宋亡。時北方新出水火，故開雕亦無良匠云。"又批裕之序曰："舊刻八行，十六字，人名皆側注。"又曰："緣馮、劉之言，合商、魏所錄，歷二十寒暑，得二百四十五家。"又曰："舊刻十五行，行二十八字。'乙卯新刊《中州集》總目'九字大書，跨二行。十卷共爲總目。每篇皆題詩人氏名、爵里。又見於每卷之首。"

文光案：汲古閣本各卷有姓氏總目，有詩題目錄，無十卷總目。"中州"上無"乙卯新刊"四字。

何氏又跋曰："汲古閣本，第一行題'《中州集》卷第一'，行下有'甲集'二字。舊本題'《中州甲集》第一'。第二行刻'河東人元好問裕之集'。舊本無此九字。何云：'第二行舊刻"其人若干"、"其人若干首"，上空四字，或空二字，與今《歷朝詩集》行款相似。'第三行人名下有詩數。舊本無人名，低一格。小傳低三格。何云：'小傳，舊刻皆頂欄起。'戊寅正月，以筆墨對校，馮默菴閱本，五日而畢。"又評遺山自題《中州集》五絕句第一首云："鄴中、江左，時代所壓，氣格自爾微判，不以南北爲高下也。詩至南宋誠衰，然《中州集》十册中，孰是范、陸之敵耶？”又云：“進歐、梅、金陵而力排山谷，遺山矯枉救敝之功爲大，元詩獰劣面目差改。陶冶推移，馴及明初諸賢，遂有六朝三唐之餘韻，溯流窮源，不可誣也。若此十册所録，其高者僅窺玉局之藩，下者乃學西江之步。沉浸或無百卷，研練未到十年，一望而藴藉已盡，再嚼而致味遂窮，抑亦方隅限隔，無豪□□者耳。今人徒聞虞山尚書與孟陽耽悦是集，便謂金源百年足以軼宋紹唐，從而模擬刻畫，私喜津梁在斯，井幹自適，坳堂已膠，吾恐爲敝尤劇，故痛語之。”

王氏曰：“《中州集》中如劉迎之歌行、李汾之七律，皆不減唐人及北宋大家。南宋自陸游外，非其匹敵。”録於《池北偶談》。

文光案：漁洋亦不滿此集，《簡明目》曰：“非公論。”又案：朱弁古詩亦玉局支流，近體學少陵，非周德卿輩可望，惜猶意弱。弁爲宋吉州團練，不得入此集。

《谷音》二卷

元杜本編

汲古閣本。前有蜀郡張槃序，後有毛晉跋。所録皆宋亡元初節士悲憤、幽人清詠之詞，凡二十又九人，各有小傳，共詩百篇，諸體具備。其詩雄渾冲澹，足爲世法。元本流傳甚罕，汲古閣本以外，亦未見別本。杜本字清碧，漁洋疑《谷音》爲自撰，託名於人。及觀其《清江碧嶂集》，殊庸膚無足取，與所輯迥不類。

張氏序曰：“京兆先生早遊江湖，得於見聞，悉能成誦，因録爲一編，題曰‘谷音’。若曰山谷之音，野史之類也。刊於平川懷友軒，以傳於世。今歷兵燹，板已不存。余幸藏此本，風晨月夕，寂寥之中，每一歌之，則想像其人而愧不能彷彿其萬一也，未嘗不慨然久之。今年，先生之孫德基來從余，暇出此編。俾録而歸

之，曰：'是爾祖手訂之文，且諸人小録皆其自述，言簡而備，是
亦家傳之舊。子能誦而思之，亦繼紹之一端，未可以小書而忽之
也。'因嘗論之時危世變，臨難不避，與夫長往自潔者不爲不少，
惜不盡傳於世也。如此編數人，苟非先生記其詩而傳之，則泯没
無聞矣。此則誦其詩者，非獨取其雄渾冲澹，而其心術之正、出
處之大可見矣。德基其廣傳之，毋爲篋笥故紙云。"

王氏曰："上卷王澮以下凡十人，率任俠節義之士；下卷詹本
以下凡十五人，則藏名避世之流也。番陽布衣、瀟湘漁父以下五
人，不可得其姓字，要之皆宋之逸民也。其詩慷慨激烈，古澹蕭
寥，非宋末作者所及。是時謝皐羽、林霽山輩皆以文章、節義著
於東南，而又有此三十人者與之遥爲應和，亦奇矣。此書，毛氏
本與《月泉吟社》合刻最工。亡友施愚山備兵湖西，又嘗刻之清
江，蓋杜清碧其郡人也。江西刻本多舛，吳時憲又刻諸真州。弘、
正以來，此書蓋不一刻矣。"

《河汾諸老詩集》八卷

元房祺編

汲古閣本。前有大德辛丑房祺自序、弘治十一年河南按察司
副使濩澤車璽序，末有毛晉跋。所録皆金、元遺老之詩，從遺山
游者。

車氏序曰："金源氏自興定以後[一]，與元日尋干戈。士生其
間，形之聲詩，類多感慨悲歌之語，亦其時之使然也。若太原元
遺山，值金亡不仕，爲河汾倡正學。麻貽溪，張石泉，房白雲，
陳子京、子颺，段克己、成己，曹兌齋諸老與遺山游，從宦寓中，
一時雅合，以詩鳴河汾。大德間，房公祺編集成帙，今所傳者是
也。遺山之文，爲一代宗工，別有集行於世。房公獨取諸老，當
金、元混擾困鬱之中，其詞藻風標如層峰盪波，金堅玉瑩，絕無

突梯脂韋之習、纖靡弛弱之句，河汾之士，真足尚哉！侍御沁水李公叔淵，企仰鄉賢，出是集以畀開封同知謝侯景星刊行，將以正士氣，嚴禮防，以興起嵩洛之士，罔俾河汾諸老專其美也。天下之士聞之誦之，寧不惕然有所感耶？"

房氏序曰："近代詩人，遺山先生為之冠。先生太原人。太原境與平陽接，河山勝槩，地土所宜，習俗所尚，古今人物不殊。至如師友淵源、文章正脈，略與之等，故河汾間諸老與天下人材無讓。麻貽溪與元老詩學無慚，古文出其右，公言也。張石泉、黃白雲與元老游從南者。子颺、子京二陳昆仲與元老，或詩或文，數相贈遺者。遜庵、菊軒有'稷亭二段'之目，與元老相次登第者。曹兌齋與元老同為省掾，日以文史講議者。凡八人，得古律詩二百一首，皞皞郝先生序文於前甚備，不肖繼言於後。"

毛[二]氏跋曰："諸老一[三]代高名，百年清氣，已嘗遍白於天下，惜是集未嘗流布。皇慶癸丑夏，命工鋟木，以廣其傳。高昂霄具白。"

毛氏跋曰[四]："廬陵周浩若示予斯編，且促與《月泉吟社》同函分布。予欣然訂正，命侍兒效率更令筆法，鳩工鋟木。"

《河汾諸老集》八卷

元房祺編

敬翼堂本。前有乾隆四十二年太僕寺少卿汾陽曹學閔序。

曹氏序曰："房祺，臨汾人，為河中、大同兩路教授，終潞州判官。著有《橫汾集》。是集，以舊抄本與弘治刻本、汲古閣刻本同校，并補小傳。請覃溪前輩審定，而兒子錫齡、夢齡預點勘之役。謹梓於家塾，以廣其傳。"

文光案：麻革，字信之，臨晉人。張石泉，字彥升，無傳，余考之他書，名宇。陳賡，字子颺，臨晉人。陳庚，字

子京，廙弟。房皞，字希白，無傳。段克己，字復之，稷山
人。段成己，字誠之，克己仲弟。曹之謙，字益甫，應州人。
共八人，而無傳者竟不能考。古之高人逸士，其淹没而不彰
者豈少也哉！諸老與遺山游，從宦寓中，一時雅合，以詩鳴
河汾，房祺編集成帙。

《瀛奎律髓》四十九卷

宋方回編

紀氏刊誤本。侯官李光垣校刊。是書分四十九類，以唐、宋
兩代之詩合而編之，以皆近體，故名“律髓”。紀氏別有《删正瀛
奎律髓》四卷，鏡煙堂本。

《圭塘欸乃集》一卷

元許有壬與其弟有孚及其子楨倡和詩

《珠塵》本。《簡明目録》“二卷”，此本只一卷。前有至正十
年周伯琦序，又許有孚引，後有諸家跋。許文忠謝事歸相城，得
康氏廢園，鑿池其中，名曰“圭塘”。人以晝錦堂比之。而此倡彼
和，賓主相忘，一草一木，品題不遺，故名其集曰“欸乃”，若漁
歌互答然，亦謙辭也。詩古、律五七言二百一十九，樂府六十六，
總之二百八十有五。後其客馬熙追和詩七十八首、樂府八首，別
題曰“圭塘補和”附於後，餘皆許氏一家之作也。《簡明目録》
曰：“雖一時適興，不能刻意求工，而一門之内，風流文采，照映
一時，亦有足傳者焉。”

右《倡和集》一帙，江湖友人〔五〕躬録而裝潢者二十八年矣。
南歸展讀，中雖無恙，而外皆破碎可憐，況兵後所存唯此本爾，
乃力疾補葺，遺我子孫永收翫。洹濱識。録於本書，不詳何人。

《唐詩品彙》九十卷　《拾遺》十卷

明高棅編

明本。洪武癸酉年刊，前有自序。

楊氏曰："唐詩至許渾，淺陋極矣，而俗喜稱之。高棅編《唐詩品彙》，取至百餘首。棅不足言；而楊仲弘選《唐音》，自謂詳於盛唐而略於晚唐，不知渾乃晚唐之尤下者，而取之極多。陳後山云：'近世無高學，舉俗愛許渾。'斯卓識矣。孫光憲云：'許渾詩，李遠賦，不如不做。'當時已有公論。"錄於《升菴集》。

閻氏曰："'西園翰墨林'，西園乃漢靈帝游戲之所，與文事無涉。舊本《張説集》是'西垣'，蓋賜食於麗政殿書院，宴賦得'林'字，以'西垣'對'東壁'，止指麗政殿。高棅《唐詩品彙》、李攀龍《唐詩選》并作'園'，知承訛久矣。宜亟正之。"錄於《潛邱劄記》。

　　文光案：麗正殿即集賢殿，在洛陽宫之右，故曰"西垣"。西垣對東壁，甚工。余欲采諸家正唐詩之訛者都爲一集，如潛邱所云，以舊本爲據。近得百十條，尚未成書。

《唐詩品彙》九十卷　《拾遺》十卷

明高棅編

抄本。幼時所讀，依原本自始至終繕寫完畢，并以諸校本正其訛字，集諸家詩法、詩説、詩評於上方。詩法、詩説皆録自諸家詩話及説部中，詩評以漁洋杜詩評、初白菴唐四家詩評爲最佳。若鍾、譚之評，世俗所盛推者，一字不及。每卷後復空數葉，採輯諸家唐詩注釋，間加案語，以正其失，或補所未備。其引書悉遵《庚辰集》之例。師本家學，功由積累。此本守之三十年，屢有增改，頗見精密，較之俗本則益人多矣，因著録之。今世人多読沈氏《別裁》本，茲取《品彙》，本意自不同。世讀《別裁》本多是耳食，不能知其選法也。此本前有洪武辛巳馬德華序，又靈武王偁序，又洪武乙亥伸蒙子後人林慈序、洪武癸酉高棅總序。引用書目，凡二百二十種。次歷代論說、凡例、詩人爵里，通六百二人。次總目，合詩五千七百六十九首。《拾遺》自序云：“初集九十卷，自洪武甲子迄於癸酉方脫稿。復搜其逸，自癸酉迄戊寅，是編始就。增作者姓氏六十一，詩九百五十四首，爲十卷，題曰‘唐詩拾遺’，附於《品彙》之後，爲百卷。”按：《簡明目錄》無《拾遺》。

馬氏序曰：“長樂高君廷禮取唐詩分編定目，曰正始，曰正宗，曰大家，曰名家，曰羽翼，曰接武，曰正變，曰餘響，曰傍流。凡一題一詠之善者，皆採摭無遺。”

文光案：初唐爲正始，中唐爲接武，晚唐爲正變、餘響，方外異人爲傍流，其餘皆盛唐也。

高氏自序曰：“校其體裁，分體從類，隨類定其品目，因目別其上下。始終正變，各立序論以弁其首。自貞觀至天祐。”

《遺書錄》：“高棅選《唐詩品彙》，極其精博；其詩篇盛傳於海內，有《嘯堂集》二十卷；又工書畫：時稱三絶。別有《木天清氣集》，爲翰林待詔時所作。論者議其應酬冗長，不如《嘯堂集》擬唐之作，音節可觀也。

文光案：高詩見《明詩綜》。

《中州名賢文表》三十卷

明劉昌編

商丘宋氏本。康熙丙戌年刊，汪立名校，板甚精工。首許衡、姚燧、馬祖常、許有壬、王惲、李术魯翀六人本傳，次汪氏跋，次成化七年劉昌序，次目錄。《許文正公集》六卷，《姚文公集》

八卷，《馬文貞公集》五卷，《許文忠公集》三卷，《王文定公集》
六卷，《孛术魯文靖公集》二卷。《簡明目錄》案云："富珠理翀，
原作孛术魯翀，今改正。"王阮亭《池北偶談》云："吴郡劉欽謨，
成化中督河南學政，刻《中州文表》一書，表章元六家遺文，皆
中州産也。《許文正公遺稿》五卷，附錄一卷。《姚文公内集》八
卷。昌跋云：'聞之李中舍應禎，云文公〔六〕集五十卷，松江士夫
家有之。南北奔走，竟〔七〕莫能致。此乃録本，多殘缺，視刻本不
啻十之二。'雍古馬文貞公《石田集》五卷。予所見《石田集》
十五卷，至元五年刊本。跋云：'得之光州兵侍霍公，霍之居，即
文貞故石田莊也。'又云：'馬中丞墓在光州西南十五里，碑石趙
孟頫書。'愚案趙卒在前，疑誤。或是集趙書。許文忠公《圭塘小
稿》三卷。王文定公《秋澗集》六卷，跋云：'公之子公儀、公
孺、公孺子以可皆能文，而子孫墳墓漫〔八〕不知其所在。'《孛术魯
文靖公遺文》二卷，跋云：'文靖有集六十卷，今多不傳。子遠死
於忠，遠婦死於節。昌至鄧州，閱士籍，得其後之習業於官者，
猶自稱魯參政家云。'欽謨博雅好事，嘗撰先賢贊若干卷，此書尤
堪愛重。"

　　文光案：此本各集之後，俱有附錄并跋、案語，有考證。
《文表》六家專集，各有單行之本，而許集以外流傳甚罕。見
於《簡明目錄》者五家，而魯集闕如。其存者，卷數俱多於
《文表》。

　　汪氏跋曰："蘇州劉昌欽謨氏視學河南，蒐許文正公以下六公
之作，題曰'中州文表'，凡三十卷。書撰於成化之初，去元未
遠，而《姚文公集》五十卷、《孛术魯文靖公集》六十餘卷，已不
復見，籍是編所録以傳，其表章之力匪細矣。按欽謨序，以是爲
内集，復有外集、正集、雜集，惜其并亡，訪之儲藏家不可得。
吾師商丘宋公手授藏本，命讎校而鋟之，凡匝歲而後卒業云。"

劉氏序曰：“懷慶守呂恕以《許文正公遺書》付昌，昌遂附以諸集之僅存者，皆中州之名賢也。”

《大一統志》七百五十五卷，至元二十四年許有壬序曰：“至元二十三年，世皇命札馬剌丁，洎奉直大夫、祕書少監虞應龍等蒐輯爲志。二十八年書成，藏之祕府。應龍謂比前代地理書似[九]爲詳備，然得失是非安敢自斷？尚欲網羅遺逸，證其同異焉。至正六年，省臣奏是書國用尤切，恐久湮失，請刻印以永於世。制：‘可。’”

王惲《顏魯公書譜序》曰：“古人以書學名家者甚衆，今獨取魯公而譜之者，重其人以有關於風教故也，兼公之書上則窺三蒼之餘烈，中則造二王之微妙，下則極古今書法之變，復濟之以文章、氣節之美，故後人作之，終莫能及。東坡云：‘評書兼論其平生，苟非其人，雖工不貴。’昔鄭樵嘗集公，代有金石刻，得七十又五。予之耳聞目睹，洎有其名而亡其書者得六十有二，備錄家藏，實有五十有一。只以澹僻酷愛，營求三十年之久，纔所得如是。公之書，今存於世者無幾，可勝惜哉！余作譜，按公春秋與所書碑刻歲月、官封詳考而次第之，俾觀者知公之書因物賦形，變態百出，即此而求臨池之妙，思過半矣。”

《新安文獻志》一百卷

明程敏政編

明本。前有程敏政序。

《簡明目錄》曰：“凡南北朝以後文章事蹟，有關於新安者，皆旁搜博採，分類輯錄。前六十卷皆先達詩文，後四十卷皆先達行實。援据浩繁，而排纂具有條理。所附考證，亦多詳核，在所選《明文衡》之上。”

文光案：《明文衡》貪多務得，不免蕪雜。

《文編》六十四卷

明唐順之撰

明本。前有陳元素序。是選以《文章正宗》爲稿本。真主於明理，唐主於論法，宗旨不同。《荊川七編》，《孺〔一〇〕編》未出，《詩編》未見。胡宗憲刻《左編》，門人姜寶刻《文編》。

《歷代史纂左編》一百四十二卷，前有自序，明書之次第。嘉靖辛酉胡松序，王畿撰凡例并引。《左編》初名"史大紀"，更名"史纂左編"，凡二十餘年，七易稿而成。其書取歷代正史所載，別立義例，自君相、名臣至方技、釋道，凡二十四門，史抄類之書也。其顛倒是非，與《藏書》等。

《右編》四十卷，劉曰寧補遺，朱國禎校定。焦竑序云："司成劉幼安、朱文寧刻《右編》於監中，乙巳長至刊成。所錄皆名臣論事之文，奏議類之書也，凡分二十一門。荊川沒後，弱侯得其殘本，南監仿《左編》義例，定其部分，復補漢、唐名奏，非原本也。萬曆中，姚文蔚因《右編》未完，又補十卷，皆荊川所不錄者。其文具見於《名臣奏議》。"左"、"右"取左史記事、右史記言之義。

《稗編》一百二十卷，茅氏文霞閣刊本。前有自序、茅坤序、萬曆辛巳茅一相序并義例。一相，鹿門之從子也。《稗編》與《右編》，同爲後人取原稿重修，多失荊川本意。"稗"取莊生道"在稊稗"之意。

文光案：三編，目所見，因錄之。

《唐宋八大家文鈔》一百六十四卷

明茅坤撰

通行本。前有何焯序。各家有引，附《五代史》。

田氏曰：“自茅選一出，耳濡目染，以故荃蕙不馨。”又曰：“八家斷不學柳，直學歐、曾，以其與時文相近也。”錄於《古懽堂集》。

朱氏曰：“唐、宋八大家之目，非鹿門所定。朱伯賢定之於前，彼云六家，合三蘇爲一爾。今《文抄》本大約出於王道思、唐應德所甄錄。毛氏饒於資，遂開雕以行。其評稱關壯繆爲關壽亭，刺謬甚矣。”錄於《靜志居詩話》。

文光案：漢壽，地名。亭侯，官名。詳《訂訛辨錄》。

《四六法海》十二〔一一〕卷

明王志堅撰

載德堂本。乾隆二十三年王鶚校刊，有序。又天啓七年珠塢山人王志堅跋。

王氏序曰：“是板向藏儥儒堂，久不印行，缺四十餘葉，亟命工照原本鐫補。工竣，例當書重修歲月并識其由來云。”

王氏自跋曰：“是編始於乙丑之秋，成於丙寅之冬。初題‘耦編’。今年春，友人張德仲加以編輯，梓行之，改爲‘法海’。”

例曰：“是編以《文選》，《藝文類聚》，《文苑英華》，《唐文粹》，《宋文鑑》，《文章正宗》，《元文類》，《荊川文編》，廣、續二《文選》爲主，而參之以諸集及正史、野史所載。凡一切訛謬相仍之書，概不因襲。有所訂證，附之於後。”“是選爲舉業而作，寧約毋濫。”“宋之四六，各有源流譜派，袁清容自言能一一辨之。大要藏曲折於排蕩之中者，眉山也；標精理於簡嚴之內者，金陵也。是皆唐人所未有，其他不出兩公範圍。”

文光案：《四六類編》十三卷，明李日華選，崇禎庚辰年刊。《宋四六選》二十四卷，彭元瑞搜採四庫秘書并百家集，授門人曹振鏞編次，乾隆丙申刊於翠微山麓。《八家四六》九卷，吳鼐[一二]編，嘉慶三年序刊，校經堂本。八家爲袁枚、邵齊燾、吳錫麒、曾燠[一三]、洪亮吉、孫星衍、孔廣森、劉星煒。今所通行者惟此本。

《二十六家唐詩》五十卷

明黃貫曾撰

明本。前有士雅山人黃姬水序、黃貫曾自序、華陽皇甫冲序，次目録，後有"嘉靖甲寅首春江夏黃氏刻於浮玉山房"隸書長墨印。板本甚佳。

黃氏序曰："叔氏浮玉子梓唐人自武德迄建中二十有六家成，命書簡末以詔同志云。浮玉子嘗學於先子五岳山人，故知詩。"

黃氏自序曰："詩至李唐，音律始備，今流傳者無慮百家。元和以後，淪於卑弱，無足取者。自武德迄於大曆，英彥蔚興，含毫振藻，各臻玄極。雖體裁不同，要皆洋洋乎爾雅矣。大家如李、杜，有集廣播。洞庭徐太宰刻陳、杜而下十二家。邐毘陵蔣氏刻錢、劉而下十二家，翼徐刻行世。至如唐初若李嶠、若蘇挺輩，盛唐若李頎、若崔顥、若常建、若祖詠、若王昌齡輩，中唐若李嘉祐，若郎士元，若皇甫曾、冉輩，較之二氏所刻諸名家豈少哉？而都無刻本。貫曾玩誦之下，每懼湮沈，遂傾篋貸貲以壽諸梓。"

皇甫氏序曰："聲氣之同，百世非遠。一之學日懋積而詩思藻發，意在古昔，略於今人，非所謂'聲意之同'者耶？一之承其兄得之、勉之二黃家學，而又能上友若是，君子與其進也。"

文光案：是書目中不計卷數，板口分上、下者十二家，分上、中、下者六家，合單卷者八家，共二十六家。自序所列者十一家，餘爲虞世南、許敬宗、崔曙、嚴武、權德輿、李益、司空曙、嚴維、顧況、韓君平、武元衡、耿湋、秦隱君、包何、包結，凡十五家。謹案《四庫全書提要》曰：

"《二十六家唐詩》，無卷數，不著編輯者名氏。所選詩甚寥寥，於唐人之中獨録此數家，亦不知何所取義。前後無序跋，惟目後題曰'姑蘇吳時用書，黃周賢、金賢刻'，疑明末書賈所爲云。"蓋失其序文，故不知編書之人與刻書之意。所列二十六家與此本悉同，目後所題，此本無之。或爲黃氏翻本，未可知也。

《蔡氏九儒集》九卷

明蔡鸕編

潭陽蔡氏本。謹案：《四庫全書》載《蔡氏九賢書》九卷。《提要》云："鸕乃元定十五世孫也。自元定之父發及元定之子淵、沆、沈，孫模、格、杭、權，凡九人，各載其遺詩及生平梗概。惟蔡發一卷所載皆形家之言，不應列之詩集。前有愈[一四]德光序，以伏羲、堯、舜、孔子比諸蔡，尤妄之甚矣。"此本刊於雍正十一年癸丑，內題"廬峰十七代裔孫重重輯牧堂公集一卷"。蔡發字神與，號牧堂老人，精天文、地理、三式之說。是集首小傳，次像并贊，次目録。《天文發微論》四篇，《地理發微論》十六篇，內有朱子注十一段、《錦囊經注》十七則。《地理總說辨》，又《辨錦囊經下非郭氏書》，附録贈誥、墓表、諸家叙跋。又《辨雪心賦末篇非卜氏文》，又《堪輿論選》。《西山公集》一卷。蔡元定字季通，號西山，謚文節。父發以程氏《語録》、邵氏《經世》、張氏《正蒙》授季通，曰："此孔孟正脈也。"元定深涵其義，既長，辨析益精。此集首蔡子傳，郭子章撰，見《聖門人物志》。次像并贊，次目録。內有《皇極經世指要》并《律吕新書》，附録墓表、言行録之屬。《節齋公集》一卷。蔡淵字伯静，號節齋。西山長子。師事朱子。小傳、像贊、附録如前集。集內多四書、《易》《書》、性理諸注語。《復齋公集》一卷。蔡沆字復之，號復齋。西山次子，生六歲，出繼表伯虞英爲嗣。長師朱子。集内爲《春秋五論》，并序跋，并墓誌，前有傳、像贊。《素軒公集》一卷。蔡格字伯至，號素軒。節齋長子。集僅文三首、詩十四首。附録墓誌。《九峰公集》一卷。蔡沈字仲默，號九峰，謚文正。西山季子。《蔡子傳》，郭子章撰，見《聖門人物志》。集内多四書、五經注語，有《洪範皇極内篇》并序，又《朱文公夢奠記》。《覺軒公集》一卷。蔡模字仲覺，號覺軒。九峰長子。一時名士多師尊之。集中有四書、《詩經大全》、《書經大全》注語、傳、像贊。附録《九儒集》皆同。《久軒公集》一卷。蔡杭字仲節，號久軒，謚文肅。九峰次子。集中有《上書經集傳表》、《進律吕新書表》。《静〔一五〕軒公集》一卷。蔡權字仲平，號静軒。九峰季子。集中有《參同契論》。此即蔡鷗所編之本，而蔡重翻刻者。謹案：《提要》云九人各載遺詩，而此本文多於詩，豈重所增益與？首卷爲總説，舊序皆具。西山與九峰皆無專集行世，微言大義，賴此以存。

《金華正學編》十四卷

明趙鶴撰

金氏本。乾隆乙未年金律重刊。鶴官金華知府，取宋吕祖謙、何基、王柏元、金履祥、許謙五家之文涉於講學者，編爲是書。正德辛未自序。“萬曆庚寅唐邦佐删定趙本，益以明章懋”，即此本也。六先生皆金華人。《簡明目録》作十二卷。此本吕一卷，何一卷，王二卷，金五卷，許四卷，章一卷。

《古樂苑》五十二卷　《衍録》四卷

明梅鼎祚撰

明本。是書内題“西吴梅鼎祚補正，東越吕胤昌校閲”。寫、刻甚工。前有汪道昆序、凡例二十八條、目録二卷。

汪氏序曰："司理吕玉繩相視莫逆,校而板之宛陵。"

例曰："是編據《樂府詩集》,補其闕佚,正其僞舛。始自黄、虞,訖於隋代。左氏克明舊有《樂苑》,其名近雅,因名之曰'古樂苑'。""樂府名始西漢,《饗祀》、《郊廟》咸有其文,故郭氏《郊廟》舉首,而上古歌詞無聞。今都爲一卷,特置在前紀。""《琴曲》,郭氏多遺,又苦叢錯,今分爲二卷。""馮氏《詩紀》較郭本三倍猶繁,而挂漏不免。今并補録。""頌主客告,讖本緯文,各有體裁,無關音樂,附屬《謠諺》。""詩歌自經史各集外,凡散見諸書者,或有僞託,亦并收采。""名賢論著品藻,凡有涉樂府及作者名氏,略具始末,總爲《衍録》。"

文光案:是書,《古歌》一卷爲前卷。第一卷,自漢起,合《衍録》四卷,共五十七卷。《簡明目》"五十二卷",無《衍録》及前卷。

《後魏文紀》二十卷

明梅鼎祚撰

明本。此後人得梅氏手稿刻成之,不著刊書人名氏。《四庫》未收。謹案《天禄琳瑯書目》,《歷代文紀》十六函,一百六十册,明梅鼎柞撰。鼎祚字禹金,宣城人。國子監生。有《鹿裘石室集》。凡《皇霸文紀》十三卷,有崇禎癸酉陳繼儒序;《西漢文紀》二十四卷;《東漢文紀》三十二卷,有崇禎癸酉陳泰來序;《魏文紀》十八卷;《吴文紀》四卷;《蜀漢文紀》二卷;《西晉文紀》二十卷;《宋文紀》十八卷,有崇禎丁丑張煊序、張溥序。按:鼎祚作此書,意以配馮惟訥《古詩紀》,然以文較詩,纂輯不易。鼎祚以一諸生,竭數十年之心力爲之,陸續付梓,故傳本不一。《四庫全書》所載,尚有《南齊文紀》十卷、《梁文紀》十四卷、《陳文紀》八卷、《北齊文紀》三卷、《後周文紀》八卷、《隋文紀》八卷，爲此本所無。而此本之魏、蜀、吳三編二十四卷，亦《全書》所不載。至北魏一代，兩本俱缺。鼎祚當日曾否有書、已未付刻，併無可考據矣。要之是書畫代爲斷，各自成書，非可以闕帙例；且刻成即已盛行，隨時所得，先後不同故也。至鼎祚別纂《釋文紀》四十五卷，名雖相沿，更不應闌入此書矣。泰興季氏藏本，御史振宜之印。余家所藏，《魏文紀》之外，祇有《西晉文紀》二十卷，明崇禎庚午年刊，男梅士都覆校，先刻此紀。餘皆未見。

《漢魏六朝一百三家集》一百十八卷

明張溥撰

原刻本。首總序，次目錄。每集各冠以小序，附以本傳。以閩刻張燮《七十二家集》爲稿本，補以詩紀、文紀。自賈長沙以下迄隋薛河東，斷篇逸句，悉爲收採，隨俗加點，以便省覽。

張氏自序曰："文集之名，始於《七錄》，後代因之，遂列史志。馬氏《經籍考》詳載集名，人物爵里、著作源流備具左方。覽者開卷，大意已顯。自漢迄隋，文士輩出；而卷帙所存，不滿三十餘家。藏書五厄，古今同慨。晉摯仲洽總鈔羣集，分爲流別；梁昭明特標選目，舉世稱工。澄汰之餘，遺亡彌衆。余少嗜秦、漢文字，苦不能解。既略上口，遍求義類。斷自唐前，目成掌錄，編次爲集，可得百四五十種。兩京風雅，光并日月；一字獲留，壽且億萬。魏雖改元，承流未遠。晉尚清微，宋矜新巧。南齊雅麗擅長，蕭梁英華邁俗。總言其槩，椎輪大路，不廢雕幾；月露風雲，無傷氣骨。江左名流，得與漢朝大手同立天地者，未有不先質後文、吐華含實者也。人但厭陳、李之浮薄而毀顏、謝，惡周、隋之駢衍而罪徐、庾。此數家者，斯文具在，豈肯爲後人受過哉？"

漢九人：賈誼、司馬相如、董仲舒、東方朔、褚少孫、王褒、劉向、揚雄、劉歆。東漢十一人：馮衍、班固、崔駰、張衡、李尤、馬融、荀彧、蔡邕、王逸、孔融、諸葛亮。魏十二人：曹操、曹丕、曹植、陳琳、王粲、阮瑀、劉楨、應瑒、應璩、阮籍、嵇康、鍾會。晉二十二人：杜預、荀勖、傅玄、張華、孫楚、摯虞、束晳、夏侯湛、潘岳、傅咸、潘尼、陸機、陸雲、成公綏、張載、張協、劉琨、郭璞、王羲之、王獻之、孫綽、陶淵明。宋八人：何承天、傅亮、謝靈運、顏延之、鮑照、袁淑，謝惠連、謝莊。齊六人：蕭子良、王儉、王融、謝朓、張融、孔稚圭。梁十九人：梁武帝、梁昭明、梁簡文帝、梁元帝、江淹、沈約、陶弘景、丘遲、任昉、王僧孺、陸倕、劉孝標、王筠、劉孝綽、劉潛、劉孝威、庾肩吾、何遜、吳均。陳五人：陳後主、徐陵、沈炯、江總、張正見。北魏二人：高允、溫子昇。北齊二人：邢邵、魏收。北周二人：庾信、王褒。隋五人：隋煬帝、盧思道、李德林、牛弘、薛道衡。

劉向《洪範五行傳》。《褚先生集》，即所補《史記》。《董仲舒集》，有《春秋陰陽》，某年某災應某事，如《洪範五行》。張衡《西京賦》，薛綜注。《劉歆集》，有《洪範五行傳》。《揚雄集》，《箴補》八首。《太玄攤》、《難蓋天八事》。《反離騷》，有目無書。王褒《九懷》，有王逸注。《蔡中郎集》，有《歷數議》、《月令問答》、《篆勢》、《隸勢》。《荀悅集》，有《申鑒大略》。《陳思王集》，上方忽出評二句。《荀勖集》，有《笛律》。《傅咸集》，有《孝經》、《論語》、《左傳》諸詩。束晳《補亡詩六首》：《南陔》、《白華》、《華黍》、《由庚》、《崇丘》、《由儀》。摯虞《文章流別論》十二首。何承天《上歷新法表歷》，議論王蕃渾天體。《陶集》，爲焦太史所訂宋本。羲、獻集，全收法書，多僞作。郭璞《山海經贊》，在集中。鮑參軍文最有名者：《蕪城賦》、《河清頌》及《登大雷岸與妹書》，《南齊·文學傳》所謂"發唱驚挺，操調險急，雕藻淫艷，傾炫心魂"，殆指是耶[一六]。詩篇創絕，樂[一七]府五言，李杜之高曾也。《登大雷岸與妹書》述所見，《文學傳》不錄。詩有《字謎》三首。謝康樂《山居賦》，有自注。《張長史集》，附周顒[一八]書。融顒容俱好佛、老，以玄言相滯，彌日不解。王融，有《遊仙詩》、《迴文詩》。蕭子良《净住子净行法門》三十一章，有序。梁元帝，有縣名、屋名、草名、鳥名諸詩。《昭明集》，有《十二月啓》。《陶弘景集》，有《登真隱訣序》、《真靈位業圖序》、《本草序》、《肘後百一方序》、《藥總訣序》、《相經序》、《進周氏冥通記啓》。周子良，弘景高第，天監中，白日尸解。弘景檢平日真降事迹，爲四卷進之。又有《瘞鶴銘》、《華陽頌》十五首。《庾開府集》，有滕王宇文迪序。高允《進天文要略》八篇，有表。牛弘《請開獻書表》，備陳五厄。集中有《定樂奏》、《樂定奏》、《定典禮奏》、《六十律論》、《明堂議》、《樂議》、《同律度量議》、《郊廟歌辭》，漢之叔孫不能尚也。

張衡二卷，蔡中郎二卷，魏文帝二卷，陳思王二卷，陸雲二卷，潘尼二卷，陸機二卷，王右軍二卷，郭璞二卷，鮑照二卷，謝靈運二卷，蕭子良二卷，梁簡文帝二卷，江淹二卷，沈約二卷，庾開府二卷，餘各一卷。

文光案：書中間有案語，考證亦未精確。其闕字亦無從考證。集中詩、文兼收，諸體具備，又皆唐以上之書，亦可謂古書矣。張天如刻《紀事本末》，又刻《名臣奏議》，其本皆佳，近稱難得，僅藏此一種。

明梅鼎祚《文紀》見於《簡明目》者，凡十二種，無《後魏文紀》。余所藏者，《晉文紀》二十卷，《後魏文紀》二十卷，板本皆佳。刊於崇禎庚午，男梅士都覆校。明馮惟訥《古詩紀》一百五十六卷，馮氏原本。馮舒《詩紀匡謬》一卷，《知不足齋》本。明吳琯《唐詩紀》一百七十卷。清龔賢《中晚唐詩紀》，無卷數。明本《唐詩紀》，有初、盛，無中、晚，因選是集。此本《四庫》未收。《詩紀》上起古初，下迄陳、隋。吳琯刊本，與原本次第不同。

《漢魏名文乘》六十卷

明張運泰、余元熹同撰

明本。原刻六十家。二人閩中書林。是書雜采《漢魏叢書》及《百三家集》，合二書而成，不足珍重。

楊氏曰："漢興，文章有數等。酈通、隋何、陸賈、酈生游説之文，宗戰國；賈山、賈誼政事之文，宗管、晏、申、韓；司馬相如、東方朔譎諫之文，宗楚詞；董仲舒、匡衡、劉向、揚雄説經之文，宗經傳；李尋、京房術數之文，宗讖緯；司馬遷〔一九〕紀事之文，宗《春秋》。嗚呼！盛矣。"錄於《升菴集》。

《二十一史文鈔》五十八卷

明沈國元編

原本。崇禎己卯沈氏家刻。前有沈國元序、蔡懋德序、國元子沈琦敘例。各卷有目錄。上自《史》、《漢》，下至《金》、《元》，各篇皆以正史爲斷。其所據者，爲北監新刊本，復以古本正其譌字。參校者三十餘人，皆沈氏一家之學者。題下有注，文中有評點，不脱批時文氣習，明人大抵如此。各有總評，間有見到語。今有《廿二史文鈔》一百十卷，納蘭常安選，受宜堂本。與此本不同。

《三家宮詞》三卷

明毛晉編

淮南書局本。同治癸酉年刊。唐王建一百首，蜀花蕊夫人一百首，宋王珪一百首。後有天啓乙丑毛晉跋。

毛氏跋曰：“自唐迄宋，始輯三家，仍舊本也。若五家、千家，尚容考訂。”又曰：“王珪，字禹玉。宮詞百首，時本誤刻花蕊夫人者四十一首，而即以夫人三十九首移入公集，復以唐絶二首足之。今悉釐正無錯。”

文光案：花蕊夫人，王安國得二敝紙，録入三館，其後遂行。跋中“熙寧五年”云云，即安國所記而不著其名。明人刻書多不著出典，使人茫昧。毛子晉亦然。

趙氏曰：“王建以宮詞著名，然好事者多雜以他人之詩。世所傳百篇，不皆建作也。予所記有張籍《宮詞》二首、杜牧之《出宮人》詩一首、白樂天《後宮詞》一首、王昌齡《長信秋詞》一首、劉夢得《魏宮詞》二首。又別有六十六篇，乃近世好事者旋加搜索續之，語意與前詩相類者極少，誠爲亂真。世又有王岐宮詞百篇，蓋亦依託者。”又曰：“建自有宮詞百篇，傳其集者但得九十首。蜀本建集序可考。後來刻稿者以他人十詩足之，故爾混淆。予既辨其人矣，尚有二首未詳誰作。所逸十篇，今見於洪文敏所録《唐人絶句》中者，不知其所自得。”録於《賓退録》。

文光案：《花蕊宮詞》二十八首，趙與時全録於《賓退録》，有自記。

《三家宮詞》三卷

明毛晉編

汲古閣本。板心刻“緑君亭”三字，與《二家宮詞》同。首三家全目。王詞二跋、花蕊詞三跋、岐公詞三跋，皆毛晉所録。末有毛晉自跋。

王建，太和中爲陝州司馬，與韓愈、張籍同時，而籍相友善。工爲樂府、歌行，思遠格幽。初爲渭南尉，與宦者王守澄有宗人之分，因過飲酒譏戲。守澄深憾，曰："吾弟所作宮詞，禁掖深邃，何以知之？"將奏劾。建因以詩解之，曰："先朝行坐鎮相隨，今上春宮見長時。脫下御衣偏得着，進來龍馬每教騎。嘗承密旨還家少，獨奏邊情出殿遲。不是官家頻向説，九重爭遣外人知。"事遂寢。宮詞凡百絕，天下傳播，效此體者雖有數家，而建爲之祖云。

余閲王建宮詞，輒雜以他人詩句。意宋南渡後，逸其真作，好事者摭拾以補之。今余歷參古本，百篇其在，他作一一删去。

蜀主王建納徐耕二女，姊爲淑妃，妹爲貴妃，俱善爲詩。雨村曰："夫人徐氏，青城人。幼能文，尤長於宮詞。得幸蜀主孟昶，賜號花蕊夫人。入宋，備後宮。"録於《全五代詩話》。

王安國奉詔，定蜀氏、楚氏、秦氏三家所獻書可入三館者，令令史李希顏料理之。其書多剝脱，得一敝紙，所書花蕊夫人詩，乃花蕊手寫，而其詞甚奇，與王建宮詞無異。建之詞，自唐至今，誦者不絕口。而此獨遺棄不見取，受詔定三家書者，又斥去之，甚爲可惜也。遂令令史郭祥繕寫，入三館。既歸，口誦數篇與荆公。荆公明日在中書語及之，而禹玉相公當時參政，願傳其本，於是盛行於時。録於《續湘山野録》。

花蕊夫人隨昶歸國時，題葭萌驛詞曰："初離蜀道心將碎，離恨綿綿，春日如年，馬上時時聞杜鵑。"書未畢，爲軍士促行。後有人戲續之云："三千宮女皆花貌，妾最嬋娟。此去朝天，只恐君主寵愛偏。"録於《詞品》。

文光案：續詞四句，後人以爲狗尾續貂，信然。

花蕊夫人，蜀王建妾也，後號"小徐妃"者。大徐妃生王衍，而小徐妃其女弟。在王衍時，二徐坐游燕、淫亂亡其國。莊宗平蜀後，二徐隨王衍歸中國，半途遭害焉。及孟氏再有蜀，傳至其昶，則又有一花蕊夫人，作宮詞者是也。國朝降下西蜀，而花蕊夫人又隨昶歸國。昶至且十日，則召花蕊夫人入宮中，而昶遂死。昌陵後亦惑之，嘗進毒，屢[二〇]爲患，不能禁。太宗在晉邸時，數諫昌陵而未果去。一日，兄弟相與獵苑中，花蕊夫人在側。晉邸方調弓矢引滿，政擬射走獸，忽回射花蕊夫人，一箭而死。始所傳多僞，不知蜀有兩花蕊夫人，皆亡國且殺其身。錄於《鐵圍山叢談》。

　　文光案：鐵圍山，詳見俞理初《癸巳類稿》，外國之山也。毛氏刻《三家宮詞》，辨花蕊夫人甚詳，而不記其死。《郡齋讀書志》言有罪賜死，亦不詳賜死之由。因錄此則。今見俞氏稿記花蕊夫人更詳。又《宋詩紀事》收花蕊夫人詩三十二首。

青城女費氏，幼能屬文，尤長於詩。以才貌事昶得幸，賜號“花蕊夫人”。今宮詞百首，實孟昶妃費氏作。宋太祖平後蜀，花蕊夫人以俘見，問其所作，口占一絕云：“君王城上豎降旗，妾在深宮那得知。四十萬人齊解甲，更無一個是男兒。”

楊用修云宮詞之外，尤工樂府。

王岐公諱珪，字禹玉。早中甲科，以文章、事業被遇四朝。自嘉祐初與歐陽永叔、蔡君謨更直北門。熙寧九年，拜相。務爲安靖之政，遂膺顧託，有定策之言。平生未嘗遷謫，多代言應制之詞，無放逐感憤之作，故詩多富貴氣。公文閎侈瓌麗，自成一家。詞林稱之作宮詞百首，時本誤刻花蕊夫人者四十一首，而即以夫人三十九首移入公集，復以唐絕二首足之。今悉釐正無錯。錄於本書。

《二家宮詞》二卷

明毛晉編

汲古閣本。前無序文。宋徽宗宮詞三百首，後有二跋，一爲宣和六年帝姬長公主書；一不著名，似毛氏所記。楊太后宮詞五十首，後有三跋，一爲潛夫識，不知何許人；後二則不著名，似毛氏所記。

自建中靖國二年至宣和六年，緝熙殿所收藏御製宮詞皆在各宮。今命左昭儀孔禎同嬪御章安顗等收輯，類而成書，頒降六宮，及太子、諸王宮，與夫公主、郡主天眷皇族之家，永爲珍襲。公主書。

右宮詞五十首，寧宗楊后所撰。好事者祕而不傳，世亦罕見。癸酉仲春，得之江左，何啻和、隋之珠、璧耶！王建、花蕊不得專美矣。潛夫識。

丁卯花朝，一炎密緘遠寄，云是少室山人手訂秘本，即命予附鐫花蕊後，以成宮詞快觀。因檢宋徽宗三百首，合梓《二家宮詞》，以公同好。

考今本止三十首，餘二十首從未之見。但“迎春燕子尾纖纖”、“落絮濛濛立夏天”、“紫禁仙輿詰旦來”，向刻唐人；又“蘭徑香銷玉輦踪”、“缺月流光入綺疏”、“輦路青青雨後深”，向刻元人。今姑仍原本，未便刪去。

校勘記

〔一〕“後”，原作“自”，據《河汾諸老詩集》改。

〔二〕“毛”，據上書及下文當作“高”。

〔三〕“一”，原作“二”，據上書改。

〔四〕“毛氏跋曰”，據上書補。

〔五〕“人”，原作“方”，據《圭塘欸乃集》改。

〔六〕“公”，原作“貞”，據清王士禎《池北偶談》改。

〔七〕“竟”，原作“是”，據上書改。

〔八〕“漫”，原作“幾”，據上書改。

〔九〕“似”，元許有壬《至正集》作“益”。

〔一〇〕“孺”，據《明史·唐順之傳》，當作“儒”。

〔一一〕"十二",原作"十一二","一"字衍,據文意删。

〔一二〕"鼎",據《八家四六文鈔》,當作"鼐"。

〔一三〕"墺",據上書,當作"燠"。

〔一四〕"愈",據《蔡氏九儒集》,當作"俞"。

〔一五〕"静",據下書補。

〔一六〕"所謂'發唱驚挺,操調險急,雕藻淫艶,傾炫心魂',殆指是耶",據《漢魏六朝一百三家集》補。

〔一七〕"樂",原作"榮",據上書改。

〔一八〕"顒",原避清仁宗顒琰名諱作"容",據上書改。下同改。

〔一九〕"遷",據《升庵集》補。

〔二〇〕"屢",原作"發",據宋蔡絛《鐵圍山叢談》改。

集部三
總集類五

《古詩箋》三十二卷

國朝王士禛撰

芷蘭堂本。此阮亭所選而閩人俠箋者。前有姜宸英序、乾隆三十一年閩人序并例、阮亭五言詩凡例并總目、作者姓氏。七言詩同。凡五言十七卷、七言十五卷。

姜氏序曰："阮亭先生五言詩之選，於漢取全；於魏、晉以下遞嚴而遞有所錄，而猶不廢夫齊、梁、陳、隋之作者；於唐僅得五人，曰陳子昂、張九齡、李白、韋應物、柳宗元：蓋以齊、梁、陳、隋之詩雖遠於古，尚不失爲古詩之餘派；唐賢風氣自爲畛域，成其爲唐人之詩而已，而五人者，其力足以存古詩於唐詩之中，則以其類合之。七言之選，不主於一格，故所鈔及於宋、元諸家，至明人則別有論次焉。集中分別部次，具有精意，已具例中，不備述。"

閩人氏序曰："余得新城先生《古詩選》，蒐討羣籍，識諸簡端，垂二十年於茲矣，歲癸未始克成編。"

例曰："蕭選五言詩，頗雜四言。又《公讌》諸篇，率多蕪雜。予撰《漢魏六朝五言詩》，視蕭選微有異同。至其菁華，鮮闕略矣。”“予撰五言詩竟，復抄七言詩若干卷。七言始於《擊壤歌》，《雅》、《頌》之‘惟昔之富不如時’、‘予其懲而毖後患’、‘學有緝熙於光明’，至《臨河歌》、《南山歌》以下，皆七言之權輿也。抄古歌一卷，若《黃娥》、《白帝》二歌，王嘉僞撰，附錄卷末。”“七言長句以杜爲宗，善學杜者則取之。古今七言之變，盡於此鈔。”

《唐人萬首絕句選》七卷

國朝王士禛撰

洪氏家塾本。前有康熙戊子年自序、凡例十三條，後有雍正壬子陝華居士洪正治跋。凡作者二百五人，共詩八百九十五首。寫板甚佳。跋云：“以舊板置之家塾，其爲誰氏所刻，不能知也。”

例曰：“洪本字句，或與今本異，然不如今本者甚多。從其善者。”“趙凡夫本區別四唐，淆亂差少。今以趙本與《紀事》、《品彙》參伍其次第。元本頗有遺漏，趙所補入，今未及收。”“余選補周、楊之所未及，而一洗趙氏之陋。”“《漢上題襟集》，莫與先有藏本，亦未得見。”

昔人云唐詩八百家，《萬首唐絕》僅五百家，今日流傳者不過二百家。牧翁云：“宋刻唐詩乃趙氏所彙集，分門別類，無體不備。”自序言其家藏唐人詩集千家，彙成五百餘冊。牧翁所得，不過“天文”等一二類，中多未見詩。如薛濤，世但傳其絕句，此中律詩甚多。他可類推。其書是明仁宗東宮所閱，上有監國之寶。後絳雲樓災，并此數冊亦不可見矣。

文光案：“昔人云”一條，出《書影》。

唐絕句有最可笑者，如“人主人臣是親家”，如“蜜蜂爲主各磨牙”，如“若教過客都來吃，采盡南山枳殼花”，如“兩人對坐無言語，盡日唯聞落子聲”，如“今朝有酒今朝醉，明日愁來明日愁^{〔一〕}"。當日如何下筆，後世如何竟傳，殆不可曉。　五言，初唐王勃獨爲擅場。盛唐王、裴輞川唱和，工力悉敵。李白氣體高妙。崔國輔源本齊、梁。韋應物本出右丞，加以古澹。求之數家，有餘師矣。　七言，初唐風調未諧，開、天諸名家無美不備。李白、王昌齡尤爲擅場。

《唐賢三昧集》三卷

國朝王士禛編

《唐詩十種》本。前有康熙二十七年王士禛自序、姜宸英序。

王氏自序曰："康熙戊辰春，抄取開元、天寶諸公篇什讀之，錄其尤雋永超詣者，自王右丞而下四十二人，爲《唐賢三昧集》，釐爲三卷，合《文粹》、《英靈》、《間氣》諸選詩，通爲《唐詩十選》云。不錄李、杜二公者，仿王介甫《百家》例也。張曲江開盛唐之始，韋蘇州殿盛唐之終，皆不錄者，已入予五言選詩，故不重出也。"

文光案：阮亭選《唐詩十種》。坊間通行《唐詩十集》，題曰"唐汝詢原輯，蔣漢紀增釋，王阮亭先生重訂"。唐氏序曰："予少習廷禮《唐詩正聲》、于麟《唐詩選》、伯敬《唐詩歸》。於是取三家而合之，并予所翼高、李而作解者，定爲十集。"康熙己巳《漢紀序》曰："阮亭王夫子嘗謂予曰：'《唐詩十集》，持論精嚴，可云美備。予奉爲金科玉律，年來於此道稍有會者，其得力於是書良多也。'"

王氏曰："近日金陵有刻《唐詩十集》者，謂爲予所訂，或作序假爲予言，云'予奉此爲金科玉律，年來於此道稍有會者，得力於是書良多'云云，不勝駭異。及訪是集閱之，乃標'華亭唐汝詢仲言'名，大旨在通高漫士、李滄溟、鍾退谷三選之郵，而以汝詢《詩解》附之，強分甲、乙、丙、丁等目，淺陋割裂，可一笑也。門人盛侍御珍示方爲予校刻《唐詩十種選集》，集名適同。慮其亂真，且悞後學，當寄書使正之。"錄於《居易錄》。

文光案：漁洋《唐詩十選》，曰《河岳》一卷、《中興》一卷、《國秀》一卷、《篋中》一卷、《搜玉》一卷、《御覽》一卷、《極玄》一卷、《又玄》一卷、《才調》三卷、《文粹》六卷，共十七卷。余家舊藏《十選》，後得《十集》，甚爲不類。因錄漁洋之言以證其謬，作偽者何所不至哉！

《唐賢三昧集箋注》三卷

國朝吳煊、胡棠同注

原本。前有胡棠、吳煊自序，王鳴盛序。

胡氏自序曰："集中所登四十二人，不盡皆通顯，其出處、行迹，《唐書》中多無可考。惟摭取於《全唐詩話》、《唐詩品彙》，是以詞多簡略。注家'某字作某'，參差至四五者，惟存一是。故實有一事數説，惟取最先最古；用後説者，則取義關本文。至中間引古，有應在前而或見後者，則以定非一手；有一事而前後兩見者，則又删之不盡者也。"

吳氏序曰："王阮亭先生《三昧集》，合刻於十種唐詩選中，未有單行本。先生之論詩也，主於妙悟，取嚴滄浪'羚羊挂角，無迹可求'之旨，使人自得於語言文字之外，所謂'最上乘，正法眼第一義'也。《古詩十九首》如天衣無縫，《文選》已注之矣。班固之言：'篤學好古，實事求是。'凡以求其是而已。"

王氏序曰："退菴、甘亭博學工文，既已知名於世，此注人必具出處，事必引史傳，地理建置、職官分合，一一注之。"

《簡明目錄》曰："明詩濫於王、李，佻於三袁，譖於鍾、譚，數窮變極，無可復爲，故國初諸家改而學宋。宋派又弊，士禛乃標舉此集，倡'神韻'之説以救之。猶南宋諸家，以語録、史論爲詩，而嚴羽救以‘妙悟’也。各明一義，於學者不爲無功。末學沿波，以虛鋒互相掉弄，則併失士禎之本法矣。"

文光案：今所通行者，皆吳、胡箋注本。原刻未見有單行本。

《詩紀匡謬》一卷

國朝馮舒撰

《知不足齋》本。前有崇禎癸酉馮舒自序。

馮氏自序曰："《詩紀匡謬》者，馮子發憤之所作也。曷爲而發憤？憤詩之爲刪爲歸也。曷爲而匡及於紀？曰正其始也。今天下之誦詩者何知？知刪而已矣、歸而已矣。爲刪爲歸者又何知？知紀而已矣。奴之子爲重儓，木心邪則脈理不正，所必然也。於是爲之原其源，遡其流，核其濫觴於何人，而後爲刪爲歸之邪說不攻自破矣。邪說破而後，興觀羣怨、溫柔敦厚之旨可以正告之天下，豈好辯哉？"

《柏梁詩》每句各注姓名，然細考之，頗多未核。自大司馬至左馮翊，皆按《百官公卿表》而爲之。至太常曰周建德，則元鼎五年已坐擅縣太樂令論矣。大鴻臚曰壺充國。按表，充國以太初元年爲此官。少府曰王溫舒，三年已徙右扶風。曰李成信，此時成信爲右內使。參錯如此，豈更可信？比閱《藝文類聚》，乃於本詩之上各署作者。首句有"皇帝曰"三字，次句有"梁王曰"三字，以下則但稱其官而無姓名。有姓有名，惟東方朔耳。《太平御覽》引《漢武帝集》亦如是。然後知以下姓名皆後人增之，而非原文也。何人增之？曰：注《文苑》者增之。何以言之？《古文苑》之注不知何人，大率蕪淺。如伯喈《青衣賦》，妄斷爲少年之作，降爲小字，此其拘腐可知。今按無注宋板《文苑》，每句之下小字分行，於"驂駕駟馬"之下，止注"梁王"二字，則"孝王武＇＇三字，明是注《文苑》者所增矣。然舊本《文苑》注亦自明辨，每句二行分注，左行曰“梁王”，右行曰“孝王武”，當可意推。自《詩紀》通二行作一句，直曰“梁王”、“孝王武”，《詩删》因之，而舉世夢夢矣。

今世所傳《蘭亭詩》，皆柳誠懸删本也。右軍爲四言之序，興公爲五言之序，今混載四、五言，而移孫序於末，添柳注於序中，增末句曰“所賦詩”，安矣。

《漢詩評》十卷

國朝李因篤撰

萬卷樓本。於漢詩之難解處索費苦心，有音有評。讀漢詩宜從此入。

王氏曰：“富平李天生因篤，年三十棄諸生，博學强記，《十三經注疏》尤極貫穿。長律得少陵家法，常以四十韻詩贈曹秋岳。曹歎曰：‘數百年無此作矣。’李有句云：‘林谷關音本，乾坤老象才。’予謂理語、經語最不易下。坡公寫杜詩，至‘致遠恐終泥’，停筆謂學人云：‘此句不足爲法。’王敬美云：‘曹子建後，作者多能入史語，不能入經語。謝康樂出，而《易》辭、《莊》語無不爲用，然則用經固以康樂爲宗也。’”錄於《池北偶談》。

《明詩綜》一百卷

國朝朱彝尊編

曝書亭本。是書成於康熙四十四年，寫、刻甚工。休陽汪森緝評。前有朱氏自序，次目録。每詩先標某人，低一格，名下注若干首。次小傳，降三格，傳下有注，爲詩評。次《静志居詩話》，雙行夾注書之。牧齋《列朝詩集》，是非倒置，門户之見也。朱氏《詩話》正牧齋之謬。

朱氏自序曰："合洪武迄崇禎詩甄綜之，上自帝后，近而宮壺〔二〕、宗潢，遠而蕃服，旁及婦寺、僧尼、道流，幽索之鬼神，下徵諸謠諺，入選者三千四百餘家。或因詩而存人，或因人而存詩。間綴以詩話，述其本事，期不失作者之旨。明命既訖，死封疆之臣，亡國之大夫，黨錮之士，暨遺民之在野者，槩著於錄焉。析爲百卷，庶幾成一代之書。竊取國史之義，俾覽者可以明夫得失之故矣。"

何氏曰："竹垞費日力於此，殊不可曉。詩之去取，幾於無目。高季迪名價，卻要松江幾社諸妄語論定。其詩話有將《列朝》小傳中語增損改換，據爲己有者。甚矣，其寡識而多事也。二十年來所敬愛之人，一見此書，不覺興盡。"又曰："書名走樣，每卷刻一州同同定。"錄於《義門集·家書》。蓋私議，非公論也。

《宋詩鈔》一百六卷

國朝吳之振編

吳氏鑑古堂本。康熙辛亥年刊。前有吳氏自序，又雲巖柴望序。所錄宋詩凡百家，各以小傳冠集。或無專集，或有集，而不滿五首者，皆不錄。有錄無書者尚十六家。同時曹廷棟編《宋百家詩存》二十八卷，以補吳書之遺。合二家書觀之，宋詩大略具矣。

吳氏自序曰："自嘉、隆以還，言詩家尊唐而黜宋，宋人集覆瓿糊壁，棄之若不克盡，故今日蒐購最難得。黜宋詩者曰'腐'，此未見宋詩也。宋人之詩變化於唐，而出其所自得，皮毛落盡，精神獨存，不知者或以爲腐。後人無識，倦於講求，喜其說之省事而地位高也，則羣奉'腐'之一字以廢全宋之詩，故今之黜宋者，皆未見宋詩者也。此病不在黜宋，而在尊唐，蓋所尊者嘉、隆後之所謂唐，而非唐、宋人之唐也。唐非其唐，則宋非其宋，以爲腐也固宜。宋之去唐也近，而宋人之用力於唐也尤精以專。今欲以鹵莽剽竊之説凌古人而上之，是猶逐父而禰其祖，固不直宋人之軒渠，亦唐之所吐而不饗非類也。曹學佺序宋詩，謂取材廣而命意新，不勦襲前人一字，然則詩之不腐，未有如宋者矣。今之尊唐者，目未及唐詩之全，守嘉、隆間固陋之本，皆宋人已陳之芻狗，踐其首脊，蘇而纍之久矣。顧復取而篋衍、文綉之，陳陳相因，千喙一唱，乃所謂‘腐’也。萬曆間，李蓘選宋詩，取其離遠於宋而近附唐者。曹學佺亦云選始萊公，以其近唐調也。以此義選宋詩，其所謂‘唐’終不可近也，而宋人之詩則已亡矣。余與家弟自牧所選蓋反是，盡宋人之長，使各極其致，故門户甚博，不以一説蔽古人。非尊宋於唐也，欲天下黜宋者得見宋之爲宋如此。”

柴氏序曰：“壻周子暨兒升有是選，樂其志於風雅也，爰弁之以辭。”

文光案：此本凡分四集，首《小畜集》，末《花蕊詩》。

王禹偁，字元之，濟州巨野人。九歲能文。今集六十二卷，紹興丁卯沈虞卿所編。按元之序，自編三十卷，《宋史》言二十卷，脱誤也。詩學李、杜未至，與樂天近似。是時西崑體方盛，元之獨開有宋風氣，於是歐公得以承流接響。穆修、尹洙爲古文於人所不爲之時，元之則爲杜詩於人所不爲之時者也。《小畜[三]集》。

徐鉉，字鼎臣，會稽人。馮延巳曰：“凡人爲文，皆事奇語，不爾則不足觀。惟徐公率意而成，自造精極。詩冶衍遒麗，具元和風律，而無渰涩纖阿之習。”《騎省集》。

韓琦，字稚圭，相州安陽人。詩率臆得之，而意思深長，有鍛鍊所不及。理趣流露，皆賢相識度。其題畫云：“觀畫之術，維逼真而已。得真之全者，絶也；得多，上也；非真，即下矣。”人謂此術不獨觀畫，即可觀人物。竊謂惟詩亦然。《安陽集》。

蘇舜欽，字子美。既廢居蘇州，作滄浪亭，時發憤懣於歌詩。善草書，與梅堯臣齊名，時稱“蘇梅”。劉後村謂其歌行雄放於聖俞，軒昂不羈，如其爲人；及蟠屈爲吳體，則極平夷妥貼。蓋宋初始爲大雅，於古朴中具灝落渟畜之妙，二家所同擅；而梅之深遠閑淡，蘇之超邁橫絶，又各出機杼，永叔所謂“不能優劣”者也。《滄浪集》。

張詠，字復之，濮州鄄城人。智識深遠，尤博典籍。劍術無敵，善弈，精射法。不善俗禮，因自號“乖崖子”。爲陳希夷所推重。詩雄健古淡，有氣骨，稱其爲人。《乖崖詩》。

趙抃，字閲道，衢之西安人。詩觸口而成，工拙隨意，而清蒼鬱律之氣出於肺肝。然其學本於佛，與濂溪爲僚而不知改，故亦不能卓然有所發揮也。《清獻詩》。

梅堯臣，字聖俞，宣[四]州宣城人。少即以能詩名。其初喜爲清麗，閑肆平淡。久則涵演深遠，間亦琢剥以出怪巧，然氣完力餘，益老以勁。龔嘯云“去浮靡之習於昆體極弊之際，存古淡之道於諸大家未起之先，此所以爲梅都官詩也”，果然。《宛陵詩》。

余靖，字安道，韶州合江人。爲文不爲曼辭，如《辯謚》、《論史》、《序潮》等篇，皆有所發明。詩亦堅鍊有法。時歐陽變體復古，靖與交厚，故亦棄華取質，爲有本之學。《武溪詩》。

歐陽修，字永叔，永豐人。其詩如昌黎，以氣格爲主。《歐陽文忠詩》。

林逋，字君復，杭之錢塘人。所作雖夥，未嘗留稿，故所存百無一二。其詩平淡邃美，而趣向博遠，故辭主静正而不露刺譏。梅聖俞謂詠之令人忘百事。《和靖詩》。

石介，字守道，兗州奉符人。詩文皆根柢至道，魯人稱爲“徂徠先生”。因以名其集。《徂徠詩》。

孔武仲，字常父，臨江新喻人。至聖四十八代孫也。兄文仲，弟平仲，并有文名。時稱“二蘇三孔”。文仲恃才，爲蘇氏所使，攻毀程子，晚知懊恨，嘔血而没，君子病之。集稿罕傳，因附其遺詩數首於末。《清江集》。

韓維，字持國，開封雍丘人。同時唱和者爲聖俞、永叔。其深遠不及聖俞，温潤不及永叔，然古淡疏暢，故足爲兩家之鼓吹也。《南陽集》。

王安石，字介甫，臨川人。後居金陵，亦號半山。少以意氣自許，故詩語惟其所向，不復更爲涵畜。晚年始悟深婉不迫之趣，然其精嚴深刻，皆步驟老杜。所得其悲壯，即寓閒澹之中。獨是議論過多，亦是一病爾。《臨川詩》。

蘇軾，字子瞻，一字和仲，眉州眉山人。其詩氣象洪闊，鋪叙宛轉。子美之後，一人而已。然用事太多，不免失之豐縟。雖其學問所溢，要亦洗削之功未盡也。加之梅溪之註餖飣其間，則子瞻之精神反爲所掩。故讀蘇詩者汰梅溪之注，并汰其過於豐縟者，然後有真蘇詩也。《東坡詩》。以上《初集》，共十七家。

鄭俠，字介夫，福清人，少苦學。其古詩疏樸老直，有次山、東野之風，不得以當行格調律之。《西塘詩》。

王令，字逢原，廣陵人。偉節高行，特立於時。王安石奇其才，妻以其妻之女弟。年二十八而卒。詩學韓、孟而識度高超，非安石所及。《廣陵詩》。

陳師道，字履常，一字無己，號後山。彭城人。年十六謁曾南豐，大器之，遂受業焉。後見黄魯直詩，格律一變，深得老杜之法。法嚴而力勁，學贍而用變。涪翁以後，殆難與敵也。《後山詩》。

文同，字與可，蜀梓州人。文潞公譽重之，由是知名。自謂有四絶：詩一，楚詞二，草書三，畫四。且云：“世無知我者，惟子瞻一見，識吾妙處。”其詩清蒼蕭散，無俗學補綴氣，有孟、韋之致。與東坡中表，每切規戒，蘇門亦嚴重之，不與秦、張輩列。
《丹淵集》。

米黻，自云"黻"即"芾"也，故亦作"芾"。字元章，太
原人。解音律、象緯，善屬文。作韻語，要必已出爲工。悟竹簡
以竹聿行漆，故篆籀法特古。作字遒勁奇峭。畫山水、人物自成
一家，極江南煙雲變滅之趣。晚以研山易北固園亭，名海岳庵、
淨名齋，又作寶晉齋，因號"海岳外史"。又以曾監中岳廟，號
"中岳外史"。自稱家居道士。有潔癖，世謂"水淫"。任太常，奉
祀太廟，洗去祭服藻火，坐是被黜。冠服作唐人所好，多違世異
俗，故人皆稱"米顛"。王安石愛其詩，摘書扇上。東坡云："元
章奔逸絕塵之氣，超妙入神之字，清新絕俗之文。相知二十年，
恨知公不盡。"答曰："更有知不盡處。"其風致可想也。有《山林
集》十卷，恨未見其全。《襄陽詩》。

黃庭堅，字魯直，分寧人。游山谷寺，號"山谷老人"。過
涪，又號"涪翁"。宋初，詩承唐餘，至蘇、梅、歐陽變以大雅，
然各極其天才、筆力，非必鍛鍊勤苦而成也。庭堅出而會萃百家
句律之長，究極歷代體製之變，自成一家。雖隻字半句不輕出，
爲宋詩家宗祖，非規模唐調者所能夢見也。惟本領爲禪學，不免
蘇門習氣，是用爲病耳。《山谷詩》。

張耒，字文潛，號柯山，人稱"宛丘先生"。楚州淮陰人。少
善屬文，游學於蘇轍，轍愛之，因得從軾游。稱其汪洋沖澹，有
一唱三歎之聲。詩效白居易，樂府效張籍。諸體蘊藉閒遠，要在
秦、晁以上。《宛丘詩》。

晁沖之，字叔用，初字用道。少年豪華自放，聲艷一時。紹
聖初，黨禍起，飄然棲遁於具茨之下，號"具茨先生"。疾革，取
半生所著焚之，故其詩不多。劉後村稱其意度容闊，氣力寬餘，
一洗詩人窮餓酸辛之態。南渡後，惟放翁可以繼之。其見許如此。
《具茨集》。

韓駒，字子蒼，蜀仙井監人。從蘇轍學，稱其詩似儲光羲，遂名於時。詩有磨淬剪截之功，不吝改竄，故其集不多，而密栗以幽，意味老淡，直欲别作一家。紫微引之入江西派，駒不樂也。《陵陽詩》。

晁補之，字无咎，濟州巨野人。年十七，從父官杭州，著《七述》，言錢塘山川風物之麗。時東坡爲通判，正欲作賦，見之稱歎曰：“吾可擱筆矣。”由是知名。試開封及禮部别院，皆第一。神宗閲其文，曰：“是深於經術，可革浮薄。”有集七十卷，自謂食之則無得，棄之則可惜，故名“鷄肋集”。《鷄肋集》。

鄒浩，字志完，常州晉陵人。學者稱“道鄉先生”。《道鄉詩》。

秦觀，字少游，一字太虛，揚州高郵人。豪儁慷慨，溢於文詞。朱子謂“渠詩合下得句便巧”。吕居仁云：“少游過嶺後詩嚴重高古，自成一家。”故當時於蘇門并稱“秦、晁”。晁以氣勝，則灝衍而新崛；秦以韻勝，則追琢而渟泓。要其體格在伯仲，而晁爲雄大矣。《淮海集》。

陳造，字唐卿，淮之高郵人。自以無補於世，置江湖乃宜；又以物無用曰“長物”，言無當曰“長語”：故稱“江湖長翁”。其詩椎錬，不事浮響。《江湖長翁詩》。

沈遼，字睿達。畜聲伎，几研間陶瓦金銅物皆閲數百年，遠者溢出周、秦。及徙秋浦，築室齊山，名之曰“雲巢”。一洗年少之習，從事禪悦。王介甫、蘇東坡皆稱其才。予閲其詩，間出入俗調，佳者亦生硬排奡，不知諸公何以見賞如是也。《雲巢詩》。

沈遘，字文通，錢塘人。睿達之兄。詩非其能事，而唱和者爲介甫、子美。何故而止於是也？《西溪集》。

沈與求，字必先，湖州德清人。其詩喜論，體製格律，源流所自，不貴苟作。有《龜谿集》十二卷。《龜谿集》。

徐積，字仲車，楚州山陽人。少孤，事母至孝。詩文用腹稿，嘗曰："文字在胸中，未暇出者甚多也。"《節孝詩》。

陳與義，字去非，號簡齋。汝州葉縣人。少學詩於崔德府。天分既高，用心亦苦，意不拔俗，語不驚人，不輕出也。晚年益工，旗亭、傳舍，摘句題寫殆遍。以老杜爲師，其品格當在諸家之上。自言曰："詩至老杜極矣，蘇、黃復振之，而正統不墜。東坡賦才大，故解縱繩墨之外而用之不窮；山谷措意深，故游泳玩味之餘而索之益遠。要必識蘇、黃之所不爲，然後可以涉老杜之涯涘。"味此足以定其品格矣。《簡齋詩》。

李覯，字泰伯，南城人。詩雄勁，有氣焰，用意出人。以教授養親，從學日衆。《旴江集》。

王炎，字晦叔，新安婺源人。居武水之曲，雙溪合流，因以爲號。詩頗爲世所稱許，然多庸調。《雙溪詩》。

唐庚，字子西，眉州丹稜人。年十四，能詩文賦，《明妃曲》、《題醉仙崖》諸作，老師、匠手皆畏之。南遷海表，詩格益進，曲盡南州景物，略無憔悴悲酸之狀。《眉山詩》。

孫覿，字仲益。嘗提舉鴻慶宮，故自號"鴻慶居士"。五歲時即爲東坡所器，年九十餘卒。由其居閑久，故問學深，誠有宋之作家也。以其誌万俟卨之墓，明人謂覿有罪名教，集遂不行於世。《鴻慶集》。

張元幹，字仲宗，永福人。所與游皆偉人賢士。有《蘆川歸來集》十餘卷，逸其大半。詩止近體六、七二卷，清新而有度，蔚然出塵。自云"初從徐東湖指授句法"，知淵源有自也。《蘆川歸來集》。以上二集，共二十三家。

葉夢得，字少蘊，吳縣人。有總集百卷。此集乃知建康時所作，總集中之一集也。是時值用兵，契闊、鋒鏑之中而吟詠蕭散，固是詩人之致。《建康集》。

張九成，字子韶，開封人。從學於龜山，習於異學，故議論多偏，詩亦多禪悦空悟習氣。《橫浦集》。

汪藻，字彦章，德興人。時胡仲亦以文名，人爲語曰："江左二寶，胡仲、汪藻。"直學士院，一時詔令多出其手。詩高華有骨，興寄深遠。有集六十卷，失傳。此選本《文粹》所存也。《浮溪集》。

范浚，字茂明，婺之蘭江[五]人。隱於香溪，著書明道。集亡，此本爲其從子元卿所輯。《香溪集》。

劉子翬，字彦冲。歸隱屏山，學者稱"屏山先生"。所學深造朱子，受遺命，往遊其門。詩與曾茶山、韓子蒼、吕居仁相往還，故所詣殊高。五言幽深卓鍊，及陶、謝之勝，而無康樂繁縟細澀之態，則以其用經學不同，所得之理異也。《屏山集》。

朱松，字喬年，號韋齋，新安人。詩名藉甚。《韋齋詩》。

朱槔，字逢年。文公之叔父也。少有軼才，自負其長，不肯隨俗，厄窮而節愈厲、氣益高。其詩閒暇，略不見悲傷憔悴之態。因夢名堂曰"玉瀾"。尤延之序其詩。《玉瀾集》。

程俱，字致道，衢之開化人。爲文典雅閎奧。詩則取塗韋、柳，蕭散古淡，有忘言自足之趣，標致之最高者也。《北山小集》。

吴儆，字益恭，謚文肅。當時朱子及張南軒、吕東萊、陳龍川、范石湖、葉水心、陳止齋諸公咸與友善。四方從學者尊爲"竹洲先生"。《竹洲詩》。

周必大，字子充，一字洪道。廬陵人。韓侂胄禁僞學，指爲罪首。詩格澹雅，由白傅而溯源浣花者也。《益公省齋稿》、《益公平園續稿》。

朱子文公，孝宗時，侍郎胡銓以詩人薦，同王庭珪内召。故朱子自注詩云："僕不能詩，平生僥幸多類此。"然雖不役志於詩，而中和條貫，渾涵萬有，無事模鐫，自然聲振，非淺學之所能窺。此和順之英華、天縱之餘事也。《文公集》。

范成大，字致能，吴郡人。所居石湖在太湖之濱，皁陵宸翰扁之。當是時，石湖與楊誠齋、陸放翁、尤遂初，皆南渡之大家也。誠齋言：“余於詩，豈敢以千里畏人者，而於公幾斂衽焉。”
《石湖詩》。

陸游，字務觀，越州山陰人。年十二能詩文，詩稿最多。以
居蜀久，不能忘，統署其稿曰“劍南”以見志。孝宗嘗問周必大
曰：“今詩人亦有如唐李白者乎？”必大以游對。人因呼爲“小太
白”。宋詩大半從少陵分支，其詩浩瀚崒崔，自有神合，所以爲大
宗也。《劍南詩》。

陳傅良，字君舉。居溫州瑞安縣之帆游鄉[六]。得伊洛之旨，
研精經史，貫穿百氏，以斯文爲己任，故其詩格亦蒼勁，得少陵
一體云。《止齋詩》。

楊萬里，字廷秀，吉州吉水人。張浚勉以正心誠意之學，遂
自名其室曰“誠齋”。光宗親書二字賜之。其詩自序：“始學江西，
既學後山五字律，既又學半山七字絕句，晚乃學唐人絕句。”後官
荊溪，忽若有悟，遂謝去前學，而後渙然自得，落盡皮毛，自出
機杼，時目爲“誠齋體”。初得黃春坊選本，又得檇李高氏所錄，
爲訂正手抄之。《江湖集》、《荊溪集》、《西歸集》、《南海集》、《朝天集續集》、
《江西道院集》、《江東集》、《退休集》。以上三集，共十五家。

薛季宣，字士龍，永嘉人。程門再傳，而所言經術則浙學也，
故浙人宗之。其詩質直，少風人瀟灑[七]之致；然縱橫七言，則盧
仝、馬異不足多也。《浪語集》。

葉適，字正則，溫州永嘉人。謚忠定。詩用功苦而造境生，
皆鎔液經籍，自見天真。艷出於冷，故不膩；淡生於鍊，故不枯。
《水心詩》。

林光朝，字謙之，閩之莆田人。學於陸子正，子正學於尹焞；
而光朝之學，一傳爲林亦之，再傳爲陳藻，三傳爲林希逸：其師
友之際如此。林俊曰：“艾翁不但道學倡莆，詩亦莆之祖。”用字
命意無及者。後村雖工，其深厚未至也。《艾軒詩》。

樓鑰，字大防，自號“攻媿主人”，鄞人。謚宣獻。奏留朱

子，時論醜之。詩雅贍有本，然往往浸淫於禪。禪學之傳，莫熾於四明。當時老宿如攻媿，已不能辨矣。《攻媿集》。

趙師秀，字紫芝。"四靈"之中，唯師秀登科。"四靈"尤尚五言律體。紫芝之言曰："一篇幸止有四十字，更增一字，吾未如之何矣。"其精苦如此。《清苑齋詩》。

翁卷，字靈舒。"永嘉四靈"之一，蓋四人因卷字靈舒，故遂亦以道暉爲"靈暉"，文淵爲"靈淵"，紫芝爲"靈秀"云。《葦碧軒詩》。

徐照，字道暉，永嘉人。自號"山民"。有詩數百，斲思尤奇，皆橫絶歘起，冰懸雪跨，使讀者變踔僂栗，肯首吟歎不自已。然無異語，皆人所知也，人不能道爾。嘉定四年卒。《芳蘭軒詩》。

徐璣，字文淵。從晉江遷永嘉。初，唐詩廢久，璣與其友[八]徐照、翁卷、趙師秀議曰："昔人以浮聲切響、單字隻句計巧拙，蓋風騷之至精也。近世乃連篇累牘，汗漫而無禁，豈能名家哉？"四人之語遂極其工，而唐詩由此復行。曹能始以璣爲照之弟。按水心二徐墓誌，既不同派而其詩卷亦各以名相呼，有以知其不然矣。《二薇亭詩》。

黄公度，字師憲，閩之莆田人。陳俊卿謂其詩"雖未盡追古作，要自成一家"。《知稼翁集》。

劉克莊，字潛夫，莆陽人。後村，其號。學於真西山。初，趙紫芝、徐道暉諸人擺落近世詩律，斂情約性，因狹出奇，合於唐人，時謂"四靈體格"。後村年甚少，刻琢精麗，與之并驅。已而厭之，謂諸人極力馳驟，纔望見賈島、姚合之藩而已。欲息唐律，專造古體。趙南塘曰："不然，言意深淺，存人胸懷，不繫體格。若氣象廣大，雖唐律不害爲黄鍾大吕。否則，手操雲和，而驚飈駭電猶隱隱弦撥間也。"後村感其言而止。然自是思益新，句愈工，涉歷老鍊，布置闊遠。論者謂江西苦於麗而冗，莆陽得其法，而能瘦、能淡、能不拘對，又能變化而活動，蓋雖會衆作而自爲一宗者也。《後村詩》。

王庭珪，字民瞻，廬陵人。門人楊廷秀序其詩，謂得傳於曹子方，出自少陵，而主於雄剛渾大，此第言其崖岸爾。若遣思屬辭，未離窠坎，使真氣蒙翳於篇句間，亦未免於詩家疵癘也。《廬溪集》。

劉宰，字平國，金壇人。謚文清。以吏事稱而淡於榮利，一時朝廷所不能致者，宰與崔與之耳。詩亦常調，而五言古稍優。《漫塘詩》。

王阮，字南卿，豫之九江人。從朱子游。孽臣柄政，未嘗一躡其門。詩得之張紫薇安國，故不爲徒作。《義豐集》。

戴復古，字式之，天台黃巖人。居南塘石屏山，因自號焉。負奇尚氣，篤志於詩。登放翁之門而詩益進，以詩鳴江湖間五十年。或語復古“宋詩不及唐”，曰：“不然。本朝詩出於經，此人所未識而復古獨心知之。”故其詩正大醇雅，多與理契；機括妙用，殆非言傳。然猶自謂胸中無千百字書，如商賈乏資本，不能致奇貨，蓋謙言也。吳荊溪稱其“蒐獵點勘，自周、漢至今，大編秘文、遺事廋説，何啻百千家”。包旴江亦謂“正不滯於書”。乃楊升菴直議其無百字成誦，此説夢耳。又傳其游江西，富家以女妻之。三年思歸，乃言曾娶婦。翁怒，女曲解之。臨行贈以詞，遂投江死。今考集中，略無踪迹。朱子以詩相贈酬，使無行至此，豈得爲大儒君子所深許耶？平生著作甚富，趙懶庵選百三十首爲小集。觀者謂趙於古少許可，而此編特博。袁蒙齋又選爲續集，蕭學易選爲第三稿，李友山、姚希聲選爲第四稿，鞏仲至又爲摘句。復古自云：“詩不可計遲速，每一得句，或經年而成篇。”其鍛鍊之苦，師友琢削之精，故所選得十九焉。方萬里曰：“慶元以來，詩人爲謁客成風，干求要路，動獲千萬。石屏鄙之不爲也。”《石屏詩》。

戴昺，字景明，號東埜。石屏之從孫。石屏稱其"不學晚唐體，曾聞大雅音"者也。集中《答妄論宋唐詩體者》云："安用雕鎪嘔肺腸，辭能達意即文章。性情原自無今古，格調何須辨宋唐。人道鳳簫諧律呂，誰知牛鐸有宮商。少陵甘作村夫子，不害光芒萬丈長。"知此可與言詩矣。《農歌集》。

方岳，字巨山。詩主清新，工於鏤琢，故刻意入妙，則逸韻橫流。雖少岳瀆之觀，其光怪足寶矣。《秋崖小稿》。

鄭震，後更名起，字叔起，號菊山。閩連江人。詩有《倦遊稿》、《仇山村選》四十首，爲《清雋集》。所南作家傳云"得詩十五篇"。此蓋流落交游間，所南未之見也。《清雋集》。

謝翱，字臯羽。慕屈平託遠游，乃號"晞髮子"。福之長溪人。每執筆遐思，身與天地俱忘。語人曰："用志不分，鬼神將避之。"古詩頡頏[九]昌谷，近體則卓鍊沉着，非長吉所及也。《晞髮集》。福唐黃坤五語余，《晞髮集》近世行本多遺漏，曾抄畜二十餘首，皆刻板所無。余恨其未見也。從子愚忠自苕上潘氏抄得《晞髮近稿》一帙，原集古詩大半，此多作近體。屈蟠沉鬱，吐茹奇艷，皆世所未睹，豈即黃春坊所謂與？然黃云二十餘首，而此編有五十首。數既不合，且此署"晞髮道人近稿"，當是末年未定殘草，別爲一卷，流傳人間，又非刻本零星遺漏比也。末附《天地間集》十餘首，即臯羽所編諸公詩。按本傳有二卷，此亦不完書。《晞髮近稿》。

文天祥生時夢紫雲，故名雲孫。天祥，其字也。詩集不多，有《指南錄》，皆奉使、脫難、興復記事之詩。又有《吟嘯集》，則囚燕所作。又獄中集杜詩二百首。自《指南錄》以後，與初集格力相去殊遠，志益憤而氣益壯，詩不琢而自工，此風雅正教也。至其集杜句成詩，裁割鎔鑄，巧合自然，尤千古擅場。今別爲一帙，而以《指南錄》中《十八拍》附之。嗚呼！去今幾五百年，讀其詩，其面如生，其事如在眼者，此豈求之聲調字句間哉？《文山詩》。

許月卿，字太空，婺源人。朱子門人，又受學魏鶴山。有志當世，理宗目爲狂士。未幾宋亡，深居一室，不言幾十年而卒，年七十。謝疊山嘗書其門曰：“要看今日謝枋得，便是當年許月卿。”月卿則自比履善甫，蓋無愧三仁焉。《先天集》。

林景熙，字德陽，號霽山，溫之平陽人也。宋亡不仕。詩六卷，大概凄愴故舊之作，與謝翱相表裏。翱詩奇崛，熙詩幽宛。《白石樵唱》。

真山民，不傳名字，痛值亂亡，深自湮没。惟所至好題詠，因流傳人間，皆探幽賞勝之作，無應酬語。張伯子謂宋末一陶元亮，非過論也。《山民詩》。

汪元量，字大有，號水雲，錢塘人。以善琴事謝后、王昭儀。宋亡，爲黃冠。江右人以爲神仙，多畫其像祀之。詩多紀國亡北徙事。牧齋得之，録爲《水雲集》。《水雲詩》。

梁棟，字隆吉。其先湘州人，宋亡，歸武林。弟柱入茅山，從老氏學，棟往依焉。遭詩禍，詩名益著。往來茅山，江東人士從者甚衆。好吟詠，稿無存者。《隆吉詩》。

何夢桂，字巖叟。嚴之淳安人。廷唱一甲三名，引疾去。元累徵不起。尤深於《易》。詩淳朴，志節皎然。《潛齋詩》。

僧道潛，號參寥子，錢塘人。眉山門客。《參寥詩》。

惠洪，字覺範，江西新昌喻氏。賜“寶覺圓明禪師”。詩雄健振踔，爲宋僧之冠。《石門詩》。

費氏，蜀之青城人。以才色事孟昶，號“花蕊夫人”。宮詞百首，清新艷麗，足奪王建、張籍之席。《花蕊詩》。以上四集，共廿八家。此本通共八十二家，分爲九十三卷。

校勘記

〔一〕"愁"，原作"當"，據《萬首唐人絕句》改。

〔二〕"壺"，原作"閫"，據《明詩綜》改。

〔三〕"畜"，據上書補。

〔四〕"宣"，原作"宗"，據上書改。

〔五〕"江"，據宋範浚《香溪集》當作"溪"。

〔六〕"游鄉"，據《宋詩鈔》補。

〔七〕"瀟灑"，原作"灑瀟"，據上書乙正。

〔八〕"友"，原作"弟"，據上書改。

〔九〕"頡頏"，原作"韻頑"，據上書改。

萬卷精華樓藏書記卷一百三十八

集部三

總集類六

《元詩選初集》六十八卷

國朝顧嗣立撰

秀野草堂本。卷首一卷，前有康熙癸酉宋犖序。

宋氏序曰："元遺山《中州集》之選，寓史於詩。牧齋《列朝詩集》仿其例而變通之，獨元詩闕如。俠君編成十集，每集百家，以十干爲紀，是非兩可，詳注於本句之下。前輩品題、詩人軼事，可爲史家之考證、藝苑之美談者，備加採録。秀句可摘，不載全篇。"

　文光案：余所藏者祇初集，以外二集二十六卷、三集十六卷俱未得。其有專集者，爲甲至壬九集。癸集有録無書，蓋其例以無專集者入癸集，搜羅未竣故也。較吳氏《宋詩鈔》多資考證。

元詩選本如蘇天爵《文類》、偶武孟《乾坤清氣》、曾應珪《元詩類選》、蔣易《皇元風雅》、揭軌《光岳英華》、宋公傳《元詩體要》、孫原[一]理《元音》，姓名見於各選本者四百餘人，專集刊行者百家而已。録於本書例。

朱氏曰："長洲顧俠君築堂於宅之北、閶丘坊之南，暇取元一代之詩甄綜之，得百家焉。業布之通都矣，借鈔於藏書者，復得百家焉。未已也，博觀乎書畫，旁搜乎碑碣，真文梵夾，靡勿考稽，又不下百家，而元人之詩乃大備矣。"録於《曝書亭集》。

《古文雅正》十四卷

國朝蔡世遠編

念修堂本。前有雍正三年蔡世遠自序。依宋、元善本校刊。

《簡明目録》曰："所録自漢至元之文，凡二百三十六篇，取其有關於學術、治道者，雖大旨出《文章正宗》，然意主文質相扶〔二〕，不廢修詞之工，故謂之'雅正'。"

《全唐詩録》一百卷

國朝徐倬撰

原本。徐元正奉旨校刊，書成於康熙四十五年。前有《御定全唐詩人年表》，自高祖至哀帝。

乙酉春，翰林侍讀臣倬迎駕於吴門，進所編《全唐詩録》百卷。時經事緯，而詩系焉。上覽而嘉之，以其勘訂精密，賜金授梓，仍進倬官禮部侍郎。此曠世之典也。刻既竣，御製序於卷端，用垂不朽。臣奉命敬跋編末。文華殿大學士、禮部尚書臣張玉書撰。

《全唐詩逸》三卷

日本河世寧撰

《知不足齋》本，前有日本人序，後有道光三年吴江翁廣平跋。

大清康熙之朝，《全唐詩》集成，其人以千計，其詩以萬計，雖片章隻句散在諸書者，掇採無遺也，不謂盛且備乎？而逸在吾日本，亦不爲尠也。上毛河子静著《全唐詩逸》三卷，所謂滄海無遺珠者非耶？大抵典籍之亡於彼而存於我者，在佛書太多，然不廣行世。子静爲昌平學都講，博雅尚志，嘗著《日本詩紀》五十卷。天明八年戊申十月，淡海竺常撰。

翁氏跋曰：“《全唐詩逸》，余得之海商舶中，以贈淥飮。今其長君清溪能成父志，屬余校讎。日本被國朝文命之敷，故其人皆耽著述。就余所見，如山井神鼎之《七經孟子考文》，其師物茂卿之《補遺》；茂卿自著有《辨名》二卷、《論語徵》十卷；林羅山有《補羣書治要》三卷；天瀑山人有《校刊佚存叢書》五集。其詩集則熊版邦與其子熊版秀之《南游稛載録》、《戊亥游囊》，西川瑚之《蓬蒿詩集》，皆斐然可觀。夫《全唐詩》至數萬篇，必平時盡熟於胸中，而後知某人某篇某句爲搜羅未盡者，乃摘録而纂成之，此豈易事哉？河世寧之好學深思，從可知矣。余撰《吾妻鏡補》一書，凡日本著述，多所采録。是書亦入《藝文志》。”

《甬上耆舊詩》三十卷

國朝胡文學編，李鄴嗣叙傳

敬義堂本。是書成於康熙十三年，前有胡、李二序。凡四百三十人，詩三千有奇，爲四十卷。先梓其三十卷，其後十卷爲方外詩。《甬上詩話》以次傳世。刻未及半，道南云亡，其子德邁續成之。後十卷未見。《吳越春秋》云“越地東至於鄞”，即所謂甬上也。

李氏序曰：“元遺山撰《中州集》，以史爲綱，以詩爲目，始合文獻爲一書。宋時吾鄉士族極盛，中進士凡六百九人，位至執政十八人，擅詩名者甚多。今其集得傳，惟樓宣獻公一人。張武子稱爲過江詩祖，與魏文節公日相酬唱，兩家集并不存。王孫寧集至百卷，僅見其《哭袁進士詩》一首。鄭滎陽詩學三世，僅數家可見。宋詩散佚，俱闕於采錄之罪也。成、弘以前詩傳而不盡傳，尚可採補。正、嘉以後不能搜隱獲奇，皆予今日之罪也。因與胡道南謀，以余所撰《甬上耆舊傳》爲本，凡名章軼草，走訪畢集。始叙其世次，定其品目，考其支派分承、壇坫相嬗，本於班固《人表》之上[三]中，參以鍾嶸《詩品》之高下，使各從所類，然後一鄉之論始定。其間名將十二家。閨秀詩，女從其父，婦從其夫，母從其子。方外有十高僧，三支二老，此亦奇矣。"

《明詩百世名家集鈔》二十四卷

國朝王企靖編

敬事堂本。首南豐湯永寬序，次乾隆六十一年自序，次凡例八條，次目錄。所收一百三十人，皆卓然成家。是編因王崇簡《畿輔明詩》所採未備，故有此作。《畿輔明詩》十二卷。小傳爲第一卷，王熙校。

湯氏序曰："大中丞王公芯遠先生撫我西江，公餘多暇，抄有是編。始青田，迄於石倉諸公，附見者三十八人。又緇黃附之，巾幗附之。加以人各一傳，品題適肖，明詩之大觀在是矣。"

《全五代詩》九十卷

國朝李調元編

《函海》本。首自序，次凡例，次五代帝王廟謚年諱譜。

李氏自序曰："五代詩向無全本，編詩者率皆附之唐末宋初之間，并少專輯。惟漁洋有《五代詩話》，而所載者事蹟，詩或缺焉。數年來詳加繙核，各按其時其事，每人綴以小傳。更於五代後附以十國。斷章摘句，靡不收入。積三年而始成。"

例曰："五代詩人最著者，梁之杜彥之、南唐之徐鼎臣、前蜀之韋端己、吳越之羅江東、閩之韓致堯，皆大家也，詩固全錄。

至荆南之齊己、蜀之貫休,釋家之最著者,亦備録焉。”“十五國
人文,惟南唐最盛。次則前、後兩蜀,采藻明艷,焜燿一時。再
次若楚、閩、吳、越,亦推聲名文物之區。如南、北漢,則著者
寥寥,遍加搜討,僅各得一卷。”“每代每國,先官爵,次隱逸,
次道釋,次閨媛,次神仙鬼怪,次歌謡雜讖,次樂章。採書三
百種。”

《詩倫》二卷

國朝汪薇輯

寒木堂本。門人程御龍編次。前有張伯行序,次凡例六條,
次參閲姓氏三十一人。每詩後有總注,間有題注及句注、音叶。
後有清溪門人李鍾僑跋,又康熙丁酉同里吳瞻淇跋。汪氏,新安
人。板刻甚工。

張氏序曰:“余同年友汪辱齋先生曠世軼材,其學問一歸於篤
實。懼世之習詩者汎濫而莫知所折衷也,因以五倫爲綱,而采其
詩之有合於是者,輯爲一編,略爲批示其旨趣,而名之曰‘詩
倫’。惜乎剞劂初成,而已抱龍蛇之痛矣。戊戌春仲,及門程子翼
山奉其書,述其師之遺命以求序於余,遂不辭而爲之序。”

例曰:“兹集所録,無與人倫者概不載。”“集中詩不分五倫類
者,以一詩旁及數端,難以遍舉,故以世代爲次。”“歷代詩嚴加
簡别,失之腐、失之俚者悉汰去。”“自周迄明而止。”

《南宋詩選》十二卷

國朝陸鍾輝編

水雲魚屋本。雍正辛亥陸氏自刊,有序。此六十餘家流傳絶
罕,各有小傳。鍾輝,字淳川,江都人。

陸氏自序曰:“有宋詩人,自建隆以逮德祐三年間,粲然輩

出。渡江以往，雖體淪卑近，然放翁、石湖、晦翁三君子屹然鼎峙，足稱繼起其間、卓然成家者亦不乏人。第悉有專集及行世選本，惟此六十餘家，自臨安彙刻之後，絕罕流傳。倘不亟爲甄收，誠慮終歸湮沒。閑居誦讀之餘，爰加決擇，存其什三，釐爲十二卷。驅舊目於新途，摁宿舌於別味，要皆異乎前人之所謂郵劇者。覽者幸無以檜後可删，致相誚責也。"

《人岳萃編》四卷

國朝徐紹基編

耕學草堂排字本。前有嘉慶十七年徐紹基自序。六君子被逮之後，人有收其遺稿者。此書薈萃繆、李二公全稿，凡楊、左、高、周諸公之詩文手牘，搕摭靡遺，可與鮑氏叢書所刻《碧血録》參看。

徐氏序曰："紹基髫齡時聞諸大母與外大母稱道繆文貞、周忠介就檻車、斃牢狴，及周子佩刺血陳冤、魏子敬祭北獄時天揚砂拔木哭聲震地情事，悲憤，不覺嗚咽涕漣，爲羣兒所竊笑。自是大父益取史宬紀載，口誦而講畫之，蓋大母爲文貞之來孫女，外大母爲忠介之玄孫女，耳熟能詳，非一朝夕之故也。今春，外家以緝譜事相屬，爰從蠹蝕之餘，掇拾補苴，編爲四卷。名之曰'人岳萃編'，取黄石齋先生贈徐霞客詩'豈有人岳當君憐，精魂已上記烏兔'之意。全詩載編中，大率以文貞爲經，而諸君子爲緯，第隨録隨刊，初無成竹。他日與同志從容面質，盡發藏書，互相釐定，以年繫事，融貫顛末，以是編爲嚆矢焉可也。"

《湖海詩傳》四十六卷

國朝王昶編

原本。近有通行本《湖海詩傳》。小傳，雍正至乾隆末聞人略備。

洪氏曰：“王侍郎《詩傳》之選刊成，寄予。予於近日詩人獨取嶺南黎簡及雲間姚椿，以其能拔戟自成一隊耳。”又曰：“侍郎詩派出於沈歸愚，故所選以聲調格律爲準。其病在於以己律人，而不能各隨人之所長以爲去取，似尚不如《篋衍集》、《感舊集》之不拘於一格也。”錄於《北江詩話》。

《湖海文傳》七十五卷

國朝王昶編

《經訓堂》本。道光丁酉年刊。是選專輯師友、門下士所作，不及往時文，中有集者十之四五。

《文傳》之選，一見於《湖海詩傳》，再見於《潛研堂文集》，三見於《鑑止水齋文集》及《頤道堂外集》。其文爲賦，爲頌，爲文，爲講義，爲論，爲釋，爲解，爲答問，爲對，爲考，爲證，爲辨，爲議，爲語，爲原，爲序，爲記，爲書，爲碑，爲墓表，爲墓碣，爲墓誌，爲行狀，爲傳，爲書事，爲祭文，爲哀詞，爲誄，爲贊，爲銘，爲書後，爲跋，爲雜著，凡七百七十有四篇。其人自寶總憲光鼐至袁大令枚，凡一百八十有二人。凡例係司寇手定。王先生太岳有《青虛山房集》，未刊，存鐵夫王先生一序。呂先生泰《十學薪傳》一書，文目久采入國朝《通考·經籍志》，而全書未見，存自序一首。一《易》，二《書》，三《詩》，四《禮》，五《樂》，六《春秋》，七天文，八地理，九算術，十《說文》，統名《十學薪傳》。乾隆戊辰，新建呂泰青陽甫自序。錄於舊稿。

文光案：經訓堂《詩傳》行世已久，《文傳》則刻於司寇歿後。近有合刻本《文傳》，一曰徵文獻，一曰重實學，有關學問之書。《詩傳》、《文傳》，余皆購自京師書坊。旋里後即爲友人借去，竟至失落。兹所録者，猶是初稿，未得取原書覆勘。此書現今盛行，而吾鄉藏者甚少，再得當詳録之。

《經世文編》一百二十卷

國朝賀長齡輯，魏源編次

原刻大字本。曹堉校勘。前有賀長齡自序。

賀氏自序曰：“聚本朝以來碩公龐儒、俊士畸民之言，都若干篇。爲卷百有二十，爲綱八，爲目六十有三，言學之屬六，言治之屬五，言吏之屬八，言户之屬十有二，言禮[四]之屬九，言兵之屬十有二，言刑之屬三，言工之屬九。成於道光六年仲冬。”

創編之始，蓄願良奢，尚有《會典提綱》二十卷以稽其制，《皇輿圖表》二十卷以測其地，《職官因革》二十卷以詳其官，更輯《明代經世》一編以翼其旨。尚待他時，先出是編。　《姓名總目》專集一卷，別見一卷，生存姓名一卷。

張氏海珊曰：“余年十七八歲，始知訓讀。家無書籍，稍稍從賈客購取，則宋人著作價值極廉，而時賢解經之書往往兼金不能得。自某年迄某年，約所收數百卷，皆賈人之以爲陳年故紙而無人過問者也。”

王氏昶曰：“今之學者，當督以先熟一經，再讀注疏而熟之。然後讀他經注疏，并讀先秦、後漢諸子并十七史，以佐一經之義，務使首尾貫串，無一字一義之不明。再習他經，亦如之。若於每經中舉數條，每注疏中舉數十事，抵掌掉舌，以侈淵浩，以資談柄，是欺人之學，古人必不取矣。”

耦耕先生具經世才，思以良法貽天下，於當代名人論議廣搜博覽。凡有裨世用者，毋論長篇短幅，裒而録之，不泥古而切於時務，分門別類，都爲一編。體例仿《切問齋文鈔》，而詳備過之。書久布濩乎海内，坊間鋟板競售，差謬良多，讀者病之。東

鄉饒新泉別駕家富藏書，爲獄官湖湘日久，多惠政。以此編關繫
世教，足爲仕學模範，延黃東軒廣文詳加校訂，復編爲袖珍本，
以便舟車携隨，公之於世，屬余叙其緣起。同治癸酉春暮，上饒
辛溎題於星沙旅次。録於撫郡雙峰書屋重刊小字本。

《皇朝經世文編續集》一百二十卷

國朝饒玉成輯

翠筠山房本。此單行之本，有散刻於前編各卷之後者。前編
成於道光間，此刻於光緒六年。目有生存姓名六十一人。首孫桐
生、俞錫爵、李元度三序并自序四篇。次姓名總目，凡已故者九
十一人，從張補山《補編》中擇録。其篇目在各卷前，後無跋。
書凡八目：學術一，治體二，吏政三，戶政四，禮政五，兵政六，
刑政七，工政八。學之子目：曰原學，曰儒行，曰法語，曰廣論，
曰文學，曰師友。治之子目：曰原治，曰政本，曰治法，曰用人，
曰臣識。吏之子目：曰吏論，曰銓選，曰官制，曰考察，曰大吏，
曰守令，曰吏胥。戶之子目：曰理財，曰養民，曰賦役，曰屯墾，
曰八旗生計，曰農政，曰倉儲，曰荒政，曰漕運，曰鹽政，曰榷
酤，曰錢幣。禮之子目：曰禮論，曰大典，曰學校，曰宗法，曰
家教，曰昏禮，曰喪禮，曰服制，曰祭禮，曰正俗。兵之子目：
曰兵制，曰保甲，曰兵法，曰地利，曰塞防，曰山防，曰海防，
曰蠻防，曰苗防，曰剿匪。刑之子目：曰刑論，曰律例，曰治獄。
工之子目：曰河防，曰運河，曰水利，曰海塘。《地利》內有馬徵
麟《長江圖雜說》三十篇。王山史有《砥齋集》，未見。楊士達
《漢學宋學論》最佳。

饒氏自序曰："玉成自咸豐乙卯揀發來湘，旋補長沙縣尉，公
暇以課兒、校書爲樂。賀耦耕中丞舊輯《皇朝經世文編》，玉成既
重刊袖珍本行世，復取乾、嘉以前鉅制名篇未經選入者，及張君

補山所刻之《補編》，擇最美者仍採彙入。又續輯道、咸以後五十餘年中名公著作有關世道之文，得數百篇，博採而約取之，亟付手民，以公同好。"

俞氏序曰："視關中張君鵬飛《補刻》更爲精善。"

李氏序曰："《經世文編》之目，昉自明華亭陳臥子先生。撫州汝東饒新泉用賀氏法分隸八條目，以類相從，亦當世得失之林也。"

《漢鼓吹鐃歌曲句解》一卷

國朝莊述祖撰

《珍蓺宧遺書》本。前有自序。

莊氏自序曰："漢樂府《戰城南》曲云：'朝行出攻，暮不夜歸。'詞旨複沓，難以強解，蓋'暮'字本作'莫'，俗增'日'作'暮'。'莫不夜歸'，言古之用師者，無不完而歸也。及檢《宋書·樂志》，'暮'皆作'莫'，益知坊本誤人不少。隨取《鐃歌十八曲》，舊所謂字多訛誤不可讀者，以古字古音細校之，皆文從字順，意見言表。劉彥和云：'詩爲樂心，聲爲樂體。樂體在聲，瞽師務調其器；樂心在詩，君子務[五]正其文。'又云：'陳思稱李延年閑於增損古詞。'然則被之管弦者，詞多增減以合其聲。樂人但知有聲調，固不暇復論。遂序作詩者之意，并譔其句解，以爲兒童習詩者之戲云。"

《朱鷺》，思直臣也。舊第一。凡八句，六句三字，一句二字，一句五字。　《翁離》，思賢也。舊第五。凡六句，三句三字，三句四字。　《巫山高》，閔周也。舊第七。凡十四句，八句三字，四句四字，二句五字。　《聖人出》，思太平也。舊第十五。凡十六句，十句三字，四句四字，一句六字，一句七字。　《思悲翁》，傷功臣也。舊第三。凡十五句，九句三字，三句四字，二句

二字，一句五字。　《雉子班》，戒貪禄也。舊第十三。凡十五
句，七句三字，五句五字，一句四字，一句六字，一句七字。
《戰城南》，思良將帥也。舊第六。凡二十二句，九句四字，七句
三字，四句五字，二句七字。　《上陵》、《上之回》、《遠如期》
三曲，爲宣帝時詩，有巡狩福應之事。餘十四篇，非作於一時，
雜有淮南齊、梁之歌，又皆有所諫諷。序戰者，唯《戰城南》一
首，而不述功德。述功德者，唯《聖人出》一首。故短笛鐃歌之
爲軍樂，特其聲耳，不必皆序戰陣之事。《漢鐃歌》二十二曲，
《宋志》"十八曲"，已佚其四。今録十七曲。《石留》一首，有聲
而辭失。

　　《艾如張》、《將進酒》、《臨高臺》、《君馬黄》、《芳樹》、《有
所思》、《上邪》、《上之回》、《上陵》、《遠如期》，多改舊第。

《歷代大儒詩鈔》六十卷

國朝谷際岐撰

　　采蘭堂本。是書成於嘉慶十八年，前有自序并凡例，蓋宗濂
洛風雅之義。採自唐至國朝從祀孔庭四十四人之詩，都爲一集，
凡五十三卷，共詩六千八百三十八首。五十四卷至末，附以賦、
頌、辭、詩餘、箴、銘、贊、碑、銘，共七卷，皆有韻之文也。
其詩皆採自本集，有注者并録注；而所依皆四庫本，非外間所能
見，是可寶也。書成時，主講江南梅花書院，遂以付梓。此本爲
揚州府梅花書院孝廉堂諸子所校，頗稱精善，紙、墨皆佳。今未
及百年，傳本已罕。大儒諸集雖一一具在，而考訂之善，俱不及
此。或謂大儒不以詩傳，能詩者亦止數家，而邵子之詩且不入格。
是謂空談名目，未能深知此書也。

　　例曰："從祀年歲，惟乾隆四十三年《欽定國子監志》紀載始
備，謹一一就鈔，俾知原委。謹案：《國子監志》惟太學藏一寫

本，外間未見，亦屬祕笈。”“諸集傳刻不同者，必求善本。但其書有通行者，有僅覯者，并多世傳未見者。前修《四庫全書》時，底本藏翰林院，未獲之十餘種，恭就鈔録大半。其未能檢出者，茲在維揚，復就文匯閣鈔寫。前獲者亦悉就校無訛。本傳各遵內府廿三史全録，居首。傳後，遵《國子監志》及《國學禮樂録》，撮一小序於前，然後鈔詩。又將各集所有體式、門目，并編刻流傳、今昔同異始末，與其人平生著作各有集，略附於詩後，意欲即一詩見儒集之全。凡所考訂，俱遵欽定諸書，不敢旁引。”“正鈔外尚有補鈔未見者，所録較多。詩中眉目、精神所在，循例敬用旁圈爲記。有時敬附數語，皆要義及詩法所關，不敢妄臆。”“是編成非一日，相助亦非一手。”

韓子詩，今抄一百九十四首，悉照王伯大重編《考異》本，仍全録朱子序并伯大之凡例十二條及坊賈改刊之誌語於首。

文光案：第五卷末葉於《中庸解》“亦亦言明道不及爲”，多刻一“亦”字。歐陽《居士集》，《伊川獨游詩》一首，蓋游伊川而作也。《河南志》遂以爲伊川程子所作而刻入集中，且改題目。詳見《二程子全書》目下第二十一卷第五葉左方第五行。《延平答問》訛作“門”字。第二十卷第四十二葉前半第三行“李熙得《龜山集》於京師翰林吳氏”，今本集熙序作“靳氏”。第二十四卷四十九葉“明化成癸卯”當作“成化”。“《朱大全集》”當是“《朱子大全集》”。又案：谷氏云“《尹和靖集》，世傳絕無”，蓋未見祠本也。

《韓子傳》：“愈自知讀書，日記數千言。比長，盡能通六經、百家學。成就後進士，往往知名，經愈指授，皆稱‘韓門弟子’。每言文章自漢司馬相如、太史公、劉向、揚雄後，作者不世出，故愈深探本原，卓然樹立，成一家言。其《原道》、《原性》、《師說》等數十篇，皆奧衍閎深，與孟子、揚雄相表裏而佐佑六經云。

至它文，造端置辭，要爲不襲蹈前人者。然惟愈爲之，沛然若有餘。至其徒李翱、李漢、皇甫湜，從而效之，邃不及遠甚。從愈游者，若孟郊、張籍，亦皆自名於時。"

《周子傳》："黃庭堅稱其陋於希世而尚友千古，博學力行。著《太極圖》，明天理之根源，究萬物之終始。又著《通書》四十篇，發明太極之蘊。序者謂其言約而道大，文質而義精，得孔、孟之本源。二程之學，源流乎此矣。"

《張子傳》："與二程語道學之要，其學以《易》爲宗，以《中庸》爲體，以孔、孟爲法。著書號《正蒙》，又作《西銘》，學者至今尊其書。"

《程子傳》："泛濫於諸家，出入於老、釋者幾十年，返求諸六經而後得之。秦、漢以來，未有臻斯理者。文彥博採衆論，題其墓曰'明道先生'。"

《程子傳》："平生誨人不倦，故學者出其門最多，淵源所漸，皆爲名士。世稱爲'伊川先生'。"

《邵子傳》："少時自雄其才，慷慨欲樹功名，於書無所不讀。始爲學，即堅苦刻厲，寒不爐，暑不扇，夜不就席者數年。事北海李之才，受河圖、洛書、宓羲八卦、六十四卦圖像。之才之傳遠有端緒，而雍妙悟神契，多其所自得者。著書十餘萬言，行於世，然世之知其道者鮮矣。富弼、司馬光、呂公著諸賢退居洛中，恒相從游。程顥爲銘墓，稱雍之道'純一不雜，就其所至，可謂安且成矣'。子伯温別有傳。"

《范子傳》："仲淹二歲而孤，母更適長山朱氏。既長去之，依戚同文學，晝夜不息。"

《胡子傳》："與阮逸同校《鐘律》。禮部所得士，瑗弟子十常居四五。"

《歐陽子傳》："宋興且百年，而文章體裁猶仍五季餘習，鎪刻駢偶，澆淄弗振。士固陋守舊，論卑氣弱。蘇舜元、舜欽、柳開、穆修輩，咸有意作而張之，而力不足。修得韓愈遺稿於廢書簏中，苦志探賾，追與之并。始從尹洙游，爲古文，議論當世事，迭相師友；與梅堯臣游，爲歌詩相倡和：遂以文章名冠天下。其言簡而明，信而通，引物連類，折之於至理以服人心，故天下翕然師尊之。獎引後學，如恐不及，賞識之下，率爲聞人。曾鞏，王安石，蘇洵，洵子軾、轍，布衣屏處，未爲人知，修即游其聲譽，謂必顯於世。蘇軾叙其文曰：'論大道似韓愈，論事似陸贄，記事似司馬遷，詩賦似李白。'識者以爲知言。"

《司馬子傳》："先生七歲，凜然如成人。聞講《左氏春秋》，愛之，退爲家人講，即了其大指。至是手不釋書，至不知饑渴寒暑。"

《楊子傳》："幼穎異，能屬文。稍長，潛心經史。時在東郡，所交天下士，先達陳瓘、鄒浩，皆以師禮事。時暨渡江，東南學者推時爲程氏正宗，與胡安國往來講論尤多。凡紹興初崇尚元祐學術，而朱子、張栻之學得程氏之正，其源委脈絡，皆出於時。子迪力學通經，亦嘗師伊川云。"

《尹子傳》："尹焞，字彦明，一字德充。世爲洛人，曾祖仲宣七子，而二子有名：長子源，字子漸，是謂'河内先生'；次子洙，字師魯，是謂'河南先生'。源生林，林生焞。少師事伊川。是時學於程門者固多君子，然求質直宏毅、實體力行若焞者蓋鮮。其言行見於《涪陵記善録》爲詳。"

《羅子傳》："楊時爲蕭山令，徒步往學。時弟子千餘人，無及從彦者。嘗曰：'三代人才，得周、孔之心而明道者多。至漢、唐，以經術、古文相尚，而失周、孔之心。故經術自董生、公孫弘倡之，古文自韓愈、柳宗元啓之，於是明道者寡。'"

《胡子傳》："安國入太學，以伊川之友朱長文及潁川靳裁之爲師。穎川與論經史大義，深奇重之。”

《李子傳》：“年二十四，聞郡人羅從彥得河洛之學，從之累年。朱松與侗爲同門友，遣子從學，卒得其傳。”

《朱子傳》：“其爲學，大抵窮理以致其知，反躬以踐其實，而以居敬爲主。”

《張子傳》：“張栻字敬夫，丞相浚子也。穎悟夙成，浚愛之。自幼學所教，莫非仁義忠孝之實。長師胡宏，宏稱之曰：‘聖門有人矣。’栻益自奮厲，以古聖賢自期，作《希顔録》。栻有公輔之望，卒年四十八。”“南軒與朱子交最善，集中與朱子書凡七十有三首，又有《答問》四篇。其中論辨，不相假借。”

《吕子傳》：“祖謙之學，本之家庭，有中原文獻之傳。長從林之奇、汪應辰、胡憲游，既又友張栻、朱子，講索益精。居家之政，皆可爲後世法。修《讀詩記》、《大事記》，皆未成書。”

《陸子傳》：“陸九淵，字子静。生三四歲，問其父天地何所窮際，父笑而不答，遂深思，至忘寢食。及總角，舉止異凡兒，見者敬之。謂人曰：‘伊川之言，奚爲與孔子、孟子之言不類？近見其間多有不是處。’士争從之游，言論感發，聞而興起者甚衆。初與朱子會鵝湖，論辨所學，多不合。至於無極而太極之辨，則貽書往來，論難不置焉。”

《蔡子傳》：“原在父蔡元定傳末，今節抄於此。沈字仲默，少從朱子游。”“蔡子無集，今存《蔡氏九儒書》。”

《黄子傳》： “幹歸里，弟子日盛。編禮著書，日不暇及。”“直卿師事朱子，朱子以女妻之。能守師説，始終不貳。”

《陳子傳》：“陳淳，字安卿，漳州龍溪人。少習舉子業，林宗臣見而奇之，授以《近思録》。及朱子來守其鄉，淳請受教。朱子謂‘南來，吾道喜得陳淳’。門人有疑問不合者，則稱淳善問。”“北溪堅守師傳，集中《似道》、《似學》等辨，多鍼砭金溪一派之失。"

文光案：第二十六卷第五葉左第三行"俞德光"，訛作
"愈"。

《真子傳》："真德秀，字景元，後更爲景希。建之浦城人。四
歲受書，過目成誦。同郡楊圭見而異之，使歸共諸子學，卒妻以
女。立朝不滿十年，奏疏無慮數十萬言，皆切當時要務。自侂胄
立僞學之名以錮善類，凡近世大儒之書皆顯禁以絕之。德秀晚出，
慨然以斯文自任，講習而服行之。黨禁既開，而正學遂明於天下，
後世多其力也。"

文光案："周子、程子"，落"程"字。"徽州守林無廉
聲"，"林"字下注"闕字"。

《魏子傳》："魏了翁，字華父，邛州蒲江人。數歲如成人，日
誦千餘言，過目不再覽，鄉里稱爲神童。年十五，著《韓愈論》，
抑揚頓挫，有作者風。了翁至靖，湖湘、江浙之士不遠千里從學。
乃著《九經要義》百卷，訂定精密，先儒所未有。""際岐謹案：
《鶴山集》，遍求止得一抄本，又頗殘闕。惟翰院所藏底本有之，
謹就抄録。"

《何子傳》："何基，字子恭，婺州金華人。師事黃幹。朱子門
人楊與立一見推服。王柏執贄爲弟子，質問疑難，基終不變，以
待其定。嘗曰：'治經當謹守精玩，不必多起疑論。有欲爲後學言
者，謹之又謹可也。'基淳固篤實，絕類漢儒。文集三十卷，而與
柏問辨者十八卷。"

文光案：文集世無傳本，《四庫》亦未收。《宋詩紀事》
載詩一首，亦採自他書，則散佚久矣。讀本傳，略見學問之
大概。

《王子傳》："王柏，字會之，金華人。大父師愈，從楊時受
《易》、《論語》。""又從朱子、張栻、吕祖謙游。父瀚兄弟皆及朱

子、東萊之門。柏逾三十，始知家學之原。從何基游，授以立志居敬之旨，且作《魯齋箴》以勉之。”“謹案：《魯齋集》二十卷，前三卷爲詩，總三百四十四首。魯齋著作，遍求多年，謹得《魯齋遺書》十三卷，詩、賦俱無。茲幸於翰院藏本中得之，自卷一至四爲賦、詩、辭、序，五至七爲序、記、説、箴、銘、贊、頌、書，八至十爲書帖、論、傳，十一至十四爲題跋、雜著，十五至二十爲續雜著、辨、尺牘、哀挽辭章、祭文，墓誌終焉。因急就抄録，真祕笈也。”

文光案：“傳”字下多一“著”字，“雜”字下缺一“著”字。向欲讀魯齋詩而《遺書》中無之，遍求之宋詩諸本，亦無之。茲得谷氏《詩鈔》，得讀一百二十二首，何幸如之！《壽秋壑》五言古風一首，甚可疑。或代人作，或誤刻他作，不能詳也。

《陳子傳》：“元陳澔，字可大，都昌人也。潛心經學。宋亡，隱居教授。年八十二卒。學者稱‘雲莊先生’。無集。”

《趙子傳》：“趙復，字仁甫，德安人也。姚樞退隱蘇門，即復傳其學，由是許衡、郝經、劉因皆得其書而尊信之。北方知有程、朱之學，自復始。家江漢之上，學者稱‘江漢先生’。無集。”

《金子傳》：“金履祥，字吉甫，婺之蘭溪人。其先本劉氏，後避吳越錢武肅王嫌名，更爲金氏。履祥幼而敏睿，凡天文、地形、禮樂、田乘、兵謀、陰陽、律歷之書，靡不畢究。及壯，知向濂洛之學，事同郡王柏，從登何基之門。基則學於黃幹，而幹親承朱子之傳者也。時宋之國事不可爲，遂絶意進取。居仁山之下，學者因稱爲‘仁山先生’。”

《許子傳》：“許衡，字仲平，懷之河內人也。尋居蘇門，與姚樞、竇默相講習。衡善教，雖與童子，惟恐傷之，故所至皆樂從之。魯齋，居魯、衛時所署齋名也。”

《許子傳》："許謙，字益之。其先京兆人，至謙，五世爲金華人。受業金履祥之門。嘗句讀九經《儀禮》及《春秋三傳》，於其宏綱要領、錯簡衍文，悉別以鉛黃朱墨，意有所明，則表而見之。其後吳師道購得呂祖謙點校《儀禮》，視謙所定不同者，十有三條而已。所爲詩文，非扶翼經傳、綱維世教，則未嘗輕筆之書也。嘗以'白雲山人'自號，世稱爲'白雲先生'。先是，何基、王柏及金履祥殁，其學猶未大顯。至謙，而其學益著，故學者推原統緒，以爲朱子之正傳。同郡朱震亨，字彥修，謙之高第弟子也。其清修苦節，絶類古篤行之士，所至人多化之。""際歧案：《白雲集》世傳未見，惟翰院底本有之，而卷帙無多，搜撿非易。幸而得之，真屬秘笈。"

《吳子傳》："吳澄，字幼清，撫州崇仁人。來學山中者，不下千數百人。少暇即著書，至將終，猶不置也。所居草廬數間，程鉅夫題曰'草廬'，故學者即稱'草廬先生'。"

《薛子傳》："明薛瑄，字德溫，河津人。其學一本程、朱，其修己教人，以復性爲主。充養邃密，言動俱可法。"

《胡子傳》："胡居仁，字叔心，餘干人。聞吳與弼講學崇仁，往從之游，絶意仕進。其學以主忠信爲先，以求放心爲要，操而勿失，莫大乎敬，故以'敬'名其齋。薛瑄之後，粹然一出於正，居仁一人而已。""《文敬集》三卷，世傳未見。惟翰院底本有之。"

《蔡子傳》："蔡清，字介夫，晉江人。清之學，初主静，後主虚，故以'虚'名齋。嘉靖八年，其子推官存遠以所著《易經四書蒙引》進[六]於朝，詔爲刊布。""際歧謹案：《虚齋集》，世傳未見。"

《羅子傳》："羅欽順，字允升，泰和人。弘治六年進士及第，授編修。遷南京國子監司業，與祭酒章懋以實行教士。欽順爲學，專力於窮理、存心、知性。初由釋氏入，既悟其非，乃力排之。"

“《整庵存稿》，世傳未見。”

《陳子傳》：“陳獻章，字公甫，新會人。從吳與弼講學，居半載歸。讀書日夜不輟，築陽春臺，静坐其中，數年無户外迹。其時胡居仁頗譏其近陸子，後羅欽順亦謂其似禪學云。門人夏尚樸與魏校、湛若水輩日相講習。”

《王子傳》：“王守仁，字伯安，餘姚人。其爲教，專以致良知爲主，謂宋周、程二子後，惟象山陸氏簡易直捷，有以接孟氏之傳；而朱子《集注》、《或問》之類，乃中年未定之論。學者翕然從之，世遂有陽明學云。守仁既卒，桂萼等言守仁‘事不師古，言不稱師，欲立異以爲高，則非朱某格物致知之論。知衆論之不與，則爲朱子晚年定論之書，號召門徒，互相倡和，傳習轉訛，背謬愈甚’。”“贊曰：王守仁務矜其刱獲，標異儒先，卒爲學者譏。桂萼之議，雖出於媢忌之私，抑流弊實然，不能以功多爲諱矣。”

《陸子傳》：“謹案：陸子國史館傳，例不得刊。今補進呈《闕里文獻考》傳：‘陸隴其，初名龍其，字稼書，浙江平湖人，唐宰相宣公贄之裔也。自幼端重静默，穎悟過人。年十一爲文，即原本經術。少長，勵志聖賢之學，專以程、朱爲宗。居敬窮理，粹然一出於正。其於富貴利達，泊如也。會明運將終，盜賊蜂起，隨父倉皇奔避，患難中猶讀書不輟。復究心天文，留意經濟，德器粹然，文必載道。所著有文集十二卷、外集六卷，《松陽講義》、《禮經會元》、《讀禮隨筆》、《讀朱隨筆》、《戰國策去毒》、《呻吟語質疑》、《衛濱日抄》、《靈壽縣志》等書，皆發明經學，講求治理，有裨實用，而不爲詞章之學。其教人，以居敬窮理爲主，謂‘窮理而不居敬，則玩物喪志，而失於支離；居敬而不窮理，則將掃見聞，空善惡，其不墮於佛、老以至於師心自用者鮮矣’。又因明季異説紛紜，思力挽之，故其《學術辨》曰：‘自陽明王氏倡爲良知之説，以禪之實而託儒之名，且輯朱子晚年定論一書，以明己之學與朱子未嘗異。龍溪、心齋、近溪、海門之徒，從而衍之，王氏之學遍天下，而古先聖下學上達之遺法滅裂無餘。於是涇陽、景逸起而救之，痛言王氏之弊。向之邪説詖行，爲之稍變。高、顧之學，雖策砭陽明，多切中其病。至於本源之地，仍不能出其範圍，豈非陽明之説浸淫乎人心，雖有大賢，不免猶蹈其弊乎？'夫陳、王之病，世儒類能言之。至於斥陳、王而仍入於陳、王者，非隴其深抉閫奥，細察秋毫，不能發其隱而大服其心也。""際岐案：今本《三魚堂集》，首載侯開國序，并靈壽縣遺愛碑、魏總憲二疏，餘同翰院本。惟尺牘係二卷，祝文爲十二卷。"

《詁經精舍文集》十四卷

國朝阮元撰

琅嬛仙館本。前有嘉慶六年許宗彥序、目録。《詁經精舍題名碑記》，孫星衍撰。

許氏序曰："雲臺先生奉命鎮撫兩浙，於湖垻立詁經精舍，祀許洨長、鄭司農兩先師。擇十一郡端謹之士尤好古學者，萃處其中，相與講明雅訓，兼治詩、古文辭，公暇，親爲點定。并請王蘭生、孫淵如兩先生爲之主講。閱二年，得文集若干卷。"

《六朝經術流派論》、《算法借微論》、《笙詩説》、《古文用推步之法説》、《孔子特筆異於赴告之文考》、《孟子周禮田制異同考》、《禮長至日非冬至解》、《爾雅序篇説》、《倉頡篇逸文考》、《重撫天一閣北宋石鼓文考》、《宋高宗御書石經考》、《七經孟子考文補遺跋》、《孟子趙注誤字解》、《史記孔子世家弟子列傳正誤》、《磧考》、《大衍之數五十其用四十有九論》、《唐孔穎達五經義疏得失論》、《笙詩有聲無詞辨》、《石經穀梁傳考》、《兩漢經師家法考》、《周代書册制度考》、《漢唐以來書籍制度考》、《今古文尚書增太誓説》、《擬撰本事詞條例》、詩二卷。

《周禮注》："方，版也。"《説文》："牘，書版也。"《論衡》："斷木爲槧，柝之爲版，力加刮削，乃成奏牘。"然則方、版、牘皆以木爲之。《論衡》又云："截竹爲筒，破以爲牒，加筆墨之述，乃成文字。"《説文》以"牒"訓"簡"，"牒"、"札"轉注相訓。"册，象其札，一長一短，中有二編之形。"然則簡、策、牒、札皆以竹爲之。　鄭注《論語》序有經策尺寸。

右總集類

　總集者，文章之匯海也。分體編録，自摯虞《流別》始，而其書久佚。今以《文選》爲祖本，而繼其後者，唯《文苑英華》爲最博。託始於梁末而下迄於唐，往往全部收入，可謂富矣。然如《文選》之注，蓋闕如也。《唐文粹》、《宋文鑑》、《元文類》，鼎足而三，人無異議。墩簀[七]之《明文衡》，雖弩力繼之，終莫能配。三不能四，昭昭然矣。《皇清文穎》，備經天鑒，甄擇尤精，郁郁乎謨、誥、《雅》、《頌》之遺，非《文鑑》、《文類》等所能比也。凡此皆兼包歷朝之盛，所謂文章關乎風氣，於此可驗，而非止於數家、偏於一方者之未能總其全也。松陵唱和，衹爲二人。薛濤、李冶，唐女子工詩者，多無出李冶上者，濤詩雖不及，亦可接武。亦編合集。以至"二甫"、"二妙"、"三孔"、"三劉"、"柴氏四隱"、"蘇門六君"，各以詩文鳴於一時。而蒐其集者，或以存人，或以存體。如斯類者，不可枚舉。其限以地者，如《新安文獻》、《全蜀藝文》，選手特高，則流傳獨遠。否則南本不及北，東作不及西，間一遇之，人亦不貴。又如録文者不録詩，録詩者不録文。或搜羅浩博，或鑒別精審，苟有可取，人亦寶貴，雖汗牛充棟，目力難遍，而收藏之家，插架不可不備也。他如"二范"合集、"三蘇"合集，乃書肆之名目，初無關於選政，而不可入之總集者也。兹所録者凡六十八家，分爲六卷，名篇大作，具備於此，足稱衡鑑。亦不乏人以之行文操選，品題流別，有餘裕矣。凡詩文之載於史傳者，多精擇；入於地志者，多濫收：此亦不可不知也。自漢以來，武人能詩者有之。武人選詩如滄海遺珠，足稱善本者，沐英之子一人而已，因特爲表出。詔令、奏議，尊爲史部，亦總集也。類書中有全採詩文者，亦可與總集互觀。人不必名而文甚可傳者，間亦有之，不可忽視。唯坊賈剽竊之刻、庸手古文之選，自明迄今，概不録焉。

今“刻本”或作“刊本”。刊，苦寒切，從“干戈”之“干”。刊，七見切，從“千”，與“刊”異。楊慎《丹鉛總録》第十三卷《訂訛類》曰：“《説文》：‘刊，削也。又剟也。’楊子雲《方言序》‘懸諸日月，不刊之書’，謂不可削也。李鼎祚《周易集解》宗鄭玄而削王弼，其序曰‘刊輔嗣之野文，輔康成之逸象’是也。至宋人轉失其義，乃以爲刻本印書之義，如王氏《揮麈録》所云‘郡府多刊文籍’。且易以‘刊’爲‘刻’，訛矣。刻，鏤木也。從《晉書·虞溥傳》當作‘剋’，從陶隱居《茅山碑》當作‘栔’，從丁度《集韻》又作‘鍥’，皆鏤木印版之義。‘刊’爲俗字，不可從也。”案：《字彙》亦引升菴之説，而詳略不同。《晉書·孫綽傳》：“必須綽爲碑文，然後刊石焉。”王儉《褚淵碑》：“刊玄石以表德。”據此，則“刊”作刻字用，其來已久。張睿甫曰：“‘刊’字亦可用，‘刊’其字外之餘木而後成字，故刻字謂之‘刊’，猶遷官而謂之‘除’也。”此雖臆説，亦甚有理。若是者，無關大義，近於蔓詞。升菴以“刊木”爲宋人之説，不知“刊”通於“刻”，自晉已然。而《丹鉛録》又誤“刊”爲“刊”。考證家一字之辨，動盈尺幅，方駁於前，隨議於後，所謂費日力於無用之地者，正此類也。然較之無所用心，猶賢乎已。庚子元日書。

校勘記

〔一〕“原”，原作“元”，據《元音》改。

〔二〕“扶”，據《四庫全書簡明目録》補。

〔三〕“上”，據清沈初《浙江採集遺書總録》補。

〔四〕“禮”，原作“體”，據《經世文編》改。

〔五〕“務”，據《文心雕龍·樂府》，當作“宜”。

〔六〕“進”，據《明史·蔡清傳》補。

〔七〕“墩篁”，據《明史·程敏政傳》，當作“篁墩”。

集部四
詩文評類一

《文心雕龍》十卷

梁劉勰撰

明本。豫章梅慶生音注。前有都穆跋、萬曆癸巳南州朱謀㙔跋。

都氏跋曰："《文心雕龍》十卷，元至正間嘗刻於嘉興郡學。歷歲既久，板亦漫滅。弘治甲子，監察御史彬陽馮公出按吳中，重刻以傳。"

朱氏跋曰："余弱冠手抄《雕龍》，苦無善本，遂注意校讎。往來三十餘年，參考《御覽》、《玉海》諸籍，并據目力，所補完、改正共三百二十餘字。如《隱秀》一篇，脱數百字，不復可補。他處尚有訛誤，所見吳、歙、浙本大略皆然。雖有數處改補，未若予此本之最善矣。俟再諮訪，增所未備者而梓傳之。"

何氏曰："余弟心友得錢遵王所藏馮己蒼手校本。功甫此跋，己蒼手抄於後，余因補録之。馮己蒼又記云：'謝耳伯曾借功甫本於牧齋，仍祕《隱秀》一篇。己蒼從宗伯借得，因乞友人謝行甫録之。其《隱秀》一篇，恐遂多傳於世，聊自録之。'則兩公之用心頗近於隘，後之君子不可不以爲戒。""辛巳正月，過隱湖訪馮先生斧。從汲古閣架上見馮己蒼所傳功甫本，記其闕字以歸。於'疏放豪逸'四字，顯然爲不學者所增加也。""《隱秀》篇，自'始正而末奇'至'朔風動秋草''朔'字，元至正乙未刻於嘉禾者即缺此一頁。此後諸刻仍之。胡孝轅、朱鬱儀皆不見完書。錢功甫得阮華山宋槧本、抄本，後歸虞山，而傳録於外甚少。心友從吳興賈人得一舊本，適有錢補《隱秀》篇全文。除夕，坐語古小齋，走筆録之。康熙庚辰焯識。"録於《義門集》。

紀氏曰："《隱秀》篇似明人僞託，不如從元本缺之。"又曰："癸巳三月，以《永樂大典》所收舊本校勘，凡阮本所補，悉無之，然後知其真出僞撰。"又曰："詞殊不類，義門爲阮華山所欺。"録於朱墨本。

文光案：黃本《隱秀》篇從義門校本補入，脱文并約。何跋記於後。嘉靖庚子新安汪氏刊本，有方元禎序；嘉靖丙寅青社朱氏刊本，有自序；又有楊升菴校正本：皆不免脱誤。《隱秀》篇不知何時所脱，此本未補。

《文心雕龍輯注》十卷

國朝黃叔琳撰

朱墨本。道光十三年冬刊於兩廣節署。首《南史・劉勰傳》；次乾隆三年黃序并例言六條；次元校姓氏，自楊慎而下三十六人；次目録。此書分上、下二篇，其中又自析爲四十九篇，合《序志》一篇共五十篇。今依元本分十卷。末有吳蘭修跋。

黃氏序曰："劉序見於本傳。《宋志》有辛氏注，不傳。此書藝苑之秘寶也，其包羅羣籍，多所折衷，於文章利病，抉摘靡遺。"

例曰："此書與《顏氏家訓》，余均有節抄本。顏書已刻，此書仍録全文。上篇備列各體，一篇之中溯發源，釋名目，評論前

製，後標作法。下篇極論文術，一一鏤心鉥骨而出之，真不愧
‘雕龍’之稱，未易去取也。”“諸本字句互有異同，擇其義長者用
之。”“梅子庚音注，嫌其未備。後得王損仲本，援據詳核。因重
加考訂，增注十之五六。”

吳氏跋曰：“此黃崑圃侍郎本，紀文達公所評也。是書自至正
乙未刻於嘉禾，至明末刻於常熟，凡六本。此爲黃侍郎手校而門
下客補注。時侍郎官山東布政使，不暇推勘，而遽刻之，尋自悔
也。今按：文達舉正凡二十餘事，其稱引參錯者，不與焉。道光
癸巳冬。”

宮保盧涿州夫子，命余校刻《史通削繁》。既訖，復刻此本。

《文心雕龍輯注》十卷

國朝張松孫撰

原本。首乾隆五十六年自序；次凡例；次《梁書》本傳，劉
勰，字彥和，東莞莒人；次升菴《與張含書》；次元校姓名；次目
錄。是書有何義門校本，總批附本篇之後，另批入本段之中，俱
寫雙行小字，而加“楊批”二字以識之。

張氏序曰：“是書四十九篇，楊用修間有評語。今照梅本全
錄。梅子庚原本校讎精密，流傳既久，字迹模糊。今得黃崑圃本，
參考訂補。注釋，梅本、黃本附載篇後，今略加增損，注於
句下。”

《優古堂詩話》一卷

宋吳开撰

《讀畫齋》本。是書無序，末有“洪熙元年春三月，林子中手
錄”一行，又“太原叔子藏書記”長方印，又“徐乾學印”，又
“徐駿私印”。

前蜀王衍降，後唐王承旨作詩云："蜀朝昏主出降時，銜璧牽羊倒繫旗。二十萬人齊拱手，更無一個是男兒。"其後花蕊夫人記孟昶之亡，作詩云："君王城上豎降旗，妾在深宮那得知。二十萬人齊解甲，寧無一個是男兒？"陳無己詩話載之，乃知沿襲前作。

齊東昏侯妃潘玉兒，東坡誤以"玉兒"爲"玉奴"。"蒸壺似蒸鴨"，乃鄭餘慶事。東坡誤以爲盧懷真。"回眸一笑百媚生"，"眸"不作"頭"。

辨摘蘇東坡誤處二三則，切當可喜，其餘雜見他書，且多疏脫也。駿識。

《藏海詩話》一卷

宋吳可撰

《知不足齋》本。是書載於《永樂大典》，諸家俱不著録。此本八十八條，前後無序跋。

杜詩叙年譜，得以考其辭力，少而鋭，壯而肆，老而嚴，非妙於文章，不足以致此。

"便可披襟度鬱蒸"，"度"字不如"掃"字奇健。蓋"便可"二字少意思，"披襟"與"鬱蒸"是衆人語，"掃"字是自家語。自家語最要下得穩當，退之所謂"六字尋常一字奇"是也。

常建詩"曲徑遇幽處，禪房花木深"，"遇"與"花"皆拗。

　　文光案："遇"，坊本作"通"。《六一詩話》亦作"遇"。

凡作文，其間叙俗事多，則難下語。

唐末人詩，雖格不高而有衰陋之氣，然造語成就。今人詩，多造語不成。

畫山水者，有無形病，有有形病。有形病者易醫，無形病則不能醫。詩家亦然。凡可以指瑕鑷改者，有形病也；混然不可指摘，不受鑷改者，無形病，不可醫也。

余題黃節夫所臨唐玄度《十體詩》卷末云："游戲墨池傳十體，縱橫筆陣掃千軍。誰知氣壓唐玄度，一段風流自不羣。"當改"游"爲"漫"，改"傳"爲"追"，以"縱橫"爲"眞成"，便覺兩句有氣骨，而又意脈聯貫。

凡看詩，須是一篇立意，乃有歸宿處。如童敏德《木筆花》詩，主意在筆之類是也。

荆公詩云"海棠花下怯黃昏"，用白詩語，而易"紫藤"爲"海棠"，便覺風趣超然。"人行秋色裏，家在夕陽邊"，有唐人體。韓子倉云："未若'村落田園静，人家竹樹幽'，不用工夫，自然有佳處。"蓋此一聯頗近孟浩然體製。

　　文光案："人行"二句，學之可到；"村落"二句，乃化
　　工之筆，偶然遇之，即作者亦不能多得也。

杜詩"四十明朝是，飛騰暮景斜"，又"羈棲愁裏見，二十四回明"，乃是以連綿字對連綿數目也。

《木蘭詩》"磨刀霍霍向猪羊"，"向"字能回護屠殺之意，而又清輕。

"北邙不種田，惟種松與柏。松柏未生處，留待市朝客。"又《貧女詩》："照水欲梳妝，搖搖波不定。不敢怨春風，自無臺上鏡。"二詩格高而又含蓄，不盡之意見於言外。

老杜句穩順而奇特。至唐末人，雖穩順而奇特處甚少，蓋有衰陋之氣。今人才平穩則多壓塌矣。

和平常韻，要奇特押之，則不與衆人同。如險韻，當要穩順押之方妙。

學詩當以杜爲體，以蘇、黃爲用，拂拭之，則自然波峻，讀之鏗鏘。蓋杜之妙處藏於内，蘇、黃之妙發於外。　凡裝點者，好在外。初讀之似好，再三讀之，則無味。要當以意爲主，附之以華麗，則中、邊皆甜也。裝點者外腴而中枯，故或曰"秀而不

實"。晚唐失之太巧，只務外華而氣弱格卑，流爲詞體耳。又子由敘陶詩，外枯中膏，質而實綺，癯而實腴，乃是敘意在內者也。

凡詩切對求工，必氣弱。寧對不工，不可使氣弱。評：氣自弱耳，何關切對求工耶？

"風來震澤帆初飽，雨入松江水漸肥"，又"眼饞正得看山飽，梅瘦聊須著雨肥"，善用"飽"、"肥"二字。評：上聯不害爲佳詩。下二語，直村學中捉對耳。蓋先下"饞"、"瘦"字，便是有意求奇，不似上聯自然合拍也。

"細數落花因坐久，緩尋芳草得歸遲。"細數落花，緩尋芳草，其語輕清；因坐久得歸遲，則其語典重。以輕清配典重，所以不墮唐末人句法中，蓋唐末人詩佻耳。

文光案："細"字與"久"相對，"緩"字與"遲"字相引。因坐久故數得細，因緩尋故歸得遲，本是緩尋芳草故歸遲，因"故"字不佳，想出一"得"字。細思不尋芳草不得遲歸，緩尋芳草得以遲歸，有何意味？故解者必須顛倒"得歸"二字，詩意方達。

貫穿出入諸家之詩，與諸體俱化，便自成一家，而諸體俱備。若只守一家，則無變態，雖千百首，皆只一體也。

文光案：無論學書、學文，皆宜如此，不但詩也。非涉歷百家，必不能知一家。今人坐守一家，先不能知，如何能學？

"寒樹邀棲鳥，晴天卷片雲"，"邀"、"卷"二字奇妙。元案：杜詩作"落日邀雙鳥"，吳若本"卷"一作"養"。

七言律詩最難做，蓋易得俗，所以山谷別爲一體。

七言律，一篇中必有剩語，一句中必有剩字。

杜牧之詩云"元載相公曾借箸，憲宗皇帝亦留神"，一聯甚陋。唐人多如此，杜詩不免。

高荷〔一〕柳詩"風驚夜來雨","驚"字甚奇。琴聰云:"向詩中嘗用'驚'字。"坡舉古人數"驚"字。僕云:"東風和冷驚羅幕。"子蒼云:"此'驚'字不甚好。"

歐公稱"身輕一鳥過",子蒼云:"此非杜佳句。"

孫詩云"雁北還",下"還"字最不好,"北歸"、"北向"皆妙。

有大才,作小詩輒不工,退之是也。子蒼然之。劉禹錫、柳子厚小詩極妙,子美不甚留意絕句。子蒼亦然之。子蒼云:"絕句如小家事,句中雜大家事不得。若山谷《蟹》詩,用'與虎争'及'支解'字,此家事大,不當入詩中。如'虎争'語,亦怒張,乏風流蘊藉氣。"

"金馬門深曾草制,水精宮冷近題詩。""深"、"冷"二字不閒道〔二〕。若言"門中"、"宮裏",則閒〔三〕了"中"、"裏"二字也。

"筍根稚子無人見"。古樂府有《稚子班》,金陵新刊杜詩注云:"稚子,笋也。"此大謬,古今未有此説。

"功曹非復漢蕭何"。劉貢父云:"蕭何未嘗作功曹。"劉極賅博,何爲不記《漢書》注也?

> 文光案:不知貢父何以不檢班書,而出此無根之言,甚可怪。大凡務博者不精,貪遠者忘近,此類未易悉數,而升菴尤甚。若潛邱之博,則歸於篤實,無是病也。

凡作詩如參禪,須有悟門。少從榮天和學,嘗不解其詩云"多謝喧喧鳥,時來破寂寥"。一日於竹亭中坐,忽有羣鳥飛鳴而下,頓悟前語。自爾看詩,無不通者。

> 文光案:宋人詩話,多互相蹈襲。是編獨抒所得,而識見甚高,非深於詩者,不能道也。因錄其要語,以爲學詩之助。惟脱佚甚多,不但如元所云,深可案惜也。余不能詩而好觀詩話,凡言詩法者,皆錄之。其閑文散句,概不之及。

大抵此目爲讀書而設，故於書籍之源流、師門之授受、羣賢之討論，三致意焉，非但誇富藏已也。

《歲寒堂詩話》二卷

宋張戒撰

浙江重刊聚珍本。是書採自《永樂大典》。上卷通論古今詩人，始明言志之義，終以無邪之旨。下卷專論杜詩，凡三十三條，多採宋人詩話所未及。

國朝諸人詩爲一等，唐人詩爲一等，六朝詩爲一等，陶、阮、建安七子、兩漢爲一等，學者須以次參究，盈科而後進可也。魯直云：「太白與漢、魏樂府爭衡。」此語乃真[四]知太白者。介甫云：「白詩多說婦人，識見汙下。」此論過矣。孔子删《詩》，三百五篇，說婦人者過半，豈可謂之識見汙下耶？退之於李、杜極口推尊，未嘗優劣，此公論也。子美詩奄有古今，學者能識《國風》、騷人之旨，然後知子美用意處；識漢、魏詩，然後知子美遣詞處。至於「掩顏、謝之孤高，雜徐、庾之流麗」，在子美不足道耳。

粗俗乃高古之極，曹、劉後，惟子美能之。蘇、黃亦喜用俗語，然多免强，不如子美自在流出也。

詩以用事爲博，始於顏光禄，而極於杜子美；以押韻爲工，始於韓退之，而極於蘇、黃。子建「明月照高樓，流光正徘徊」，本以言婦人清夜獨居愁思之切，非以詠月也；而後人詠月之句，雖極其工巧，終莫能及。淵明「狗吠深巷中，鷄鳴桑樹顚」，本以言郊居閒適之趣，非以詠田園；而後人詠田園之句，雖極其工巧，終莫能及。所謂含不盡之意者，此也。其用事押韻，何足道哉？

韻有不可及者，曹子建是也；味有不可及者，淵明是也；才力有不可及者，太白、退之是也；意氣有不可及者，杜子美是也。

退之喜奇崛之態，太白多天仙之詞。退之猶可學，太白不可及也。

"蕭蕭馬鳴，悠悠斾旌"，以"蕭蕭"、"悠悠"字而出師整暇之情狀，宛在目前。荆軻云："風蕭蕭兮易水寒，壯士一去兮不復還。"語既不多，又無新巧，然而此二語遂能寫出天地愁慘之狀，極壯士赴死如歸之情。古詩"白楊多悲風，蕭蕭愁殺人"，惟墳墓之間，白楊、悲風尤爲至切，所以爲奇。

人才各有分限，尺寸不可强。同一物也，而詠物之工有遠近；皆此意也，而用意之工有淺深。章八元題雁塔云："十層突兀在虛空，四十門開面面風。卻訝飛鳥平地上，忽驚人語半天中。回梯倒踏如穿洞，絕頂初攀似出籠。"此乞兒口中語也。梅聖俞云："復想下時險，喘汗頭目旋。不如且安坐，休用窺雲烟。"何其語之凡也。東坡《真興寺閣》云："山林與城郭，漠漠同一形。市人與鴉鵲，浩浩同一聲。側身送落日，引手攀飛星。登者尚呀咻，作者何以勝？"《登靈隱寺塔》云："相勸小舉足，前路高且長。漸聞鐘磬音，飛鳥皆下翔。入門亦何有，雲海浩茫茫。"意雖有佳處，而語不甚工，蓋失之易也。劉長卿《登西靈寺塔》云："化塔凌虛空，雄規壓川澤。亭亭楚雲外，千里看不隔。盤梯接元氣，坐壁棲夜魄。"王介甫《登景德塔》云："放身千仞高，北望太行山。邑屋如蟻冢，蔽虧塵霧間。"此二詩語雖稍工，而不爲難到。杜子美則不然，《登慈恩寺塔》首云："高標跨蒼天，烈風無時休。自非曠士懷，登兹翻百憂。"不待云"千里"、"千仞"、"小舉足"、"頭目眩"，而窮高極遠之狀、可喜可愕之趣，超軼絕塵而不可及也。"七星在北户，河漢聲西流。羲和鞭白日，少昊行清秋。"視東坡"側身"、"引手"之句陋矣。"泰山忽破碎，涇渭不可求。俯視但一氣，焉能辨皇州。"豈但"邑屋如蟻冢，蔽虧塵霧間"、"山林城郭，漠漠一形"、"市人鴉鵲，浩浩一聲"而已哉？人才有分限，不可强如此。

文光案：此讀詩之妙法也。予嘗以此爲例，各集一類，如登山臨水、詠風賦月，比類而觀之，而淺深高下自見，與諸家分類詩選別是一意。且如登塔、登山，皆高皆險，要自不同，尤須辨別。每題先設一想，思之不得，然後觀詩。先求其意，意勝矣，再觀其詞。詞工矣，再看其警策者幾處。雖名篇佳什，必不能處處皆佳，其獨到之處，乃其可法可傳者也。得其精要，久久自有識力。其餘補陳湊合，乃人人所能，不難知也。然世俗淺詞，有因湊合而愈工者，亦有因湊合而愈拙者，則才力有高下，氣韻有雅俗，此又不可不知也。

自漢、魏以來，詩妙於子建，成於李、杜，壞於蘇、黃。

楊太眞事，唐人吟詠至多，然類皆無理。太眞配至尊，豈可以兒女語黷之耶？惟子美則不然，《哀江頭》云：“昭陽殿裏第一人，同輦隨君侍君側。”不待云“嬌侍夜”、“醉和春”，而太眞之專寵可知；不待云“玉容”、“梨花”，而太眞之絶色可想也。至於言一時行樂事，不斥言太眞，而但言輦前才人，此意尤不可及。如云：“翻身向天仰射雲，一笑正墜雙飛翼”，不待云“緩歌慢舞凝絲竹，盡日君王看不足”，而一時行樂可喜事筆端畫出，宛在目前。“江水江花豈終極”，不待云“比翼鳥”、“連理枝”、“此恨綿綿無盡期”，而無窮之恨、黍離麥秀之悲，寄於言外。題云“哀江頭”，乃子美在城中時，潛行曲江，睹江水江花，哀思而作。其詞婉而雅，其意微而有禮，眞可謂得詩人之旨者。《長恨歌》在樂天詩中爲最下，《連昌宮詞》在元微之詩中乃最得意者。二詩工拙雖殊，皆不若子美詩微而婉也。

近時以東坡譏《文選》去取之謬，遂不復留意，殊不知漢、魏、晉奇麗之文盡在，所失雖多，所得不少。作詩、賦四六，此其大法，安可以昭明去取一失而忽之？子瞻文章從《戰國策》、《陸宣公奏議》中來，長於議論，而欠宏麗，故雖揚雄，亦薄之云：“好爲艱深之詞，以文淺易之說。”雄之說，淺易則有矣，其文詞安可以爲艱深而非之也？退之文章豈減子瞻，而獨推揚雄，云：“雄死後，作者不復生。”雄文章豈可非哉？《文選》中求議論則無，求奇麗之文則多矣。子美作詩，乃自《文選》中來，大抵宏麗語也。

　　文光案：是書大旨，多尊杜而鄙蘇、黄。《學海類稿》及《説郛》皆載此書，然寥寥數葉，不若此爲完帙也。

《韻語陽秋》二十卷

宋葛立方撰

　　明本。首正德丁卯都穆序，次乾道改元敷文閣直學士、左朝議大夫致仕武夷徐林序，次乾道二年右朝請郎、行祕書省校書郎兼權户部員外郎沈珣序，次隆興甲申丹陽葛立方自序，末有正德二年葛諶重刊後序。

　　都氏序曰：“詩之有話，莫盛於宋。然求其言出胸臆，卓有定見，如是書之富者，未之有也。其書論辯嚴整，據證精切，是是非非，未嘗謬乎古人；而人物之藏否、時代之隆汙、古今之事變，亦往往因之以見，不但詩家之當寶也。江陰葛君允夫嘗藏録本刻之以傳，而屬余爲之序。”

　　徐氏序曰：“隆興元年，常之由天官侍郎罷七年矣，於是《韻語陽秋》之書成，貽書謂余叙之。會余以病未暇也。明年，常之卒。乾道改元，乃題其首而歸其書於其孤。今欲求風雅之正，探本而遺末，讀常之之書，庶乎進於是哉。常之傳家學，故其原深；貫羣書，故其論辯；禀秀質，故其辭華。既嘗登禁掖，代王言矣，流落江湖之上，而見於遺文者如此。常之葛氏，清孝之孫，文康之子，予先夫人從姪云。”

　　沈氏序云：“葛公博極羣書，以文章名一世。暇日著《韻語陽秋》，自漢、魏以來詩人篇詠，咸參稽抉摘，以品藻其是非。不以名取人，亦不以人廢言，質事挍理，而唯當之爲貴，至於有益名教。若悖理傷道者，則反覆評論，折衷取予，以示勸戒。公既歿，或請其書鏤板以傳世，輒掇其大旨，書於篇末。”

葛氏自序曰：“昔晉人褚裒爲《皮裏陽秋》，言口絕藏否，而心存涇渭。余之爲是也，其深愧於斯人哉！若孫盛、檀道鸞、鄧粲各有《晉陽秋》，是皆不人禍天刑，率意而作。余非唯不敢，亦不暇。”

文光案：陽秋者，《春秋》也，取褒貶之義。常之自號懶真子，所著書甚多，此其一也。是本紙、墨皆佳，近稱難得，何氏刻入《歷代詩話》。

《碧溪詩話》十卷

宋黃徹撰

《知不足齋》本。前有乾道四年陳俊卿序并自序，後有黃廓、黃永存、黃燾、<small>燾爲廓之子</small>。聶堂四跋。廓，常明之子也。此爲曝書亭舊鈔，鮑以文復購善本，校其訛脫而刻之叢書。其前後序跋，則朱氏所未見。常明以直忤權貴，棄官寓興化之碧溪，著述甚富，集毀不傳。《詩話》皆本於愛君憂國、事親敬兄，一以少陵爲歸，其嘲風雪、弄草木，無與於比興者皆略之，則讀其書，可想見其人矣，且可知詩之教在此不在彼也。

諸史列傳，首尾一律。惟左氏傳《春秋》則不然，千變萬狀，有一人而稱目至數次異者，族氏、名字、爵邑、號諡，皆密布其中而寓諸褒貶，此史家祖也。觀少陵詩，疑隱寓此旨。若云“杜陵有布衣”、“杜曲幸有桑麻田”、“杜子將北征”、“臣甫憤所切”、“甫也東西南北人”、“有客有客字子美”，蓋自見其里居、名字也。“不作河西尉”、“白頭拾遺徒步歸”、“備員竊補袞”、“材凡汙省郎"，補官遷陟，歷歷可考。

　　或問鄭相國綮近有詩否，答云："詩思在灞橋風雪中、驢子背上，此處那得之？"《北夢瑣言》載："綮雖有詩名，本無廊廟之望。及登庸，中外驚駭。太原兵至渭北，天子震恐，渴於攘卻。綮請於文宣王謚號中加一'哲'字。其不究時病，率此類。"愚謂此人，止可置之風雪中令作詩也。　書史蓄胸中，而氣味入於冠裾；山川歷目前，而英靈助於文字。太史公南游北涉，信非徒然。杜詩云："東下姑蘇臺，已具浮海航。到今有遺恨，不得窮扶桑。"太白自序曰："偶乘扁舟，一日千里。或遇勝景，終年不移。"使二公穩坐中書，何以垂不朽如此哉！燕公得助於江山，鄭綮謂"相府非灞橋，那得詩思"，非虛語也。

　　《莊子》文多奇變，如"技經肯綮之未嘗"，乃"未嘗技經肯綮"也。詩句中時有此法，如昌黎"一蛇兩頭見未曾"，又"君不強起時更難"。

《唐詩紀事》八十一卷

宋計有功撰

　　明本。錢塘洪楩校刊。首灌園居士臨邛計敏夫有功序，次嘉定甲申懷安假守王禧慶長跋，次汾陽孔天允汝錫序，次目錄。是本每葉二十行，行二十一字。

　　計氏自序曰："唐人以詩名家，姓氏著於後世，殆不滿百，其餘僅有聞焉。一時名輩，滅沒失傳，蓋不可勝數。敏夫閑居尋訪，三百年間文集、雜説、傳記、遺史、碑志、石刻，下至一聯一句，傳誦口耳，悉搜采繕録。間捧宦牒，周遊四方名山勝地，殘篇遺墨，未嘗棄去。老矣，無所用心，取自唐初，首尾編次，姓氏可紀，近一千一百五十家。篇什之外，其人可考，即略紀大節，庶讀其詩，知其人。所恨家貧缺簡籍，地僻罕聞見，聊據所得，先成八十一卷,目曰'唐詩紀事'云。"

王氏序曰:"慶元辛酉,禧從大諫傅公遊於凌雲,邂逅灌園李子次陽總幹,蓋禧戊午類試坐主也。因得是書,立命數十吏傳錄,其間不能無魯魚亥豕之誤。翻閱累年,手自讎校,十是正其七八,餘則傳疑,不敢妄加損也。世之君子,欲觀唐三百年文章、人物、風俗之污隆、邪正,則是書不爲無助。乃鋟之懷安郡齋,與世共之。"

孔氏序曰:"王禧刊本年代既遠,印板磨滅。或無再刻之者,故其書罕存。即有傳者,但鈔本爾。嘉靖乙巳,洪子美得笥藏懷安舊本,遂爲雕繕,久之成書。集唐詩者,奚啻什數;集紀事,如子美者少。予故嘉善,作此叙詞。子美名梗,歷詹事府主簿。"

　　文光案:此本近稱難得。近有通行本,其訛更甚,無從是正。此本注疑以傳疑。

世稱王、楊、盧、駱。楊盈川爲文,好以古人姓名連用,號爲"典鬼簿"。賓王文好以數對,號爲"算博士"。《帝京篇》曰:"倏忽博風生羽翼,須臾失浪委泥沙。"賓王後與徐敬業興兵揚州,大敗逃死,此其讖也。

杜之松答王績書云:"蒙借《家禮》,今見披尋,微而精,簡而備,誠經傳之典略、閨庭之要訓也。"

　　文光案:據此,則《家禮》之名已見於唐,惟其書不傳。

李百藥,七歲能屬文。幼多疾,父母以"百藥"爲名。

初,中宗景龍二年,始於修文館置大學士四員、學士八員、直學士十二員,象四時、八節、十二月。凡天子饗會游豫,唯宰相、直學士得從。春幸黎園并渭水被除,則賜柳圈辟癘;夏宴蒲萄園,賜朱櫻;秋登慈恩浮屠,獻菊花酒稱壽;冬幸新豐,歷白鹿觀,上驪山,賜浴湯池,給香粉、蘭澤,從行給翔麟馬、品官黄衣各一。帝有所感,即賦詩,學士皆屬和,當時人所欽慕。然皆狎猥佻佞，忘君臣禮法，惟以文章取幸。若韋元旦、劉允濟、沈佺期、宋之問、閻朝隱等，無它稱。祝欽明爲八風舞，諸學士曰："祝公斯舉，五經掃地盡矣。"

睿宗時，道士司馬承禎還天台，李適贈詩，詞甚美，朝士屬和三百餘人，徐彦伯編爲《白雲記》。李適，字子至，京兆人。武后修《三教珠英》，以李嶠、張昌宗爲使，取文學士綴集，適與王文競、尹元凱等在選。睿宗時，以工部侍郎卒。李適爲中宗八學士之一。

太宗以蕭翼爲監察御史，充使取羲之《蘭亭序》真蹟於越僧辨才。翼初作北人南游，一見款密，留宿。酣樂之後，探韻賦詩，既而以術取其書以歸。

> 文光案：《紀事》注云："蕭翼本名世翼。翼與辨才倡和二作，他本未見。

《南部新書》曰："《蘭亭序》，武德四年，歐陽詢就越詐求之，始入秦王府。麻道嵩奉教拓兩本，一送辨才，一王自收。道嵩私拓一本。貞觀二十三年，褚遂良請入昭陵。"

皇甫湜不善詩，退之和《公安》、《陸渾》二篇，可以想見其怪奇。湜字持正，睦州新安人。擢第，爲陸渾尉，仕至工部郎中。卞急使酒，數忤同省。求分司東都，留守裴度辟爲判官。注云："持正文甚多，《涉江歌》一篇尤奇。"

鄭州掘地得李翱戲贈詩，此自一李翱，深甫誤編入集。

> 文光案：據此，李習之集有王深甫編次本，而序李集者無人道及，蓋佚已久矣。

顏師古，字籕。自之推以來，居關中。性簡峭，自負其才，意望甚高。終於秘書監、諫議大夫。相時，其弟也。師古叔父遊秦，武德初刺廉州。州人歌曰："廉州顏有道，性行同莊老。愛人如赤子，不煞非時草。"高祖璽書勞勉之。

習之爲郎州刺史，入爲禮部郎中，出刺廬州，入爲中書舍人，歷遷桂管湖南觀察、山南東道節度。其與僧惟儼詩，及其女識廬儲登第事，皆習之也。然習之學韓文者，其與藥山僧詩，是非未可知也。歸妹於楊嗣復，歸女於盧求、鄭亞、杜審權，故携、畋、讓能皆習之之甥，皆爲宰相云。其在鄭州者，非習之也。

文光案：此條宜錄於李文公集目下。《唐書》本傳不言翶爲鄭州，則鄭州刺史，別一李翶也。

長孫無忌嘲歐陽詢形狀猥陋云："聳髆成山字，埋肩畏出頭。誰家麟閣上，畫此一獼猴？"詢應聲曰："索頭連背暖，漫襠畏肚寒。祇緣心渾渾，所以面團團。"太宗笑曰："詢殊不畏皇后耶？"

武后天授二年臘，卿相欲詐稱花發，請幸上苑，有謀也。許之，尋疑有異圖，乃遣使宣詔曰："明朝游上苑，火急報春知。花須連夜發，莫待曉風吹。"於是凌晨名花布苑，羣臣咸服其異。后託術以移唐祚，此皆妖妄，不足信也。大凡后之詩文，皆元萬頃、崔融輩爲之。

文光案：有功能指武后之詩爲妄，而於牛僧孺全錄《周秦行紀》，獨不言其偽，何也？

段成式，字柯古。文昌之子。博學强記，多奇篇秘籍。嘗於私第鑿池，得片鐵，命尺周量之，笑而不言，置之密室。時窺之，則有金書二字，報十二時也。

陸希聲得筆法，凡五字：擫、押、鈎、格、抵。用筆雙鈎，則點畫遒勁而盡妙矣，謂之撥鐙法。希聲言二王皆傳此法，陽冰亦得之。希聲授沙門瘽光。

文光案：今所傳筆法八字，與此微異。引此條者亦少。

又案：王建宮詞百首，全行收入。

《苕溪漁隱叢話前集》六十卷　《後集》四十卷

宋胡仔撰

耘經樓本。此本依宋板重雕，每葉二十六行，每行二十一字。《前集》：《國風》、魏、六朝二卷，五柳先生二卷，李謫仙一卷，杜少陵九卷，駱賓王、王摩詰、韋蘇州、孟浩然一卷，韓吏部三卷，柳柳州一卷，至二十三卷，皆唐人。二十四卷爲唐人雜記、五季雜記。二十五卷至五十三卷，皆宋人。以下宋朝雜記二卷，仙釋、方外、長短句、回文詩、緇黃雜紀、神仙雜紀、麗人雜紀。《後集》：楚、漢、魏、六朝二卷，陶靖節一卷，唐自李太白至韓致元十二卷，唐人雜記二卷，五季雜記一卷，宋人十六卷，雜記二卷，緇黃、神仙、麗人雜記、長短句四卷。《前集》，東坡九卷，山谷三卷。《後集》，東坡五卷，山谷二卷，半山四卷，六一三卷，梅聖俞、秦少游各一卷，餘人無足卷者。前、後集皆有自序。

胡氏《前集》自序曰："紹興丙辰，過湘中，聞舒城阮閱昔爲郴江守，嘗編《詩總》，頗爲詳備，不暇借觀。後十三年，余居苕水，始獲此集，蓋阮因古今詩話，附以諸家小說，分門增廣。獨元祐以來諸公詩話不載焉。考編此《詩總》，乃宣和癸卯，是時元祐文章禁而弗用，故阮因以略之。余今遂取元祐以來諸公詩話，及史傳所載事實，可以發明詩句及增益見聞者，纂爲一集。凡《詩總》所有，此集不復集，庶免重複；一詩而二三其說者，則類次爲一，間爲折衷之。又因以余舊所聞見，爲說以附益之。或者謂余不能分明纂集，如阮之《詩總》，是未知詩之旨矣。昔有詩客，以神、聖、工、巧四品，分類古今詩句，爲說以獻半山老人。半山得之，未及觀，遽問客曰：'如老杜"勳業頻看鏡，行藏獨倚樓"之句，當入何品？'客無以對，遂以其說還之，曰：'嘗鼎一臠，他可知矣。'則知詩之不可分門纂集，蓋出此意也。今但以年代、人物之先後次第之，則古今詩話，不待檢尋，已粲然畢陳於前，顧不佳哉？"

　　文光案：序後一行，題"紹興甲寅槐夏之月，陳奉議刊於萬卷堂"。

　　胡氏《後集》自序曰："網羅元祐以來羣賢詩話，爲六十卷。比官閩中，及歸苕溪，又獲數書，其間多評詩句，不忍棄之，遂再采羣書。舊有遺者，及就余見聞有繼得者，各附益之，析爲四十卷，亦可謂富矣。余嘗謂開元之李、杜，元祐之蘇、黃，皆集詩之大成者，故羣賢於此四公，尤多品藻，蓋欲發揚其旨趣，俾後來觀詩者，雖未染指，固以知其意之美矣。"

　　文光案：讀此一書與《詩人玉屑》，可得數十百種詩話，其精語俱可録於讀本。

校勘記

〔一〕"高荷"，據《藏海詩話》，此後尚有"子勉五言律詩可傳後世，勝如後來諸公"十六字。

〔二〕"閒道"，原作"間"，據《藏海詩話》改補。

〔三〕"閒"，原作"間"，據上書改。

〔四〕"真"，原作"直"，據《歲寒堂詩話》改。

集部四
詩文評類二

《滄浪詩話》一卷

宋嚴羽撰

汲古閣本。凡分五門，曰詩辨，曰詩體，曰詩法，曰詩評，曰詩證。附吳景仙書。

何氏曰："滄浪論詩，爲宋季而發，未嘗非對症之藥。理學之門徒既盛，於是理路有隣於偈頌者矣，議論有比於彈刻者矣，温柔之意微，俚率之風熾。滄浪之言，亦以云救也。然詩者，發乎情，止乎禮義。昌黎謂正而葩者，'三百篇'之體源；士衡謂緣情而綺靡者，漢謡魏什之門户。謂之不涉理路，不落言詮，而一以禪爲喻，則又未見其真，而徒爲捕風捉影之談以誤後人。元、明以來，靡然從風，莫之匡改。牧齋、定遠昌言掊擊，各因乎詩病之所趨以加之鍼石也。牧齋議論具見本集。定遠有《嚴氏糾繆》之卷，近已刊行，而一時矯枉之失，亦可悟於言表也。"録於《義門集》。

　　文光案：此義門與友人論詩之書。又云："元微之稱昌黎近體云：'玉磬聲聲徹，金鈴個個圓。輕新便妓唱，微妙入僧禪。'其爲律詩，亦何嘗專事倔强者乎？子美集中間作吳體，則仄調硬語之祖，此不過偶爾游戲。皮、陸倡和，欲體之無所不備，始相仿效。至宋而山谷老人專以此自雄，謂如是乃杜陵也，其無乃偏得其一支一節而遺其大全乎？元之張伯雨又專法山谷，他人固不然矣。既略聲病，何名律詩？寧律不諧，勿使句弱，恐不得爲通論也。"《義門集》中無詩話，此説與論滄浪爲一書，因并録之。觀此一説，亦可知義門之論詩矣。定遠《嚴氏糾繆》未見，應訪之。

《全唐詩話》六卷　《續編》二卷

宋尤袤撰。《續編》，國朝孫濤撰

《清芬堂》本。乾隆甲午石門孫濤重訂。首咸淳辛未遂初堂序，次孫濤重訂序，次孫濤《續編》序，次目録。各卷有目録。本賈似道書，僞託延之名。

孫氏序曰："《全唐詩話》六卷，宋尤文簡公所編。首列諸帝，下逮方外、閨媛，因詩纂話，寓作史之微意。所録雖薈一代，序意歸美盛唐，殆與滄浪默符契；不及李、杜二公，又似用王臨川《百家詩選》例。予刊其謬，手録一編，應友人之請，重付剞劂。"

孫氏《續編》自序曰："甲午夏杪，以手鈔《全唐詩話》六卷重付開雕。因憶余目之所見，集中未盡搜羅，遂手拈而續之。凡原集載其人而遺其事者，續爲卷七；其人與事之俱未及載者，續爲卷八。遂初堂藏書甚富，採輯有所自來，擇焉既精，自不以多爲善。漫焉加輯，其能免續貂之譏？獨是張巡爲有唐一代之偉人，集中未見，不無遺憾。巡，盛唐人，取以冠篇。效法古人，當以志節、經濟爲上。"

《詩人玉屑》二十卷

宋魏慶之撰

處順堂本。重翻元本。每葉二十二行，行二十一字。紙、墨精好，寫、刻俱佳。前有淳祐甲辰長至日玉林黃叔暘序。黃昇，號玉林，撰《絕妙詞選》。早棄科擧，與菊莊爲友，亦閩人也。《玉屑》本不題撰人名氏。目錄，前十一卷，爲詩法；後九卷品藻古今人物，分題標目，較《漁隱叢話》便於省覽。卷末刻“瑞昌府章涯右山龍沙識”一行十字。謹案：《天祿琳瑯書目・元板集部》，《詩人玉屑》，一函三册，宋魏慶之撰。慶之，字醇甫，號菊莊，建安人。書凡二十卷，分門纂輯，評論出入於《詩話總龜》、《苕溪叢話》、《滄浪詩話》，而窠臼亦所不免。甚至類僅一條，益形瑣碎矣。前有黃昇序，稱其有才而不屑科第云。末刻“瑞昌府章涯右山龍沙識”。卷六、卷十二有“深秀堂收藏書畫”印記。

黃氏序曰：“詩之有評，猶醫之有方也。評不精，何益於詩？方不靈，何益於醫？然惟善醫者能審其方之靈，善詩者能識其評之精，夫豈易言哉！詩話多矣，《總龜》最爲疏駁。其可取者，惟《苕溪叢話》；然貪多務得，不泛則冗，求其有益於詩者，如披沙揀金，悶悶而後得之，故觀者或不能終卷。友人魏菊莊，詩家之良醫師也，乃立新意，別爲是編。自有詩話以來，至於近世之評論，博觀約取，科列其條，凡升高自下之方、由粗入精之要，靡不登載。既又取‘三百篇’、《騷》、《選》而下，及宋朝諸公之詩〔一〕、名流之所品題，有補於詩道者，盡擇其精而錄之。蓋始焉束以法度之嚴，所以正其趨向；終焉極夫古今之變，所以富其見聞。是書既行，皆得靈方矣。”

文光案：胡仔《漁隱叢話》作於高宗時，所載北宋人語爲詳。此書作於度宗時，所載南宋人語差備。合此兩編，宋人詩話略具矣。

《浩然齋雅談》三卷

宋周密撰

聚珍本。上卷，考經史、評文章，六十七條；缺十一、十二兩葉。

中卷，詩話一百四條；下卷，詞話二十六條。此書外間無傳本，故引據者絕少。《千頃堂書目》所著，尚有《浩然齋視聽鈔》、《浩然齋意鈔》及此書，皆無卷數。

詩家謂誠齋多失之好奇，傷正氣。若"梅子流酸軟_{文光案：俗本作"瀽"。}齒牙，芭蕉分綠與_{文光案：俗本作"上"。}窗紗。日長睡起無情思，閒看兒童捉柳花"，極有思致。誠齋亦自語人曰："工夫只在一'捉'字上。"

姚翻《太平吟》云："紛紛紅紫已成塵，布穀聲中夏令新。夾路桑麻行不盡，始知身是太平人。"此可謂善狀太平氣象，勝於誠齋"太平不在簫韶裏，只在諸村打稻聲"之句。

東坡《赤壁賦》多用《史記》語，如"杯盤狼藉"、"歸而謀諸婦"，皆《滑稽傳》；"正襟危坐"、"日者傳舉網得魚"，《龜策傳》。

《對牀夜話》 五卷

宋范晞文撰

《知不足齋》本。此詩話也。前有景定三年馮去非序并書，後有正德十六年陳沐跋、乾隆壬辰鮑廷博跋。

鮑氏跋曰："景文號藥莊，錢塘人，南宋太學生。嘗與高菊澗、姜白石諸人游。咸淳丙寅，同葉李、蕭規等詆賈似道。似道以泥金節齋扁事罪之，分竄瓊州。其行詣卓然，殆陳東、歐陽澈之流，非如江湖詩人僅以風雅自命而已。所著《夜話》一編，詞約理勝，得說詩之旨。南康馮去非爲之序，諄諄以名節相勉，卒亦不負其言，斯可謂之知己矣。歷歲浸久，漸泯其傳，杭人鮮有能舉其姓氏者。予因取家塾舊鈔，正以前明活字印本，梓而行之，蓋亦惟其人不惟其言也。景文當元祖時，程鉅夫奉詔求賢，與趙孟頫同薦於朝，授江浙儒學提舉，不赴。後以子拱爲無錫教授，遂即邑之茅場里居焉，故其行事略見於《無錫流寓志》。近屬孝廉箋《絕妙好詞》，則云以程鉅夫薦，擢江浙儒學提舉，轉長興丞，有《藥莊廢稿》，當別有所據。予所見林膚齋集中《題范景文詩稿》一律，云：'研甂新編比碎金，知君風月滿清襟。才高欲進竿頭步，興到還磨盾鼻吟。字有三千何日奏？稿留五七已年深。漢廷射策無蘇李，千載河梁是正音。'范蓋以武資請解，故有'竿頭'、'盾鼻'一聯云。"

薛道衡"空梁落燕泥"之句，人多不見其全篇，蓋題是《昔昔鹽》。其詞云："垂柳拂金堤，蘼蕪葉復齊。水溢芙蓉沼，花殘桃李溪。采桑秦氏女，織錦寶家妻。關山別蕩子，風月守空閨。常斂千金笑，長垂雙玉啼。盤龍隨鏡隱，彩鳳逐帷低。飛魂同夜鵲，倦寢憶晨雞。暗牖懸蛛網，空梁落燕泥。前年過代北，今歲又遼西。一去無消息，那能惜馬蹄。"無非閨中懷遠之意，但不知立題之義如何。趙嘏乃廣爲二十章，以一句爲一題，亦復綺麗。

"四靈"，倡唐詩者也。就而求其工者，趙紫芝也。然具眼猶以爲未盡者，蓋惜其立志未高，而止於姚、賈也。學者闖其閫奧，闢而廣之，猶懼其失，乃尖纖淺易，相煽成風，萬喙一聲，牢不可破，曰："此四靈體也。"其植根固，其流波漫，日就衰壞，不復振起。吁！宗之者反所以累之也。

五言律詩，固要貼妥；然貼妥太過，必流於衰。苟時能出奇，於第三字中下一拗字，則貼妥中隱然有峻直之風。老杜有全篇如此者，如"帶甲滿天地"一首，散句如"乾坤萬里眼，時序百年心"，用實字而拗也；"行色遞隱見，人烟時有無"，用虛字而拗也。其他變態不一，卻在臨時斡旋之何如耳。苟執以爲例，則盡成死法矣。

虛活字極難下，虛死字尤不易，蓋雖是死字，欲使之活，所以爲難。老杜"古墻猶竹色，虛閣自松聲"，及"江山有巴蜀，棟宇自齊梁”，人到於今誦之。近讀其“入天猶石色，穿水忽雲根”，“猶”、“忽”二字如浮雲著風，閃爍無定，誰能迹其妙處？他如“江山且相見，戎馬未安居”、“故國猶兵馬，他鄉亦鼓鼙”，皆用力於一字。

雙字用於五言，視七言爲難。老杜“納納乾坤大，行行郡國遥”，不用“納納”，則不足以見乾坤之大；不用“行行”，則不足以見道路之遠。又“寂寂春將晚，欣欣物自私”，則一氣轉旋之妙、萬物生成之喜，盡於此矣。

七言律詩極不易，唐人以詩名家者，集中十僅一二，且未見其可傳。蓋語長氣短者，易流於卑；事實意虛者，又幾乎塞。用物而不爲物所贅，寫情而不爲情所牽，李、杜之後當學者，許渾而已。周伯弜[二]以唐詩自鳴，亦惟以許集誨人，其起結尤非中唐人可及。趙嘏、劉滄七言，間類許渾，但不得其全耳。

古樂府當學王建，如《涼州行》、《刺促行》、《古釵行》、《精衛詞》、《老婦歎鏡》、《短歌行》、《渡遼水》等篇，反覆致意，有古作者之風。一失於俗，則俚矣。

老杜多欲以顔色字置第一字，如“紅入桃花嫩，青歸柳葉新”是也。

《吳禮部詩話》一卷

宋[三]吳師道撰

鈔本。是書本上、下二卷，而下卷不傳。鮑本所刻厲氏序，與《樊榭集》互有異同。大抵書中所刻序跋多與集本不同，恐是訂集時有所改正。

湯伯紀注陶淵明《述酒》詩，其難解處亦不敢決，得存疑之意。愚嘗以一二管見補之。湯公因釋《述酒》詩遂及諸篇，直以暴其心曲，故不泛論，甚簡而精。愚讀之，偶有所見，附著於後。

周伯弜編《三體詩絶句》，以杜常《華清宫》一首爲冠。"行盡江南數十程，曉風殘月入華清。朝元閣上西風急，都入長楊作雨聲。"按：唐史及小説諸書，皆無杜常名字，或者以爲宋人。然華清宫、朝元閣，宋時不存已久，當爲唐人詩無疑。"曉風"以陳仁《詩統》作"曉來"爲是，下"西風"字不當重用也。"長楊"止以樹言爾，近有僧圓至注作長楊宫，在盩厔縣南，相去遼絶，知其不通，遂謂詩人寓言託諷，皆謬也。且此詩首句江南之云，地理已自難曉，故或者以蜀江之南釋之。此句亦閑，况不切。後兩句雖形容空宫凄凉之景，亦非奇語。又用"長楊"字，使人致疑，以冠此編，殊爲未當。

　　文光案：玩此詩意，似由江南而來，行盡數十程，始入華清宫。吴氏云地理難曉，蓋以華清去江南太遠，不知其已行盡也。

　　方崧卿《韓文舉正》後有附録，裒集韓公事甚悉，而李商隱《讀韓詩》甚壯偉，獨不及載，何也？王伯大所刻本《音釋》中載之。

　　元微之《連昌宫詞》，多重用韻"竹"、"速"、"逐"、"録"、"屋"、"續"等。《漁隱叢話》載古人重用韻甚多，而不及此。時天彝書《唐百家詩選》後評，深知唐人詩法者也。悉録於後。薛稷詩明健激昂，有建安七子之風。不類唐人不自珍惜，附麗匪人，至汙斧鑕。有才而無學，良不可哉！　大曆後，叔倫、士元，非餘子所及。

　　文光案：是編中陶詩最多，讀陶者宜參觀焉。

《吴禮部詩話》一卷

宋吴師道撰

《知不足齋》本。正傳集世多抄本，《詩話雜説》一卷，罕有藏弆者。此爲小山堂趙氏寫，絕本。鮑以文刻之叢書，前有厲鶚跋。

厲氏跋曰：“明金華胡孝廉元瑞家，收書最富，嘗跋此册及《敬鄉録》云：‘遍舉郡邑，凡有聞者，緝其製作、履歷，粲若指掌；下逮畸流逸客，片語隻詞，亦博采旁證，竟其隱伏。耳目所及，點綴弗遺，其爲力勤而用心苦矣。今去吳公僅二百載，而文獻之詳，邈弗能睹。南渡而上人才、篇什，史乘軼而未收者，尚倚藉諸編，稍獲綜其崖略。余於禮部，異世子雲也，因筆於簡末，以俟異世之爲余子雲者諗之。’觀元瑞所云，此書難得而可寶，審矣。邗江馬君半槎癖嗜異書，搜剔隱秘，購得元時刻本，方與予同輯《宋詩紀事》，獲睹南宋諸賢逸唱，歎爲未有。獨《敬鄉録》無從訪求，向晤東陽王丈鶴潭，云有其書，恨未借抄以成合璧。而爲元瑞之子雲，余兩人未敢多讓焉。”錄於《樊榭山房集》。

《梅磵詩話》三卷

元韋居安撰

《讀畫齋》本。是書《四庫》未收，前後亦無序跋。

奪胎換骨之法，詩家有之，須善融化，則不見蹈襲之迹。陸魯望詩云：“溪山自是清涼國，松竹合封瀟灑侯。”戴式之《贈葉竹山》詩云：“山中便是清涼國，門下合封瀟灑侯。”如此下語，則成蹈襲。

《後村詩話》載史相力薦放翁，賜第，其去國自是臺評。王景文乃云：“直翁未了平生事，不了山陰陸務觀。”放翁見詩笑云：“我字‘務觀’乃去聲，如何作平聲押了？”

葉廷珪紹興間嘗爲兵部郎中、泉南太守，所編《海録碎事》，河陽傅安道爲之序，謂此書乃葉公博極羣書，撮其機要，廣録而儲用之；且稱其《琴泉軒》詩云“不是妙音生妙指，只緣流水似流泉",《無名木》詩云"人休清樾摩挲認，鳥宿高枝睥睨看"，置於唐人詩中，殆不能辨。

嘉熙間，高沙卒，榮全據城叛。郡守馬公光祖聞變逃匿，僅以身免。有營妓毛惜惜者，全召之佐酒。惜惜怒之曰："汝本朝廷健兒，何敢反耶？惟有死耳，不能爲反賊行酒。"全以刀裂其口，立命臠之，罵至死不絕聲。臨州陳藏一，在城目擊其事，作詩有"食禄爲臣無國士，捐身罵賊有官奴"之句。惜惜出於妓籍，耳目見聞，無非皆淫褻之事，非有則範取以自屬也。一旦詈賊至死，視古烈女無所愧。一時詩人皆壯此婦之節，見之歌詠，亦以有關於世教故也。

陳起宗之，杭州人，鬻書以自給。刊唐、宋以來諸家詩，頗詳備。

楊氏曰："余於滇南故家，見《唐詩紀事》抄本甚多，近杭州刻本十去其九。《草堂詩餘》，書坊射利，欲速售，減去九十餘首，兼多訛字。予抄爲補遺、辨誤一卷。近蘇州刻《唐百家詩》，每本減去十之一。如《張籍集》，本十二卷，今只三四卷，又取他作入之。王維詩，取王涯絕句一卷入之。今《王涯集》在《三舍人集》中。"錄於《升菴集》。

《歸田詩話》三卷

明瞿佑撰

《知不足齋》本。前有成化二年錢塘木訥序、柯潛序、弘治庚申胡道跋、洪熙乙巳自序，後有乾隆乙未朱文藻跋。佑字存齋，永樂初，以詩禍謫戍。洪熙乙巳赦還。此還鄉後所作也。著述甚富，見《萬曆杭州府志》、郎瑛《七修類稿》。詩集不可見，無由考其得禍者何詩。文皇入據大統，人心未安，常恐人臣竊議其後。所謂詩禍，或寓誹譏，當代詞人多爲隱諱，不能悉其故矣。《詩

話》又見於《明詩綜》，朱竹垞未見是書。標題不一，“吟堂”也，
“存齋”也，“歸田”也，一書三名。

柯氏序曰：“存齋公著《詩話》三卷，蓋述其師友之所言論、
宦游四方之所習聞而有關於詩道者，自序其端。其姪德恭、德宣、
德潤共謀刻梓以傳。德恭之子、中書舍人廷用，求余一言志之。”

胡氏跋曰：“大略似野史，有抑揚可法之旨，非汗漫無稽之
詞。久成全梓，可資多識。特其名號近於訂頑砭愚，不若直謂之
‘存齋詩話’也。”

瞿氏自序曰：“予少而壯，壯而老，而呻吟占畢，猶不能輟。
平日耳有所聞，目有所見，及簡編之所紀載、師友之所談説，尚
歷歷胸臆間，十已忘其五六。誠恐久而併失之也，因筆録其有關
於詩道者，得百有二十條，析爲上、中、下三卷，目曰‘歸田詩
話’。昔歐陽公致仕後著《歸田録》，叙在朝舊事，謂追想玉堂如
在天上。予地位雖殊，而心事則無異也。”

方虚谷序《唐三體詩》云：“近世葉水心倡爲晚唐體之説，於
是‘四靈’詩江湖宗之，而宋亦晚矣。漢、魏、晉以來，《河梁》、
《柏梁》，曹、劉、陶、謝俱廢矣。又有所謂汶陽周伯弜[四]者三體
法，專爲四韻五、七言小律詩設，以爲有一詩之法，有一句之法，
有一字之法。止於此三法，而江湖無詩人矣。唐詩，前以李、杜，
後以韓、柳爲最，姚合而下，君子不取焉。宋詩以歐、蘇、黄、
陳爲第一，渡江以後，放翁、石湖諸賢詩，皆當深玩熟觀，體認
變化。雖然，以吾朱文公之學而較之，則又有向上工夫，而文公
詩未易可窺測也。近高安沙門至天[五]隱，乃大魁姚公勉之猶子，
又從而注伯弜[六]所集之詩。一山魁上人，回之方外友也，將南峰
袁公之命，俾回爲序。”按：此序議論甚正，識見甚廣，而於伯弜
所集三體詩，則深寓不滿之意。書坊所刻皆不載，故録於此。

文光案：范景文《對床夜話》深砭“四靈”之流弊，而

獨取伯弜之說詩，殊不可解。《簡明目錄》譏其瑕瑜不掩，此之謂矣。許渾詩，前人曾議之。周之說詩，則專以許渾爲法，亦見《夜話》。又案：劉後村云：“唐文人皆能詩，柳尤高，韓非本色。本朝則文人多，詩人少。三百年間，人各有集，集各有詩，各自爲體，或尚理致，或負才力，或逞辨博，要皆文之有韻者耳，非古人之詩也。”克莊此說，深中宋詩之病。

崔顥題黃鶴樓，太白過之不更作。時人有“眼前有景不能道，崔顥題詩在上頭”之譏。及登鳳凰臺作詩，不謂十倍曹丕矣？蓋顥結句云：“日暮鄉關何處是，烟波江上使人愁。”而太白結句云：“總爲浮雲能蔽日，長安不見使人愁。”愛君憂國之意遠過鄉關之念，善占地步矣。然太白別有“搥碎黃鶴樓”之句，其於顥，未嘗不耿耿也。

元次山作《大唐中興頌》，抑揚其詞以示意，磨崖顯刻於浯溪上。後來黃魯直、張文潛皆作大篇以發揚之，謂肅宗擅立，功不贖罪。繼其作者皆一律。識者謂此碑乃唐一罪案耳，非頌也。惟石湖八句云：“《三頌》遺音知者稀，形容寧有刺譏辭？絕憐元子《春秋》法，卻寓唐家《清廟》詩。歌詠當諧琴搏拊，策書自管璧瑕疵。紛紛健筆剛題破，從此磨崖不是碑。”楊萬里《浯溪賦》云：“天下之事，不易於處，而不難於議也。使夫謝奉策於高邑，稟重巽於西帝，違人欲而圖功，犯衆怒而求濟，則夫千麾萬旟者，果肯爲明皇而致死耶？”其論甚恕。

嚴武不以詩名，有詩數首，載杜集中。趙雲澗曰：“氣魄雄壯，真邊帥事也。”

貢有初，泰父尚書姪也，刻意於詩。嘗謂予曰：“‘荷葉羅裙一色裁，芙蓉花臉兩邊開。棹入橫塘尋不見，聞歌始覺有人來’，王昌齡《採蓮詞》也。詩意謂葉與裙同色，花與臉同色，故掉入花間不能辨；及聞歌聲，方知有人來也。用意之妙，讀者皆草草看過了。"

元遺山《論詩絕句》云："有情芍藥含春淚，無力薔薇臥晚枝。拈出退之山石句，始知渠是女郎詩。"初不曉所謂，後見《詩文自警》一編，亦遺山所著，謂："‘有情芍藥’一二句，此秦少游《春雨》詩也。非不工巧，然以退之山石句觀之，渠乃女郎詩也。破卻工夫，何至作女郎詩？"按：昌黎詩云："山石犖确行徑微，黄昏到寺蝙蝠飛。升堂坐堦新雨足，芭蕉葉大梔子肥。"遺山固爲此論；然詩亦相題而作，又不可拘以一律。如老杜云"香霧雲鬟濕，清輝玉臂寒"、"俱飛蛺蝶原相逐，并蒂芙蓉本自雙"，亦可謂[七]女郎詩耶？

李義山與昌黎相去不遠，其《讀淮西碑》長篇至五十餘句，稱贊備盡，則是非不待百年而已定矣。

昌黎《陸渾山火》詩，造語險怪。解云始言火勢之盛，次言祝融之御火，其下則水火相尅相濟之説也。此篇蓋效皇甫湜之體，而過之遠甚。東坡有《雲龍山火》詩，亦步驟此體，然用意措詞，皆不逮也。

樂天晚年，優游香山綠野，近乎明哲保身。甘露之禍，王涯、賈餗、舒元輿等皆與焉。

元微之當元和、長慶間，以詩著名。傳入禁中，宮人能歌詠之，呼爲"元才子"，風流醖籍可知也。其作《鶯鶯傳》，蓋託名張生。復製《會真詩》三十韻，微露其意，而世不悟。唐人叙述奇遇，如《后土傳》託名韋郎，《無雙傳》託名仙客，往往皆然。

《三體詩》首載杜常《華清宮》詩，連用二"風"字，讀者不知其誤。嚮見一善本，作"曉乘殘月入華清"，易此一字，殊覺氣味深長。

薩天錫以宮詞得名，其詩清新綺麗，自成一家，大率相類。

《麓堂詩話》一卷

明李東陽撰

《知不足齋》本。前有遼陽王鐸跋、嘉靖壬寅番禺陳大曉跋，後有鮑廷博跋。

王氏跋曰："近世所傳詩話，雜出蔓辭，殊不強人意。惟嚴滄浪詩話，深得詩家三昧，關中既梓行之。是編乃西涯公餘隨筆，未嘗出以示人，予得而錄焉。其論皆先生所自得，實發前人所未發者。先生之詩，獨步斯世，若杜之在唐、蘇之在宋、伯生之在元，集諸家之長而大成之。故其評隲折衷，無不曲當。用託之木，與滄浪并傳焉。"

陳氏跋曰："右《麓堂詩話》，遼陽王公始刻於維揚。余手抄一帙，正其訛舛，翻刻於縉庠之相觀庭，爲天下詩家公器焉。"

鮑氏跋曰："李文正公以詩鳴成、弘間，力追正始，爲一代宗匠。所著《懷麓堂集》，至今爲大雅所歸。詩話一編，折衷議論，俱從閱歷甘苦中來，非徒游掠光影、娛弄筆墨而已。仁和倪君建中手抄見贈，亟爲開雕，俾爲風雅指南云。"

《詩》在六經中別是一教，蓋六藝中之樂也。後世詩與樂判而爲二，雖有格律而無音韻，是不過爲排偶之文而已。使徒以文而已也，則古之教，何必以詩律爲哉？

古詩與律不同體，必各用其體，乃爲合格。然律猶可間出古意，古不可涉律。"池塘生春草"、"紅葉當楷翻"，已移於流俗。

詩貴意，意貴遠不貴近，貴淡不貴濃。濃而近者易識，淡而遠者難知。如杜子美"釣簾宿鷺起，丸藥流鶯囀"、"不通姓字粗豪甚，指點銀瓶索酒嘗"，李太白"桃花流水杳然去，別有天地非人間"，王摩詰"返景入深林，復照莓苔上"，皆淡而愈濃，近而愈遠。

柳子厚“回看天際下中流，巖上無心雲相逐”，坡翁欲削此二句。予謂若止用前四句，則與晚唐何異？

古律詩各有音節，然字字摹仿而不敢失，非惟格調有限，亦無以發人之性情。太白《遠別離》、子美《桃竹杖》，皆極其操縱，曷嘗按古人聲調，而和順委曲乃如此，固初學所未到。然學而未至乎是，亦未可與言詩也。

詩必有具眼，亦必有具耳。眼主格，耳主調。聞琴斷，知為第幾弦，此具耳也。月下隔窗辨五色線，此具眼也。費侍郎問作詩，予曰：“試取所未見詩，即能識其時代、格調，十不失一，乃為有得。”

唐人不言詩法，詩法多出宋，而宋人於詩無所得。所謂法者，不過一字一句對偶雕琢之工，而天真興致則未可與道。其高者失之捕風捉影，而卑者坐於粘皮帶骨，至於江西詩派極矣。惟滄浪所論，超離塵俗，真若有所自得，反覆譬說，未嘗有失。顧其所作，徒得唐人體面，而亦少超拔警策之處。予嘗謂識得十分，只做得八九分，其一二分乃拘於才，其滄浪之謂乎？

宋詩深，卻去唐遠；元詩淺，去唐卻近，顧元不可為法。極元之選，惟劉靜修、虞伯生二人，皆能名家，莫可軒輊。世恒為劉左祖。予獨謂高牙大纛，堂堂正正，攻堅而折銳，則劉有一日之長；若藏鋒斂鍔，出奇制勝，如珠之走盤，馬之行空，始若不見其妙，而探之愈深，引之愈長，則於虞有取焉。

唐詩李、杜之外，孟浩然、王摩詰足稱大家。王詩豐縟而不華靡，孟卻專心古淡而悠遠深厚，自無寒儉枯瘠之病。由此言之，則孟尤勝。儲光羲有孟之名，而深遠不及岑參；有王之縟，而又以華靡掩之。

觀《樂記》論聲處，便識得詩法。

“雞聲茅店月，人迹板橋霜。”二句中不用一二閑字，止提掇出緊關物色字樣，而音韻鏗鏘，意象俱足，實爲難得。

陳公父論詩專取聲，最得要領。先輩曰："詩有五聲，全備者少。惟得宮聲者爲最優，蓋可以兼衆聲也。"太白、子美之詩爲宮，退之之詩爲角。以此例之，雖百家可知也。趙撝謙嘗作《聲音文字通》十二卷，未有刻本。本入内閣而亡其十一，止存總目一卷。以聲統字，字之於詩，亦一本而分者。

林子羽《鳴盛集》專學唐袁凱，《在野集》專學杜，皆極力摹擬。求其卓爾有立者，指不能一再屈也。

《元詩體要》載楊廉夫《香奩》絶句，有極鄙褻者，乃韓致光詩也。

劉會孟名能評詩，自杜子美下至王摩詰、李長吉諸家，皆有評，語簡意切，别是一機軸，諸人評詩者皆不及。及觀其所自作，則堆疊餖飣，殊乏興調，亦信乎創作之難也。

國初稱高、楊、張、徐。高季迪才力聲調，過三人遠甚。

詩用實字易，用虚字難。唐人善用虚，其開合呼喚，悠揚委曲，皆在於此。用之不善，則柔弱緩散，不可復振，亦當深戒，此余所獨得者。夏正夫嘗謂人曰："李西涯專在虚字上用工夫，如何當得？"予聞而服之。

晦翁深於古詩，其效漢、魏，至字字句句，平側高下，亦相依仿；命意託興，則得之"三百篇"者爲多。觀所著《詩傳》，簡當精密，殊無遺憾，是可見已。感興之作，蓋以經史事理播之吟詠，豈可以後世詩家者流例論哉？

選詩誠難，必識足以兼諸家者，乃能選諸家；識足以兼一代者，乃能選一代。選唐詩者，惟楊士弘《唐音》爲庶幾；次則周伯弜《三體》，但其分體過於細碎。而二書皆有不必選者。趙章泉《絶句》雖少而精。若《鼓吹》，則多以晚唐卑陋者爲入格，吾無取焉。

陶詩質厚近古，愈讀而愈見其妙。韋應物稍失之平易，柳子厚則過於精刻。世稱“陶韋”，又稱“韋柳”。學陶者須自韋、柳而入，乃爲正耳。

李、杜詩，唐以來無和者，知其不可和也。近世和杜者不一而足。

詩太拙則近於文，太巧則近於詞。宋之拙者，皆文也；元之巧者，皆詞也。

《紅梅》詩押“牛”字，有曰“錯認桃林欲放牛”；《蛺蝶》詩押“船”字，有曰“跟箇賣花人上船”，不知何名氏也。

國初，人有九言詩曰：“昨夜西風擺落千林稍，渡頭小舟卷入寒塘坳。”貴在渾成勁健，亦備一體。餘不能悉記也。

杜律非伯生注，乃張性注。

《中州集》所載金詩，皆小家數，不過以片語隻字爲奇。求其渾雅正大，殆未之見。元詩勝之。

《南濠詩話》一卷

明都穆撰

《知不足齋》本。前有正德癸酉黃桓序、壬辰文璧序，後有邵寶題詩、乾隆癸巳鮑廷博跋。

文氏序曰：“詩話必具史筆，宋人之過論也。玄辭冷語，用以博見聞、資談笑而已，奚史哉？所貴是書正在識見耳。若拾録闕遺，商訂古義，不爲無裨正史，而雅非作者之意矣。余十六七時喜爲詩，都君實授之法。君於詩別具一識。世之談者，或元人爲宗。而君雅意於宋，謂必音韻清勝。而君惟性情之真，倚馬萬言，莫不韙歎；而碧山雙淚，獨有取焉。凡其所採，率與他爲詩者異，而自信特堅，故久而人亦信之。所著《詩話》，君所教余者，皆灼然有見，而非漫言酬對也。”

鮑氏跋曰：“都少卿《詩話》，前明刻本有二：其一黃桓刻於和州，凡七十二則；其一文衡山刻於[八]吳郡，僅四十二則。兩本詮次不同，互有增損。予因正其謬誤，合而刻之，庶爲完善矣。黃本傳自樊榭山房，文本則天一閣舊藏也。”

陳後山曰：“陶淵明之詩，切於事情，但不文耳。”後山非無識者，其論陶詩，特見之偶偏，故異於蘇、黃諸公耳。

東坡嘗過一僧院，見題壁云：“夜凉疑有雨，院静似無僧。”坡甚愛之，不知爲何人作也。劉孟熙《霏雪録》謂二句似唐人語。予近閲《潘閬集》見之，始知爲閬《夏日宿禪院作》。詩云：“此地絕炎蒸，深疑到不能。夜凉如有雨，院静若[九]無僧。枕潤連雲石，窗明照佛鐙。浮生多賤骨，時日恐難勝。”通篇皆妙。但坡以“如”爲“疑”，“若”爲“似”，與此不同。

《七哀》詩始於曹子建，人多不解“七哀”之義。或謂病而哀，義而哀，感而哀，悲而哀，耳目聞見而哀，口歎而哀，鼻酸而哀，所哀雖一事，而七者具也。

昔人詞調，其命名多取古詩中語。如《蝶戀花》取梁簡文詩“翻堦蛺蝶戀花情”，《滿庭芳》取柳柳州詩“滿庭芳草積”，《玉樓春》取白樂天詩“玉樓宴罷醉和春”，《丁香結》取古詩“丁香結恨新”，《霜葉》取老杜詩“清霜洞庭葉”，《清都宴》取沈隱侯詩“夜宴清都闕”。亦有不盡然者。

李商隱《錦瑟》詩，人莫曉其義，劉貢父謂令狐楚家青衣名也。近閲許彥周《詩話》云：“錦瑟之爲器，其柱如其絃數，其聲有適、怨、清、和，又云感、怨、清、和。昔令狐楚侍人能彈此四曲，詩中兩聯，狀此四曲也。”乃知錦瑟非青衣之名，貢父失之於不考耳。

昔人謂詩盛於唐，壞於宋，近有謂元詩過宋詩者，陋哉！見也。劉後村云：“宋詩豈惟不媿於唐，蓋過之矣。”予觀歐、梅、蘇、黃、二陳至石湖、放翁諸公，其詩視唐未可便謂之過，然真無愧色者也。元詩稱大家，必曰虞、楊、范、揭。以四子而視宋，特太山之卷石耳。

> 文光案：後村謂宋詩皆有韻之文，非詩人之語；又謂宋詩過唐，不知何以牴牾如此。予素不解詩，惟覺宋詩與唐詩音節不同。王漁洋選宋詩之似唐者百十首，載於《池北偶談》。予讀之，終是宋詩。又案：瞿佑取宋、金、元三朝詩一千二百首，分爲十二卷，號“鼓吹續音”。序中備舉諸家所長不減於唐者，附以己見，而請參焉。其書不傳，見《歸田詩話》。

《方正學集》多雜以他人之詩，如《勉學》二十四首，乃陳子平作；《漁樵》一首，乃楊孟載作。又有《牧牛圖》一絕，亦元人詩。

予見蘇文忠公真蹟於友人家，皆集中所不載。詩凡五首，前題云《村醪二尊獻張平陽》。

近時北詞以《西廂記》爲首，俗傳作於關漢卿。或以爲漢卿不竟其詞，王實甫足之。予閱《點鬼簿》，乃王實甫作，非漢卿也。實甫，元大都人，所編傳奇有《芙蓉亭》、《雙蕖怨》等與《西廂記》，凡十種。然惟《西廂記》盛行於世。

元吾子行博學好古，晚年爲妾家所累，有司逮之。子行素高抗，不能忍辱，即作詩投其所知仇遠，潛投水死。詩云：“劉伶一插事徒然，蝴蝶飛來別有天。欲語太玄何處問？西泠西畔斷橋邊。”子行別號竹房，喜吹洞簫。

楊孟載詩律精切，義山之勁敵也。

《升菴詩話》十二卷　《補遺》二卷

明楊慎撰

《函海》本。前有李調元序、嘉靖丙辰蜀東緱嶺山人王嘉賓序。

李氏序曰："何宇度《益部談資》載先生《詩話》四卷、《補遺》二卷，余得焦氏本十卷，蓋皆先生心之所欲白而口所能言也。"

王氏序曰："《詩話三筆》，業已鋟棗。兹《補遺》三卷，乃公門人晉陽曹壽甫詮次成帙，請於嚴君東崖郡公，授梓以傳。"

古書無訛字，轉刻轉訛。余於滇南見故家收《唐詩紀事》抄本甚多。近見杭州刻本，則十分去其九矣。刻陶集遺《季札贊》。《草堂詩餘》舊本，書坊射利，欲速售，減去九十餘首，兼多訛字。余抄爲《拾遺辨誤》一卷。先太師收唐百家詩，皆全集。近蘇州刻則每本減去十之一。如張籍，本十二卷，今只三四卷，又旁取他人之作入之。王維詩，取王涯絕句一卷入之，詫於人，曰"此維之全集"，以圖速售。今王涯絕句一卷，在《三舍人集》之中，將誰欺乎？此其大關繫者。若一句一字之誤尤多。略舉數條：如武元衡詩"劉琨坐嘯風清塞"，訛作"生苑"。琨在邊城，則"清塞"爲是，焉得有苑乎？杜牧詩"長安澹澹没孤鴻"，今妄改作"孤鳥没"，平仄亦拗矣。杜詩"紛紛戲蝶過開幔"，俗本"開"作"閒"，不知子美父名閒，詩中無"閒"字。劉巨濟收許渾詩"湘潭雲盡莫烟出"，今俗本"烟"作"山"，亦是淺人妄改。湘水多烟，唐詩"中流欲暮見湘烟"是也。"烟"字大勝"山"字。李義山"瑶池宴罷留王母，金屋妝成貯阿嬌"，俗本作"玉桃偷得憐方朔"，直似小兒語耳。陸龜蒙《宮人斜》詩"草著愁烟似不春"，俗本作"草樹如烟似不春"，尤謬。小詞如周美成"憎憎坊曲人家"，"坊曲"，妓女所居，俗改"曲"作"陌"。張宗詞"東風如許惡"，俗改"如許"作"妬花"，平仄亦失粘。孫夫人詞"日邊消息空沉沉"，俗改"日"作"耳"。其餘不可勝數也。書所以貴舊本者，可以訂訛，不獨古香可愛而已。　《唐詩絶句》多誤字。

古樂府詩："尺素如殘雪，結成雙鯉魚。要知心裏事，看取腹中書。"據此詩，古人尺素結爲鯉魚形，即緘也。《文選》"客從遠方來，遺我雙鯉魚"，即此事也。下云烹魚得書，亦譬況之言耳，非真烹也。

《左傳》："林楚怒馬，及衢而騁。"《莊子》："草木怒生。"又說大鵬"怒而飛"。林希逸曰："莊子好用一'怒'字。"王介甫詩"山木悲鳴水怒流"，此老善用古人好字面。

杜牧詩好用數目垛積，如"漢宮一百四十五"、"南朝四百八十寺"、"二十四橋明月夜"、"故鄉七十五長亭"是也。

顏延年《赭白馬賦》"戒出豕之敗駕"，"出"字不如"突"字；杜詩"大家東征逐子回"，"逐"字不如"將子回"；白詩"千呼萬喚始出來"，"始"字不如"才"字。詩文有作者未工而後人改勝者，此類多有之。

賈島詩"長江風送客，孤館雨留人"二句爲平生之冠，而其全集不載，僅見於坡詩注所引。

岳武穆《湖南僧寺》詩有"潭水寒生月，松風夜帶秋"之句。唐之名家，不過如此。

孟集有"到得重陽日，還來就菊花"，刻本脫"就"字，擬補者或作"醉"，或作"賞"，或作"泛"，或作"對"，皆不同。後得善本，是"就"字，乃知其妙。崔顥詩"玉壺清酒就君家"，李郢詩"片帆歸去就鱸魚"，古樂府"就我求清酒"、"就我求珍肴"，前人已道破矣。

唐詩至許渾，淺陋極矣，而俗喜傳之。高棅《唐詩品彙》取至百餘首。棅之無目，不足言。而楊仲弘選《唐音》，自謂略於晚唐，渾乃晚唐之尤下者，而取之極多。陳後山云"近世無高學，舉俗愛許渾"，斯卓識矣。孫光憲云："許渾詩、李遠賦，不如不做。"當時已有公論，惜乎伯謙輩之憒於此也。

庾信之詩，爲梁之冠絕，啓唐之先鞭。史評其詩曰"綺艷"；杜子美稱之曰"清新"，又曰"老成"。綺艷清新，人皆知之；而其老成，獨子美能發其妙。予嘗合而衍之曰："綺多傷質，艷多無骨；清易近薄，新易近尖。子山之詩，綺而有質，艷而有骨，清而不薄，新而不尖，所以爲老成也。若元人之詩，非不綺艷，非不清新，而乏老成。宋人詩則强作老成態度，而綺艷清新概未之有。若子山者，可謂有之矣。不然，則子美何以服之如此?"

今南方所刻唐詩，皆非全帙。先公在翰苑裒集唐詩，極爲精備，較近日所傳，大有不同。緣吳人射利，刻各家唐詩，取其卷帙齊均，厚薄如一，以便於售，極爲可惡。張籍本十二卷，減爲四卷；楊炯詩不多，乃取楊巨源詩妄入之；王維集又取王涯詩妄入之，以爲新奇未見而爭市之，是重不幸也。

《文子》引《老子》曰："人生而静，天之性也。感物而動，性之欲也。"漢儒取入《禮記》，遂爲經矣。若知其出於老氏，宋儒必洗垢索瘢，曲爲譏評；但知其出於經，則護持交贊：此亦矮人之觀場也。又如"澹泊明志，寧静致遠"，本出於《淮南子》，而諸葛稱之。若儒者知其劉安語，將坐睡唾去也。

唐人詩句不厭同，絕句尤多。

蘇文忠公云："蘇武、李陵之詩，乃六朝人擬作。"予考之，殆不然。《漢志》有《蘇武集》、《李陵集》，其來古矣。即使假託，亦是東漢及魏人張衡、曹植之流始能之耳。杜詩云"李陵蘇武是吾師"，東坡云"蘇李之天成"，尊之亦至矣。

廬陵劉辰翁諱辰，號須溪，批評最多，士林服其賞鑒之精博，不知其節行之高也。宋亡之後，竟不出仕，人比之伯夷、陶潛。私印古篆"三代人物"四字自許，良不爲過。

陳僧慧標《詠水》詩："舟如空裏泛，人似烟中行。"沈佺期

《釣竿篇》：“人如天上坐，魚似鏡中懸。”杜詩“春水船如天上坐，老年花似霧中看”，雖用二子之句，而壯麗倍之，可謂得奪胎之妙矣。

《幽怪録》載唐人三句詩云：“楊柳裊裊隨風急”、“西樓美人春夢中”、“翠簾斜捲千條入”。

劉須溪不知詩，其批《選》詩云：“詩至《文選》爲一厄。五言盛於建安，而勃窣爲甚。”此言大本已迷矣。須溪徒知尊李、杜，而不知《選》詩又李、杜之所自出。予嘗謂須溪乃開剪截羅段鋪客人，元不曾到蘇、杭、南京機坊也。

學詩者，動輒言唐詩，便以爲好，不思唐人有極惡劣者。如薛逢、戎昱，乃盛唐之晚唐；羅隱、杜荀鶴，晚唐之下者；李山甫、盧延遜，又其下下者，望羅、杜又不及矣。其詩如“一個禰衡容不得”，又“一領青衫消不得”，他如“我有心中事，不向韋三説”、“昨夜洛陽城，明月照張八”，又如“餓猫窺鼠穴，饑犬舐魚砧”、“莫將閒話當閒話，往往事從閒話生”。此類皆下净優人口中語，而宋人方採以爲詩法，入《全唐詩話》，使觀者曰：“是亦唐詩之一體也。”如今稱燕趙多佳人，其間有跛者、眇者、瓱盍者，疥且痔者，乃專房寵之，曰“是亦燕趙佳人之一種”，可乎？

《字林》云：“直春曰擣。”古人擣衣，兩女子對立，執一杵，如春米然。今易作卧杵，對坐擣之，取其便也。嘗見六朝人畫《擣衣圖》，其制如此。

李太白論詩云：“興寄深微，五言不如四言，七言又其靡也，況束於聲調俳優哉？”故其贈杜甫詩有“飯顆”之句，蓋譏其拘束也。予觀李太白七言律絶少，以此言之，未窺六甲，先制七言者，視此可省矣。

劉須溪所選《古今詩統》，亡其辛集一册，諸藏書家皆然。予於滇南偶得其全集，然所選多不愜人意，可傳者止十之一耳。辛集中皆宋人詩，《洛春謠》、《夜歸曲》以外，無足採取。

《修文殿御覽》載李陵詩云：“紅塵蔽天地，白日何冥冥。微陰盛殺氣，凄風從此興。招搖西北指，天漢東南傾。嗟爾窮廬子，獨行如履冰。短褐中無緒，帶斷續以繩。瀉水置瓶中，焉辨淄與澠。巢父不洗耳，後世有何稱？”此詩《古文苑》止載首二句，注云：“下缺。”當補入之，以傳好古者。

杜詩“天棘”，鄭樵云“柳也”，此説無據。按：《本草索隱》云：“天門冬，在北岳者，名顛棘。”“顛”與“天”，聲相近而互名也，此解近之。

《詩》“行道遲遲，中心有違”，思致微婉。《紫玉歌》所謂“身遠心邇”、《洛神賦》所謂“足往神留”，皆祖其意。

謝皋羽，爲宋末詩人之冠。其學李賀歌詩，入其室而不蹈其語，比之楊鐵崖，蓋十倍矣。

晚唐江東“三羅”，羅隱、羅虬、羅鄴也，皆有集行世，當以鄴爲首。

佩魚，始於唐永徽二年，以鯉爲李也。武后天授元年，改佩龜，以玄武爲龜也。杜詩“金魚換酒來”，蓋開元中復佩魚也。李白《憶賀知章》詩“金龜換酒處”，蓋白弱冠遇賀之章，尚在中宗朝，未改武后之制。

宋人以杜詩爲詩史，鄙哉！論詩也。“三百篇”皆納情合性而歸之道德也，然未嘗有“道德”字也，未嘗有“道德”、“性情”句也。二《南》者，修身齊家，其旨也，然其言琴瑟、鐘鼓、荇菜、芣苢、夭桃、穠李、雀角、鼠牙，何嘗有“修身齊家”字耶？皆意在言外，使人自悟。至於變風、變雅，尤其含蓄，言之者無罪，聞之者足以戒。如刺淫亂，則曰“雝雝鳴雁，旭日始旦”，不必曰“慎莫近前丞相嗔”也；憫流民，則曰“鴻雁于飛，哀鳴嗷嗷”，不必曰“千家今有百家存”也；傷暴斂，則曰“維南有箕，載翕其舌”，不必曰“哀哀寡婦誅求盡”也；叙饑荒，則曰“羣羊墳[一〇]首，三星在罶”，不必曰“但有牙齒存，可堪皮骨乾”也。杜詩之含蓄蘊藉者，蓋亦多矣，宋人不能學之。至於直陳時事，類於訐訕，乃其下乘，而宋人拾以爲己寶，又撰出“詩史”二字，以誤後人。如詩可兼史，則《尚書》、《春秋》可以併省。又如今俗《卦氣歌》、《納甲歌》，謂之“詩《易》”可乎？

《漢鐃歌曲》多不可句。沈約云：“樂人以音聲相傳，訓詁不可復解。凡古樂録，皆大字是辭，細字是聲，聲、辭合寫，故致然耳。”此説卓矣。

女侍中，魏元乂妻也。女學士，孔貴嬪也。女校書，唐薛濤也。女進士，宋女娘林妙玉也。女狀元，王蜀黃崇嘏也。崇嘏，臨邛人。作詩上蜀相周庠，庠首薦之。屢攝府縣，吏事精敏，胥徒畏服。庠欲妻以女，嘏以詩辭之曰：“一辭拾翠碧江湄，貧守蓬茅但賦詩。自服藍衫居郡掾，永抛鸞鏡畫蛾眉。立身卓爾青松操，挺志堅然白璧姿。幕府若容爲祖腹，願天速變作男兒。”庠大驚，具述本末，乃嫁之。傳奇有《女狀元》、《春桃記》，蓋黃氏也。

晁以道家有宋子京手書杜少陵詩一卷，“握節漢臣歸”，乃是“禿節”；“新炊間黃粱”，乃是“聞黃粱”。以道跋云：“前輩見書自多，不似晚生，但以印本爲正也。”慎按：《後漢書·張衡傳》云“蘇武以禿節效貞”，杜公正用此語。後人不知，改“禿”爲“握”。晁以道徒知宋子京之舊本，亦不知“禿節”之字所出也，況今之淺學乎？

　　文光案：升菴《丹鉛總録》卷十八至二十一爲詩話四卷。兹所録者，第一條爲《函海》本，其餘俱見於《丹鉛總録》。

《唐音癸籤》三十三卷

明胡震亨撰

雙與堂本。《唐音統籤》甲至癸，凡十集。前九集俱録唐詩。

所藏只戊籤一集，餘俱未見。自御定《唐詩》成，諸家唐詩大部、選本俱廢。《癸籤》所録爲詩話，故傳本尚廣。凡分七目，唐詩之派，源流略備。其九籤未見全本。

校勘記

〔一〕"詩"，原作"諸"，據《詩人玉屑》改。

〔二〕"弨"，原作"敹"，據《對牀夜話》改。

〔三〕"宋"，據《元史·吳師道傳》，當作"元"。下同。

〔四〕同〔二〕。

〔五〕"天"，據《歸田詩話》補。

〔六〕同〔二〕。

〔七〕"謂"，據《歸田詩話》補。

〔八〕"和州，凡七十二則；其一文衡山刻於"，據《南濠詩話》補。

〔九〕"若"，原作"似"，據上書改。

〔一〇〕"墳"，原作"犢"，據《毛詩正義》改。

集部四
詩文評類三

《西河詩話》八卷

國朝毛奇齡撰

《西河合集》本。前後無序跋。

沈佺期有《遙同杜審言過嶺》詩。遙同，遙和也。解作同度嶺，詩意盡晦。又奉和，亦作"奉同"。此類甚多。

上海張吳曼有集唐梅花詩數百首。予評近代集詩家，謂泗上施助教、太倉顧湄，一博一精，與吳曼而三。沈貞居梅花集唐詩，在吳曼前。

古稱公皆以名，《世說》稱林公以字；古稱夫人皆以婦姓，《世說》稱王夫人以夫姓：非例，不足法。

《水調歌》五疊，是五首。《伊州》三疊，是三首，非一首而唱三遍也。唐樂府可驗。信此，則《陽關三疊》，當時必有續王維一首為三首者。後人謂上三句疊唱，下一句單唱，可笑之甚。近代琴曲有《陽關三疊》，竟以一字一句疊作唱聲，如"渭城渭城"、"朝雨朝雨"，陋之陋矣。

古舞法盡亡，今優伶手舞原本番樂，故與焰口一類。佛曲、佛舞，在隋、唐已有之。

大凡世人共呼者，皆正音。世共呼"佳"爲"嘉"，"娃"爲"媧"，"母"爲"姥"，"婦"爲"父"，此是正音。其間呼"皆"、呼"奎"、呼"畝"、呼"缶"者，旁音耳。宋人爲韻，反删正音而取旁音，真是怪事。

沈康臣曰："'誰謂含愁獨不見'，謂，恐是'爲'之誤。言誰爲之含愁者而君不見也。"徐仲山曰："詩有結，有拓，有掉。'誰謂'者，掉詞徑下至末，言誰料其至此也。"古人文字，每遇難解處，正是佳處，慎勿輕改。

玉峰徐氏藏書甲海内，日集門生、諸子輩討《詩》講《禮》，凡經中根柢枝葉，窮闡無賸。自漢、唐以後經學，到此始一明矣。

張南士仿王建《宮詞》百首。　桐城何令遠文集甚富，兼工集唐。　杜詩注多無稽語，《會萃》出，爲之一正。

韓愈，河南河陽人。孟津，即孟州河陽地也。　唐人七字詩，每句必四字一住，此不易之法也。　宋本杜詩"老翁逾墻走，老婦出門守"，"守"與"走"韻。　前朝皇史宸有藏韻書櫃，天啓末止有《正韻》、《經史海篇直音》、《詩韻釋義》諸部。

《漁洋詩話》二卷

國朝王士禎撰

合集本。前有雍正乙巳俞兆晟序、王氏自序。謹案：《四庫全書目》"三卷"。《提要》曰："論詩之語，散見於所著《池北偶談》諸書中，未有專帙。張潮輯《昭代叢書》，載《漁洋詩話》一卷，實所選古詩凡例，非士禎意也。是編乃康熙乙酉士禎歸田後所作，應吳陳琬之求者。初止六十條，戊子又續一百六十餘條，裒爲一集，付其門人蔣景祁刻之。士禎論詩主於神韻，故所標舉多流連山水、點染風景之詞，蓋其宗旨如是也。其中多自譽之詞，未免露才揚己。又名爲詩話，實兼説部之體，終爲曼衍，有乖體例。"

《詩問》四卷

國朝郎廷槐問，漁洋老人答

通行本。此本合《漁洋詩話》、《才調集選》爲一部。《詩話》二卷，康熙庚辰門人黃叔琳序。《才調集》爲漁洋所刪，凡三卷。此本不知何人所刊。《四庫》著《師友詩傳錄》一卷，郎廷槐編，即是書也。或名"漁洋定論"，或名"古夫于亭詩問"，皆別行之本，從郎錄抄出者。

《提要》曰："新城詩派以盛唐爲宗，而不甚考究漢、魏、六朝；以神韻爲主，而不甚考究體製：故持論出入，往往不免。然其談詩宗旨，具見於斯。"

文光案：郎氏問"熟精《文選》理"。漁洋不解"理"字，可知其疏於《選》學也。

《聲調譜》一卷　《後譜》一卷　《續譜》一卷

國朝趙執信撰

《雅雨堂》本。前有乾隆己卯盧見曾序。

盧氏序曰："近體詩之有平仄，人知之；古體詩之有平仄，人不盡知之。此《聲調譜》之所由作也。予得鈔本，義例該通，指證明確，印以大曆以後唐、宋、元大家各集，若合符節，誠學詩家指南，不可不廣其傳矣。此譜刻於本家，流布未遠，板已漫漶。翻刻者數家，既多魯魚，又或以己意添注，轉失本旨。因再爲校刊。《談龍錄》多關宗旨微言，皆前賢所引而未發，因亦節鈔授梓。"

《談龍錄》一卷

國朝趙執信撰

因園本。前有康熙己丑趙執信自序。

趙氏自序曰："新城王阮亭司寇，余妻黨舅氏也，方以詩震動天下。天下士莫不趨風，予獨不執弟子之禮。聞古詩別有聲調，往請問，司寇靳焉。予宛轉竊得之，司寇大驚異，更睹所爲詩，遂厚相知賞，爲之延譽。司寇以其學繩人，人多不堪。予與司寇間有同異，或構諸司寇，寖見疏薄。以直招尤，固也。向者匿情避謗，不敢出，今則可矣，乃爲是録。"

漁洋謂詩如神龍，見首不見尾。貽山恐人拘於所見，故以"談龍"名録，説雖反而實相成也。

阮翁聲調，蓋有所受之，而不言所自；其以授人，又不肯盡也。余以爲不知是者，固未爲能詩；僅知之，可謂能詩乎？故輒以語人無隱。

《聲調四譜圖説》十四卷

國朝董文焕撰

峴嶕山房本。同治三年刊。是書因趙《譜》初發其端，甚爲節略，作此以竟其緒。前有自序、黄氏序、王氏序、凡例、校刊姓氏。目録：源流表總圖，五、七言古詩，五、七言律詩、絶句，六言，拗體。

董氏自序曰："趙《譜》論句法詳矣，而亦不詳其訣，令讀者莫克適從。兹於每體之前各冠以圖，定爲歌訣，庶不爲風影之談也。"

《宋詩紀事》一百卷

國朝厲鶚撰

通行本。首乾隆十一年厲氏自序，次目録。無時代二卷，宫掖一卷，宗室一卷，降王一卷，閨媛一卷，宦官一卷，外臣一卷，道流一卷，釋子三卷，女冠并尼一卷，屬國一卷，無名子一卷，妓女一卷，卜仙、女仙一卷，神鬼物怪一卷，謠諺雜語一卷。卷内題“馬曰琯同輯”。三十三卷，爲江西派。

厲氏自序曰：“宋承五季衰蔽後，大興文教，雅道克振。其詩與唐在合離間，而詩人之盛，視唐且過之。前明諸公劘擬唐人太甚，凡遇宋人集，概置不問，迄今流傳者，僅數百家。即名公鉅手，亦多散佚無存。江湖林藪之士，誰復發其幽光者？良可歎也！予自乙巳後薄游邗溝，嘗與汪君袚江欲效計有功，搜括而甄録之。會袚江以事罷去，遂中輟。幸馬君嶰谷、半槎兄弟相與商確，以爲宋人考本朝尚有未當。如胡元任不知鄭文寶、仲賢爲一人，注蘇詩者不知歐陽闢非文忠之族，方萬里不知薛道祖非昂之子，以至阮閎休所紀三李定、王伯厚所紀兩曹輔之類，非博紀深訂，烏能集事？因訪求積卷，兼之閱市、借人，歷二十年之久。披覽既多，頗加汰擇，計所抄撮，凡三千八百一十二家，略具出處大概，綴以評論、本事，咸著於編，其於有宋知人論世之學，不爲無小補矣。部帙既繁，恐歸覆瓿，念與二君用力之勤，不忍棄去，暇日薈爲百卷，目曰‘宋詩紀事’，鏤板而傳之，庶幾後之君子有以益我紕漏云。”

《全閩詩話》十二卷

國朝鄭方坤撰

耕禮堂本。饒氏刻於南陽。是書合全閩十郡自晉迄今之美談勝事、瑣義微文，彙爲此編，遲久成書。前有序例，引書四百餘種。有非閩人而間涉閩事者，亦録之。取黎臣許夫人附《衛風》之例。

《石洲詩話》八卷

國朝翁方綱撰

原本。此覃溪先生門人襄平蔣公督兩粵時所刊。前有乾隆三十三年覃溪自序，後有嘉慶二十四年番禺張維屏校書跋。是書先成五卷，先生作序，凡八百餘條，令諸生各抄一本，以省口講。後又增評杜一卷，外間所傳漁洋評本多雜偽作，今就海鹽張氏刻本摘記。附説元遺山、王漁洋《論詩絶句》兩卷，共成八卷，即今本也。

近時粵中刻《曲江集》，頗未精校。如開卷載蘇子瞻一詩，其詞之俚，不知出誰附會。

今之選右丞五古者，必取"下馬飲君酒"一篇，七古則必取"終南於茅屋"一篇，大約皆自李滄溟啓之。此元遺山所謂"少陵自有連城璧，爭奈微之識碔砆"者也。

《李詩補注》一書，頗未修整。即如"中間小謝又清發"，乃以惠連作注，竟若不知題爲"宣城謝朓樓"者。此猶蘇詩之王注，未經淘洗故耳。如有識力者，取而删補訂正之，亦快事也。

近日有《讀杜心解》一書，如"送遠"、"九日"、"崔氏莊"、"諸葛大名"等篇，所解誠有意味。然苦於索摘文句，太頭巾酸氣，蓋知文而不知詩也。不過較之《杜詩論文》、《杜詩詳注》等，略爲有説耳，其實未成片段。

大曆十才子，盧綸、司空曙、耿湋、李端諸公一調；韓君平風致翩翩，尚覺右丞以來格韻去人不遠；皇甫兄弟其流亞也；郎君胄亦平雅；獨錢仲文當在十子之上。　《江鄰幾》所志乃十一人，有皇甫曾而無冉、無韓翃，不知何所據也。《玉海》所記，與《唐書·盧綸傳》同是十人，有韓無兩皇甫。然兩皇甫爾時極負重望，不知何以不入十子之例。若有曾無冉，則尤不可解矣。且升盧於錢之上，亦不知何謂。

唐詩似《騷》者，約言之有數種：韓文公《琴操》在《騷》之上。王右丞《送迎神曲》諸歌，《騷》之匹也。劉夢得《竹枝》，亦《騷》之裔。盧鴻一《嵩山十志》詩最下。

漁洋《十選》，大意歸重在殷璠、元結二本，而以《文粹》爲備。《文粹》首載樂章、樂歌、琴操，韙矣。然元次山之補樂歌，徒有幽深之韻，未爲古雅之則。至皮襲美補《九夏歌》，豈足與韓之《琴操》同日而語耶？

觀歐公答劉廷評詩，蓋嘗以《五代史》資原父訂證，不獨《集古錄》與有功也。

《東坡集》中《陽關曲》三首，一《贈張繼愿》，一《答李公擇》，一《中秋月》。其法以首句平起，次句仄起，三句又平起，四句又仄起；而第三句與四句之第五字，各以平仄互換；又第二句之第五字、第三句之第七字，皆用上聲：譬如填詞一般。漁洋先生謂絕句乃唐樂府，信不誣也。

太白仙才，獨缺七律，得東坡爲補作之，然已隔一塵矣。

《宋詩鈔》之選，意在別裁衆說，獨存真際；而實有過於偏枯處，轉失古人之真，如論蘇詩，以使事富縟爲嫌。夫蘇之妙處，固不在多使事，而使事亦即其妙處，奈何轉欲汰之，而必如梅宛陵之枯淡、蘇子美之鬆膚者，乃爲真詩乎？且如開卷《鳳翔八觀》詩尚欲加以芟削，何也？餘所去取，亦多未當。蘇爲宋一代詩人冠冕，而所鈔若此，則他何更論？　文定自是北宋一作家，而《鈔》亦不入。

清江三孔，蓋皆學內充而才外肆者。然不能化其粗，正恐學爲此種，其弊必流於真率一路也。言詩於宋，可不擇諸？

說部之書，至宋人而富。如姚令威、洪容齋、胡元任、葛常之、劉後村之屬，不可枚舉。此即宋人注宋詩也。不此之取，而師心自用，庸有當乎？

談理至宋人而精，說部至宋人而富，詩則至宋而益加細密，蓋刻抉入裏，實非唐人所能囿也。而其總萃處，則黃文節爲之提挈，非僅江西派以之爲祖，實乃南渡以後，筆虛筆實，俱從此導引而出。

　　宋人精詣全在刻抉入裏，而皆從各自讀書、學古中來，所以不蹈襲唐人也。然此外亦更無留與後人再刻抉者，以故元人衹剩得一段風致而已，明人則直從格調爲之。然而元人之風致，非復唐人之風致也；明人之格調，依然唐人之格調也。孰是孰非，自有能辨之者，又不消痛貶何、李始見真際矣。

　　漁洋先生所講“神韻”，則合豐致、格調爲一而渾化之。此道至於先生，謂之集大成可也。

　　漁洋先生，則超明人而入唐者也。竹垞先生，則由元人而入宋而入唐者也。然則，二先生之路今當奚從？曰：“吾敢議其甲乙耶？而由竹垞之路爲穩實耳。”

　　吳孟舉之鈔宋詩，若用其本領以鈔邵堯夫、陳白沙、莊定山諸公之詩，或可成一片段耳。覃溪深不滿《宋詩鈔》。

　　唐詩妙境在虛處，宋詩妙境在實處。初唐之高者，如陳射洪、張曲江，皆開啓盛唐者也。中、晚之高者，如韋蘇州、柳柳州、韓文公、白香山、杜樊川，皆接武盛唐者也。是有唐之作者，總歸盛唐，而盛唐諸公全在境象超詣，所以司空表聖《二十四詩品》及嚴儀卿以禪喻詩之説，誠爲後人讀唐詩之準的。若夫宋詩則遲更二三百年，天地之精英，風月之態度，山川之氣象，物類之神致，俱已爲唐賢占盡。即有能者不過次第翻新，無中生有，而其精詣則固別有在者。宋人之學，全在研理日精，觀書日富，因而論事日密。如熙寧、元祐，一切用人、行政，往往有史傳所不及載，而於諸公贈答、議論之章略見其概。至如茶馬、鹽法、河渠、市貨，一一皆可推析。南渡而後，如武林之遺事、汴上之舊聞、故老名臣之言行、學術師承之緒論淵源，莫不借詩以資考據。而其言之是非得失，與其聲之貞淫正變，亦從可互按焉。今論者不察，而或以鋪寫實境者爲唐詩，吟詠性靈、掉弄虛機者爲宋詩。所以吳孟舉之《宋詩鈔》，舍其知人論世、闡幽表微之處，略不加省，而惟是早起晚坐、風花雪月、懷人對景之作，陳陳相因。如是以爲讀宋賢之詩，宋賢之精神，其有存焉者乎？

晁具茨詩高逸，漁洋極賞之，然邊幅究不能闊大。後村謂放翁可以繼之，然具茨五言詩非陸務觀所能髣髴。

汪浮溪詩深厚麗密，非南渡諸人可及。

石湖善作風景語，於《竹枝》頗宜。　誠齋之《竹枝》，較石湖更俚矣。　誠齋之詩，巧處即其俚處。　石湖、誠齋皆非高格。石湖平淺，尚有近雅之處。若誠齋以輕儇佻巧之音作劍拔弩張之態，此真詩家之魔障。而吳《鈔》鈔之獨多，少陵所謂“別裁僞體”，其指斯乎？

“四靈”皆晚唐體，大率不出姚合、賈島之緒餘，阮亭謂如襯材窘於方幅者也。吳《鈔》乃謂唐詩由此復行。

海鹽張氏刻《帶經堂詩話》，於漁洋論次古今詩，具得其概。學者皆問詩學於此書。末附評杜一卷，真贗混淆，不得不辨，故因張刻此卷，略記如右。若夫讀杜之法，愚自有附記二十卷，非可以評語盡之也。

梁氏曰：“余弱冠即喜爲五、七言詩，而於詩義實茫無所知也。四十歲還京師，游蘇齋之門，始得略聞緒論，則悉非舊所得聞者。嘗以杜詩‘陰何苦用心’語質之蘇齋師，師曰：‘杜言“孰知二謝將能事，頗學陰何苦用心”，此二句必一氣讀，乃明白也。所賴乎陶冶性靈者，夫豈謂僅恃我之能事以爲陶冶乎？僅恃在我之能事以爲陶冶性靈，其必至於專騁才力，而不衷諸節制之方，雖杜公之精詣，亦不敢也。所以新詩必自改定之，改定之後，而後拍節以長吟之。苟其一隙之未中窾、一音之未中節者，仍與未改者等也。説到此處，不覺擱筆而三歎矣。孰知有如此之自擅精能，而如此之不敢寬假乎？“二謝”者，非果二謝真有此事也。語意之間，直若欲云杜陵野老將能事，不便直説，而假二謝以言之，曰豈知具二謝之能事，而亦不能不學陰、何之艱苦刻意以成之乎？"苦"字非正稱之語，乃是旁敲之語。試看有二謝如許之才力，而卻亦甘爲陰、何之刻苦乎？"苦"字神理只得半面，"苦"字只似就陰、何一邊卑之，無甚高論。若謙下，若歙抑之詞，其實亦何嘗陰、何果實如此，直是對上二謝能事，不得不如此，若似謙卑歙退之窘狀者，夫然後上七字"二謝能事"四字軒然飛揚而出。知此義，乃知下七與上七字陰陽收放之所以然。"苦"字曲向陰、何一邊，低下一著，乃使"頗"字笑而受之。然則所謂"陶冶性靈"者，非虛張架局也，實在其中，叩之有真際焉。"新詩改罷自長吟"，實實愈咀之愈有味，正恐索解人不得矣。'即此一篇，可作杜詩全部之總序矣。吾嘗謂蘇詩亦有一句可作通集總序，曰：'始知真放在精微。'真放，即豪蕩縱橫之才力也，即此上七字所云'能事'也。精微，即細肌密理之節制也，即此下七字所云'陰何苦心'也。二謝、陰、何，特借拈前人以指似之。《陰鏗集》，《隋志》僅一卷，蓋所傳已無多。在杜公必尚見其全，詣必深得其秘要，是以又云太白似陰鏗。太白豪放之才，而以陰鏗爲比，則此間即離含蘊之故，後人焉能窺見之？而漁洋直斥爲陰鏗蕪累，則亦非慎言之道耳。又云'老杜《望岳》起句"夫如何"三字，乃從下句倒捲而出。齊、魯二邦不爲小矣，顧不解其何以"青猶未了"也。晉人《望岳》詩云"氣象爾何物"，亦作訝而問之之詞，非到其境者不知也。今人誤解作空喝起下之詞，則乖其義矣。'吾師於杜詩工力最深，自言手批杜集凡廿三過，最後始成《讀杜附記》之定本，凡字句之異同，皆詳列句下。然章鉅憶少時所見杜詩舊本，乃作'岱宗大如何'。'大如何'與'青未了'，字則偶對，意則相生，氣象更爲雄實，似較'夫如何'爲勝。惜見此本後，吾師已歸道山，不及相質耳。又云：'"今代麒麟閣，何人第一功？君王自神武，駕馭必英雄。"氣勢凌勵，可爲後學入

手門徑。須知"自"字乃"自身"之"自"，非"自是"之
"自"。"紫燕自超詣"句同。'按：如此説詩，則作者精神愈出。
若錢籜石先生必以'麒麟'與'第一'爲對偶，則又何關於詩律
哉？亡友謝甸男震亦以"鳳歷軒轅紀，龍飛四十春"，"四十"與"軒轅"爲對偶，與
前説同。又云：'"石門斜日到林丘"，或注"石門屬齊州"；或謂與
"澗道"對，不必實指其地。然《居易録》云："孔博士東塘言曲
阜東北有石門山，即杜子美題張氏隱居處。李太白有《石門送杜
甫》二詩，'何言石門路，復有金亭開'，亦其地。山不甚高大，
石峽對峙如門，故名。山南有兩小阜，俗稱'金杷齒'、'銀杷齒'
者。子美詩'不貪夜識金銀氣'，蓋偶然即目耳。'"又云：'"至
尊含笑催賜金，圉人太僕皆惆悵"，説者曰帝喜霸之能寫真，故催
金賜之，而圉人、太僕自愧歉無技以蒙恩賚耳。惟張邦基《墨莊
漫録》云："此深譏肅宗也。考是詩，始云：'先帝天馬玉花驄，
畫工如山貌不同。是日牽來赤墀下，迥立閶闔生長風。'帝既
見[一]先帝之馬，當軫羹墻之念，乃反含笑而賜金，不若圉人、太
僕見馬猶能惆悵而懷先帝也。"此解新奇而有理，始知深入無淺語
也。'又云：'"風簾自上鈎"，"自"字乃"獨自"之"自"也。
江樓對酒，忽見月吐，徑自起鈎簾納之，其旁無侍媵可知。"自"
字正對末句"寡"字也。且此字露出自身，方與末句"酌酒"相
貫，與五、六句"鶴髮"、"貂裘"相接。此論向無有拈出者。又
云：'《詠桃樹》一首，乃拈一物以慨時事耳。中四句乃指往日言
之，"舊"字、"非"字，正相呼吸。"正"字即首句"不斜"之
注腳。回憶"小徑不斜，五桃遮門"之日，乃天下車書一家之日，
非今作詩之寡妻、羣盜日也。蓋少陵之室門內五桃，原不禁人摘
食。今當亂後，人自爲計，家自爲謀，不免爲籬垣以掩蔽之，因
此入門之徑不得不遷就斜曲以升堂矣。回思昔日直入門，直升堂，
入門即見桃樹，堂室不妨其遮，秋則食實，春又開花，不但人、

我同此食實、開花之境，且鳥雀亦同此飛翔棲止之常，即一居室而胞與無私之景象，藹然在目。於是慨然遠想曰："此正天下一家之日，非今作詩寡妻、羣盜之日也。"就此一物而俯仰今昔之感，所該非一事也。録於《浪迹叢談》。

　　蘇齋師云："坡公《自普照游二庵》七古一首，是坡詩一小結構。今偶爲拈出，自來學坡詩者皆不知也。入手四句云：'長松吟風晚雨細，東庵半掩西庵閉。山行盡日不逢人，裊裊野梅香入袂。'寫出清幽孤峭之景，至此極矣。次云：'山僧怪我戀清景，自厭山深出無計。'妙在借此一託，則上四句之清幽孤峭更十分完足。次云：'我雖愛山亦自笑，獨往神傷後難繼。'此并自己亦抽出，則此游之清幽竟到二十分。次云'不如西湖飲美酒，紅杏野桃看覆髻。'二句乃作俗艷以反形之，此鍼鋒也。結云：'作詩寄謝采薇翁，本不避人那避世？'言實覺此游之太清幽孤峭也。本應以清幽孤峭作收場，卻反以俗艷作收裹，如此乃謂之圓筆。又《送文與可出守陵州》，起句云：'壁上墨君不解語，見之尚可消百憂。'坡公有《墨君堂記》，謂竹也。次云：'而況我友似君者'，此'君'字與上句'之'字皆指竹。題本是送其人，而詩則直以所畫竹爲主。次云'素節凛凛欺霜秋'，此七字切竹亦切人，妙在於以[二]竹寫其人。次云'清詩健筆何足數'，'清詩健筆'四字，二層雙頓而出。此句寫其人，則不必復以似竹説矣，故合其人之詩、筆言之。此是著題之正面，然卻是宕開。所以要宕開者，本以似竹爲主也。通首用意全在竹，然而人之似竹上句已説明，請問下句如何接法？次云'逍遥齊物追莊周'，此七字則真化工之筆也。《逍遥》、《齊物》，《莊子》二篇名耳。坡公之意，卻取'齊物'二字爲此詩之主。齊物者，己與物齊，即南郭子'嗒然喪我'之意也。即坡公題文與可畫竹忘其身之義也，直欲將文與可化作一竹矣。然若不先用'逍遥'二字，則其追莊周之妙不圓也。'逍遥’，乍看似不及‘齊物’之切，豈知坡公以其在集賢院與在陵州等而視之，所以‘齊物’之上必用‘逍遥’二字，而後‘追莊周’三字乃圓也，而後上句‘清詩健筆’乃圓也。次云‘奪官遣去不自覺，’‘奪官遣去’四字，又雙頓而出，‘奪官’謂辭去集賢，‘遣去’謂出守陵州。以此本題實事作接筆，而後逍遥、齊物之旨乃圓也。處處有實境，而頂上圓光始出，此豈空言神韻者所知？次云‘曉梳脫髮誰能收’，又是妙極化工之筆，并非寫其老態也，直是將文與可作一莖枯竹，寫其蕭蕭之落葉耳。然後知‘逍遥齊物追莊周’之妙，真化工之筆也。‘奪官遣去不自覺’，到此乃神圓也。又并非借竹爲喻，即其上面‘素節欺霜秋’，亦何嘗明言借竹爲喻。只緣此老筆有化工，不知不覺將一個文與可作爲一幅墨竹矣。此等明承暗接、圓合收裹之所以然，即漁洋先生亦恐看不出也。次云‘江邊亂石赤如赭，陵陽正在千山頭”，此又是妙接。坡公是西蜀人，必親到此州，知其山如此；亦必此日席間真見文與可禿鬢脫髮之老態，所以竟將陵州童山寫出一個無髮之禿頂來，又是真境，并非借喻。結句云：‘君知遠別懷抱惡，時遣墨君消我愁。’通首以竹爲正意，而文與可形神全於竹得之，至此仍以墨君結住，而通首俱圓矣。此兩篇七古俱不過六韻，而上下明暗相承銜接之妙，他人數十韻之轉換氣力不足以當之。深味此二篇，即坡詩數十韻之大篇無以過此矣。必知此秘而後能鋪陳排比、開拓縱橫也，如杜如韓，篇篇皆當如此用意讀之。”同上。

文光案：《浪迹叢談》十一卷，梁章鉅撰。第十卷爲詩話，引王東漵論詩二則云：“古人詩，於題中字必不肯放過。如老杜之《重過何氏》五首，其着眼處在‘重過’二字，所以爲佳。吾觀王漁洋《三登高樓》詩，於‘三登’字全不照顧，已非古法；而字句雜出，尤所不解。如第二聯既用‘晚霞殘照’，而第五句又用‘烟雲早莫’，第八句又用‘清晨臨

眺’，一首之内，忽朝忽夕，可謂毫無倫次矣。”又云：“詩貴
鍛鍊精工，亦須疏密相間。若字字求工，則反傷真氣矣。詩
貴含畜蘊藉，亦不妨豪蕩感激。若句句求澹，則不見精神矣。
詩貴意存忠厚，亦不妨辭寓刺譏。若語語渾淪，則全無作用
矣。”此語蓋亦專爲新城而發，正中新城之病。

《小石帆亭著録》六卷

國朝翁方綱撰

原本。乾隆五十七年刊。前有自序，次目録。曰《新城縣新
刻古詩平仄論》，曰《趙秋谷所傳聲調譜》，曰《五言詩平仄舉
隅》，曰《七言詩平仄舉隅》，曰《七言詩三昧舉隅》，曰《漁洋
先生書目》，以上各一卷；曰《新定漁洋手著四十二種》，曰《漁
洋詩集續集》，曰《蠶尾集》、《續集》、《後集》，曰《南海集》，
曰《雍益集》，曰《古夫于亭稿》，曰《精華録》，曰《漁洋文
略》，曰《五七言詩鈔》，曰《神韻集》，曰《唐賢三昧集》，曰
《唐人萬首絶句選》，曰《徐高二家詩選》，曰《邊華泉集選》，
《張蕭亭詩選》，曰《考功集選》，曰《抱山堂詩選》，曰《古鉢集
選》，曰《濤音集》，曰《感舊集》，曰《池北偶談》，曰《居易
録》，曰《香祖筆記》，曰《分甘餘話》，曰《古夫于亭雜録》，
《古懽録》，曰《漁洋詩話》，曰《五代詩話》，曰《詩問》，曰
《平仄論》，曰《皇華紀聞》，曰《粤行三志》，曰《蜀道驛程記》，
曰《秦蜀驛程後記》，曰《隴蜀餘聞》，曰《長白山録》，曰《浯
溪考》，曰《謚法考》，曰《載書圖》。《神韻集》，久佚重刻者，
非其真也。《唐音統籤》板藏内府，人間無從見也。《古詩選》
最佳。

翁氏自序曰：“石帆亭者，漁洋先生論詩處，在新城里第、池
北書庫間。吾邑黄崐圃先生受學於漁洋，至視學山東，役竣，猶

親執經問業於此。方綱幼侍先大夫及崑圃之門，輒心慕之。後四十餘年，而方綱視學於此。竊念漁洋先生以詩學沾溉後學，顧受其膏馥者，或往往厭薄先生，蓋始於趙秋谷，而後人所聞不逮秋谷，亦從而效之。實則先生言詩，窺見古作者不傳之祕，滌盡渣滓，獨存精液，所謂詞場祖述、江河萬古者歟？方綱既得承先生門墻緒論，又得與學人訓故齊、魯之間，急以闡揚先生言詩大旨爲要務，輒因此地新刻《古詩平仄論》而推廣沿溯，約爲六卷。使院廳事後四照樓前有石焉，旁有水亭三椽，因題以‘小石帆’而勉效著録之義，庶與吾學侶共質之。”

《榕城詩話》三卷

國朝杭世駿撰

《知不足齋》本。前有乾隆改元汪沆序、杭氏自序、朱文藻跋。

汪氏序曰：“《榕城詩話》，予友董浦壬子分校鄉試時所輯也。凡山川之麗綺，人物城郭之隱賑，風土物產之異尚，朋友宴飲之往來贈答，三月中見聞所及，或因詩以存事，或因事以存詩。體備洪纖，義歸彰癉，豈非知人論世之一快乎！”

杭氏自序曰：“意主於表章，而事存乎風雅。述而不作，論而不議，以爲篇章之外乘，風始之胵説可也。”

朱氏跋曰：“榕城者，閩中多榕樹，故城以是號也。太史勤於著書，年七十餘，讀書日以寸計。著述若《史漢疏證》、《三國志補注》、《金史補缺》、《歷代藝文志》、《詞科掌録》、《詞科餘話》諸書，間爲傳鈔，惟詩文集近已梓行。鮑君取余所録，刻入叢書。詩話自《榕城》而外，尚有《柱堂詩話》，當更爲校録。”

錢塘吳中林廷華穿穴賈、孔，著《二禮疑義》數十卷。其集有《龍山》、《歐冶》、《金鰲》、《見山》、《南臺》，皆在閩時作也。

《賴古堂集》有《大清明曲》，自注："閩將樂、歸化人，以三月爲小清明，八月爲大清明。予詢之林上舍溥、郭明經金鑑，蓋彼中耆宿也，皆相顧愕眙，謂櫟園爲妄語。劉敬與云：'或五十年前風氣，我輩生晚，不及悉耳。'"

林鴻、陳亮、高廷禮、王恭、唐泰、鄭定、王偁、王褒、周元、黃元，皆明初人，各有集，惟黃集不傳。萬曆中，三山袁表、馮榮選輯爲《十才子集》，徐中行爲之序。

明選有《閩詩正聲》、《三山詩選》、《晉安風雅》、《晉安逸雅》。 閩中《十才子集》有刊本，今則無之。 安溪相國，詩不多作，深得晉、魏之遺。 李光坡茂夫，安溪介弟，隱居不仕，潛心經學，著《三禮述注》。 藍漣有集刻行，畫居逸品，書法亦清婉可喜。 魏憲撰本朝《百家詩選》。 黃任，字莘田，有硯癖，自號"十硯先生"。 錢塘王介眉延年，深於史學。隨人入閩，嘗作《閩江考》。 榕城市有光餅，相傳爲戚繼光行軍時所作。

《初白庵詩評》三卷

國朝查慎行撰，張載華編

涉園觀樂堂本。前有乾隆三十二年張載華序，又載華之弟宗櫨序，次例十五條、蕭嘉植跋。

張氏序曰："先含廣兄排纂《帶經堂詩》，同堂商榷，凡三易稿，然後鏤板問世。讀《漁洋詩話》，未易涉其流而溯其源。若初白先生所著評語，直抉作者精要，或別裁各家偏體，一經指示，可以由漸而入。視一味妙悟之論，孰難孰易？"

張氏序曰："諸家杜詩評本及查晚晴評閱韓詩、陸辛齋評閱《宋詩鈔》，可與先生評語發明者，依本詩附錄。申鳧盟《説杜》，邇來罕有流傳；仇氏《詳注》，亦非全載，擇其精要者附錄之。陶

靖節、彙注本。李青蓮、補注本。杜少陵、舊本。韓昌黎、東雅堂本。白
香山、雲間馬本。蘇東坡、施注本。王半山、撫州本。朱紫陽、浙西藏本。
謝皋父、晉安徐本。元遺山、劍光閣本。虞道園、《學古錄》本。《瀛奎律
髓》。"

文光案：此本寫刻甚佳，流傳亦罕。自陶至白爲上卷，
蘇至虞爲中卷，《瀛奎律髓》爲下卷。標題摘句加評，不錄
全詩。

蕭氏跋曰："查初白太史評閱諸家詩集，遠近傳本雖多，不能
數覯也。若手批元本，購覓尤非易易。外舅芷齋先生，自少而壯
而老，每見太史手批元本，鈔錄無遺。歷數十年，得十二種，析
爲三卷，體例秩然，真不惜金鍼度與人矣。越二載，再易稿，始
壽諸梓。"

初白評語或直抉作者精要，或別裁各家僞體，一經指示，可
以由漸而入。

評本流傳不一，亥豕亦多。此錄俱系手迹。

評杜凡五本，止見二本。

先生篤好蘇詩，評語較詳。

諸集訛字，先生改正十之六七。

《律髓》評點，係先生晚年家塾課本，學詩津逮，至捨筏登
岸，此中三昧盡在是矣。今借得手批元本，校錄一過，最爲完善。

《杜詩雙聲疊韻譜》八卷

國朝周春撰

《珠塵》本。前有乾隆五十四年周春自序，後有自記。是書第
一卷至五卷爲正、變、通用諸格；第六卷爲諸格摘論；第七卷論
各書；第八卷上爲附錄，下爲序例。

周氏自序曰："杜集之編，自樊潤州始也；杜之有注，自趙次

公始也；杜之有評，自劉須溪始也；杜之編年，自魯冷齋始也；杜詩之分類，自陳浩然始也；杜之有年譜，自呂汲公始也；而杜詩之雙聲、疊韻，創爲一書，則自此始。蓋少陵之於詩，才力實能牢籠古今，無所不有。即如雙聲、疊韻，不過其詩之一斑耳，已至巧至密若此，況進求諸章句作法之全乎？"

周氏自記曰："此書凡五易稿，因太繁蕪，改創括略，復兩易稿，閱二十有五年而成。體例秩然，釐爲八卷。古來讀杜，無慮千百家，然從未有論及此者。余非敢自附少陵功臣，而探賾索隱，能窺見詩律之細，亦其一斑焉。"

兩字同母，謂之雙聲。若依等韻三十有六取同紐者用之，絲毫不爽，此雙聲正格也。

雙聲、疊韻，分而言之，"三百篇"所早有，沿及兩漢、魏、晉，莫不皆然。但爾時音韻之學未興，并無所謂"雙聲"、"疊韻"名目，故散見而不必屬對也。自沈約創四聲切韻，有前浮聲、後切響之説，於是始尚對者。或各相對，或互相對，調高律諧，最稱精細。唐初，律體盛行而其法愈密。惟少陵尤熟於此，神明變化，遂爲雙聲、疊韻之極則。迨宋初而漸微，北宋如宛陵、山谷，南宋如石湖、劍南諸家，皆不復留意，而舊法殆盡。然我觀齊、梁以上，祕奧未開；宋、元以來，幾成絶學。考其篇章，往往亦多暗合，此殆關乎天籟，非人力可强者矣。

律詩中聯自宜相對，即律詩起、結及絶句用對體者，便須用此法。但起、結及絶句可對可不對，非若中聯之嚴也。古詩之作對體者亦然。而古詩尤寬，大抵不用單耳。

兩字用韻，謂之疊韻。若就《廣韻》二百六部，或獨用，或通韻，如今"平水"本此，爲疊韻正格。倘字音逼近，則雖律詩不通而古詩可通之韻，亦合疊韻之正也。

"霧樹行相引，連山望忽開"。"霧"一作"茂"，"山"一作

“峰”，并非。《漢皐詩話》：“茂字〔三〕、連山字皆從‘一〔四〕作’。時歸鳳翔行在。正文‘連山’作‘連峰’，非也。‘霧樹’亦然。”案：“茂”字、“峰”字，乃不知者妄改。《文苑英華》本亦從之，沿誤已久。《詩話》但知“峰”字之非，而不知“霧”字之是，亦昧其爲疊韻對也。

蘇詩：“出門便旋風吹面，走馬連翩鵲噪人。”施注引《左傳》“夷射姑旋焉”。杜注：“旋，小便也。施誤。”案《廣雅》云：“徘徊，便旋也。”東坡正用此語，對下句“聯翩”尤工。查注引《詩》“子之旋兮”，誤以《釋文》爲疏。

隔標雙聲，其通用不待言矣。外此，如“疑娘”、“澄床”、“知照”、“徹穿”、“禪日”之類，雖屬各母，而音實逼近，亦可通用。然須取最逼近者用之。倘神理稍遠，仍不得通也。

凡唇音字，核其細則易混，舉其粗則易辨，一讀而即知其音之屬唇矣。故輕重各自相通，非他母可比。其偶有不對者，因不甚逼近故也。凡輕重各相通者，歸通用格；互相通者，歸廣通格。

平、上、去三聲可通用爲疊韻，以其字音逼近，上口便諧，雖欲不通不得也。至入聲，則不可通矣。

雙聲字多而疊韻字少，故疊韻之途，視雙聲較寬。

雙聲借用格，字可兩讀，即行借用。疊韻仿此。

雙聲廣通格，截然分六大部，而取其最近者廣通之。遇難於屬對時，因難見巧，參用此法。至其不甚逼近者，不可拘用對也。

疊韻廣通格，凡古韻可通者，如支、微、齊、佳、灰、真、文、元、寒、删、先之類，廣通皆爲疊韻。更推廣之，即通及於通用之三聲亦可，但字音須逼近，方爲疊韻耳。

起、結之顯屬對偶者，已散見各門內。若非對偶，則散句元在所不拘。而有時筆到天隨，亦復自然湊拍，良由少陵於此法最爲精熟，初非有意出之，而往往相合。或一句中并見，或兩句中相應，總不令其單用，所以求調之高亮、律之和諧。運用既靈，下筆遂無一字疏懈處，是以推詩壇之聖，非其餘大家、名家所可及也。

"南內開元曲，常時弟子傳"，"南內"、"常時"，以雙聲對雙聲也。杜詩率似拙而必拘此者。如雙聲之"常時"，不曰"當時"，而曰"常時"；疊韻之"接葉"，不曰"密葉"，而曰"接葉"是也。仇注從盧氏本，妄改"常"字作"當"字，大謬。

"桑麻深雨露，燕雀半生成。"《瀛奎律髓》："'雨露'二字雙重，'生成'二字雙輕，此輕重各對法。"案：此說如同夢囈，蓋由虛谷不知"雨露"爲通韻、疊韻，以疊韻對疊韻也。《對床夜話》："老杜詩以'生成'對'雨露'，句意適然，不覺其爲偏枯，然終非法也。"按：范氏不知少陵屬對之法，故其說如此。

"黃鸝度結構，紫鴿下芳菲。""鸝"一作"鶯"，"芳菲"一作"罘罳"，并非。余家藏不全宋本，編此詩入近體五言律中。宋本雕刻極精，有元"國子監印"四字國書。又有紅字長印，上刻"國子監崇文閣官書，借讀者必須愛護，損壞闕失，典掌者不許收受"二十六字。

《論衡》："五音之家，用口調姓名及字，用姓定其名，用名正其字。口有張歙，聲有外內，以定五音宮商之實。"按：此說與字母相近。張歙，即開合。外即脣、舌、齒，內即腭、喉也。爾時《華嚴》之經未譯，神珙之教未傳，而東漢時即有此說，其出於天籟無疑矣。

《呂覽》："歲在涒灘。"案：涒、灘，雙聲，高誘注謂"誇人舌短不能言爲涒灘"者，即後人所云"吃語"也。又《淮南子》注："郊禖，'郊'與'高'音相近，故或言'高禖'。"又："圈讀近鴻，緩氣言之。"案：此三條并與字母翻切之說互相發明，可知東漢時已有此矣。但不爲當時學者所取，如仲任輩痛加排詆，故不甚流行耶。

許慎《淮南注》：“蠢，讀蠢^{〔五〕}然無知之蠢，籠口言乃得。”又“涔，讀延祜^{〔六〕}曷問，急氣閉口言也。”按：此可與高注相發明。

　　《釋名》：“天，豫、司、兗、冀以舌腹言之。天，顯也，在上高顯也。青、徐以舌頭言之。天，坦也，坦然高而遠也。”按：成國之論極精，亦出東漢末。又：“風，橫口合唇言之，爲‘泛’，即音‘飄’；蹴口開唇推氣言之，爲‘放’，即音‘芬’。”

　　《禮記》鄭注：“嫌名，謂音聲相近，若‘禹’與‘雨’，‘丘’與‘區’也。”《釋文》：“丘、區，并去求翻。一讀區，音羌虬翻。又丘于翻。”案：“禹”與“雨”聲相近，乃同韻之嫌名。“丘”與“區”音相近，乃同母之嫌名。二者皆謂之嫌名，而判然有別。故“丘、區，并去求翻”者，非也。“丘”字當從羌虬翻，讀入尤韻；“區”字當從丘于翻，讀入虞韻爲是。

　　《宋書·謝靈運傳論》所謂“宮羽^{〔七〕}相變者”，指母而言，即雙聲也；“低昂互節”者，指韻而言，即四聲也。“若前有浮聲”者，謂前有雙聲、疊韻也；“則後須切響”者，謂下句必再有雙聲、疊韻以配之也。“一簡之内，音韻盡殊”，謂雙聲、疊韻對偶變換也；“兩句之中，輕重悉異”者，謂平、上、去、入四聲調諧也。後人不知，轉造宜避雙聲、疊韻之說。夫雙聲、疊韻乃天籟所必有，何可避哉？

　　《文心雕龍》“左礙尋右，末滯討前”，可與休文“前有浮聲，後須切響”之說互相發明。蓋既用一雙疊字樣，必再用一雙疊字樣以配之也。元注“吃”，引韓非口吃，與此無涉。和引升菴“東、董是和，東、中是韻”。此語極混，引之費解。

　　雙聲必本於五音，疊韻必本於四聲，乃不易之理也。孫愐《唐韻序》所論，似是而非，真模糊影響之談。

李淑《詩苑》"沈約詩病有八"注："案正紐、旁紐，皆指雙聲而言。觀神珙之圖，自可悟入。"若此注所云，則旁紐即疊韻矣，非平頭、上尾、蜂腰、鶴膝四病。所謂同聲，當指同母字而言，非謂平、上、去、入四聲。注似誤會。

米芾《畫史》"沈隱侯只知四聲"一則，游談無根。字母非祖述隱侯，《釋文》亦非祖述字母。

《韻語陽秋》："皮日休詩序曰：'《詩》云"蟋蟀在東"，又曰"鴛鴦在梁"，雙聲起於此也。'陸龜蒙詩序曰：'疊韻起自梁武帝，如"後牖有朽柳〔八〕"，自後〔九〕用此體作爲小詩者多矣。載在史册，可得而考。'溫庭筠'棲息銷心象，檐楹溢艷陽'，仿雙聲也。皮日休'康莊傷荒凉，土虞〔一〇〕部伍苦'，效疊韻也。"

梁武帝嘗作五字疊韻，曰："後牖〔一一〕有朽柳"，命朝士并作。

《南史·謝莊傳》："王元謨問：'何者爲雙聲？何者爲疊韻？'答曰：'懸瓠爲雙聲，碻磝爲疊韻。'其捷速如此。"案：懸瓠、碻磝，并地名，乃當時北魏戍守爭戰之所。元謨，邊將，正當其地，故以此答之，而時人服其捷速也。

唐人多守雙聲、疊韻之法，而初、盛尤嚴。《蔡寬夫詩話》乃云"自唐以來，雙聲不復用"，殆如癡人説夢也。僅舉少陵"卑枝"、"接葉"一聯，則疏甚矣。

潘淳《詩話》："丁晉公在朱崖，作州郡名配古人姓名等詩，及雙聲、疊韻，甚有源委。"

王觀國《學林新編》所論述，紕繆百出。《切韻》尚不能知，乃敢妄筆於書，異哉？

東坡有《戲和正輔一字韻〔一二〕》詩。此體創自皮、陸，用同紐字集成，故目之爲"一字韻"。施注以爲"未詳"，查注但云"雙聲"，而昧其通首同紐，可知唐以後不講音韻之學久矣。但詩用見母，而"吃"字闌入溪母，猶可廣通；"因"字闌入影母，更爲不倫，必係傳寫之誤也。東坡尚有吃語詩，亦用見母而雜用"航"、"影"二字，殊不合。案："孤航"，集本作"篙竿"；"影"，集本作"景"，當從集。至山谷戲題，乃間用雙聲、疊韻屬對而成，又與此體異。《漁隱叢話》誤合爲一。

吃語詩者，因字盡同母，聲調相粘，讀之有類口吃而已。《蘇長公外紀》云："古之口吃難言者，如韓非、周昌、鄧艾之徒，皆載史傳。東坡此詩亦緣是善謔耳。"此不明口吃之即雙聲也。查注云"何苦爲此"，亦不解雙聲之故，故敢於詆諆耳。

《懷麓堂詩話》"陳公甫"一則，論詩之欺人可笑者無過此條。潘偶獻諛，李因夢囈，皆不足辨也。忽借趙古則之書，含糊依託，似是而非，則不特欺人，而自欺實甚。

連綿字者，謂偏旁形體連綿而相類也。其中未必無雙聲、疊韻；但盡有連綿而非雙聲、疊韻者，如左右、江河之屬，難悉數矣。升菴不明其源，模糊説去。集中"《上林賦》連綿字"一條，所舉者雙聲，而概指爲連綿，似是而非。又《升菴集》所云八病，與《詩苑》互異。如以"嫁"字爲正紐，"寅"、"延"爲旁紐，是不知"寅"、"延"之爲母，而且以爲韻，何謬如之？

《藝苑巵言》"楊用脩謂七始"一條，升菴之説固非，弇州深淺二音，尤混。

王圻《續通考》"雙聲疊韻者"一條，論翻切尚可；論雙聲、疊韻，終隔數塵。

填詞亦以雙聲、疊韻字相諧爲主，禁用之説非也。

《詩問》一卷，《漁洋全集》中從未言及，疑是門弟子輩依託爲之。

《曝書亭集》"《龍龕手鑑》本之《華嚴》"一條，案．竹垞不講音韻之學，故立論如此。又"平水韻"一條，案：從母編韻，誠失古人之意，大爲不可。然以此議華嚴字母之學，則又近於因噎廢食矣。

《古今通韻》誤以雙聲爲翻切。

魏氏《詩經元本》，引《毛詩》"經之營之，宜民宜人"爲後世雙聲體。此誤以疊韻爲雙聲。

《鈍吟雜録》所云正紐、旁紐，非也。三十六母有正紐、旁紐，平、上、去、入四聲亦有正紐、旁紐。今以旁紐分屬字母，正紐分屬四聲，誤矣。又案：馮氏既見神珙之圖，而仍不解正紐、旁紐，由未悟《華嚴字母》之源故也。又案：鈍吟評點《才調集》，於白香山詩注雙聲、疊韻，極多罣漏，知其略有所得而已。

仇注杜詩引《蔡寬夫詩話》。蔡説本非，仇氏張、傅二詩以證之，俱未的確。又案：仇氏但知韻之有正紐、旁紐，不知母之亦有正紐、旁紐，是但知疊韻，不知雙聲也。

口吃詩，即雙聲是也。成德《渌水亭雜識》以爲即翻，非也。

休文"八病"誠不能詳，然疊韻、口吃，詩中豈能免此？只須屬對而已，必以無疊韻、不口吃爲離八病者，立論殊誤。

杜集新添詩，宋人以爲真，元人以爲僞。若以雙聲、疊韻求之，則真僞立見矣。

　　文光案：是書於正、變諸格先列杜詩，次列古詩、唐詩。凡諸書之言雙聲、疊韻者，搜羅殆盡；而又別其是非，正其謬誤。其説之可補杜詩注者甚多，且於音韻反切之學尤所裨益，知其於此道用功甚深。因録數十條，以爲學詩者助云。

校勘記

〔一〕"見"，據清梁章鉅《浪迹叢談》補。

〔二〕"以"，原作"似"，據上書改。

〔三〕"字"，原作"樹"，據宋阮閲《詩話總龜》改。

〔四〕"一"，原作"之"，據上書改。

〔五〕"蠢"，原作"蠢"，據《淮南子》高誘注改。下一"蠢"字同。

〔六〕“延袥”，原作“涎袥”，據《淮南鴻烈解》改。

〔七〕“羽”，原作“商”，據《宋書·謝靈運傳》改。

〔八〕“後牖有朽柳”，原作“梁皇長康强”，據宋葛立方《韻語陽秋》改。

〔九〕“自後”，原作“後人”，據上書改。

〔一〇〕“土虜”，原作“主去”，據上書改。

〔一一〕“牖”，原作“囷”，據明董斯張《吳興備志》改。

〔一二〕“韻”，原作“韶”，據《東坡七集》改。

集部四

詩文評類四

《歷代詩話》五十八卷

國朝何文焕編

原本。乾隆庚寅年校刊，寫板甚工。前有自序并目録。鍾嶸《詩品》三卷，唐釋皎然《詩式》一卷，《二十四詩品》一卷，《全唐詩話》六卷，《六一詩話》一卷，《温公續詩話》一卷，《中山詩話》一卷，《後山詩話》一卷，《臨漢隱居詩話》一卷，《竹坡詩話》一卷，《紫薇詩話》一卷，《許彦周詩話》一卷，《石林詩話》三卷，《唐子西文録》一卷，《珊瑚鈎詩話》三卷，《韻語陽秋》二十卷，《二老堂詩話》一卷，《白石道人詩説》一卷，《滄浪詩話》一卷，《山房隨筆》一卷，元楊載《詩法家數》一卷，范德機《木天禁語》一卷，《詩學禁臠》一卷，明徐禎卿《談藝録》一卷，王世懋《藝圃擷餘》一卷，朱承爵《存餘堂詩話》一卷，顧元慶《爽白齋詩話》一卷。附何文焕《歷代詩話考索》一卷。此彙刻之本，凡二十八種。《簡明目》著十六種，附存目六種。皎然《詩式》决非原本。《子西文録》半出依託。《全唐詩話》乃廖瑩中剿竊舊文，後人惡似道之奸，改題"尤袤"，以便行世。毛氏不考，遂刻入《津逮祕書》，僞而又僞。《詩法家數》

多庸膚，與《木天禁語》、《詩學禁臠》皆坊賈所依託，淺陋猥雜，難以枚舉，的非楊、范真本，觀者宜知。《山房隨筆》有全書，應是摘出詩話一卷。詩話之刻入《學海類編》者甚多，寥寥數頁，皆非完帙。《爽白齋》，附存目作"夷白齋"，字形相近而誤。

《歷代詩話》八十卷，國朝吳景旭撰。此本前後無序跋，中有塗乙之處，蓋初定稿也。分爲十集，以十干爲目。其體例仿陳耀文《學林就正》，每條各立標題，先引舊說，後採諸書，與何本不同。吳書傳本甚少，坊賈以何本誤吳本，因著於此，使人知所考云。

《月山詩話》一卷

國朝宗室恒仁撰

《珠塵》本。前後無序跋。

唐人，詩無過二千首者。白香山詩較諸家獨富，凡二千八百餘首，猶有集中遺漏者。

李白有《蜀道難》詩。陸暢反其意，作《蜀道易》，其詩不傳。

李、杜二公名既相逼，不能無相忌。或曰"飯顆山頭"之語，疑是後人僞撰。

自昔好駁杜詩者，宋楊億，明王慎中、鄭繼之、郭子章、楊慎、譚元春，而祝允明之論尤爲狂悖。王阮亭亦不喜杜詩，《漁洋詩話》及《居易錄》、《池北偶談》云："退之《石鼓歌》，全學子美《李潮八分小篆歌》。"此論非是。杜此歌尚有敗筆，韓《石鼓》詩雄奇怪偉，不啻倍蓰過之，豈可謂後人不及前人也？後子瞻作《鳳翔八觀詩》，《石鼓》一篇別自出奇，乃是韓公勁敵。此漁洋論筆墨閑錄之語。余謂《八哀詩》固多敗筆，然大段自見崚嶒，不必過貶。"薄雲"句自是偶同，豈必竊古？何以韻勝，杜以警勝，不須輕軒。朱悔人《花木六詠》絕無新色，蘇東坡《石鼓》詩實不及韓，阮亭之言非確論也。

《漫叟詩話》云：“子建《七步詩》，世傳‘煮豆燃豆萁，豆在釜中泣。’一本云‘萁向釜中燃，豆在釜中泣。’其工拙淺深，必有能辨之者。”其意蓋以‘煮豆燃萁’句爲淺且拙也。不知萁乃豆莖，非釜中之物，釜中豈然萁之地？且“煮豆燃萁”，語甚簡老；“萁向釜燃”，不可作發端語。按：《子建集》不載此詩。《世說新語》云：“文帝嘗令東阿王七步中作詩，不成者行大法。應聲云：‘煮豆持作羹，漉豉以爲汁。萁在釜中燃，豆在釜中泣。本是同根生，相煎何太急。’”首多二句，語始不突。然“萁在釜中燃”，“中”字當是“下”字之誤。

《譚苑醍醐》，楊升菴所著《補說郛》者，編入前集，不考之過也。稽留山樵輯《古今詩話》，亦仍其誤。

元遺山詩喜用古人成語，陶、杜句尤多。

“映日荷花別樣紅”，乃楊誠齋詩。《千家詩》誤以爲東坡。《羣芳譜》、《月令輯要》皆未改。

《拜經樓詩話》四卷

國朝吳騫撰

《珠塵》本。前有自序。

吳氏自序曰：“詩話一家，非胸具良史才不易爲。何則？其間商榷源流，揚扢風雅，如披沙揀金，正須明眼者抉擇之。是編也，姑以詩話之稗乘，或庶幾焉。”

戴山先生嘗著《大學古文參疑》及《古記雜言》諸書，其意頗專信豐氏石經古文。吾鄉陳乾初先生，山陰高弟也，晚著《大學辨》一書，實有所承。大抵二公皆參用姚江之學。

朱茂才亦大名淳，別字曉亭。祖嘉徵、父爾邁、母葛氏宜并以詩名，故亦大少工吟詠。所著《曉亭詩鈔》，氣格清淳，不輕示人。予録數篇，入《湖海詩存》。

馬寒中上舍居插花山中，擁書萬卷，築道古樓，與婦查氏惜日唱和其中，望之若神仙中人。

蔣山傭《詩律蒙告》云：“律詩如岑嘉州‘嬌歌急管雜清絲’，止是不粘，不可謂之拗；如子美云‘去年登高郪縣北’，乃是拗也。”拗非律之正體，中唐始有之。拗須拗到底。古詩尤忌湊韻，有一句湊韻，即是懈處，通篇格律都減。律詩中八句，其流動處轉一句深一層，乃爲合格。若上深下淺，上紆下直，便是不稱。上兩句對立，若上比下賦，上賦下比，皆詩格所無。是知作近體者，亦不可不知六義。詩家於敘事之中，有一句、二句用譬喻或故事，俗謂之“襯貼”，則古人未嘗不用，但或在敘事前，或在轉折處，或正意已足須得引證。若於賦中突出一句，此便是湊句。凡律中二聯，用字稍有雕刻，不妨首、末二聯須老成渾脱。首聯如春，中聯如夏、秋，末聯如冬，八句中具四時之氣，方爲合格。詩避三巧：巧句、巧意、巧對。三者，大家所忌也。律詩中有活對者，有不對者，必其用意處也。意活則詩亦從之。少有參差不害，然其上下文必有整齊之句，無通篇活對者。律詩中二聯，往往一聯寫情，一聯即景。情聯多活，活則神氣生動；景聯多板，板則格法端詳。此一定之法，亦自然之文也。律詩下四字押韻，大率半虛半實。其有四虛四實、四板四活，最難用，惟有大筆力者能之。啞韻能響者，其人必貴；險韻能穩者，其人必安。子曰：“知者樂，仁者壽。”吾於詩見之。學詩不可但學句法，須以一氣渾成爲上。若逐句作去者，不足言詩。學不可先學律詩。右見《菰中隨筆》。

趙孟奎《分類唐歌詩》一百卷，昔人未見著録，收藏家亦絶少。明葉文莊《涇〔一〕東稿》中有《書唐歌詩殘本後》，云僅得實存二十七卷，蓋已不及三之一矣。予在吳門書肆，見不全宋槧十册，後有毛扆手跋，蓋汲古舊藏也，楮墨極精好。此書分門纂類，趙序言凡一千三百五十三家，四萬七百九十一首，可謂廣矣。孟奎字文耀，號香谷，寄貫蘇州，太祖十一世孫，寶祐四年文天祥榜進士，忠惠公子也。官至秘閣修撰。

毛斧季嗜古不減其父，手跋《分類唐歌詩》殘本，自言展轉訪購，幾於心力俱盡。此書世間已無第二本。

宋施德初父子及顧景蕃，注東坡詩甚詳，較王氏《百家注》勝之遠矣。宋牧仲得宋刻，蓋是琴川毛氏藏本。中缺數卷，屬邵長蘅補注而刊之。人頗譏邵之妄，當時不予，後遂付之祝融，世間竟不聞有全本矣。然宋所刻宋板施注，亦非原本。嘗見知不足齋有宋板半部，其注較近刻尚多十三四，即世所傳王注，亦然。予家有宋建本《王梅溪集》、《百家注東坡詩集》，楮墨極精，視近刻之注亦多十三四，而分門別類及卷數敻然不同。《和陶詩》本不在內，而今強附入。以是知古來書籍爲後庸妄人删并錯亂，多失本來面目，又豈特二書爲然哉？

宋李雁湖箋注王半山詩集，海鹽張氏所雕者，乃元劉辰翁節本，失雁湖本來面目。曾見知不足齋所藏宋刻半部，箋注并全，每卷後又有庚寅補注，不知出自誰手，晁《志》亦未及。或疑即雁湖所補。考璧以寧宗開禧丁卯出居臨川，箋注詩集，當在是時。其卒於嘉定壬午，至理宗紹定庚寅，雁湖歿已八載，安得復出其手？或其門人，如魏鶴山序中所謂李四美之流爲之，則未可知耳。

《渡海輿記》一卷，不著撰人名氏。自述往臺灣，歷諸番社，采買硫勃，記海外諸國風土，其書與《稗海紀游》大相似。末附《臺郡番境歌》。

何無忌與人論詩云："欲作佳詩，必先尋佳韻。未有佳詩而無佳韻者也。韻有宜於甲而不宜於乙，宜於乙而不宜於甲者。題韻適宜，若合函蓋，惟在構思之初善巧揀擇而已。若七言歌行，抑揚轉換、用韻頓挫處，尤宜吃緊。理會此處，最能見人平日學力淺深、工夫疏密。乃至排律長選，亦宜斟酌韻脚穩妥，庶無牽強搭湊之失。可見工詩者，未有不留意於韻。今日衝口吟哦，但求叶韻，當則次韻，疊韻連篇累牘，徒使唇焦腕脱，令人生厭。”無忌名白，温州人，有《汲古堂集》。

唐李蠙詩，世不多見。宜興善卷寺有《題石壁》一首曰：“四周寒暑鎮湖關，三卧漳濱帶病顔。報國雖當存死節，解龜終得遂生還。容華漸改心徒壯，志氣無成鬢蚤[二]斑。從此便歸林藪去，更將餘俸買南山。”蓋蠙太和時嘗見白龍於此，其詩尚有元和遺音。蠙本名虬，將赴舉，夢名上添一畫成“虱”字。及寤，曰：“虱者，蠙也。”乃更名，果第。皆可補《唐詩紀事》之遺。

丹陽賀黄公裳作《載酒園詩話》，爲陳迦陵所稱，世亦不甚傳之。其論白香山：“白傅清綺之才，其病有二：一在務多；一在强學少陵，率爾下筆。秦武王與烏獲爭雄，一舉鼎而絶臏矣。”又云：“選白詩者，從無精識。喜恬淡者兼收鄙俚，尚氣節者并削風藻，此子瞻所云不與飯俱咽，即與飯俱吐者也。”又云：“人各有能有不能。李獻吉一代大手，輕艷非所長。效李義山《無題》云‘班女愁來賦興豪’，‘豪’字戇甚。”

文光案：烏獲，當作“孟説”。

《北江詩話》四卷

國朝洪亮吉撰

華亭張氏本。張祥河校刊，有跋。

張氏跋曰：“穉存先生著書滿家，多已刊行，惟《詩話》僅存稿本。哲嗣幼懷寶守有年，未嘗示人，予幸從借讀。闡揚六義，揚榷百家，多前人所未發，因校梓以公同好。”

　　文光案：洪氏全書近日本家所刊行者，較予所藏增多數倍。《詩話》爲單行之本，多説近代詩，故有録其評語於諸賢名下，以爲折衷者。

　　漢文人無不識字，司馬相如作《凡將篇》，揚雄作《訓纂篇》是矣。隋、唐以來，即學者亦不甚識字。曹憲注《廣雅》，以“餠”爲“餅”；顏師古注《漢書》，以“汶”爲“洨”是矣。

　　唐詩多比興。降及宋、元，直陳其事者十居七八，而比興體微矣。

　　“三百篇”無一非雙聲、疊韻。降及楚詞，《三都》、《兩京》諸賦及唐之杜、韓、李、温諸家，無不盡然。至宋、元、明諸人，知此者漸鮮。　本朝王文簡頗知此訣。

　　昆明錢侍御灃爲當代第一流人，詩亦不作第二人想。五言如“寒渚一孤雁，烟籬五母鷄”、“風連巫峽動，烟入洞庭寬”，七言如“夜不分明花氣冷，春將狼藉雨聲多”、“曉簾纔卷燕交入，午睡欲終蟬一吟”，皆戛戛獨造。至五言古《長風》三首及《還家》三首，七言長短句《赴隨州》一篇，無意學古而自然入古。

　　詩固忌拙，然亦不可太巧。《隨園詩集》頗犯此病。

　　孫淵如少日詩才爲同輩中第一，集中如“千杯酹我上北邙”等十數篇，求之古人中亦不多得。中年以後，專精六書訓詁之學，遂不復作詩。間有所作，與少日如出兩手矣。小詩亦凄艷絶倫。

　　江助教端光詩如著色屏風，五彩奪目而復能光景常新，艷體詩尤擅場。

　　朱竹君學昌黎而過，然才氣畢竟不凡。

　　管侍御世銘以制藝得名，然詩實出文之上。

　　畢宮保詩如洪河大川，沙礫雜出，而渾渾淪淪處自與衆流不同。所作歌行最佳，次則七律。

　　姑蘇、姑胥、姑餘，皆一地也，音同。

唐代詩文兼擅者，惟韓、柳、小杜三家，次則張燕公、元道州。宋惟歐、蘇、王三家，南渡則朱文公。餘亦各有所長，不能兼美。

東漢人之學，鄭北海爲最，文以孔北海爲最，品以管北海爲最。

荔枝之貢，東漢已然，見《和帝紀》。不自唐始，亦不自貴妃始也。

李青蓮之詩，佳處在不着紙。杜浣花之詩，佳處在力透紙背。韓昌黎之詩，佳處在字向紙上皆軒昂。

歐陽公善詩而不善評詩。

王新城作《聲調譜》，七言歌行實受聲調之累。

　　文光案：《譜》非漁洋所作，洪氏誤記。

商太守盤詩，似勝於袁大令枚，以新警而不佻也。袁詩有失之淫艷者。

余頗不喜邵山人長蘅詩，以其作意矜情，描頭畫脚，而又無真性情與氣也。晚年入商丘幕，則復學步邯鄲，益不足觀。其散體文亦惟有古人面目，苦無獨到處。

詩、詞之界甚嚴。北宋人之詞，類可入詩，清真雅正故也。南宋人之詩，類可入詞，以流艷巧側故也。至元，而詩與詞更無別矣，此虞伯生、吳淵穎諸人所以可貴也。

今人以“餻”字爲俗，并附會劉夢得不敢用“餻”字，此説未確。《方言》：“餌，謂之餻。”《廣雅》：“餻，餌也。”《北史》謠云：“七月刈禾太早，九月瞰餻未好。”六朝時已用“餻”字矣。

余有論詩絶句二十首。

今楷書之勻圓豐滿者，謂之“館閣體”。唐、宋已有之。《酉陽雜俎・詭習》內載有官楷手書，沈括《筆談》云“三館楷書，不可謂不精不麗，求其佳處，到死無一筆”是也。

　　兔園册子，要是類書之淺近者，勝今日之《錦字箋》、《廣事類賦》遠矣。唐人及北宋人著書，皆有法度，故《白六帖》遠勝《孔六帖》，《廣事類賦》去《事類》又不可以道里計矣。

　　江藩爲惠定宇再傳弟子，小詩亦工。惜爲饑寒所迫，學不能進也。

　　顧寧人詩有金石氣，吳野人詩有薑桂氣。同時名輩，未能臻此境也。

　　李明經御，字琴夫，詩有奇氣，京口詞人之冠也。

　　錢宗伯載詩如樂廣清言，自然入理。　紀尚書昀詩如泛舟苕、霅，風日清華。　王方伯大岳詩如白頭宮監，時説開元。　陳方伯奉兹詩如壓雪老梅，愈形倔强。　張上舍鳳翔詩如倀鬼哭虎，酸風助哀。　馮文蕭英廉詩如申、韓著書，深刻自喜。　蔣編修士詮詩如劍俠入道，猶餘殺機。　朱學士筠詩如激電怒雷，雲霧四塞。　翁閣學方綱詩如博士解經，苦無心得。　袁大令枚詩如通天神狐，醉即露尾。　錢文敏維城詩如名流入座，體態自殊。

　　畢宮保沅詩如飛瀑萬仞，不擇地流。　舅氏蔣侍御和寧詩如宛洛少年，風流自賞。　吳舍人泰來詩如便服輕裘，僅堪適體。錢少詹大昕詩如漢儒傳經，酷守師法。　王光禄鳴盛詩如霽日初出，晴雲滿空。　趙光禄文哲詩如宮人入道，未洗鉛華。　王司寇昶詩如盛服趨朝，自矜風度。　嚴侍讀長明詩如觸目琳琅，率非己有。　王侍讀文治詩如太常法曲，究係正聲。　施太僕朝詩如讀甘、讒鼎銘，發人深省。　任侍御大椿詩如灞橋銅狄，冷眼看春。　鮑[三]郎中之鍾詩如昆侖琵琶，未除舊習。　張舍人壎詩如廣筵招客，間雜屠沽。　程吏部晉芳詩如白傅作詩，老姥都解。

　　曹學士仁虎詩如珍饌滿前，不能隔宿。　張大令鶴詩如繩樞甕牖，時發奇花。　楊大令大奎詩如故侯門第，樽俎尚存。　張宮保百齡詩如逸客遊春，衫裳倜儻。　舅氏蔣檢討蘅詩如長儒戇直，至老益堅。　汪明經中詩如病馬振鬣，時鳴不平。　錢通副澧詩如淺話桑麻，亦關治術。　李主事鼎元詩如海山出雲，時有可采。

　姚郎中蕭詩如山房秋曉，清氣流行。　吳祭酒錫麒詩如青緣溪山，漸趨蒼古。　黃二尹景仁詩如咽露秋蟲，舞風病鶴。　顧進士敏恒詩如半空鶴唳，清響四流。　瞿主簿[四]華詩如危樓斷簫，醒人殘夢。　高孝廉文照詩如碎錦裁古錦，花樣尚存。　方山人薰詩如獨行空谷，時逗疏香。　趙兵備翼詩如東方正諫，時雜詼諧。　阮侍郎元詩如金莖殘露，色晃朝陽。　凌教授廷堪詩如畫壁蝸涎，篆碑蘚蝕。　李兵備廷敬詩如三齊服官，組織輕巧。林上舍鎬詩如狂飆入座，花葉四飛。　曾都轉燠詩如鷹隼脫韝，精采溢目。　王典籍芑孫詩如中朝大官，老於世事。　秦方伯瀛詩如久旱名山，長流空翠。　錢大令維喬詩如逸客飡霞，惜難輕舉。　屠州守紳詩如栽盆紅藥，蓄沼文魚。　劉侍讀錫五詩如匡鼎說詩，能傾一坐。　管侍御世銘詩如朝正岳瀆，鹵簿森嚴。方上舍正樹詩如另闢池臺，廣饒佳麗。　法祭酒式善詩如巧匠琢玉，瑜能掩瑕。　梁侍講同書詩如山半鐘魚，響參天籟。　潘侍御庭筠詩如枯禪學佛，情劫未忘。　史文學善長詩如春雲出岫，舒卷自如。　黎明經簡詩如怒猊飲澗，激電搜林。　馮戶部敏昌詩如老鸛行庭，舉止生硬。　趙郡丞懷玉詩如鮑家驄馬，骨瘦步工。　汪助教端光詩如新月入簾，名花照鏡。　楊大令倫詩如臨摹畫幅，稍覺失真。　楊戶部芳燦詩如金碧池臺，眩人心目。楊[五]布政揆詩如滄溟泛舟，忽得奇寶。　孫兵備星衍少日詩如飛天仙人，足不履地。　呂司訓星垣詩如宿霧埋山，斷虹飲渚。張檢討問陶詩如騏驥就道，顧視不凡。　何工部道生詩如王、謝家兒，自饒繩檢。　劉刺史大觀詩如極邊春色，仍帶荒寒。　吳禮部蔚光詩如百草作花，艷奪桃李。　徐大令書受詩如范睢宴客，草具雜陳。　趙大令希璜詩如麋鹿[六]駕車，終難就範。　施上舍晉詩如湖海元龍，未除豪氣。 伊太守秉綬詩如貞元朝士，時務關心。 方太守體詩如松風竹韻，爽客心脾。 張司馬鉉詩如鑿險追幽，時逢異境。 張上舍鋈詩如倪迂短幅，神韻悠然。 劉孝廉嗣綰詩如荷露烹茶，甘香四徹。 金秀才學蓮詩如殘蟾照海，病燕依樓。 吳孝廉嵩梁詩如仙子拈花，自饒風格。 徐刺史嵩詩如神女散髮，時時弄珠。 吳司訓[七]照詩如風入竹中，自饒清韻。 姚文學樁詩如洛陽年少，頗通治術。 孫吉士原湘詩如玉樹浮花，金莖滴露。 唐刺史仲冕詩如出峽樓船，檣帆乍整。張大令吉安詩如[八]青子入筵，味別百果。 陳博士石麟詩如晴雲舒紅，媚此幽谷。 項州倅庸詩如春草乍綠，尚存冬心。 邵進士葆祺詩如香車寶馬，照耀通衢。 郭文學麐詩如大堤游女，顧影自憐。 張上舍問簪詩如秋棠作花，淒艷欲絕。 胡孝廉世琦詩如陟險驊騮，攫空鷹隼。 羅山人聘詩如仙人奴隸，曾入蓬萊。

僧慧超詩如松花作飯，不飽獼猴。 巨超詩如荇葉製羹，藉清牢醴。 僧小顛詩如張顛作草，時覺神來。 僧果仲詩如郭象注《莊》，偶露才語。 僧寒石詩如老衲升壇，不礙真率。 閨秀歸懋昭詩如白藕作花，不香而韻。 崔恭人錢孟鈿詩如沙彌升座，靈警異常。 孫恭人采薇詩如斷綠零紅，淒艷欲絕。 吳安人謝淑英詩如出林勁草，先受驚風。 張宜人鮑茞香詩如栽花隙地，補種桑麻。 余所知近時詩人如此，內惟黎明經簡未及識面。或問："君詩何如？"曰："僕詩如激湍峻嶺，殊少回旋。張祥河曰："先生詩惟妙於回旋，乃益見激峻之不可。竊取先生《廬山詩意》得八字曰：'大風回蕩，秀出匡廬。'欲以擬先生之作，非貢諛也。"

吾友孫君星衍，工六書篆籀之學。其爲詩似青蓮、昌谷，亦足絕人。然性情甚癖。其客陝西巡撫畢公使署也，嘗眷一伶郭芍藥者，固留之宿。至夜半，伶忽嗚泣求歸。時戟轅已鎖，孫不得已，接長梯百尺，自高垣度出之。爲邏者所得，白於節使。詢知其故，急命釋之，若惟恐孫之知也。後酒間凌肆益甚，同幕者不勝其忿，爲公檄逐之，檄中有"目無前輩，凌爍同人"諸語。節使見而手裂之，更延孫別館，有加禮焉。時程編修晉芳以貧病乞假，詣西安，節使虛上室迎之。未數日即病，節使率姬侍料理湯藥，不歸寢者旬日。及卒，凡附身附棺之具，節使及余輩皆躬親之，不假手僕隸也。一日兩舉哀，官吏來弔者，竟忘程爲客死矣。櫬歸日，復以三千金恤其遺孤。時言舍人朝標投節使一詩曰"任昉全家欣有託，禰衡一個僅容狂"，洵實錄也。孫後以乾隆丁未第二人及第，自編修改部，今官山東督糧道。

藏書家有數等，得一書必推求本原，是正缺失，是謂考訂家，如錢少詹大昕、戴吉士震諸人是也。次則辨其板片，注其錯訛，是謂校讎家，如盧學士文弨、翁閣學方綱諸人是也。次則搜採異本，上則補石室、金匱之遺亡，下可補通人、博士之流覽，是謂收藏家，如鄞縣范氏之天一閣、錢塘吳氏之瓶花齋、崑山徐氏之傳是樓諸家是也。次則第求精本，獨嗜宋刻，作者之旨意縱未盡窺，而刻書之年月最所深悉，是謂賞鑒家，如吳門黃主事丕烈、鄮鎮鮑處士廷博諸人是也。又次則於舊家中落者賤售其所藏，富室嗜書者要其善價，眼別真贋，心知古今，閩本、蜀本，一不得欺，宋槧、元槧，見而即識，是謂掠販家，如吳門之錢景開、陶五柳，湖州之施漢英諸書估是也。

文光案：此亦大概言之，未可細爲區別。考訂家皆能校讎，收藏家亦深賞鑒。若考校而未能精審，收藏而不擇善惡，皆不可稱家。至於掠販一家，意在漁利，原無關於讀書；然其眼見甚廣，非讀書者所可及。余嘗謂讀書人宜勝書估，今則反是，似藏書與讀書截然兩事。余欲購之於掠販家，鑒別而收藏之，以爲讎校之資，考訂既精，付之剞劂，與天下共之，蓋必合此數家而後可以知書。否則不惟讀者不知書，即收藏家亦多終身門外也。

《四六叢話》三十三卷 附《選詩叢話》一卷

國朝孫梅撰

吳興舊言堂本。嘉慶三年刊。前有阮元序，後有弟寧衷跋、乾隆庚戌錫山秦潮跋、受業休寧程杲跋。

阮氏序曰："我師孫司馬綜覽萬卷，元幸得師承，側聞緒論。"

孫氏跋曰："時代前後，尚未詮次。今將錄稿，已不能面質。"

秦氏跋曰："余齊年友、烏程松友孫公輯《四六叢話》，《選》二卷，騷一卷，賦二卷，制、勅、詔、冊四卷，表三卷，章疏一卷，啟二卷，頌一卷，書一卷，碑誌一卷，判一卷，序、記、論各一卷，銘、箴、贊一卷，檄、露布一卷，祭誄一卷，雜文一卷，《談諧總論》二卷，《作家》五卷。刺取浩博，積數十年始成。上溯《選》、騷，下迄宋、元，薈捃百家，標舉一是。"

程氏跋曰："在《書》'滿招損，謙受益'，在《詩》'觀閱既多，受侮不少'。孔子繫《易》，四德句句相銜，龍虎字字相配。乾坤易簡，宛轉相承；日月往來，隔行懸合。凡後世駢體對法，莫不悉肇於斯。自來選家，未有體裁悉備，提要鉤玄，集諸家之論說而成四六之大觀者，此孫夫子《四六叢話》所由作也。"

右詩文評類

詩話、文評，《唐志》收於總集，《宋志》則別立一門。評論文之工拙，自《文心雕龍》始，其本在《宗經》、《原道》。品第詩之高下，自鍾嶸《詩品》始，其體如《書斷》、《畫品》。皎然《詩式》，備陳法律；司空表聖《詩品》，獨含意味。以至《六一》、《後山》，書冠以人；《梅磵》、《麓堂》，書冠以地：此皆別集之屬也。其裒合成帙者，《苕溪漁隱叢話》詳於北宋，《詩人玉屑》詳於南宋，是亦總集之屬也。至如《宋詩紀事》、《全閩詩話》，其名則詩，其實則事。以之徵文考獻，則有餘；問途尋徑，則不足。蓋因孟棨《本事詩》旁引故實，其流派遂同於説部。然説部中多詩話、文評，正可與此類參考互證。今所録者，凡三十家，衆美兼收，諸法畢備，以爲詩文之助，兼得考證之資，蓋大有益於學詩學文也

校勘記

〔一〕"淫"，原作"淫"，據《拜經樓詩話》改。

〔二〕"蚕"，原作"蚕"，據上書改。

〔三〕"鮑"，原作"騎"，據《北江詩話》改。

〔四〕"簿"，原作"部"，據上書改。

〔五〕"楊"，原作"□"，據上書補。

〔六〕"鹿"，據上書補。

〔七〕"訓"，原作"詞"，據上書改。

〔八〕"如"，據上書補。

集部五
詞曲類一

《珠玉詞》一卷

宋晏殊撰

汲古閣本。後有毛晉跋。

毛氏跋曰："同叔，撫州臨川人也。七歲能屬文，張知白以神童薦。真宗召見，與千餘人并試廷中，神氣不懾，援筆立成。帝異之，使盡讀祕閣書。每所咨訪，用寸方小紙細書問之。從事仁宗，尤加信愛。仕至觀文殿大學士，諡元獻。一時賢士大夫如范仲淹、歐陽修等皆出其門。擇壻又得富弼、楊察。賦性剛竣，遇人以誠，一生自奉如寒士。爲文贍麗，應用不窮，尤工風雅，間作小詞。其暮子幾道云：'先公爲詞，未嘗作婦人語也。'"

《珠玉詞》、《六一詞》、《樂章集》、《東坡詞》、《山谷詞》、《淮海詞》、《小山詞》、《東堂詞》、《放翁詞》、《稼軒詞》。

冰蓮道人夏樹芳序曰："毛氏刻宋名家詞，凡十人，掄摭儁異，各具本色。余得而下上之。"

文光案：此題"宋名家詞"，共十三卷，與《六十家詞》爲二種。

《樂章集》一卷

宋柳永撰

汲古閣本。後有毛晉跋。

毛氏跋曰：“耆卿初名三變，後更名永。官至屯田員外郎，世號‘柳屯田’。所製樂章，音調諧婉，尤工於羈旅悲怨之詞、閨帷淫媟之語。東坡拈出‘霜風凄緊，關河冷落，殘照當樓’，謂唐人佳處不過如此。一日，東坡問一優人曰：‘吾詞何如柳耆卿？’對曰：‘柳屯田宜十七、十八女郎，按紅牙拍，唱“楊柳岸，曉風殘月”。學士詞，須銅將軍鐵綽板唱“大江東去”。’言外褒彈，優人固是解人。”

《張子野詞》二卷　《補遺》二卷

宋張先撰

《知不足齋》本。後有鮑廷博跋。

鮑氏跋曰：“此集在汲古閣《六十家詞刻》之外。頃得綠竹軒鈔本二卷，又得亦園《十家樂府》所刻，又採輯諸本，次爲《補遺》二卷，合計得詞一百八十四闋。”

蘇氏曰：“子野詩筆老妙，歌詞乃其餘技耳。”錄於《東坡集》。

《簡明目錄》曰：“先本工詩，而當時但傳其樂府。後樂府一卷，亦不傳。”

《安陸集》一卷　《附錄》一卷

宋張先撰

安邑葛氏本。乾隆辛丑葛鳴陽校刊，有跋。凡詩八首、詞六十八闋。

葛氏跋曰：“余既刻張有《復古編》，考其家世，蓋衛尉寺丞維之曾孫、都官郎中先之孫也。維有《曾樂軒稿》，先有《安陸集》，殘闕之餘，散見他書。先以樂府擅名一時，毛氏《六十家詞》，初不及先。今搜輯遺逸，得若干首，合其詩爲一卷。維詩則採之《十詠圖》，自爲一卷。然因端踵事，實階於《復古編》也，故并爲鋟木。歸安丁小雅傑、海寧沈匏尊心醇、曲阜桂未香馥、吾鄉宋芝山葆醇同與校讎，佐予不逮云。”又曰：“無名氏《北宋人小集·張都官集》五首，紹興續編到《四庫闕書目》。《張先集》十二卷，又曰《張先安陸集》，又曰《子野詞》一卷。《齊東野語》曰：‘余家偶藏子野詩一帙，名“安陸集”。’然則‘安陸’爲子野集之總名，詞僅集中之一卷耳。”

張鐸《湖州府志》：“張先，字子野，烏程人。知吳江縣。詩格清麗，尤長樂府。有‘雲破月來花弄影’、‘浮萍破處見山影’、‘隔牆送過秋千影’之句，時號‘張三影’。仕至都官郎中。有文集一百卷，惟詩行於世。”

李堂《湖州府志》：“張先，天聖八年進士，壽八十九卒。孫有隱於黃冠，以小篆名世。”

王明清曰：“本朝有兩張先，皆字子野。一與歐陽文忠同在洛陽幕府，其後文忠爲作墓誌銘，稱其志守端方、臨事敢決者；一與東坡先生游，東坡推爲前輩，能爲樂府，號‘張三影’者。”

胡應麟曰：“兩張先皆字子野，俱第進士，其能詩、壽考悉同。一博州人，張三影是也；一吳興人。”

《居易錄》：“一與歐陽文忠友，爲孝章皇后戚里之姻。官止知亳州鹿邑縣，年四十八卒。所謂‘張三影’者，葬吳興弁山。胡欲考[一]正[二]而荒陋如此。

《宋志》：“張先詩，二十卷。” 陳《錄》：“《張子野詞》，一卷。” 《吳興志》稱其“晚年釣魚自適，至今號‘張釣魚灣’。”

《詞綜》：“張先，吳興人。”

《六一詞》一卷

宋歐陽修撰

汲古閣本。原本三卷。又見《大全集》雜著内。

吳氏曰:"歐公小詞,間見諸詞集。陳《錄》:'一卷。其間多有與《陽春》、《花間》相雜者,亦有鄙褻之語一二厠其中,當是仇人無名子所爲。'近有《醉翁琴趣外篇》,凡六卷,二百餘首。所謂'鄙褻之語',往往而是,不止一二也。前題'東坡居士序',近八九語。所云'散落尊酒間,盛爲人所愛,尚猶小技,其上有取焉'者,詞氣卑陋,不類坡作,益可以證詞之僞。"錄於《草廬集》。

《小山詞》一卷

宋晏幾道撰

汲古閣本。前有黄庭堅序,後有毛晉跋。

黄氏序曰〔三〕:"《補亡》一編,補樂府之亡也。叔原往者浮沉酒中,病世之歌詞不足以析酲解愠,試續南部諸賢緒餘,作五、七字語,期以自娛。流轉人間,郵傳滋多,積有竄易。七月己巳,爲高平公綴輯成編。"

　　文光案:幾道,殊之幼子。詞有父風,山谷序盛稱之。

毛氏跋曰:"《小山集》直逼《花間》,字字娉娉嫋嫋,如攬嬙、施之袂,恨不能起蓮、鴻、萍、雲,按紅牙板唱和一過。晏氏父子,具足追配李氏父子云。"

《束堂詞》 一卷

宋毛滂撰

汲古閣本。後有毛晉跋。

毛氏跋曰："澤民自序：'少時喜筆硯淺事，徒能誦古人紙上語。'嘗知武安縣，改盡心堂爲'東堂'。簿書訟獄之暇，輒觴詠自娛，託其聲於驀山溪，如圖畫然。凡詩文、畫簡、樂府，總名'東堂集'，盛行於世。昔人謂因《贈瓊芳》一詞見賞東坡得名，果爾爾耶？"

文光案：《宋名家詞》凡十册。

《漱玉詞》一卷

宋李清照撰

汲古閣本。首目録，後有毛晉跋。

易安居士李清照，宋濟南人。父格非，母王狀元拱辰孫女，皆工文章。《宋史·文苑傳》。居歷城城西南之柳絮泉上。《古懽堂集》有《柳絮泉訪李易安故宅》詩。易安幼有才藻。元符二年，年十八，適太學生諸城趙明誠。父挺之時爲吏部侍郎，格非爲禮部員外郎。俱《宋史》。靖康三年八月，明誠卒，《金石録後序》。易安爲文祭之，有曰："白日正中，歎龐公之機敏；堅或自墮，憐杞婦之悲深。"《四六談麈》。予素惡易安改嫁張汝舟之説。盧雅雨以情度易安不當有此事。及見李心傳《繫年要録》，采鄙惡小説，比其事爲文案，尤惡之。故以年分考之，凡詩文見類部、小説、詩話者，考合排次，以備好古者、明理者觀覽。其僅見《漱玉集》者，此不載也。録於《癸巳類稿》。

文光案：《類稿》有《易安居士事蹟》一篇，最詳。

《草堂詩餘》云："趙明誠幼時，其父將爲擇婦。明誠晝寢，夢誦一書，覺來惟憶三句云：'言與司合，安上已脱，芝芙草拔。'以告其父，爲解曰：'汝殆得能文詞婦也。言與司合，是"詞"字；安上已脱，是"女"字；芝芙草拔，是"之夫"二字，非謂汝爲詞女之夫乎？'後李公以女女之，即易安也，果有文章。易安結褵未久，明誠即負笈遠游。易安殊不忍別，覓錦帛書《一剪梅》詞以送之。"

宋人中填詞，李易安亦稱冠絕，使在衣冠，當與秦七、黃九爭雄，不獨雄於閨閣也。其詞名《漱玉集》，尋之未得。《聲聲慢》一詞最爲婉妙。荃翁張端義《貴耳集》云："此詞首下十四個疊字，乃公孫大娘舞劍手。本朝非無能詞之士，未曾有下十四個疊字者。乃用《文選》諸賦格，"守著窗兒，獨自怎生得黑"，此"黑"字不許第二人押。又"梧桐更兼細雨，到黃昏點點滴滴"，四疊字又無斧痕。婦人中有此，殆間氣也。晚年自南渡後，懷京洛舊事，賦元宵《永遇樂》詞云"落月鎔金，暮雲合璧"，已自工緻。至於"染柳烟濃，吹梅笛怨，春意知幾許"，氣象更好。後疊"如〔四〕今憔悴，風鬟霧鬢，怕見夜間出去"，皆以尋常言語度入音律。鍊句精巧則易，平淡入妙者難。山谷所謂"以故爲新，以俗爲雅"者，易安先得之矣。

黃叔暘云："《漱玉集》，考諸宋、元雜記，大率合詩詞雜著爲三卷。國朝博雅如用修，尚慨未見其全，湮没不幾久耶？"庚午仲秋，覓得宋詞二十餘種，乃洪武三年抄本。訂正已，閱數名家中有《漱玉》、《斷腸》二册，參諸《花庵》、《草堂》、《彤管》諸書，已浮其半，真鴻寶也。急合梓之，以公同好。末載《金石錄後序》，略見《易安居士文鈔》。毛晉識。

文光案：《易安集》今不可見，《文鈔》亦不知存否。

李易安《賀人孿生啓》中有云："無午、未二時之分，有伯、仲兩楷之似。既繫臂而繫足，實難弟而難兄。玉刻雙璋，錦桃對襖。"注云："任文二子孿生，德卿生於午，道卿生於未。張伯楷、仲楷兄弟，形狀無二。白汲兄弟，母不能辨，以五色繩一繫於臂，一繫於足。"《漱玉集》不載此啓，見《文粹補遺》。

易安以重陽《醉花陰》詞函致明誠。明誠歎賞，自愧弗逮，務欲勝之，一切謝客，忘食忘寢者三日夜，得五十闋，雜易安作以示友人陸德夫。德夫玩之再三，曰：「只三句絕佳。」明誠詰之，答曰：「莫道不消魂，簾捲西風，人似黃花瘦。」故易安作也。

張子韶對策，有「桂子飄香」之語。趙明誠妻李氏嘲之曰：「露花倒影柳三變，桂子飄香張九成。」

宋閨秀李清照，號易安居士，吾郡人。詞家大宗，其集名《漱玉》，而詩不概見。兄西樵昔撰《然脂集》，采摭最博，止得其詩二句云：「少陵也是可憐人，更待明年試春草。」陳士業《寒夜錄》乃載其《和張文潛涪溪碑歌》詩二篇，未言出於何書。予撰《涪溪考》，因錄入之。《香祖筆記》卷五、卷八有《論易安晚節改適》一條。翁則清獻，爲時名臣。又引瞿佑《詩話》：「清獻名家厄運乖，羞將晚景對非才。」《閑中今古錄》。以挺之爲「抃」，謬矣。蓋以閱道諡清獻，而挺之諡憲，故致此舛訛耳。

　　文光案：此汲古閣《詩詞雜俎》之一種，凡十四闋。毛氏所附《金石錄後序》亦刪節本，非全文也，集諸家說五條，皆不著出典。明人刻書，大率如此，毛子晉亦不能改其習。此本與朱淑真《斷腸詞》合刻。朱詞二十七調，大抵皆採輯而成，非原本也。易安更嫁，乃決無之，至今辨之始明。歐公有元夜《生查子》詞，今在集內，不知何以訛爲朱氏之作，世遂疑淑真失婦德。《簡明目錄》、《池北偶談》已辨之矣。

《日湖漁唱》一卷　《補遺》一卷　《續補遺》一卷

宋陳允平撰

秦氏校本。《詞學叢書》之四，後有道光己丑秦恩復跋。

秦氏跋曰：「汲古閣緝《六十家詞》，獨四明陳允平詞不在甄錄之內，學者憾焉。允平字君衡，號西麓。《漁唱》前列慢曲及

《西湖十詠》三十首，後列引、令三十五首，末附壽詞十九首。又有《補遺》二十二首，不知何人所集。今又於[五]名家詞中搜得長短調七十六首，爲《續補遺》一卷，於是西麓著述綜括靡遺。西麓詞清麗芊綿，小令尤爲擅長。"

黃氏跋曰："五柳居以鈔本宋詞四種示予，索值三番，予因攜歸。出此《日湖漁唱》一種以校，卻有一二佳字，誤者亦未免，悉標諸行間。書經繡谷插架。繡谷者，西泠吳氏也。吳君名焯，字尺鳬，蓋藏書家。今其書皆散矣。"錄於《士禮居藏書志》。

《稼軒詞》四卷

宋辛棄疾撰

汲古閣本。原本十二卷。

《齊乘》："辛幼安，濟南人。《宋名臣言行錄》黜稼軒不取；《宋實錄》載幼安贊韓侂冑用兵，侂冑敗，幼安獲罪於士論：非也。稼軒，豪傑之士，枕戈待旦，且有志於中原久矣。宋人舉國聽之，豈無所成？侂冑之敗，正陳同甫所謂'真虎不用，真鼠枉用'之説，以此議公，可乎？"

《放翁詞》一卷

宋陸游撰

汲古閣本。後有毛晉跋。

毛氏跋曰："余家刻《放翁全集》，已載長短句二卷，尚逸一二調，章次亦錯見，因訂入《名家》。"

彭氏曰："於謙牧堂藏書中得宋、元人詞二十二帙，題曰'汲古閣未刻詞'，行款、字數與已刻《六十家詞》同。每帙鈐毛子晉諸印，皆精好。余舊藏李西涯輯《南詞》一部，又《宋元人小詞》一部，合此三書，於六十家外又可得六十二種，安得好事者續鐫爲後集?"錄於《知聖道齋讀書跋尾》。

山谷少時使酒玩世，喜造纖淫之句。往年間作小詞，往往借題捧唱，拈示後人，如《漁家傲》幾闋，豈其與《桃葉》、《團扇》鬬妖艷耶？

《斷腸詞》一卷

宋朱淑真撰

汲古閣本。前有叙錄，後有毛晉跋。

魏氏叙略曰："淑真，浙中海寧人，文公姪女也。文章幽艷，才色娟麗，實閨閣所罕見者。因匹偶非倫，弗遂素志，賦《斷腸集》十卷以自解。臨安王唐佐爲傳以述其始末，吳中大夫集其詩二百餘篇，宛陵魏仲恭爲之序。"

毛氏跋曰："淑真詩集膾炙海内久矣，其詩餘僅見二闋，於《草堂集》又見一闋。於'十大曲'中何落落如晨星也？既獲《斷腸詞》一卷，凡十有六調，幸睹全豹矣。先輩拈出《元夕》詩詞，以爲白璧微瑕，惜哉！"

《貞居詞》一卷

元張天雨撰

《知不足齋》本。前有屬鶚序。

屬氏序曰："外史詞翰高絶，即作樂章，氣韻亦自不凡。錄畢記此。"

米友仁《陽春集》一卷，自書小詞，凡十八調。鮑氏錄於《寶真齋法書贊》中，刻入叢書。

周密《草窗詞》二卷、《補》二卷，本出於《絶妙好詞箋》、《蘋洲漁笛譜》。鮑氏刻之，無序跋。

范成大《石湖詞》一卷，陳三聘《和詞》一卷，鮑刻有跋。

宋玉笥山人王沂孫《花外集》一卷，亦名《碧山樂府》，鮑本有題詞。

秦觀《淮海詞》三卷，徐渭評本，張綖刻於鄂州，有跋。嘉靖乙巳胡氏重刊。

《樂府補題》一卷，南宋遺民唱和詞。作者十五人，凡三十七首。漱六編本，柳氏校刊。

《蘋洲漁笛譜》二卷，汲古老人摹本，葉氏舊録本，鮑氏重刊。草窗樂府妙天下。

《銅絃詞》四卷，初名《聽秋詞》；《南北雜曲》一卷：忠雅堂集本。

吳寧《榕園詞韻》一卷，凡三十五部，有序例。乾隆甲辰年刊，冬青山館本。

《蛻巖詞》二卷，元張翥，河東人，與張天雨同學於仇山村。樊榭山房抄本，鮑氏刻入叢書。

《樂府補題》，不著編輯名氏，皆詠物詞。舊無刻本，康熙中始行於世。

《類編草堂詩餘》四卷，明杭州顧從敬家藏宋刻，重刊以行。前有嘉靖庚戌何良俊序。詞家小令、中調、長調之分，自此書始，蓋南宋人所編。朱竹垞以中調、長調爲從敬臆見，蓋誤以刻書之人爲編書之人，且所見者必是沈刻《草堂四集》之本，故極力詆之，不知顧刻別有宋本。而《四庫》所録，不知外間別有沈本。

元鍾嗣成《録鬼簿》二卷，録有元一代工詞曲者。先傳，後弔以詞，間録所作之曲，感士不遇，實爲己而發。《棟亭五種》本。

《詞鏡韻譜》三卷，題曰"賴損菴乾隆癸卯年刊"。棲梧軒本前有詞論，訓蒙之本也。

《淮海詞》三卷，鄂州本，附《淮海集》後，長短句上、中、下。又詩餘十六首，有張綎跋。

黃景仁《竹眠詞》四卷，乾隆乙巳王昶序，道光六年李澄刻入《夢花雜志》後。

《詞選》二卷，《續》二卷，附錄一卷，張琦《宛陵叢書》本有解，附本朝七家。

《梅村詞》二卷，《吳詩集覽》本。《西河集》詞七卷。吳綺《藝香詞鈔》四卷，林蕙堂本。高江邨《蔬香詞》一卷，《竹窗詞》一卷，全集本。傅占衡《湘帆堂詞》一卷，集本。《山谷詞》一百八十三首，《全書》本。金王寂《拙軒詞》一卷，三十五首，集本。《白石詞》三卷，別集一卷，《堯章集》本。《餘波詞》二卷，查氏敬業堂集本。《笠翁詞》一卷，李漁《一家言集》本。宋張鎡《南湖詞》一卷，集本。宋李昴英《文溪詞》二卷，《粵十三家集》本。宋王質《雪山詞》一卷，聚珍本。宋趙必瑑《覆瓿集》，詞三十一首，粵東本。倪雲林詞二十二首，《詩集》本。明陳子升《中洲草堂詞曲》二卷，集本。宋趙鼎《忠正德詞》二十五首，集本。梁佩蘭《六瑩堂詞》十六首，集本，附八卷後。元陳櫟《定宇集》，詞十五首。易宏《坡亭詞抄》一卷，集本。明陸深《詩餘》一卷，《儼山集》本。董方立《蘭石詞》一卷，歿後，從友人處錄得，《遺書》之九。《歷代名媛詞》六十七首，陸晟選本，自隋至元。《茗柯詞》一卷，《箋易注元室集》本。秦松齡《微雲集》一卷，詞二十八首，《蒼硯山人集》本。黃湘南《紅雪詞鈔》四卷，附錄二卷，三長物齋本。王訴《嘯巖詩抄》一卷，附《青煙錄》後。宋琬《二鄉亭詞》三卷，《安雅堂集》本。牟欽元《問玉詞鈔》一卷，自刻本，甚工。楊芳燦《真率齋詞》一卷，集本。尤侗《百末詞》六卷，附曲六種，《西堂全集》本。宋陳與義《簡齋集》本，詞一卷。舒夢蘭《香詞百選》一卷，《天香集》本。吳毅人《有正味齋詞》八卷，《續》二卷，集本。張祥河《小重山房詞》三卷，集本。王樹梅《緑雪堂詞》四十首，集本。《張南湖詩》附詞四十四首，明本。宋王質《雪山集》詞一卷。趙文喆《嫭雅堂詞》四卷，集本。趙執信《飴山集》詩餘一卷。明陳淳《白陽集》詩餘一卷。宋史浩《真隱漫詞曲》四卷。明韓邦奇《苑洛〔六〕集》詞曲一卷。趙子昂《松雪齋集》詞二十一首。劉嗣綰《筝船詞》二卷，《尚絅堂集》本。查禮《銅鼓書堂詞》三卷，遺稿本。黃之寯《唐堂集》詞一卷，詞話最佳。明高啓《扣舷集》一卷，《青丘詩集箋注》本。王世貞《四部稿》詞一卷。張九鉞《陶園集》詩餘二卷。洪亮吉《更生齋》詞二卷，全集本。近刻洪氏集更足。毛先舒《鶯情集》一卷，詞十四種，全集本。唐仲冕《露蟬吟詞抄》一卷，《陶山詩録》合刊本。

袁通《捧月樓詞》二卷，納蘭成德《飲水詞鈔》二卷，劉嗣綰《筝船詞》一卷，顧翰《緑秋草堂詞》一卷，汪慶《玉山堂詞》一卷，汪全德《崇睦山房詞》一卷，楊夔生《過雲精舍詞》二卷，汪世泰《碧梧山館詞》二卷，以上八種《隨園全集》本。

《清綺軒詞選》十三卷，乾隆辛未夏秉衡自序刊。　沈德潛序曰：“準竹垞太史之《詞綜〔七〕》，而簡嚴過之；且增入國朝諸家，以備閱者之上下古今，可稱善本。”　此本選詞不備調，唐、宋、元、明并選。

《詞學全書》十三卷，康熙十八年毛先舒、賴以頒同校刊，鴻寶堂本。　毛先舒《填詞名解》四卷，附會支離，多不足據。所附自度曲，尤爲杜撰。　王又華《古今詞論》一卷，古人僅十之一，今人十之九。　賴以頒《填詞圖譜》六卷、《續集》二卷，踵明張綖《詩餘圖譜》而作，亦取古詞爲譜，以黑白圈記其平、仄。《詞律》所駁，不能縷數。以頒字損菴，仁和人。　《附存日》有仲恒《詞韻》二卷，此本無之。《存目》：“全書十四卷。”查繼超編賴《譜》、《續集》作一卷，與此本不同。《詞韻》愈考愈歧，恒書沿沈謙之訛，輾轉彌增。

文光案：右皆往年讀書時所録在書目稿中，棄之可惜，擇其字迹可識者録之，以備參考。時代、部分，俱無倫次。萬氏《詞律》最佳，素習之本，忽爲友人借去，故不入録。其餘皆所藏也。零篇甚多，録之不盡。

以上詞曲類詞集之屬。

《樂府雅詞》三卷　《拾遺》二卷

宋曾慥撰

享帚精舍本。《詞學叢書》之一。前有顧千里序、紹興丙寅曾慥自序、朱彝尊序、嘉慶丙子秦恩復跋。

顧氏序曰："江都秦太史敦甫先生刻《詞學叢書》，而屬余以序。鮑丈淥飲有善本宋、元人詞集百十種，遠出汲古毛氏上。石研齋嘗獲其副本，太史必能討論編次，合爲若干卷，則《叢書》也而全書矣。"

曾氏自序曰："余所藏名公長短句裒合成編，或後或先，非有詮次，多是一家，難分優劣，涉諧謔則去之，名曰'樂府雅詞'。九重傳出，以冠於篇首，諸公'轉踏'次之。歐公一代儒宗，風流自命，詞章幼眇，世所矜式。當時小人或作艷曲，謬爲公詞，今悉删除。凡三十有四家，雖女流亦不廢。此外又有百餘闋，平日膾炙人口，咸不知姓名，則類於卷末，以俟詢訪，標目'拾遺'云。"

朱氏序曰："是書抄自上元焦氏。首冠以《調笑》絶句，云九重傳出，此大晟樂之遺音矣。'轉踏'之義未詳。《九張機》詞僅見於此，而《高麗史·樂志新傳》'九張機用弟子十人'，則其節度猶具，所謂'禮失而求諸野'也。《拾遺》以調編，第詞以雅爲尚。得是編，《草堂詩餘》可廢矣。"

秦氏跋曰："宋曾慥字端伯，自號至游子，温陵人。多所撰述，存於今者，惟《類説》六十卷及《雅詞》而已。三卷，計三十四家，去取之意，未爲定論。《拾遺》所收并及李後主、毛祕監之作，則又不止於宋人矣。惟卷首載《轉踏》、《調笑》、《九張機》、《道宮》、《薄媚》諸詞，爲他選所未及；而南宋以後詞人藉此書十存其五六，即藏書家亦罕著録。傳寫既久，舛謬滋甚。原本書字不書名，略爲注明。《拾遺》内句讀有與各家不同者，皆詞家所當參考者也。"

文光案：詞中間有案語，有"一作"字。凡有脱誤處，皆記之。

《花菴絶妙詞選》十卷　《中興絶妙詞選》十卷

宋黄昇撰

汲古閣本。乾隆壬申曲谿洪振珂重校刊，有序。前有玉林自序、淳祐己酉前進士胡德方季直序。《花庵》選唐至五代詞一卷、宋詞七卷、僧詞一卷、閨秀詞一卷。《中興》選南渡以後諸賢詞。附録玉林詞三十八首。末有顧起綸跋、毛晉二跋。黄叔暘號玉林，又號花庵，名昇。《簡明目録》作"黄昇"，俟考。

洪氏序曰："宋、元人詞標新立異，至明三百年，幾成絶學。國初，名輩多研磨《花間》、《草堂》之體，綺語雖工，獨乏幽渺之音於味外。有欲矯其弊者，并《尊前》、《花間》等一併而弁髦之，因哽廢食，終屬方隅之見。去年冬，購得毛氏汲古閣《詞苑英華》原板，喜其字無漫漶，略有訛謬，悉取他本校正之。而又有《詩餘圖譜》一卷，盡協音律。公諸同好，是所不吝，且爲之序。"

文光案：《花庵絶妙詞選》十卷，《中興絶妙詞選》十卷，《草堂詩餘》四卷，《花間集》十卷，《尊前集》二卷，《詞林萬選》四卷,《詩餘圖譜》三卷,共七種,名《詞苑英華》。

黃氏自序曰:"長短句始於唐,盛於宋。唐詞具載《花間集》,宋詞多見於曾端伯所編。而《復雅》一集又兼採唐、宋,迄於宣和之季,凡四千三百餘首。吁!亦備矣。中興以來,作者繼出,及乎近世,人各有詞。暇日裒集,得數百家,名之曰'絕妙詞選'。親友劉誠甫謀刻諸梓,又録予舊作數十首附於後。"

胡氏序曰:"玉林早棄科舉,雅意讀書,間從吟詠自適。閣學受齋游公嘗稱其詩爲晴空冰柱,閩帥秋房樓公聞其與魏菊莊爲友,併以泉石清士目之。其人如此,其詞選可知矣。"

文光案:曾端伯《樂府雅詞》十三卷、《拾遺》二卷,今抄本止存三卷及《拾遺》,藏書家著録亦罕。原詞三十四家,不知姓名者百餘闋,類於卷末。

凡看唐人詞曲,當看其命意、造語工緻處,蓋語簡而意深,所以爲奇作也。〇唐呂鵬《遏雲集》載應制詞四首,按題爲"《清平樂》令,翰林應制"。以後二首無清逸氣韻,疑非太白所作。〇張志和《漁歌子》五首,極能道漁家之事。〇溫庭筠詞極流麗,宜爲《花間集》之冠。〇唐詞多無換頭,如張泌《江城子》,兩段自是兩首,故兩押"情"字。今人不知,合爲一首,則誤矣。〇唐詞多緣題,所賦《臨江仙》則言仙事,《女冠子》則述道情,《河瀆神》則詠祠廟,大概不失本題之意。爾後漸變,去題遠矣。〇王通叟名觀,有《冠柳集》。序者稱其高於柳詞,故曰"冠柳"。至於《踏青》一詞,風流楚楚,詞林中之佳公子也。世謂柳耆卿工爲浮艷之詞,方之此作,蔑矣。又不獨冠柳詞之上也。《踏青詞》即《慶清朝慢》。〇柳耆卿名永,長於纖艷之詞,然多近俚俗,故市井之人悦之。今取其尤佳者。〇万俟雅言精於音律,自號"詞隱"。有《大聲集》五卷,多應制之作,爲一代詞人。〇雅言之詞,詞之聖者也。發妙旨於律呂之中,運巧思於斧鑿之外;平而工,和而雅:比諸刻琢句意而求精麗者遠矣。○晁次膺，宣和間充大晟府協律郎，與雅言齊名，按月律進詞。○康伯可，名與之，號順庵。渡江初，有聲樂府，受知秦申王。_{詞內《喜遷喬》，皆媚檜之語。}王薦於太上皇帝，以文詞待詔金馬門。凡中興粉飾治具，即慈寧歸養、兩宮歡集，必假伯可之歌詠，故應制之詞爲多。書市刊本皆假託其名。今得官本，乃其壻趙善貢及其友陶安世所校定，篇篇精妙。汝陰王性之，一代名士，嘗稱伯可樂章非近代所及，今有晏叔原，亦不得獨擅，蓋知言云。○朱希真，名敦儒。博物洽聞，東都名士。《西江月》二曲，辭淺意深，可以警世。○李似之，名彌遜，自號筠翁，中興初名士。不附秦檜，坐貶。○吳彥高，名激，先朝故臣。米元章之壻。○劉改之，名過，太和人。稼軒之客。其詞多壯語，號龍洲道人。○劉叔擬，名仙倫，廬陵人。自號"招山"。有詩集行於世，樂章尤爲人所膾炙。吉州刊本多遺落，今以家藏善本選集。○盧申之，名祖皋，號蒲江。樓攻媿之甥。趙紫芝、翁靈舒諸賢之詩，反樂章甚工，字字可入律呂，浙人皆唱之。有《蒲江詞稿》行於世。○馮偉壽，名艾子，號雲月雙溪子。精於律呂，詞多自製腔。○吳君特，名文英，自號夢窗。

毛氏序曰："據玉林序中稱曾端伯所編乃《樂府雅詞》，所謂'涉諧謔則去之'者也。又稱《復雅》一集，乃陳氏所謂鮦陽居士所編，不著姓名者也。二書惜未之見，而兹編獨存，巋然魯靈光矣。先輩云《草堂》刻本多誤字及失名者，賴此可證。所選或一首，或數十首，多寡不倫。每一家綴數語，紀其始末。銓次微寓軒輊，蓋可作詞史云。"

余向謂散花庵乃叔易〔八〕所居，玉林，其號也。既讀其《戲題玉林》一詞，酷似余水村風景，不覺臥游而願學焉，殆五柳先生一流人也。晉又識。

顧氏序曰："唐人作長短詞，乃古樂府之濫觴也。李太白首倡

《憶秦娥》，淒惋流麗，頗臻其妙，爲千載詞家之祖。王仲初古《調笑》融情會景，猶不失題旨。白樂天始調換頭，去題漸遠，揆之本來詞體，稍變矣。騷雅名流，雋語競爽，蘇長公輩，才情各擅所長，其風流餘蘊藉藉人口。厥後元季樂府之盛，概又不出史邦卿蹊徑耳。此選自盛唐迄於南宋，凡七百年詞家菁英盡於是矣。花源真隱撰。”

文光案：顧起綸，字更生。此本前十卷，自太白迄於陸氏侍兒；後十卷，自康伯可迄洪叔璵，皆南渡以後之詞。稱字而不名，名在注內。總目前題“花庵詞客編集”，書內亦不署名。第三卷蘇叔黨《點絳唇》注云：“此詞作時方禁坡文，故隱其名以傳於世。今或以爲汪彥章作，非也。”吴長元曰：“予考黄公度《知稼翁集》有《送汪内翰移鎮宣城》詞，正用此韻。”又《玉照新志》云：“汪彥章在京師嘗作小闋云云。紹興中，彥章知徽州，仍令席間聲之。坐客有挾怨者，亟以納檜相，指爲新製以謟檜。檜怒，諷言路，遷之於永。”據二說，則此爲汪作無疑，花庵之語殊未確也。吴氏案語，予錄於《斜川集訂誤》。其詞曰：“新月娟娟，夜寒江静山銜斗。起來搔首，梅影横窗瘦。　好個霜天，閒卻傳杯手。君知否，亂鴉啼後，歸夢汲古本作“歸興”。濃如酒。”

《花間集》十卷，蜀趙崇祚集，廣政三年歐陽炯序，所録皆唐末才士長短句。錢曾《讀書敏求記》，稱此書紹興十八年濟陽晁謙之刊正，題於後。鏤板精好，宋槧本之最難得者。近有明覆宋本，尚是晁刻舊觀，亦可寶也。

《羣賢梅苑》十卷

宋黄大輿編

汲古閣影宋本。前有黄氏自序。大輿字載萬，號岷山耦耕。

黃氏自序曰："己酉之冬，予抱疾山陽，三徑掃迹。所居齋前更植梅一株，晦朔未逾，略已縈然。於是録唐以來詞人才士之作，以爲齋居之玩。目之曰'梅苑'者，詩人之義，託物取興；屈原製《騷》，盛列芳草；今之所録，蓋同一揆。聊書卷目，以貽好事云。"

《陽春白雪》八卷　《外集》一卷

宋趙聞禮撰

秦氏校本。《詞學叢書》之二。各卷有目録，無原序。《外集》四十五首，不知何謂"外集"。末有秦恩復跋。

秦氏跋曰："聞禮字立之，又號釣月。次宋時名人之詞，附以己作。陳《録》'五卷'，非完書也。世鮮傳本，魚魯之訛，在所不免。又無善本可校，尋訪數年，雖有抄借，得失互相，未可依據爲斷。其餘諸名家詞，句讀押韻不同者，條注於每句之下。錯誤不能强通者，空格以俟考補。刻既竣，略述數語於後。"

《詞源》二卷

宋張炎撰

秦氏校本。《詞學叢書》之三。書前題"西秦玉田張炎叔夏編"。書衣題"元起善齋鈔本"。前有目録。上卷十四目，皆講音律；下卷十六目，皆講法律。後有江村民錢良祐、墻東叟陸文圭二跋，又嘉慶庚午秦恩復跋、道光戊子再跋，又江藩跋。

古之樂章、樂府、樂歌、樂曲，皆出於雅正。粵自隋、唐以來，聲詩間爲長短句。至唐人，則有《尊前》、《花間集》。迄於崇寧，立大晟府，命周美成諸人討論古音，審定古調。淪落之後，少得存者。由此八十四調之聲稍傳，而美成諸人又復增演慢曲、引、近，或移宮換羽，爲[九]三犯、四犯之曲，按月律爲之，其曲遂繁矣。美成負一代詞名，所作之詞渾厚和雅，善於融化詩句，而於音譜且間有未諧，可見其難矣。作詞者多效其體製，失之軟媚而無所取。此惟美成爲然，不能學也。舊有刻本《六十家詞》，可歌可誦者，指不多屈。中間如秦少游、高竹屋、姜白石、史邦卿、吳夢窗，此數家格調不侔，句法挺異，自成一家，各名於世。作詞者能取諸人之長，棄其所短，精加玩味，象而爲之，豈不能與美成董爭雄長哉？余昔在先人侍側，聞楊守齋、毛敏仲、徐南溪諸公商榷音律，嘗知緒餘，故生平好爲詞章，用功逾四十年。嗟古音之寥寥，慮雅詞之落落，僭述管見，類列於後，與同志者商略之。

　　文光案：此則在下卷之首，不題“序”、“引”字。凡曲言“犯”，謂以宮犯商、商犯宮之類。

　　錢氏序曰：“詞以協音爲先。音者何？譜是也。古人按律製譜，以詞定聲，有法曲，有五十四大曲，有慢曲。”

　　陸[一〇]氏序曰：“先人曉音律，有《寄閑集》，旁綴音韻，刊行於世。每作一詞，必使歌者按之，稍有不協，隨即改正。”

　　秦[一一]氏跋曰：“宋遺民張玉田與白石齊名。詞之有姜、張，如詩之有李、杜也。姜、張二君皆能按譜製曲，是以《詞源》論五音均拍最爲詳贍。樂府一變而爲詞，詞一變而爲令，令一變而爲北曲，北曲一變而爲南曲。今以北曲之宮譜考詞之聲律，十得八九焉。竹西詞客江藩跋[一二]。”

　　秦氏跋[一三]：“樂笑翁以故國王孫，遭時不偶，寓意歌詞，寫其身世盛衰之感。《山中白雲詞》八卷，實能冠絕流輩。《詞源》上卷，研究聲律，探本窮源；下卷自《音譜》至《雜論》十五篇，附以楊守齋《作詞五要》。元、明收藏家均未著録。《眉公祕笈》祇載半卷，誤以爲《樂府指迷》，又以陸輔之《詞旨》爲《樂府指迷》之下卷。至本朝雲間姚氏，又易名爲沈伯時，愈傳而愈失其真。此帙從元人舊抄謄寫，誤者塗乙之，錯者刊正之，其不能臆改者姑仍之，洵倚聲家之指南也。"

秦氏又跋曰："是書刊於嘉慶庚午。閱十餘年，而得戈子順卿校本，勘定訛謬，精嚴不苟，爰取戈本重付梓人。順卿名載，吳縣名諸生。"

江氏跋曰："叔夏乃循王之六世孫，袁清容《贈玉田》詩稱爲五世孫，誤矣。《寄閒集》乃張樞所作。木生火，故玉田名炎也。樞字斗南，號雲窗，一號寄閒老人。循王之後，最著者爲張鎡功甫。斗南爲功甫之孫，亦未可知也。"

《擘經室外集》："《詞源》二卷，宋張炎撰。有《山中[一四]白雲詞》，《四庫全書》已著錄。是編依元人舊鈔影寫，上卷詳論五音、十二律、律呂相生，以及宮調、管色諸事，釐析精允，間系以圖，與姜白石歌詞《九歌》、《琴曲》所記用字紀聲之法大略相同。下卷歷論製曲、句法、字面、虛字、清空、意趣、用事、詠物、節序、賦情、離情、令曲、雜論，五要十四篇，并足以考見宋代樂府之製。自明陳仲醇改竄炎書，刊入《續祕笈》中，而又襲用沈伯時《樂府指迷》之名，遂失其真，微此，幾無以辨其非。蓋前明著錄之家，自陶九成《説郛》廣錄僞書，自後多踵其弊也。"

文光案：是書影元鈔本，近已難得，賴秦本以存。

《絕妙好詞箋》七卷　《續鈔》一卷　《續鈔補》一卷

宋周密編，國朝查爲仁、厲鶚同箋。余集《續鈔》，徐懋《補》

秋聲館本。道光八年夏，錢塘徐懋問蘧重刊。首《四庫全書提要》；次紀事；次武唐柯煜序，又柯崇樸序；次康熙戊寅高江邨序；次附錄五條；次錢遵王序、朱彝尊序；次厲樊榭序；次目錄；

後有徐懋子善長、善和刊書跋，又王昶跋。《續鈔》及《補》，皆有序。是箋人名後各有小傳，里居、著述，賴此以存。間附評論。每調下各注所詠之題，否則不知爲何語。其箋皆雙行夾寫，注中有注。其降二格者，皆切本詞本事。其降三格者，博采旁涉，以備參考，不盡切於本詞。而佚聞名句，咸附錄之。宋詞多不標題，疏通證明其功不少。初刻本未見。此本板式工整，校勘不苟，亦佳本也。

柯氏序曰："余與朱檢討竹垞有《詞綜》之選，采掇備至。所不得見者數種，《絕妙好詞》其一也。聞遵王有寫本，予從子煜爲錢氏族壻，因得假歸，鏤板行之。"原案："義門以爲竹垞所詭得，其言近誣。"

錢氏序曰："弁陽老人選此詞，總目後又有目錄。卷中詞人，大半余所未曉者。其選錄精允，清言秀句，層見疊出，誠詞家之南董也。此本又經前輩細看批閱，姓氏下各朱標其出處、里第。展玩之，心目了然。或曰弁陽老人即周草窗，未知然否。"

朱氏序曰："公謹詞選中多俊語，方諸《草堂》所錄，雅俗殊分，顧流布者少。從錢氏鈔得柯孝廉重鋟之本，作者百三十有二人。第七卷仇仁近殘闕，目亦無存，可惜也。"

厲氏跋曰："《樂府指迷》云'《絕妙好詞》，惜此板不存'，是元時已爲難得。有明三百年，樂府家未曾見其隻字，徒奉沈氏《草堂選》爲金科玉律，無怪乎雅道之不振也。幸遵王抄本，南陔江邨校刊以行，是書乃流布人間矣。"

厲氏又跋曰："周密所輯宋人選詞，皆讓其精粹，所采多紹興迄德祐間人，二三鉅公外，姓字多不著。查君蓮坡輯《詩餘紀事》若干卷，於是編尤所留意，特爲之箋，諸人里居、出處，十得八九。予與蓮坡有同好，向嘗掇拾一二，不克卒業。及來津門，見蓮坡所輯，頗有望洋之歎，并舉以附之，次第增入焉。蓮坡不忘所自，必欲附賤名於簡端，因述其顚末如此。」

徐氏跋曰：「先君子究心詞學，是編因戊辰秋屬太鴻先生假館於舍，相與商校。成書於己巳夏，即殁之前數日也。今春檢閱遺稿，急付剞劂，用副先志焉。」

王氏跋曰：「徵君過吳，必訪余於朱氏賞花水閣。凡三年，而徵君下世。其詞直接碧山、玉田，予録入《琴畫樓詞抄》。樊榭生於康熙三十一年五月，殁於乾隆十七年九月。」

《精選名儒草堂詩餘》三卷

元廬陵鳳林書院輯

秦氏校本。《詞學叢書》之五。後有樊榭五跋、對漚主人陳皋跋、道甫嚴長明跋、嘉慶辛未秦伯敦父跋、秦恩復跋。

秦氏跋曰：「上、中、下三卷，計六十三人，共詞二百三首，以讀畫齋刊本。冬，讀畫齋嚴氏手抄屬樊榭本合校，重加勘定。」

秦氏跋曰：「詞之專集，創自《金荃》、《陽春》。《金荃》佚而《陽春》尚存。選録始於《家宴》、《花間》。《家宴》亡而《花間》爲冠。自茲以後，如《梅苑》、《樂府雅詞》、《陽春白雪》、《花菴詞選》、《絕妙好詞》、《草堂詩餘》等書，并皆規模衞尉，掩採靡遺。唐、宋以來，詞人亦云大備。至若《尊前集》、《花草粹編》更無論矣。鳳林本雖録自元代，猶是南宋遺民，寄託遙深而音節激楚。刻本多訛，更加釐正。」

《名儒草堂詩餘》三卷

元廬陵鳳林書院輯

《讀畫齋》本。此本仿元本重雕。前有厲鶚跋。

厲氏跋曰：「《草堂詩餘》三卷，亡名氏選。至元、大德間諸人所作，皆南宋遺民也。詞多凄惻傷感，不忘故國，而於卷首冠以劉藏春、許魯齋二家，厥有深意。至其采擷精妙，無一語凡近。弁陽老人《絕妙好詞》而外，渺焉寡匹。余於此二種心所愛玩，無時離手。每當會意，輒欲作碧落空歌、清湘瑤瑟之想。"

厲氏又跋曰："諸公之作，散見於他書者絕少。偶見劉應李《翰墨大全》、劉將孫《天下同文集》內有數首，亟附錄於卷中。"

此本借鈔於吳君尺鳬。繡谷亭所藏頗多，顛倒殘缺，略為校定，而脫字則仍之。今年從山塘書肆中借得朱竹垞先生家鈔本，復補改數字。下卷"題滕王閣"《齊天樂》一首，添入龍紫蓬姓氏，殊快人意。但朱本上卷姓氏多遺落，不可解也。

雍正癸丑，新購元刻《草堂詩餘》三册，增入趙功可三首、李太古三首，復校定數十字，始稱善本。

唐、宋名賢詞行於世，尚矣。方今名筆不少，而未見之刊本。是編輒欲求備不可，姑撷拾所得，才三百餘首，不復次第，刊為前集。儻有佳作，陸續梓行，將見愈出愈奇也。

《草堂詩餘正集》六卷 《新集》五卷 《別集》四卷 《續集》二卷

明沈際飛撰

明本。前有陳仁錫、秦士奇序，自序，凡例。正集，本顧從義所選，天羽重加訂正，非鳳林本也。

秦氏序曰："沈天羽氏以正、續兩集并我明《新集》為之正次訂舛。《別集》則歷朝近代中所逸。"

例曰："《正集》裁自顧汝所手。《續集》題'長湖外史'，視顧選尤精約，悉仍其舊。《別集》，則余所為。《新集》，錢功父始為之，蒐求未廣，玉石雜陳。茲删其十之五，補其十之七。""考訂正文，附注訛字，次其前後，芟其混入。"

校勘記

〔一〕"欲考"，原作"作"，據清王士禛《居易録》改。

〔二〕"正"後原有一"楊"字，據上書删。

〔三〕據朱孝臧《彊村叢書》本《小山詞》，"黄氏序曰"以下所引爲晏幾道自序。

〔四〕"如"，原作"□□"，據《漱玉集》補。

〔五〕"於"後原有一"在"字，據《日湖漁唱》删。

〔六〕"苑洛"，原作"洛苑"，據《明史》乙正。

〔七〕"綜"，原作"準"，據《四庫全書總目》改。

〔八〕"易"，據上文當作"晹"。

〔九〕"爲"，據《詞源》補。

〔一〇〕"陸"，據上書，當爲"張"。張炎父張樞，著有《寄閑集》。

〔一一〕"秦"，據《詞源》，當爲"江"。

〔一二〕"江藩跋"，據上書補。

〔一三〕"秦氏跋"，據上書補。

〔一四〕"山中"，原作"中山"，據《四庫》本乙正。

集部五
詞曲類二

《歷代詩餘》一百二十卷

康熙四十六年勅撰

殿本。是書每卷第一行書各卷數,下注起若干字。第二、三行題"司經局洗馬掌局事兼翰林院修撰臣王奕清奉旨校刊"。每題第二行注單調若干字、雙調若干字,并調之別名,間有解題。其詞之有題目者,又於每調之下各標題目。開首爲《柳枝》十四字,即七絶二句。自十六字至二百四十字,共五千一百四十[一]調,詞九千零九首。一調有多至三卷者,有少至一二首者。字數不同,則調名亦異。其調名同而字數異者,皆詳注之。自一字依次至一百二十一字,無缺調;自一百廿三字以後,調不能備。詞人九百五十七人,詞話七百六十五則。《浣溪沙》二卷;《清平樂》二卷;《鷓鴣天》二卷;《蝶戀花》二卷;《滿江紅》二卷;九十三字。《水調頭》二卷;九十五字。《湘夜雨》上、下二卷;九十五字。《水龍吟》上、下二卷;一百二字。《齊天樂》上、下二卷,後卷不足;《沁園春》上、中、下三卷;一百十四字。《賀新郎》上、中、下三卷。一百十六字。此十一調所收最多,誠度曲之淵海也。

《提要》曰:"所録詞自唐至明,凡一千五百四十調,九千餘首，釐爲一百卷。又詞人姓氏十卷、詞話十卷。考梁代吳聲歌曲，句有短長，音多柔曼，已漸近小詞。唐詩載之詩集中，不別爲一體。洎乎五季，詞格乃成。自宋初以逮明季，沿波迭起，撰述彌增。然求其括歷代之精華、爲諸家之總彙者，則多窺半豹，未睹全牛，罕能博且精也。我聖祖仁皇帝游心藝苑，於文章之體一一究其正變，核其源流，兼括洪纖，不遺一技，乃命侍讀學士沈辰垣等搜羅舊集，定著斯篇。凡柳、周婉麗之音，蘇、辛奇恣之格，兼收兩派，不主一隅。旁及元人小令，漸變繁聲；明代新腔，不因舊譜者，苟一長可取，亦衆美胥收。至於考求爵里，可以爲論世之資；辨證妍媸，可以爲倚聲之律者，網羅宏富，尤極精詳。自有詞選以來，可云集其大成矣。若夫諸調次第，并以字數多少爲斷，不沿《草堂詩餘》，強分小令、中調、長調之名，更一洗舊本之陋也。”

　　文光謹案：中調、長調出於宋本，明顧從敬重刊以行。朱氏《詞綜》以爲從敬所分非也。以十六字爲小令，是矣。若百字詞，當爲中調乎？長調乎？其説實爲未允，不可從也。

　　《竹枝》，一名《巴渝詞》。唐人所作，皆言蜀中風景，以二句十四字爲調。中注“竹枝”、“女兒”字，乃歌時羣和之聲，猶《采蓮曲》之“舉棹”、“年少”也。

　　《十六字令》，一名《歸梧謠》，一字起句。作三字起，強分調名者，非是。有以五字爲起句者，益謬。

　　《閒中好》，以首三字爲調，始於鄭符諸人。單調，十八字。

　　《漁父詞》，單調，十八字，僅見戴復古作。

　　《梧桐影》，一名《落日斜》，皆以調中字句爲調名也。單調，二十字。

　　《紇那曲》，本唐樂府，若《竹枝》之歌於巴渝，即五言絶句也。

《羅嗊曲》，作於唐妓劉采春，一名《望夫歌》，即五言絕句。《一片子》，亦五言絕句，別立調名也。

《菩薩蠻》，本調乃雙調，四十四字。別一體見《中州樂府》，單調，二十二字。

《清平樂》，四十六字之半調，見周密《絕妙詞選》。

《南歌子》，一名《春宵曲》，一名《水晶簾》。隋、唐以來，曲多以“子”名。“歌”或作“柯”。單調，二十三字。

《荷葉杯》，單調，二十三字。

《甘露歌》，一名《古祝英臺》。單調，二十四字。

《憑闌人》、《踏陽春》，單調，二十四字。

《舞馬詞》，平、仄不拘叶，首句可不用韻。此與《回波》、《三臺》等，皆唐六言絕句，用以按疊入歌，如七言之《清平調》、《小秦王》等，雖字數相同而體裁自別。

《三臺令》，一名《宮中三臺》，一名《江南三臺》，一名《開元樂》。平、仄不拘叶。就所賦之事，分別《宮中》、《江南》等名。

《塞姑》，係仄韻六言絕句。邊塞閨〔二〕人之詞，亦唐人樂府也。

《憑闌人》，又一體，二十五字。

《花非花》、《摘得新》，皆以起句爲調名。本唐人長短句也，後人列之於詞。單調，二十六字。

《雙雁兒》，二十六字。

《望江南》，本李德裕爲亡妓謝秋娘作，原名《謝秋娘》。溫庭筠作爲《望江南》，又名《夢江口》。白居易思吳宮、錢塘之勝，作《江南憶》。劉禹錫作《春去也》，李煜作《望江梅》，馮延巳作《憶江南》。後又名曰《歸塞北》、《夢仙游》，皆一調而異名也。《海山記》：“隋開西苑，鑿湖泛舟，作《望江南》，詞皆雙調。”按：白居易及晚唐詞，皆單調，二十七字，至宋方加後疊，則知隋詞乃贗作矣。

《漁歌子》，一名《漁父》。和凝諸人作。平、仄互異。自宋以後皆依“西塞”一體，止二十七字。黃庭堅增作《鷓鴣天》，蘇軾增作《浣溪沙》，皆別是一格也。

《樂游曲》，與《漁歌子》相近，按腔則有別。

《春曉曲》，一名《西樓月》。

《解紅》和凝歌童也，凝爲製此曲。宋隊舞第九曰“兒童解紅隊本”。

《步虛詞》，李德裕作，即《雙調搗練子》。《搗練子》本無雙調，今斷以二十七字爲正，且與《搗練子》後三句平、仄原不同。與《桂殿秋》長短句同，惟第三句平、仄異。

《桂殿秋》，有謂末二句不對，即是《赤棗子》者，非也。

《南鄉子》，二十七字，用平、仄韻。宋人始有雙調，五十六字，全用平韻。後人有指單調爲減字者，非。

《瀟湘神》，一名《瀟湘曲》。首三字用疊句。仿《九歌》，爲迎神、送神調也。

《章臺柳》，即《瀟湘神》，仄韻。本唐韓翃寄柳姬詞，後人即名此詞爲《章臺柳》，以姬家章臺街也。姬答詞起句爲“楊柳枝”三字，故有名爲《楊柳枝第一體》，又名爲《折楊柳》者，其實與此調同。二十七字，與《柳枝》二十八字者不同也。

《法曲獻仙音》，二十七字。

《搗練子》，一名《深院月》，又名《深夜月》。李煜《秋閨詞》有“斷續寒砧斷續風”之句，遂以“搗練”名。其調格似《桂殿秋》，然第四、五句平、仄原不同也。

《清平調引》，或無“引”字，與《清平樂》無涉。楚曲有《清調》、《平調》，有《清平相和曲》。自李白作《清平調》三章，即七言絶句也。

《竹枝》，又一體，二十八字。唐樂府有《蜀竹枝》、《江南竹枝》、《漁家竹枝》。但言"竹枝"者，蜀詞居多。

《柳枝》，一名《楊柳枝》，一名《折楊柳》，皆樂府名，即七言絶句也。

《阿娜曲》，一名《鷄叫子》，一名《春曉曲》，即仄韻七言絶句。

《欸乃曲》，亦七絶，平、仄韻不拘。或作"欵"，或作"欵"皆非。"欸乃"讀作"襖靄"。劉蜕《湖中歌》作"靄迺"，劉言史《瀟湘詩》作"曖迺"，皆"欸乃"之借字，實棹船戛軋之聲，故歌多用之也。

《小秦王》，亦七言絶句，平、仄不拘，又名《丘家箏》。唐人絶句作樂府歌曲，皆七言而異其名也。

《陽關曲》，即王維《送元二使安西》，七言絶句，後用爲送行之歌。《陽關三疊》，按歌法，蘇軾、田藝衡論各不同，蓋後人傳唱互異耳。

《遣隊》，亦七言絶句。宋人歌舞欲散時必作此一闋，蓋"遣"，猶"散"也；隊，舞隊也。後人曲終猶用之。

《八拍蠻》，亦七言絶句，首句用韻。

《采蓮子》，亦七絶，其"舉棹"、"年少"字，亦相和之聲。枝、兒，棹、少，皆以兩字爲叶，則知爲和歌之音矣。

《浪陶沙》，唐樂府，一名《賣花聲》，一名《過龍門》。唐人多詠調名本意。

《天净沙》，長短句。一名《塞上秋》。平、仄互叶。

《字字雙》，一名《宛轉曲》。七言四句，俱用韻。因句有疊字，故名"字字雙"。

《甘州曲》，蜀王衍自製。二十八字。

《乾荷葉》，元劉秉忠自度曲，以首句名調。二十九字。

《九張機》，此調自一至九，從長篇中摘出。

《落梅風》、《喜春來》，俱二十九字。

《法駕導引》，此調似《望江南》，但以疊用起句爲別。單調，三十字。

《秋風清》，一名《秋風辭》。

《江南春》，寇準自度曲。

《蹋歌詞》，《西京雜紀》載"歌者蹋地爲節"，此蹋歌之始也。四句五言，接七字句、三字句。單調，三十字。作五言六句者，非。

《拋毬〔三〕樂》，唐詞多寫本意。宋隊舞有《拋毬樂》，即用此爲舞曲。

《憶王孫》，三十一字。一名《憶君王》，一名《怨王孫》，一名《豆葉黃》，一名《畫娥眉》，一名《闌干萬里心》，一名《一半兒》。

《蕃女怨》，温庭筠詞爲正。謂首二句平、仄可通者，非。

《後庭花》，亦有加"破子"二字。取《玉樹後庭花》。三十二字。

《遐方怨》，唐教坊樂名。

《轉應曲》，一名《調笑》，一名《宫中調笑》，一名《三臺調笑》。六、七句有倒疊字，故名"轉應"。

《訴衷情》，一名《一絲風》。三十三字。

《如夢令》，本名《憶仙姿》，因後唐莊宗作内有"如夢"二字，遂以調名。一名《比梅》，一名《宴桃源》，一名《如意令》。

《天仙子》，一名《萬斯年》，有作《天台仙子》者。三十四字。

《歸自謡》，一名《歸國遥》。又名《思佳客令》，與《鷓鴣天》別名《思佳客》者不同。

《定西番》，唐教坊曲名。三十五字。

《江城子》，或作《江神子》，一名《水晶簾》。

《連理枝》，宋詞俱加後疊，又名爲《小桃紅》。

《何滿子》，《教坊記》作《河滿》。然此調之始爲滄洲歌者何滿所作，則當從"何"。三十六字。

《長相思》，雙調，三十六字。梁、陳樂府多取古詩"長相思"三字作起句，調名本此。一名《山漸青》，一名《雙紅豆》，一名《憶多嬌》，一名《青山相送迎》。

《相見歡》，調始於唐、宋人，則名爲《烏夜啼》，又名《憶真娘》，又名《憶真妃》，又名《月上瓜洲》。其名《上西樓》、《西樓子》、《西樓秋夜月》者，皆取南唐後主詞中字名調也。雙調，三十六字。

《風光好》，此調作者甚少，《天機餘錦》止載無名氏一闋，今查，係歐陽良作。

《憶秦娥》，雙調，三十七字。調名始於李白。後人所度與李詞迥別。

《調笑令》，單調，三十八字。古《調笑》，三十二字。

《望梅花》，和凝詞，即以名調。更有名"望梅"者，乃《解連環》之別名，與此無涉。

《醉太平》，一名《醉思凡》，一名《凌波曲》，一名《四字令》。雙調，三十八字。

《薄命女》，一名《長命女》，或加"令"字。在唐樂府直是五言詩。今斷以和凝詞爲正格。

《春光好》，唐明皇擊鼓催花曲名，調名本此。一名《愁倚闌令》。雙調，四十字。

《蝴蝶兒》，起於唐張泌，以起句爲調名。

《太平時》，一名《賀聖朝影》，一名《添聲楊柳枝》。

《昭君怨》，一名《宴西園》，一名《一痕沙》。他如《昭君詞》、《昭君歎》等，皆樂府舊名，與填詞無涉。平、仄四換韻，雙調，四十字。

　　　　文光謹案：雙調起於三十六字，單調止於四十字。

《生查子》，“查”本“樝梨”之“樝”，與浮槎事無涉。雙調，四十字。

《醉公子》，一名《四換頭》。

《酒泉子》，此調體最多，皆雙調。

《女冠子》、《紗窗恨》、《玉蝴蝶》，皆四十一字。

《點絳唇》，取江淹詩“明珠點絳唇”之句。一名《點櫻桃》，一名《沙頭雨》，一名《南浦月》，一名《一痕沙》。四十一字。

《浣溪沙》，或作“紗”，或名《浣紗溪》。一名《小庭花》，一名《滿院春》，一名《廣寒秋》，一名《霜菊黃》，一名《踏花天》。四十二字。

《清商怨》，晉樂府有《清商曲》，唐舞曲有《清商伎》，其聲最爲凄惋，調名以此。又名《傷情怨》，又名《關河令》。

《小桃紅》，一名《平湖樂》。

《愁倚闌令》，亦《春光好》之別體。

《霜天曉角》，一名《月當窗》，一名《梅花令》。四十三字。

《減字木蘭花》，四十四字。

《巫山一段雲》，漢鐃歌《巫山高》爲思歸詞，後蜀毛文錫撰此調，與《菩薩蠻》之別名無涉。

《菩薩蠻》，唐開元時南詔入貢，佹髻金冠，瓔珞被體，號“菩薩蠻”，因以製曲。宋隊舞亦有此名。楊慎改“蠻”作“鬘”。一名《重疊金》，一名《子夜歌》，一名《女王曲》，一名《花間意》，一名《巫山一片雲》，皆後來更名。平、仄叶韻稍異，體則一也。李白作爲千古傳詞，平、仄宜悉從之。

《采桑子》，一名《羅敷媚》，一名《羅敷艷歌》。

《後庭花》，四十四字。一名《海棠春》。

《卜算子》，一名《缺月挂疏桐》，一名《孤鴻》，一名《百尺樓》。

《謁金門》，唐樂名有《儒士謁金門》，詞沿其名。一名《垂楊碧》，一名《花自落》，一名《出塞》，一名《春早湖山》，一名《空相憶》。四十五字。

《一落索》，一名《玉連環》，一名《洛陽春》，一名《上林春》。

《好事近》，一名《釣船笛》。

《朝天子》，一名《思越人》。四十六字。

《望仙門》，漢武題華陰集靈宮門曰“望仙”，調名本此。後段七字句下必疊三字句，後接五字句結，乃爲定格也。

《琴詞相思引》，一名《玉交枝》。別本作《定風波》，自有本調，與此無涉。

《清平樂》，或多“令”字。一名《憶蘿月》。換頭另叶平韻。有託爲唐詞，通體叶仄韻，非正格也。

《十二時》，一名《桃花曲》，一名《憶少年》。

《憶秦娥》，四十六字。一名《秦樓月》，一名《碧雲深》，一名《雙荷葉》，雖列又一體，然調名始自李白詞。其三十七字與四十一字，皆後人換格。此爲原調，正格也。

《阮郎歸》，用阮肇事名調。一名《醉桃源》，一名《碧雲春》，一名《鶴冲天》。四十七字。以南唐李煜作爲定體，後人平、仄互異者皆非。

《喜遷喬》，又一體，四十七字，或加“令”字。一名《燕歸梁》，“梁”或作“來”。一名《早梅芳近》，一名《鶴冲天》，一名《春光好》。

《聖無憂》，一名《烏夜啼》，實一調而異名。另立一調者，非。

《賀聖朝》，本唐教坊樂名，後以名調。

《朝中措》，始於歐陽修《平山堂詞》。一名《照江梅》。四十八字。

《南唐浣溪紗》，一名《山花子》，又名《攤破浣溪紗》。以"攤破"名者，就《浣溪紗》結句，破七字爲十句也。稱"南唐"者，以李璟詞"細雨"、"小樓"二句膾炙人口得名也。

《眼兒媚》，一名《秋波媚》，一名《小闌干》。與《朝中措》迴別，混入者非。

《胡搗練》，與《望仙樓》分別，惟換頭第一句七字。

《三字令》，皆三字句，前後皆八句。

《燭影搖紅字[四]》，宋徽宗命大晟府改王詵《憶故人》詞，因有"燭影搖紅"句，遂以名調。但詵詞本五十字，此則四十八字。以起二句分別立調名，不得以"憶故人"名此調也。

《謫仙怨》，本唐時樂府新聲，後用以填詞，蓋即《回波》而衍之爲八句也。

《桃源憶故人》，或作"桃園"者，誤。一名《虞美人》。

《陽臺夢》，以詞中結語爲調名。四十九字。

《河瀆神》，前、後段分平、仄韻。多爲祠廟之作，亦《九歌》迎神、送神意也。

《滴滴金》，本菊花名也，取以名調。五十字。

《怨三三》，古詞有《狂喚醉裏》三十句，遂以名調。

《涼州令》，唐伊、涼、甘、石、渭、氏六州皆有歌曲，名曰《六州歌頭》。此調專以"涼州"名也。

《城頭月》，與《少年游》無異，但係仄韻，向來另立。調名以馬天驥詞中有“城頭月色明如晝”句也。

《桂華明》，關注因夢遇填詞。

《促拍采桑子》，此就《采桑子》添“促拍”二字，以按歌得名也。

《孤館深沉》，五十字。

《河傳》，五十一字。此詞體製最多，用韻各異，皆按字數分别其體。隋製曲有名《水調河傳》，蓋《水調》者，古樂府一部之名，所統曲頗多，《河傳》其一也。後人因以名詞調。

《雨中花》，一名《夜行船》。

《青門引》，作“清”非。青門，長安城東門也，見《三輔黄圖》。雙調，五十二字。

《醉紅妝》，一名《醉紅樓》。

《望江東》，若叶平韻，與《醉紅妝》句法短長無異；但中間用字平仄不同，未可混爲一也。

《酒泉子》，一名《憶餘杭》。此調始四十字，止於五十二字，按字分調，各自有别。

《南歌子》，一名《風蝶令》，一名《望秦川》。“歌”亦作“柯”。

《怨王孫》，亦名《月照梨花》。五十三字。

《紅羅襖》，作者無多，以周邦彦一調爲正格。換頭“乖”字上或添“懷”字，誤。

《折桂令》，郤詵對策東堂，自云“桂林一枝”。後遂以登科爲“折桂”，唐人詩中多用之，調名本此。

《戀繡衾》，起七字句必用拗體，其中間字句長短、歌聲頓挫處，不可游移。然宋人已有不盡遵者。論調格，則不可不知也。

《夜行船》，五十三字，與《雨中花》之别名迥别。此本調之正格也。

《江月晃重山》，此用《西江月》、《小重山》兩調句法串合，因以名調。凡調之以"犯"名者，即此義。

《端正好》，一名《於中好》。即《杏花天》之又一體，一名《杏花風》。

《南鄉一剪梅》，亦是合二調爲一調也。

《金錯刀》，一名《醉瑤瑟》，亦名《步虛詞》。

《浪淘沙》又一體，一名《賣花聲》，一名《過龍門》，一名《曲入冥》。五十四字。

《鷓鴣天》，一名《思佳客》。五十五字。

《一七令》，從一字至七字成調，一字則單句，二字至七字皆雙句，即以起一字爲本意而詠之。單調，五十五字。

《鵲橋仙》，或加"令"字，詞詠本意居多。雙調，五十六字。又名《廣寒秋》。

《虞美人》，五十六字。與《桃源憶故人》之別名《虞美人影》者無涉。

《玉樓春》，即《木蘭花》之又一體。唐詞無此名，五代始有之。別名《春曉曲》，與二十七字者不同。又名《惜春容》。亦有以別名另立調者，止中間平仄略異，故皆入之又一體內也。

《瑞鷓鴣》，一名《舞春風》，一名《鷓鴣詞》。通首皆平韻，與七言近體詩無異。若用仄韻，即係《玉樓春》、《木蘭花》調也。

《市橋柳》，本蜀妓送行詞，因以詞內句名調。

《梅花引》，本笛曲也，亦名《小梅花》。五十七字。

《一斛珠》，本唐樂府新聲，又名《醉落魄》。

《踏莎行》，一名《柳長春》。五十八字。

《接賢賓》，五十九字，唐詞也。宋詞百十六字者號"集賢賓"，"接"、"集"音相近，有互用者，義亦同也。

《一剪梅》，五十九字，以李清照詞爲格。人以"月滿樓"句添一"西"字，入六十字內。今按本集正之。

《唐多令》，亦名《南樓令》。六十字。

《定風波》，本唐教坊樂名，爲詞調，亦名《定風流》。

《後庭宴》，六十字。宋宣和間掘地得石刻，載唐人詞，本無調名，後人以"後庭宴"名之，與《後庭花》無涉。

《壽山曲》，六言十句，不分前、後段，作單調，六十字。

《蝶戀花》，一名《黃金縷》，一名《鳳棲梧》，一名《鵲踏枝》，一名《一籮金》，一名《魚水同歡》，一名《捲珠簾》，一名《明月生南浦》。

《河傳》，又一體，六十一字。始於宋人。自五十一字始，體各參差不同，唐、五代詞爲多。

《十拍子》，一名《破陣子》。本唐教坊樂，以此詞一唱十拍，因以名調。六十二字。

《蘇幕遮》，一名《鬢雲鬆》。本西域婦人飾。唐呂元濟言："渾脫，駿馬、胡服，名曰蘇幕遮。"蓋本其國舞人之飾，後隸教坊，因以名詞調也。

《青玉案》，本張衡《四愁詩》語。一名《一年春》。六十三字。

《鈿〔五〕帶長中腔》，六十四字。

《酷相思》，六十五字，與《極相思》無涉。

《聲聲令》，六十六字。

《夢行雲》，一名《六么花十八》。六十七字。

《三奠子》，唐、宋無此調，見於元好問《錦機集》，傳是奠酒、奠殽、奠璧，因以名詞。崔令欽《教坊記》亦有《奠璧子》也。

《兩同心》，六十八字。唐教坊取古樂府製曲填詞，遂以名調。亦名《仙源拾翠》。

《數花風》，亦名《鳳凰閣》。六十九字。

《山桃紅》，一名《紅娘子》，一名《灼灼花》，一名《連理枝》。七十字。

《千秋歲》，七十一字。加"引"字者，長調也，與此別。

《風入松》，七十二字。古樂府有《風入松》琴調，僧皎然有《風入松》歌行，此則別爲詞調也。

《隔浦蓮》，七十三字。周美成令溧〔六〕水時作。調和者平、仄稍異，然無異體也。

《師師令》，師師，角妓名也。張先贈詞，即名《師師令》。

《剔銀燈》，七十四字。宋毛滂自製此調，賦侑歌者。以詞中"頻剔燈"語名之。但毛詞多一字，此則後人所損也。

《解蹀躞》，本商調曲名，後以名詞。七十五字。

《婆羅門引》，七十六字。婆羅門，本外國名，唐楊敬述進《婆羅門曲》，後改爲《霓裳羽衣》。《唐樂志》載婆羅門國舞，宋隊舞亦有此名，遂以名詞。

《側犯》，七十七字。"犯"字是按歌時假借別調作腔，詞原入歌譜，故宣、政詞家有《側犯》、《尾犯》、《花犯》、《玲瓏四犯》等名也。

《四園竹》，本曲名，"四"或作"西"。

《金人捧露盤》，一作《銅人》，一名《上西平》，一名《西平曲》，一名《上南平》。七十八字。

《紅林檎近》，唐教坊有此曲。紅林擒，果名，即紅柰也。七十九字。或無"近"字。

《鬭百花》，唐時鬭花，以奇者爲勝，調名取此。一名《夏州》。與《鬭百草》無涉。八十字。

《款殘紅》，乃八韻五言古詩，楊慎獨立一調。

《皁羅特髻》，八十一字。一名《采菱拾翠》，以蘇軾詞起句得名也。

《拂霓裳》，八十二字。《霓裳羽衣》，爲唐時道調法曲之最大者。宋舞曲名亦有《拂霓裳》，詞調本此。

《洞仙歌》，體製不同，皆以字數分入卷内。

《滿路花》，或加"促拍"二字。有名"歸去難"者，與此無異。八十三字。

《蕙蘭芳引》，本仙吕曲也，八十四字。

《華胥引》，八十五字。

《受恩深》，八十六字。

《離別難》，八十七字。武后時有士人妻没入掖庭，善吹觱篥，乃撰此曲。一名《大郎神》，一名《悲切子》，一名《愁回鶻》。然唐人教坊、樂府所傳皆五言、七言絶句，至薛昭蘊始有此詞。

《八六子》，八十八字。一名《感黄鸝》。

《滿江紅》，八十九字。唐《冥音録》載曲名《上江虹》，後轉易二字。韻必平、仄獨用，不可兼用。若換韻、互用韻者，皆非。

《遥天奉翠華引》，九十字。

《十二時慢》，九十一字。即《十二時長調》，故加"慢"字也。

《意難忘》，仙吕曲也，九十二字。

《轆轤金井》，一名《四犯翦梅花》，一名《錦園春》，一名《月城春》。此調創於劉過，兩用《醉蓬萊》，復合《雪獅兒》、《解連環》，故曰"四犯"。

《瀟湘夜雨》，九十三字。與《滿庭芳》迥不同，不可以别名混入也。

《滿江紅》，九十三字。

《六幺令》，一名《緑腰》，一名《緑要》，九十四字。楊慎謂義取六博，"幺"即"梟"也。《碧鷄漫志》"《六幺》，名《綠腰》"，《吐番傳》曰"秦涼州雜曲"，《琵琶録》曰"《六幺》，本'録要'也，樂工進曲，命録其要者"，皆與慎説無涉。

《金浮圖》，漢桓帝鑄黄金浮圖，調名取此。

《紅情》，柳永詞，與姜詞《暗香》、《疏影》，後人號爲《紅情》者不同。

《水調歌頭》，唐時曲名。"水調歌"者，一曲之名，如稱《河傳》曰《水調河傳》。"歌頭"又曲之始者，如《六州歌頭》、《氐州第一》之類。姜詞名《花犯念奴》、吳文英名《江南好》，皆此調也。九十五字。

《八聲甘州》，《西域記》："龜兹國工製伊州、甘州、涼州等曲，皆翻入中國詞調。'八聲'者，歌時之節奏也。"

《鳳凰臺上憶吹簫》，取《列仙傳》秦弄玉事。

《滿庭芳》，九十五字。一名《滿庭霜》，一名《鎖陽臺》，一名《瀟湘夜雨》。

《帝臺春》，九十六字。《堯山堂外紀》，載唐李璟賦《春恨帝臺春》，調名始此。

《暗香》，姜詞，九十七字。一名《紅情》。

《揚州慢》，姜制，九十八字。

《并蒂芙蓉》，宋政和時大晟樂府成，蔡京薦晁端禮，徽宗詔乘傳赴闕。會禁中嘉蓮生，端禮屬詞以進，即此調也。

《三姝媚》，九十九字。古樂府有《三婦艷》，因以名調。

《無悶》，或作《閨怨》。按之，大約以《無悶》調填閨怨詞，非別有一調也。

《新雁過妝樓》，一名《八寶妝》，一名《瑤臺聚八仙》，以其合八調句法爲一調，故名。

《念奴嬌》，一百字。一名《百字令》；一名《壺中天慢》，或無"慢"字；一名《淮甸春》；一名《百字謠》；一名《湘月》；一名《無俗念》；一名《慶長春》；一名《千秋歲》；一名《賽天香》；一名《杏花天》。中間平仄、句讀稍異，然實同調也。上、中、下三調自宋徽宗起。

《念奴嬌》，又一體，一名《大江東去》。或無"去"字，或以爲《大江乘》者，誤也。一名《酹江月》，一名《赤壁詞》，皆蘇軾詞別名。此調因蘇詞換頭二、三句上五下四，故分出之。

《念奴嬌》，此爲平韻。今以蘇詞及平韻者各列一格調名。百字，非如他調可以增減。有增二字、減二字者，皆係傳訛，盡去之。

《霓裳中序第一》，《霓裳》在教坊爲大樂曲，凡十二編，中分之，以按拍作舞，故曰"中序第一"。

《梨州令》，疊韻。一百字，分四疊，謂之疊韻。

《山亭宴》，一百一字。與《宴山亭》無涉。

《水龍吟》，一百二字。一名《小樓連苑》，一名《海天闊處》，皆以詞句別名也。

《齊天樂》，一名《臺城路》，一名《如此江山》，一名《五福降中天》。

《眉嫵》，一名《百宜嬌》。一百三字。

《西河三疊》，一百四字。"河"或作"湖"。

《二郎神》，一百五字。一名《二郎》。

《青門飲》，一百六字。與《青門引》不同。

《角招》，一百七字，趙以夫自注《梅詞》云："姜製《角招》、《徵招》二曲，余以《角招》賦梅。古樂府有大、小《梅花》，皆角聲也。"

《菩薩鬘[七]引》，一百八字。此調與《解連環》略同，然字數既殊，調名自別也。

《緑意》，一百九字。此與《疏影》略同，猶《暗香》之同於《紅情》也。

《風流子》，一百十字。一名《内家嬌》。

《八歸》，一百十一字。

《沁園春》，又一體，一百十二字。取漢沁水公主園以名調。一名《洞庭春色》，一名《大聖樂》，一名《壽星明》，一名《東仙》。其字數多少者，此調變格也。

《玉山枕》，一百十三字。

《沁園春》，一百十四字。

《賀新郎》，一百十五字。此調以一百十六字者爲正格。

《摸魚兒》，又一體，一百十六字。一名《安慶摸》，一名《買陂塘》，一名《陂塘柳》。此體爲此調正格，填詞家用之。一卷。又一體一卷。

《賀新郎》，一百十六字。"郎"亦作"凉"。一名《金縷歌》，一名《金縷衣》，一名《乳燕飛》，一名《風敲竹》，一名《貂裘換酒》，皆同調異名也。

《子夜歌》，一百十七字。此《子夜歌》正格，與《菩薩蠻》之別名者不同也。

《夏雲疊嶂》，一百十八字。王錫爵一詞，友人自度曲也。

《暮雲碧》，一百十九字。一名《吊嚴陵》。

《金明池》，宋汴京游幸地也。南宋德壽出游，修舊京金明池故事，詞名取此。一百二十字。有以《夏雲峰》別爲一調者，與此無別，蓋即此調別名也。

《送征衣》，結句作五字者非。

《白苧》，或作"紵"，亦名《白紵歌》。晉、宋以來舞曲俱有《白紵辭》。一百二十一字。

《多麗》，亦名《鴨頭緑》。按：多麗，唐張均妓名。而《鴨頭綠》，唐教坊曲也。向分二調，今合之。宋人作多一百三十九字。傳詞一百二十一字，或有脱誤。

《秋思耗》，一名《畫屏秋色》。一百二十三字。

《翠羽吟》，一百二十四字。

《春風裊娜》，一百二十五字。

《洞仙歌》，一百二十六字。

《蘭陵王》，三疊，一百三十字。蘭陵王者，北齊高長公封號，取以名詞。以其遇敵先登，亦名《高冠軍》。周、齊之間，多用爲樂府曲也。

《瑞龍吟》，三疊，一百三十二字。前二段屬正平調，所謂"雙拽頭"也。

《大酺》，一百三十三字。漢、唐皆有賜酺，合宴歡樂也。唐教坊有《大酺詞》。

《西平樂》，一百三十五字。

《歌頭》，一百三十六字。本教坊曲。

《西平樂》，一百三十七字。

《多麗》，一百三十八字。

《多麗》，一百三十九字。

《六醜》，一百四十字。楊慎易名《箇儂》。或分爲兩調者，非也。

《十二時》，一百四十一字。

《六州歌頭》，一百四十二字。

《夜半樂》，一百四十三字。

《夜半樂》，三疊，一百四十五字。

《小諾皋》，一百四十六字。諾皋，太陰之名。

《寶鼎現》，三疊，一百五十五字。

《怨朱絃》，一百六十七字。

《哨徧》，一百九十九字。此曲爲羽音，歷第五，故以
"徧"名。
　　《鶯啼序》，四疊，二百三十四字。此調極長。

校勘記

〔一〕"五千一百四十"，據《歷代詩餘》，當作"一千五百四十"。

〔二〕"閨"，原作"關"，據上書改。

〔三〕"毬"，原作"毯"，據上書改。下同改。

〔四〕"字"，據上書當刪。

〔五〕"鈿"，原作"細"，據上書改。

〔六〕"溧"，原作"漂"，據上書改。

〔七〕"鬘"，原作"慢"，據上書改。

集部五
詞曲類三

《詞綜》三十卷

國朝朱彝尊撰

曝書亭本。康熙戊午汪森序，柯崇樸後序。

汪氏序曰："自有詩而長短句即寓焉。《南風》之操、《五子之歌》是已。周之《頌》三十一篇，長短句居十八。漢《郊祀歌》十九篇，長短句居其五。至《短簫鐃歌》十八篇，篇皆長短句，謂非詞之源乎？迄於六代《江南》、《採蓮》諸曲，去倚聲不遠。其不即變爲詞者，四聲猶未諧暢也。自古詩變爲近體，而五、七言絕句傳於伶官樂部。長短句無所依，則不得不更爲詞。當開元盛日，王之渙、高適、王昌齡詩句流播旗亭，而李白《菩薩蠻》等詞亦被之歌曲。古詩之於樂府，近體之於詞，分鑣并騁，非有先後。謂詩降爲詞，以詞爲詩之餘，殆非通論矣。西蜀、南唐而後，作者日盛。宣和君臣轉相矜尚，曲調愈多，流派因之亦別，短長互見，言情者或失之俚，使事者或失之伉。鄱陽姜夔出，句琢字鍊，歸於醇雅。於是史達祖、高觀國羽翼之，張輯、吳文英師之於前，趙以夫、蔣捷、周密、陳允衡、王沂孫、張炎、張翥效之於後，譬之於樂舞《韶》，至於九變而詞之能事畢矣。世之論詞者，惟《草堂》是規，白石、梅溪諸家或未窺其集，輒高自矜詡。予嘗病焉，顧未有以奪之也。友人朱子錫鬯輯有唐以來迄於元人所爲詞，凡一十八卷，目曰‘詞綜’，訪予梧桐鄉。予覽而有契於心，請雕刻以行。朱子曰：‘未也。宋、元詞集傳於今者，計不下二百家，吾之所見僅及其半而已。子其博搜以輔吾不足，然後可。’予曰：‘唯唯。’錫鬯仍北游京師，南至於白下，逾三年歸，廣爲二十六卷。予亦往來若、雪間，從故藏書家抄白諸集，相對參論，復益以四卷，凡三十卷。計覽觀宋、元詞集一百七十家，傳記、小說、地志共三百餘部，歷歲八稔而後成書，庶幾可一洗《草堂》之陋而倚聲者知所宗矣。若其論世而敘次詞人爵里，勘讎同異而辨其訛，則柯子寓匏、周子青士力也。”

唐、宋以來作者，長短句每別爲一編，不入集中，以是散佚最易。常熟吳氏訥彙有《宋元百家詞》，抄傳絕少，未見全書。近日毛氏晉刻有汲古閣《六十家宋詞》，頗有裨於學者。是編所錄，半屬抄本。白門則借之周上舍雪客、黃徵士俞邰，京師則借之宋員外牧仲、成進士容若，吳下則借之徐太史健菴，里門則借之曹侍郎秋岳，餘則汪子晉賢購諸吳興藏書家。互爲參定，其已經選輯者，凡百六十餘家。例一。藏書家編目錄，詞集多不見收。惟莆田陳氏《書錄解題》論其大略，鄱陽馬氏采入《通考》。舊本散失，未經寓目。或詩集雖在而詞則闕如，僅於選本中錄其一二。例一。世人言詞，必稱北宋。然詞至南宋始極其工，至宋季而始極其變。姜堯章氏最爲傑出，惜乎《白石樂府》五卷今僅存廿餘闋也。《東澤綺語》，傳亦寥寥。至施乘之、孫季蕃盛以詞鳴，沈伯時《樂府指迷》亦爲矜譽。今求其集，不可復睹。周公謹、陳君衡、王聖與集雖抄傳，公謹賦《西湖十景》，當日屬和者甚衆，而今集無之。《花草粹編》載有君衡二詞，陸輔之《詞旨》載有聖與《霜天曉角》等調中語，均今集所無。例三。古詞選本，若《家宴集》、《謫仙集》、《蘭畹集》、《復雅歌辭》、《類分樂章》、《羣公詩餘後編》、《五十大曲》、《萬曲類編》及《草窗》周氏選，皆軼不傳。獨《草堂詩餘》所收最下、最傳。三百年來，學者守爲《兔園册》，無惑乎詞之不振也。例四。向客太原，見晉祠石刻多北宋人唱和詞，而平遥縣治西古寺廡下有金人所作小令勒石嵌壁，令工人拓回。計海内名山苔龕、石壁，宋、元人留題長短句尚多，好事君子惠我片楮，無異雙金也。例五。詞有當時盛傳，久而翻逸者，遺珠片玉，往往見於稗官載記。是編片詞足采，輒事筆疏，故多他選未見之作。例六。詞人姓氏、爵里，選家書法不一。先系爵後書名者，《花間集》、《中州樂府》體也。書字於官爵下者，《絶妙詞選》體也。書名者，《全芳備祖》體也。書字者，《草堂》體也。冠別字於姓名之前者，鳳林書院體也。至楊氏《詞林萬選》、陳氏《花草粹編》，或書名，或書字，或書別字，或書官，或書集，覽者茫然莫究其世次。甚有別本以朱三十五《樵歌》爲秋娘作者，良可大噱。是集考之正史，參以地志、博紀、小説，以集歸人，以字歸名，得十之八九。例七。周布衣青士，隱於廛市，於書無所不闚，辨證古今字句、音韻之譌，輒極精當。是集藉其校讎。如史梅溪《綺羅香》後闋“還被春潮晚急”，原係六字爲句，《草堂》坊本脱去“晚”字，諸本因之；周晴川《十六字令》“眠，月影穿窗白玉錢”，原係“眠”字爲句，選本譌作“明”字，遂以“明月影”爲句；歐陽永叔《越溪春》結語“沉麝不燒金鴨，玲瓏月照梨花”，并係六字句，坊本譌“玲”爲“冷”，“瓏”爲“籠”，遂以七字、五字爲句；德祐太學生《祝英臺近》“那人何處，怎知道愁來不去”，譌“不”爲“又”：一字之乖，全旨皆失。今悉爲改正，其餘糾定難更僕數。坊間雖有圖譜，倚聲者宜考質焉。例八。是集多綴宋、元人評語。有明用修、元美諸家品隲，容有未當，或置不録焉。例十。宣、政而後，士大夫争爲獻壽之詞，聯篇累牘，殊無意味。至魏華父，則非此不作矣。是集止存一二。例十一。言情之作，易流於穢。此宋人選詞多以“雅”爲目。法秀道人語涪翁曰“作艷詞當墮犂舌地獄”，正指涪翁一等體製而言耳。填詞最雅，無過石帚，《草堂詩餘》不登其隻字；見胡浩《立春》、《吉席》之作，蜜殊《詠桂》之章亟收卷中，可謂無目者也。甚而易静《兵要》寓聲於《望江南》，張用成《悟真篇》按調爲《西江月》，詞至此亦不幸極矣。是集於黄九之作去取特嚴，不敢曲狥後山之例。例十三。宋人編集，歌詞長者曰慢，短者曰令。初無中調、長調之目。自顧從敬編《草堂詞》，以臆見分之，後遂相沿，殊屬牽率。歲在癸丑，舍館京師宣武門右，與葆龝舍人户庭相望。予輯是書，葆龝輯《詞塲》。辨晰體製，以字數多寡爲先後，最爲精密，計一千調，編爲三十卷。遺書在笥，雕刻無期，誠倚聲家之闕事也。例十四。《花間》體製，調即是題。《女冠子》則詠女道士，《河瀆神》則爲送、迎神曲，《虞美人》則詠虞姬是也。宋人詞集，大約無題。自《花庵》、《草堂》增入閨情、閨思、四時景等題，深爲可憎。今俱準集本删去。例十五。明初作手，若楊孟載、高季迪、劉伯温輩，皆温雅芊麗，咀宮含商。李昌祺、王達善、瞿宗吉之流，亦能接武。至錢塘馬浩瀾以詞名東南，陳言穢語，俗氣薰人骨髓，殆不可醫。周白川、夏公謹諸老，間有硬語；楊用修、王元美，則强作解事：均與樂章未諧。例十六。詞人瑣事，將仿孟棨《本事詩》、計敏夫《唐詩紀事》，別爲一集，以資談柄。近吴江徐徵士電發著《詞苑叢談》一書，可云先獲我心，當讓其單行矣。例十七。

　　文光案：“元夕”《生查子》詞見《歐陽文忠集》一百三十一卷，非朱淑真所作。此本猶沿毛氏之誤，蓋未深考也。内題“秀水朱彝尊抄撮，休寧汪森增定，嘉善柯崇樸編次，嘉興周篔辨訛”。凡例爲朱氏纂。有總目，凡唐詞一卷、五代十國詞二卷、宋詞二十二卷、金詞一卷、元詞四卷，採摭頗爲繁富。竹垞精於考證，又嫻音律。此本鑒別精審，辨訂詳核，迥出諸家詞選之上。其微有疏漏之處，詳見《補遺》。

《詞綜補遺》二十卷

國朝陶樑編

紅豆樹館本。前有道光甲午同館友弟孔昭虔序，次凡例。各卷各目以代爲序，每人各有小傳，凡詞皆著所出。一卷爲唐、五代、十國、宋詞，二卷至十五卷皆宋詞，十六卷金詞，十七至二十卷元詞。大興李雲章、錢塘吳長卿後序。

孔氏序曰：“自開《四庫》以來，寓內新出之書不下千百種，多昔賢所未經見者。此陶子鳧薌所以有《詞綜補遺》之選也。鳧薌夙工長短句，所著《紅豆樹館詞》，早年傳播詞壇。是書積數十年心力，自各家專集、古今選本外，凡宋、元人所著錄以及小說卮言、郡國志乘，無不涉獵。自唐迄元，成二十卷。去取別裁，編纂體例，悉宗竹垞。太史舊指不及明者，亦仍前書斷限也。當時汪晉賢氏、近今蘭泉司寇，各有補遺。此書後出，擴摭尤富，碎金片玉，無不畢收，信足羽翼原書，并垂不朽矣。”

詞選昉於《花間》、《尊前集》，自宋以逮明季，作者數十家，然非流於纖靡，即失之蕪雜。至竹垞《詞綜》出，始一歸雅正。第成書時，宋、元人詞選海內流傳尚罕，而專集之續出於數十年後者正復不少。余於嘉慶庚申、辛酉間，王蘭泉司寇延訂《續詞綜》，曾刻《補遺》二卷，每以採摭未廣爲憾。同志中常錄示鮑氏知不足齋未刊之本，於三柳漁莊、王氏書庫暨江浙藏書家，互相搜訪，較向時所得不啻倍蓰。重加詮次，悉仿原書。　曾慥《樂府雅詞》三卷、《拾遺》二卷，周密《絕妙好詞》七卷，趙聞禮《陽春白雪》八卷、《外集》一卷，向日祇有鈔本，傳播未久，而

《陽春白雪》尤多他選未見之作，今悉爲補錄。　明代譔著，類夸誕失實，甚至僞造名目，改換卷帙，亦其積習使然。如楊用修《詞林萬選序》，稱藏有唐、宋五百家詞。考《書錄解題》所載，自唐至五代，不過南唐二主詞、馮延巳《陽春錄》及趙崇祚《花間集》而已；南、北宋，則自《家宴集》以下，總集、別集共一百七家，前明毛子晉所收亦止六十家：安得有五百家之多？其言本不足據。又如張叔夏《詞源》上、下二卷，陳氏《祕笈》割去上卷，以下卷并入陸輔之《詞旨》，改稱《樂府指迷》。不知沈伯時另有其書，是不但貽誤後人，抑且重誣古人矣。茲選除專集外，所輯各詞一一詳明出處，以期徵信。茲選唐詞寥寥。至宋、金、元詞人，以科目詮次；其無科目可考而散見同時各集者，即附其人之後；或爵里既已無徵，名姓亦復罕見，則以各選本先後依次排比。至徵引各書，或不切於本詞而有關於時政得失、人才進退者，間仿樊榭《宋詩紀事》之例，附錄於後。知人論世，不無稗益。　萬氏《詞律》於一腔一調必有發明，時中肯綮，較之張綖之《詩餘圖譜》、程明善之《嘯餘譜》、毛先舒之《詞學全書》，固已遠勝。然書成於嶺外，未能博觀羣籍，疏於考證。如趙與仁《西江月》、《醉春風》見於《絕妙好詞》，《詞律》一以爲趙以仁，一以爲趙德仁，是一人而屢易其名。王觀《天香》詞誤作“王充”，陳允平《永遇樂》誤作“陳元平”。至失載宋詞諸調，尤不免挂漏之譏。茲編一體後有精於律呂者，因萬氏之疏略重加訂正，以救失而補缺，則予之搜討似不爲無助也。　宋、元人專集及《樂府雅詞》、《陽春白雪》二書，俱得自舊鈔。其間竄易增改之處，今悉爲校正。宁盡漫滅者闕疑。　著書欲求考據之精詳，尤貴搜羅之宏富。惟載籍極博，勢難遍觀而盡識。余昔備官翰林，見《永樂大典》内間有宋、元人詞集，爲外間未見之書，未遑抄錄。茲選凡得宋、金、元詞一千三百二十六首，計四百五十五家。

此外，未得者尚多。名山韞櫝，難窮不盡之藏；滄海求珠，轉益無涯之歎。而世之敝帚自享者，輒謂得一已足，亦適形其陋矣。例。

　　文光案：是編所收地志中詞爲原書所未及。附載事蹟，如《宋詩紀事》之例。原書有例無録，此特加詳。所收石刻詞更爲繁富，亦可謂朱氏功臣矣。炅薌觀察之於詞，專門績學，能造前人獨造之境，又讀前人未讀之書，故是編既博且精，無所多讓。惟朱氏以餘力爲之，陶君以專門爲之，差爲異耳.

《明詞綜》十二卷　　《國朝詞綜》四十八卷　《二集》八卷

國朝王昶撰

三柳漁莊本。嘉慶癸未年刊。前有從孫紹成序。

王氏序曰：“《明詞綜》三百八十家，附《詞綜》後。”“《歷代詩餘》取明詞百六十餘家。《國朝詞綜》四五十年來所積，擇而抄之，成四十八卷。現在朋游尚餘二三十家并零章小集，擇其優者六十餘家，編成《二集》。其取舍大旨，仍以朱氏爲宗。”

朱氏曰：“明初若楊孟載、高季迪、劉伯温輩，皆能咀宮含商。馬浩瀾以詞名家，俗氣薰人。用修、元美强作解事，均與樂章未諧。”

《詞綜偶評》一卷

國朝許昂霄撰

涉園觀樂堂本。門人張載華輯，有跋。此本寫刻俱佳。載華字佩兼，海鹽人。家多藏書，棄舉子業，專攻經史，著述甚富。

張氏序曰：“予自束髮喜爲詞，蒿廬夫子評點是書，授予讀之。凡抒寫情懷、描模景物，以及音韻、法律，靡不指示詳明，洵詞家之鄭箋也。爰繕寫校正，附《初白菴詩評》之後。"

　　以上詞曲類詞選之屬。

集部五
詞曲類四

《碧雞漫志》五卷

宋王灼撰

《知不足齋》本。前有王灼自序。作書時適居碧雞坊，因以爲名焉。

王氏自序曰："予客寄成都之碧雞坊妙勝院，自夏涉秋，與王和先、張齊望所居甚近，皆有聲妓，日置酒相樂。予亦往來兩家不厭也。每飲歸，不敢徑臥，客舍無〔一〕語，因旁緣是日歌曲，出所聞見，仍考歷世習俗，追思平時論説，信筆以記，積百十紙，混羣書中，不自收拾。今秋開篋得之，殘脱逸散，僅存十七，因次比增廣成五卷。"

文光案：灼居碧雞在乙丑，成書在己巳，相去五年，不著年號。書内刻"述古堂主人手校本"。末有二跋，一云："己酉三月望日，錢遵王假毛黼季汲古閣本校定訛闕，惜家藏舊本少第二卷，無從是正爲恨。"一云："乾隆己亥小春，吴門陸紹曾據鍾人傑《唐宋叢書》本重校一過。鍾本節删過半，益知此本爲佳耳。金管齋書。"

《樂記》曰："詩言其志，歌詠其聲，舞動其容。三者本於心，然後樂器從之。"故有心則有詩,有詩則有歌,有歌則有聲律,有聲律則有樂歌。永言即詩也,非於詩外求歌也。今先定音節,乃製詞從之,倒置甚矣。而士大夫又分詩與樂府作兩科。古詩或名曰樂府,謂詩之可歌也,故樂府中有歌,有謠,有吟,有引,有行,有曲。今人於古樂府特指爲詩之流,而以詞就音始名樂府,非古也。

古人初不定聲律,因所感發爲歌而聲律從之。唐、虞以來是也,餘波至西漢末始絶。西漢時,今之所謂"古樂府"者漸興。晉、魏爲盛。隋氏取漢以來樂器、歌章、古調併入清樂,餘波至李唐始絶。唐中葉雖有古樂府,而播在聲律則尠矣。士大夫作者,不過以詩一體自名耳。蓋隋以來,今之所謂"曲子"者漸興,至唐稍盛,今則繁聲淫奏,殆不可數。古歌變爲古樂府,古樂府變爲今曲子,其本一也。後世風俗益不及古,故相懸耳,而世之士大夫亦多不知歌詞之變。

劉、項皆善作歌。西漢諸帝如武、宣類能之。廣川王通經,好文辭,爲諸姬作歌,尤奇古;而高祖之戚夫人、燕王旦之容華夫人兩歌,又不在諸王下:蓋漢初古俗猶在也。東京以來,非無作者,大概文采有餘,性情不足。吾謂西漢後獨《勅勒歌》暨韓退之《十琴操》近古。

或問:"元次山補伏羲至商十代樂歌,皮襲美補《九夏歌》,是否?"曰:"名與義存,二子補之無害。或有其名而無其義,有其義而名不可强訓,吾未保二子之全得也。"

漢時雅、鄭參用,而鄭爲多。魏平荊州,獲漢雅樂,古曲音辭存者四,曰《鹿鳴》、《騶虞》、《伐檀》、《文王》。而左[二]延年之徒以新聲被寵,復改易音辭,止存《鹿鳴》一曲,晉初亦除之。又漢代《短簫鐃歌》樂曲,三國時存者有《朱鷺》、《艾如張》、《上之回》、《戰城南》、《巫山高》、《將進酒》之類,凡二十二曲。

魏、吳稱號，始各改其十二曲。晉興，又盡改之，獨《玄雲》、
《釣竿》二曲名存而已。漢代鼙舞，三國時存者有《殿前生桂樹》
等五曲，其辭則亡。漢代《胡角摩訶兜勒》一曲，張騫得自西域，
李延年因之更造新聲二十八辭，魏、晉時亦亡。晉以來新曲頗眾，
隋初盡歸清樂。至唐武后時，舊曲存者，如《白雪》、《公莫舞》、
《巴渝》、《白紵》、《子夜》、《團扇》、《懊憹》、《石城》、《莫愁》、
《楊叛兒》、《烏夜啼》、《玉樹後庭花》等，止六十三曲。唐中葉，
聲辭存者又止三十七，有聲無辭者七。今不復見唐歌曲，比前世
益多，聲行於今、辭見於今者，皆十之三四，世代相近耳。大抵
先世樂府有其名者尚多，其義存者十之三，其始辭存者十不得一。
若其音則無傳，勢使然也。

唐詩古意亦未全喪，《竹枝》、《浪淘沙》、《抛毬樂》、《楊柳
枝》，乃詩中絕句而定爲歌曲，故《清平調》三首皆絕句。

唐末、五代，文章之陋極矣，獨樂章可喜。國初，禮樂全盛，
而士大夫樂章頓衰於前，此尤可怪。

王荊公長短句不多，合繩墨處自雍容奇特。晏元獻公、歐陽
文忠公風流蘊藉，一時莫及，而溫潤秀潔，亦無其比。東坡先生
以文章餘事作詩，溢而作詞曲，高處出神入天，平處尚臨鏡笑春，
不顧儕輩。晁無咎、黃魯直皆學東坡，韻製得七八。黃晚年間放
於狹邪，故有少疏蕩處。後來學東坡者葉少蘊、蒲大受，亦得六
七，其才力比晁、黃差劣。蘇在庭、石耆翁入東坡之門矣，短氣
促步，不能進也。趙德麟、李方叔皆東坡客，其氣味殊不近，趙
婉而李俊，各有所長。賀方回、周美成、晏叔原、僧仲殊各盡其
才力，自成一家。賀、周語意精新，用心甚苦。毛澤民、黃載萬
次之。叔原秀氣勝韻，得之天然，將不可學。仲殊次之。殊之贍，
晏反不逮也。張子野、秦少游俊逸精妙。陳無己所作數十首，號
曰"語業"，妙處如其詩；但用意太深，有時僻澀。万俟雅言初自

集分兩體，曰"雅詞"，曰"側艷"，目之曰"勝萱麗藻"。後召試入宮，以側艷體太無賴，削去之。再編成集，曰應制，曰風月脂粉，曰雪月風花，曰脂粉才情，曰雜類。周美成目之曰"大聲"。田中行極能寫人意中事，雜以鄙俚，曲盡要妙，在雅言之右；然莊語輒不佳。嘗執一扇，書句其上云："玉蝴蝶戀花心動"。語人曰："此聯三曲名也，有能對者，吾下拜。"熙、豐、元祐間，兗州張山人以詼諧獨步京師。澤州孔三傳者，首創諸宮調古傳，士大夫皆能誦之。元祐間王齊叟彥齡、政和間曹組元寵，皆能文，每出長短句，膾炙人口。彥齡以滑稽語噪河朔。組潦倒無成，作《紅窗迥》及雜曲數百解，聞者絕倒，滑稽無賴之魁也。寅緣遭遇，官至防禦使。同時有張袞臣者，組之流，亦供奉禁中，號"曲子張觀察"。其後祖述者益衆，嫚戲污賤，古所未有。組之子知閣門事勳，字公顯，亦能文。嘗以家集刻板，欲蓋父之惡。近有旨下揚州，毀其板云。

柳耆卿《樂章集》，世多愛賞該洽，叙事閒暇，有首有尾，亦間出佳語，又能擇聲律諧美者用之。惟是淺近卑俗，自成一體，不知書者尤好之。

歐陽永叔所集歌詞，其間自作者三之一耳。其間他人數章，羣小因指爲永叔，起曖昧之謗。

晏元叔歌詞，初號"樂府補亡"。

吾友黃載萬歌詞，號"樂府廣變風"，學富才贍，意深思遠，直與唐名輩相角逐。又輔以高明之韻，未易求也。

《霓裳羽衣曲》，説者多異。予斷之曰：西凉創作，明皇潤色，又爲易美名。其他餚以神怪者，皆不足信也。李後主作《昭惠后誄》，云"《霓裳羽衣曲》，綿茲喪亂，世罕聞者。獲其舊譜，殘闕頗甚。暇日與后詳定，去彼淫繁，定其缺墜"，蓋唐末始不全。

文光案：誄見馬令《南唐書》，灼所引似是誄後注文，今失傳云。

《唐史》："天寶樂曲，皆以邊地爲名，若《凉州》、《伊州》、《甘州》之類，與[三]新聲合作。明年，安禄山反，凉、伊、甘皆陷。《伊州》見於世者凡七，《甘州》世不見。"

《六幺》，一名《緑腰》，一名《樂世》，一名《録要》。

《虞美人》，《脞説》稱起於項籍"虞兮"之歌。予謂後世以此命名可也，曲起於當時，非也。今世所傳《虞美人》曲，下音俚調，非楚虞姬作。

唐人説"水調"各有不同。予疑"水調"非曲名，乃俗呼"音調"之異名，今決矣。

《何滿子》，開元中滄州歌者姓名，臨刑，進此曲以贖死，上竟不免。見白詩自注。

《念奴嬌》，念奴，天寶中名倡，善歌。世以爲天寶間所製曲，予固疑之。然唐中葉漸有今體慢曲子，而近世有填《連昌詞》入此曲者。

《春光好》，唐以來多有此曲。近世易名《愁倚闌》。

《菩薩蠻》，大中初女蠻國入貢，危髻金冠，纓絡被體，號"菩薩蠻隊"，遂製此曲。

《望江南》，《樂府雜録》云："李衛公爲亡妓謝秋娘撰，一名《夢江南》。"白樂天作《憶江南》三首，第一"江南好"，第二、第三"江南憶"，每首五句。

《文漵子》，《盧氏雜説》云："文宗善吹小管，僧文漵爲入内大德，得罪流之。弟子收拾院中籍入家具，猶作師講聲。上採其聲，製曲曰《文漵子》。"

《鹽角兒》，梅聖俞説，始教坊家人市鹽，於紙角中得一曲譜，翻之，遂以名。

《喝馱子》，此曲單州營妓教頭葛大姊所撰新聲。

文光案：此本五卷，自序亦云五卷。《簡明目録》作一卷，似誤。

《樂府指迷》一卷

宋沈義父撰

《詞學叢書》本。秦恩復校刊。

《簡明目録》曰：“凡二十八條。其論詞以周邦彦爲宗，頗多中理。其謂去聲字要緊，及入聲可替平聲，不可替上聲，尤入微之解。又謂古曲譜亦有異同，嘌唱家多有添字，亦足以解釋糾紛。”

《西河詞話》四卷

國朝毛奇齡撰

《西河合集》本。凡三十七條，缺三、四兩卷。

山陰呂弦績作《品花詞》，取題之有花名者譜之。

《西廂》文爲人更竄，予求其原本正之，逐字覈實。其書頗行，第中尚有不能詳處。

沈去矜《詞韻雌黃》，刻之雖有功於詞，反失古意。

顧錫疇不得死所，賀均堯以宿憾縛沉之江，人不知也。逾年，降乩華亭，詞中略道大意，始析其事。

予少不檢，曾以度曲知名。凡坊曲伎人爭相請教，且嘗以己詞令唱。

太倉王生有《笛色譜》，并曲録之。

古者以宮、商、角、徵、羽、變宮、變徵之七聲乘十二律，得八十四[四]調。後人以宮、商、羽、角之四聲乘十二律，得四十八調，蓋去徵聲與二變不用焉。四十八調，至宋人詩餘猶分隸之。其調不拘短長，有屬黃鐘宮者，有屬黃鐘商者，皆不相出入。非若今之譜詩餘者，僅以小令、中調、長調分班部也。其詳載《樂府渾成》一書。近人不解聲律，動造新曲，曰"自度曲"。試問其曲隸何律，律隸何聲，聲隸何宮、何調，乃妄作如是耶？

方渭仁曰："四十八調亦非古律，但隋、唐以來相次沿革，必有所受之者。聲律微眇，宜以迹求，正謂此也。"

按：宋人《松漠紀聞》，大抵載汴河以北遼、金遺事。元人取其二事編作兩劇，而其文不全。家公少時曾改其劇，謂事在元前，思以前元詞正之。因念遼作大樂，金作清樂，內有《連廂詞》，頗近古法。古歌者不舞，舞者不歌。歌之應舞，皆截然不顧詞義，祇以音節爲進退。而《連廂詞》，舞人扮演，必得與詞義相照應者，行立坐卧，悉與唱文、賓白互爲動止。此在宋安定郡王鼓子詞、金董解元撥彈詞後，漸接元人雜劇院本，扮家執唱，一大關鑰也。其法得之寧庶人所傳樂譜，而見者忌之，上其文於制府。幸驗文無他，得不坐，因勒附詞末。男遠宗識。

《詞塵》五卷

國朝方成培撰

《讀畫齋》本。前有乾隆四十二年程瑤田序。

程氏序曰："世之言律呂者，病在求之太深。瑤田心竊疑之，知其非而未嘗習其器，欲言焉而不能暢厥旨。吾友方君仰松，從事於音律之學者十餘年，考之經史以導其源，博覽百家之言以達其流，舉數百年晦蒙之業別白焉而定一尊，作《詞塵》五卷，鈎玄提要，如網之在綱，有條不紊。其言曰：'工尺即律呂，樂器無古今。'余爲心折者久之。嗚呼！是書之作，豈惟詞家之圭臬，實起後世之言律呂者，而飲之以治聾之酒矣。"

古者詩與樂合，而後世詩與樂分；古人緣詩而作樂，後人倚調以填詞。古今若是其不同，而鍾律宮商之理未嘗有異也。自五言變爲近體，樂府之學幾絶。唐人所歌多五、七言絶句，必雜以散聲，然後可比之管弦。如《陽關》詩，必至三疊而後成音，此自然之理。後來遂譜其散聲，以字句實之，而長短句興焉。故詞者，所以濟近體之窮而上承樂府之變也。

宋詞、元曲雖相承注有宮調，而自有明以來尟有通其理者。近世如萬紅友《詞律》，於旋宮、宮調之理茫然無知。沈詞隱最號精專，亦莫明其所以然也。宋仁宗《樂髓新經》，其説最爲詳悉。今取《通典》注於《樂髓新經》之下，而十二宮、八十四調之理可以一目了然。

樂有十二宮、二十四宮，又有七宮、六宮，獨無所謂"九宮"者。今南、北曲譜名爲"九宮譜"，蓋相沿之誤也。

《南九宮譜》不識宮商之理，誤以中呂三調合之中呂三宮，故較北譜少中呂、仙呂、南呂三調也。

南、北曲譜未有如《九宮合譜》之善者，然其紕繆正復不少。

《九宮曲譜》合南、北曲所存燕樂二十三調諸牌名，審其聲音，以配十有二月，此正古人隨月用律之義。然按其所配，無一月不差謬者，則以不辨宮商、不明律呂之過也。

沈括《筆談》頗留心律呂，然亦有未達處。

宋仁宗洞曉音律，觀所著《樂髓新經》，迥非當時議樂諸臣所及。

工尺十六字乃三代之遺法。古聖人吹律正音，即製有此十六字，無俟後人吹灰累黍，紛然聚訟，衝貫爲表，其法甚善。余欲仿爲之，一洗南、北九宮之陋，惜無好事者爲余梓行而止也。

明人劉濂撰《樂經元義》，謂《樂記》"宮亂則荒，其君驕"一段近於誣誕。輕斥古書，可謂妄矣。

楊誠齋《作詞五要》。培按：當是"守齋"。張炎得音律之學於楊守齋，陸補之又學詞於張，故陸撰《詞旨》而載守齋之説，後人訛爲"誠齋"耳。守齋即紫霞翁。

後人填詞，止知立新意。然務求尖新，不近自然便俗。楊升菴、王弇州諸君正復不免。

周德清作《中原音韻》，斥《廣韻》爲鴃舌。泝流忘源，何立言之過耶？

以入聲派入三聲，宋詞往往有之，蓋本於"三百篇"、漢魏樂府，非德清一人創見也，然其起例有曰："以入聲派入平、上、去三聲者，廣其韻耳，有才者本韻自足。"此言甚當。後人必以三聲并叶爲北曲，入聲獨押爲南曲，失德清之旨矣。

弇州論詞多不中窾，《曲藻》中論曲三昧語卻得之。

凡一詞用某韻，則句中勿多雜入本韻字，而每句首一字尤宜慎之。如押魚虞韻，而句中多用"語"、"麌"、"無"、"吾"等字，則五音紊矣。又云精於律吕者未嘗有書，而其詞具存。試奏一曲，其中不言之意，在善悟者自領之耳。夢中語不能盡記，其近理，故録之。

北曲雖始自金、元，而實本於唐與北宋之樂府。南曲雖昉於元末明初之《琵琶》、《拜月》，而實本於南宋之纏段大曲。後人作《九宫譜》，雖知有南、北之别，而莫知南、北之所由分矣。

朱子同時，惟蔡元定可稱知樂，士人則姜堯章爲最。南宋歐陽之秀著《律通》三篇，深闢三分損益之法，真西山、趙以夫皆盛稱之。然唐樂府、宋詞、元曲皆由三分損益法，則之秀之説亦謬也。

莆田李文利著《律吕元聲》，專主黄鐘三寸九分之説，蓋本之《吕氏春秋》。然吕紀所云上下相生三分損益之法已與《史》、《漢》合，則三寸九分顯是豕亥之訛。文利據此論，謬之甚矣。《嘯餘譜》首列文利説，盡斥古法，此又不知而附和者。

李文察據隔八相生以撰《樂譜》，則每句自爲一宫，而五音皆錯亂矣。劉濂認《切韻》之法而撰譜，則五音成死法矣。國朝律呂之學，尠有專門。曾見應嗣寅《古樂書》兩冊，詳於體而昧於用。江慎齋著《律呂闡微》，本諸鄭世子新法，皆無當於曲調。餘多經生家勦襲陳言、資後場之用而已。如馬宛斯《繹史》中《律呂通考》及柴紹炳《考古類編》中"律呂"一條，抄撮羣説，組織極可觀，然到底不曾明白，不曉如何施用。方氏《通雅》、顧氏《日知録》，淵博罕有倫比，獨説律呂亦屬顢頇。此外益可知已。

徐之字遠將，著《律呂正聲》四卷。其法，六十調以納音爲主，每十五調以申、子、辰等一局領之，自謂千古所未有。夫樂律先於三代，納音起乎後世。如徐説，是祖宗出於子孫，有是理耶？其餘拾讖緯之唾餘，附會伶州語，穿鑿不經矣，莫甚於此。

毛奇齡不識旋宮，不知工尺即十二律，又謂己曾截管遍吹而大小之聲無異，疑古人製律爲無用，可謂不知而妄作者。家大人嘗曰："毛西河官檢討時，常與孫可望之子往還，其集中所稱孫國公者是也。後毛紀獻賦事，諱爲苟可旺，不敢斥其名姓，而排擊朱子諸賢則不遺餘力，是誠何心哉？"記醜而博"，西河之謂矣。

宮者何？十二均宮聲之詞也。調者何？十二均商、角、徵、羽之調也。宮聲謂之宮，商、角、徵、羽謂之調。異其稱，尊宮聲也，其實宮亦調也。均者何？十二律也。一律各具七聲，均齊平一，故謂之均也。均言韻也，猶言一韻聲也。

　　文光案：是書雖以詞名，而言律呂者十之九。語語出於心得，非同勦襲；且於樂書多所考證，詞旨更爲明白。

《雨村詞話》四卷

國朝李調元撰

《函海》本。前有自序。

李氏自序曰："吾蜀升菴《詞品》，最爲允當，勝弇州之英雄欺人十倍。而近日徐釚有《詞苑叢談》一書，聚古今之詞話彙集成編，雖不著出處而掇拾大備。余家藏有常熟吳氏訥所彙《宋元百家詞》寫本，即朱竹垞所謂‘抄傳絶少，未見全書’者，并汲古閣所刊《六十名家詞》，擇其可學者，取以爲鑒。録成，目曰‘雨村詞話’。”

黄機《竹齋詩餘》，清真不减美成，而《草堂集》竟不選一字。

稼軒喜用四書成語，奇氣足以運之。然學之稍粗，則墮惡道。

竹垞詞名冠一時。　楊无咎字補之，清江人；晁无咎亦字補之，濟北人：俱以詞名。楊名《逃禪集》，晁名《琴趣外編》，而《花菴》俱不採。　《草堂》載《癡牛騃女》一詞，又逸其名，妄注毛東堂。　汲古閣本亦有錯簡。

白石另爲一派。同時張叔夏炎自號樂笑翁，有《玉田詞》三卷，鄭思肖爲作序，亦白石一派也。

山谷誤記杜詩，以“今夜鄜州月”一首爲岑嘉州《中秋詩》。見山谷詞。

《珠玉詞》極流麗，能以翻用成語見長。　晚宋用“者”、“也”、“之”、“乎”，直不可學。　弇州不工詞，如富家翁鋪張錦繡，卻欠文雅。　放翁詞似詩欠醒，而《破陣子》詞卻甚工。詞中白描高手，無過石季友。　杜安世詞多襲前人。《壽域詞》一卷，殊無足觀。　詞話始陳後山，集中有七條。

以上詞曲類詞話之屬。

《詞林韻釋》一卷

不著撰人名氏

秦氏校本。《詞學叢書》共六種，此其終也。後有秦恩復跋。

秦氏跋曰：“詞也者，騷之苗裔而歌行之變體也。作者皆能精

曉音律，故諧聲定字，確有據依。考唐及宋，但有製曲之名，絕
無撰韻之譜，豈百餘年來學士大夫各守師承，不復措意歟？吾鄉
阮中丞家藏《詞林韻釋》一卷，一名《詞林要韻》，不知何人所
撰。《宋志》不載。《樊榭集》中論詞絕句注云：'紹興二年萟斐
軒刊本，分"東、紅、邦、陽"等十九韻，與元周德清《中原音
韻》略同。'疑此書出於元、明之季，謬託南宋刊本。屬未深考，
遂以宋人詞韻。又疑此書專爲北曲而設，或即《大晟樂府》之遺
意。惜《大晟樂府》及《大聲集》皆已亡佚，無從考正耳。"

《樂府指迷》一卷

宋張炎撰

鈔本。錄於《學海類編》。《眉公祕笈》題"西秦張玉田"。
玉田，炎之別號。炎稱元遺山詞深於用事，精於煉句，風流蘊藉，
不減周、秦。炎當是宋末、元初人。是書分詞源、製曲、句法、
字面、虛字、清空、意趣、用事、詠物、節序、賦情、離情、令
曲、雜論十四類，出於依託，不足貴重。

《嘯餘譜》十卷

明程明善撰

原本。首萬曆己未自序；次凡例十二條；次點定參閱姓氏，
明人刻書多此習；次總目。書凡十二種，總爲十卷。一、《嘯旨》，
有唐寅序曰："不知誰著，今題'玉川子'，凡十五章。"二、《聲
音數》，本之《皇極》，祝泌撰，有自序。三、《律呂》，本之《皇
極》。四、《樂府原題》，採之鄭樵《通志》。五、《詩餘譜》，內題
"程明善纂輯"，前有總目。此即填詞譜也，所采皆唐、宋人詞而
宋爲多。六、《致語》，即宋祁《春宴樂語》、王珪《秋宴樂語》
之類。七、《北曲譜》，明善新定樂府體十五家，如宗匠體、黃冠

體之類，及對式名目，如合璧對、鼎足之類，凡九式。以下評詞之高下，及能詞之人并雜劇之本，未免繁雜。八、周德清《中原音韻》，後序曰：“泰定甲子秋，予作《中原音韻》并起例以遺青原蕭存。”九、《務頭》，此《中原音韻》作詞起例。十、《南曲譜》，程氏所輯《南北曲譜》不如《九宮譜》詳備。十一、趙善達《中州音韻》。十二、司馬溫公《切韻》。

程氏自序曰：“人有嘯而後有聲，有聲而後有律有樂，流而爲樂府爲詞曲，皆其聲之緒餘也。”

例曰：“嘯之失傳久矣，成公綏《嘯賦》僅得其似。予於《道藏》中得唐人《嘯旨》，散亂不可讀。稍微整理之，有不可理者，姑仍其舊。”“《中原音韻》一以正《中州韻》之訛，一以辨陰陽之失，世多不解。升菴謂‘務頭’爲‘悟頭’，誠爲紕繆。不知作樂府者以平聲用陰、陽各當者爲務頭，如‘歸來飽飯黃昏後’，黃字屬陽，昏字屬陰，以‘昏黃’歌之，則不叶矣。”

夫氣激於喉中而濁，謂之言；激於舌端而清，謂之嘯。言之濁，可以通人事，達性情；嘯之清，可以感鬼神，致不死。蓋出其言[五]善，千里應之；出其嘯善，萬靈受職。學道者深致意焉。

嘯有十二法：曰外激，曰內激，曰含，曰藏，曰散，曰越，曰大沈，曰小沈，曰疋，曰叱，曰五太，曰五少。　古之善嘯者曰流雲，聽韓娥之聲而寫[六]之也。曰深谿虎，曰高柳蟬，曰空林夜鬼，曰巫峽猿，曰下鴻鵠，曰古木鳶，曰龍吟，皆聞其聲而寫之也。曰動地，出於師曠。曰蘇門，仙君隱蘇門所作也。曰劉公命鬼，仙人劉根之所爲也。曰阮氏逸韻，阮籍所作。凡十二事，爲十二章。其首章曰權輿者，嘯之始也，法在其中。其末二章曰正者，深遠極大，非常聲所擬；曰畢者，五聲之極，大道畢矣。

唐氏序曰：“《嘯旨》始於孫登、嵇康，其法甚詳。聲音蓋激氣而成者。邵子謂物理無窮而聲音亦無窮，唯無窮乃可以配無窮，故以聲音起數御天下。古今物理之變聲，則起於甲而止於庚，多、良、千、刀、妻、宫、心之類是也。音則起於子而止於戌，古、黑、安、夫、卜、東、乃、走、思之類是也。與沙門神珙之法稍異。神珙以内、外八攝總其聲，三十六母總其音，法雖不同，其於音聲則括盡無遺矣。今黄冠符呪有聲而無字，梵門密語有字而無聲，其號召風霆，驅役鬼神，若運諸掌。今嘯亦有聲而無字，豈吾儒感天地、贊化育之餘意歟？嘯取聲自上腭出，或自舌上出者。氣自上腭出者爲上平，氣自舌上出者爲下平，上、去、入無上、下者，仄聲故也。平聲清而仄聲濁，想嘯之爲聲，必出於平而不出於仄矣。”

聲音數，康節先生止言其象，而其子伯温則有解，門人王天悦、張子望則受而卒業焉。以後張行成、祝泌、牛無邪、廖應淮、朱隱老皆有所發明，而獨祝氏鈴爲具眼。黄鐘九寸三分之説，自漢以來深入膏肓。李文利起而議之，祝使從而發明之，脱使穿鑿，其能與數合耶？

《中原韻》，宋太祖時所編，不爲詞曲家設也。

《等韻》乃聲音之祖，世以爲釋氏書，不知古之諧聲即今之叶韻。釋氏得之，遂爾大顯神通，謂之“小悟法門”。

> 文光案：是書實詞曲之譜，而題曰“嘯餘”，立名牽强，且雜凑成編，并非條貫。當時盛行，人取便覽，近日漸少。然詞譜、曲譜甚多名著，不必以此爲貴也。萬氏《詞律》攻駁此書處甚多。

《詞律》二十卷

國朝萬樹撰

堆絮閣本。前有康熙丁卯山陰吴興祚序、紅友自序、凡例二十一條、訂正目次。自《竹枝》十四字至《鶯啼序》二百四十字，字數最長者爲此調，舛錯不合者亦此調。各加辨正。凡爲調六百六十，爲體千一百八十有奇。其篇則取之唐、宋兼金、元。其所參校者，《花菴》、《草堂》、《尊前》、《花間》、《萬選》、汲古刻諸家、沈氏四集、《嘯餘譜》、《詞統》、《詞彙》、《詞綜》、《選聲》數種。考其調之異同，酌其句之分合，辨其字之平仄，序其篇之長短，務準名家，酌中各製。有調同名別者則删而合之，有調別名同者則分而疏之，複雜者釐之，缺者補之。明腔正格，有裨後學。而於近日圖譜如《嘯餘譜》、《填詞圖》之訛，尤多所糾正，其分調、分句之誤，凡例中言之極詳。而爲韻爲叶，爲換爲疊，爲句爲逗，各注於本詞之旁，最便初學，異於他本。明人於律吕無所傳受，其所自度，未能協律，故明詞一概不收。

以上詞曲類詞譜、詞韻之屬。

《詞[七]話》五卷

國朝梁廷柟撰

《藤花亭》本。前有嘉應李黼平序，後有甲申自記。

李氏序曰：“去歲，梁子章冉以《圓香夢》樂府寄予，淒切清艷，情止乎義，有風人之遺。予題詞復之。今年秋，以所著《曲話》質，自元、明暨近人院本、雜劇、傳奇，無慮數百家，悉爲討論。不黨同而伐異，不榮古而陋今，平心和氣，與作者揚榷於紅牙紫玉之間，知其用力於此道者邃矣。世之論曲者，不以文以律。是書亦論律而以文爲主，其所見尤偉，誠足爲曲家之津梁也已。”

文光案：凡序中言今秋、去冬者，序末宜著其年月，否則人不知爲何年矣，如此序是也。

梁氏自記曰：“予幼喜讀曲，今成癖矣。消愁遣悶，殆勝小説。每欲即所見各爲點論，彙選千種，成曲海巨觀，未果也。上秋游頂湖，雜憶而隨記之，了無倫次，歸乃補綴成帙。”

古人作曲，本多自隱其名姓；而鄙俚不文之作，又往往詭託於古之詞人及當代名流而出之；又或原有姓名，傳久失脫者：故曲本之考證最難也。

文光案：首卷考出作曲者數十人，徐渭曲四種而不及，《四聲猿》或未見與？

古今曲本有命名相同者，如《玉鏡臺》、《還魂記》，皆有兩本。

文光案：卷中考出同者百十曲。

一曲而數人合作者，《西廂》作自元人，董解元作《絃索西廂》，王實甫作《西廂記》，關漢卿續之。明陸采作《南西廂》，國朝周坦綸作《竟西廂》，研雪子作《翻西廂》，無名氏作《後西廂》，查繼佐作《續西廂》。

臧晉叔《元曲選》，首列元人雜劇，與予所考多不同。元人之曲，如今之制義，當時作者累萬盈千，危太樸所刻多至五百九十餘本，大抵皆噪名一時。晉叔所選止於百種，故所遺者今不傳。今傳世者即其科場之選本，若今之魁墨然。

萬紅友深入元人堂奧，故其曲音節嘹喨，正襯分明，所謂“六十年第一手”也。所作甚富，稿多不存。紅友名樹。

李玄玉有《一笠庵廣正九宮譜》，辨證甚詳，所收尤博，多今未見者。吳梅村序稱爲“騷壇鼓吹，堪與漢文唐詩并傳不朽”。

《九宮譜定》，不知誰作，篇首諸論多能切中。

莊親王所著《九宮大成南北宮譜》多至數十卷，其持論精卓不刊，能闡數百年詞家之祕。

漢卿所撰曲，多至六十餘本，其目不載《西廂》，可疑也。

紅友院本中有佛曲甚佳。佛曲，隋、唐已有。

文光案：《曲話》只收此一種，餘不悉載。

以上詞曲類曲話之屬。

右詞曲類

《南風》之操、《五子之歌》、《周頌》三十一篇，皆長短句也。以之擬詞，則不倫。"三百篇"變而爲騷，爲古詩。古詩變而爲近體，至唐而極盛。唐之中葉，雜體漸增。《桃枝》、《柳枝》之類，先變其聲；《望江南》、《調笑令》、《宮中三臺》之類，遂變其調。至五季而詞格成，至宋而詞集盛。至詞變爲曲，而厥品愈卑。今以集部之曲上溯經部之樂，雖不可同年而語，然亦樂府之餘音、風人之末派也。唐詞載於詩，無別行之本。《唐志》亦無詞曲一門，樂府收於總集之內。其編詞爲專集者，始於馮延巳之《陽春集》；其選詞爲總集者，始於趙崇祚之《花間集》。自宋迄明，撰述日富。謹案《四庫全書總目》，分詞與曲爲二家，詞錄其文而不取其韻，曲著其譜而不錄其文，此聖人折衷於至當者也。今所錄者，凡三十家，《珠玉》、《樂章》，詞集之屬也；《花菴》、《草堂》，詞選之屬也；《碧雞漫志》，詞話之屬也。《嘯餘》、《菉斐》爲詞譜、詞韻，所藏惟選詞爲多。餘則略存崖岸，隨手抄錄，無甚區別。至於《中原音韻》、《度曲須知》之類，闕而不備。《玉茗堂四種》雖有其書，亦不入錄，遵《四庫全書總目》例也。僅著梁氏《曲話》一種，以見其概，餘多刪棄。凡分四卷，我朝爲二卷，總彙其全。伏讀聖祖仁皇帝《御定歷代詩餘》，新腔舊譜，衆美兼收，自有選詞以來，未有若是之精且博者，實詞學之淵海、詞家之準則也。奉茲一編，餘皆爝火之明矣。《類編草堂詩餘》四卷，顧從敬所刊宋本，今不可見。坊行沈選四集之本，乃俗士所誦習、名家所攻駁者也。其中錯字訛句、改換頭面處，指不勝屈。至於板式之劣、評點之陋，更不待言。錄此一種，以著其最傳、最下，不可據依，其餘皆佳本也。詞學雖文章末技，亦須廣博求之，株守兔園冊子，未許問津。

校勘記

〔一〕據《碧雞漫志》，"無"前有一"與"字。

〔二〕"左"，原作"李"，據上書改。

〔三〕"與"，據上書補。

〔四〕"八十四"，原作"四十八"，據《西河詞話》乙正。

〔五〕"言"，據《全唐文·孫廣〈嘯旨序〉》補。

〔六〕"寫"，原作"官"，據上文改。

〔七〕"詞"，當作"曲"。梁廷枏有《曲話》，無《詞話》。

附　録

民國二十五年版《山右叢書初編》編校姓氏

山西省文獻委員會

總　　裁：閻錫山百川

副 總 裁：趙戴文次隴　　徐永昌次宸

常務委員：郭象升允叔　　馬　駿君圖　　陳敬棠芷莊

委　　員：賈景德煜如　　張友桐曉琴　　常贊春子襄

　　　　　狄樓海觀滄　　李鏡蓉亮工　　陳受中乙和

　　　　　邵修文竹琴　　陸近禮恭齋　　高時臻福齋

　　　　　李尚仁綱卿　　甯超武子高　　賈昭德宣之

顧　　問：徐鴻寶森玉

編　　纂：任　晰亮裁　　常乃悳燕生　　趙正楷法真

　　　　　方　聞彥光　　田九德玉如　　原士才石民

總 幹 事：于萬河霞裳

幹　　事：焦陽三養三　　范士元周君　　常乃純价中

校　　對：武叙疇洪九　　陳秀彥元生　　郭長民漢鼎

　　　　　邢淵經伯涵　　劉受福百之

《山右叢書初編》書目提要

郭象升

周易史證四卷易傳偶解一卷

作者清代臨汾彭作邦。彭作邦，字對山，以詞林外官滇、蜀，晚隱林泉，成是書。其大旨以史證易，略似宋楊誠齋《易傳》之體。據家刻本排印。

尚書考辨四卷

作者清代安邑宋鑒。宋鑒，字元衡，號半塘。官至知府。自閻若璩考定《古文尚書》之偽，半塘實繼其業。書只四卷，經文、偽經文諸書所引書詞及傳授，考證淵源，無不備具。一辨今文、古文、偽古文傳述源流；二辨古文經字異同；三辨偽經文抄襲之本；四辨《論語》、《孟子》、《春秋左傳》、《國語》、《禮記》、《書序》逸篇，與偽古文殊異。孫星衍曰："宋氏書與閻君較，簡樸過之。"清代山西學者，治考據尊漢學者，曰閻若璩，曰張敦仁，曰祁韻士，曰張穆，曰王軒，半塘也其一人也。據嘉慶版排印。

論語贅言上下二卷

作者清代安邑宋在詩。宋在詩，字雅伯，號野柏老人。官至閣學。半塘之父也。慨當世讀朱注者，但爲弋取功名計，於是作此書，引之身心之間，證以當世之務，融會旁通，務求讀者有所感發。曰贅言者，謙詞也。據家刻本排印。

讀孟子劄記

作者清代永濟崔紀，字南有。官至禮部侍郎。此乃其官國子監祭酒時所作也。推闡《孟子》七篇之論，皆根柢於《大學》。丁亥歸里，與遊從之士重加研索，遂爲定本。據原刻排印。

四書説六卷

作者明代絳州辛全。辛全，字復元。山西理學名儒，自薛文清以下，首數先生，生平著述甚多。據明版排印。

緯攟十四卷

作者清代徐溝喬松年。喬松年，字鶴儕。官至督撫，諡勤恪，爲清季名臣。其官京曹時，以博洽見推於同輩。是書比次緯文，不可以輯佚之學視之。據原刻本排印。

大唐創業起居注三卷

作者唐代太原溫大雅。溫大雅，字彦宏。是書有繆荃孫校本。

史家紀實之作，可與《唐書》參證者也。

從戎始末一卷

作者明代沁水張道濬。張道濬爲張銓之子。是書所紀，爲李自成戰將王佳印前後攻占山西本末。歌頌了忠於明皇的張銓夫人霍氏，書内無端攻擊明末農民運動。《明史》已有記載。據原抄本排印。

南遊記一卷

作者清代興縣孫嘉淦。孫嘉淦，字錫公。官至協辦大學士，諡文定。生平著述除奏議外，多自焚毁。《南遊記》乃其少作，世傳有百齡、祁墳諸家專刊本，此據祁刊本排印。

萬里行程記一卷附濛池行稿二卷鶴皋年譜一卷

作者清代壽陽祁韻士。祁韻士，字鶴皋。所著《萬里行程記》除家刻本外，《粵雅堂叢書》亦曾收入。《濛池行稿》爲山西省文獻委員會所收集的原稿。先生西北輿地之學首開，道、咸、同、光風會；雖零星短簡不可忽視也。"年譜"爲先生自撰。

西陲要略四卷附西陲竹枝詞百首

作者祁韻士。據家刻本和手稿本排印。先生以事謫居新疆，創爲此書。又就十六城之風土产物，作"竹枝詞"百首，每首之後附以注釋。《要略》一書，世多有之矣。

萬卷精華樓藏書記一百四十六卷

作者清代靈石耿文光。耿文光,字斗垣。舉人,官教諭。精於四庫提要之學,殫力收書,所藏至八萬卷。晚年恐其散佚,著爲是書。自言用意有四:一以自課,一以砭俗,一考藏書,一當筆記。舉凡一書之義理、旨趣、支流、派別、篇卷、分合,皆瞭若指掌。其例則先匯史志,窮源潮流;繼則網羅群籍,備采諸説;末則以本書要語。全書二千五百餘頁,佔山右叢書的四分之一。據原稿排印。

聞見瓣香录十卷附西湖竹枝詞一卷

作者清代曲沃秦武域。秦武域,字于鑰。中年以後,足跡遍南北,舉凡山川、風俗、物産,莫不加意採訪,尤以古今圖籍之原委,金石牌版之存亡,考訂翔實。清代山西説部書《潛邱札記》、《蘿摩亭札記》號稱精博,此書更精湛。據原刻本排印。

绿溪語二卷

清代黎城靳榮藩撰。靳榮藩,字介人。進士,歷官中州、畿輔之間。所著《吳詩集覽》風行國内外。是書乃其公餘之暇,隨筆記录其學。據原刻本排印。

蘿摩亭札記八卷

作者清代徐溝喬松年。此書以考據爲宗。曾國藩給家信云:"今年湖南主考喬鶴儕在京師有淵博名,諸弟子入場不可不注意三場對策文字也。"足見其文學淵博。據家刻本排印。

文潞公文集四十卷

作者宋代介休文彥博。潞公事蹟具史傳。是集爲呂涇野巡按山西時所刊刻，行世甚稀，故極珍貴。内容有賦二卷、詩六卷、論序碑記四卷、雜文一卷、奏議二十七卷，共四十卷。據明朝嘉靖刻本排印。四庫收此本。

西臺集二十卷

作者宋代雲中大同畢仲游。畢仲游，字公叔，事蹟具宋史。《四庫提要》言其文章類東坡。據殿版排印。

莊靖集十卷

作者金代陵川李俊民，字用章。文章、理學、經濟備於一身。金集僅數家，故藏書家尤珍之。是集凡古近體詩六卷、樂府一卷、雜文三卷，總爲十卷。據舊刻本排印。

常評事集四卷

作者明代沁水常倫，字明卿。舉進士，除大理寺評事，不幸蚤卒。是集爲其邑人韓範所編輯，較四庫本所收者至多三倍。據明嘉靖本排印。

常評事寫情集二卷

作者常倫。明中葉時，北方填曲家首推康對山、王渼陂。常倫更豪放不羈，風流自賞。是集爲先生之兄紫沙所輯，譜詠遺聲，實康、王之勁敵。

洎水齋文鈔三卷

作者明代陽城張慎言，字金銘。官至南京吏部尚書，明亡僑居蕪湖，疽發背死。與錢謙益、鐘惺等同年進士，均以文章名世。是集爲張伯珩所搜録，進呈四庫館者。據舊鈔本排印。

洎水齋詩鈔五卷

作者張慎言。《四庫提要》存目中，略論其文而不及詩。詩沿鐘譚一派，靈心獨照，妙趣天成。其集舊列禁書目中，幸而流傳，甚爲珍奇。

自課堂集六卷

作者清代武鄉程康莊，字昆侖，三晉世家子。少遊京師，受知倪文正公元璐。清初出判潤州，適王漁洋司理揚州。稱“江上下二詩伯”。此集經錢牧齋、陳其年選定，凡文四卷，詩二卷。

王石和文九卷

作者清代盂縣王珝，字韞輝，號石和。以翰林告歸，久掌晉陽書院教。據晉陽書院藏版排印。

西北之文十二卷

作者清代高平畢振姬，字亮四。清初仕至湖廣布政使，記誦博洽，著述甚富；文章仿春秋内外傳及管、荀諸子，奥古沉鬱，嘗自負爲司馬子長。行世者寥寥，僅四卷。凡十二卷，首尾完善，惜尚缺其詩。據原稿本排印。

續尤西堂擬明史樂府一卷附論詩絶句六十首

作者清代陽城張晉，字儁山。少年浪跡山水，周遊天下，所著《豔雪堂集》一時風行。此明史樂府爲晉提學使周石芳所刊，序中稱其詩可與午亭、蓮洋鼎立；至於樂府，實勝西堂。由楊履道注，據原刻本排印。

朞齋詩集四卷文集八卷附石州張穆年譜一卷

作者清代平定張穆，字誦風，一字石州，別署朞齋，學行卓越，海内知名。是集詩文爲何秋濤、吴式訓等編次，祁文端所刊；年譜則張穆族侄張繼文撰，足見其治學途徑。

松龕集九卷

作者清代五台徐繼畬，字健男，號松龕。官至福建巡撫，改太僕寺卿。其所撰《瀛寰志略》一書，久經風行海内。是集凡文四卷、詩二卷、奏疏二卷、兩漢幽并涼三州今地考略一卷。先生篤嗜兩漢書，奏議則條陳時務，洞中機宜。

顧齋遺集上下兩卷

作者清代洪洞王軒，字霞舉，號顧齋。石舟之後，顧齋稱雄。早歲刻意于詩，付刻者有《樕經廬詩集初編》十三卷。是集上卷爲王軒年譜及手書詩稿四卷，每卷之後，有許海秋、王少鶴、馮魯川諸公跋語。下卷爲文五十餘篇，皆楊君零篇斷章，搜訪得之。王軒之文從未刊刻，今次刊印據楊恩浚收集手抄本排印。

饁藉室詩草一卷

作者清代代州馮琬琳女，字佩藉。習三之女，魯川之侄，董文燦之妻，董文渙之弟妇，王顧齋之門人。詩歌婉約，綽有家法。據馮氏家藏本印。

梅崖文鈔一卷附詩話一卷

作者清代陽城郭兆麒，字麟伍。官至滄州刺史。古文以機敏爲主。據舊本排印。

老生常談一卷

作者清代陽城延君壽，字荔浦。詩與張晉齊名。此爲其所撰詩話，高識冠倫，厚力企古，而托於樸野之辭，或話或文雜出，實天下之奇作。